HOTEL
Gerenciamento e Operações

HOTEL
Gerenciamento e Operações

Segunda Edição

Organizador

Denney G. Rutherford, PhD

Professor de Administração de Hotéis e Restaurantes
Washington State University

ROCA

Traduzido do Original: Hotel Management and Operations – 2nd edition

ISBN: 0-471-28568-4

ISBN: 85-7241-397-9

Tradução
Rosemary Neves de Sales Dias

Revisão Técnica
Mariana Aldrigui Carvalho
Bacharel em Turismo e Mestre em Ciências da Comunicação (Turismo) pela USP.

CIP-BRASIL CATALOGAÇÃO-NA-FONTE
SINDICATO NACIONAL DOS EDITORES DE LIVROS, RJ

H825

Hotel : gerenciamento e operações / organizador, Denney G. Rutherford ; [tradução, Rosemary Neves de Sales Dias; revisão científica, Mariana Aldrigui Carvalho]. - 2ª ed. São Paulo : Roca, 2004

Tradução de: Hotel management and operations, Second edition
Inclui Bibliografia
ISBN 85-7241-397-9

1. Administração de hotéis.
I. Rutherford, Denney G., 1942-.

CDD 647.94
02-0791. CDU 640.41

2004

EDITORA ROCA LTDA.
Rua Dr. Cesário Mota Jr., 73
CEP 01221-020 – São Paulo – SP
Tel.: (11) 3331-4478 – Fax: (11) 3331-8653
E-mail: edroca@uol.com.br - www.editoraroca.com.br

Impresso no Brasil
Printed in Brazil

Este livro é dedicado a todos os nossos alunos que gerenciam hotéis ou departamentos hoteleiros. Tentei incluir todos, mas são tantos que, sem dúvida, deixaria alguns de fora. Sei que são profissionais consumados e continuam a nos capacitar cada vez mais. Este livro é para vocês, colegas. Mantenham o bom trabalho.

Índice

8 CONTROLE CONTÁBIL, FINANCEIRO E OPERACIONAL

9 GERENCIAMENTO E PROCESSOS DE RECURSOS HUMANOS

PREFÁCIO

A primeira edição deste livro nasceu de várias frustrações. Enquanto há muitos textos excelentes no campo de gerenciamento de hotéis que lidam com porções significativas das operações, particularmente governança, recepção, alimentos e bebidas, há poucos que tratam, de maneira ponderada e detalhada, de cada departamento do hotel. Uma frustração foi alguns textos que lidavam com tais departamentos gastarem tempo excessivo focando somente um aspecto das operações do hotel – geralmente *front of the house*, alimentos e bebidas ou marketing. Outros departamentos, bem ou mal, eram tratados com pouca importância. Conseqüentemente, os leitores de tais textos tinham somente uma introdução superficial das dificuldades desses departamentos "menores", seu gerenciamento, seu pessoal e sua interação na organização geral do hotel.

Outra frustração encontrei usando o material disponível naquele momento para promover a idéia de pensamento crítico entre os alunos de administração hoteleira. Por pensamento crítico eu me refiro ao processo no qual os alunos são expostos a um número diferente de pontos de vista sobre uma estrutura teórica. Analisando esses pontos de vista, eles se tornam mais capazes de sintetizar um sobre operações hoteleiras que lhes permitirão uma abordagem inteligente qualquer que seja a situação confrontada no "mundo real".

Há uma sabedoria convencional que diz: "certo na teoria, mas não funciona na prática". Assim como o economista Milton Friedman, eu rejeito tal afirmação. Se a teoria não funciona na prática, é uma teoria malfeita. O que os professores precisam para guiar os alunos no conhecimento é mostrar que a teoria (nas palavras de Friedman) explica, prediz ou controla, de maneiras distintas devido às diferentes variáveis em diferentes formas de organizações. Esta é uma outra questão que aqui será discutida; apreciando o pensamento de muitos observadores, pensadores, pesquisadores e comentaristas sobre um tópico – neste caso, um departamento hoteleiro – um aluno se sentirá mais bem preparado para encontrar formas de aplicar a teoria na situação prática.

ORGANIZAÇÃO DO LIVRO

O livro está dividido em partes, cada uma lidando com um departamento ou atividade específicos no hotel. Começa com comentários editoriais numa visão geral, algumas teorias organizacionais básicas e uma seção sobre gerentes gerais. Esta parte é separada para que os alunos possam discernir o trabalho que está no ápice de toda a organização do hotel.

Cada parte, sucessivamente, lida com um departamento hoteleiro em separado ou um grupo lógico de atividades organizacionais. A Parte 8, Controle Contábil, Financeiro e Operacional, por exemplo, inclui auditoria interna, compras e auditoria noturna, além de critérios no emprego de um *controller*. Os capítulos relativos a esses departamentos são escolhidos para ilustrar a missão, pessoal e as questões de gerenciamento dos departamentos e, em alguns casos, as relações e questões interdepartamentais.

Cada parte abre com uma introdução e material conectando os tópicos do livro. Esses segmentos, escritos pelo editor, destinam-se a ser usados, pelo instrutor, como leitura para os alunos. Eles sintetizam e fornecem ampla visão das minhas observações, estudos e pesquisas sobre organizações hoteleiras. Em alguns casos, os leitores podem achar meus comentários editoriais controversos e não concordar com eles. Essa é a intenção. É uma indústria com mudanças rápidas e dinâmicas. As organizações hoteleiras estão se adaptando, de muitos modos, para encontrar novos mercados e realidades operacionais. Para fazer isso com eficácia e sucesso, os hotéis vão experimentar muitas idéias novas. Minha intenção, nesta introdução, além de fornecer uma visão geral, é provocar o potencial de idéias novas.

COMO USAR ESTE LIVRO

Os instrutores devem escolher os capítulos que mais bem apresentem o material de acordo com seu plano de curso. Nem todos terão valia ou serão pertinentes para todas as linhas de curso. Adicionalmente, no final de cada parte, sugerem-se algumas leituras para complementar a extensão ou a profundidade, em alguns casos, ambos, de conhecimento e entendimento do aluno sobre o material destacado. Recomendarei algumas leituras simplesmente para levar os alunos à biblioteca com o propósito de pesquisarem jornais e livros relacionados a esta indústria.

Uma outra técnica específica diz respeito à adição de leituras de sua própria escolha, especialmente as literaturas populares ou de negócios. Podem ser histórias que forneçam exemplos de como a "teoria" funciona no mundo real. Isso também dá ao instrutor a oportunidade de adaptar essas seções às necessidades específicas do seu curso.

CASOS

O leitor notará que a maioria das seções inclui um pequeno caso e, na medida do possível, direto. Eles foram incluídos por algumas razões. Primeiro, os alunos nesse nível não estão totalmente versados no "método de casos" e este livro não os leva, necessariamente, à análise profunda de situações como aquela praticada num nível superior e em aulas de graduação, com casos mais complexos. Segundo, a maioria das questões que os departamentos têm de solucionar em uma organização hoteleira está expressivamente inter-relacionada com outros departamentos. Então, para ser útil no contexto em que este curso geralmente é aplicado, os casos devem ser propostos para análise em curto período.

Os aqui apresentados foram planejados para ser abordados, com sucesso, de forma multidimensional. Em outras palavras, os alunos que se saírem melhor "resolvendo" esses casos serão aqueles que pensam criticamente sobre as questões implicadas. Eles não somente considerarão como tais questões se relacionam com o caráter primário do caso, mas também como este caráter principal pode utilizar outras fontes e departamentos do hotel para abordar o problema.

Uma estrutura analítica simples para tal estudo seguiria o modelo:

- Quais são os problemas?
- Quais são os fatos?
- Quem são os protagonistas importantes?
- Quais são as soluções em potencial?

Analisando as perguntas acima, os alunos tomam uma posição e, da potencial lista de soluções, escolhem a que possivelmente resultará em uma solução proveitosa. Usando este modelo, não há resposta "certa". O instrutor fica livre para julgar a qualidade dos trabalhos dos alunos com base em variáveis como habilidade analítica, utilização de recursos e demonstração de entendimento dos papéis departamentais e gerenciais.

PALESTRANTES CONVIDADOS

Costumo receber dois ou três palestrantes convidados por período de aulas. Alguns são experientes e verdadeiros *designed hitters* que sempre respondem e que, sei por experiência, são excelentes palestrantes que trazem estímulo e entusiasmo da indústria hoteleira para as aulas, o que realmente inspira os alunos. Eu também procurei e utilizei aleatoriamente pessoas com papéis definidos que serviam para ilustrar um tópico emergente. O cuidado aqui é evitar a sobrecarga de aulas com palestrantes porque, afinal, a maioria dessas pessoas não é pedagogicamente treinada para instruir. Como resultado, às vezes elas têm dificuldade de expressar suas idéias. Eu deveria acrescentar, entretanto, que jamais, na minha experiência em sala de aula, um convidado contradisse o que eu peço que os alunos estudem. Isso nunca foi um problema. Um hotel pode dirigir a recepção de maneira diferente de outro, mas, do ponto de vista de seguimento à "estrutura teórica", nunca houve problema algum.

Uma técnica que usamos com sucesso é a de encorajar os alunos (como parte do que seja um processo de crédito extra) a reunir um painel de gerentes dentre seus amigos ou empregadores, pessoas que estarão encarregadas de abordar uma questão de interesse para a sala inteira. Isso proporciona ao aluno alguma experiência; primeiro, em falar com os gerentes; segundo, em coordenar, definir e produzir um evento específico e, em terceiro, em liderar uma discussão com uma meta comum. Este tem sido um acontecimento muito popular em termos educacionais. A cada ano podemos esperar o momento em que os alunos possam, com eficácia, liderar uma parte da aula, participar ativamente e contribuir para o processo de aprendizagem.

TÉCNICAS PEDAGÓGICAS

O uso de um livro de pesquisa como este proporciona à classe um ambiente construído em estrutura "Socrática", o que gera compreensão para as questões:

- *Missão do departamento* – Como este departamento se enquadra na organização do hotel? Qual o seu papel?
- *Pessoas* – Quem são as pessoas? Quais são seus trabalhos? Como estes trabalhos preenchem o papel do departamento? Quais são as oportunidades? Quais são os pontos positivos e negativos do trabalho neste departamento? Quais são as realidades práticas neste departamento?
- *Interações* – De que maneira este departamento está relacionado com os outros? Com quais departamentos ele está mais relacionado? De qual departamento ele é mais interdependente? Com quais departamentos ele não interage de maneira regular?
- *Gerenciamento* – Quem são os gerentes deste departamento? Qual é o plano de carreira para eles? Para onde eles vão? Quais as maiores questões que eles enfrentam ao gerenciar este departamento?

Adotar um livro-texto como este, como fonte para a estrutura da aula, permite ao instrutor fazer várias questões de "comparação e contraste" e explorar o problema em profundidade. Um exemplo seria falar sobre políticas de *overbooking* na recepção ou no departamento de reservas. Pode haver um número de questões críticas implicadas na prática das idéias de vários autores e pesquisadores. Envolver os alunos nesse tipo de discussão possibilita o debate da questão de modo a enriquecer o processo de aprendizagem, mais que simplesmente memorizar uma lista de fatos e números e depois devolvê-la como foi ensinada, numa prova objetiva.

Esse tipo de material também auxilia em questões de prova alternativa. Entretanto, aqueles que preferem exames objetivos podem preparar um teste com numerosos itens de cada capítulo.

CONCLUSÃO

Este livro foi elaborado e montado para proporcionar grande variedade de pensamento, pesquisa e comentários sobre questões contemporâneas sobre gerenciamento de departamentos hoteleiros modernos. Ele também pretende fornecer máxima flexibilidade ao aluno e ao professor. Se o leitor tiver sugestões que possam melhorar futuras edições, por favor, sinta-se livre para entrar em contato com o autor.

AGRADECIMENTOS

Nenhum projeto deste âmbito é concluído com êxito por apenas um indivíduo. Gostaria de agradecer àqueles que me ajudaram, aconselharam e prestaram consultoria nesse livro.

Primeiramente, os autores dos vários artigos que fazem parte dessa obra que, sabendo ou não, contribuíram com pensamentos, idéias, pesquisas, opiniões e experiência para esse exercício crítico quando se trata de operações da área hoteleira, merecem o nosso agradecimento. Sem essa rica mistura de interesses e talentos que sobrevive na profissão da hospitalidade e seu atual *status* educacional, esta coleção de leituras não teria sido possível. É uma grande sorte que meus amigos, colegas e antigos alunos possam ser recompensados pelo tempo despendido em contribuir com este projeto. Persistência, lisonja, súplica e subornos à parte, acho que todos ainda continuam sendo meus amigos.

A maioria de nós, se tiver sorte, tem alguém cujo trabalho por trás das cortinas nos faz parecer bem. Lillian Sugahara realizou um trabalho hercúleo em meu favor. Como editora, processadora de texto, editora eletrônica, maga do computador, "reality check", gênio da gráfica e boa amiga com a extraordinária atitude de "posso fazer", ela é tão responsável por este livro quanto eu.

Julie Tranum, nossa secretária de departamento, sofreu grande pressão várias vezes – particularmente em vias de vencer o prazo final – e demonstrando ilimitada alegria me ajudou a dar sentido a meu ditado, citações bibliográficas desordenadas e "eu preciso disso para ontem". Por suas consideráveis contribuições auxiliando-me a manter minha sanidade e senso de humor, serei sempre grato.

O apoio e encorajamento dos meus colegas da Universidade de Washington foram cruciais. Rom Markin, Terry Umbreit e Carl Riegel contribuíram para o sucesso deste projeto com conselhos e, o mais importante, com "espaço" organizacional para realizar o trabalho.

Pam Chirls, meu editor na VNR e sua assistente, Amy Shipper, deram-me o apoio necessário, especialmente quando tive de trocar as datas de entrega. A gentil atitude de Pam ajudou a me sentir melhor do que eu provavelmente merecia. Para alguém como eu, que leva a sério promessas, prazos e pontualidade, o apoio de Pam foi verdadeiramente apreciado.

Na época em que nossa universidade, como outras, estava passando por um sério estresse organizacional, minha mulher, Sandy Sweeney, me ajudou a lembrar que as coisas importantes na vida não são prazos e rupturas organizacionais, mas pessoas e relacionamentos. Sandy é minha melhor amiga e me mantém com os pés no chão em minhas viagens do ego, mas na maioria das vezes ela torna minha vida alegre – não importa o que esteja acontecendo. Da mesma forma, essa sabedoria manteve meu projeto caminhando.

Sem a assistência dos meus amigos e colegas citados, esta edição nunca chegaria onde chegou. Espero, sinceramente, que qualquer pessoa que tente um projeto similar tenha a boa sorte de encontrar todo o apoio que encontrei.

Denney G. Rutherford
Seattle/Pullman, Washington

COLABORADORES*

Michael Adams, Successful Meetings
James A. Bardi, Pennsylvania State University, Berks Campus
Melvin N. Barrington, University of South Carolina
Doreen Bell, Lodging Hospitality
Robert H. Bosselman, University of Massachusetts
Judi Brownell, Cornell University School of Hotel Administration
Robert A. Brymer, Florida State University
Anne Coulton, Lodging Hospitality
Robert Coyne, Chervenak, Keane & Co.
Robert G. Cross, Aeronomics Incorporated
Thomas P. Cullen, Cornell University School of Hotel Administration
James W. Damitio, Central Michigan University
David Dann, Hong Kong Polytechnic, Hung Hom, Kowloon, Hong Kong
Thomas A. DeCotiis, University of South Carolina
Chekitan S. Dev, Cornell University School of Hotel Administration
Robert W. Eder, Portland State University
C. Lee Evans, Westin Hotels & Resorts
Bonnie Farber, San Jose State University
Ajay Ghei, Cornell University School of Hotel Administration
A. Neal Geller, Cornell University School of Hotel Administration
W. Gerald Glover, Michigan State University
Carol Greenberg, Hospitality Directions
Richard D. Hanks, Marriott Hotels, Resorts and Suites
John J. Hogan, Hogan & Associates; Hotel & Resort Industry; MedCenter Inns of America; Tennessee Hotel & Motel Association
Timothy Hornsey, South Devon College of Arts and Technology, Torquay, U.K.
Richard M. Howey, School of Hotel and Restaurant Management, Northern Arizona University
Charles L. Ilvento, Florida International University, School of Hospitality Management
J. Michael Jenkins, Former CEO, Steak & Ale Restaurant Corp.; Marriott's Big Boy Restaurants
Samad Karkouti, Georgia State University
William E. Kent, Auburn University
Paul Kirwin, Country Lodging by Carlson
Christopher Krone, Cornell University School of Hotel Administration
Carolyn U. Lambert, School of Hotel, Restaurant and Institutional Management, Pennsylvania State University
Joseph M. Lambert, Department of Computer Sciences, Pennsylvania State University
Robert C. Lewis, University of Guelph
James C. Makens, Wake Forest University
Robert J. Martin, University of Nevada, Las Vegas
Jon P. McConnell, Washington State University
Regina McGee, Freelance writer
Eddystone C. Nebel, III, Purdue University
R. Paul Noland, Marriott Hotels, Resorts and Suites
Eric B. Orkin, Eric B. Orkin Associates
Neil W. Ostergren, CHSE, Robinson, Yesawich & Pepperdine
Geoffrey A. Parker, Georgia State University
David V. Pavesic, Georgia State University
Lewis Reed, Washington State University
Louis B. Richmond, Louis B. Richmond and Associates
Carl D. Riegel, Washington State University
Denney G. Rutherford, Washington State University
Raymond S. Schmidgall, Michigan State University
Margaret Shaw, University of Guelph
Patti J. Shock, University of Nevada, Las Vegas
John M. Stefanelli, University of Nevada, Las Vegas
Sandy Sweeney, Washington State University Foundation
Mary Tabacchi, Cornell University School of Hotel Administration
Linda Timmons, University of Texas at Austin
W. Terry Umbreit, Washington State University
Peter Warren, Warren/Kremer Advertising
Robert H. Wilson, University of Massachusetts, Amherst
Glenn Withiam, The Cornell Hotel and Restaurant Administration Quarterly

* As respectivas instituições aqui relacionadas a cada colaborador referem-se ao ano de 1995.

1

Visão Geral

Introdução

A grande maioria dos artigos de pesquisa e ensaios neste livro trata de um ou mais aspectos do que se tem chamado "arte e ciência" do gerenciamento moderno de hotéis. Deve-se notar que a palavra "moderno" pode gerar divergência. Os hotéis estão mudando e continuarão a mudar. Como resultado, as técnicas de gerenciamento de hotéis modernos têm de se adaptar às circunstâncias. Quando, ao longo do livro, forem mencionadas organizações hoteleiras, nós confrontaremos algumas questões que ditaram e influenciaram estas mudanças e adaptações.

INFLUÊNCIAS

Como muitos outros negócios americanos, os hotéis foram afetados pelas modificações no *padrão de vida* do país. Pessoas e indústrias se mudaram da região industrial (nordeste americano) para a costa do sol (sudoeste americano – Califórnia). Houve uma concentração de atividades hoteleiras na revitalização e reconstrução de centros das cidades. Isto pode ser contrastado com a explosão da construção de hotéis e motéis de subúrbio e o crescimento de estradas interestaduais em 1950 e 1960.

Os *aspectos demográficos* também têm um papel importante nesta questão e continuarão a influenciar o futuro. Em razão do envelhecimento da geração *baby boom*, a população americana será, por muitos anos, mais velha, saudável e melhor educada que as gerações anteriores. Esses fatores apresentarão novos desafios e oportunidades para todos os gerentes de negócios.

A *tecnologia* na forma de computadores e equipamentos que poupam o trabalho terá um grande efeito na maneira pela qual se opera e se gerencia um hotel.

A *segmentação de mercado*, cada vez mais afinada com as definições e tipos de mercado, ditará estruturas, organizações e táticas gerenciais dos hotéis que são designadas prestando atenção aos segmentos.

A mudança na *economia nacional*, passando da ênfase em bens duráveis para a ênfase em serviços, gerou grande número de novas idéias sobre a maneira que gerenciamos as características e fornecemos estes serviços. Hotéis, restaurantes e serviços de viagem agora são vistos como entidades únicas que ditam tipos especiais de técnicas e estratégias de gerenciamento.

A mudança nos *padrões de viagem* também alterou a maneira de gerenciarmos nossas propriedades hoteleiras. A desregulamentação das companhias aéreas causou uma mudança na maneira de milhões de pessoas que viajam todos os anos. Muitas companhias hoteleiras estão estabelecendo-se próximas aos aeroportos centrais, aproveitando-se do fato de que as pessoas que viajam a negócios não precisam necessariamente se deslocar até os grandes centros empresariais para executar seus propósitos num determinado local. Reuniões e conferências podem ser agendadas em locais a cinco minutos de carro a partir do aeroporto, e o executivo poderá voltar ao avião para embarcar rumo a seu próximo destino antes do final do dia, sem precisar pernoitar em um hotel central.

Novos *modelos de investimento* em instalações hoteleiras apareceram nas últimas duas décadas, maior atenção está sendo dada para se obter um rápido *retorno do investimento*. Agora, as pessoas que estão fora do setor hoteleiro estão participando de sua estrutura financeira, as operações hoteleiras não são mais dependentes da visão de um único empreendedor. Os gerentes agora têm de desenvolver táticas e estratégias para atingirem metas financeiras. Isto alterou profundamente o caráter de gerenciamento e organização de um hotel moderno.

A maioria das questões e influências precedentes ainda está em movimento, em graus menores ou maiores, nas estruturas e estratégias organizacionais dos hotéis modernos. Desde a primeira edição deste livro, entretanto, outros fenômenos de natureza econômica, cultural e social vieram à tona, complicando um pouco mais nossa visão de gerenciamento hoteleiro. Isto favorece o argumento de que o setor hoteleiro é parte de uma economia maior e está à mercê de elementos, com freqüência, completamente fora de controle.

A natureza cíclica da economia americana e internacional recentemente teve um impacto significativo na capacidade dos hotéis em responderem à mudança de circunstâncias. Em um artigo de 1985 (pág. 23), Dev e Hubbard argumentam que as expectativas para o setor hoteleiro eram "pouco atrativos – no que diz respeito à visão dos EUA e de outras economias sobre ser atraente". Este artigo, escrito com dados acumulados durante o ano anterior, não poderia ter antecipado os efeitos da larga extensão do escândalo da indústria dos empréstimos e poupança, a Guerra do Golfo Pérsico, o colapso da antiga União Soviética e os países do Leste Europeu, entre outras coisas. Desta maneira, o cenário promissor, pintado por Dev e Hubbard em 1985, tornou-se contraditório.

As dificuldades que os hotéis enfrentaram no início dos anos 90 podem ser diretamente atribuídas ao excesso de quartos de hotéis abastecido pela explosão da construção hoteleira no final dos anos 80. De acordo com Culligan (1990, 33) cinco grandes fatores foram responsáveis por esta explosão:

1. A aprovação do imposto de 1981 que permitiu uma depreciação generosa, empréstimos com baixas taxas de juros e outras taxas de proteção;
2. O desenvolvimento de propriedades hoteleiras pouco lucrativas em resposta à necessidade das cadeias hoteleiras estarem presentes em vários mercados;
3. O afluxo de abundância momentânea de fundos, particularmente estrangeiros, para investir em hotéis novos ou recém-adquiridos;
4. A criação de fundos de investimento que distribuía risco para sócios e que gerava lucros imediatos para operadores e incorporadoras;
5. A atração do mercado imobiliário em um ambiente inflacionário e a força do bom desempenho financeiro dos hotéis.

Culligan observa que a demanda no setor hoteleiro tem um rastro consistente com o crescimento no fornecimento e, particularmente desde 1985, cresceu numa taxa sem precedentes de 4,3% (pág. 34). O crescimento da demanda não é, como Culligan afirma, fácil de se explicar e é baseado em um número de "variáveis inter-relacionadas". Esta é a relação de Culligan para tais variáveis:

- Crescimento do emprego.
- Crescimento dos lucros corporativos.
- Expansão do Produto Interno Bruto.
- Aumento das viagens pelos "baby boomer" (segmento dos acima de 50 anos).
- Aumento no crescimento de produtos procedentes do fornecimento de alimentos pelos novos hotéis para reuniões, convenções e conferências.
- Padrões de gastos dos consumidores mais favoráveis, baseados na expansão econômica sustentada.
- Estabilidade no preço do petróleo.

- Crescimento das viagens aéreas.
- Propaganda mais agressiva e bem-sucedida dos programas designados para captar a demanda latente (por exemplo, pacotes de finais de semana).
- O dólar enfraquecido (desencorajando os norte-americanos a viajarem para o exterior e aumentando as visitas de estrangeiros).
- Alto crescimento de emprego em segmentos relativos à demanda (empregos de serviços não financeiros cresceram 5,3% em 1988).
- Aumento arbitrário da renda.

Nesse texto, desde 1990, é claro que as variáveis inter-relacionadas, que afetam a demanda do hotel, mudaram significativamente desde o tempo em que Culligan escreveu este artigo. No começo de 1993, por exemplo, o crescimento dos empregos estava estagnado; os lucros corporativos estavam baixos; a expansão do PIB estava com uma porcentagem pequena acima dos anos anteriores; e as viagens dentre a maioria dos segmentos estavam em baixa devido à reestruturação, reorganização e a redução no tamanho das corporações. Muitas demissões foram anunciadas todos os meses. Enquanto o preço do combustível se mantinha relativamente estável, os padrões de gastos dos consumidores e o alto crescimento de empregos ainda não tinham se materializado, particularmente, à luz de demissões nas corporações e no crescente nervosismo entre os consumidores sobre a possibilidade de suas finanças estarem a salvo.

Uma das influências mencionadas acima, investimento estrangeiro e/ou a posse de empresas hoteleiras, parece estar passando por mudança, e ainda não está claro o que isto significará nas operações de longo prazo dos hotéis nos EUA. Entretanto, de acordo com o estudo de Greenberg (1993, 15-23), investimentos estrangeiros continuarão a responder por uma parcela relativamente constante de investimento em hotéis, mas geralmente de um menor mercado disponível. Greenberg diz (pág. 23) que "o Japão provavelmente permanecerá sendo o único grande jogador, mas o declínio recente em sua importância relativa sugere um papel menos importante no futuro". Outras tendências documentadas nesse artigo sugerem que os compradores estão se voltando para companhias administradoras de hotel em oposição às companhias imobiliárias ou de construção e desenvolvimento que dominaram estas transações nos anos 80. O Quadro 1 reproduzido do artigo de Greenberg fornece uma visão geral das principais transações hoteleiras envolvendo compradores internacionais.

A questão é que não importa quem possa ser o investidor internacional, o que importa é que a companhia traga um conjunto renovado ou diferente de valores para o gerenciamento e operação de hotéis. Isso não é necessariamente bom ou ruim, mas ser reconhecido como uma influência que possa ter um impacto significativo na maneira pela qual se desenvolvam carreiras futuras no setor hoteleiro.

Outras influências que terão um papel importante na estrutura gerencial e organizacional no hotel moderno nos EUA envolvem outros elementos demográficos relacionados com o que está sendo chamado "diversidade cultural". Da mesma forma que os padrões de vida, ciclos econômicos e segmentação de mercado influenciaram o setor hoteleiro, assim será com a mudança na etnia da mão-de-obra. A experiência cultural que uma mão-de-obra crescentemente diversificada trará para as operações hoteleiras pode ser um problema e/ou um desafio, mas os futuros operadores deverão vê-las como uma oportunidade para demonstrar à diversa clientela que sua companhia hoteleira está comprometida em empregar e treinar uma mão de obra que espelhe a sociedade.

Como foi discutido em vários pontos na primeira edição deste livro, regulamentações legais e governamentais podem ter um papel significativo não somente no dia-a-dia, mas também no gerenciamento estratégico de qualquer propriedade hoteleira. O exemplo mais recente que afeta a indústria inteira é o Ato dos Americanos com Deficiência (ADA) de 1992. As cláusulas dessa lei são muitas e podem ser estudadas profundamente em outra oportunidade, mas elas focam a acessibilidade dos hotéis, restaurantes e outras instalações de hospitalidade para aqueles com alguma deficiência, além de sua empregabilidade nas operações hoteleiras.

As regulamentações para acessibilidade são diretas. De maneira geral, após o período inicial de confusão e um certo grau de exposição financeira, os hotéis que adotaram as cláusulas

QUADRO 1
Principais Transações Hoteleiras dos Anos 80 Envolvendo Compradores Estrangeiros

Ano	Grupo	Vendedor	País	Comprador	País
1986	Howard Jonhson's Motor Lodges	Imperial Group	UK	Marriott Corp.	EUA
1986	Rodeway Inns	Rodeway Inns	US	Ladbroke	Reino Unido
1988	Rodeway Inns	Ladbroke	UK	Ramada	EUA
1988	Hilton International	Allegis	US	Ladbroke	Reino Unido
1988	Westin Hotels & Resorts[1]	Allegis	US	Aoki Corp.	Japão
1989	Intercontinental Hotels	Grand Metropolitan	UK	Saison Group	Japão
1989	Intercontinental Hotels[2]	Saison Group	Japão	SAS	Suécia
1989	Aircoa[3]	Aircoa	US	Regal Hotel	Hong Kong
1989	Omni Hotels	Omni	US	World Int'l, Wharf Ltd.	Hong Kong
1990	Holiday Inn Worldwide[4]	Holiday Corp.	US	Bass Plc.	Reino Unido
1990	Ramada International, Ramada Renaissance [5]	Ramada Inc.	US	New World Hotels	Hong Kong
1990	Park Inns International	Park Inns	US	EIE International	Japão
1990	Motel 6	Motel 6	US	Accor	Japão
1991	Super 8	Super 8	US	Investor Group	Hong Kong

[1] Transação inicial envolvendo, também, Robt. M. Bass Group of U.S., mas, possivelmente, a Aoki tenha comprado toda a Westin.
[2] 40% fixos no grupo.
[3] A Regal-Aircoa, subseqüentemente vendida para Richfield Hotel Management Inc.
[4] 43 Crest Hotels (5.000 quartos), subseqüentemente vendido para Trusthouse Forte em junho de 1990.
[5] 11 Ramada Hotels vendidos para Wyndham/Yasuda, em maio de 1990, por $130 milhões.

Fonte: Hotels Magazine, March 1991, Coopers & Lybrand

do decreto tiveram uma agradável surpresa com os negócios adicionais vindos de um segmento de mercado anteriormente ignorado. Adicionalmente, alguns hotéis que fazem muitos negócios com o Estado, Prefeituras e agências do governo federal descobriram que estão sendo selecionados como preferenciais por causa de sua acessibilidade.

A maioria dos observadores acha que o outro lado da moeda do ADA, fazendo com que as organizações se tornem acessíveis para o emprego de deficientes, será mais difícil. Muitos acham que levará, pelo menos, alguns anos antes das agências reguladoras e processos jurídicos trazerem alguma clareza para os aspectos empregatícios legais.

O artigo incluído aqui de McGee (1993) é retirado da literatura em associação com um segmento de mercado expressivo para todos os hotéis: o mercado de eventos e convenções. Cada um dos 900.000 grupos organizados sob a cláusula de isenção de impostos do código do "Internal Revenue Service" é obrigado a realizar uma reunião anual dos membros do Conselho. São muitas reuniões e, por conseqüência, muitas pessoas. Quando você considera que 95% das convenções ainda são realizadas em hotéis, apesar da proliferação de grandes centros de convenções, as oportunidades de captação de negócios neste grande segmento de mercado podem ser bastante instrutivos para os hoteleiros.

O artigo de McGee, enquanto escrito para aqueles que trabalham e tomam decisões em favor das associações, pode ser instrutivo para aqueles que procuram trazer as reuniões e convenções para as suas propriedades. Baseado nos dados relativos ao setor turístico retirado de fontes diferentes, McGee discute pontos e influências de decisões organizacionais internas que afetam a maneira pela qual os viajantes decidem suas viagens. Muitas observações feitas no material introdutório são enfatizadas por alguns líderes da indústria. Quando se fala sobre o que todos estes dados significam para associações, estudantes e profissionais do setor hoteleiro, deveriam olhar para o outro lado e decidir o que tudo isso significa para eles e suas funções.

No final desta seção, encontram-se leituras sugeridas para o aluno que queira aprofundar mais seus conhecimentos sobre a indústria da hospitalidade em geral e seus antecedentes históricos específicos. Em particular, os livros de Hilton e Jarman abordam algumas tramas de dois pioneiros da indústria, um deles, Conrad Hilton, que continua vivo em sua companhia internacional negociada publicamente e operada por um de seus filhos. A contribuição de Statler no negócio de hotéis modernos é legendária, na mudança do século, ele fundou e operou o primeiro hotel comercial que reconheceu as necessidades do viajante de negócios. Os artigos sugeridos são retirados de visões históricas recentemente produzidas das maiores forças no desenvolvimento da hotelaria dentro da indústria da hospitalidade dos EUA.

1. Refazendo o Setor da Hospitalidade

Regina McGee

Há cinqüenta anos, o economista Joseph Schumpter criou a frase "destruição criativa" para descrever uma dinâmica fundamental do capitalismo, um processo no qual a rápida expansão econômica automaticamente produziu forças que causaram um período de contração. Os céticos deste axioma econômico famoso não precisam olhar além da indústria da hospitalidade para verificá-lo.

Considerando estas estatísticas da Coopers & Lybrand, empresa baseada em New York: Durante os anos de grandes investimentos, entre 1980 e 1987, o número de quartos de hotéis nos EUA aumentou 40%. Seis anos mais tarde, mais de 20% de todos os empréstimos para hotéis estavam sem pagamento, reestrutura ou execução hipotecária, enquanto 60% de todos os hotéis norte-americanos passavam pela experiência de um considerável prejuízo. Como setor econômico, a hotelaria não era rentável desde 1985, diz o analista.

Para o setor da aviação, a desregulamentação de 1979 proporcionou uma explosão e a criação de doze novas companhias aéreas. Hoje, existem três grandes transportadoras, anteriores à desregulamentação; dentre as outras nove transportadoras, três operam sob a proteção de falência, Capítulo 11. Além disso, a indústria da aviação perdeu mais dinheiro nos últimos seis anos, do que ganhou em 65 de história, de acordo com a IATA (Air Transport Association of America), Washington, D.C.

Claramente, a destruição criativa expandida na economia não limitou seus efeitos a hotéis e companhias aéreas. Os anos "*go-go*" (vamos lá!) de 1980 deram passagem aos "*oh-no*"(oh não!) do futuro, uma era de demissões, congelamento de salários e redução nos negócios dos EUA – do setor automotivo aos computadores e indústria editorial. Mas o impacto no setor hoteleiro e na aviação foi particularmente duro. Ambos os setores passaram por seus piores anos.

"Eu acho que a melhor caracterização do setor da hospitalidade agora é que ela mesma está se reestruturando, como uma molécula, quebrando velhos laços e criando outros mais novos e mais estáveis" – diz Mark Lomanno, gerente de pesquisa da Smith Travel Research, Gallatin, Tennessee. A Smith Travel é reconhecida como respeitável fonte de dados e tendências de viagens. "Se a palavra ativa dos anos 80 era *desenvolvimento*, atualmente é *operações* – como desenvolvê-las de maneira eficiente".

O relatório que segue avalia como o setor hoteleiro e de aviação chegaram onde estão hoje e como estarão nos próximos anos. Examina quando voltarão a ter lucros; e também considerará as projeções para congressos e convenções.

HOTÉIS: VISANDO À RECUPERAÇÃO NO FUTURO

Durante uma discussão de conselho, não muito tempo atrás, Roger Dow, vice-presidente de vendas e serviços de marketing da Marriott Hotels, Resorts and Suites, Washington, D.C., refletiu sobre os caprichos das mudanças. Ele notou como vivemos em um mundo onde figuras como Mikhail Gorbatchev e Ross Perot vêm e vão na velocidade da luz. "E quem poderia imaginar," – brincou Dow – "que a Resolution Trust Company seria a companhia hoteleira de maior crescimento nos dias de hoje?" O comentário trouxe sorrisos e, ao mesmo tempo, admiração.

Sim, quem teria imaginado que a explosão de construções dos anos 80 colocaria centenas de hotéis nas mãos das agências federais encarregadas da venda de propriedades das falidas instituições de empréstimos e poupança do país. Quem teria imaginado que a Marriott, que, em um ponto, respondia por um em cada três novos hotéis, se encontraria com problemas financeiros em 1992? (A Marriott passou por um abalo nos últimos dezoito meses quando deixou de ser companhia de desenvolvimento imobiliário para se tornar companhia de gerenciamento de hotéis, um negócio mais rentável.)

A resposta mais curta é que, nos anos 80, muitos financiamentos se tornaram disponíveis para investimentos imobiliários que não eram confiáveis, particularmente o do desenvolvimento hoteleiro. Os analistas apontam para o déficit das taxas legais do início dos anos 80 e a desregulamentação bancária como os dois motores gêmeos que impulsionavam a locomotiva financeira, que resultou na sobrecarga de construções e super-financiamento encontrados no mercado hoteleiro dos EUA hoje.

Novos códigos de taxas federais no início dos anos 80 fizeram do setor imobiliário uma área de isenção de

---

impostos, quase uma situação sem riscos. Sob estas leis, os que pagavam impostos poderiam usar as perdas de investimentos passivos (isenção de impostos, sociedades limitadas, sociedades de pesquisa e desenvolvimento) para compensar o imposto ganho em outro lugar. Isso transformou as grandes sociedades limitadas em veículos populares para o financiamento de construção de hotéis. O resultado foi uma orgia de construção de hotéis, com vários deles sendo construídos sem justificativa econômica exceto como baixa contábil.

O Decreto de Reforma nos Impostos, em 1986, eliminou muitos benefícios e isenções para o desenvolvimento imobiliário e, conseqüentemente, os investidores que estavam nisso somente pelas facilidades fiscais desistiram. Mesmo assim, o desenvolvimento hoteleiro continuou. Muitos financiamentos ainda poderiam ser encontrados, graças a desregulamentação do setor de empréstimos e poupança.

"Com a desregulamentação dos empréstimos e da poupança, originou-se um nível sem precedentes de empréstimos de alto risco para o desenvolvimento imobiliário" – escreve David Arnold, diretor nacional de serviços de consulta de gerenciamento do escritório da Pannell Kerr Forster, no relatório da empresa 1991 *Trends in the Hotel Industry* (Tendências no Setor Hoteleiro em 1991). "Os bancos comerciais logo seguiram o caminho de Poupanças e Empréstimos e competiram uns com os outros para ver quem poderia emprestar mais para os novos empreendimentos hoteleiros. A verificação para esses empréstimos era a mínima possível, quando havia. Muitas propriedades foram construídas, particularmente na hotelaria econômica, sem estudos objetivos de viabilidade ou outra atenção devida. Como resultado, um bom número desses novos hotéis foi construído onde não deveriam, comprometendo inclusive as propriedades que faziam sentido econômico naquela época".

Arnold acrescenta que muitas dessas novas propriedades eram superfaturadas. "Tenha como exemplo um hotel afastado do centro, com 200 quartos, hotel de primeira classe, com ocupação estimada em 70%, em média, com diária de US$60. Por causa do desejo do investidor de ser 'o melhor' e obter dinheiro facilmente, a propriedade é construída por US$100.000, e um quarto disto é dívida. O hotel nunca fará dinheiro, simplesmente porque foi excessivamente edificado, ou superfaturado para o mercado. (Mesmo com 100% de ocupação, 365 dias por ano, o lucro líquido do aluguel de quartos não superará o investimento nem em cinco anos.)" Esta é a situação de muitos hotéis novos pelo do país, diz Arnold.

Talvez o pior disso tudo, é que muitos hotéis foram financiados com dinheiro barato (com taxas de juros de 10 a 14%). Conseqüentemente, os pagamentos de juros líquidos como a porcentagem dos lucros subiram de 7% do total da receita, em 1977, para quase 15% em 1989, de acordo com a Coopers & Lybrand. Este fato, combinado com a baixa ocupação e grandes descontos por causa da "superconstrução", mais a queda nas viagens, resultado da recessão por causa da Guerra do Golfo Pérsico, significaram um desastre para muitos na setor hoteleiro (Quadro 1).

A taxa nacional de ocupação caiu para 62% em 1991 – bem abaixo dos 68% que são considerados ponto de equilíbrio das receitas e despesas (Quadro 2). De acordo com Smith Travel Research, a taxa de ocupação do meio de ano de 1992 dos hotéis era de 61,8%.

QUADRO 1
Sumário da Situação de Oferta e Demanda dos Hotéis

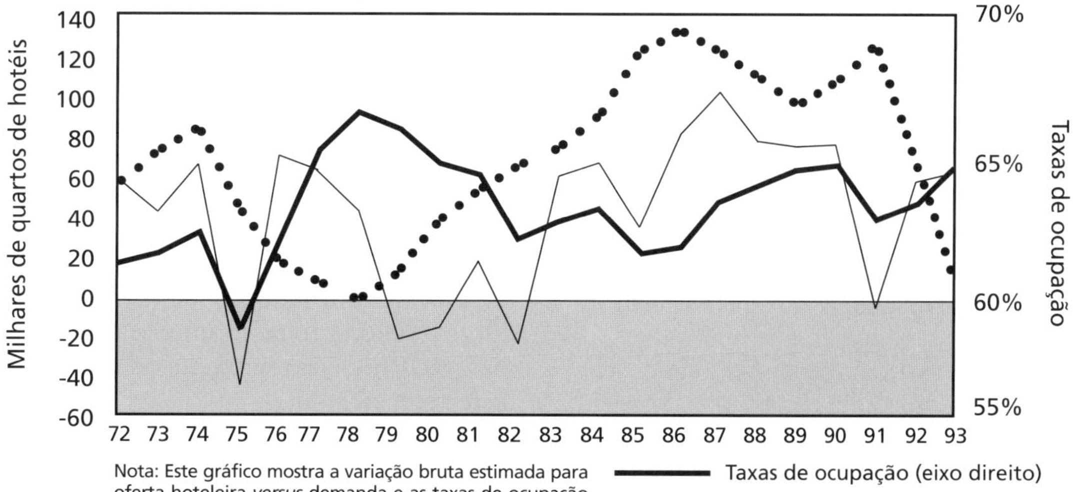

Nota: Este gráfico mostra a variação bruta estimada para oferta hoteleira *versus* demanda e as taxas de ocupação de 1972 até o estimado em 1992 e o projetado para 1993.
Fonte: Salomon Brothers Inc., New York City.

QUADRO 2
Taxas Nacionais de Ocupação Hoteleira

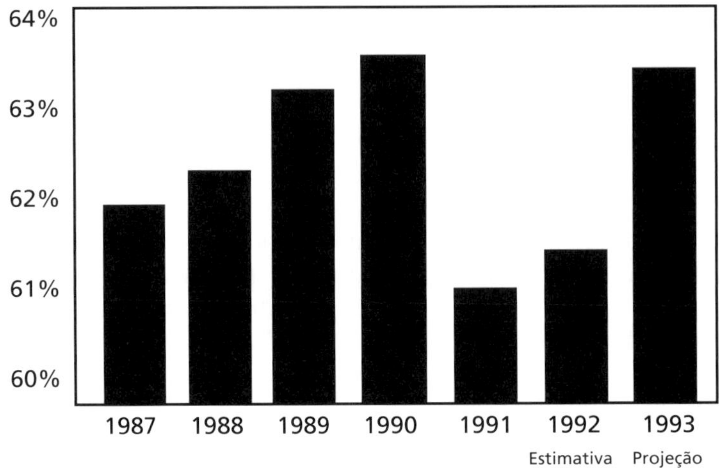

Fonte: Smith Travel Research, Gallatin, Tennessee, and Salomon Brothers Inc., New York City.

Lenders relatou que os juros sobre os empréstimos daqueles hotéis que não eram lucrativos pularam para 23% em 1992, com hotéis sofrendo risco de serem fechados. O preço médio da venda de hotéis caiu para 40%, aquecendo o círculo de consolidação e a troca de propriedade que se esperava continuar para os próximos dois anos pelo menos. Sem maiores surpresas, a construção de novos hotéis foi interrompida.

"O setor está pagando por seus excessos" – disse James Treadway, presidente da divisão norte-americana da Westin Hotels & Resorts (baseada em Seattle), numa edição de abril da revista AH&MA. "Mesmo sem a recessão e a Guerra do Golfo, nosso setor não estaria saudável. Eu acredito que estamos pagando o preço do irresponsável excesso de construções dos anos 80".

O que Está por Vir?

Há uma luz no fim do túnel para o setor hoteleiro? Muitos analistas previram que a demanda alcançaria a oferta em 1994. "Mesmo durante 1991, no meio da recessão, houve um aumento de 0,8% na demanda" – notou Mark Lomanno, da Smith Travel. "E a demografia indica que a demanda continuará a crescer no futuro. Mais cidadãos da melhor idade estarão viajando".

Viagens de negócio e convenções, entretanto, continuarão sendo um problema para o setor hoteleiro. De acordo com um relatório, do setor de alojamento, preparado por Margo Vignola em setembro de 1992, um analista ligado à empresa de investimentos Salomon Brothers de Nova York, as viagens de negócios e convenções representam cerca de metade do total da demanda hoteleira. Mesmo assim, este setor tem sido o mais agradável segmento do setor hoteleiro nos últimos dois anos. "Em parte, isto reflete a branda economia" – diz Vignola. "Há redução dos negócios de viagens durante tempos difíceis. Se este mercado de viagens crescer, isto estará totalmente ligado ao desenvolvimento da economia, algo difícil de se prever em qualquer época, quanto mais em ano de eleições".

É verdade que o total geral de participantes que comparecem às reuniões caiu em 1991, de acordo com a International Association of Convention and Visitor Bureaus, Champaign, Illinois. Mas a reunião da ASAE entitulada "1992 *Association Meeting Trends*" encontrou dois indicadores positivos: primeiro, o comparecimento às reuniões da associação cresceu em uma média de 10% em 1991; e, segundo, o estudo mostrou que o número de reuniões realizadas por associações cresceu de 13,9% em 1989 para 16,7 em 1991.

Arnold, da Pannell Kerr Forster, concorda que a demanda provavelmente se equiparará à oferta em 1994. Mas as diárias de apartamentos, que tem sido objeto de descontos desmedidos nos anos recentes, aumentarão muito pouco, ele acredita. "Não será nada dramático. Provavelmente profissionais que realizam reuniões encontrarão dificuldade em reservar os melhores hotéis, entretanto, em razão do valor agregado para o cliente, eles representarão a melhor compra" – acrescenta Arnold.

"A maioria dos hotéis gastou muito na construção. Sob a reorganização, muitas propriedades estão sendo depreciadas em termos de valores, então um hotel de US$40 milhões pode agora estar valendo

US$25 milhões. Isso significa que um hotel pode mudar uma tarifa que o mercado aceitará e continuará ganhando dinheiro. Para o consumidor, isso representa um excelente valor". Arnold alerta, entretanto, que os profissionais de eventos deveriam estar preparados para o declínio na oferta de hotéis "novos" que marcaram o mercado no passado. "Novas construções foram bastante reduzidas, especialmente em áreas centrais, então é melhor você se acostumar com o que está por vir" – ele diz.

Mas mesmo após o equilíbrio entre oferta e demanda de quartos de hotéis ser restabelecido, o setor poderá não ser o mesmo novamente. Os eventos calamitosos[NT] dos anos recentes causaram mudanças profundas no modo pelo qual os hotéis são administrados, operados e gerenciados. Para resumir com poucas palavras: o setor será movido mais do que nunca pelo desempenho. Como um vice-presidente de vendas de um grande hotel afirmou: "Nós, hoteleiros, estamos no negócio ativo de administrar para os proprietários... O negócio de ser hoteleiro está voando pela janela enquanto nós nos tornamos profissionais em técnicas como o *yield management*. Muitos executivos de hotéis prevêem que os proprietários participarão muito mais ativamente no gerenciamento.

Kenneth F. Hine, Certified Association Executive, vice-presidente executivo e C.E.O. da American Hotel & Motel Association, Washington, D.C., acrescenta, "Nós achamos que vamos ver muito mais fusões e consolidações do setor hoteleiro e uma quantidade considerável de cartéis movidos por valores imobiliários. Algumas empresas podem falir, mas com a reorganização da dívida, o futuro da indústria parece promissor. As companhias que passarem por tudo isto serão mais fortes e lucrativas".

Entretanto, Hine especula que a reestruturação que está acontecendo poderia levar à criação de megacadeias. O relatório da Salomon Brothers de 1992 confirma esta visão. "Muitos independentes estão sendo forçados a se afiliarem a cadeias maiores seja por venda direta, acordos gerenciais, ou (na maioria dos casos) em operações de franquias. Como resultado, as cadeias são capazes de expandir sua parcela no mercado com gasto de capital mínimo".

Sean Hennessey, vice-presidente sênior da consultoria imobiliária Landauer Associates, com sede na cidade de Nova York, ressalta que a saúde do mercado hoteleiro varia por região. "Nossa previsão para o mercado hoteleiro nacional mostra melhora modesta nos níveis de ocupação (Quadro 3). Mas os efeitos dos anos 80 ainda estão sendo considerados. Execuções de hipotecas e alteração na estrutura do capital aumentarão. As propriedades precisarão enxugar as operações em um esforço constante para aproximar seus custos aos preços esperados, tanto por parte dos clientes corporativos como os de lazer". Diz que reduções poderiam incluir de tudo, desde porteiros a serviços de *concierge* com horário escalado, o uso de plantas em vasos ao invés de flores frescas. Até a humilde bala de hortelã do café poderá desaparecer.

Novos Conceitos

Algumas companhias hoteleiras estão adotando estratégias de gerenciamento corporativo para lidar

QUADRO 3
Viajantes a Negócios

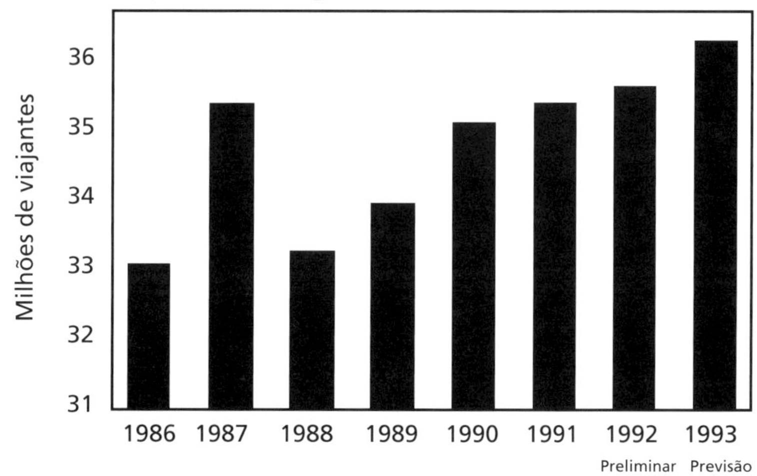

Fonte: U.S. Travel Data Center's National Travel Survey, Washington, D.C., com base nas respostas de 2.000 viajantes a negócios.

NT: Não se consideram os atentados terroristas de 11/09/2001.

com as realidades econômicas do futuro. Por exemplo, tanto a Ritz-Carlton Hotel Company, Atlanta, como a divisão Norte-americana da Westin Hotel Company estão implementando o gerenciamento de qualidade total. O gerenciamento de qualidade total enfatiza a qualidade em todos os aspectos e operações da companhia, assim como as decisões em que participam aqueles afetados pelas decisões – de gerentes do topo até as funções mais operacionais. A satisfação do cliente define o sucesso, então os vendedores e clientes estão envolvidos em algumas questões.

Horst Shulee, presidente e C.E.O. da Ritz-Carlton Hotel Company, chamou o gerenciamento de qualidade total de "fogo que está queimando no mundo dos negócios americanos... As companhias que não usam o gerenciamento de qualidade total não estarão nos negócios daqui a 10 ou 15 anos". David Evans, vice-presidente e gerente geral de vendas dos Westin Hotels e Resorts, acrescenta: "nós somos desafiados a nos tornarmos executivos de vendas de hotéis e serviços, não somente gerentes de hospedagem, alimentos e bebidas. A prática do gerenciamento de qualidade total ensina a conhecer realmente seu cliente e realizar duas coisas muito importantes: valores e serviços".

Com o intuito de simplificar as tarifas para os clientes, várias cadeias, incluindo a Marriott e Sheraton, instituíram estruturas "racionalizadas" de preços, nas quais os clientes podem obter acesso a cada propriedade ligando para uma central de reservas das cadeias hoteleiras. O volume de diárias negociado ainda é um modo de viver das companhias hoteleiras, mas maior ênfase está sendo dada aos preços de serviços adicionais *versus* tarifa e preço, diz o analista da Arnold Pannell Kerr Forster. Finalmente, o marketing hoteleiro está cada vez mais ligado ao desempenho do hotel.

"Você deve ser capaz de rastrear a produtividade de programas de marketing para ter algum senso de distribuição de quartos em razão do custo" – afirma Robert Cotter, vice-presidente sênior e diretor de marketing para o ITT Sheraton Hotels Hawaii, Honolulu, na Conferência Anual da Indústria da Hospitalidade da cidade de Nova York de junho de 1992. "É o que será a ciência nos próximos anos – avaliando os custos e verificando se valem ou não" (Quadros 4 e 5).

QUADRO 4
Políticas de Viagens para Controlar os Custos

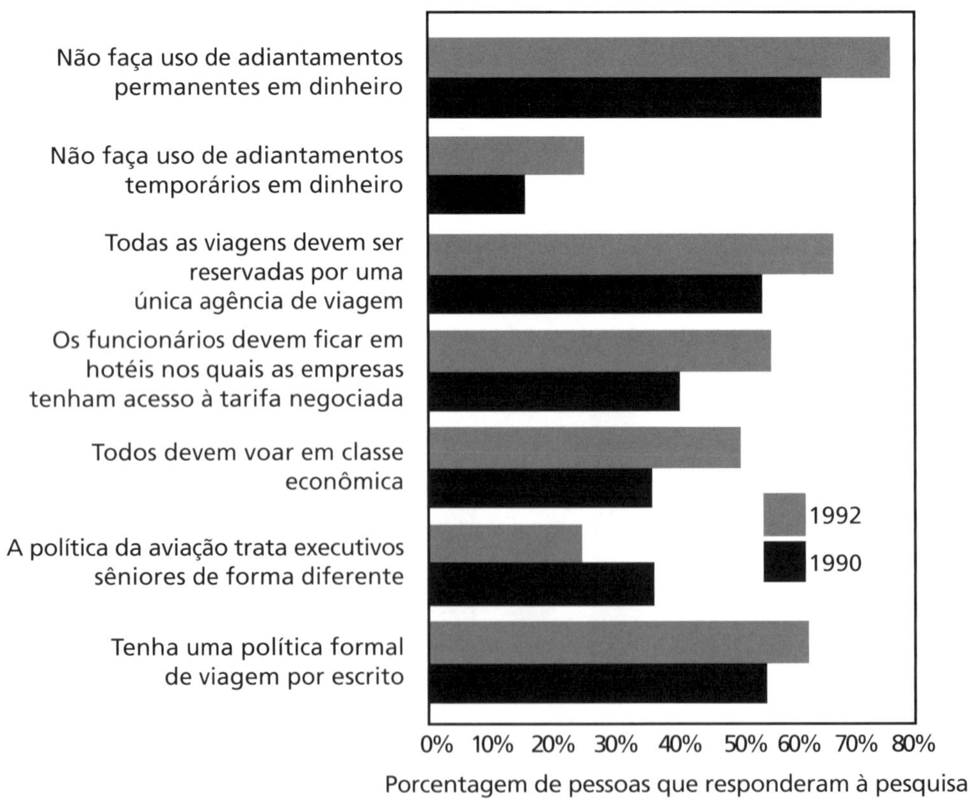

Nota: A pesquisa foi baseada nas respostas de 1.550 executivos.
Fonte: American Express Survey of Business Travel Management, American Express TMS, New York City.

QUADRO 5
Porcentagem de Mudança no Volume das Viagens a Negócios

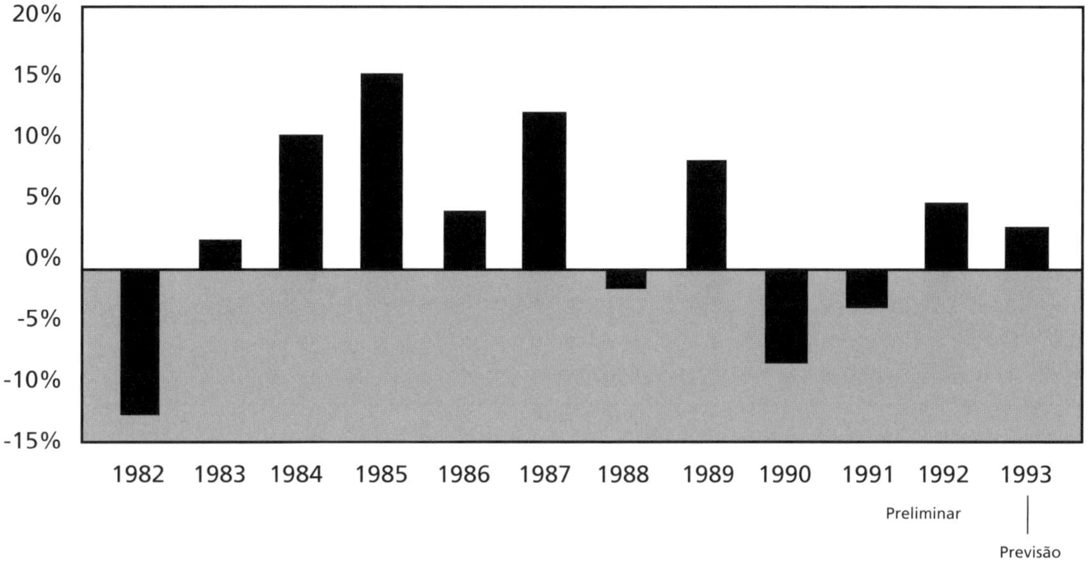

Fonte: U.S. Travel Center's National Travel Survey, Washington, D.C., com base nas respostas de 2.000 viajantes a negócios.

COMPANHIAS AÉREAS: A LUTA PELO LUCRO

Se os anos 90 foram tumultuados para a hotelaria, não foram menos traumáticos para o setor das companhias aéreas, que tiveram um lucro líquido de US$128 milhões em 1989, mas perdas brutas de US$3,9 bilhões, em 1990, e US$1,9 bilhão, em 1991, de acordo com a *Air Transport 1992*, o relatório anual do setor da aviação dos EUA (ver também Quadro 6).

De acordo com Tim Neale, porta-voz da Air Transport Association of America (ATA), que publicou o relatório, a Guerra do Golfo elevou o preço do combustível e, com a recessão, causou a queda no número de viagens aéreas em 1991. Ele acrescenta que as regulamentações do governo aumentaram o custo do transporte aéreo e grandes descontos – alguns obtidos por causa da proteção à falência corroeram qualquer ganho no volume de viagens aéreas.

Reestruturação de Tarifas

Foi contra este cenário que a American Airlines (Dallas) anunciou, em abril de 1992, uma revolucionária estrutura de tarifas – a mesma incluiu somente quatro categorias, eliminou todas as tarifas contratadas negociadas, e permitiu que as passagens fossem reembolsadas ou reemitidas, mas impôs uma taxa de US$25 em tais transações. Tarifas irrestritas foram cortadas em 38%. Todas as tarifas com descontos foram consolidadas em duas categorias – para compras antecipadas de 7 e 21 dias – e com preços similares ou, de alguma forma, abaixo dos níveis anteriores. As tarifas de primeira classe foram cortadas entre 20 e 50%.

O presidente da American, Robert Crandall, enfatizou repetidamente que a estrutura de tarifas não é uma promoção, mas uma reestruturação permanente concebida para simplificar o processo de escolha da tarifa que se tornou muito confuso para os consumidores. Ele diz que a reestruturação foi intencional para evitar a clássica situação do passado na qual os passageiros do mesmo vôo podiam pagar tarifas radicalmente diferentes, mesmo se eles tivessem feito a reserva antecipadamente. Crandall diz que a nova estrutura de tarifas é pensada para estimular as viagens aéreas e dar a American Airlines mais controle sobre o preço e a rentabilidade. (A American espera aumentar a tarifa média paga por permitir que menos pessoas viagem com descontos.)

A iniciativa da American causou uma resposta imediata de outras grandes empresas americanas. Delta (Atlanta), USAir (Arlington, Virginia) e United (Chicago), por exemplo, dizem que eles combinaram esta iniciativa, incluindo a eliminação de tarifas negociadas, mas que honrariam qualquer contrato de convenção existente.

Eugene Rondeau, gerente nacional de eventos e convenções da American diz, "nós não retiramos nenhuma tarifa negociada do mercado de convenções – nós, na verdade, as fornecemos para todos. Mas o

QUADRO 6
Resumo Financeiro da Indústria da Aviação dos EUA 1981 – 1991

	1981	1982	1983	1984	1985	1986	1987	1988	1989	1990	1991
Rendimento por passageiro/milha	12,3	11,8	11,6	12,1	11,7	10,9	11,1	11,9	12,4	12,8	12,7
Taxa ou retorno do investimento (%)	4,7	2,1	6,0	9,9	9,6	4,9	7,2	10,8	6,3	(6,0)	(0,5)
Margem operacional de lucro (%)	(1,2)	(2,0)	0,8	4,9	3,1	2,6	4,3	5,4	2,6	(2,5)	(2,3)
Margem de lucro líquido (%)	(0,8)	(2,5)	(0,5)	1,9	1,8	(0,5)	1,0	2,6	0,2	(5,1)	(2,5)
Número de funcionários	349.864	330.495	328.648	345.079	355.113	421.686	457.349	480.553	506.728	545.809	533.565

Nota: A Fedex passou a ser considerada transportadora em 1986, pela Seção 401, quando foi incluída nas estatísticas. Os parênteses indicam números negativos.
Fonte: Air Transport 1992, U.S. Scheduled Airline Industry, Washington, D.C.

que eu gostaria de salientar é que nós ainda fornecemos serviços e itens negociáveis para o mercado de convenções, que outras transportadoras não fazem. Nestes tempos tumultuados, a American continuará a ser competitiva". Ele diz que a companhia aérea pode fornecer apoio para impressão de material gráfico, negociar frete aéreo e descontos especiais com operadores em áreas selecionadas, entre outras coisas. Rondeau diz que – além do valor – "confiança, segurança, estrutura de rotas e qualidade de serviço" são de importância imprescindível para os profissionais de eventos, áreas nas quais a American tem padrão de excelência.

A Continental (Houston) seguiu a estrutura de quatro tarifas, mas está oferecendo descontos para grupos de convenções de 2 a 5% para as novas tarifas econômicas. Jane Tice, diretora de vendas de eventos do grupo Continental diz: "Uma compra volumosa ainda garante um desconto substancial. Nós ainda estamos focados no negócio de convenções e eventos. Esse tipo de desconto chega até 50% da tarifa econômica, o que ultrapassa de 40 ou 50% nas tarifas cheias, que eram os típicos descontos de convenções no passado".

Ainda Há Espaço para Negociação

A companhia Northwest Airlines (Minneapolis) tomou um rumo diferente com relação às tarifas aéreas. "Estamos negociando os eventos e convenções caso a caso" – diz Larry Knickerbocker, gerente de desenvolvimento de vendas corporativas.

Ele diz que os esforços da Northwest serão focados nos clientes "que demonstrarem efetiva condição de administrar sua compra de transportes e de modificar os segmentos de mercado aéreo... Eles precisam saber seu volume e pontos de origem, e mostrar sua eficiência em comercializar e atingir o mercado de modo que seus clientes percebam a vantagem oferecida pela Northwest".

Outros fatores a serem analisados são o relacionamento do cliente com a companhia, a dimensão dos eventos, sazonalidade e flexibilidade de horário (Quadro 7).

"Nós valorizamos os negócios de reuniões e convenções de negócios, mas temos de considerá-los prudentemente. Claramente alguns mercados são mais importantes que outros... Tudo que era negociável no passado nós consideraremos a negociação se isso ajudar na associação da mudança deste segmento do mercado" – afirma Knickerbocker.

Ainda é muito cedo para dar o resultado desta nova abordagem para a convenção de tarifas aéreas, afirmam muitos executivos destas companhias. Além do mais, "a situação é tão inconstante que pode ser perigoso fazer qualquer previsão" – alerta Bill Downes, gerente da Delta Meeting Network (Atlanta). O verão de 1992 viu um furor dos descontos de tarifas, apesar das novas estruturas de tarifas. Tim Neale da ATA diz que os descontos contribuiriam de forma significativa para uma perda do setor em 1992, que ele estima seja de US$2 bilhões.

O QUE TUDO ISSO SIGNIFICA PARA AS ASSOCIAÇÕES

Executivos ligados às associações, em sua maioria, não estão bem certos de qual impacto as novas tarifas aéreas gerará na participação em reuniões. Mas

QUADRO 7
Propósito da Viagem

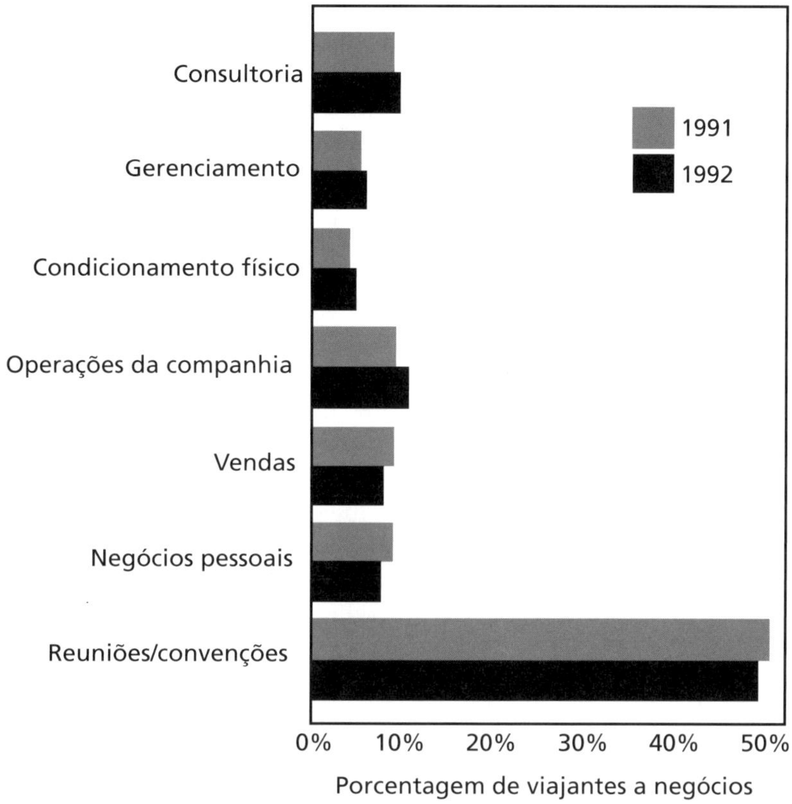

Fonte: U.S. Travel Data Center's National Travel Survey, Washington, D.C., com base nas respostas de 2.000 viajantes a negócios.

algo dito várias vezes é que, sem uma tarifa especial, um participante não tem incentivo para reservar uma passagem com uma transportadora oficial para um evento.

John Crawford, presidente da Screen Printing Association International, Alexandria, Virginia, observa "se um participante não consegue enxergar nenhuma vantagem psicológica para fazer sua reserva com uma transportadora oficial, ele vai fazer a reserva pelo preço, conveniência e/ou crédito em milhagem". A associação de Crawford não terá uma transportadora oficial para a próxima reunião anual, fato que não lhes permitirá ter bilhetes cortesia (oferecidos com base no número de assentos reservados pelos participantes), usados, em sua maioria, para compensar as despesas de viagem para palestrantes e funcionários.

Linda Karson, diretora de eventos para o American College of Cardiology, Bethesda, Maryland, diz que a eliminação das tarifas negociadas mudou a maneira que sua associação negocia. Para a próxima reunião anual (com aproximadamente 17.000 participantes), a associação publicará um número 0800 para a agência de viagens oficial. Desta maneira, os participantes terão a possibilidade de reservar suas passagens na companhia aérea que for mais conveniente para eles e, ao mesmo tempo, a associação ainda terá passagens gratuitas baseadas no volume de reservas – mas elas virão da agência de viagens, diz Karson. "Teoricamente, desta maneira, nós podemos ganhar até mais bilhetes de cortesia e os participantes poderão fazer a reserva em qualquer companhia".

Uma atitude do tipo "espere e verá" espelha a visão dos executivos para com as novas estruturas das tarifas aéreas. Entretanto, quando o assunto é hotelaria, o impacto do novo cenário no setor é muito mais aparente. Em nenhum lugar ele é mais aparente que nos contratos de hotéis. Muitos hotéis estão preocupados com as desistências e cancelamentos de eventos nos últimos dois anos. (Uma grande cadeia reportou a perda de 900.000 *room-nights* no ano passado em razão dos cancelamentos de eventos). Como resultado, os hotéis estão elaborando contratos mais rígidos e seguindo-os mais a risca.

"Estamos vendo contratos de hotéis tremendamente complicados... e estipulações muito rígidas no que diz respeito às condições de cancelamento" – diz Lorraine Bergstrom, diretora de reuniões da American Compensation Association, Scottsdale, Arizona. Ela reconhece isso como resultado direto das perdas que alguns hotéis sofreram devido à queda de negócios em eventos. "Mas" – ela diz, "estamos colocando nossas mãos no fogo". Em alguns casos, eles nos pedem para garantir números que são impossíveis de prever. Teríamos de ser gênios". Donald Glass, presidente da Massachusetts League of Community Banks, Boston, com 25 anos de experiência em planejamento de reuniões, ficou surpreso ao encontrar a cláusula de garantia em um contrato de hotel que ele assinou; foi pedida à sua associação que pagasse 80% do número original dos quartos bloqueados, um número estimado três anos antes do evento.

As cláusulas de cancelamento se tornaram mais duras, diz a associação de executivos. Era de costume que, primeiramente, a associação fosse responsável por perda de lucro dos quartos em noites de alta ocupação. Agora, alguns contratos estão estipulando a responsabilidade pela perda total de rentabilidade, incluindo comida, bebida e lucro dos bares. Karson, como muitos de seus colegas, está respondendo inserindo cláusulas próprias, designadas para proteger a associação e dar a ela mais liberdade de ação em uma vasta gama de situações. Por exemplo, Karson inseriu cláusulas que estipulam quais as condições que a associação acataria quando o hotel, voluntariamente ou acidentalmente, se tornasse insolvente ou mudasse de dono. Ela também detalhou algumas cláusulas a respeito de possíveis mudanças nas condições de trabalho da associação.

Os organizadores de eventos e convenções sabem que não existe um produto tão perecível quanto um assento de avião ou um quarto de hotel. Sabem, também, que organizadores, em geral, devem ser cautelosos, responsáveis ao lidar e prever situações como escolha de quartos, necessidades para salas de reuniões e fornecimento de alimentos e bebidas. Além disso, sabem que ao negociar demais nas tarifas dos apartamentos, estarão prejudicando a si mesmos.

Por outro lado, um melhor gerenciamento e automação nos hotéis ajudariam não somente na obtenção de lucro, mas na satisfação do hóspede, dizem alguns organizadores. "Seria um grande investimento inicialmente, mas se os hotéis automatizarem seus sistemas administrativos, seria muito mais efetivo em relação aos custos a longo prazo, e isto beneficiaria a todos" – sugere Karson.

Ela diz que nunca trabalhou com um hotel que pudesse importar seus dados com o *rooming-list* do evento. "Eles precisam de cópias impressas e depois lançar em seus sistemas, e então nós temos que checar os erros das cópias. Com 17.000 participantes, isso é muito cansativo e leva tempo".

Check-in e *check-out* automatizados, sistema de reservas computadorizado, chaves de quarto eletrônicas, serviço de quarto requisitado pela televisão são algumas medidas que os hotéis podem adotar, para poupar trabalho, ela diz. "Todas elas ajudam na operação do hotel e na satisfação do usuário. Talvez nós não tivéssemos de eliminar alguns serviços, como amenidades no quarto, se os custos administrativos pudessem ser cortados".

Mas não são somente os hotéis e companhias aéreas que estão passando por transformações. Como qualquer outro tipo de organização, as associações estão às voltas com a diminuição do pessoal e corte no orçamento, assim como fusões.

Eles devem assegurar que os programas das reuniões sejam genuinamente significativos e importantes para todos os membros e comercializar suas convenções e eventos de modo eficaz se quiserem manter os níveis de comparecimento. "Todos, em todos os lugares, estão tendo de fazer mais por menos" – observa Bergstrom, da American Compensation Association. "É tudo parte de uma questão maior de produtividade que confronta os negócios americanos".

O perigo é que ambos os organizadores de eventos e fornecedores de hospedagem estão enfrentando medidas mais rígidas de resultados, uma mentalidade "nós-eles" emergirá, se já não existe. Mas os próximos anos trarão muitas questões à pauta que ajudarão a unir consumidores e fornecedores na indústria da hospitalidade. Aqui estão algumas:

- Há uma necessidade crescente de ação legislativa para reduzir os impostos sobre serviços que estão onerando hotéis e associações;
- O Ato dos Americanos com Deficiência é só o começo de uma nova diversidade "imperativa" de gerenciamento no local de trabalho americano – imperativa para unir esforços dos profissionais de reuniões e fornecedores;
- Finalmente, a rápida internacionalização do comércio, incluindo as reuniões, já tem um efeito profundo em todos os segmentos nos negócios do setor de viagens.

A mudança está realmente alterando o gerenciamento de hotéis, companhias aéreas e associações. Mas, depois desses tempos difíceis, surgirão organizações, sem sombra de dúvida mais fortes, nas quais as parcerias terão papel importante como nunca tiveram.

"Nós temos de voltar a pensar em parcerias" – ressalta Karson que, como esposa de um gerente de serviços, está no caminho. "Nós só precisamos sentar juntos e estabelecer as necessidades mútuas o mais honestamente possível. Estamos, todos, lidando com mudanças tremendas. Mas se você não gosta de mudanças, provavelmente, está na área errada".

2. Consumidores de Hospedagem Continuarão Conscientes dos Custos, Mesmo se Houver Recuperação

Carol Greenberg

A força do consumo, durante a primeira metade de 1992, ajudada pela melhora real dos salários e o devagar, mas evidente início de um aquecimento do mercado de trabalho, são sinais favoráveis para a economia em geral – e para a indústria do alojamento em particular. O grupo WEFA ainda fala de crescimento real moderado GDP de 1,8% em 1992, 3% em 1993 e 3,1% em 1994 (Tabela 1), mas esta é uma revisão dos 1,5%, 3,1%, e 2,8% de crescimento implícito na nossa previsão para o inverno. Conseqüentemente, a demanda para quartos aumentará 2,3% em 1992, seguida de um maior crescimento de 3,4% em 1993 e 1994 (Tabela 2). A oferta se expandirá 1% em 1992, mas permanecerá estável durante o período restante de previsão. A combinação de crescimento moderado de demanda e o não aumento da oferta causará um substancial aumento na taxa de ocupação, de 61,9% em 1992 para 65,9% em 1994.

O aumento das diárias médias inicialmente permanecerá fraco, subindo somente 2,1% em 1992 – um declínio de 0,7% em termos reais – mas, provavelmente, alcançará a inflação no terceiro trimestre de 1993 e ultrapassará em um ponto percentual em 1994 (Quadro 1). O rendimento total aumentará 4,4% para US$62,6 bilhões em 1992, depois de experimentar um crescimento insignificante em 1991 (Quadro 2). O crescimento irá se acelerar para 6,8% em 1993 e 8,3% em 1994, um prêmio de 2,5% sobre a inflação, o que sugere um retorno à lucratividade traçada no final da previsão.

CONSUMIDORES MAIS CONFIANTES NO FUTURO, MAS AINDA ANSIOSOS COM O PRESENTE

Sinais encorajadores de recuperação são abundantes e incluem aumentos no índice de indicadores líderes do Departamento de Comércio em janeiro, fevereiro e março de 1993, que juntamente com a situação de estoques baixos e o aumento do índice de compras dos gerentes em março, apoiam o argumento de que a produção aumentará nos próximos meses.

A visão internacional não é tão otimista. O crescimento menor que o previsto no resto do mundo poderia reduzir as exportações e entradas de turistas estrangeiros.

A média de consumo aumentou para uma robusta taxa anual de 5,3% no primeiro trimestre, como resultado do aumento da renda das pessoas. Ao mesmo tempo, o desemprego permanece alto (7,2%) e é improvável que caia abaixo dos 7% até o final de 1993, enquanto o crescimento da mão-de-obra acelera quando mais trabalhadores procuram empregos mais ativamente. A taxa relativamente baixa de poupança pessoal durante a recessão também limitará o crescimento da demanda de consumidores durante os primeiros estágios da recuperação.

Indicadores importantes como os índices do "Conference Board" da opinião dos consumidores dão suporte a esta perspectiva encorajadora. O aumento de 9,2 pontos, em março, do índice de confiança do consumidor (o primeiro aumento em nove meses) foi seguido de um ganho de 8,3 pontos em abril, sugerindo que uma recuperação está a caminho. A avaliação do consumidro sobre a presente situação mudou pouco até 27,7 em abril; então, todo este ganho originou-se de componente expectativas dos consumidores do índice, que se elevou de 12,8 pontos a 89,5. Isto é estimulante, sendo o componente de expectativas historicamente um indicador líder na atividade hoteleira (Quadro 3).

O Setor de Viagens Ainda É Frágil

A turbulência na indústria aérea e o crescimento da percepção do consumidor de que as tarifas estão altas, mesmo após recentes anúncios feitos pela American Airlines e outras, têm desencorajado as viagens. O declínio considerável na demanda de vôos e *resorts* em 1991 é uma evidência da diminuição de viagens de longa dis-

TABELA 1
Indicadores Macroeconômicos Selecionados

	1991	1992	1993	1994
GDP real (% variação)	-0,7	1,8	3,0	3,1
Inflação (% variação)	4,2	2,7	3,3	3,8

Fonte: The WEFA Group, abril de 1992.

TABELA 2

Previsão de Acomodação da Coopers & Lybrand – Primavera 1992 (12 trimestres)

	1991:4	1992:1	1992:2	1992:3	1992:4	1993:1	1993:2	1993:3	1993:4	1994:1	1994:2	1994:3	1994:4	1991	1992	1993	1994
Taxa de Ocupação (Pct. NSA)	55,9	57,0	65,3	68,7	56,8	58,3	67,2	70,9	58,7	60,3	69,5	73,3	60,6	61,3	61,9	63,8	65,9
Taxa de Ocupação (Pct. SA)	61,6	61,5	61,7	61,9	62,6	63,0	63,5	63,9	64,7	65,2	65,6	66,1	66,8				
Variação em relação ao ano anterior	-1,4	1,9	0,7	0,0	1,6	2,5	3,0	3,3	3,4	3,4	3,4	3,4	3,3	-3,5	1,0	3,0	3,4
Diária média ($. NSA)	57,69	61,42	60,74	59,38	59,06	63,06	62,64	61,47	61,40	65,75	65,55	64,52	64,65	58,94	60,15	62,14	65,12
Diária média ($. SA)	59,05	59,72	60,09	60,32	60,53	61,30	61,91	62,47	62,96	63,90	64,75	65,59	66,32				
Variação em relação ao ano anterior	0,7	1,7	1,9	2,2	2,4	2,7	3,1	3,5	4,0	4,3	4,6	5,0	5,3	1,7	2,1	3,3	4,8
Média de diárias vendidas (NSA)	1.704	1.741	2.001	2.113	1.751	1.796	2.068	2.186	1.812	1.858	2.138	2.260	1.871	1.859	1.901	1.966	2.032
Media de diárias vendidas (SA)	1.875	1.883	1.893	1.904	1.927	1.942	1.957	1.970	1.994	2.009	2.023	2.036	2.059				
Variação em relação ao ano anterior	0,2	3,4	1,9	1,3	2,8	3,2	3,4	3,5	3,5	3,4	3,4	3,3	3,3	-1,2	2,3	3,4	3,4
Receita total (Mil. SAAR)	60.285	61.357	62.100	63.208	63.702	64.991	66.208	67.704	68.519	70.081	71.620	73.449	74.504	59.903	62.592	66.856	72.413
Variação em relação ao ano anterior (SAAR)	-1,9	7,3	4,9	7,3	3,2	8,3	7,7	9,4	4,9	9,4	9,1	10,6	5,9	0,4	4,5	6,8	8,3
Lucro por quarto disponível (SAAR)	13.201	13.380	13.500	13.714	13.805	14.076	14.336	14.658	14.835	15.170	15.504	15.903	16.136	13.185	13.600	14.476	15.678
Variação em relação ao ano anterior (SAAR)	3,1	5,5	3,6	6,5	2,7	8,1	7,6	9,3	4,9	9,4	9,1	10,7	6,0	1,9	3,1	6,4	8,3
Fornecedor de quartos (total)	3.047	3.060	3.069	3.075	3.079	3.081	3.082	3.082	3.082	3.082	3.082	3.082	3.081	3.047	3.079	3.082	3.081
Variação em relação ao ano anterior	1,6	1,6	1,4	1,3	1,0	0,7	0,4	0,2	0,1	0,1	0,0	0,0	0,0	1,6	1,0	0,1	0,0
Em obras (NSA)	7.322	4.413	6.977	7.052	6.605	3.862	5.033	5361	5.764	5.748	5.306	6.444	7.491	28.318	25.046	20.019	22.988
Variação em relação ao ano anterior	-53,8	-35,2	7,1	-8,0	-9,8	-12,5	-27,9	-24,0	-12,7	-3,0	5,4	20,2	30,0	-60,8	-11,6	-20,1	14-8
Aberturas	21.463	18.832	15.627	12.303	9.680	8.004	6.981	6.495	6.417	6.387	6.078	5.609	5.286	97.533	56.441	27.897	23.361
Variação em relação ao ano anterior	-16,1	-28,6	-39,5	-48,5	-54,9	-57,5	-55,3	-47,2	-33,7	-20,2	-12,9	-13,6	-17,6	-6,5	-42,1	-50,6	-16,3

Definições de dados: NSA = não ajustável sazonalmente; AS = ajustado sazonalmente; SAAR = sazonalmente ajustável pela taxa anual.
Dados que representam as acomodações dos Estados Unidos com, pelo menos, 25 quartos.

QUADRO 1
Recuperação da Diária Será Menor que em 1983

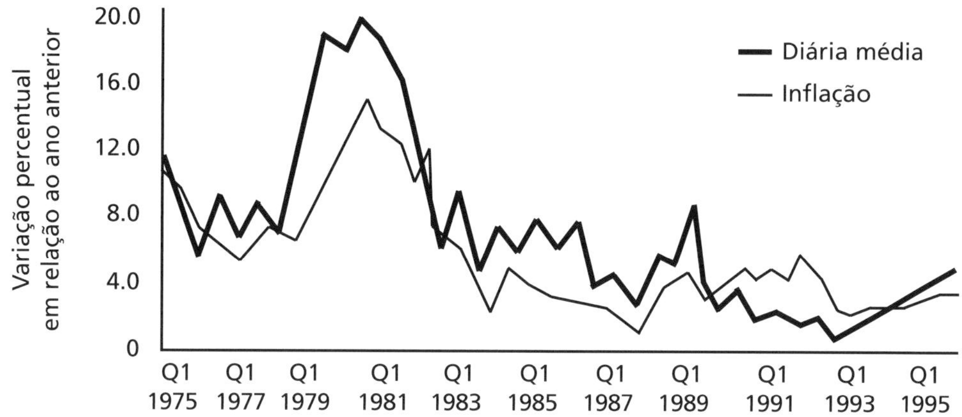

Fonte: Smith Travel Research, The WEFA Group, Coopers & Lybrand.

QUADRO 2
Aumento Modesto de Lucro em 1992

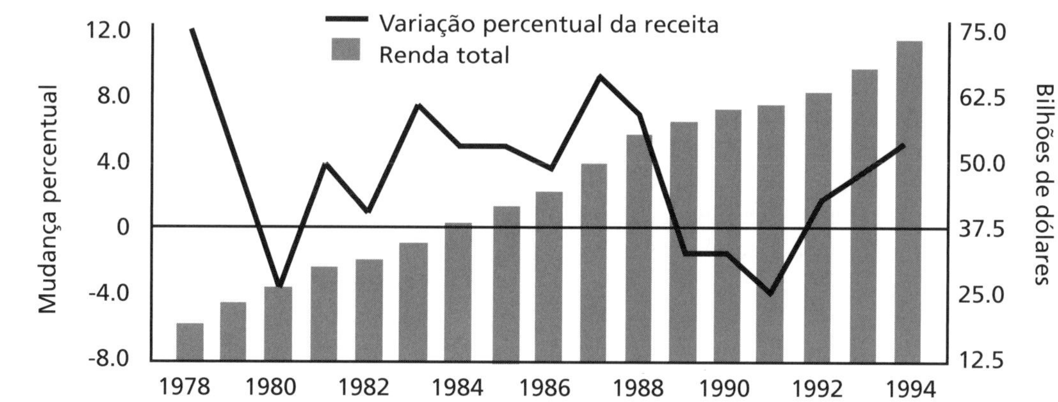

Fonte: U.S. Census Bureau, Coopers & Lybrand.

tância por homens de negócios, assim como turistas de lazer (Quadro 4). Sob pressão, depois do pagamento de impostos de US$3,9 bilhões em 1990 e US$2 bilhões em 1991 (números preliminares da Air Transport Association) e baixo volume de tráfego, o setor da aviação está tentando aumentar os lucros através da redução de tarifas, para aumentar o volume.

Esta reestruturação de tarifas, primeiramente introduzida pela American Airlines, reduz as tarifas mais altas até 50% e elimina descontos corporativos. Com este programa, espera-se aumentar os lucros da companhia aérea aumentando a porcentagem de passageiros que paguem tarifa cheia. Qualquer ganho em potencial no tráfego aéreo viria dos homens de negócios, desde que o plano não abaixe significativamente as tarifas de lazer. A reação do setor aéreo à sensibilidade de preço do consumidor durante a recessão reforça nossa visão de que as tarifas das diárias de hotel permanecerão baixas inicialmente, mesmo quando as taxas de ocupação aumentarem.

A longo prazo, a filosofia da simplificação dos preços, proposta pela American Airlines, pode ter mais impacto no setor de hospedagem que as mudanças de preço por si só. As companhias esperam maior economia através da redução de custos e *yield management* nos departamentos responsáveis por organizar o complexo conjunto de tarifas de vôo, serão o foco desses cortes. Se o programa for eficaz, os hotéis poderão se interessar em explorar estratégias de simplificação de tarifas similares. (Por exemplo, o programa “SureSavers” do Sheraton, introduzido em 26 de abril de 1992, apresenta uma estrutura de tarifas simplificada e redução de preços.)

QUADRO 3
Melhora nas Expectativas Sugere que a Demanda Seguirá essa Tendência

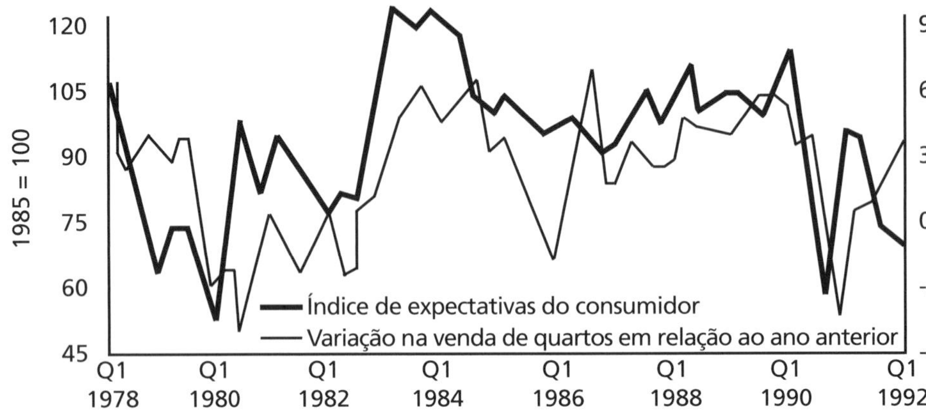

Fonte: The Conference Board, Smith Travel Research, Coopers & Lybrand.

QUEDA NOS REGISTROS ESTABELECIDOS EM 1991

O ano de 1991 foi o pior no setor de hospedagem desde o início dos anos 1970. A taxa de ocupação caiu para 61,3%, a média das diárias diminuiu 2,4% em termos reais, e a demanda caiu 1,2%. O lucro total estava estagnado, e as perdas chegaram próximas a US$1.700 por quarto disponível. Este balanço aumentou a inadimplência dos hotéis para 13,7% no primeiro trimestre.

De várias maneiras, a indústria parecia consideravelmente mais saudável em 1982, anterior a última recuperação econômica. A Tabela 3 compara o estado da indústria em dois anos de recessão, de 1982 e 1991. Apesar do final do corrente declínio não ter sido, ainda, oficialmente determinado, 1982 e 1991 parecem representar estágios similares de ciclos de negócios. A primeira recessão foi de julho de 1981 a novembro de 1982, e a corrente recessão começou em julho de 1990. Apesar de agora parecer que a depressão ocorreu na última primavera, um recuo subseqüente na taxa de desemprego e na produção industrial indica que pouco crescimento econômico ocorreu desde então. Conseqüentemente, a condição da economia dos Estados Unidos, em 1991, é similar à de 1982, logo antes do início de sua recuperação.

A taxa de ocupação em 1991 era 3,3% mais baixa que em 1982, em grande parte devido ao rápido crescimento da oferta nos anos decorrentes.

Apesar do recente declínio menos dramático no PIB real, a demanda de quartos diminuiu mais entre

QUADRO 4
Hotéis Fora do Centro São os Principais Ganhadores em 1991

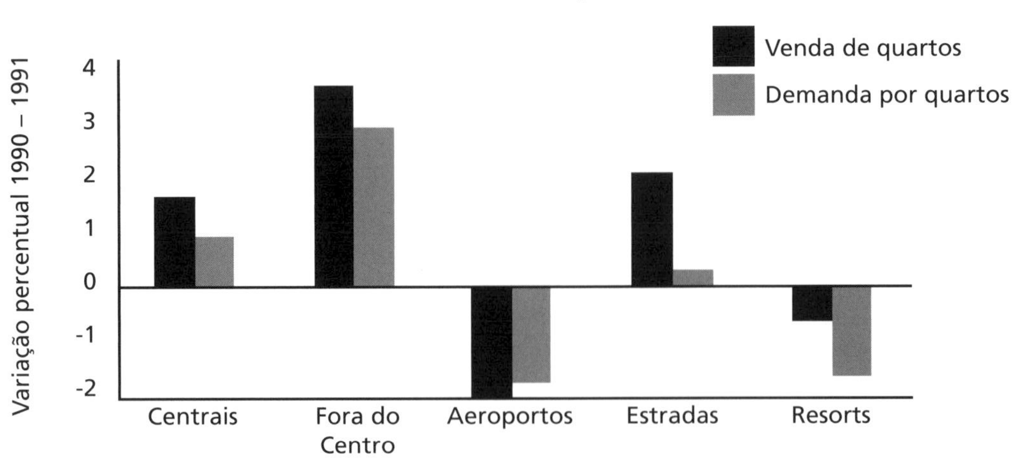

Fonte: Smith Travel Research.

TABELA 3
No Limiar da Recuperação, o Setor da Acomodação Está mais Fraco que em 1982

	1982 Porcentagem	1981 - 1982 Mudança	1991 Porcentagem	1990 - 1991 Mudança
Taxa de ocupação (%)	64,6	-2,9	61,3	-3,5
Quartos vendidos (total)	1.388,8	-0,8	1.859,4	-1,2
Diárias médias (US$82)*	40,46	1,1	43,25	-2,4
Quartos disponíveis (total)	2.168,5	2,1	3.046,9	1,6
Lucro total (US$82 milhões)*	32.526	1,1	43.958	-3,6
Início de obras de apartamentos	90.547	3,1	28.318	-60,8
Entrega dos apartamentos	83.530	-0,7	97.533	-6,5
Perda por quarto disponível	-214	186**	1692	-1.573**
Receita disponível real (US$87 bilhões)	2.820,4	0,9	3.534,9	-0,1
PIB real (US$87 bilhões)	3.760,3	-2,2	4.848,9	-0,7

* Deflacionado pela CPI, todos urbanos, 1982 – 1984 = 100.
** Ganho/perda do ano anterior por quarto.
CPI = inflação

Fonte: Smith Travel Research, Bureau of Economic Analysis, The WEFA Group, Coopers & Lybrand.

1990 e 1991 do que de 1981 a 1982. Esta combinação de baixa taxa de ocupação e demanda fraca forçou a queda das diárias médias para 2,4% em termos reais, em contraste com um percentual de ganho de 1,1% em 1982. As perdas por quarto disponível, que foram de US$1.692 em 1991, minimizaram os US$214 por apartamento em 1982.

A Guerra do Golfo Pérsico foi parcialmente responsável por estas diferenças. Nosso modelo de acomodação simula uma demanda no primeiro trimestre de 1991 1.9% maior do que na verdade foi percebida. (Em contrapartida, a diferença entre a previsão e os quartos vendidos foi de somente -0,01% no primeiro trimestre de 1990 e -0,04% no segundo trimestre de 1991.) Este vão no primeiro trimestre aproxima ao impacto da Guerra do Golfo na demanda do setor hoteleiro.

De modo geral, entretanto, as estatísticas de construção em 1991 eram mais favoráveis para uma recuperação da taxa de ocupação que no começo do último *boom* de construção em 1982. Em 1982, a expectativa foi quebrada por um número estimado em 90.547 quartos de hotel, um aumento de 3,1% sobre 1981. O crescimento da oferta excedeu o crescimento da demanda em cada um dos subseqüentes cinco anos (com exceção de 1984), levando a um declínio na taxa de ocupação de 66,5 em 1981 a 61,0 em 1987. Em contraste, em 1991, somente 28.318 quartos de hotel foram lançados (início das obras), abaixo dos 60,8% de 1991, e pouca construção é esperada nos próximos anos. Isto, combinado com um crescimento de demanda moderado, permitirá que as taxas de ocupação cresçam acima dos 65% em 1994.

REDUÇÃO NAS VERBAS OFICIAIS

Regionalmente, a Costa Leste sofreu o pior declínio em ambos, demanda e venda de quartos (Quadro 5). A Nova Inglaterra teve o maior declínio na demanda, com Boston mostrando uma queda de 3,1% na venda de quartos. A Região do Médio Atlântico mostrou a pior performance em termos de lucros, devido a um declínio de 6% na venda de quartos em Nova York. O declínio nos mercados de Orlando e Tampa reduziu o desempenho na Região do Atlântico Sul.

Alguns estados estão reforçando os orçamentos das agências de viagens num esforço para dar início a uma recuperação. O Texas teve o maior orçamento oficial projetado em 1991 e 1992 para mais de US$26,7 milhões, um aumento de 31% em relação ao ano anterior (Travel Industry of America 1992). Aumentos significativos estão sendo antecipados para Louisiana, Massachusetts, Novo México e Dakota do Norte.

Estas áreas são exceções. Em geral, os estados acham muito difícil encontrar alternativa de lucro para se vender como destinos de viagens. De acordo com a pesquisa do U.S. Travel Data Center 1991–1992 *Survey of State Travel Offices* (Pesquisa de Agências de Viagens Estaduais), 21 agências oficiais estão experimentando cortes durante o ano fiscal corrente. Estes incluem cortes em três dos dez maiores orçamentos em agências oficiais: Havaí, Pensilvânia e Alaska. Somam-se ainda cortes projetados para Califórnia, Nova York e Tennessee. O orçamento para propagandas sofreu a maior baixa, com mais da metade dos 47 estados relatando declínio.

QUADRO 5
Venda de Apartamentos na Costa Leste Cai em 91

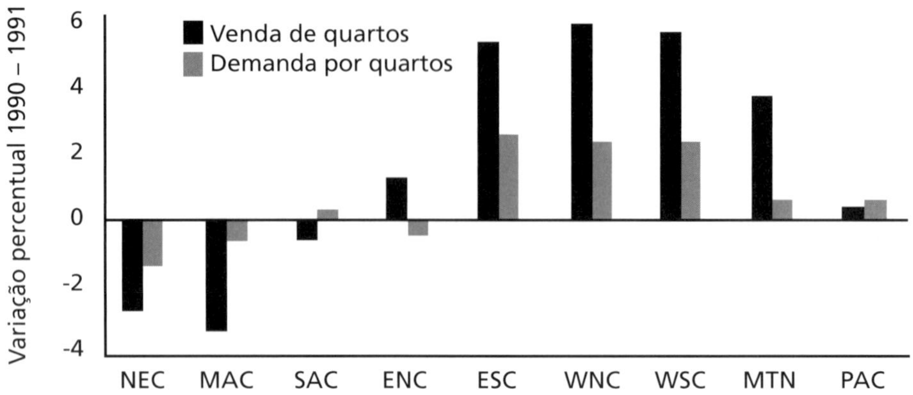

Fonte: Smith Travel Research.

"VALOR" PERMANECERÁ COMO *SLOGAN* DO SETOR

A superficialidade do retorno tem implicações negativas para o setor hoteleiro em particular. Os negócios que estão se recuperando devagar vão provavelmente manter os orçamentos conservadores para viagens. Os trabalhadores ainda estão ansiosos sobre seus empregos e estão menos propensos a terem férias caras. A situação do setor tem encorajado os consumidores a buscarem melhores tarifas e fazerem o melhor negócio. Algumas agências de viagens estão negociando tarifas especiais para seus clientes, que podem ser 10 a 30% inferiores ao valor das tarifas corporativas dos dias da semana (Dahl 1992).

O resultado será o valor percebido pela consciência dos consumidores, sugerindo pressão contínua nos preços para propriedades luxuosas e grande demanda para produtos de alto valor. O desempenho relativamente melhor de hotéis intermediários, com serviços limitados e o declínio do segmento superior/luxo durante 1991, reflete esta tendência (Quadro 6).

O reposicionamento de um grande número de hotéis mudando de proprietários relacionados a fusões, aquisições e outros tipos de vendas irão restringir o aumento dos preços. O volume de conversão de marcas aumentou dramaticamente nos últimos anos. Em 1991, 227.000 quartos de hotéis mudaram de filiação, 124.282 a mais que em 1990, quase o triplo do que foi em 1988. As conversões serão o veículo principal para o crescimento das cadeias de hotéis nos próximos anos em todos os segmentos, exceto no segmento econômico, no qual a maioria estará concentrada.

O sucesso destas conversões e o reaparecimento de hotéis falidos determinarão o tipo de produto quando, num futuro próximo, um novo ciclo de construção começar. Para os próximos três anos, o aumento no número de quartos só acontecerá para equivaler alguma perda ou retirada do mercado. Novas construções devem manter-se em níveis constantes, mas relativamente lentos, perfazendo um total de somente 22.988 quartos iniciados em 1994, comparados com o pico de 155.811 em 1985.

A liquidação da maioria dos hotéis restantes do "*portfolio*" do Resolution Trust Company acontecerá em 1992, assim como a disposição continuada das propriedades FDIC. Os profissionais do setor estão preocupados que o baixo preço das vendas encorajará preços de quartos abaixo do mercado, colocando intensa pressão nas propriedades capitalizadas com taxas muito mais altas.

Enquanto a recapitalização ajudará a aliviar a pressão do preço fixo para muitas propriedades, está se esperando uma redução nas perdas somente em 1992, de US$1.550 por quarto disponível, com os números de 1990 (Quadro 7). Isto reflete relativamente o crescimento vagaroso dos lucros para o ano. Reduções mais pronunciadas nas perdas deveriam ocorrer em 1993 e 1994, enquanto o crescimento da demanda se acelera e o crescimento da oferta se mantém estável (Quadro 8).

Por razões já mencionadas, o retorno antecipado da taxa de ocupação para um percentual de 65% (Quadro 9) provavelmente não será acompanhado por um dramático aumento das diárias. Esta pressão sobre preços está forçando o setor a se tornar o mais eficiente possível ao examinar cuidadosamente os serviços que fornece à luz do desejo do consumidor. As amenidades foram revistas, e diminuídas. Uma questão ainda maior são os altos custos de distribuição no setor, o que baixa as diárias. Estes incluem as porcentagens a serem pagas para agentes de viagens, operadores de cartões de créditos,

QUADRO 6
Hotéis de Serviço Limitado/Superior Superam Outros Segmentos

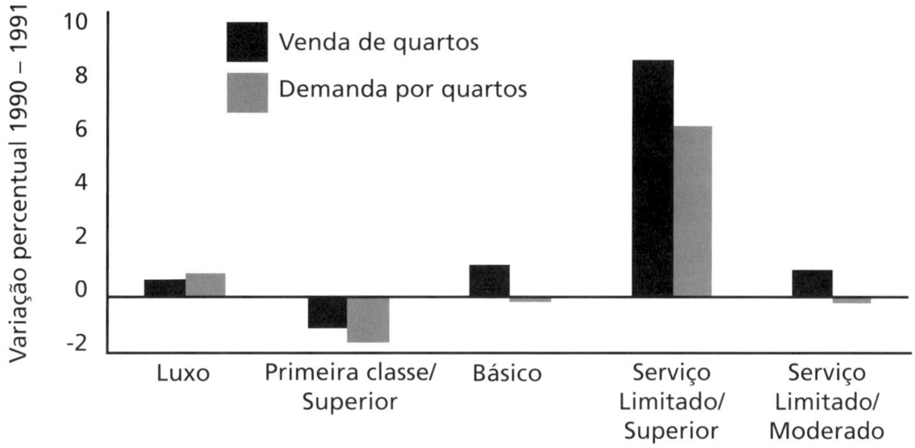

Fonte: Smith Travel Research.

QUADRO 7
Hotéis Devem Passar pelo 11º Ano Consecutivo de Perdas em 1992

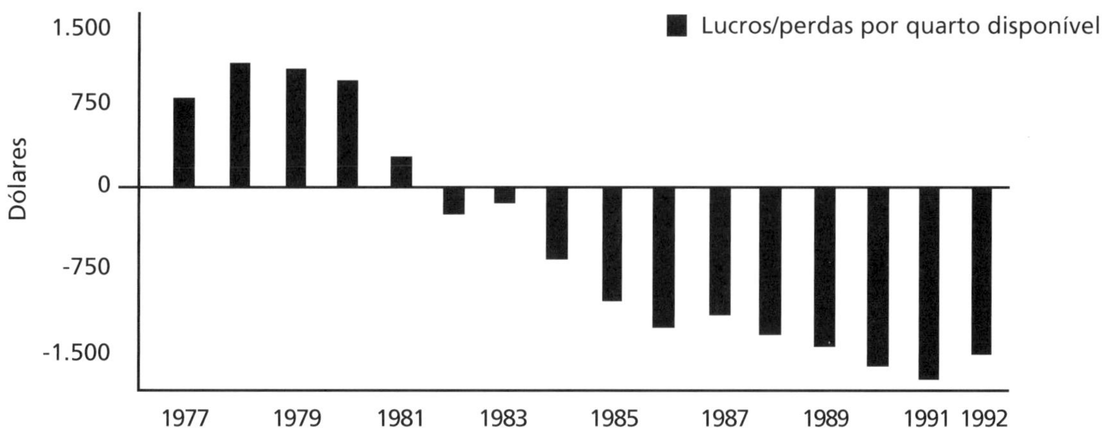

Fonte: Bureau of Economic Analysis, Coopers & Lybrand.

QUADRO 8
Crescimento da Demanda Excederá o Crescimento da Oferta em 1992

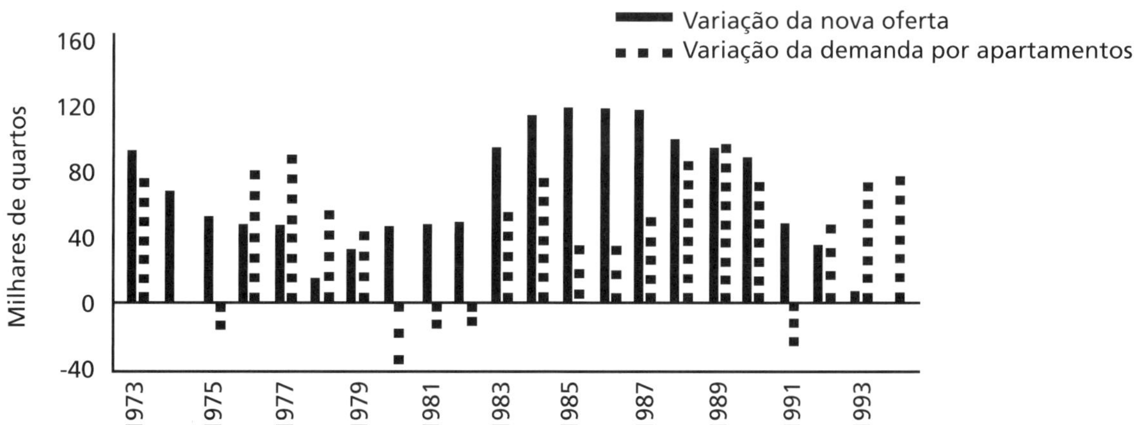

Fonte: Smith Travel Research, Coopers & Lybrand.

QUADRO 9
Taxa de Ocupação Crescerá Pontualmente Enquanto a Oferta se Mantém Estanque

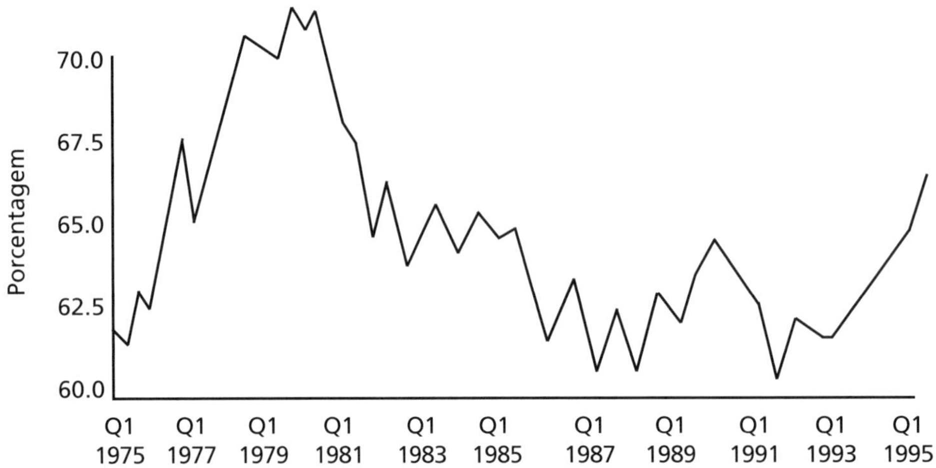

Fonte: Smith Travel Research.

franqueadores e usuários de programas de fidelidade. Pelo reescalonamento destes programas, o setor espera cortar os custos sem explicitamente aumentar as tarifas (Lodging's Summit Meeting III 1992). Aumentar a percepção de valor do consumidor com relação aos serviços de acomodação será um dos maiores desafios que o setor enfrentará. Somente então, a indústria será capaz de diminuir os custos e elevar os preços com aumento da qualidade de serviços e produtos.

Referências

Culligan, Patrick E. 1990. Looking Up: Lodging Supply and Demand. *The Cornell Hotel and Restaurant Administration Quarterly* August:32-35.

Dahl, Jonathan. 1992. Hotels' Business Rates Are No Longer So Special. *Wall Street Journal* April 1 :B1.

Dev, Chekitan S. and Janet E. Hubbard. 1985. A Strategic Analysis of the Lodging Industry. *The Cornell Hotel and Restaurant Administration Quarterly* May:19-23.

Greenberg, Carol. 1993. Coopers & Lybrand's 12-Quarter Lodging Forecast and Foreign Hotel Investment Shows Some Signs of Revival After Declining 73% in 1991, as Operators Assume a Greater Role. *Hospitality Directions* 3(1):4-10, 15-26.

Lodging's Summit Meeting III. 1992. *Lodging Hospitality* January:35-48.

Travel Industry of America (TIA). 1992. *Newsline* March.

Leituras Sugeridas

Livros

Gomes, Albert J. 1985. *Hospitality in Transition.* Houston: Panell Kerr Forster.

Hilton, Conrad. 1957. *Be My Guest.* Englewood Cliffs, NJ: Prentice Hall.

Jarman, Rufus. 1952. *A Bed for the Night: The Story of the Wheeling Bell Boy, E.M. Statler, and His Remarkable Hotels.* New York: Harper & Row.

Artigos

Brown, Terrence E. and Michael M. Lefever. 1990. A 50-Year Renaissance: The Hotel Industry from 1939 to 1989. *The Cornell Hotel and Restaurant Administration Quarterly* 31(1):18-38.

Greger, Kenneth R. and Glenn Withiam. 1991. The View from the Helm: Hotel Execs Examine the Industty. *The Cornell Hotel and Restaurant Administration Quarterly* 32(3):18-35.

Lee, Daniel R. 1985. How They Started: The Growth of Four Hotel Giants. *The Cornell Hotel and Restaurant Administration Quarterly* 26(1):22-32.

Page, Gary S. 1984. Pioneers and Leaders of the Hospitality Industry. In *Introduction to Hotel and Restaurant Management*, ed. Robert A. Brymer. Dubuque, IA: Kendall/Hung, pp. 21-29.

Staff article. 1985. The Evolution of the Hospitality *Industry. The Cornell Hotel and Restaurant Administration Quarterly* May:36-86.

Fonte das Notas

Consumidores de Hospedagem Continuarão Conscientes dos Custos, Mesmo se Houver Recuperação é reproduzido de *Hospitality Directions*, Vol. II, Nº II com permissão de Carol R. Greenberg, Economista Pesquisadora; Coopers & Lybrand, Consultores da Indústria da Hospitalidade; Bjorn Hanson, Ph.D.; Presidente da Indústria de Hospitalidade.

2

Organização

Introdução

ORGANIZAÇÃO CLÁSSICA

Nos hotéis dos EUA, na virada do século XX, o modelo europeu de organização era o dominante. Esta estrutura foi construída por duas grandes personalidades que fazem parte da gerência de hotéis: o *chef* e o *maître d'hotel*. O *chef* era o "rei" da cozinha, representado de várias maneiras como um senhor feudal que controlava tudo ligado à seleção e preparação da comida em um hotel. Esta estrutura reconhecia a importância do papel que a preparação da comida tinha na época.

Da mesma forma, o *maître d'hotel* era o "mestre" de todo o serviço do hotel. Sua responsabilidade era certificar-se de que a interação entre os hóspedes e os funcionários do hotel fosse realizada de maneira que os hóspedes fossem sempre servidos prontamente, e de acordo com a política do hotel.

As estruturas organizacionais dos hotéis mudaram por muitas das mesmas razões citadas na introdução do livro, assim como o motivo pelo qual o gerenciamento de hotéis também mudou. Enquanto nosso conhecimento dos hóspedes e os mercados que eles representam crescem e se tornam mais precisos, as especializações dentro da estrutura organizacional do hotel cresceram para ajudar mais efetivamente o gerenciamento da organização e seus serviços.

As estruturas organizacionais dos hotéis não estão imunes às influências das economias e ciclos de negócios, então as dificuldades que afetaram os negócios em geral também atingiram as organizações hoteleiras com o *downsizing* ou a reengenharia. No início dos anos 90, alguns hotéis eliminaram cargos de gerenciamento ou combinaram responsabilidades para que a organização se tornasse mais enxuta. Num típico organograma, como o mostrado na Figura 1, o assistente executivo do gerente pode ser eliminado, fazendo com que os gerentes de área se reportem diretamente ao gerente geral. Alguns hotéis também eliminaram gerências separadas de mesmo nível nos departamentos, fazendo com que todos os departamentos se reportem diretamente ao gerente geral.

Apesar desta reestruturação ter ocorrido, algumas organizações ainda são formadas pelos princípios descritos por Stoner e Wankel (1986). Eles dizem que o processo de organização envolve o equilíbrio da necessidade da empresa por estabilidade e mudança. Eles continuam descrevendo a organização como um processo múltiplo, baseado na proposta de Dale (1967).

- Detalha todo o trabalho que deve ser feito para atingir as metas da organização.
- Providencia a divisão do total de trabalho realizado em um grupo de atividades que pode ser feito por uma pessoa ou um grupo de pessoas.
- Combina o trabalho dos membros da organização de uma maneira lógica e eficiente.

- Estabelece um mecanismo para coordenar o trabalho dos membros da organização de uma maneira unificada e harmoniosa.
- Estabelece um mecanismo para monitorar a eficácia de como a organização está alcançando suas metas.

Em uma organização moderna de hotel, mesmo um que tenha passado por reengenharia, uma estrutura linear com funcionários *linha* e *staff* [NR] surge para refletir este processo teórico de organização.

A Figura 1 descreve um organograma típico de um grande hotel. Note que, com exceção dos gerentes, os outros departamentos são identificados mais pela função do que pelo título. Isto ocorre para indicar que, na maioria das organizações dos hotéis modernos, os títulos de cargo e suas tarefas inerentes variam de empresa para empresa e, como notado, pode ser combinado ou eliminado para refletir as condições presentes. Olhar o organograma mais pelas funções do que pelos títulos nos permite perceber a organização de uma perspectiva mais industrial, para que os serviços que os hotéis prestam permaneçam inalterados mesmo passando por emergências financeiras.

Note que, também no quadro, as duas maiores divisões operacionais foram identificadas como divisão de hospedagem e divisão de alimentos e bebidas. Novamente, numa base de empresa para empresa, as funções individuais podem encontrar postos em várias divisões, mas as organizações hoteleiras estão prontas para estes dois tipos básicos de serviços para seus hóspedes, a venda de quartos e/ou de alimentos e bebidas.

O que pode diferenciar em uma determinada organização hoteleira são as localizações de departamentos. Os departamentos neste organograma deveriam ser considerados somente para ilustrar a organização de um hotel genérico. Para fins de ilustração, as já mencionadas funções *linha* e funções *staff* são definidas em seguida.

Funções *Linha*

Os empregados de um hotel que ocupam funções *linha* têm contato regular ou irregular com os hóspedes. As operações de linha em uma organização hoteleira são os setores de hospedagem e de alimentos e bebidas. Obviamente algumas funções departamentais dentro de cada setor envolvem maior ou menor contato com os hóspedes, dependendo da natureza do trabalho. O que elas têm em comum entre si é que a maioria dos empregados são participantes ativos na composição e prestação de serviços do hotel.

Por exemplo, sob a maioria das circunstâncias, o pessoal da segurança não terá contato muito regular com os hóspedes; os funcionários da governança podem ter um pouco mais de contato com eles; na hospedagem, obviamente, os funcionários da recepção terão maior contato cara a cara com os hóspedes.

Da mesma forma, no setor de alimentos e bebidas, sendo um setor *linha,* os empregados dos bares e restaurantes e departamento de banquetes terão uma grande parcela de contato cara a cara com o hóspede; entretanto, apenas em circunstâncias especiais, e de maneira irregular, os funcionários da área de produção de alimentos sob as ordens do *chef* poderão interagir com os hóspedes.

Funções *Staff*

As funções *staff* são geralmente daquelas pessoas que ficam atrás das "cortinas", que dão suporte às funções linha e, na maioria das circunstâncias, quem desempenha estas funções têm

NR: O conceito de *Linha* e de *Staff* vem da Teoria Geral da Administração, onde os funcionários *Linha* são responsáveis pela decisão efetiva, e os funcionários *Staff* dão assessoria aos funcionários *Linha*.

FIGURA 1
Típico Quadro Organizacional de um Hotel

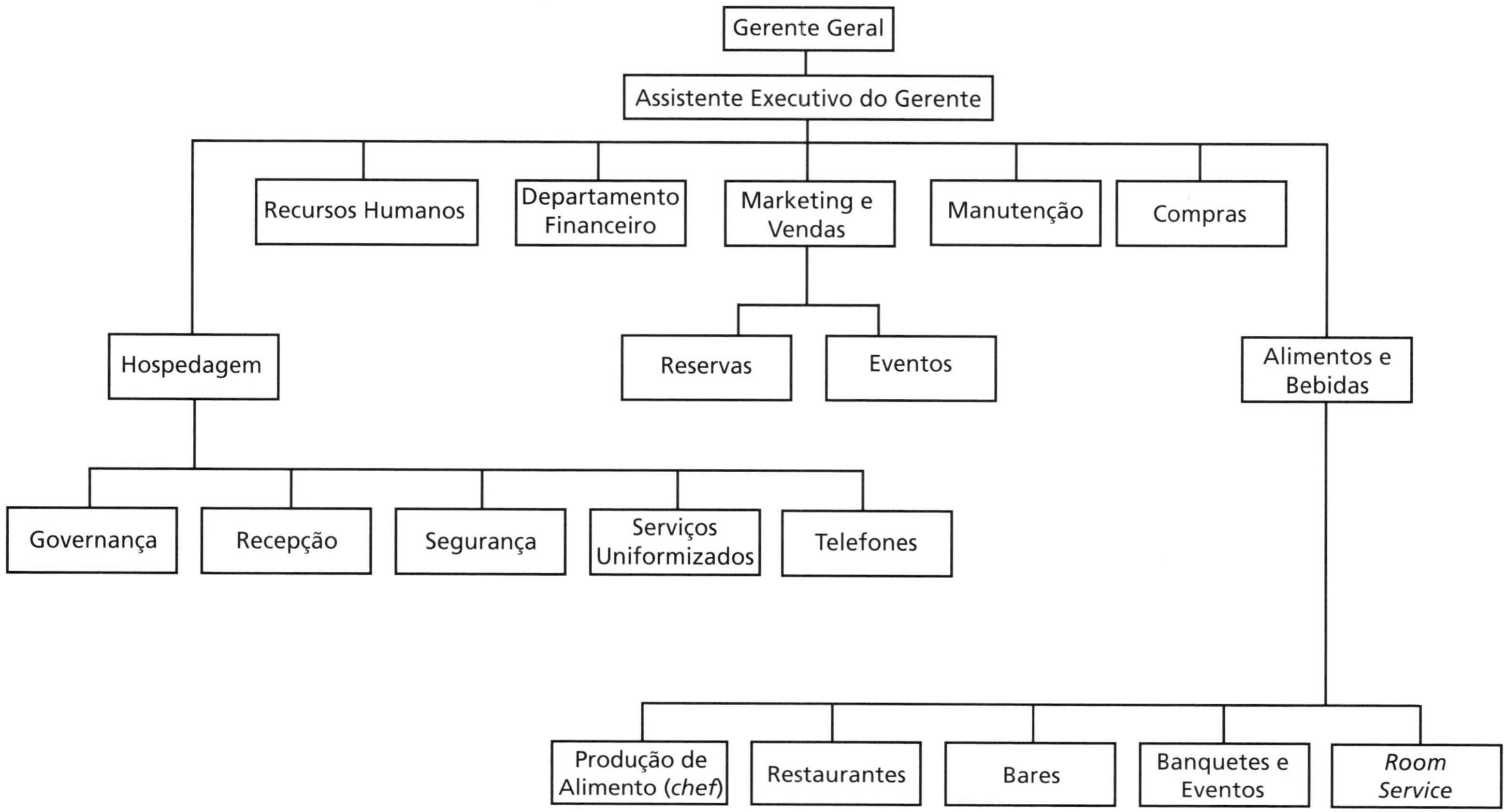

(Desenho: P. & J. Mason)

pouco ou nenhum contato com o hóspede, apesar de a razão principal de seu cargo influenciar na qualidade de sua estadia. Por exemplo, na Figura 1 a manutenção foi incluída como uma função *staff* por estas razões. O sucesso da manutenção influencia grandemente na qualidade da estadia dos hóspedes.

Ao mesmo tempo, as outras funções do departamento de manutenção apóiam as atividades de todos os departamentos de um hotel. Por exemplo, o departamento de manutenção mantém e repara equipamentos que são cruciais para todas as funções do hotel, do equipamento de produção de alimentos na cozinha às mesas e cadeiras da sala de jantar, às máquinas da contabilidade, à mobília do saguão, aos carrinhos que os mensageiros usam para transportar a bagagem dos hóspedes. Olhando desta maneira, o departamento de manutenção pode ser considerado um dos departamentos que dá apoio a qualquer momento para todos os outros departamentos do hotel. Outros organogramas típicos de hotéis colocarão o departamento de manutenção no setor de hospedagem porque é lá onde a manutenção mais trabalha, ou por causa da tradição da organização.

Esta situação também pode ser verdadeira para outros departamentos que no passado tradicionalmente eram tidos como funções do setor de hospedagem. A segurança é um exemplo. Em algumas organizações a governança mudou para uma função *staff* ao invés de se reportar estritamente ao setor de hospedagem, porque a governança, por definição, cuida da casa inteira.

ORGANIZAÇÕES PARA A ERA MODERNA

As organizações, no entanto, são mais do que caixas e quadros em um organograma. As estruturas organizacionais mais modernas não mudaram muito desde que a Igreja Católica Romana desenhou a estrutura piramidal como uma descrição visual dos relacionamentos organizacionais com os quais nós estamos familiarizados hoje.

O que afeta as organizações, nem tanto em sua visão pictórica, mas de uma maneira que a organização responda a estímulos externos e internos, pode ser observado pela análise de várias das leituras incluídas aqui e sugeridas para estudo posterior.

O Professor Eddystone C. Nebel, III, é Professor[NT] de Gerenciamento Hoteleiro na Universidade Purdue. Ele recentemente passou um período sabático pesquisando e observando dez grandes Gerentes Gerais (GM) e um total de 53 subordinados-chave. Durante sua pesquisa, o Professor Nebel obteve algumas idéias críticas sobre como a organização de um hotel funciona. Em seu livro, *Managing Hotels Effectively: Lessons From Outstanding General Managers* (1991), Nebel compara o que foi observado nos gerentes gerais à teoria organizacional. Ele então liga isto ao papel importante que os comitês desempenham em uma organização de sucesso.

Outra visão da dinâmica particular de organizações hoteleiras é a análise de Dann e Hornsey do processo de conflito dentro de uma estrutura organizacional de hotel. Sua discussão destaca as áreas nas quais conflitos interdepartamentais podem ocorrer e oferece uma explicação provocativa e pertinente da dinâmica de tais conflitos.

Finalmente, o artigo de Glover trata de uma das patologias da vida organizacional com a discussão de uma organização fictícia com características de ineficiência.

Enquanto não há escassez na literatura de organização de hotéis, estes três artigos ressaltam alguns dos pensamentos e pesquisas contemporâneas sobre o relacionamento entre a estrutura organizacional, problemas organizacionais de departamentos e a organização das pessoas. Informações adicionais podem ser adquiridas com as leituras sugeridas.

NT: C.B. Smith Professor.

1. *Design* Organizacional

Eddystone C. Nebel, III

Este artigo revisará alguns dos princípios gerais de gerenciamento no *design* organizacional, incluindo a importante, mas freqüentemente negligenciada, estrutura de eventos em hotéis.

ELEMENTOS DA ESTRUTURA ORGANIZACIONAL

Se os esforços das pessoas nas organizações têm que ser canalizados para fins produtivos, deve-se fornecer estruturas para suas atividades. Aldag e Stearns (1987) listam cinco maneiras pelas quais os gerentes dão estruturas às suas organizações: (1) especialização do trabalho, (2) departamentalização, (3) modelos de autoridade, (4) área de controle e (5) métodos de coordenação. Sempre que um gerente decide fazer uma mudança organizacional, ele ou ela geralmente levará estes cinco elementos em consideração.

Especialização

Se há mais de uma maneira de conseguir alguma coisa, a gerência tem que tomar uma decisão consciente sobre como dividir a tarefa entre os funcionários. Em um extremo está o caso de pouca ou nenhuma especialização, onde um trabalhador individualmente é responsável por todas as tarefas necessárias para se completar um trabalho. Um exemplo é um *chef* de um pequeno restaurante do interior que, sozinho, prepara uma refeição inteira para 20 hóspedes. É compensador ter o controle total de um projeto e motivador observar os resultados do esforço de alguém. O problema, entretanto, é que a demanda por produtos e serviços aumenta, o que torna difícil para um indivíduo ou grupos pequenos aumentarem seus resultados sem mudarem a maneira pela qual eles são organizados.

Uma das tarefas gerenciais é determinar em que extensão o trabalho e os cargos deveriam ser especializados. Como regra geral, a especialização dá a possibilidade de produtividade maior dos trabalhadores e controle gerencial sobre as tarefas. Por outro lado, dividir completamente o trabalho em subunidades tende a aumentar a necessidade de coordenação das atividades de numerosos trabalhadores, cada um envolvido separadamente, em tarefas especializadas. Também, a superespecialização pode resultar em trabalhos tão restritos que os trabalhadores podem perder o interesse, a motivação diminui, a taxa de erros aumenta e a qualidade sofre as conseqüências.

Departamentalização

Conforme as organizações crescem em tamanho, os gerentes têm que enfrentar a necessidade de agrupar certos empregos com o intuito de assegurar a coordenação eficiente e o controle das atividades. A maioria dos restaurantes escolheu departamentalizar a preparação da comida e o serviço de alimentos em departamentos funcionais distintos. Esta é uma solução prática e lógica. Há tipos de trabalho distintos ao preparar e servir a comida, ambos no processo e na função das duas atividades. Formar departamentos em *linhas funcionais* é o método mais comum de organizar um negócio.

Autoridade

Todas as vezes que os gerentes reestruturam um trabalho ou movem os membros de um grupo trabalhando junto para departamentos diferentes, eles se deparam com a questão de quanta autoridade distribuir aos trabalhadores, gerentes ou departamentos. As organizações nunca estão totalmente centralizadas ou descentralizadas quando a questão é tomar decisões. Elas preferivelmente tendem a uma direção ou outra. Um número de fatores deve ser levado em consideração ao decidir o modelo de autoridade que seja melhor para uma organização. Os gerentes devem considerar a experiência e personalidade dos subordinados, o ambiente no qual eles trabalham (o mesmo é estável ou em mudança constante?), a estratégia de negócios a ser seguida, e o estilo de gerenciamento com qual eles se sintam mais confortáveis.

Os executivos *linha* são aqueles responsáveis pelas unidades de negócios que fornecem serviços ou produtos para os clientes e respondem pelas contas e lucros do negócio. Os departamentos de hospedagem e de alimentos e bebidas são responsáveis pela maior parte dos lucros do hotel. Por outro lado, os departamentos *staff* são estruturados em razão dos princípios de trabalho e especialização, e a departamentalização sugere eficiência de tal modelo organizacional. Os departamentos de recursos humanos e manutenção de um hotel são exemplos de unidades *staff*. Uma vez estabelecidos, entretanto, os departamentos *staff* podem causar problemas organizacionais.

A questão básica é: quanta autoridade devem os executivos de *staff* exercer sobre os executivos de *linha*? Em um extremo, executivos de *linha* poderiam ter autoridade total. Em outro extremo, os executivos de *staff*, em suas áreas específicas, poderiam ter autoridade sobre os executivos de linha. Dois exemplos de posições entre estes extremos deveriam ser: (1) executivos de linha teriam que consultar especialistas do *staff* somente antes de tomar uma decisão, e (2) executivos de linha e de *staff* tomariam as decisões em comum acordo. Qualquer que seja a situação, os executivos de alto escalão, como os gerentes gerais, devem arbitrar disputas de linha-*staff* quando as mesmas ocorrerem.

Áreas de Controle

As áreas de controle estão relacionadas ao número de subordinados que respondem para um supervisor. No passado, algumas escolas advogavam uma área de controle ideal de exatamente sete subordinados. Esta visão simplista não existe mais. A área de controle ideal depende de:

- *Similaridade da tarefa* – quanto mais similar a tarefa dos subordinados, maior pode ser o controle da área.
- *Treinamento e profissionalismo* – quanto mais treinado e habilitado um subordinado for, menor será a supervisão necessária sobre ele.
- *Segurança da tarefa* – quanto mais rotineiras e previsíveis as tarefas forem, pode ser maior o controle de área.
- *Freqüência de interação* – se os relacionamentos requerem freqüente interação, a área de controle deve ser menor.
- *Integração de tarefas* – quanto mais o supervisor tiver que integrar e controlar as tarefas dos subordinados, menor deve ser o controle de área.
- *Dispersão física* – quanto mais dispersos os subordinados forem, menos efetivamente um gerente pode supervisionar.

Alguns destes fatores podem funcionar em direções opostas. Por exemplo, restaurantes *fast food* são operacionalmente similares entre si, o que sugere um maior controle de área. Entretanto, a dispersão física deles trabalha em direções opostas ao limite de controle de área.

Coordenação de Atividades

Os problemas aparecem quando as organizações não coordenam suas atividades corretamente. Em organizações simples, com poucas pessoas, a coordenação não é geralmente a maior preocupação. Os problemas aparecem, entretanto as organizações crescem em complexidade. Como discutido previamente, a especialização do trabalho e a departamentalização são respostas organizacionais ao crescimento dos negócios. Quando as tarefas são subdivididas, torna-se de vital importância coordenar as atividades dos indivíduos e dos grupos para atingir metas em comum. O tipo de coordenação requerida depende de como as várias tarefas e atividades são ligadas entre si. Estas ligações resultam numa variedade de diferentes interdependências entre os indivíduos e grupos.

Interdependência dividida se refere a atividades que podem ser realizadas com pouca interação entre os indivíduos ou grupos. Suponha que um hotel tenha três telefonistas. Cada uma pode realizar uma tarefa independentemente (isto é, sem nenhuma interação com as outras), como as arrumadeiras e caixas em lanchonetes. Uma vez que estes empregados não precisam interagir entre si, a coordenação de suas atividades é melhor alcançada ao serem instituídas regras padronizadas com procedimentos para cada um seguir, com um treinamento individual intensivo e com supervisão direta. O papel da coordenação é o de assegurar que cada tarefa desenvolvida independentemente seja executada com o mesmo nível de eficiência e qualidade.

Interdependência seqüencial ocorre quando o resultado de uma tarefa é o início da outra. Isto é típico das operações de linha de produção quando os produtos são manufaturados em uma seqüência progressiva. Um exemplo no hotel é quando o hóspede se registra. O resultado da recepção se transforma no início do trabalho do departamento de contabilidade na forma de uma ficha ou fatura. Um sistema bem planejado ligando o departamento de hospedagem e o departamento de contabilidade é necessário para esta atividade dar certo. A coordenação correta é assegurada através de planejamento detalhado, especificação de horários e padronização. A coordenação requer identificação das ligações existentes entre as atividades.

Uma coordenação ainda maior é necessária nos casos onde o resultado da Unidade A dá início ao trabalho para a Unidade B, e o resultado da Unidade B dá início à Unidade A. Sempre que existe um nível alto de interação entre as unidades de trabalho eles exibem a *interdependência recíproca.* Um exemplo é a coordenação necessária para realizar uma grande convenção. A decisão da disposição dos apartamentos feita na recepção deve ser coordenada com a contabilidade, vendas, governança e reservas; o uso dos quartos requer interação entre os serviços de convenção, manutenção, alimentos e bebidas e contabilidade. Porque como qualquer resultado de um departamento afeta os outros, ajustes mútuos são necessários. Uma coordenação coesa só se torna possível através da *comunicação direta* e decisões em conjunto tomadas entre todas as unidades envolvidas. Enquanto os planos e procedimentos-padrão são úteis, eles provavelmente não podem resolver todos os problemas resultantes de um grau tão alto de interação departamental. A comunicação direta e reuniões em grupo tornam-se uma necessidade para assegurar a coordenação correta quando as atividades envolvem interdependência recíproca.

PRINCÍPIOS ESTÁTICOS DO *DESIGN* ORGANIZACIONAL

A experiência sobre como organizar instituições como governos burocráticos, o exército, as religiões, as grandes companhias de comércio e, desde a revolução industrial, as grandes empresas manufatureiras, acumulou-se pelos séculos. Vários princípios a respeito de como estruturar organizações foram desenvolvidos. Embora estes princípios não se ajustem a todas as circunstâncias, eles são importantes e deveriam ser entendidos e aplicados apropriadamente.

Cadeia de Comando

Este princípio diz que todos em uma organização deveriam ter um superior a quem responder. Um organograma de um hotel descreve uma cadeia de comando. Deveria ser possível para qualquer funcionário traçar seu caminho no organograma da cadeia de comando até chegar no gerente geral. O típico formato de pirâmide de um organograma é conseqüência da cadeia de comando e do conceito de área de controle discutido previamente. A cadeia de comando é um conceito muito poderoso. Ela fornece estrutura em uma organização por estabelecer um sistema de responsabilidade subordinado – superior para todos.

A cadeia de comando afeta a comunicação dentro da organização tanto para subordinados quanto para superiores. Se um gerente geral quer fazer uma mudança na governança, ele teria que se comunicar com o gerente de hospedagem que, por sua vez, falaria com o diretor da governança. A estrutura da cadeia de comando tradicional em um hotel teria o padeiro sob as ordens do *chef* e o *chef* sob as ordens do diretor de alimentos e bebidas. Por conseqüência, o padeiro deveria comunicar-se com o *chef* e não diretamente com o diretor de alimentos e bebidas.

Embora seja importante estar ciente dos possíveis problemas da cadeia de comando, a rigidez e aderência a este princípio podem levar embora a espontaneidade em uma organização. Gerentes gerais experientes geralmente quebram este princípio, mas de uma maneira que não seja prejudicial ao hotel. A urgência de alguns problemas em hotéis às vezes requer executivos que emitam ordens diretamente a subordinados que estão dois ou mais níveis abaixo na organização. Os gerentes gerais também podem querer um controle mais pessoal sobre algum projeto ou aspecto do hotel e escolher desviar de alguns subordinados mais imediatos para fazê-lo. Esta atitude não é prejudicial, contanto que todos saibam o que está acontecendo e que o clima da organização seja saudável e confiante.

Unidade de Comando

Este princípio preza que cada funcionário é responsabilidade de somente um superior. Ou seja, cada pessoa só tem um chefe. A unidade de comando é violada muito regularmente em várias organizações. Uma garçonete de hotel, cujo chefe é o gerente de restaurante, pode ser advertida ao violar a segurança por um oficial da segurança que recebe ordens do diretor de recursos humanos. A garçonete sente como se ela tivesse dois chefes e, na verdade, ela tem.

Este problema comum acontece quando a organização cresce em tamanho e a especialização em tarefas acontece. Os especialistas em segurança (ou em contabilidade, ou em recursos humanos, processamento de dados e assim por diante) geralmente têm autoridade em sua área específica sobre os funcionários que não respondam diretamente a eles pela cadeia de comando. Os problemas podem acontecer por causa de ordens conflitantes de mais de um chefe. A solução não é necessariamente eliminar a especialização e postos de trabalho, mas assegurar, por atividades coordenadas, que a ordem reine e não a confusão. Os gerentes gerais têm um papel importante no controle total do hotel.

Delegação

Gerentes jovens geralmente acham a delegação uma tarefa difícil de administrar. A habilidade de um subordinado para conduzir com sucesso um problema depende, em parte, da clareza da ordem de seu superior. A delegação pode variar entre dar uma pequena tarefa para um subordinado até a completa responsabilidade por uma empreitada maior. É importante para ambos, superior e subordinado, entender e concordar sobre o nível de responsabilidade, a liberdade de ação e a autoridade que acompanha uma tarefa delegada.

Há vários níveis de delegação, cada um útil em diferentes circunstâncias. Aqui estão alguns exemplos de ordens que resultaram de diferentes níveis de delegação: (1) consiga informação para minha decisão, (2) estabeleça duas ou três alternativas; eu então escolherei, (3) faça uma recomendação para minha aprovação, (4) tome uma decisão, mas me informe antes de levá-la adiante, (5) aja mas me informe antes sobre o que vai fazer, (6) tome decisões próprias; não é necessário se comunicar comigo a respeito desta questão. A extensão pela qual a autoridade é delegada depende, em parte, da experiência do subordinado. Subordinados jovens e inexperientes podem esperar delegação limitada até que provem ser competentes. A autoridade delegada geralmente crescerá quando a confiança entre o superior e subordinado for estabelecida.

Já foi dito que quando uma pessoa se torna gerente, ela desiste de ganhar a vida honestamente. Os gerentes de hotéis não arrumam as camas, cozinham ou servem os hóspedes diretamente. Na verdade, o trabalho deles é fazer com que a organização que eles gerenciam proporcione aos hóspedes bons serviços.

MODELO ORGANIZACIONAL FUNCIONAL DE UM HOTEL

Os hotéis independentes são geralmente organizados em linhas funcionais, com os departamentos agrupados de acordo com a atividade de trabalho particular, na qual eles estão engajados. A Figura 1 descreve um organograma de um típico hotel de 500 quartos. O hotel é dividido em linhas funcionais de cinco departamentos administrativos diferentes: hospedagem, alimentos e bebidas, vendas e marketing, recursos humanos e contabilidade. Os cinco chefes de departamento se reportam diretamente ao gerente geral. Como a Figura 1 mostra, cada departamento é depois subdividido em unidades organizacionais menores. Estas subdivisões representam refinamentos do trabalho realizado e o conhecimento das habilidades das pessoas em cada subunidade.

Departamento de Hospedagem

O departamento de hospedagem realiza a função de acomodação de um hotel. As reservas devem ser aceitas, os hóspedes têm que ser recebidos de maneira hospitaleira e a eles designados quartos limpos e arrumados, o *status* de disponibilidade e a ocupação dos quartos deve ser mantido sempre atualizado, os hóspedes devem receber suas mensagens e correspondências prontamente, os espaços públicos, como o saguão, devem ser mantidos limpos, e as perguntas dos hóspedes devem ser respondidas. Estas são algumas das funções importantes do departamento de hospedagem.

O departamento de hospedagem é dividido em várias subunidades, cada uma realiza tarefas especializadas. Em muitos casos, estas subunidades são chamadas de departamentos. Por exemplo, a lavanderia, que em um hotel de 500 apartamentos é um tanto grande, é responsável pela limpeza e lavagem da roupa de cama do hotel, dos uniformes dos funcionários, assim como as roupas dos hóspedes. Suas funções são altamente especializadas. Pouco do conhecimento e habilidades usados para gerenciar uma lavanderia é transferível para outras áreas do hotel.

A recepção é onde os hóspedes são cumprimentados quando chegam ao hotel, onde eles são registrados e seus quartos são designados. As telefonistas e outras funções de comunicação dos hóspedes estão geralmente sob as ordens da recepção. O departamento de mensageiros do hotel também é parte da recepção. O departamento de reservas toma conta das reservas futuras. A governança é responsável pela limpeza dos quartos e espaços públicos. O departamento de segurança é responsável pela segurança dos hóspedes. Finalmente o departamento de manutenção é responsável pela operação e manutenção da parte física inteira do hotel, incluindo eletricidade, aquecimento, ar condicionado e ventilação, estrutura e encanamento. Ele também realiza pequenos reparos e reformas.

FIGURA 1
Organização de um Hotel de Médio Porte

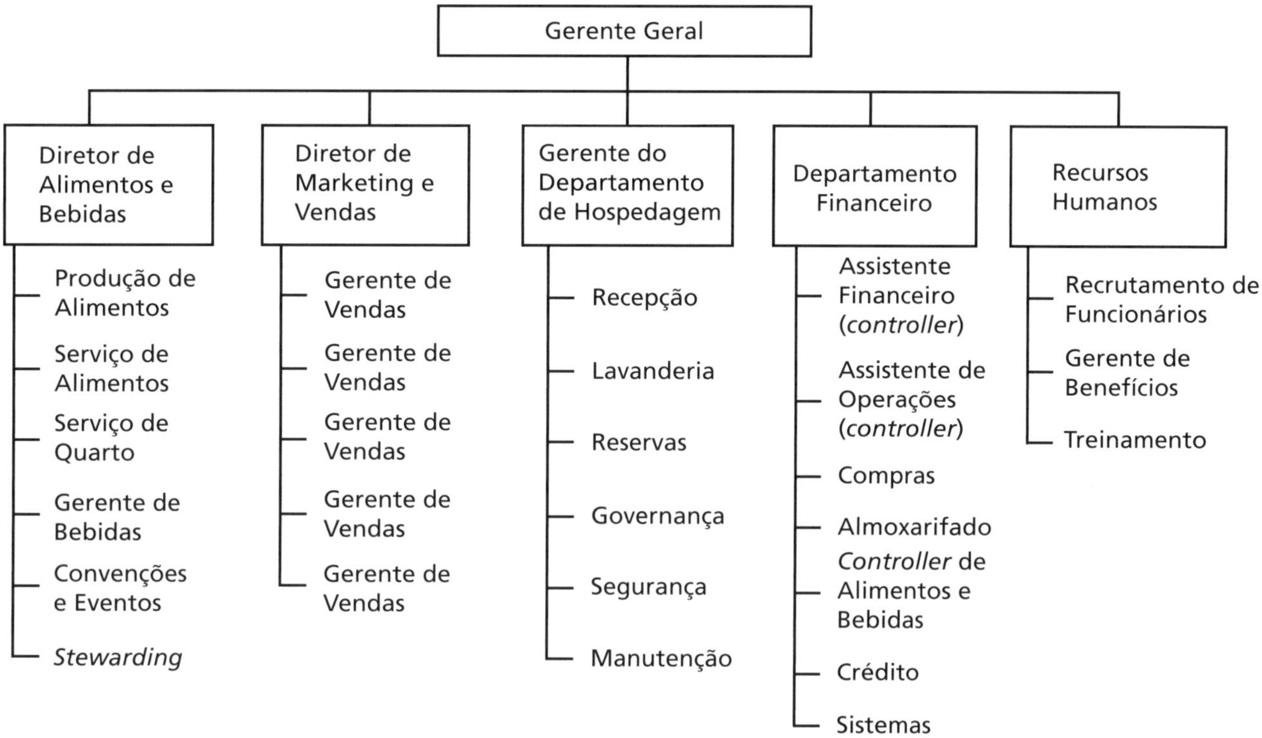

Existe muita interdependência dentro do departamento de hospedagem, o que requer coordenação das atividades entre as subunidades. Existem ligações entre a recepção e o departamento de reservas. O departamento de reservas deve informar à recepção o número de quartos pré-vendidos a cada dia, para assegurar que o inventário dos quartos vagos esteja sempre disponível. Inversamente, a recepção deve avisar o departamento de reservas sempre que novos hóspedes *walk-in* (os sem reserva prévia) são registrados. Ligações também existem entre a recepção e a governança. A informação a respeito do *status* dos quartos deve acontecer em duas vias: quando um hóspede deixa o hotel, a recepção deve informar a governança para que o quarto seja limpo. Uma vez que o quarto esteja limpo, a governança deve informar a recepção de que o mesmo possa ser vendido. Estes são exemplos de interdependência recíproca no qual unidades individuais fornecem informação umas às outras.

Outras ligações dentro do departamento de hospedagem são ilustrativas da interdependência seqüencial, que ocorre quando o trabalho de cada unidade se transforma no início do trabalho da outra. Um exemplo é a inabilidade da governança em arrumar um quarto corretamente se a lavanderia não fornecer toalhas suficientes ou lençóis limpos. Um outro exemplo menos óbvio lida com o resultado da informação de um departamento para outro. Por exemplo, a manutenção não pode repor um interruptor com defeito em um quarto se a governança não informar o problema.

Estes exemplos ilustram a interdependência seqüencial e recíproca que existe entre unidades individuais na hospedagem. Um gerenciamento efetivo sob estas condições requer planos padronizados, procedimentos, horários e prazos. A coordenação entre as unidades requer comunicação direta entre os executivos.

Departamento de Alimentos e Bebidas

A função primária do departamento de alimentos e bebidas é, claramente, fornecer alimentos e bebidas para o hóspede do hotel. No passado, quando uma hospedaria tinha somente um quarto, esta tarefa era muito mais simples. Hoje, entretanto, fornecer comida e bebida é muito mais complicado. O hotel de 500 apartamentos em questão pode ter uma cafeteria, um restaurante, uma lanchonete à beira da piscina, dois salões para banquetes e outras dez salas de eventos onde pode ser servida comida e bebida. Ele também pode ter um piano bar e um *lounge*, um clube e um bar no *lobby*. Isto resulta um total de 19 lugares que fornecem alimentos e bebidas, excluindo aí o *room service*! Em um dia (ou noite) agitado é provável que cada um destes lugares esteja funcionando. Freqüentemente, mais de uma atividade acontecerá nestes locais em um período de 24 horas.

Há uma grande diversidade dos tipos de atividades realizadas pelo departamento de alimentos e bebidas e nas habilidades requeridas dentro do departamento. Logo, dentro do departamento de A&B há um número funcional de subunidades, onde há tarefas mais especializadas. Para começar, há a produção de alimentos, ou cozinha. Em um hotel de 500 apartamentos esta cozinha é dirigida por um chefe executivo, uma pessoa de grande autoridade em um hotel de primeira classe. Sob o comando do chefe executivo está uma variedade de especialistas em culinária, responsáveis por diferentes aspectos da preparação da comida. O serviço de alimentação em um restaurante de hotel é geralmente responsabilidade de um departamento separado que, em um grande hotel, é dirigido por um diretor assistente de alimentos e bebidas. O departamento de serviços de alimentação é responsável pelo serviço nos restaurantes e nos pontos de venda de alimentos do hotel. Ele abrange o restaurante em si e os gerentes dos espaços (PDVs), *maîtres*, garçons, garçonetes e ajudantes. Por causa dos problemas, em especial os relacionados com o *room-service*, muitos hotéis grandes têm uma subunidade separada responsável somente por este serviço. O alto valor e margem de lucros associados com as bebidas alcoólicas faz com que o hotel crie um departamento separado, com responsabilidade sobre os bares, *lounges*, serviço de bares, e outros PDVs que forneçam bebidas. A maioria dos grandes hotéis tem consideráveis serviços de convenções e *catering*. Uma convenção usa pequenas salas de eventos para reuniões separadas, salas maiores para sessões gerais e espaços ainda maiores para o serviço de *buffet*. Os eventos de banquetes incluem festas locais, recepções de casamentos, reuniões de negócios e outros eventos realizados por grupos locais. Para atender às necessidades específicas destes clientes, os hotéis têm que organizar freqüentemente departamentos separados de eventos e convenções que se especializem neste tipo de negócio. Finalmente, os serviços de limpeza do departamento de alimentos e bebidas, lavagem de pratos e expedição geral de alimentos e bebidas é freqüentemente atribuído a uma subunidade separada conhecida como o departamento de *steward*.

Vendas e Marketing

Este departamento é muito pequeno, o que torna a coordenação interdepartamental bem mais fácil. Também é poupado da maioria dos problemas operacionais do dia-a-dia encontrados por outros departamentos. Ainda assim, há uma divisão de trabalho entre os gerentes de vendas, baseada geralmente no tipo de clientes que o hotel pretende atrair. Os gerentes de vendas individuais se especializam em contas corporativas, convenções ou mercados de lazer e turismo. Eles também são subdivididos em áreas geográficas como as contas regionais ou nacionais. Mesmo assim o pessoal de vendas não excede, nem em um hotel de 1.000 apartamentos, a uma dúzia de pessoas. Os gerentes de vendas trabalham mais independentemente em seus segmentos particulares de mercados. Isso faz com que os problemas de interdependência intradepartamental não sejam tão significativos (Pelletier, 1988).

Recursos Humanos

O departamento de recursos humanos de um hotel é uma organização de *staff* estabelecida para lidar com funções especializadas. Ele não atende a clientes, não faz negócios nem prepara comida; ainda assim, é de vital importância na eficiência de operação de um hotel. Na Figura 1, o departamento de recursos humanos é subdividido em três subfunções: recrutamento de funcionários, administração de benefícios e treinamento. Espera-se que o diretor de recursos humanos seja um especialista em leis trabalhistas e que aconselhe os gerentes em outros departamentos. Enquanto estas três subfunções são relacionadas entre si, não há muitos problemas de interdependência. Pelo contrário, o maior desafio do departamento de recursos humanos acontece quando ele tenta interagir com outros departamentos no hotel. O RH pode recrutar, entrevistar e mostrar as perspectivas aos funcionários, mas a autoridade final na contratação está com os departamentos da *linha*. O mesmo é verdade para as promoções e orientação disciplinar, onde a opinião do departamento é somente um conselho. Como departamento *staff*, a eficiência dos recursos humanos é largamente dependente da habilidade do seu gerente em formar relacionamentos de trabalho efetivos com os outros departamentos.

Departamento Financeiro

O departamento financeiro freqüentemente combina as funções de *staff* e *linha*. Seu papel tradicional é o de manter transações financeiras, preparar e interpretar balanços financeiros e promover gerenciamento com relatórios freqüentes de resultados operacionais. As responsabilidades incluem preparação da folha de pagamentos, contas a pagar e a receber. Estas funções são de responsabilidade do assistente financeiro do *controller*. Há, entretanto, outra dimensão do departamento financeiro que lida com vários aspectos das operações do hotel, controle de contas e controle geral do hotel. Este aspecto freqüentemente faz com que o departamento seja chamado de controladoria, mais do que departamento financeiro. Duas áreas que são foco da atenção da controladoria são a hospedagem e alimentos e bebidas. O caixa da recepção controla todos os custos das contas dos hóspedes. O auditor noturno deve analisar e compatibilizar todas as contas dos hóspedes com as cobranças dos vários departamentos do hotel. Apesar de estes funcionários trabalharem na recepção e às vezes se dirigirem aos hóspedes diretamente, eles são membros do departamento financeiro e respondem para o assistente financeiro do *controller*.

O *controller* de alimentos e bebidas, juntamente com os caixas de A&B trabalhando no departamento financeiro, cuidam do lucro e das despesas do departamento de alimentos e bebidas. Os caixas de A&B respondem ao *controller* assistente das operações, e este responde para o *controller* do hotel. O departamento de A&B pode ser responsável pela preparação de comida e serviços, mas o departamento financeiro é responsável pelos lucros! O *controller* de alimentos e bebidas verifica a exatidão e a adequação dos lucros na preparação da comida e serviços. O departamento financeiro é responsável por preparar relatórios diários dos custos dos alimentos e bebidas consumidos no hotel. Em muitos casos, o departamento financeiro também é responsável pelas operações de compras e estoque. Finalmente, o diretor de sistemas é responsável pelo desenvolvimento dos sistemas de informações de gerenciamento e contabilidade usados pelo hotel. Esta discussão demonstra o envolvimento direto do departamento financeiro em inúmeros aspectos operacionais diários em um hotel.

Dois pontos finais sobre o departamento financeiro. A contabilidade é responsável por colher e relatar a maioria das estatísticas operacionais e financeiras do hotel. O departamento, entretanto, tem um papel importante em relação aos funcionários do hotel como um provedor de dados para decisões a serem tomadas e preparação de orçamento. Além disso, o chefe do departamento tem responsabilidade dupla não somente com o gerente geral do hotel, mas também com o vice-presidente da cadeia hoteleira ou o proprietário do hotel. A razão para este relacionamento duplo é fornecer a corporação do hotel uma verificação independente (do gerente geral) da exatidão dos resultados financeiros e operacionais de um hotel. Assim, a unidade de comando é rotineiramente violada no caso de *controllers* de hotel.

PONTOS FORTES E FRACOS DE UMA ORGANIZAÇÃO FUNCIONAL

A razão para a organização de um negócio em linhas funcionais é agrupar funcionários que realizam tarefas ou têm responsabilidades similares. O ponto forte do *design* organizacional funcional de um hotel é a eficiência resultante dentro de departamentos individuais ou subunidades. A realização de tarefas comuns permite a especialização para o trabalho, com aumento da produtividade geral. Desde que os departamentos funcionais realizem tarefas similares, os trabalhadores rapidamente desenvolverão tarefas e conhecimentos especializados. O treinamento é mais fácil pela similaridade das tarefas e as muitas oportunidades que os trabalhadores têm em aprender com os empregados mais experientes. Isto ajuda os empregados novos a aprenderem rapidamente as tarefas e os modelos comportamentais que levam ao sucesso.

Uma organização funcional é um modo lógico de organizar o trabalho porque a mesma fomenta a eficiência, o trabalho em equipe e a coordenação dentro dos departamentos. Entretanto, a característica mais importante do modelo funcional é também a fonte maior de suas falhas. O sucesso de um hotel é medido pelo seu desempenho geral, não pelo desempenho de um departamento. A força de um departamento funcional está na sua habilidade de enfocar suas tarefas e atividades. Apesar disto ser com certeza muito importante para a eficiência departamental, não necessariamente assegura a eficácia total de um hotel. Por serem especializados, às vezes é difícil para os departamentos funcionais apreciarem completamente o relacionamento e o desempenho geral e metas do hotel. Todos os departamentos, mais do que se focar somente em suas próprias preocupações, devem manter as metas de serviço ao cliente e a lucratividade do hotel em suas mentes. Um método deve ser encontrado para coordenar as atividades de departamentos individuais e estabelecer estratégias e metas do hotel de uma maneira geral. Deixados por si só, é improvável que os departamentos individuais sejam capazes de fazê-lo. A especialização no nível de departamento e subdepartamentos resulta na necessidade de liderança no topo da organização. Alguém acima dos departamentos deve estabelecer estratégias gerais e o rumo do hotel, estabelecer metas, coordenar as atividades entre os departamentos e arbitrar disputas interdepartamentais. Uma organização funcional de um hotel demanda forte liderança no topo.

Enquanto os departamentos funcionais produzem especialistas dentro de uma estreita categoria de habilidade, eles não desenvolvem executivos com larga exposição no hotel. Considerem-se como os "cabeças" do hotel os diretores de marketing e alimentos e bebidas. Estes dois executivos devem ter somente um conhecimento superficial da especialidade de cada um. Sua educação e experiência de trabalho serão provavelmente tão diferentes que qualquer um deles estaria perdido se colocado no departamento do outro. O diretor de vendas pode ter uma graduação em marketing, vendas ou negócios em geral e feito carreira com trabalhos relacionados a vendas. O diretor de alimentos e bebidas, por outro lado, poderia ter um diploma em culinária e graduação em hospitalidade, experiência extensiva na preparação de alimentos e serviços, no entanto, pouca ou nenhuma experiência em vendas. Pode-se achar contadores gerenciando escritórios de *controller*; engenheiros encarregados do departamento de engenharia e manutenção; indivíduos com diplomas em administração de pessoal como chefes de departamentos de recursos humanos; e uma variedade de formações educacionais entre os gerentes de hospedagem.

Os gerentes com cursos de administração hoteleira são capazes de preencher a maioria das chefias dos departamentos. Quanto mais tempo os gerentes ficam em um único departamento, menos especializados eles são. Enquanto um gerente pode trabalhar bem em um departamento, ele ou ela pode estar despreparado quando problemas que requerem conhecimento e perspectiva de um hotel como um todo acontecem. Pouca especialização pode resultar em parcialidade, desconfiança e desgaste entre departamentos, a menos que um gerente maior tome atitudes para conter isso. Departamentos individuais podem perseguir seus próprios interesses mais que metas gerais e objetivos maiores (Dan e Hornsey 1986). Este é um problema particular de hotéis pela necessidade de cooperação interdepartamental para fornecer serviços aos hóspedes.

COMO AS REUNIÕES PODEM AJUDAR A COORDENAÇÃO DE ATIVIDADES EM UM HOTEL

Há numerosas possibilidades de panes em serviços de hotéis. Um conjunto bem pensado de procedimentos operacionais padrões e sistemas pode diminuir as chances de muitos erros rotineiros. Ainda, por causa da interdependência recíproca que existe entre os departamentos, a cooperação é muito importante. Em lugar nenhum ela é mais importante que no nível de chefia, onde as diferenças nas especialidades funcionais são mais extremas (Dan e Hornsey 1986). O veículo freqüentemente usado para fomentar a cooperação entre departamentos funcionais especializados é o Comitê Operacional Executivo (COE).

Comitê Operacional Executivo[NR]

O COE é composto pelo gerente geral e outros executivos seniores. Não há fórmula mágica para quem deveria ser do COE, mas geralmente são os executivos que respondem diretamente ao gerente geral. O COE consiste na maior parte de membros seniores do gerenciamento do hotel: os chefes dos departamentos funcionais que respondem diretamente ao gerente geral e são responsáveis pela maior parte das unidades orçamentárias. Um subgrupo destes executivos, o gerente geral, gerente de hospedagem, o diretor de marketing e vendas, o diretor de alimentos e bebidas e o *controller*, geralmente fazem a previsão de ocupação, lucro e rendimento para cada ano. Esta previsão forma a base para o orçamento anual geral do hotel, e as metas de orçamento anual determinam os bônus executivos.

As funções exatas de um COE variam de hotel para hotel, e elas podem ser descritas em detalhes ou deixadas de maneira ambígua. O COE de um hotel pode ser muito ou pouco estruturado. Uma questão importante para os gerentes gerais responderem é o grau de autoridade que eles desejam delegar ao COE. Dependendo das circunstâncias, um COE pode ser estruturado para tomar certos tipos de decisões, um segundo pode ter um importante papel como consultor do gerente geral, e um terceiro pode ter um papel de decisão fraco ou não existente.

NR: No Brasil, mais conhecido como Comitê Executivo ou ComitEx.

Distante das tomadas de decisões, os COEs têm um papel importante nas comunicações dentro do hotel. Isto se dá pelo fato de que os membros do COE se encontram regularmente para discutir os negócios do hotel. Quando as reuniões são realizadas, a comunicação acontece. Scott e Mitchell (1976) identificam quatro funções para a comunicação: (1) fornecer informação que ajude os executivos em suas tomadas de decisão, (2) ser motivacional por fomentar compromissos com os objetivos organizacionais, (3) agir como ferramenta de controle resolvendo ambigüidades com respeito ao papel, responsabilidade e funções dos executivos, e (4) possibilitar aos indivíduos a oportunidade de expressar seus sentimentos e emoções. É importante notar que todas as quatro funções da comunicação podem acontecer durante as reuniões. A freqüência das mesmas, agenda e grau de decisão delegada para um COE dependerá de uma variedade de fatores. Quanto maior o estilo de gerenciamento participativo dos gerentes gerais, mais provavelmente o COE estará engajado em tomar as decisões em conjunto. Os gerentes gerais autoritários encontrarão pouca necessidade de formar um COE forte. Quanto maior a necessidade de mudança dentro de um hotel, mais provavelmente reuniões com o COE acontecerão. Quanto menos experientes os chefes de departamentos de um hotel, mais reuniões úteis acontecerão com o COE porque elas podem servir como um veículo de aprendizagem e treinamento para gerentes inexperientes.

Sob a influência de um gerente geral habilidoso, o COE pode ter um papel importante. Algumas maneiras em que ele pode ser útil são:

- Formar grupos de soluções de problemas e tomadas de decisões.
- Construir um sentimento de responsabilidade para o bom desempenho geral do hotel.
- Ajudar a instituir atitudes comuns e crenças entre os executivos de alto escalão.
- Fomentar a comunicação de cima para baixo, de baixo para cima e horizontal.
- Atribuir tarefas, acessar progresso e controlar atividades.
- Construir cooperação interdepartamental.
- Ensinar, treinar e formar um time de executivos seniores receptivos.
- Garantir que a gerência sênior aceite as prioridades e decisões.

Outros Comitês do Hotel e Reuniões

Hotéis bem administrados ressaltam a necessidade da coordenação de atividades através de uma estrutura elaborada de comitês e reuniões. Assim como um organograma de um hotel, estes comitês e reuniões constituem uma parte formal da estrutura organizacional de um hotel. Uma estrutura de comitês e reuniões em um hotel é geralmente determinada pelo gerente geral. Cada responsabilidade do grupo é definida (às vezes detalhadamente), horários de reuniões regulares são agendados e minutas são freqüentemente distribuídas aos participantes e executivos de alto nível, incluindo os gerentes gerais. A estrutura de comitê e reuniões de um hotel deveria ser pensada como uma estrutura organizacional formal.

O propósito dos comitês e reuniões em um hotel é tão variado quanto o hotel em si. Eles ressaltam uma variedade de preocupações, incluindo operações diárias; questões intradepartamentais e interdepartamentais; preocupações do hotel; questões de marketing, financeiras e de recursos humanos. A Tabela 1 lista reuniões regularmente agendadas em um típico hotel de grande porte. Poderia ser uma agenda de reuniões para um hotel verdadeiro. A mesma pagará os dividendos para revisar esta lista cuidadosamente. As reuniões que acontecem em um hotel fornecem pistas sobre o que é necessário para gerenciar o mesmo.

Uma das primeiras coisas a serem notadas é o grande número e a diversidade de reuniões. Certamente alguém pode dizer que, se o hotel realizar todas as reuniões, haverá pouco tempo hábil para realizar qualquer trabalho! Na verdade, o gerenciamento eficiente dos hotéis requer reuniões freqüentes. Elas *são* parte do trabalho no hotel. A Tabela 1 mostra uma média de 249 reuniões agendadas a cada ano lidando com questões interdepartamentais. Os gerentes também participam de 295 reuniões agendadas a cada ano. Em muitos hotéis esse é literalmente o caso.

Não há como negar que as reuniões consomem tempo e às vezes são improdutivas. Ainda assim, não parece haver uma alternativa melhor para gerenciar um hotel efetivamente (Conlin 1989). Sempre se encontram executivos frustrados e insatisfeitos quando há poucas reuniões. Estes executivos reclamam por não estarem informados sobre o que está acontecendo. Tão elementar como possa parecer, é muito fácil os hotéis falharem em manter os funcionários e executivos adequadamente informados. Esta falha pode ter resultados desastrosos com respeito às atitudes e moral dos funcionários do hotel. Uma segunda reclamação é sobre as panes no serviço que ocorrem como conseqüência de poucas reuniões.

TABELA 1
Estrutura Típica de Reuniões para um Grande Hotel

Reunião	Comparecimento	Freqüência	Objetivo	Duração
Operações	Gerente geral, chefes de departamento, recepção, gerente de plantão, governança, segurança, manutenção e *chef* executivo	1 a 5 vezes por semana	Rever as atividades programadas e os resultados prévios do dia	15 a 30 minutos
Funcionários	Gerente geral, chefes de departamentos, todos os gerentes de subdepartamentos que respondam aos chefes de departamento	Semanal	Rever o resultado da semana anterior, as atividades da semana corrente, planos para a semana futura e projetos especiais; apresentar prêmios por realizações	1 a 2 horas
Comitê Executivo	Gerente geral e chefes de departamento	1 a 4 vezes por mês	Rever desempenho, política, e formulação de estratégias	1 a 2 horas
Previsão de Vendas e Marketing	Gerente geral, gerente residente, recepção, vendas, reservas	1 a 4 vezes por mês	Rever a demanda dos quartos para os próximos 90 dias, estabelecer estratégias para aumentar o número de *room-nights*, diárias médias ou ambas	1 a 2 horas
Departamento	Gerente geral quando necessário, chefe de departamento e todos os chefes de subdepartamentos, gerentes e supervisores	1 a 2 vezes por mês	Rever questões departamentais	1 hora
Subdepartamentos	Chefes de departamento quando necessário, chefe de subdepartamento, todos os membros, gerentes e funcionários	Mensal	Questões do departamento e do subdepartamento	1 hora
Crédito	Gerente geral, *controller*, vendas, recepção, reservas, *catering* e gerente de crédito	Mensal	Rever contas a receber	1 hora

(Cont.)

Segurança	Recursos humanos, alimentos e bebidas, governança e manutenção	Mensal	Rever o programa e registro de segurança	1 hora
Conservação de Energia	Engenheiro chefe, gerente residente, alimentos e bebidas, recursos humanos, hospedagem e governança	Mensal	Controle de custos de energia	1 hora
Reunião dos Funcionários da Supervisão	Todos os funcionários de gerência e supervisão	Bianual	Rever o desempenho do hotel, apresentar os prêmios e começar novos programas	1 hora
Reunião Anual	Todos os gerentes e funcionários do hotel	Anualmente	Rever o desempenho de final do ano e prêmios	1 hora
Reunião dos Funcionários	Gerente geral e funcionários escolhidos de todo o hotel	Mensal	Comunicação informal e discussão	1 hora
Supervisor/ Gerente Júnior	Gerente geral, supervisores de primeira linha selecionados e gerentes juniores	Mensal	Comunicação informal e discussão	1 hora

Os hotéis estão sujeitos a mudanças freqüentes, e geralmente diárias. As reuniões devem ser agendadas freqüentemente com um propósito, ao contrário, sua efetividade será nula. Poucas reuniões resultam em confusão quanto aos objetivos e metas do hotel. As pessoas precisam saber o que é importante para o hotel. O que mais a empresa valoriza? O que ela significa? Do que se constitui um bom resultado? Visto que os hotéis fornecem muitos produtos intangíveis, um esforço constante deve ser feito, em todos os níveis, para fornecer respostas para estas questões. As reuniões são um meio efetivo de se conseguir esta função vital do gerenciamento (Hosansky 1989).

Os hotéis são negócios que requerem um grau extraordinário de cooperação interdepartamental para fornecer ao hóspede serviço de qualidade. O modelo organizacional usado na maioria dos hotéis procura por eficiência dentro de cada departamento do hotel, mas é falho quando o assunto é a coordenação entre os departamentos. Uma das estratégias organizacionais empregadas para solucionar este problema é a estrutura de reuniões formais que objetiva a comunicação e cooperação interdepartamental. Logo, uma das funções importantes da organização gerencial é a de realizar uma estrutura efetiva de reuniões que compense e complemente a organização departamental funcional de um hotel.

2. Em Direção a uma Teoria sobre o Conflito Interdepartamental em Hotéis

David Dann
Timothy Hornsey

INTRODUÇÃO

A prevalência de conflitos interdepartamentais em hotéis parece ser uma das características distintivas de suas operações. Apesar disto, conflitos interdepartamentais são uma área da pesquisa que tem sido, de alguma forma, negligenciada não somente no setor da hospitalidade mas também em quase toda a pesquisa sobre gerenciamento (Hunt 1979). Considerando que conflitos entre empregador e empregados (conflito vertical) têm sido objeto de estudo e de análise considerável, aqueles entre funcionários operando no mesmo nível hierárquico (conflito horizontal) têm sido claramente ignorados (Elliott e Elliott 1974).

A freqüência com que os hotéis e operações de banquetes apresentam conflitos interdepartamentais não pode ser adequadamente explicada pelos conceitos de diferenças interpessoais, ou meramente através de um entendimento maior do ambiente externo no qual os agentes se comportam. Os conflitos horizontais dentro da hospitalidade parecem acontecer independentemente do ambiente externo da unidade. Por isso, poderia parecer ser alguma coisa da natureza da operação ou do ambiente social do setor da hospitalidade a causa do aumento das diferenças dentro do grupo. Os pesquisadores tendem a explicar os conflitos interdepartamentais do setor dentro de um quadro solitário de referência e enfatizaram idéias de diferenças pessoais. O resultado é que as soluções giram em torno do estabelecimento de metas superordenadas (Vension 1983). A abordagem pluralística parece mais realista ao aceitar que a organização seja formada por uma gama de diferentes agrupamentos que podem ter diferentes interesses e metas (Fox 1974). Somente com a adoção de tal postura o real entendimento dos conflitos interdepartamentais nos hotéis pode ser obtido.

Este artigo resume quatro possíveis razões para o surgimento de conflitos interdepartamentais no setor da hospitalidade, isolados ou coletivamente: (1) interdependência – o relacionamento que existe entre os departamentos, (2) ambiente – o quadro em que as atividades acontecem, (3)recompensas – a natureza do pacote total de pagamento, (4) *status* e estigma – as percepções dos trabalhadores no setor sobre eles mesmos e os outros.

INTERDEPENDÊNCIA

O nível de interdependência entre os departamentos em muitas situações é necessariamente alto se o cliente tem que receber um serviço satisfatório. Diversos estudos têm indicado que onde há alto nível de interdependência entre os departamentos, o conflito interdepartamental tende a crescer (March e Simon 1958; Sofer 1972; Filley 1975; Bowey 1976). A interdependência nas situações de hospitalidade é causada pela natureza do trabalho; o produto ou serviço que o cliente recebe é o resultado de uma próxima e imediata cooperação entre dois ou mais departamentos. Com isso, os dois requisitos para a coordenação são muito poucos, comparado com outros setores. Na verdade, eles geralmente podem ser medidos em minutos ou segundos (Whyte e Hamilton 1965). As razões por que a interdependência causa conflito entre os departamentos podem ser consideradas de quatro maneiras: autonomia, reciprocidade, conflito e diferenciação de objetivos.

Já foi sugerido que há uma luta por autonomia no local de trabalho, e existe um conflito fundamental entre o desejo por independência e a necessidade de interdependência (Pondy 1967; Snow 1981). Onde esta luta por autonomia é frustrada, o conflito surgirá entre as partes diretamente envolvidas. Esta poderia ser a situação entre a cozinha e o restaurante, onde os garçons não se sentem no controle de seu trabalho porque são dependentes dos *chefs* que fornecem seu material de trabalho. Snow (1978) posteriormente desenvolve este conceito em relação ao setor da hospitalidade por sugerir que os funcionários têm o desejo de ter o controle direto de seu trabalho mas, em posições de interdependência, isto não é claramente possível. Então, eles tentam exercer pressão naqueles que interdependem deles, resultando em conflitos.

A reciprocidade percebida também pode ser a causa do conflito devido à interdependência entre as partes. Quando é percebido por um dos lados que o outro agiu injustamente ou sem o devido respeito, ou um favor foi feito mas não retribuído, forma-se a base para um novo conflito aparecer. Onde os níveis de interdependência são particularmente altos, como entre a cozinha e o restaurante, as oportunidades para este tipo de conflitos tendem a aumentar. Uma das

FIGURA 1

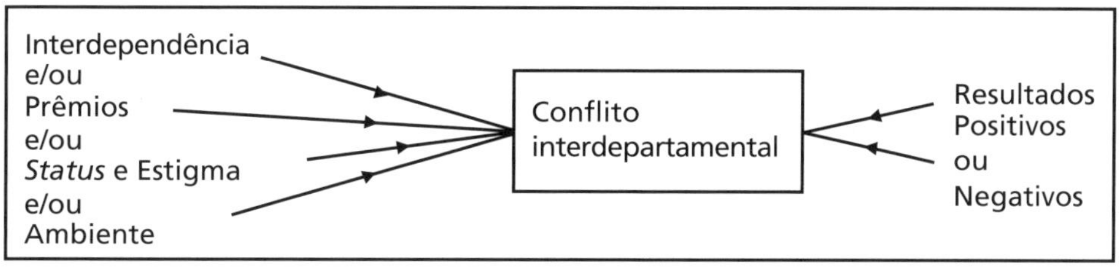

(©Pergamon Press Ltd. 1986)

partes pode ter que freqüentemente pedir 'favores' para a outra a fim de satisfazer o hóspede ou requisitos internos da situação.

A diferenciação de objetivos entre as partes é provavelmente a razão mais importante citada na literatura para descrever conflitos interdepartamentais em hotéis. Bowey (1976), Nailon (1978), e Mars e Nicod (1984) consideraram a interdependência uma determinante nos conflitos interdepartamentais em restaurantes e hotéis, à medida que as partes interdependentes tinham diferentes exigências sobre a situação. A preocupação do *chef* era primeiramente com a qualidade e a dos funcionários, com a rapidez. Em outras situações pode ocorrer o contrário, mas os diferentes objetivos dos funcionários parecem realçar os problemas de conflitos interdepartamentais causados pela interdependência e variarão conforme a natureza da situação. Mars e Nicod (1984) sugeriram que provavelmente existem níveis mais altos de conflitos em classes inferiores do estabelecimento, onde há maior diferenciação entre o desejo do garçom pela rapidez e a aspiração do *chef* pela qualidade em melhores classes de estabelecimentos, onde ambas as partes têm uma grande preocupação com a qualidade.

AMBIENTE

O ambiente social pode também ser a causa do conflito (Berger e Luckman 1967). O ambiente no setor da hospitalidade tem características distintas que podem aumentar o desenvolvimento de situações conflitantes; elas incluem o relacionamento de tríade que existe entre a gerência, funcionários e clientes (Mars e Mitchell 1976); a velocidade da operação, causando estresse e pressão para os envolvidos na operação; os estilos de liderança usados; e as perspectivas territoriais dos participantes.

Muitos funcionários passam por situações nas quais as exigências do cliente e aquelas geradas pela situação e/ou pelos colegas são conflitantes. Este tipo de conflito certamente aumenta o estresse inerente à tarefa e o conflito existente entre aqueles departamentos que têm contato direto com o cliente e aqueles que não têm. Os funcionários que ocupam posições na interface entre a organização e o cliente (papéis de linha de frente) são identificados como aqueles que adaptam suas atitudes e comportamento no trabalho para lidar com a situação e enfatizam as diferenças entre os colegas de outros departamentos (Parkington e Schneider 1979; Shamir 1983).

A perspectiva de Homans (1951), de considerar os grupos em termos dos seus ambientes internos e externos, pode ajudar a entender os efeitos do relacionamento de tríade. O ambiente externo e os aspectos predominantes do relacionamento de tríade são ditados pela natureza das tarefas que os funcionários realizam. A tarefa é claramente muito diferente para os funcionários, como a tarefa para o pessoal do restaurante e para os recepcionistas, que têm mais contato direto com o hóspede, diferentemente das camareiras e *chefs*. Cada tipo de funcionário sofre pressões diferentes. O resultado disto pode ser a falta de entendimento de seus papéis pelos outros departamentos, que por sua vez podem facilitar o elevado nível de conflito entre eles. O ambiente interno do grupo pode ser ditado pelo ambiente externo no qual ele opera, este fato pode fornecer a resposta do por quê, por exemplo, os *chefs* e garçons podem se achar tipos diferentes de pessoas. Estudos sobre os garçons mostram que eles são altamente individualistas em suas perspectivas (Mars e Nicod 1984), enquanto o pessoal da cozinha tem a reputação de forte coletivismo. Tais diferenças na solidariedade dos grupos e dos diferentes sistemas de valores que emergem (Sayles 1958; Elliot e Elliot 1974) podem agravar os conflitos entre as partes. Logo, a fonte real do conflito pode estar no ambiente externo em que os participantes vivem, especialmente no papel deles ao interagir com os clientes, mais do que em qualquer forma de relacionamento entre os dois grupos.

O ambiente no qual os funcionários conduzem suas atividades pode ser estressante e opressivo (Whyte 1948; Bowey 1976; Snow 1978, 1981). Se o relacionamento de trabalho apresenta uma fonte de estresse mais do que de satisfação, isto poderia levar os funcionários a encontrarem uma outra maneira de se livrar desta pressão, a saída mais imediata, sendo estas pessoas de outros departamentos com os quais elas mantém contato para pesquisa. Whyte (1948) notou como os garçons e as garçonetes "soltavam fumaça" no local da distribuição[NR] em razão da pressão exercida pelos hóspedes sobre eles. Apesar dos recipientes destas explosões serem os *chefs*, eles não eram a causa direta do problema, apenas pessoas com as quais os garçons tinham um contato mais imediato, alvos mais óbvios para suas frustrações.

A natureza do ambiente de hospitalidade em uma unidade tende a requerer uma multiplicidade de decisões rápidas para lidar com um grande número de situações não planejadas e imprevistas que acontecem. Shamir (1978) sugere que o setor é caracterizada por um desejo de rigidez nas operações em nível corporativo e flexibilidade nas unidades. Apesar disto parecer uma maneira orgânica de organização, o setor foi tipificado mais pelos estilos de liderança autoritária (White 1973), organização mais formalizada e modelos de comunicação. Este estilo de liderança e organização em uma situação que parece pedir uma abordagem diferente pode ser adicionado aos conflitos enfrentados pelas partes (Filley 1975).

Os funcionários também desenvolvem territórios para eles mesmos e podem começar a se perceber como entidades que agem independentemente das outras na empresa. Qualquer intrusão direta ou indireta no seu território pode ser tratada como uma invasão e resistida como tal (Ardrey 1967). A cozinha e a recepção têm barreiras físicas muito claras que as dividem dos outros departamentos, e os *chefs* têm a reputação de construírem uma perspectiva territorial forte sobre seus locais de trabalho. Ainda sobre o relacionamento cozinha/restaurante, os garçons devem vir diretamente para a interface entre dois territórios, o setor de distribuição, muitas vezes dentro de seu processo normal de trabalho, tornando-os resistentes a uma potencial "intrusão em seu território" e aumentando o conflito entre as partes.

Certamente a natureza do ambiente no qual as tarefas são realizadas e as próprias tarefas pareceriam um fator-chave ao determinar os motivos do conflito interdepartamental nas organizações de hospitalidade.

RECOMPENSAS

As recompensas podem causar conflitos entre departamentos por causa de diferenças em premiações individuais e na distribuição de recursos escassos. Sentimentos de privação com respeito à recompensas tendem a parecer como uma base de comparação (Sofer 1972). Sempre que uma das partes acredita que é menos importante que outras em outros departamentos, uma base para o conflito está estabelecida. Alguém poderia pensar que os prêmios fossem uma preocupação primária dos trabalhadores do setor, que é freqüentemente vista como a que tem uma escala de salários menor. Não foi sempre este o caso; Snow (1981) e Shamir (1977) falam das orientações sociais dos trabalhadores dentro do setor. Entretanto, uma pesquisa recente de Kung (1984) em Hong Kong, sobre satisfação no emprego e rodízio de trabalho entre os funcionários de alimentos e bebidas em uma cadeia de hotéis, sugere que pode haver um elemento cultural que deveria ser considerado.

Pode ser provável que a existência de gratificações como uma característica do setor leve a percepções distorcidas com respeito a salários de outros funcionários. Em uma situação organizacional que não seja de serviços, o sistema de gratificação é diretamente responsável pela ligação dos indivíduos com a organização e suas metas; em situações onde uma proporção substancial dos salários dos indivíduos não é recebida através da organização, não há mecanismo que ligue o indivíduo com as metas da organização. Se este for o caso de somente um grupo de dependentes dentro de uma situação interdependente alta, a base para um conflito em potencial está formada (March e Simon 1958).

Os conflitos mais típicos ocorrem entre os departamentos, um deles é o receptor direto das gorjetas ao passo que o outro não é. Os garçons são receptores, os *chefs* não; as camareiras são receptoras, as recepcionistas não (Nailon 1978). A razão para isso pode ser que os receptores de gorjetas desenvolvem atitudes diferentes dos que não recebem. Por exemplo, em uma pesquisa recente feita por Shamir (1983), descobriu-se que os que recebem gorjetas tinham uma atitude mais favorável para com os clientes e a gerência, do que os que não recebiam. Apesar de Shamir não indicar a percepção relativa que eles têm de cada um, é claro pelo seu trabalho que as percepções de suas funções pelos receptores de gorjetas e pelos que não recebem são diferentes. Snow (1981) também notou que os extras, tais como a gorjeta, tinham um efeito de divisão dentro da organização, com o resultado de que interesses comuns não eram perceptíveis.

NR: Geralmente constituído de uma estufa ou mesa quente.

As diferenças em prêmios recebidos podem ser distorcidas pela oportunidade percebida pelas pessoas que se acham menos importantes entre os vários departamentos. Certamente, como Mars (1982) e Mars e Mitchell (1976) já mencionaram, tais pessoas são partes importantes do pacote total de prêmios. Quando uma das partes percebe a oportunidade alta de trapaças em outro departamento, esta pode ser uma fonte de conflito entre os dois departamentos.

Por último, as fontes escassas são cotadas por alguns autores como um motivo para conflitos interdepartamentais (March e Simon 1958; Sofer 1972; Elliott e Elliott 1974; Filley 1975; Wilmot e Wilmot 1978). Em situações de hospitalidade, os recursos escassos poderiam ser considerados em termos de prêmios de pessoal ou recursos do departamento. Onde há luta pelos recursos escassos entre os departamentos e onde uma das partes percebe que a distribuição dos recursos não foi igual, a probabilidade de conflitos interdepartamentais aumenta.

Se os trabalhadores percebem que estão sendo empregados em um setor de baixos salários, as diferenças percebidas nas gratificações podem ser sentidas, aumentando o conflito entre os departamentos. As gratificações podem ser vistas como uma grande fonte de conflito entre os funcionários no setor da hospitalidade.

STATUS E ESTIGMA

As hierarquias organizacionais rígidas do setor da hospitalidade e as tradições em que elas cresceram levaram a um sistema de *status* muito alto e diferenciado. Este sistema de *status* se desenvolve em torno do título do cargo das carreiras individuais. Algumas posições carregam um *status* particular dentro da organização, enquanto outras, como as da cozinha, carregam um estigma (Saunders 1981). Esta é claramente uma questão de percepção; como os membros do quadro funcional se percebem e percebem os outros dentro da situação de trabalho. Se eles perceberem que suas posições estão tendo um *status* inferior a outras de *status* superior, isto pode ser uma causa de conflito entre as partes (Stagner e Rosen 1966). Como Sofer (1972) apontou, as pessoas se comportam no local de trabalho de acordo com suas percepções da realidade, e nos conflitos industriais um fator crucial é a realidade de interesses opostos como o percebido pelas partes.

O *status* do sistema é estabelecido através da tradição e mito, e reforçado pela pressão do grupo. Onde os funcionários estão agrupados para realizar uma tarefa há a tendência para desenvolver ideologias que enfatizem suas contribuições distintas para a organização e que os diferencie de outros grupos com os quais eles tenham contato (Sofer 1972). Por esta razão, cada grupo pode desenvolver sua própria subcultura e valores, que podem envolver atitudes negativas ou indiferentes para com outros grupos organizacionais. Certamente, os conflitos ocorrem em situações de hospitalidade quando há diferenças de crença entre as partes. Apesar das hierarquias ocupacionais que se desenvolvem poderem diferir de alguma maneira entre os estabelecimentos (Whyte 1948; Sprott 1958), parece haver alguma uniformidade na maneira pela qual garçons/*chefs* e funcionários da governança percebem a cada um. Estas percepções parecem ser baseadas em pré-concepções tradicionalmente negativas e podem formar a base para um conflito entre departamentos.

Percepções negativas de *status* e estigma na hospitalidade são reforçadas pela alta porcentagem de trabalhadores imigrantes e, em algumas situações, de trabalhadoras empregadas no setor. Snow (1981) notou que alguns grupos encaram mais barreiras que outros para conseguir um melhor salário ou ocupações com mais prestígio; esta regra parece se aplicar ao trabalho de imigrantes mulheres em particular. Os membros destes grupos acham suas opções ocupacionais limitadas aos salários mais baixos, com menos qualificação, o que não seria aceitável para aquelas pessoas que podem trabalhar em qualquer outro lugar. Em muitos casos estes trabalhadores são candidatos relutantes, que são forçados a entrar no setor pela falta de oportunidade em outro mercado de trabalho (Dronfield e Soto 1980). Eles provavelmente entrarão para o setor com um senso de estigma, que pode ser então reforçado pelos colegas, gerentes e clientes. Eles serão particularmente receptivos à oportunidade de conflitos com outros departamentos, pois o envolvimento deles com a organização é provavelmente pequeno.

Parece ser uma tendência entre grupos de imigrantes dentro do setor o trabalho em conjunto e a formação de grupos coesos baseados na nacionalidade, religião ou valores/crenças (Venison 1983). Esta pode bem ser a fonte primária de conflitos onde talvez os garçons sao predominantemente espanhóis e os *chefs*, da Índia. Whyte (1948) também notou que o conflito sobre o setor de distribuição era em parte um conflito sexual, sendo os *chefs* homens e as garçonetes mulheres, e os homens tinham uma tendência a acreditar que eram superiores.

Os funcionários estão em uma posição de subordinação às necessidades dos clientes, e é parte do processo de adequação aceitar este papel (Mars e Nicod 1984). Onde esta posição é parcialmente refutada, pode haver um sentimento de incongruência por parte dos funcionários. Também, a eles é sempre requerido agir em dois papéis diferentes, um com o cliente, outro com seus colegas de trabalho ou membros de outros departamentos (Hughes 1958). Foi notado que, devido à dualidade dos papéis, os funcionários tendem a ser muito sensíveis a ameaças à sua autoimagem, sejam elas vindas de seus colegas de trabalho ou dos clientes. Esta sensibilidade provavelmente aumenta as oportunidades de situações conflitantes entre os departamentos.

O *status* e o estigma percebido por um grupo de trabalhadores com respeito a outro grupo e reforçado pela tradição pode ser um fator de contribuição de motivos para altos níveis de conflitos entre os departamentos no setor da hospitalidade.

SUMÁRIO

Para que a disciplina de gerenciamento em hospitalidade seja adequadamente entendida, pesquisada e ensinada, o desenvolvimento da teoria deve se ater à prática e a experiência. O conflito interdepartamental é uma característica comum do setor da hospitalidade e sua prevalência parece ser pouco entendida. O conflito, como é sugerido, emerge por causa de fatores conectados com a interdependência, ambiente, gratificações, *status* e estigma ou uma combinação destes fatores. Nós não nos esforçamos em aplicar juízos de valor sobre como estes conflitos são desejáveis ou indesejáveis, ou em atribuir importância relativa a nenhum dos fatores. Há a necessidade de maiores pesquisas do fenômeno de conflitos interdepartamentais no setor da hospitalidade para estabelecer sua freqüência, as razões de sua ocorrência e seus valores.

3. Culto à Ineficiência

W. Gerald Glover

A estrutura de uma companhia é a base de como as coisas são feitas naquela empresa. A cultura pode ser de fria precisão, excelência ou sinceridade. A cultura é geralmente o resultado tanto das características organizacionais quanto da habilidade da alta gerência em formular objetivos e transmiti-los ao restante dos gerentes e funcionários. Propriamente desenvolvida, a cultura da corporação pode ser uma ferramenta de gerenciamento usada para construir produtos de qualidade e produtividade dos funcionários.

Quando a gerência não entende os efeitos da cultura da corporação e permite que "o culto à ineficiência" se desenvolva, a qualidade dos produtos e serviços pode sofrer. Neste artigo, eu descreverei algumas das características organizacionais que comumente dão origem ao culto da ineficiência.

PADRÕES PERDIDOS

Falta de Concordância sobre as Expectativas

A falta de consenso sobre os padrões geralmente dá origem à cultura da ineficiência corporativa. Ninguém concorda sobre qual trabalho deva ser realizado, sem contar como ele deveria ser feito e quais métodos são apropriados. Cada funcionário pode fazê-lo a seu modo. Um supervisor aplicará padrões diferentes de outros, e estes padrões podem até mudar a cada dia. Já que a gerência não estabeleceu um método para atingir um consenso sobre o que deveria estar acontecendo nas operações e serviços, uma multiplicidade de padrões pode existir para cada emprego. Como resultado, o produto é inconsistente, os hóspedes ficam confusos (ou insatisfeitos), assim como os gerentes e funcionários.

Prestação inconsistente de produtos e serviços. A inconsistência é provavelmente a causa mais freqüente de problemas em assegurar serviços de qualidade. Quando uma entrada é preparada diferentemente por cada cozinheiro, quando um quarto tem toalhas suficientes e outro não, quando um recepcionista é afável e o outro rude, o hóspede ficará insatisfeito. O hotel ou restaurante parecerá totalmente diferente a cada visita, dependendo dos padrões estabelecidos pelas experiências dos hóspedes. Quando os hóspedes não sabem o que esperar de um hotel ou restaurante, eles geralmente ficam longe do mesmo.

Medindo e gerenciando a qualidade. Se não há consenso sobre os padrões, o que acontece é que eles não podem ser medidos. Medir a conformidade de padrões dos funcionários é uma tarefa crítica da gerência. Esta função envolve treinamento, disciplina, trabalho em equipe e documentação/avaliação do desempenho. Os departamentos preocupados com o pessoal e o gerenciamento dos serviços são geralmente aqueles onde a medição está particularmente faltando. Este é o resultado da baixa prioridade dada pelos gerentes destas áreas, a ausência de metas claramente desenvolvidas e a falta de habilidade em delegar responsabilidades. Em particular, muitos gerentes afastam a idéia de medir qualidade por partilharem a idéia comum "você não pode medir serviços porque eles são intangíveis". O serviço é um evento realmente social entre o funcionário e o hóspede. Sua qualidade pode ser observada e documentada através de grupos de hóspedes e *feedback* dos mesmos.

Avaliação baseada na atividade, não nos resultados. Com que freqüência os empregados são gratificados por parecerem ocupados, apesar dos resultados que eles conseguem com todas estas atividades? Tanto na gerência quanto na recepção, o desempenho é freqüentemente avaliado em termos de "suor no rosto", "*contagem dos feijões*[NR]", ou simplesmente pela aparência. Em tais casos, a qualidade do trabalho realizado não é tão importante quanto o critério de avaliação como o número de horas trabalhadas ou o número de crises encontradas.

A meta do serviço ao hóspede é obscurecida quando as promoções, reconhecimento e as compensações não são o resultado de uma concordância nos padrões. Ao invés disso, jogos corporativos e uma boa aparência – a cor certa da gravata – podem ser mais importantes do que, digamos, conseguir uma baixa rotatividade entre os funcionários ou ter uma alta satisfação dos hóspedes.

NR: O termo empregado, tradução literal da expressão original "bean counting" refere-se, em inglês, ao excessivo cuidado em se contar feijões como forma de manter um controle contábil de alguma atividade.

CONTABILIDADE DESEQUILIBRADA

Os procedimentos da contabilidade para algumas partes de uma operação de hospitalidade são mais sofisticados que outros. Por uma boa razão, a contabilidade financeira é altamente desenvolvida, enquanto os procedimentos da contabilidade para medir a eficiência de gerentes supervisores em observarem empregados e os serviços que eles executam são menos precisos. Sem controles executivos, entretanto, as "pessoas" da área podem se tornar ineficientes. Se o gerenciamento não estabelece uma prioridade em manter algum tipo de sistema de contabilidade por recursos humanos e qualidade social, os prováveis resultados são rotatividade de empregados, qualidade inconsistente do produto, danos a equipamentos e baixa produtividade.

COMUNICAÇÃO INEFICIENTE

Comunicação interrompida ou não entendida causa problemas onde quer que aconteça, mas o problema de falha na comunicação é mais sutil que mero desentendimento. Muitas organizações sofrem de comunicação de uma única via – diga-se de cima para baixo. As idéias e respostas dos empregados são raramente levadas em consideração, e os comentários dos hóspedes não são apreciados. Nem os comentários dos grupos são considerados pela gerência nas tomadas de decisões. Tal comunicação de cima para baixo gera o culto à ineficiência, assim como as comunicações mal-entendidas ou pouca habilidade em se comunicar.

SINTOMAS, NÃO CAUSAS

O culto à ineficiência cria grande ênfase em remédios para os sintomas mais do que necessariamente a pesquisa para mapear os problemas. Em uma inspeção superficial, muitos problemas operacionais e de serviços para os hóspedes parecem simples. Se o garçom é rude, ele deve receber a recomendação para ser mais agradável. É como tratar uma fratura com Band-Aid; a solução não passa pela verdadeira causa do problema. De fato, a rudeza do garçom pode ter menos a ver com o garçom em particular e mais a ver com o treinamento e a seleção não apropriada ou práticas de gerenciamento não efetivas. Ao resolver problemas, os sintomas devem ser usados como pistas para se descobrir o verdadeiro problema.

FALTA DE RECONHECIMENTO

O elogio é uma parte importante do *feedback* da gerência. Não custa nada e faz maravilhas para o moral do empregado. Mesmo assim, muitos empregados nunca ouvem um de seus gerentes; pelo contrário, só os problemas. De fato, a maioria dos gerentes deve honestamente admitir que raramente se importam em fazer os funcionários saberem que um trabalho foi bem feito. Os empregados não devem se sentir inferiores quando um gerente quer falar com eles.

FALTA DE TRABALHO EM EQUIPE

Muitas culturas corporativas premiam a competição entre os empregados da empresa. Alguns negócios na verdade encorajam o conflito e o destaque individual. Quando os empregados são premiados por tomarem atitudes individualmente, o desenvolvimento da equipe fica prejudicado. Assim, um recepcionista ocupado, um salão de jantar lotado e uma janela de distribuição de cozinha no horário do almoço exigem que o hotel e os empregados do restaurante trabalhem em equipe para realizar um serviço que satisfaça o hóspede.

O desenvolvimento de uma equipe de empregados também evita o colapso de um departamento ou unidade quando um gerente talentoso ou um supervisor é promovido ou deixa o emprego. Se o culto à ineficiência permitiu que o supervisor estabelecesse todos os padrões, o departamento deste supervisor poderia deixar aquela unidade sem supervisão. Uma empresa de sucesso teria um sistema de gerenciamento-padrão que não mudaria quando os supervisores mudassem.

DESENVOLVIMENTO, NÃO TREINAMENTO

O treinamento é o modo mais comum usado pelos gerentes em novos membros do quadro de trabalho. Neste método, um contratado novo segue um funcionário antigo e aprende como o trabalho é feito. Esta prática transfere uma das maiores responsabilidades da gerência para um funcionário da linha. O novo contratado aprende a política das operações da maneira como ela é entendida pelo funcionário mais experiente, que pode não ter uma visão clara dos objetivos da empresa. Qualquer tempo que o gerente poupe por esta prática logo será perdido corrigindo erros futuros.

Entretanto, mesmo quando o treinamento é dado pelos gerentes, é raramente baseado em padrões de trabalho claramente estabelecidos ou fundados em competência básica. Para fazer um trabalho certo na primeira vez, os empregados devem receber o conhecimento necessário para estarem de acordo com os padrões de desempenho da empresa.

Gerenciamento "Afunde ou Nade"

Os estagiários dos gerentes são também vítimas de uma forma de treinamento – mas eles geralmente não têm nem o luxo de serem observados por outros gerentes. Dos gerentes e supervisores espera-se que eles afundem ou nadem quando a eles são dadas novas responsabilidades. Os empregados *linha* enfrentam esta situação particularmente quando seu bom desempenho se transforma em uma promoção. Eles são geralmente promovidos sem receber o devido treinamento e as responsabilidades distintas de um supervisor. O novo supervisor é deixado sem treinamento e tem que aprender a cultura existente na empresa por tentativa e erro.

RECRIMINAÇÕES

Mais que uma reclamação de tratamento feita pelo hóspede ou outro problema como uma oportunidade para melhorar as operações, as reclamações são geralmente uma ocasião para culpa, defesa e transferência de responsabilidade. Parte do problema é que as pessoas não gostam de admitir responsabilidade por algo que foi feito errado, preferindo, ao invés disto, empurrar os problemas para baixo do tapete. Mas a gerência também tem a tarefa de limitar problemas explicando o trabalho exatamente como ele dever ser feito. Quando os gerentes trabalham desta maneira, os problemas podem ser identificados e as soluções encontradas, sem recriminações desnecessárias.

EFICÁCIA

Muitos gerentes de hospitalidade falham em reconhecer a diferença entre eficiência e eficácia. Meramente, executar um trabalho antes da data estabelecida não é o suficiente para assegurar excelência. O trabalho deve ser feito em dia, é claro, mas o esforço deve resultar em sucesso dos padrões estabelecidos. A definição de "fazer o trabalho" deveria incluir executar o serviço ou o produto na primeira tentativa.

NÃO É SIMPLESMENTE ARITMÉTICA

Uma organização é mais do que a soma das operações e departamentos. Ela também inclui a cultura que influencia muito do que ocorre nos negócios. Esta cultura é moldada – intencionalmente ou acidentalmente – por ações dos gerentes da empresa. Esta organização social informal afeta todos os níveis da companhia e influencia grandemente a habilidade da empresa em vender seus produtos e serviços aos clientes.

Mais que permitir um culto para que a ineficácia cresça, os gerentes deveriam conscientemente promover uma cultura enfatizando a consistência, produtividade e participação em todos os níveis de soluções de problemas, adquirindo um consenso nos padrões. Somente uma postura de gerenciamento pró-ativo pode levar à excelência verdadeira.

ESTUDO DE CASO
O Hotel Wickman

Gene Larkin, diretor-gerente e dono de 60% – sua família possui os 40% restantes – estava contemplando o futuro do Hotel Wickman.

O Wickman é uma propriedade de 450 apartamentos no centro de St. Louis, Missouri. Foi reformado nos últimos dois anos e recentemente foi premiado com a quarta estrela Móbil, em reconhecimento à qualidade de sua mobília, instalações e equipamentos (FF&E), seu serviço de alimentos, facilidades e sensibilidade de gerenciamento em promover o ambiente correto para sua clientela-alvo, os freqüentes viajantes de negócios. Mesmo tendo um grande salão de convenções e um espaço para reuniões, o hotel nunca planejou reuniões e convenções, preferindo se especializar nos hóspedes corporativos que são geralmente individualmente mais valorizados em termos de diária média (DM) e despesas com alimentos e bebidas (A&B).

No início dos anos 90, o Wickman teve um bom sucesso financeiro. Sua média percentual de ocupação anual foi acima dos 70% ao longo dos últimos três anos, e a margem de lucros esteve sempre em níveis aceitáveis.

Mesmo com todas estas boas notícias, Larkin ainda tem algumas preocupações sobre o futuro do

Wickman. Entre estas preocupações está a tendência de cada departamento do hotel em aumentar seu número de funcionários – especialmente os que não têm contato com o hóspede – e, com isso, ter um aumento corolário nos custos das despesas gerais.

Estes aumentos nos custos não foram particularmente onerosos mas mostraram uma tendência de três ou quatro pontos acima da inflação dos últimos cinco anos. Para manter o nível de lucros, Larkin e seus funcionários da gerência produziram mais rendimentos através de vendas adicionais e aumentos cautelosos de preços. Por causa das novas propriedades na área de St. Louis, o novo mercado será mais competitivo em um futuro próximo, e até que os mercados se expandam e a demanda cresça, o Wickman enfrentará uma potencial redução nos lucros.

Larkin, que está no hotel desde sua adolescência, não quer fazer nada tão drástico como demitir funcionários, mas reconhece que o crescimento das despesas com funcionários que não têm contato com os hóspedes precisa ser encerrado ou revertido. Ele também está relutante em tomar todas estas decisões sozinho, preferindo pedir sugestões aos gerentes operacionais dos departamentos que lidarão com qualquer decisão que seja tomada.

Ao contemplar a composição para o comitê *ad hoc* que ele formará para estabelecer um novo caminho organizacional para o Wickman, Larkin decide que o comitê deve ser guiado por três critérios fundamentais:

- Não haverá redução de serviço para os hóspedes do Wickman.
- O Wickman não fará nada que comprometa sua classificação de quatro estrelas.
- Os funcionários do hotel não serão dispensados, exceto como último recurso, e somente na base do mérito e produtividade.

Caso 1. Determine para o Sr. Larkin quem deveria estar no comitê *ad hoc* para estudar o problema. Deve ser incluído um relatório completo para a inclusão de cada gerente que explique seu conhecimento departamental e como o mesmo pode contribuir para as tarefas do comitê.

Caso 2. Explique e discuta soluções alternativas que você acredita que o comitê *ad hoc* deveria propor. Ao fazer isso, permaneça fiel a qualquer suposição que você fizer no caso 1 e os três critérios fundamentais estabelecidos por Larkin.

Escolha uma destas alternativas e elabore seus potenciais efeitos positivos e negativos no Hotel Wickman, seus funcionários e seus hóspedes.

Referências

Aldag, Raymond J. and Timothy M. Stearns.1987. *Managenent.* Cincinnati: South-Western Publishing.

Ardrey, R. 1967. *The Territorial Imperative.* London: Collins.

Berger, P.L. and T. Luckman. 1967. *The Social Construction of Reality.* London: Allen Lane.

Bowey, A. 1976. *The Sociology of Organisations.* London: Hodder and Stoughton.

Conlin, Joseph. 1989. Management Strategy: Get Control. *Successful Meetings* 38(7) :37 - 42.

Dale, Ernest. 1967. *Organization.* New York: American Management Association, p. 9.

Dann, D. and Timothy Hornsey. 1986. Toward a Theory of Interdepartmental Conflict in Hotels. *International Journal of Hospitality Management* 5:23.

Dronfield, L. and P. Soto. 1980. *Hardship Hotel.* London: CIS.

Elliott, D. and R. Elliott. 1974. *Goals and Goal Conflict.* Milton Keynes, U.K.: Open University Press.

Filley, A.C. 1975. *Interpersonal Conflict Resolution.* Glenview, IL: Scott Foresman.

Fox, A. 1974. *Man Mismanagement.* London: Hutchinson.

Homans, G.C. 1951. *The Human Group* London: Routo.

Hosansky, Mel. 1989. Meetings Give You a Leg Up the Corporate Ladder. *Successful Mettings* 38(5): 51-52.

Hughes, E.C. 1958. *Men and Their Work.* Glencoe, IL: Free Press.

Hunt, J. 1979. *Managing People at Work.* New York: McGraw-Hill.

Kung, C. 1984. Assessment of Job Satisfaction and Its Relationship to Turnover of Food Service Personnel in High Tariff Chain Hotels in Hong Kong. Unpublished thesis, Iowa State University.

March, J.G. and H.A. Simon. 1958. *Organizations.* New York: John Wiley.

Mars, G. 1982. *Cheats at Work.* London: Allen and Unwin.

Mars, G. and P. Mitchell. 1976. *Room for Reform.* Milton Keynes, U.K.: Open University Press.

Mars, G. and M. Nicod. 1984. *The World of Waiters.* London: Allen and Unwin.

Nailon, P.1978. Tipping: A Behavioral Review. *HCIMA Review* 2:231-241.

Nebel, E.C. III. 1991. *Managing Hotels Effectively: Lessons from Outstanding General Managers.* New York: Van Nostrand Reinhold.

Parkington, J.J. and B. Schneider. 1979. Some Correlates of Experienced Job Stress: A Boundary Role Study. *Academy of Management Journal* 22:270-281.

Pelletier, Ray. 1988. Overnight Success Takes Some Time. *HSMAI Marketing Review* 7(1):16-20.

Pondy, L.R. 1967. Organizational Conflict. Concepts and Models. *Administrative Science Quarterly* 12:296-320.

Saunders, K. 1981. *Social Stigma of Occupations.* Farnborough, U.K.: Gower.

Sayles, L.R. 1958. *The Behavior of Industrial Work Groups.* New York: John Wiley.

Scott, W.G. and T.R. Mitchell. 1976. *Organizational Theory: A Structural and Behavioral Analysis.* Homewood, IL: Richard D. Irwin.

Shamir, B. 1977. *A Study of Managers' and Staff Attitudes to Living-In and Other Aspects of Hotel Employment.* London: Cornewell, Greene, Bertram, Smith.

Shamir, B. 1978. Between Bureaucracy and Hospitality. *Journal of Management Studies* 15:285-307.

Shamir, B. 1983. A Note on Tipping and Employee Perceptions and Attitudes. *Journal of Occupational Psychology* 56:255-259.

Snow, G. 1978. Unionisation in the Hotel and Catering Industry. Unpublished thesis, University of Bath.

Snow, G. 1981. Industrial Relations in Hotels. Unpublished thesis, University of Bath.

Sofer, C.1972. *Organisations in Theory and Practice.* London: Heinemann.

Sprott, W.J. 1958. *Human Groups.* London: Penguin.

Stagner, R. and H. Rosen. 1966. *Psychology of Union Management Relations.* London: Tavistock.

Stoner, James A. and Charles Wankel. 1986. *Management.* Englewood Cliffs, NJ: Prentice Hall, pp. 233-234.

Venison, P. 1983. *Managing Hotels.* London; Heinemann.

White, M. 1973. Management Styles in Hotels. *HCIMA Review* October.

Whyte, W.F. 1948. *Human Relations in the Restaurant Industry.* New York: McGraw-Hill.

Whyte, W.F. and E.L. Hamilton. 1965. *Action Research for Management.* Homewood, IL: Richard D. Irwin.

Wilmot, J.H. and W.W. Wilmot. 1978. *Interpersonal Conflict.* Dubuque, IA: Wm. Brown.

Leituras Sugeridas

Artigos

Moreo, Patrick J. 1980. Control, Bureaucracy, and the Hospitality Industry: An organizational Perspective. *Journal of Hospitality Education* 4(2):21-33.

Schaffer, Jeffrey D. 1984. Strategy, Organization Structure and Success in the Lodging Industry. *International Journal of Hospitality Management* 3(4): 159- 165.

Schaffer, Jeffrey D. 1985. A Dynamic Model of Organizational Performance in the Lodging Industry: The Role of Competitive Strategy and Organization Structure. *Proceedings.* CHRIE Conference, Seattle, pp. 168-173.

Fonte das Notas

3

Gerentes Gerais: uma Visão do Topo

Introdução

Na maioria das empresas, alguém que atenda pelo título de gerente geral, ou algo similar, chefia a organização. Esta posição geralmente é considerada o ápice da carreira, principalmente em hotéis. Em muitas companhias hoteleiras a posição de gerente geral serve como trampolim para uma posição corporativa, ou emprego como gerente geral em uma propriedade de maior prestígio. Surpreendentemente, muito pouco tem-se escrito sobre os gerentes gerais, como suas carreiras se desenvolveram, ou que tipo de habilidades e vigor eles trazem para seus empregos.

Arnaldo (1981) apresentou um perfil estatístico dos gerentes gerais em hotéis. Ele desenhou um quadro demográfico de sua amostra com 194 GGs e comentou que, apesar dos gerentes gerais mudarem de emprego freqüentemente, eles relataram um alto grau de satisfação no emprego. Ele também preparou um quadro analítico para demonstrar como estes gerentes alocavam tempo e importância para um número de papéis gerenciais clássicos. As funções gerenciais mais importantes estabelecidas pelos gerentes foram, em ordem decrescente de importância, as de líder, empreendedor, monitor e disseminador, com seis outras mais assumindo menor importância(chefia, elo de ligação, porta-voz, pacificador, distribuidor de recursos e negociador). (Ver Mintzberg 1973).

Os aspectos do artigo de Arnaldo são repetidos na contribuição de Nebel e Ghei para este capítulo. Uma outra comparação útil pode ser feita ao ler o trabalho de Arnaldo juntamente com o de David Ley (1980). Este trabalho, baseado em uma pequena amostra de sete gerentes gerais em propriedades similares de uma companhia hoteleira, registrou quanto tempo os gerentes despenderam para os mesmos trabalhos gerenciais (Mintzberg 1973). A diferença aqui foi que Ley pediu ao escritório corporativo uma avaliação da eficiência de cada um dos GGs. Os índices de eficiência (*muito eficientes, eficientes e pouco eficientes*) foram então comparados com as atribuições de tempo apontadas pelos gerentes gerais para liderança e atividades empreendedoras. Ley concluiu que, neste pequeno grupo, os gerentes mais eficientes gastaram mais tempo em atividades *empreendedoras* do que em atividades de *liderança*. Ao contrastá-lo com o grupo de Arnaldo, bem maior, que dedicou mais tempo a funções de liderança do que às empreendedoras, algumas questões interessantes aparecem para o leitor, como que tipo de atividades podem melhor preparar os futuros gerentes gerais para este papel. Isto torna o trabalho de Nebel e Ghei muito mais interessante, pois apesar de eles também terem usado um grupo pequeno, estes gerentes foram estudados intensivamente, e os autores propõem um modelo estrutural para visualizar o trabalho dos gerentes.

Um aspecto central do desenvolvimento de carreira entre os gerentes é explorado em um artigo de Rutherford e Wiegenstein (1985), que, pela primeira vez, olhou para a o papel de um mentor, para o grau pelo qual ele poderia ser medido e como isso afetaria o sucesso e a satisfação na carreira de um gerente geral moderno. Apesar de os dados demográficos, salariais e operacionais poderem ser considerados desatualizados, o foco desta pesquisa continua útil para aqueles que aspiram a esta posição superior em um hotel. Também, porque a literatura sobre gerentes gerais em hotéis é escassa, os *insights* obtidos pelos gerentes estudados neste caso servem de ajuda para o trabalho de outros autores incluídos nesta seção. Na pesquisa sobre mentores, Rutherford e Wiegenstein concluíram que há uma ampla evidência de que procurar e desenvolver relacionamentos com possíveis mentores pode ter impactos positivos em vários aspectos na carreira de um gerente geral.

Uma outra visão de carreira e aspectos pessoais do trabalho dos gerentes gerais são discutidos na contribuição dos Professores Pavesic e Brymer. Em estudos nos recentes anos, eles averiguaram os papéis da satisfação no emprego e o estresse das carreiras em nível gerencial. Em uma revisão desta pesquisa técnica, os autores fornecem ao leitor seus resultados e interpretações que apresentam dimensões mais comportamentais da carreira dos gerentes gerais, valores de trabalho e desafios pessoais. As carreiras na hotelaria são desafiadoras, mas como os autores apontam, elas não têm que ser árduas.

Apesar de haver um estresse implícito no trabalho dos gerentes gerais, estes empregos fornecem compensações e incentivos que não são encontrados em vários outros setores. O artigo de Rutherford e Wiegenstein descreve um número de regalias executivas comuns e também comentários sobre outras coisas que podem ser exclusivas no negócio hoteleiro. Estudantes e profissionais do setor que aspiram a se tornar gerentes gerais são aconselhados a estruturar um mecanismo de investigação que lhes permita responder à questão: *Quais os elementos que contribuem para o sucesso das pessoas que são gerentes gerais na minha empresa?* A pesquisa e comentários apresentados aqui representam um início para a construção deste quadro geral.

E finalmente, na seção de leituras sugeridas, Swanljung (1981) e Pickworth (1982) exploram aspectos relacionados à carreira de executivos de hotel e como as carreiras gerenciais são desenvolvidas nas cadeias hoteleiras.

1. Quadro Conceitual do Trabalho do Gerente Geral de um Hotel

Eddystone C. Nebel, III
Ajay Ghei

Este artigo, baseado na pesquisa de um dos autores sobre a eficácia de um gerente geral, apresenta o ponto de vista de que o trabalho de um gerente geral possa ser melhor entendido por meio da análise das influências que lhe dão forma. Os dois maiores elementos contextuais que influenciam o trabalho são as exigências do ofício e as questões de relacionamento. Eles diferem dependendo do tipo do modelo considerado (curto, médio ou longo prazo). Estes dois elementos criam duas funções específicas de trabalho e, concomitantemente, sugerem vários papéis gerenciais que precisam ser desenvolvidos em cada função. Finalmente, é enfatizada a importância da comunicação, requisito para ser eficiente no trabalho.

Os maiores hotéis de hoje representam negócios diversos, multifacetados e velozes, engajados em uma grande variedade de atividades. Sua complexidade organizacional e operacional aumenta com o tamanho. Um hotel, seja ele independente ou parte de uma cadeia, pode ser gerenciado como uma entidade de negócios separada. Portanto, cada hotel individualmente pode, de fato, ser tratado como um único centro de lucro. Embora seja necessária mais de uma pessoa para gerenciar efetivamente um hotel, o executivo com responsabilidade operacional global para este negócio é seu gerente geral. "O gerente geral é o implementador-chave da estratégia de negócios para a propriedade e o modelo de comportamento para toda a equipe" (Eder e Umbreit 1989, 333). Pode ser dito que o gerente geral é a figura central no negócio hoteleiro. As exigências e desafios de gerenciar um hotel são refletidos na complexidade do trabalho do gerente geral.

Este artigo observa o contexto no qual os gerentes gerais dos grandes hotéis trabalham e como este contexto afeta a natureza de seu trabalho. Ele é baseado na pesquisa de um dos autores (Nebel 1991) na eficácia gerencial de gerentes gerais de hotéis. O propósito desta pesquisa foi, em parte, entender melhor a natureza do trabalho dos gerentes gerais e, através deste entendimento, desenvolver um quadro conceitual para o mesmo. Como Dann (1990) afirmou, "existe agora a necessidade de... desenvolver um quadro conceitual para melhor entender a verdadeira natureza do trabalho gerencial no setor da hospitalidade".

Dez gerentes gerais extremamente bem-sucedidos de alguns dos melhores hotéis dos EUA concordaram em participar deste estudo. Cada um deles era um executivo experiente e de alto escalão com uma média de dez anos de experiência na posição. Uma das metas da pesquisa foi estudar os hotéis que exibiam a maior complexidade gerencial e operacional. Então o menor hotel participante foi uma propriedade internacionalmente renomada e luxuosa de aproximadamente 400 quartos e o maior foi um grande hotel para convenções de aproximadamente 2.000 quartos. O autor se hospedou em cada um dos hotéis, observando o modo como cada gerente geral procedia durante seu dia de trabalho normal e registrou cada uma de suas atividades por três dias. A metodologia da pesquisa empregada seguiu muito de perto a usada por Kotter (1982). Empregou uma combinação de observação participativa no trabalho dos gerentes gerais, extensas entrevistas individuais com cada um dos chefes departamentais, pesquisas de formação, e análises de informações organizacionais e operacionais de cada hotel. As entrevistas pessoais se estenderam por alguns dias; o entrevistador gastou entre quatro e seis horas com cada gerente geral e aproximadamente uma hora com cada um dos chefes de divisões. Além disso, as entrevistas informais foram conduzidas com pelo menos 100 outros executivos e empregados dos dez hotéis. A pesquisa de campo foi feita durante o ano sabático do autor e resultou em mais de 700 páginas de notas, que foram sujeitas a extensivas análises qualitativas.

Partindo desta análise e de uma exaustiva revisão de literatura sobre trabalho gerencial em hotéis (Guerrier 1987; Guerrier e Lockwood 1991; Koepper 1988; Ley 1978; Shortt 1989; Umbreit 1986) surgiu a visão de gerentes gerais de hotéis demonstrada na Figura 1, que apresenta um modelo de influências que formam o trabalho dos gerentes gerais. O modelo incorpora idéias encontradas na pesquisa de Kotter (1982) e Mintzberg (1973). Kotter (1982, 10-33) mostrou como as exigências do emprego e de relacionamentos afetam o comportamento do executivo. Mintzberg (1973, 55-99) descreveu 10 papéis diferentes que os gerentes executam. A Figura 1 reflete como o contexto do hotel influencia as várias funções e papéis do trabalho gerencial que os GGs devem executar com o propósito de serem eficientes.

Os dois maiores elementos contextuais do trabalho administrativo dos gerentes gerais que afetam funções específicas e o trabalho do dia-a-dia são as exigências da função e as questões de relacionamentos. Estas exigências e questões de relacionamentos, dependendo se são relacionadas ao quadro de curto, médio ou longo prazo, dão origem a certas funções específicas do cargo. Elas também sugerem no geral os vários papéis gerenciais que os GGs têm que realizar. É a simbiose entre estas funções específicas e as questões administrativas do trabalho que na verdade define o trabalho do gerente geral. Agora prosseguiremos a discussão de cada um dos elementos descritos na Figura 1.

EXIGÊNCIAS DO CARGO E QUESTÕES DE RELACIONAMENTO

A Tabela 1 lista funções-chave de gerentes gerais e questões de relacionamento, considerando sua relação aos quadros de tempo de hotéis de curto, médio ou longo prazo. A estrutura desta tabela foi adaptada do estudo de comportamento gerencial de Kotter (Kotter 1982, 10-33).

CURTO PRAZO

As exigências a curto prazo para gerentes gerais de hotéis giram em torno de questões operacionais diárias como fornecer ao hóspede um serviço de qualidade, controlar custos e maximizar a receita. Os gerentes gerais têm responsabilidade direta sobre suas propriedades e, como gerentes operacionais responsáveis pelos centros de lucro em qualquer lugar, estão sob tremenda pressão para produzirem resultados a curto prazo. Eles devem, entretanto, dedicar uma parcela substancial de seu tempo e esforços para exercer um controle operacional eficaz. Uma característica funcional importante dos hotéis é que muitos de seus problemas dos negócios diários têm um tempo de condução muito curto. Isto quer dizer que a maioria dos problemas relativos a serviços em hotéis devem ser resolvidos rapidamente ou não são resolvidos. Além disso, os grandes hotéis são complexos de negócios operacionais e organizacionais nos quais atividades numerosas e altamente diversas acontecem constantemente, simultaneamente.

Para ficar no topo deste complicado negócio de decisões e ações rápidas é inquestionável o as-

FIGURA 1
Influências que Dão Forma ao Trabalho do Gerente Geral

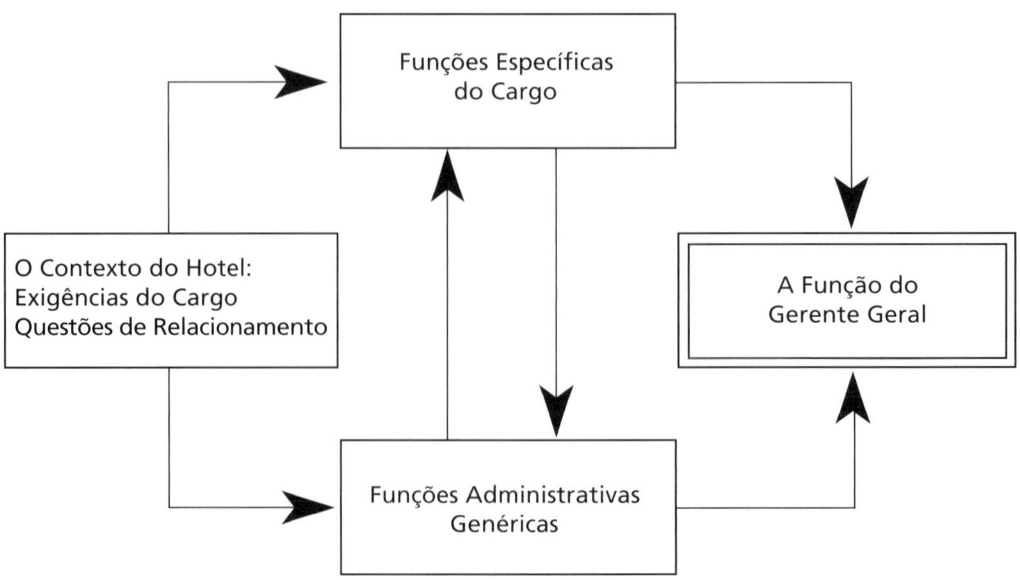

TABELA 1
Exigências-Chave da Função e Questões de Relacionamento dos Gerentes Gerais de Hotéis

Disposição de Tempo	Exigências-chave da Função	Questões-chave de Relacionamento
Curto prazo	Controle diário de serviço operacional, custos e despesas. Pressão intensa para conseguir lucros e melhor qualidade de serviços	Comunicação interna intensa e freqüente interação com os subordinados do hotel
Médio prazo	Treinar e desenvolver os subordinados; correta adaptação da estratégia de serviços do hotel para modificar o ambiente externo	Comunicação interna para baixo, lateral com o ambiente externo e para cima com os superiores corporativos, funcionários especialistas ou proprietários
Longo prazo	Decisão de gastos de capital de acordo com a visão estratégica de serviços do hotel. Desenvolver e sustentar a estabilidade e vitalidade organizacional	Comunicação interna para baixo para manter a estabilidade e vitalidade; comunicação com o ambiente externo; intensa comunicação para cima com os escritórios corporativos ou proprietários

pecto desafiador e exigente da função dos GGs. Para ser capaz de lidar com tudo isso eficientemente e de uma maneira pró-ativa, como a de reter a habilidade de influenciar os acontecimentos, os gerentes gerais devem se engajar em uma comunicação verbal direta e interativa com seus subordinados. Ao cumprir com estas responsabilidades, o gerente geral de hotel pode ser considerado aquele que realiza a função de *controller* operacional. No entanto, a carga pesada de exigências operacionais de curto prazo não deve tomar todo o seu tempo, porque ele precisa se concentrar nas exigências de médio e longo prazo.

MÉDIO PRAZO

Além do envolvimento nas questões operacionais diárias, os gerentes gerais eficientes devem treinar e desenvolver seus subordinados, assim como formular planos e programas que sistematicamente melhorem o controle operacional do hotel. Enquanto as mudanças acontecem no ambiente externo, os gerentes gerais devem adaptar e sintonizar a estratégia de serviços do hotel e a estrutura organizacional de maneira que acompanhem tais mudanças. Estas iniciativas representam uma resposta pró-ativa às exigências operacionais do negócio; elas levam tempo para ser implementadas e abrangem o grosso das exigências operacionais enfrentadas por um gerente geral. As exigências de médio prazo estão relacionadas com o estabelecimento correto de uma estrutura organizacional, sistemas e pessoas que são capazes de respostas rápidas e eficazes aos estímulos externos, e que podem simultaneamente ajudar o hotel a atingir suas metas de exigências operacionais diárias. Com efeito, o gerente geral está sintonizando a estratégia de serviços do hotel, refinando e realinhando seus sistemas operacionais para assegurar o perfeito andamento dos negócios.

Todos estes esforços requerem intensa comunicação interna de cima para baixo e um alto grau de interação com os subordinados. Além disso, as exigências de médio prazo requerem que o gerente geral desenvolva canais de comunicação e que nutra relacionamentos para que sejam estendidos além dos limites do hotel. Estes relacionamentos incluem: primeiro, uma larga rede de contatos no setor da hospitalidade e na comunidade para que o gerente geral possa melhor entender o ambiente externo do hotel; e segundo, os superiores corporativos dos gerentes gerais e funcionários especializados, cuja cooperação é necessária para permitir a implementação de planos bem-sucedidos e programas específicos formulados para o hotel. Ao ter todas estas responsabilidades, a função de um gerente geral em um hotel pode ser tida como a de um fomentador organizacional.

LONGO PRAZO

Duas exigências importantes de longo prazo para um gerente geral estão relacionadas com a estabilidade organizacional de um hotel. As decisões de investimento são necessárias para assegurar a viabilidade a longo prazo do hotel e devem ser consistentes com a visão estratégica de serviços do hotel. Outra exigência importante de longo prazo é a necessidade de desenvolver um grau de estabilidade e vitalidade organizacional que esteja de acordo com a visão estratégica planejada e cuidadosamente definida para o hotel.

As questões-chave dos relacionamentos para os investimentos de longo prazo são aquelas ligadas à comunicação com os executivos superiores e os proprietários, e contatos com pessoas e fontes de informação que possam colaborar com o ambiente competitivo do hotel. Desenvolver a estabilidade organizacional depende de programas de treinamento de recursos humanos e desenvolvimento de planos de carreira. Muitos programas dos recursos humanos que fomentam metas de médio prazo beneficiar-se-ão da estabilidade e vitalidade organizacional de longo prazo.

A vitalidade e estabilidade organizacional permitem que um hotel ofereça constantemente serviços de qualidade e controle as operações diárias de maneira eficaz. Elas também dão maturidade ao hotel e experiência necessária para repensar suas bases de marketing e estratégias de serviços, como de alterações no mercado. Finalmente, elas permitem que o hotel realize qualquer transição com o mínimo de rupturas em suas práticas operacionais regulares. As questões-chave de relacionamento, associadas com a estabilidade organizacional, incluem o monitoramento contínuo do ambiente externo e comunicação intensiva de cima para baixo dentro do hotel. Ao preencher estas responsabilidades, a função do gerente geral pode ser descrita como a de um mantenedor dos negócios.

PAPÉIS VIVIDOS POR UM GERENTE GERAL

Esta seção é organizada a partir do estudo de Mintzberg (1973), no qual ele sugeriu dez papéis genéricos vividos por gerentes gerais e agrupou-os em três grandes categorias: interpessoal, informacional e de decisão. Os papéis de trabalho interpessoal incluem chefe, líder e ligação; o papel de trabalho informacional inclui o de monitor, disseminador e porta-voz; e os papéis de decisão foram o de controlador de distúrbios, empreendedor, distribuidor de recursos e negociador. Uma breve descrição destes papéis gerenciais genéricos é dada na Tabela 2.

A influência do trabalho de Mintzberg é refletida nos estudos de gerentes gerais de hotel de Arnaldo (1981) e Ley (1978); e o de gerente de restaurantes no de Ferguson e Berger (1984). O capítulo anterior explicou como as exigências do cargo e as questões de relacionamento tiveram impacto nas funções dos gerentes gerais. Partindo desta discussão, nós propusemos as três funções específicas de um gerente geral, *controller* operacional, fomentador organizacional e mantenedor de negócios. Cada uma destas três funções exige que os gerentes gerais realizem vários papéis gerenciais para obter sucesso. Combinar os vários *papéis gerenciais* com as *funções específicas do emprego* ajuda a promover um entendimento mais claro do trabalho do gerente geral. Estes relacionamentos são apresentados na Tabela 3.

Apesar de os gerentes gerais estudados terem sido observados realizando cada um dos dez papéis gerenciais de Mintzberg, os papéis interpessoais de líder e elemento de ligação, os papéis de monitor e disseminador de informações e o de decisor como o de controlador de distúrbios, empreendedor e distribuidor de recursos, foram os de significância particular. Estes papéis foram realizados regularmente enquanto os gerentes gerais exerciam suas várias funções no trabalho. Agora prosseguiremos com a descrição dos papéis gerenciais mais freqüentemente vividos pelos gerentes gerais enquanto estão cumprindo suas três funções primárias no trabalho.

GERENTE COMO *CONTROLLER* OPERACIONAL

O trabalho do gerente geral como *controller* operacional é caracterizado pelo alto grau de envolvimento nas operações diárias de um hotel. Por serem atividades do hotel numerosas e diversas, os gerentes gerais devem ser constantemente *monitores* e *disseminadores* de informação detalhada pertinentes às questões operacionais diárias. No decorrer do dia de trabalho, os gerentes interagirão com uma variedade de subordinados e estarão no topo de numerosos problemas operacionais que ocorram. Os gerentes gerais devem estar sempre atentos para intervir de forma rápida e eficaz no controle de *distúrbios* que não sejam cobertos pelos procedimentos de rotina do hotel ou que os subordinados percebam como estando acima de seu grau de autoridade ou experiência. Para realizar o papel de controlador de distúrbios com sucesso, os gerentes têm que ter acesso rápido a informação interna confiável e, por sua vez, serem capazes de rapidamente processar e disseminar esta in-

TABELA 2
Papéis Gerenciais Genéricos

Papel no Trabalho	Descrição
Interpessoal	
Figurehead	Chefe simbólico da organização. Realiza certas atividades legais e freqüenta eventos sociais
Líder	Responsável por seleção, treinamento, direção e motivação dos subordinados
Ligação	Desenvolve uma rede fora da organização para obter informações
Informacional	
Monitor	Procura e analisa uma grande variedade de informação externa (do papel de ligação) e informação interna (do papel de líder)
Disseminador	Transmite a informação recebida dentro e fora da organização para outros membros da empresa
Porta-voz	Transmite informação da organização para os que estão fora
Tomador de Decisões	
Controlador de Distúrbios	Tem atitude de correção sempre que a organização enfrenta distúrbios e quebra de rotina
Empreendedor	Procura maneiras de mudar a organização para melhor. Vai atrás de informação interna e externa para aprimoramento das idéias. Inicia e supervisiona projetos de melhorias
Distribuidor de Recursos	Responsável pela distribuição de todos os recursos importantes da organização, tanto financeiros quanto humanos, incluindo como o gerente organiza seu próprio tempo, programa trabalho e autoriza ações
Negociador	Responsável pelas grandes negociações fora da organização

formação para o restante da organização. Enquanto *controller* operacional, o trabalho do gerente geral como *distribuidor de recursos* se dá em torno da distribuição de seu próprio tempo às numerosas exigências de curto prazo. Os gerentes gerais podem, é claro, distribuir uma parte dos recursos financeiros e humanos do hotel para resolver problemas operacionais de curto prazo, mas é a maneira como eles distribuem seu tempo escasso que têm importância primordial quando se refere a problemas operacionais de curto prazo do trabalho.

Os gerentes gerais agem como *líderes* a cada contato com seus subordinados. Toda ação de um gerente geral será analisada e interpretada por seus subordinados; entretanto toda interação com os subordinados fornece aos gerentes gerais oportunidades para exercer liderança (Hales e Nightingale 1986). É por isso que os gerentes gerais de destaque percebem que eles estão constantemente em evidência durante um dia de trabalho. Os gerentes gerais também exercem a liderança ao decidir as questões operacionais nas quais se concentrar. Os subordinados procurarão automaticamente por elementos que dizem respeito ao que os gerentes gerais dão maior importância. Então, ao decidir quais as questões operacionais a serem focadas, os gerentes ge-

TABELA 3
Combinando os Papéis Gerenciais e as Funções de Trabalho ao Definir a Função do Gerente Geral

Horizonte de Tempo	Função do Gerente Geral	Papéis Gerenciais do Gerente Geral
Curto Prazo	*Controller* Operacional	• Monitor e disseminador (de informação interna) • Controlador de distúrbios • Distribuidor de recursos (de seu próprio tempo) • Líder
Médio Prazo	Fomentador Organizacional	• Ligação • Monitor e disseminador (de informações internas e externas) • Empreendedor • Distribuidor de recursos (de seu próprio tempo, programas e fundos) • Líder
Longo Prazo	Mantenedor de Negócios	• Ligação • Monitor e disseminador (de informação interna e externa) • Distribuidor de recursos (de programas e fundos) • Empreendedor • Líder

rais devem mandar mensagens inequívocas para a organização com respeito ao que eles consideram importante.

PAPEL DO TRABALHO GERENCIAL COMO UM FOMENTADOR ORGANIZACIONAL

Como fomentador organizacional, os papéis dos gerentes vão além dos limites imediatos do hotel. Os gerentes gerais precisam *monitorar* as informações da comunidade e do ambiente competitivo; e isto exige que eles se tornem *elos* entre o hotel e o mundo exterior. Mais adiante, a informação que os gerentes gerais obtiverem do ambiente externo precisa ser analisada e *disseminada* aos subordinados dentro do hotel. As informações obtidas interna e externamente devem ser processadas pelos gerentes gerais para que eles possam efetivamente viver o papel de *empreendedores*, a importância que foi ressaltada por Ley (1978). Como empreendedores, os gerentes gerais são os fomentadores de planos e programas específicos gerados para melhorar a eficiência operacional e a estratégia de serviço do hotel. Qualquer plano ou programa impõe tempo e obrigações adicionais, tanto a subordinados quanto a gerentes. Além disso, novos planos e programas freqüentemente envolvem a alocação de recursos financeiros e humanos. Então, ao desenvolver e implementar estes planos e programas específicos para o hotel, os gerentes vivem o papel de tomar decisões no trabalho como *distribuidores de recursos.*

Finalmente, o gerente geral continua no papel de *líder* em virtude de primeiro, dar continuidade a relacionamentos com os subordinados como um componente integral do trabalho, e segundo, ao escolher quais programas e planos devem ser implementados. Como líder, o GG deve enfrentar o desafio de garantir que os seus subordinados aceitem completamente os programas definidos e se comprometam com seu trabalho para o sucesso do projeto. Isto requer que o gerente geral preste muita atenção nos papéis de monitor e disseminador de informações.

PAPÉIS DO TRABALHO GERENCIAL COMO MANTENEDOR DE NEGÓCIOS

A função de mantenedor de negócios requer que o gerente geral observe as necessidades de capital a longo prazo e a estabilidade e vitalidade organizacional do hotel. Ao procurar capital e planejar uma estratégia para a estabilidade e a vitalidade organizacional, os papéis do gerente geral de *elo*, *monitor* e *disseminador* de informações internas e externas para os executivos corporativos ou proprietários são críticos, assim como é o trabalho de *distribuidor de recursos* financeiros escassos. O papel de distribuidor de recursos, muito freqüentemente exige a apresentação detalhada das propostas formais de orçamento (*budget*), que inclui cuidadosa justificativa financeira. Isto é especificamente verdade se o gerente geral está propondo uma grande mudança nas diretrizes estratégicas de serviço do hotel. Como mantenedor da estabilidade organizacional, o gerente geral também faz o papel de disseminador de importantes informações para os subordinados. O gerente geral deve agir como *empreendedor* com respeito a desenvolvimento de programas de recursos humanos importantes e, com todas as atividades, continuar como *líder* no papel de nutrir e desenvolver talentos gerenciais.

Enquanto os gerentes gerais realizam três diferentes funções com diferentes prazos, estas funções não são necessariamente realizadas independentemente das outras. Isto quer dizer que os gerentes gerais podem realizar duas ou três funções simultaneamente. Fica claro pela Tabela 3 que muitos papéis gerenciais de Mintzberg são comuns para mais de uma função. De fato, os papéis de monitor, disseminador, distribuidor de recursos e líder são comuns aos três, enquanto os de elo e empreendedor são comuns para duas das funções. Então, quando os gerentes gerais estão engajados com as operações de curto prazo, eles freqüentemente o fazem no contexto das considerações de longo prazo. Por exemplo, enquanto responde a problemas operacionais de curto prazo como *check-ins* lentos (ele está agindo como um *controller* operacional), um gerente geral pode simultaneamente estar monitorando e avaliando a eficácia do programa de treinamento dos recepcionistas (ele está agindo como um fomentador organizacional), e também formulando um plano, a longo prazo, para comprar um avançado sistema computadorizado para a recepção (ele está agindo como um mantenedor de negócios). A maneira pela qual os gerentes gerais realizam com eficiência este delicado equilíbrio não é coberta aqui, mas será o tópico de um outro artigo.

CONCLUSÃO

O trabalho de um gerente geral de hotel pode ser melhor compreendido ao se examinarem as variáveis contextuais que o influenciam e modelam. O contexto de hotel apresenta aos gerentes gerais uma série de exigências de trabalho e questões de relacionamento com que eles devem lidar eficientemente para obterem sucesso. Como foi visto, estas exigências e questões de relacionamento diferem dependendo do prazo considerado. Estas considerações criam funções específicas que os gerentes gerais realizam através de uma variedade de papéis no trabalho.

A curto prazo, a função do gerente geral foi descrita como a de um *controller* operacional. Aqui os gerentes gerais estão envolvidos com o controle operacional diário dos negócios, o que requer uma freqüente e intensa comunicação verbal dentro do hotel. Eles devem ser peritos em papéis gerenciais de monitoramento e disseminação de uma grande variedade de informações internas, devem lidar com os distúrbios ocasionais e administrar seu próprio tempo, que já é escasso, com questões operacionais importantes.

A médio prazo, a função do gerente geral foi descrita como a de um fomentador organizacional. Neste caso, os gerentes gerais enfrentam desafios como o de desenvolver os subordinados, formulando planos e programas específicos que melhorem o controle operacional do hotel, e uma boa sintonia com a estratégia de serviço do hotel no contexto das condições internas e externas do mercado. Além da comunicação interna, estes desafios requerem intensa comunicação com o mercado e com a comunidade para se manterem a par das tendências e do ambiente que os cercam; e também comunicação com os superiores da corporação e os especialistas, para assegurarem a cooperação deles na implementação de planos e programas operacionais de sucesso. Neste caso, o papel dos gerentes gerais requer que eles monitorem e disseminem informações internas, assim como também as externas, agindo como um elo entre o hotel e o mundo fora dele; iniciarem, como os empreendedores o fariam, os vários planos e programas concebidos para melhorar o desempenho organizacional e operacional do hotel; e distribuir o tempo, como também os recursos humanos do hotel, para estes planos e programas.

A longo prazo, a função do gerente geral foi descrita como a de um mantenedor de negócios. Nela, os gerentes devem assegurar a viabilidade do hotel através da decisão sobre gastos que sejam consistentes com a visão estratégica de serviços do hotel, e pelo desenvolvimento de um grau de estabilidade organizacional que permita ao hotel executar seu plano estratégico. Comunicação intensa com seus superiores, funcionários especialistas e proprietários, assim como comunicação lateral com uma grande variedade de contatos com o setor e as fontes comunitárias. Os gerentes gerais devem agir como elo de ligação entre o hotel e o escritório corporativo ou os proprietários, assim como também com o setor e a comunidade. Isto envolve o monitoramento de uma grande variedade de informações internas e externas e a sua disseminação lateral, acima e abaixo. Além disso, os gerentes gerais fazem tanto o papel de distribuidor de recursos financeiros quanto o de empreendedor quando cuidando da estabilidade organizacional do negócio. As três funções requerem que os gerentes gerais sejam líderes, um papel que eles executam em todo o contato com os subordinados. Finalmente, as três funções necessitam ser realizadas independentemente. Três conclusões importantes sobre os trabalho dos gerentes gerais podem ser retiradas desta análise:

1. Por natureza, os grandes hotéis de hoje proporcionam aos gerentes gerais uma variedade de desafios que requerem atenção cuidadosa com questões de curto, médio e longo prazo. Logo, os gerentes gerais devem ser capazes de executar estas três diferentes funções com sucesso. Eles devem ser eficientes como *controllers* operacionais, fomentadores organizacionais e mantenedores de negócios se quiserem ter sucesso a longo prazo como gerentes gerais eficientes.
2. Para serem eficientes nas três funções é necessário que os gerentes executem uma variedade de papéis gerenciais. Eles devem executar os dez papéis gerenciais de Mintezberg, e devem ser particularmente eficazes em sete deles para serem bons *controllers* operacionais, fomentadores organizacionais e mantenedores de negócios. Eles devem desenvolver uma grande variedade de habilidades necessárias para serem líderes, elos de ligação, monitores, disseminadores, saber lidar com distúrbios, empreendedores e distribuidores de recursos.
3. A importância da comunicação no trabalho do gerente geral se torna aparente a partir desta análise. Toda função e todo trabalho gerencial traz junto deles o requisito da comunicação. Os gerentes gerais devem ser especialistas em conseguir, analisar e disseminar informação interna e externa, e devem ser capazes de se comunicar lateralmente, acima e abaixo. Sem boas habilidades de comunicação, os gerentes gerais não podem ser eficientes em qualquer uma das três funções (Worsfold 1989).

Hoje, a maioria dos hotéis são negócios complexos engajados em uma grande variedade de atividades. As exigências para gerenciar estes negócios são refletidas na complexidade do trabalho do gerente geral. Para serem eficientes eles devem entender as exigências-chave e questões de relacionamento dos hotéis. Eles devem executar as três funções relacionadas a diferentes prazos. Para fazer isso, eles devem ser peritos em um grande número de habilidades gerenciais, dependendo da função que eles estão executando no momento. Finalmente, os gerentes de hotéis devem ser bons comunicadores se querem ser eficazes ao enfrentar a grande variedade de desafios de seu cargo.

2. Satisfação no Emprego e Estresse nas Carreiras Administrativas do Hotel

David V. Pavesic
Robert A. Brymer

Muito se tem escrito sobre satisfação no emprego e na carreira. Aqui nós consideramos alguns pontos interessantes sobre o assunto no setor hoteleiro. Há vários princípios fundamentais numa carreira hoteleira que devem ser aceitos sem questionamentos; por exemplo, estresse no emprego, jornadas longas e noites, finais de semana e feriados de trabalho. Aqueles que não podem aceitar os fatos nunca encontrarão a satisfação completa no emprego se trabalharem em operações hoteleiras.

O setor hoteleiro espera novos gerentes com boa vontade para se adaptar ao trabalho ético e aos valores do setor. Gerentes gerais antigos têm uma tendência a terem diferentes expectativas em relação à carreira, em comparação a seus colegas mais jovens. Esta incompatibilidade cria um dilema para muitos gerentes iniciantes. Um estudo recente sobre formandos em hotelaria relatou que mais de um terço abandonará completamente o setor da hospitalidade em três a cinco anos de carreira após a graduação. Aqueles que mudaram o foco da carreira indicaram um alto grau de insatisfação no emprego (Pavesic e Brymer 1989).

Um outro estudo feito com 183 gerentes de 151 hotéis e motéis na grande área metropolitana de Atlanta examinou as atitudes dos gerentes sobre várias características apresentadas pelos graduados em hospitalidade (Brymer e Pavesic 1990). Dentre as preocupações as seguintes questões estão incluídas:

1. Jornadas de trabalho longas, finais de semana, trabalho noturno e troca de turnos.
2. Oportunidades de progresso na carreira.
3. Ambiente de trabalho dinâmico e empolgante.
4. Maior ênfase em questões de qualidade de vida.

Dos gerentes de hotéis pesquisados, 53% eram gerentes gerais ou gerentes residentes. Eles representavam uma variedade de tamanhos de propriedades e locações. Os hotéis maiores, em termos de número de quartos, eram localizados no centro da cidade e perto dos aeroportos, enquanto as propriedades menores eram localizadas nos arredores do centro, subúrbios e nas rodovias interestaduais.

Cinqüenta e cinco por cento eram graduados e 17% pós-graduados. 46% eram formados em negócios, 28% em gerenciamento hoteleiro e 18% tinham diplomas em artes e ciências. A maior porcentagem de gerentes tinha de 11 a 15 anos de experiência no setor e estava no emprego atual por menos de cinco anos. 55% eram de companhias com 100 ou menos hotéis, e 54% eram de hotéis com mais de 250 empregados. A maior porcentagem de gerentes era de propriedades com uma diária média maior que US$100.

No geral, 44% trabalham em média de 51 a 60 horas por semana. 44% dos gerentes dos hotéis maiores, aqueles com mais de 200 quartos, trabalhavam de 61 a 70 horas por semana. Como um grupo, mais da metade trabalha 5 dias; entretanto, os das propriedades maiores trabalham 6 dias por semana. Somente 40% dos gerentes trabalhando em propriedades menores, com menos de 200 quartos, trabalhavam 6 dias. Como um grupo, 44% teve de 4 a 6 dias de folga nos últimos 30 dias. Os gerentes de propriedades maiores trabalhavam mais horas, mais dias por semana, e tinham menos dias de folga do que gerentes de hotéis menores e de motéis.

Quase três quartos dos gerentes tinham um alto nível de satisfação no emprego. Entretanto, somente dois terços dos gerentes de propriedades menores estavam satisfeitos comparados com os 76% dos que trabalham em hotéis maiores. Quando foram perguntados se escolheriam a mesma carreira se estivessem começando hoje, menos de dois terços indicaram que escolheriam a gerência de hotel novamente. Aproximadamente um quinto não desistiria, mas 14% escolheriam outra carreira.

As horas trabalhadas foram um fator que os formandos recentes menos gostaram sobre o trabalho. A pergunta relacionada a esta questão foi se os gerentes achavam que as horas trabalhadas durante a semana seriam reduzidas a um nível aceitável. Metade dos gerentes acreditavam que as horas não seriam significativamente reduzidas nos próximos três a cinco anos. Um maior otimismo quanto a esta questão foi expresso pelos gerentes de propriedades menores.

Estes indicaram maior satisfação quanto às suas jornadas. De uma maneira geral, somente 28% deles não estavam satisfeitos. Quanto ao salário e aos benefícios, os gerentes de propriedades maiores indicaram maior satisfação com seus pagamentos que os gerentes de propriedades menores.

Juntamente com as horas, a questão dos horários – finais de semana, noites e feriados, por exemplo, e se o horário seria ajustado para se melhorar a qualidade de vida – foi examinada. Os gerentes relataram que esta probabilidade era até menor que a redução do total de horas trabalhadas por semana.

Cinqüenta e sete por cento dos gerentes de hotéis disseram que seus empregos eram "extremamente" ou "altamente" estressantes. Entretanto, não ficou provado se o nível de estresse seria um fator significante de insatisfação no emprego. Aproximadamente 70% de todos os gerentes de hotéis responderam que os novos gerentes continuarão tendo que se adaptar a longas horas de trabalho e ao sacrifício da vida pessoal para obter êxito nesta carreira. Entretanto, o tamanho da propriedade parece ter uma relação direta nas horas trabalhadas. 80% dos gerentes dos hotéis maiores concordaram, comparados com somente 51% dos que trabalham em propriedades menores. Isto sugere que os candidatos a gerência que se preocupam com a qualidade de vida podem preferir trabalhar em propriedades com menos de 200 quartos.

Alguns dos resultados mais interessantes do estudo sobre gerentes de hotéis foram:

- Cinqüenta e seis por cento dos divorciados eram gerentes gerais.
- Diretores de marketing e *controllers* foram os mais satisfeitos com os salários e benefícios.
- Os gerentes de recursos humanos, gerentes gerais, gerentes residentes e diretores de marketing foram os mais satisfeitos com a quantidade de horas semanais trabalhadas. Os executivos de hospedagem e de alimentos e bebidas foram os menos satisfeitos com suas jornadas.
- Quanto à satisfação geral no emprego, os diretores de marketing foram os mais satisfeitos e os executivos do departamento de hospedagem foram os menos satisfeitos. Gerentes gerais de propriedades em aeroportos apresentaram uma menor satisfação no emprego do que os gerentes gerais de propriedades no centro da cidade.
- Apesar de todos os gerentes terem dito que a ética tradicional de longas horas trabalhadas e sacrifício pessoal serão definitivamente requisitos para o avanço na carreira, os diretores da divisão de hospedagem e de alimentos e bebidas foram os mais insistentes sobre a questão das horas trabalhadas e do sacrifício.
- Apesar de 52% dos gerentes acreditarem que o número de horas trabalhadas por semana não será reduzido, os executivos de alimentos e bebidas foram os mais otimistas e esperançosos sobre o assunto. No nível das propriedades independentes, os gerentes gerais foram os mais otimistas. Os diretores de recursos humanos e controlers foram os menos otimistas quanto à redução das horas mas, ao mesmo tempo, eles foram os mais satisfeitos com suas jornadas.
- O número de finais de semana, feriados, horas trabalhadas à noite, mudança de turnos e expectativas similares de hora/trabalho não serão resolvidos a um nível aceitável para a maioria dos gerentes, de acordo com os *controllers*, executivos de hospedagem e diretores de alimentos e bebidas.
- Ao responderem a afirmação "a política pessoal refletirá maior interesse para com indivíduo e como o ambiente de trabalho deve mudar para melhorar as questões de qualidade de vida que dizem respeito aos gerentes", os diretores de recursos humanos foram otimistas (75%), seguidos pelos diretores de alimentos e bebidas (58%) e gerentes gerais/residentes (53%). Os executivos da hospedagem e os controlers foram os menos otimistas.
- As mulheres gerentes relataram uma satisfação no emprego mais moderada do que os homens.
- Gerentes mais jovens (30 a 39 anos) relataram um nível de estresse mais alto do que os gerentes mais velhos.
- O nível mais alto de estresse foi relatado pelos gerentes que estão nos seus empregos atuais por menos de cinco anos.
- O nível de insatisfação com o emprego aumentou quando as horas trabalhadas durante a semana aumentaram. Aqueles que trabalhavam de 61 a 70 horas por semana foram os mais insatisfeitos.
- O número de dias trabalhados por semana teve mais a ver com o nível de satisfação do que com as horas trabalhadas.

- Aqueles que trabalham cinco dias estavam mais satisfeitos com o emprego do que aqueles que tinham um horário de seis dias, apesar de trabalharem o mesmo número de horas semanais.
- A satisfação com salário/benefício aumentou proporcionalmente com o nível de satisfação pelo número de horas trabalhadas durante a semana.

IMPLICAÇÕES EM ASPIRAR AO CARGO DE GERENTE GERAL

Os gerentes gerais deste estudo indicaram um alto nível de satisfação geral no trabalho. Entretanto, note que eles eram todos gerentes gerais, gerentes residentes ou membros do conselho executivo com 11 a 15 anos de experiência. Os gerentes de hotéis menores estavam ligeiramente menos satisfeitos que seus colegas de propriedades maiores. Os gerentes de hotéis maiores estavam mais satisfeitos com seus salários e benefícios que os executivos de propriedades menores, mas os últimos estavam mais satisfeitos com suas horas trabalhadas.

O estresse no trabalho foi tido predominantemente como "alto" pela grande maioria dos executivos a despeito da localização da propriedade. O estresse no trabalho não foi considerado um fator importante para a satisfação no emprego. A tradicional ética de trabalho em hotel continua sendo vista como uma maneira de alcançar respeito e reconhecimento para galgar posições.

As horas trabalhadas, um fator importante levantado pelos recém-graduados em hospitalidade como precisando de mudança, não foram vistas como sendo reduzidas, quando se trata de grandes companhias, pelos gerentes na pesquisa. Elas têm uma chance melhor de serem resolvidas em nível de propriedade individual. Quanto aos horários que incluem feriados, noites, finais de semana etc., houve uma menor indicação de que mudanças para melhor acontecerão.

O ambiente de trabalho continuará trazendo desafios aos gerentes. Talvez isto seja o que os leva a tolerar longas horas, estresse e escalas em feriados. A política de recursos humanos refletirá maior atenção às necessidades e preocupações dos funcionários.

É necessário grande comprometimento para os candidatos a gerentes sobreviverem aos primeiros cinco anos no setor hoteleiro. Como qualquer coisa que valha a pena, ela é mais válida se conseguida com esforço pessoal e sacrifício. Já foi dito que o avanço na carreira e aumentos de salários crescem na proporção direta à quantidade de inconvenientes e sacrifícios que alguém está disposto a enfrentar. A ética do setor hoteleiro exemplifica esta teoria. Esteja preparado mentalmente para esta filosofia. Você precisa estar totalmente comprometido com o emprego e a carreira nos primeiros cinco anos após a graduação.

O grau de sacrifício pessoal que se enfrentará varia de pessoa para pessoa. Entretanto, parece que no setor hoteleiro, o padrão que equivale o comprometimento à disposição de trabalhar muitas horas sem reclamar continuará a ser aplicado na alta gerência. Este é o conceito de "preço do sucesso".

Se alguém está prestes a se tornar gerente geral, tem que aceitar o fato de que ele terá um ambiente estressante e trabalho em horários invadirão sua vida pessoal. A pessoa tem que aprender a *lidar* com isto e não somente *viver* com isso. Isto implica que o trabalho controla a vida da pessoa. *Lidar* significa se encarregar pessoalmente e ser mais pró-ativo.

Lidar com as realidades do setor hoteleiro requer um estilo de vida *equilibrado*. Tenha folgas e se distancie das pressões do trabalho. Isto é difícil porque estamos freqüentemente rodeados por colegas viciados em trabalho.

A pessoa precisa ter um propósito e equilíbrio na vida pessoal. Alguns encontram este propósito e equilíbrio se envolvendo com causas sociais e programas de caridade. Outros escolhem se tornar profissionais ativos nas organizações hoteleiras. Outros encontrarão grupos de apoio que lidem com preocupações similares. É confortante saber que não se está sozinho quando se sente estressado ou insatisfeito. Se você ama seu trabalho, e os gerentes de sucesso amam, você sabe que escolheu a carreira certa.

Quando envelhecemos, nossas prioridades mudam. As pessoas que trocam de carreira ou emprego o fazem por três razões: profissional, econômica e pessoal. No começo da nossa carreira profissional os motivos econômicos têm um grande peso. Mais tarde, as razões pessoais superam as outras em importância.

As carreiras hoteleiras continuarão a oferecer ambientes excitantes e dinâmicos. Aqueles que não conseguem lidar com o estresse que acompanha tal ambiente de trabalho provavelmente experimentarão um alto nível de insatisfação com seus empregos e terminarão por trocar de carreira. O estresse vem com o ambiente e aprender a lidar com o mesmo é o caminho para obter satisfação no emprego e na carreira.

As oportunidades de crescimento na carreira não acontecerão tão rápido como no passado. Esta pode ser uma fonte real de insatisfação no emprego para aqueles que seguem a ética do trabalho tradicional porque as coisas não acontecem no tempo que se almeja. Obviamente, o estado de depressão na economia no começo dos anos noventa diminuiu o desenvolvimento de novos hotéis, reduzindo a demanda e as oportunidades para estagiários de gerência. Os gerentes neste estudo acreditam que o sacrifício é válido, e seus esforços estão sendo recompensados.

ESTUDO DE CASO
Hotéis Puma

Um pouco antes de final de 1993, Lagazo Johnson, presidente dos Hotéis Puma, Inc., foi avisado de que o gerente regional de seis hotéis da área norte da Califórnia fora convidado para a vice-presidência de outra companhia por um adicional de US$50.000 ao ano. Johnson sabia que Kevin Schmidt, o gerente regional, não havia decidido aceitar a oferta ainda, porque isso envolveria uma mudança para a região de Nova York.

Os Hotéis Puma são uma cadeia em desenvolvimento na Costa Oeste com nove propriedades no sul da Califórnia, seis no norte e cinco na região de Seattle-Portland. Os hotéis no norte da Califórnia foram a aquisição mais recente e, apesar de serem em menor número que na região sul da Califórnia, ostentam 20% a mais de quartos e foram construídos mais recentemente. Cada gerente regional é responsável por uma área e se reporta diretamente a Johnson. Cada gerente regional supervisa os gerentes gerais nos hotéis.

POSSÍVEIS SUBSTITUIÇÕES

Kevin Schmidt é um gerente regional popular entre os gerentes gerais que ele supervisiona e seus respectivos empregados. Um obstáculo, no entanto, é a defasagem média de 8% nas taxas de ocupação dos hotéis em sua região em comparação com o restante dos níveis de ocupação da empresa.

Johnson estava considerando trazer George Benson de uma outra companhia, conhecido como um homem de resultados, mas não muito popular. Enquanto Benson pode ajudar a região do norte da Califórnia a aumentar os lucros, ele também pode alienar e afugentar alguns dos outros gerentes gerais da empresa assim como alguns empregados importantes. Benson teria um salário de US$30.000 a mais do que Schmidt.

Uma outra opção de Johnson seria a de permitir que Schmidt saísse e promovesse um outro gerente da região. Isto implicaria um tempo inicial significativo da parte de Johnson, porque ele teria que desenvolver critérios pelos quais ele avaliaria os gerentes gerais para a promoção. Ele poderia, entretanto, promover qualquer um dos gerentes com um salário US$18.000 a menos que o de Schmidt.

Schmidt provavelmente tomaria sua decisão no meio de janeiro. Johnson precisa desenvolver uma lista de critérios pela qual julgará os gerentes gerais ou para avaliar Benson antes deles.

Referências

Arnaldo, M.J. 1981. Hotel General Managers: A Profile. *The Cornell Hotel and Restaurant Administration Quarterly* 22(3):53-56.

Brymer, Robert A. and David V. Pavesic. 1990. Personality Characteristics and Profiles of Hospitality Management Graduates. *Hospitality Research Journal* 14(1):77-86.

Dann, D. 1990. The Nature of Managerial Work in the Hospitality Industry. *International Journal of Hospitality Management* 9(4):319-334.

Eder, R.W. and W.T. Umbreit. 1989. Measures of Managerial Effectiveness in the Hotel Industry. *Hospitality Research and Education Journal* 13(3):333-341.

Ferguson, D.H. and F. Berger. May 1984. Restaurant Managers: What Do They Actually Do. *The Cornell Hotel and Restaurant Administration Quarterly* 25(1):27-37.

Guerrier, Y. 1987. Hotel Managers' Careers and Their Impact on Hotels in Britain. *International Journal of Hospitality Management* 6(3):121-130.

Guerrier, Y. and A. Lockwood. 1991. Managers in Hospitality: A Review of Current Research. In *Progress in Tourism, Recreation and Hospitality Management*, ed. C.P. Cooper 2:151-167. London: Bellhaven Press.

Hales, C. 1987. The Manager's Work in Context: A Pilot Investigation of the Relationship Between Managerial Role Demands and Role Performance. *Personnel Review* 16:26-33.

Hales, C. and M. Nightingale. 1986. What Are Unit Managers Supposed to Do? A Contingent Methodology for Investigating Managerial Role Requirements. *International Journal of Hospitality Management* 5(1):3-11.

Koepper, K. 1988. Management Effectiveness: A Hotel Industry Appraisal. *Lodging* 14(4):53-57.

Kotter, J.P. 1982. *The General Managers.* New York: Free Press.

Koureas, G. 1985. The Effect of Type, Category, and Geographical Location on the Work Activities of Hotel Managers. Unpublished M.Sc. thesis, University of Surrey, U.K.

Ley, D.A. 1978. An Empirical Examination of Selected Work Activity Correlates of Managerial Effectiveness in the Hotel Industry Using a Structured Observation Approach. Unpublished Ph.D. dissertation, Michigan State University, East Lansing.

Mintzberg, H. 1973. *The Nature of Managerial Work.* New York: Harper & Row.

Nailon, P. 1968. A Study of Management Activity in Units of an Hotel Group. Unpublished M.Phil.thesis, University of Surrey, U.K.

Nebel, E.C. III. 1991. *Managing Hotels Effectively: Lessons from Outstanding General Managers.* New York: Van Nostrand Reinhold.

Pavesic, David V. and Robert A. Brymer. 1990. Why Young Managers Are Quitting. *The Cornell Hotel and Restaurant Administration Quarterly* 30(4): 90-96.

Pavesic, David V. and Robert A. Brymer. 1989. Industry Retention/Attrition Rates of Hospitality Graduates. Presented at the CHRIE Conference, Las Vegas.

Shortt, G. 1989. Work Activities of Hotel Managers in Northern Ireland: A Mintzbergian Analysis. *International Journal of Hospitality Management* 8(2): 121-130.

Umbreit, W.T. 1986. Developing Behaviorally Anchored Scales for Evaluating Job Performance of Hotel Managers. *Internation Journal of Hospitality Management* 5(2):55-61.

Worsfold, P. 1989. A Personality Profile of the Hotel Manager. *International Journal of Hospitality Management* 8(1):51-62.

Leituras Sugeridas

Livros

Mintzberg, Henry. 1973. *The Nature of Managerial Work.* New York: Harper & Row.

Nebel, E.C. III. 1991. *Managing Hotels Effectively: Lessons from Outstanding General Managers.* New York: Van Nostrand Reinhold.

Schmidt, Wesley I. 1961. *The Study of the Origins, Education and Occupational Definition of Hotel Managers as Related to Career Patterns of Security and Success.* Ph.D. dissertation, Mie higan State University, East Lansing.

Artigos

Arnaldo, Mario J. 1981. Hotel General Managers: A Profile. *The Cornell Hotel and Restaurant Administration Quarterly* 22(3):53-56.

Ley, David. 1980. The Effective GM: Leader or Entrepreneur? *The Cornell Hotel and Restaurant Administration Quarterly* 21(3):66-67.

Pickworth, James R. 1982. Managerial Jobs in Chain Organizations. *The Cornell Hotel and Restaurant Administration Quarterly* February:30-33.

Rutherford, Denney G. and Jane Wiegenstein. 1985. The Mentoring Process in Hotel General Managers' Careers. *The Cornell Hotel and Restaurant Administration Quarterly* 25(4):16-23.

Swanljung, Mikael. 1981. How Hotel Executives Made the Climb to the Top. *The Cornell Hotel and Restaurant Administration Quarterly* May:30-34.

Fonte das Notas

Quadro Conceitual do Trabalho do Gerente Geral de um Hotel, de Eddystone C. Nebel, III e Ajay Ghei, foi originalmente publicado no *Hospitality Research Journal*, do Council on Hotel, Restaurant and Institutional Education (CHRIE).

4

Gerenciamento da Recepção

Introdução[NR]

Entre outras coisas, o estudante de administração hoteleira descobrirá a recepção como o "centro", o "centro nervoso", o "cérebro", ou outros nomes que sugerem centralização no hotel moderno. Como H.E.Heldenbrand afirmou em seu agora clássico livro de 1944, *Psicologia da Recepção*: "Para o hóspede, o gerente é representado pela recepção, e o chefe invisível será julgado favoravelmente ou não de acordo com o tratamento que o hóspede receber aqui". As observações, opiniões e pesquisa apresentadas nesta seção são escolhidas para ilustrar a posição central da recepção no hotel moderno.

Um tema recorrente em vários dos artigos deste capítulo é o de comunicações. Numa sociedade orientada pelas comunicações, aumento da informação, possibilidade de recuperação, disseminação e a avaliação podem representar uma diferença competitiva e, de certa forma, força. A tecnologia nos deu telefones celulares, *e-mails*, fac-símiles e entregas rápidas de pacotes e cartas, e nós fomos levados a esperar comunicação rápida e clara, e por extensão, serviços rápidos e eficientes baseados nas comunicações. Isto por sua vez aumentou a complexidade da recepção do hotel. Ao mesmo tempo, tal tecnologia forneceu à recepção oportunidades para melhor servir os hóspedes, e teve um impacto significativo no papel da recepção e do gerente de recepção descritos por Heldenbrand.

O editor (Rutherford 1985) estudou uma amostra nacional de gerentes de recepção (GR) e concluiu que a comunicação emergiu como a questão central tanto para seus papéis previsíveis como gerente de departamento como para seus papéis como facilitadores de comunicação entre os departamentos do hotel, a recepção e os hóspedes do hotel. O modelo que surgiu desta análise pode ser visto na Figura 1. Ele carrega consigo a mensagem poderosa de que o trabalho do GR gira em torno da comunicação em suas várias formas. A conclusão principal deste estudo foi que as empresas hoteleiras deveriam considerar as habilidades de comunicação um critério importante ao considerar candidatos para a posição de GR.

Os GR bem-sucedidos demonstrarão competências ideais nas formas de comunicação oral e escrita, das quais eles precisarão para lidar com as complexidades que existem nos três contextos de hotéis reproduzidos aqui. O GR, entretanto, torna-se não somente o gerente e um comunicador entre os funcionários da recepção, os departamentos do hotel e os hóspedes, mas também surge como um outro tipo de comunicador – como professor e treinador.

Este tema contextual de comunicações é levado adiante no ensaio da contribuição de James Bardi. Bardi discute o trabalho do GR, fornecendo *insights* sobre as complexidades deste trabalho relativo, não somente a comunicação, mas também para os elementos da análise do emprego de um GR, suas inter-relações no hotel, e do emergente e popular conceito de *empowerment* (dar poder ao funcionário, autonomia).

NR: Neste capítulo, o setor de *Guest Service* aparece como Serviços aos Hóspedes. Em geral, os hotéis das categorias mais altas, no Brasil, mantêm a denominação *Guest Services*.

FIGURA 1
Modelo de Comunicações da Recepção

CHAVE:

(símbolo em zigue-zague) = ligação de contexto de comunicação
1 = *entre* recepção e hóspedes, outros
2 = *entre* funcionários da recepção e funções
3a = *entre* recepção e outros departamentos do hotel
3b = troca de informações para o hóspede com outros departamentos do hotel

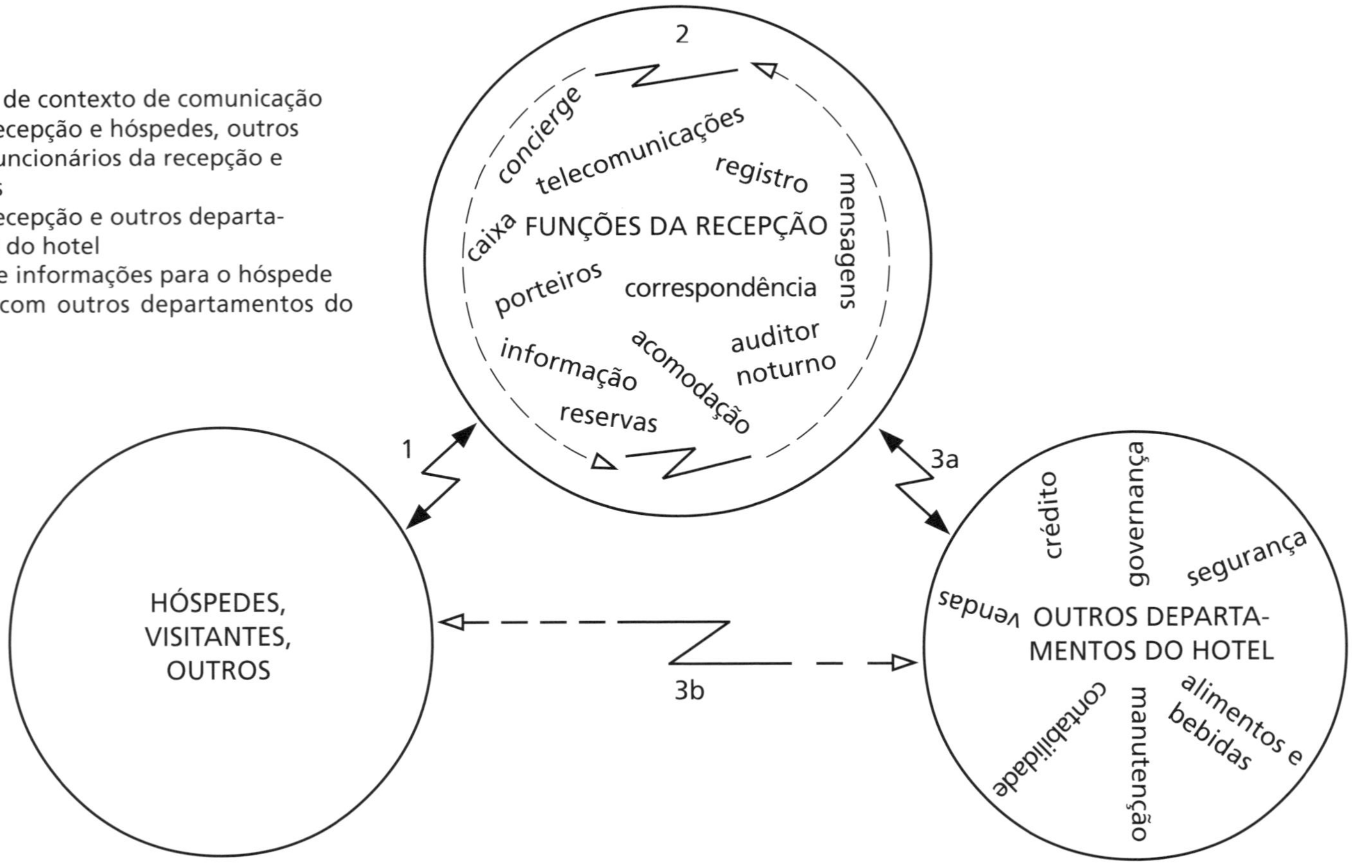

Um aspecto positivo, de ser o centro de um hotel moderno para os funcionários da recepção, é de estar sutilmente a par do que está acontecendo virtualmente em todos os níveis da estrutura organizacional do hotel. Um aspecto negativo é que a recepção também serve como pára-raios para as reclamações dos hóspedes. Esta pode ser uma das coisas mais difíceis para os funcionários da recepção aprenderem a lidar, especialmente com a freqüência e, às vezes, com a intensidade de tais reclamações. Aqui novamente está uma oportunidade para os GR, através de treinamento de funcionários e *empowerment*, utilizarem a força de seu papel nas comunicações para conseguir vantagens em ambos os lados da questão.

Uma grande fonte de reclamação relacionada com a recepção tem a ver com a exatidão das reservas dos hóspedes e detalhes de atendimento. Honrar as reservas nestes dias de rápida comunicação e mudanças de planos pode às vezes ser problemático, não somente para o hotel mas também para os hóspedes. Os hotéis esperam que os hóspedes honrem seus compromissos com a reserva e às vezes asseguram esta garantia através de depósitos ou comprometimento com cartão de crédito. Similarmente, os hóspedes esperam que os hotéis honrem seus compromissos. Quando estes compromissos não são honrados, as reclamações discutidas nestes artigos podem surgir. Às vezes estas reclamações, dependendo da sua magnitude e natureza, podem originar processos judiciais. Rutherford e McConnell discutem e analisam como os hotéis tratam as reservas, particularmente se elas têm contratos com valor legal.

Um artigo de Lambert, Lambert, e Cullen avalia as variáveis teóricas envolvidas na questão do *overbooking*. Os hotéis sabem que uma certa porcentagem de hóspedes que tem reservas não aparecerá; os GR dos hotéis sabem que uma certa porcentagem dos hóspedes ficarão por mais tempo, inesperadamente; uma certa porcentagem de hóspedes sairá mais cedo; outra porcentagem de quartos estará desorganizada; e muitos outros fatores afetarão a taxa de entrada de walk-ins. Administrar todas estas variáveis é o serviço central da função do GR, e Lambert e seus colegas discutem como esta questão pode ser atacada de maneira sistemática.

Um antigo GR que chegou à gerência geral uma vez disse que seu trabalho possuía a descrição mais curta do hotel: "encha o hotel; não dispense nenhum hóspede". Todos os desafios implícitos nesta simples afirmação fazem o trabalho do GR particularmente difícil. As implicações legais das reservas e a necessidade do hotel em maximizar a capacidade impinge complicações ao trabalho do GR, e os dois artigos citados acima devem dar ao leitor os *insights* adicionais destas complexidades.

Todos que aprenderam, como um novo recepcionista, o significado da expressão "rack rate" (tarifa balcão) também aprenderam logo após que poucos hotéis alcançam o ideal de alugar quartos com a tarifa balcão ou qualquer coisa que se aproxime de seu valor. O uso de tarifas com descontos é, entretanto, praticamente universal no setor hoteleiro. A força dos ciclos de negócios, segmentação de mercado e outros fatores (discutidos neste livro) impelem a maneira pela qual os hotéis respondem a questão de desconto e o artigo de Hanks, Cross e Noland analisa as complexidades de atribuir descontos enquanto ao mesmo tempo levanta questões como até que ponto os GRs e seus funcionários podem participar da tomada de decisões sobre tarifas. As questões levantadas aqui de forma teórica, obviamente levam o GR e seus funcionários para o mundo real. Isto se torna particularmente desafiador quando visto no contexto da mais curta descrição de função do mundo.

Glenn Withiam, editor executivo da *The Cornell Hotel and Restaurant Administration Quarterly*, contribui com um ensaio atualizando seu artigo de 1983 sobre *concierges* (Withiam 1983), ampliado para incluir um setor abrangido pelos serviços de *concierge*, seu gerenciamento e pessoal. Este artigo observa como os serviços para hóspedes são desenvolvidos como uma função significativa e mais integrada da função de realização de serviço de hotel que no passado recente, quando os porteiros, *concierges*, atendentes de garagem, mensageiros etc., eram algo mais do que uma parte desligada do restante da organização. Withiam observa o conceito do paradigma de profissionalismo para os *concierges* em 1990 e fornece ao leitor *insights* adicionais sobre como realçar o fluxo de hóspedes para o hotel e servir os mesmos durante sua estadia.

O tema de comunicação ativa representa a maior parte desta seção, particularmente os tópicos de reclamações, reservas, as complexidades do serviço do GR e o serviço de hóspede. O artigo conclusivo de Judi Brownell observa mais abertamente o conceito de desafio de comunicação ao examinar os gerentes intermediários. Como a gerência de recepção é um dos primeiros trabalhos de gerência intermediária, que a maioria dos profissionais de hotéis exerce, os *insights* e conceitos discutidos por Brownell devem ser úteis não somente para os GR em potencial, mas em outros contextos gerenciais também.

Os artigos apresentados aqui representam somente um pouco da variedade de questões sobre quaisquer departamentos de recepção de hotéis modernos. As tarefas, obrigações e responsabilidades dos funcionários da recepção mudarão de companhia para companhia, baseadas em variáveis como segmentação de mercado, estrutura organizacional, filosofia corporativa e liderança individual. Há uma grande quantidade de literatura sobre gerenciamento não específica para a recepção, mas que diz respeito, entretanto, às várias questões e desafios enfrentados pelos GR. Os artigos escolhidos para inclusão nesta seção são os mais específicos possíveis para os aspectos funcionais do gerenciamento da recepção. Outros *insights* gerenciais pertinentes podem ser aplicados de outros contextos, uma vez que o leitor tenha uma compreensão da esfera das atividades de recepção. Incluídos nas leituras sugeridas está um número específico de livros que tratam em profundidade dos aspectos funcionais e técnicos das operações de recepção. O que se tentou aqui foi uma visão geral das questões difundidas de gerenciamento daquelas que os GR do futuro enfrentarão.

VISÃO GERAL DOS FUNCIONÁRIOS DA RECEPÇÃO

Enquanto a recepção pode ser organizada de diferentes formas que dependem da segmentação de mercado, filosofia organizacional ou corporativa, as seguintes funções de trabalho são normalmente identificadas na recepção. Isto pode variar, é claro, de empresa para empresa.

Estas descrições representam a síntese da experiência pessoal do editor, práticas setoriais e o trabalho dos autores nas leituras sugeridas. Os livros referidos aqui são notáveis no tratamento profundo das exigências de um gerenciamento moderno de recepção e são largamente usados como textos e ferramentas de treinamento.

Reservas

Os funcionários do escritório realizam a função de efetuar reservas e lidam com um número de tarefas que são importantes para o aumento ordenado e a disseminação de informação das reservas para os demais departamentos.

De modo geral, os funcionários de reservas lidam com a comunicação dos hóspedes e a correspondência que diz respeito às reservas do hotel. Contatos com hóspedes em potencial podem acontecer por carta, telefone, fax, *e-mail*, telégrafo ou em um sistema computadorizado de reservas. Com base nesta informação, os funcionários criam e mantém registros para todas as reservas antecipadas no hotel. Uma vez que a informação foi coletada, eles produzem e enviam para quem está pedindo as confirmações e garantias.

Como parte das responsabilidades do departamento de reservas, eles checam a disponibilidade futura do quarto e podem iniciar previsões de vendas de quartos e ocupações, ou produzir outras estatísticas relacionadas a reservas.

Finalmente, no dia em que o hóspede é esperado, os funcionários da reserva levarão as reservas para a recepção. Isto pode ser em forma de cartão de reservas físico ou documento ou simplesmente a liberação desta informação no sistema de processamento de dados do hotel.

Deve-se notar que, em algumas companhias hoteleiras, as funções das reservas podem ser transferidas para o departamento de vendas ou de marketing. Isto reconhece a importância do departamento de vendas em produzir negócios e o estreito relacionamento que os funcionários de vendas e as pessoas de reservas devem ter. Pela mesma razão, em outras organizações hoteleiras, a função de reservas pode permanecer na recepção, onde a mesma tem historicamente sido focada.

Caixa

Como o nome já diz, os caixas lidam com dinheiro na manutenção e o controle de contas dos hóspedes na recepção. Especificamente, eles são responsáveis por lançar *vouchers*, ou cobranças, que chegam durante o turno do dia e da noite para as contas dos hóspedes ou passantes.

Falando de modo geral, os caixas são responsáveis por manter a conta/fatura do hóspede com exatidão. Na maioria dos hotéis os caixas são membros da equipe da recepção que lidam com transações de dinheiro e os *check-outs* dos hóspedes no balcão de recepção. Eles são responsáveis por fechar a conta dos hóspedes seja qual for a forma de pagamento: cartão de crédito, à vista, em cheque ou transferência para uma conta *master*.

Deve-se notar que, em alguns hotéis menores, a função do caixa é combinada com a do agente de reservas porque o tamanho do hotel assim exige. Em hotéis maiores, a função do caixa pode ser separada das outras funções da recepção e vários indivíduos podem efetuar esta tarefa.

Auditor Noturno

Enquanto os auditores noturnos geralmente trabalham no balcão de recepção, em um número crescente de hotéis eles respondem para o *controller* do hotel (ver Howey, capítulo 8) oposto ao gerente de recepção.

O papel fundamental do auditor noturno é assegurar ao hotel que as contas dos departamentos e dos hóspedes estejam de acordo com os negócios do dia. Para este fim, o auditor noturno lança cobranças e *vouchers* nas contas dos hóspedes que não foram lançadas ao final do dia pelos caixas noturnos, participam nas rotinas que verificam a exatidão de todas as contas dos hóspedes, e comparam a entrada de dados nas faturas com os registros vindos dos demais departamentos. Uma grande parte da função do auditor noturno é incluir as taxas extras nas contas dos hóspedes. Finalmente, o auditor noturno compara todas as contas para o dia seguinte.

Uma significante parte da tarefa do auditor noturno envolve rastrear erros e discrepâncias nas contas dos quartos e departamentos; por esta razão, o termo "auditor".

Recepcionista

A tarefa do recepcionista pode variar bastante de companhia para companhia e de hotel para hotel. O tamanho do hotel, seu mercado e seu ambiente são elementos que podem afetar o formato e a complexidade do trabalho dos recepcionistas. Basta dizer que o recepcionista é uma daquelas posições que tem seu foco no balcão de recepção e é muito importante para a relação com os hóspedes.

Entre as maiores responsabilidades do recepcionista está ajudar o hóspede no *check-in*. Durante este processo, ele discute com o hóspede a tarifa mais apropriada para suas necessidades. Isto variará com o tipo de acomodação que o hóspede deseja, a duração da estada e outras exigências do cliente. O recepcionista então ajudará no procedimento de registro, designação de quarto, determinará o método de pagamento e iniciará o processo de acomodação, entregando e controlando as chaves, e despachando os funcionários do serviço de quartos para ajudar o hóspede.

O recepcionista se reportará quando necessário ao gerenciamento da recepção e é geralmente treinado por ele para reconhecer e avaliar situações especiais e providenciar sua atenção. De várias maneiras o recepcionista age como os olhos e ouvidos da gerência no que diz respeito à operação do hotel e à interface com o hóspede. Em razão disso, é uma posição extraordinariamente importante.

Assistente do Gerente de Recepção

Geralmente, o assistente do gerente de recepção supervisiona diariamente todas as operações dos funcionários de recepção. O assistente de gerente de recepção desempenha tarefas sob a direção do GR. Ele é responsável pelo perfeito funcionamento das atividades e processos da recepção e pode trabalhar especificamente com clientes de lazer, grupos/convenções e/ou clientes corporativos para ajudar a facilitar o acesso deles ao hotel e seus serviços.

O assistente de gerente de recepção ajudará o GR na admissão de funcionários, no planejamento e no treinamento dos funcionários. Uma responsabilidade particular deste emprego é monitorar o *status* das contas dos hóspedes e talvez participar na autorização de saques e crédito de acordo com a política da empresa. Uma característica importante da função do assistente de gerente é que ele esteja disponível para preencher qualquer posição da recepção em uma emergência.

Outras Funções da Recepção

Outras funções tradicionais na recepção podem ou não ser o território de um indivíduo em particular; entretanto, são desempenhadas pelos funcionários da recepção em determinados momentos.

Cartas, mensagens e telefones. Historicamente, quando as pessoas viajavam de trem e barco, as estadias nos hotéis eram mais longas do que a média de estadia atual. O gerenciamento de cartas nos dias anteriores à rápida comunicação de hoje era muito importante. Com o advento da viagem personalizada pelo automóvel e a troca pelas viagens de longa distância via aérea, as estadias nos hotéis se tornaram mais curtas e as mensagens telefônicas assumiram grande importância.

Agora, entretanto, com o advento da correspondência expressa e serviços de entregas noturnas, transmissão de fax e sistemas sofisticados de mensagem de voz, o gerenciamento de correspondência, pacotes de documentos e serviço de mensagem para os hóspedes do hotel é mais importante do que nunca. Hoje os viajantes de negócios confiam nas comunicações modernas de uma forma nunca antes imaginada, e a falha do hotel neste contexto pode custar muito para ambas as partes.

Hotéis cuja clientela exige serviços de comunicação de alta qualidade são sábios em considerar cuidadosamente o *design* e controle das funções de correspondência, mensagens e telefonemas.

Serviços para o hóspede. Os funcionários da portaria, atendentes de estacionamento e garagem e outros funcionários uniformizados são vistos pela maioria das companhias hoteleiras como parte integrante de um sistema de serviço completo, oposto ao feudo pessoal do capitão porteiro do estilo antigo. O serviço para o hóspede pode incluir também tarefas especializadas realizadas pelo *concierge* (ver o artigo de Withiam neste livro).

A supervisão destes serviços pode ou não ser responsabilidade do GR, mas uma vez que estes funcionários participam de muitas atividades cruciais para o serviço de hóspede, eles provavelmente serão. Considere, por exemplo, os seguintes processos: iniciar a "experiência hoteleira" dos hóspedes (funcionários da porta, garagem, estacionamento); levar o hóspede até o balcão de recepção (porteiros); participação no processo de acomodação (mensageiros e carregadores de malas); e resposta a questões especiais ou arranjos extraordinários (*concierge*). Como estes exemplos atestam, o serviço para o hóspede é agora muito mais do que simplesmente carregar malas, e deveria ser tratado como uma parte profissional e integrante do serviço do hotel.

Este breve inventário dos processos de serviços para hóspedes pode ser comparado e contrastado com o "ciclo de serviço de hóspede" discutido no artigo de Bardi para ganhar outros dados sobre os inter-relacionamentos e as complexidades da moderna recepção do hotel.

CONCLUSÃO

De várias maneiras, a teoria básica do gerenciamento da recepção proposta por Heldenbrand cinqüenta anos atrás ainda é verdadeira hoje. A recepção continua central para os vários componentes funcionais e de apoio. No hotel, mesmo com as tecnologias modernas e as estratégias de marketing e organização, não sonhadas por Heldenbrand, a recepção e seus funcionários continuam sendo o centro do hotel e o foco central de suas interações com os hóspedes.

1. O Estimulante Serviço do Gerente de Recepção

James A. Bardi

Os alunos de administração hoteleira estão freqüentemente intrigados pela atmosfera excitante do *lobby* de um hotel. Pessoas de todas as partes do mundo cruzam esse lugar para discutir e dividir idéias, cumprimentar famílias e amigos para celebrar ocasiões especiais, participar de conferências para debater questões ou discutir negócios. Questões que dizem respeito a chegadas, horário de reuniões, taxas, alimentos e bebidas, itinerários, serviços de transporte ou paradeiro dos funcionários e hóspedes criam uma agitação que às vezes parece opressiva. Há alguém responsável aqui? O profissional que estabelece seu objetivo de carreira como gerente geral de um hotel e espera que a estabilidade no emprego, como gerente de recepção, prossiga rapidamente, encontrará desafios. Se você começa sua carreira em um hotel como um recepcionista, mensageiro ou caixa, você tem uma grande oportunidade para aprender com quem está no comando.

Em um estudo de 1985, Rutherford discutiu as dimensões importantes do trabalho de GR, que incluía comunicações, facilitação, interface organizacional e minúcias técnicas. Funções selecionadas relatadas na pesquisa incluíam comunicações – com hóspedes e funcionários; facilitação – emergências médicas, vendas, procedimentos de falta de energia, re-acomodação de hóspedes devido ao *overbooking*, e uso de sistemas de computação especialmente preparados para a recepção; interface organizacional – com o diretor de marketing, *controller*, gerente de alimentos e bebidas, e gerente de banquetes. Estas habilidades no trabalho e interações requerem que uma pessoa priorize e resolva muitas questões, para tomar decisões baseadas nos conceitos da corporação, para dar autonomia aos empregados e para refinar técnicas exemplares de comunicação.

Bardi (1990, 345-349) disse: "O gerente de recepção deve ter um papel ativo em recolher informações de interesse dos hóspedes e desenvolver procedimentos para que a recepção distribua esta informação". Esta é uma ordem difícil de cumprir, essencialmente considerando o domínio total das informações que hóspedes podem requerer e de quais departamentos elas viriam. Estes departamentos do hotel e suas fontes de informação estão incluídas abaixo.

Assim o GR deve tomar a responsabilidade de se tornar um comunicador e facilitador pró-ativo. Este executivo deve analisar e procurar quais informações os hóspedes provavelmente precisarão e quais departamentos serão necessários para preencher essas necessidades.

Consultas adicionais sobre o papel do GR podem ser conseguidas pela revisão dos elementos de uma descrição deste cargo. Bardi (1990, 49-50) apresenta a análise das tarefas de um GR em um dia típico.

- Rever o relatório de auditoria noturna.
- Rever as reservas que chegaram para o dia.
- Comunicar a informação para os funcionários de todos os turnos sobre reservas, inventário de quartos e designação de quartos.
- Passar a informação para outros departamentos – governança, marketing e vendas, banquetes, alimentos e bebidas, manutenção e segurança.
- Resolver as discrepâncias na conta dos hóspedes e outras reclamações.
- Preparar o orçamento com o gerente geral e o *controller*.
- Preparar as previsões.
- Conduzir reuniões de negócios para promover a venda de apartamentos.
- Auxiliar no *check in*, *check out*, confirmação de reservas, atualização de sistema de reserva.
- Entrevistar empregados em potencial para a recepção.
- Comunicar-se com o auditor noturno.
- Manter o equipamento da recepção.

Apesar desta lista representar somente poucas das muitas tarefas realizadas em qualquer dia na vida de um GR, ela fornece ao profissional aspirante uma idéia das atividades gerenciais. O GR deve estar no controle de todas as atividades que afetam a hospedagem dos clientes – a função maior do sucesso financeiro de um hotel.

Se fornecer hospedagem é a maior responsabilidade do GR, quais são os componentes deste subsistema para a operação de um hotel? Como a recepção e subseqüentemente o GR se adaptam? Uma resposta para essa questão pode ser derivada da revisão do "ciclo de serviço do hóspede" em

TABELA 1
Comunicação Interdepartamental

Departamento	Informações Necessárias para a Recepção
Marketing e Vendas	História do hóspede, reservas, primeiras impressões, mensagens e função de informação dos hóspedes
Governança	*Status* do quarto, ocupação prevista, preocupação com segurança e requisições para amenidades e suprimento
Alimentos e Bebidas	Transmissão de mensagens, informações precisas sobre *voucher*, postagem de cobrança para as contas dos hóspedes, contas previstas e pagamentos
Banquetes	Informações sobre eventos agendados, processo de pagamento para eventos agendados, preparação de funções diárias de preparação e distribuição das funções do dia, e posto de comunicação pública
Controller	Sumário diário de transações financeiras, dados financeiros para contas e livros de cartão de crédito
Manutenção	*Status* do quarto e requisição dos hóspedes para serviços de manutenção
Segurança	Segurança contra fogo, informações sobre comunicação de emergência e preocupações com a investigação da segurança do hóspede
Recursos Humanos	Ponto inicial de contato e procura de funcionários em potencial

um hotel (adaptado por Albrecht e Zemke, 1985). Se o GR analisar os vários departamentos que têm contato com os hóspedes, é possível obter idéias para entender como a recepção se enquadra na distribuição de bons serviços de hospitalidade. Os contatos potenciais entre hóspedes e departamentos são:

- *Marketing:* prepara e administra pesquisas de clientes focando a satisfação do hóspede, meios de propaganda e promoções de incentivo.
- *Reservas:* desenvolve e monitora o serviço de reserva com fácil acesso para números *toll-free*, fax, sistema de reserva nacional e boas maneiras pessoais ao telefone ligadas a reservas, cancelamento, acomodação, serviços de cortesia e informações gerais.
- *Registro:* desenvolve e monitora o sistema de reservas do sistema de transporte de hóspedes, assegurando um cumprimento no primeiro contato, providenciando a assistência com bagagem, organizando procedimentos rápidos de *check-in*, mantendo um sistema eficiente de status de quarto, processando cartões de créditos, operando o sistema de informação para o hóspede que centraliza toda a comunicação entre o hóspede e o hotel no que diz respeito a alimentos e bebidas, manutenção, governança e outros departamentos do hotel.
- *Estada do hóspede:* coordena a comunicação do hóspede com todos os departamentos no hotel para assegurar sua satisfação em restaurantes, serviço de quarto, lojas de presentes, serviços de governança, segurança, serviço despertador, sistema de telefonia e disponibilidade de um status de faturas dos hóspedes.
- *Check-out:* desenvolve e fornece um sistema eficiente de *check-out* com horários flexíveis de saída, assistência com bagagem, mantém a opção de *check-out* no quarto via televisão, monitora o tempo de espera dos hóspedes na fila e fornece faturas corretas e cópias das mesmas.

Esta lista de componentes em um ciclo de serviços para hóspede sugere uma vasta quantidade de tarefas que o GR encontrará ao gerenciar os serviços de hospitalidade. Entretanto, existe uma "mágica eletrizante" necessária para tornar o serviço de hospitalidade da recepção relevante para a realidade dos serviços modernos: poder de decisão para o funcionário.

Sternberg (1992) discute o conceito de poder de decisão para o funcionário como o de dar a ele autoridade para tomar decisões diárias dentro de linhas gerais. Por exemplo, muitos hóspedes de um hotel sentem-se no meio de uma burocracia quando querem ter uma cobrança ajustada na sua conta. "Espere um momento que eu vou chamar meu supervisor", é freqüentemente a resposta à pergunta do hóspede para o ajuste de contas. Os caixas estão fazendo somente o que foram treinados para fazer. Entretanto, os hóspedes não se importam com treinamento; eles só sabem que o sistema não é amigável. Como Sternberg enfatiza, se as linhas gerais são estabelecidas e comunicadas, os caixas devem saber o que fazer. Aqui está a chance de o gerente dar o primeiro passo em direção a maior poder de decisão (*empowerment*).

Cobranças dentro de uma quantia especificada podem ser creditadas ou ajustadas sem a autorização do supervisor. Um sistema de controle correspondente pode ser implementado para revelar a extensão do crédito permitido por caixa.

Um outro exemplo para dar poder de decisão aos funcionários é o fornecido por Allin e Halpine (1988, 42) ao descrever treinamento de qualidade no Waldorf-Astoria:

> Enquanto há muitas razões para combinar as posições de balconista e caixa, e muitos aspectos foram considerados no Waldorf Astoria, a decisão foi tomada pelo desejo de melhorar os serviços dos hóspedes onde seu impacto é mais óbvio – na recepção. Funcionários multifuncionais aumentarão a velocidade do processo de *check-in* e *check-out* realizando ambas as funções, como o tráfego no local pede. Os recepcionistas podem receber cheques e os caixas podem emitir cópias duplicadas das chaves do quarto, em muitos casos eliminando a necessidade de fazer com que o hóspede espere em duas filas.

Outras oportunidades para dar o poder ao empregado podem ser identificadas através de análise cuidadosa, pelo GR, do ciclo do hóspede através do setor de serviços para o hóspede.

As oportunidades em potencial de servir ou não ao hóspede podem ser apreciadas quando vistas no contexto hóspede × contato com serviços. Se 12 milhões de hóspedes passam por uma companhia hoteleira em um ano e cada um tem uma média de doze contatos com os funcionários do hotel – serviços de hóspedes, governança, recepcionistas e outros – são 144 milhões de chances para a cadeia hoteleira causar boa ou má impressão (Bardi 1990, 233). Como o "porteiro" em quase todos os casos esses contatos potenciais, o GR está em uma posição única para ajudar seus funcionários a melhorar a experiência dos hóspedes. Dar autonomia é outra ferramenta poderosa no arsenal de gerenciamento do GR.

O papel do GR é o único que demanda o domínio da comunicação, detalhes operacionais e, progressivamente, delegação de poder de decisão. A natureza atrativa e desafiadora desse papel permite que o novo profissional de hospitalidade tente várias formas de aplicar habilidades interpessoais que fornecerão lucro para o hotel. É um desafio que durará uma vida inteira.

2. Checando os "*Ins*" e "*Outs*" da Recepção

Melvin N. Barrington

INTRODUÇÃO

O propósito deste artigo é apresentar pesquisas anteriores e atuais de empregados da recepção, assim como aplicar algumas pesquisas sobre o mesmo tópico. Também tenta estimular algumas considerações quando entende o segmento do setor da hospitalidade como uma carreira escolhida. O artigo identifica a extensão do trabalho da recepção, o que nele parece atrair os empregados, os problemas que eles enfrentam e como eles interagem com as pessoas interna e externamente. A última parte do artigo avalia rapidamente a recepção do hotel como caminho para o desenvolvimento na carreira.

FUNCIONÁRIOS DA RECEPÇÃO

Visualize este desenho – dois homens estão esperando um elevador. Um comenta com o outro: "Eu imagino por que os funcionários neste hotel são tão desprezíveis e mal-humorados". O segundo homem responde: "Eu acho que eles não querem ser confundidos com os hóspedes".

O jornal popular (*USA Today* 1993) está cheio de histórias, problemas e momentos memoráveis vividos por viajantes. A maioria dos empregados de hotéis dirão que, se você esperar o suficiente, verá tudo. A maioria desses chamados momentos memoráveis não são nem causados nem influenciados pelos funcionários mas, ao invés disso, são políticas do hotel tais como: tarifas de quarto, horários para *check in* e *check out*, estrutura de tarifas de telefonia, número de quartos disponíveis para não-fumantes, política de reservas, amenidades no quarto, segurança, serviço de cobranças, empregados mal remunerados, com poucas habilidades, que não falam inglês, acessibilidade para deficientes, seleção de filmes no quarto e a lista continua. Infelizmente os empregados, especialmente aqueles da recepção, recebem muitas críticas e deles é esperado, pelos gerentes e pelos hóspedes, que resolvam todos os problemas.

As maiores responsabilidades dos funcionários da recepção não são bem definidas pelo título de seu cargo: mensageiro, *concierge*, porteiro, recepcionista, caixa, telefonista, auditor noturno e, é claro, o gerente da recepção. Os empregados da recepção devem possuir uma gama de atributos que incluem automotivação, personalidade expansiva, confiança, competência em solução de problemas, habilidade para lidar com qualquer crise, bom porte físico e, de acordo com Rutherford (1985), habilidade na arte da comunicação em níveis diferentes.

ATRATIVIDADE DO CARGO

A recepção de um hotel pode ser inicialmente atraente para empregados em potencial por causa das imagens mostradas em seriados da televisão e filmes em que o recepcionista faz o hóspede assinar o livro de registro e entrega-lhe a chave e depois se torna pessoalmente envolvido em muitas situações interessantes. Embora a realidade colocada no trabalho não seja como nos filmes, ainda assim ela permanece atraente por várias razões. Os funcionários da recepção são o centro da ação e, por causa das múltiplas tarefas, o tempo passa rápido, evitando o tédio. Há uma estrutura flexível para o horário de trabalho porque a recepção funciona 24 horas por dia, e os funcionários com outras responsabilidades como família ou escola podem trocar regularmente os turnos. Através do conceito de dar poder de decisão aos empregados (discutido abaixo), os funcionários da recepção se sentem importantes porque a eles é permitido tomar decisões consideráveis para amenizar qualquer insatisfação do hóspede.

O pagamento, benefícios e a chance de crescimento também são atrativos. Na verdade, os Marriott Fairfield Inns estão tentando quebrar o ciclo de falhas cometidas por funcionários com uma série de premiações para os melhores empregados (Schlesinger e Heskett 1991). O Fairfield Inn considera que os hóspedes possuem dois grandes desejos: quartos limpos e funcionários amigáveis. Ao usar um computador com um questionário interativo, os hóspedes avaliam o desempenho dos funcionários, que posteriormente recebem prêmios através de incentivos de pagamentos e bônus. Funcionários limítrofes, que não podem receber este tipo de ajuda, deixam a carreira cedo. Muitas propriedades permitem que funcionários ajustem as tarifas pelo pagamento de bônus por *upselling* (vendas de apartamentos em tarifas mais elevadas) ou que ofereçam diárias reduzidas com o propósito de aumentar a ocupação do hotel. Uma forma mais sofisticada de ajustes diários pode ser feita através de uma prática controversa conhecida como *yield management* (Lieberman 1993). (Nota do editor: veja artigos sobre *yield management* na parte 7 deste capítulo).

PROBLEMAS ENFRENTADOS

Os funcionários da recepção enfrentam uma vastidão de problemas primeiramente porque eles estão no centro da ação. Isto é, eles recebem todos os pedidos e reclamações dos hóspedes, enquanto é esperado pela gerência que seu desempenho no trabalho seja exemplar. Recentemente houve uma carta na coluna do "Dear Abby" de um recepcionista lamentando o fato de os hóspedes estarem exigindo demais dele, coisas como consertar a TV, desentupir o vaso sanitário, colocar mais toalhas ou mudar os lençóis da cama, trocar lâmpadas, retirar as chaves de um carro trancado etc. Aparentemente esse recepcionista não teve uma boa compreensão da descrição do seu cargo nem que os hóspedes podem fazer qualquer tipo de pedidos desmedidos para um recepcionista.

Não há discussão de que oferecer serviços é um conceito complexo. Isto pode ser especialmente verdade para os funcionários da recepção (Barrington e Olsen 1988). Alguns dos fatores que podem contribuir para a complexidade da recepção incluem:

1. *Autonomia:* até onde os funcionários podem ir sozinhos e devem realizar as tarefas sem a supervisão direta de alguém mais experiente.
2. *Tempo de contato:* a duração e o número de vezes que o empregado e o hóspede interagem, aumentando o potencial para problemas.
3. *Conhecimento do cliente e participação:* até onde se espera que o hóspede saiba razoavelmente o que pedir para que um serviço aconteça.
4. *Participantes da equipe:* até quando outros funcionários podem se eximir de suas responsabilidades causando dificuldades aos funcionários da recepção.
5. *Feedback:* até quando os empregados recebem *feedback* positivo dos hóspedes ou da gerência para melhorar o nível de serviço.
6. *Padrões imprecisos:* até quando os funcionários estão preparados para lidar com contingências através de políticas e procedimentos conhecidos.
7. *Interrupções:* até quando o trabalho envolve várias tarefas a serem realizadas simultaneamente, causando o estresse no trabalho, serviço ruim e possibilidade de erros.
8. *Repetição:* até quando o empregado deve repetir a mesma tarefa, o que resulta numa possível perda de autenticidade.
9. *Significância da tarefa:* até quando uma decisão pode afetar dramaticamente a vida de uma outra pessoa.
10. *Heterogeneidade:* até onde empregados e hóspedes são indivíduos que reagem imprevisivelmente em situações dinâmicas.

Além das questões complexas acima, uma luta pelo controle do serviço pode também se desenvolver entre funcionários e hóspedes (Rafaeli, 1989). No caso dos hotéis, o público viajante está se tornando mais sofisticado e exigente. Eles possuem mais conhecimento através de notícias jornalísticas e de suas experiências em viagem. O mero fato de que a população está envelhecendo enquanto o serviço tende a ser jovem gera uma discordância potencial entre a demanda do serviço e a oferta do serviço. Ao mesmo tempo, o setor hoteleiro tende a ter menos trabalho intensivo por meio da automação e enxugamento organizacional, que tende a diminuir o serviço pessoal para o hóspede.

Há também a questão da satisfação tanto do hóspede (Barsky e Labagh 1992) quanto do funcionário (Barrington e Olsen 1988; Sullivan e Bhagat 1992). É óbvio que em caso de extrema insatisfação o hóspede não retornará nem o funcionário vai se desenvolver em um alto nível. Essas questões serão discutidas nas próximas sessões, que dizem respeito a interações.

INTERAÇÕES INTERNAS

Existem pesquisas consideráveis a respeito das comparações entre indivíduos e grupos, o que levou a teorias de imparcialidade e comparações (Kulik e Ambrose 1992). Por isso, não é surpresa que funcionários de diferentes departamentos não se consideram iguais aos outros e, por essa razão provavelmente, o mesmo acontece com as gerências. Todos os membros do mundo animal têm uma hierarquia social dentro dos grupos que fazem o trabalho. A hierarquia social da recepção pode ser representada desta maneira:

- Nível educacional.
- Conhecimento avançado.
- Escala de pagamento.
- Modo de vestir.
- Maior interação com o cliente no *front of the house*[NR].
- Trabalhos específicos conforme o sexo do funcionário.
- Diversidade cultural e habilidade em línguas.
- Chance de progresso na carreira.
- Longevidade do emprego.
- Idade dos funcionários.
- Nível de expectativa de trabalho.
- Percepções de automotivação.

Nível Educacional

O nível educacional dos funcionários é importante para estabelecer a ordem hierárquica. À primeira vista parece que quanto mais educação uma pessoa adquiriu, maior é o prestígio que ela tem para comandar seus pares. Isto pode ser verdade em alguns casos, mas não em todos. Uma pessoa pode ter muita educação para o emprego e no entanto perder o respeito porque está sub aproveitada. Uma pessoa com poucos anos de educação pode impor respeito a alguém com níveis mais avançados, particularmente se o treinamento for em uma área específica como computação. Há outros fatores além do número de anos de educação. Por exemplo, quando os níveis são os mesmos, a área em que houve a graduação se torna importante; quando as graduações são as mesmas, a instituição se torna importante, e assim por diante. Pairando sobre e possivelmente conduzindo este conceito está o *background* de gerenciamento de pessoal. Isto cria uma cultura que diferirá de propriedade para propriedade.

Conhecimento Avançado

Certos funcionários tendem a se antecipar ao conhecimento. Isto é, eles sabem o que está acontecendo antes dos outros. Como conseqüência disso outros funcionários dependem da informação dada por eles, dando aos mesmos prestígio considerável dentro da organização. Esta informação deve ser tão trivial quanto o recepcionista ou caixa sabendo quando um hóspede deixa o hotel, o que por sua vez requer outros funcionários como camareira ou pessoal da manutenção para contatá-los ou para serem contatados quando o quarto estiver disponível para limpeza ou reparos. Do outro lado, a força através do conhecimento superior não é trivial quando um funcionário tem uma habilidade especial que nem um nem outro possui, como saber operar todos os computadores e utilizar todos programas.

Escala de Pagamentos

O nível de compensação é importante na ordem hierárquica. É óbvio que os funcionários que recebem os menores salários estão na parte mais baixa da pirâmide. Quando as gorjetas são introduzidas há uma mistura de status. Uma vez que os salários da maioria dos funcionários que recebem gorjetas estão ligados à generosidade do hóspede, seus salários podem ou não ser maior que os dos funcionários que não recebem gorjetas. Entretanto, mesmo que às vezes eles levem mais dinheiro para casa, o prestígio dos funcionários que não recebem gorjetas provavelmente está na consistência dos salários, não no valor. O potencial de aumento por mérito também eleva o status do emprego. Empregados que raramente têm um salário acima do mínimo geralmente não têm prestígio. (Nota do editor: para saber mais sobre este tópico, veja o artigo de Dann e Hornsey no Capítulo 2).

Modo de Vestir

Quanto mais formalmente uma pessoa se veste, maior respeito ela tende a corrigir. O terno e gravata ou seu equivalente tendem a projetar respeito e autoridade. Alguém vestido dessa maneira não estará provavelmente desempenhando tarefas que sujem suas mãos. Os uniformes, por outro lado, apresentam uma influência interessante no conceito da hierarquia social. Primeiro, os uniformes são usados para identificar quais são os funcionários do hotel. Os uniformes também tendem a promover equivalência entre os membros de um grupo que estão todos vestidos da mesma maneira. Entretanto, eles também perpetuam um sistema de classes de hóspedes e entre os grupos, uma vez que os uniformes podem identificar as pessoas que os vestem como realizando trabalhos menos prestigiosos.

NR: *Front of the house* – refere-se aos departamentos que mantêm contato constante com o hóspede, e o termo em inglês é utilizado nos grandes hotéis brasileiros.

Front Office versus *Back Office*

Os funcionários do *front office*, aqueles que têm contato constante direto com o hóspede, têm maior prestígio junto aos funcionários que não têm esse contato porque eles foram selecionados para interagir com os hóspedes. A maioria dos funcionários da recepção realmente entra em contato com os hóspedes, mas os departamentos com os quais eles interagem, como governança e manutenção, regularmente não têm esse tipo de contato apreciado pelos funcionários da recepção.

Gênero

E é difícil dizer se o gênero representa ou não um elemento de hierarquia social nos funcionários da recepção. Muitas propriedades tendem a favorecer empregadas mulheres como recepcionistas porque elas são melhores para resolver situações difíceis junto a hóspedes homens. Além disso, tem havido uma maior aceitação de mulheres no setor da hospitalidade em relação à década passada. Apesar da sensibilidade do setor pelos direitos da mulher, os homens ainda ficam com as posições mais altas. Além do mais, existe o chamado teto de vidro no qual há uma barreira invisível à promoção de mulheres para a gerência. Provavelmente a melhor razão para tal descriminação é o pouco tempo que as mulheres têm em posições de gerência. Isto resulta no fato de que a posição do gerente geral é ainda predominantemente de domínio masculino.

Diversidade Cultural e Idioma

É geralmente aceito que a tendência na composição da força de trabalho ocorre através da infusão de um maior número de grupos étnicos (Christensen-Hughes 1992). Sentimentos etnocêntricos de superioridade são difíceis de superar. Eles começam com barreiras de língua e continuam através de diferenças culturais e grupos de pessoas estereotipadas na realização de várias tarefas e com poucas chances de promoção ou mudança para outros departamentos.

Promoção

Alguns empregos em um hotel são entendidos como degraus para avanço enquanto outros são considerados fim da linha. Alguns gerentes de grandes cadeias hoteleiras começaram suas carreiras na recepção, que parece oferecer uma ponte para outros departamentos tais como alimentos & bebidas. Muitos dos nossos alunos da Universidade da Carolina do Norte me dizem que a carreira que se inicia em alimentos & bebidas, governança ou manutenção para gerência geral é menos claro do que o caminho da recepção.

Longevidade e Idade

Quanto mais tempo alguém passe em uma propriedade ou em uma posição, maior o respeito adquirido para comandar seus pares. A expressão "a experiência conta" é um manifesto entre os empregados seniores. Eles não são somente chamados para monitorar novos funcionários, mas também possuem maior informação e geralmente têm o respeito e a confiança de seus superiores.

A idade do indivíduo não necessariamente o conduz ao respeito. Alguém que é considerado jovem e inexperiente pode ter o mesmo nível de respeito de alguém que é considerado mais velho e possivelmente deveria ter sido encorajado para outras posições muito tempo atrás.

Servidão

A diferença entre serviço e servidão não é clara. Nós estamos nos negócios de serviço, mas a maior parte não se considera servil. Se alguém é considerado estar em uma posição de servilismo por hóspedes, família, amigos ou pares, a dignidade e o status desta pessoa podem ser diminuídos. O setor da hospitalidade parece estar superando esse problema através da criação de títulos de empregos que soam prestigiosos e mais valorizados.

Automotivação

Pode haver muita verdade no velho ditado "os funcionários são pagos ou duas vezes ou a metade do que eles valem". No ponto mais baixo da escala estão os trabalhadores que se esquivam, que se sentem mal pagos pelo que é esperado deles e compensam isto trabalhando mais devagar, menos horas e geralmente desaparecem. Eles têm pouco comprometimento com a organização, são geralmente insatisfeitos com seus trabalhos e têm altos níveis de interferência no trabalho devido a cuidados com criança, problemas de família e dificuldades médicas (Cannon 1993).

Do outro lado da escala, nós temos os supertrabalhadores, que não prestam atenção no relógio. São altamente comprometidos com a organização e parecem tirar sua satisfação e compensação ao fazer a diferença ou completar uma tarefa. Eles não são necessariamente *workaholics,* mas são indivíduos que trabalham duro e têm muito orgulho do que fazem, envolvendo-se com o trabalho até que ele seja totalmente completado.

INTERAÇÕES EXTERNAS

Basicamente um cliente de hotel quer o seguinte: ter um quarto limpo e seguro, ser tratado como um hóspede e ter todas as promessas cumpridas. Se estas expectativas são realizadas, o hotel terá uma vantagem competitiva. Se elas são superadas, isso assegurará novos negócios (Parasuraman, Berry e Zeithaml 1991).

No atual ambiente competitivo do hotel, o conceito popular é o de *qualidade,* que está sendo introduzida nas operações usando idéias estabelecidas por W. Edwards Deming no *Gerenciamento da Qualidade Total* (GQT). Para conseguir GQT, é necessário haver uma certa cultura organizacional que aceite o conceito de funcionários com autonomia. (Bowen e Lawler 1992; Smith 1993; Sternberg 1992). A autonomia, é claro, permite que o funcionário tome decisões que irão, espera-se, levar à satisfação total do hóspede.

Este conceito tem evoluído por várias razões. Uma delas é que o *empowerment* e a GQT estão na moda. O resultado é que ninguém quer ser deixado de fora ou ser considerado culpado por não satisfazer as expectativas do cliente. Uma segunda razão pode ser a confiança necessária para compensar a falta de prática de padrões de serviços precisos, como discutido por Barrington e Olsen (1987). Uma terceira razão pode ser que, devido aos cortes e declínios nas posições gerenciais intermediárias, os empregados de níveis mais baixos devem assumir responsabilidades adicionais.

Para assumir a responsabilidade de decisão, os funcionários devem ser treinados, monitorados e receber *feedback*, aumentando seus conhecimentos e habilidades. Há também um nível emocional esperado dos funcionários durante a prestação do serviço. Na verdade, de acordo com Ashforth e Humphrey (1993), há três níveis possíveis de emoções: emoção superficial, emoção profunda e emoção genuína. Na emoção superficial, o funcionário estabelece uma boa distância ao simular sorrisos, sendo respeitoso, usando o nome do hóspede ou se referindo a ele como senhor ou senhora. O funcionário faz isso mecanicamente enquanto dá a resposta correta usando expressões verbais e não verbais. Agir com emoção profunda é quando um funcionário deve fingir estar calmo mesmo em uma situação de estresse, como a evacuação do prédio por causa do fogo. A emoção genuína é, claramente, não atuar, mas na verdade sentir a dor do hóspede. Um funcionário com capacidade de sentir pena quando um hóspede é assaltado no estacionamento e tem tudo que é seu levado embora é um exemplo de emoção genuína.

DESENVOLVIMENTO DA CARREIRA

Com o propósito de avaliar as etapas da carreira de empregados de gerência de hotel, é útil saber o que inicialmente os atrai para esta profissão. Baseado em uma pesquisa de Williams e Hunter (1992), os fatores importantes de motivação (em ordem de importância) que ajudaram os gerentes de hotéis a fazer suas escolhas na carreira incluem:

- Desafios e satisfação no emprego.
- Potencial para progresso.
- Responsabilidades potenciais e saber como elas são compreendidas.
- Nível de autoridade.
- Justiça na escala de pagamentos.
- Quantidade de contato com hóspedes.
- Grau em que suas habilidades serão usadas para tomar decisões mais do que em realizar tarefas físicas.
- Quantidade de trabalho demandado.
- Número de horas requerido.
- Pagamento equivalente ao de gerentes em outras profissões.
- Quantidade de trabalho burocrático.
- Recolocação necessária para progresso na carreira.
- Aspectos políticos do emprego.

Fatores adicionais que influenciam o sucesso na carreira foram documentados em um recente estudo de Kavanaugh e Woods (1993). Eles relataram que, para atingir o sucesso no trabalho, alguém deve possuir (em ordem de importância) o seguinte: habilidades de comunicação, inteligência, integridade, experiência e atitude positiva. Estes fatores de sucesso, apesar de serem relatados de forma diferente, tendem a corroborar com o estudo Rutherford (1985).

Um aspecto negativo na avaliação de uma carreira no setor da hospitalidade envolve a "queima" do funcionário (Vallen 1993a, 1993b). (Nota do editor: Veja também o artigo de Krone sobre a "queima de gerentes" no capítulo 6 e o artigo de Pavesic e Brymer, sobre satisfação na carreira, no capítulo 3). Apesar de um estado psicológico complexo, a queima é provavelmente o estágio final de uma saúde mental comprometida, resultado da contínua exposição ao estresse no trabalho. De acordo com a pesquisa de Vallen, há um forte relacionamento entre queima de funcionários e rotatividade, as quais são muito altas no setor da hospitalidade.

As descobertas de Vallen tendem a comparar as informações anteriormente relatadas por Barrington e Olsen (1988) indicando que mais da metade das pessoas que trabalham na recepção e participaram desta pesquisa se sentiram subempregadas, não escolheram suas carreiras atuais e planejam mudar de profissão tão logo apareça uma oportunidade. Uma estatística ainda mais interessante revelou que quase três quartos dos funcionários da recepção sentiram que merecem uma promoção mas não vêem nenhuma possibilidade em um futuro próximo. Também no mesmo estudo, a alta taxa de rotatividade para o setor foi confirmada pelo fato de que nenhum dos 210 funcionários entrevistados trabalhou mais de dezesseis meses em uma mesma propriedade.

As complexidades do trabalho discutidas anteriormente como interações internas também poderiam contribuir para a insatisfação no trabalho. O estudo de Barrington e Olsen (1988) permitiu uma maior validação das variáveis ligadas à complexidade do trabalho, utilizada em várias pesquisas diagnósticas, como sendo forçados a tomar decisões, recebendo e reagindo a um extensivo *feedback* tanto de hóspedes como de empregadores, sendo esperado que possuam uma variedade de habilidades e talento e sendo capazes de lidar adequadamente com hóspedes e outros funcionários. Esses funcionários da recepção também foram capazes de validar uma variável de complexidade recentemente criada, que foi a falta de padrões precisos necessários para lidar com situações dinâmicas. Parece, entretanto, que a variável está sendo negada de alguma forma pela questão do poder de decisão, no qual o funcionário é capaz de lidar com as situações sem medo de violar algum padrão obscuro ou desconhecido.

Interações externas permanecem extremamente importantes para entender os desafios de gerenciar as várias complexidades da recepção e seus funcionários.

CONCLUSÃO

Este artigo tentou apresentar alguns dos problemas enfrentados pelos funcionários da recepção e identificar algumas das recentes pesquisas que estão levando o setor a possíveis soluções no trabalho. Como indicado pela referência no começo deste artigo, a percepção por parte do hóspede (real ou imaginária) é obviamente muito importante. Os funcionários da recepção experimentam situações complexas que não passaram despercebidas pelas pessoas que mudam o setor. Alguns dos problemas podem nunca ser resolvidos, mas não será porque não se tentou. O fator principal a se ter em mente é que é muito mais fácil criticar do que formular soluções para problemas. Os funcionários da recepção geralmente tem alto nível de desempenho, oferecendo qualidade de serviços e produtos que às vezes parecem situações impossíveis. Para resumir, dos hotéis é esperado que forneçam tudo que um hóspede está acostumado a ter em casa e, em alguns casos, mais que isso.

3. A Questão do *Overbooking*: uma Simulação

Carolyn U. Lambert
Joseph M. Lambert
Thomas P. Cullen

Os gerentes de hotel tradicionalmente aceitaram a noção de que casa cheia é uma aposta. Mesmo a linguagem da recepção reflete a incerteza do sistema de reservas, usando termos como "chegadas esperadas" e "partidas esperadas". Quando os quartos são poucos, os gerentes de reserva jogam com estas expectativas, usando história e instinto para fazer uma estimativa incerta de quantas reservas serão *no-shows*, quantas partidas esperadas permanecerão além da data ou quantos hóspedes inesperados, ou walk ins, chegarão procurando por acomodação.

Todos os hotéis têm algum tipo de política a respeito das reservas. A questão crítica do lucro é o número de quartos para se vender em *overbook* em uma noite. Idealmente, a melhor política é a que maximiza o lucro. A prática atual de um específico gerente depende da sua atitude com respeito ao risco. Um gerente avesso ao risco pode adotar uma política de *overbooking* conservadora ou mesmo diminuir as vendas para ter certeza de que todas as reservas podem ser acomodadas.

Enquanto as políticas de *overbooking* conservadoras evitam a situação desagradável de dispensar o hóspede, elas têm a probabilidade de resultar em quartos vazios e perda de lucro. O gerente que procura maximizar o lucro através de políticas liberais de *overbooking* corre o risco de dispensar hóspedes com reservas confirmadas e assumir o risco de publicidade ruim dos hóspedes que não tiveram suas reservas honradas.

A solução seria o desenvolvimento de um modelo de previsão preciso que preveria a disponibilidade dos quartos e indicaria o número de reservas a se aceitar para qualquer data ou tempo de permanência. Dos modelos propostos, alguns requerem *softwares* sofisticados e computadores caros, enquanto outros são simples e eficientes. Entretanto, desenvolver um sistema de previsão de reservas pode não ser a solução mais efetiva.

Uma solução alternativa é o uso do modelo de simulação para se obter uma política de reservas boa. A simulação é uma técnica eficiente quando usada para prever o que acontecerá em dadas circunstâncias. É particularmente útil em uma situação dinâmica, como uma decisão para reservas, quando a reserva para uma determinada data afeta o inventário de quartos por muitos dias.

Uma vez que as circunstâncias variam de propriedade para propriedade, os modelos de simulação devem ser baseados nos dados específicos daquela em questão. Um modelo global detalhado está condenado ao fracasso. A simulação deve ser complexa o suficiente para levar em consideração todos os fatores que afetam as decisões de reservas, mas não tão cara ou tão difícil de usar que não possa ser moldado para propriedades individuais.

Neste artigo, nós vamos descrever o desenvolvimento de um modelo de simulação para uma propriedade específica. Este modelo de reservas é baseado em distribuições de probabilidade e ilustra como modelos de situações podem ser usados para melhorar as decisões da gerência no que diz respeito às reservas.

MODELOS DE *OVERBOOKING*

O *overbooking* é a tática mais freqüentemente usada para minimizar perdas financeiras devido a cancelamentos e *no-shows*. As técnicas de *overbooking* se originaram no setor da aviação, mas modelos recentes apresentaram algumas hipóteses problemáticas. O modelo de companhia aérea de Martin Beckmann (1958) assumiu que os cancelamentos e *no-shows* são independentes do tempo e ocorrem depois que todas as reservas foram aceitas. O modelo de reservas de companhia aérea de H.R. Thompson (1961) foi o primeiro no qual os níveis de reservas foram calculados independentemente do período de tempo. Entretanto, este modelo assumiu que uma vez que um bom número de reservas é atingido, reservas adicionais não são aceitas.

Além das suposições que não refletem a dinâmica da atual situação das reservas, os modelos de companhia aérea não precisam de provisão para múltiplas noites e tarifas *single* e *double*. Marvin Rothstein (1974) aplicou seu modelo de decisão seqüencial Markovian, desenvolvido por empresas aéreas, para um hotel específico. Este modelo foi adaptado por Shaul Ladany (1976) e aplicado para estabelecer políticas de locação de quartos.

Usando dados históricos para estimar a probabilidade de distribuição de reservas, Fred Williams (1977) estudou as reservas, *check outs* não programados e *walk-ins*. O modelo formulou um nível ótimo de reservas que minimizou o custo esperado do *overbooking* e *underbooking* por um dado número de *check outs* programados e pessoas que possam estender a permanência no dia sendo testado.

Uma abordagem simplificada para *overbooking* usando um software de computador foi proposta por William Corney (1984). O modelo especificou custos a longo e a curto prazo (custos associados com quartos vagos e custos relacionados com reservas confirmadas que não foram honradas) assim como probabilidades de *no-show*, produzindo custos esperados de políticas alternativas de *overbooking*.

REALIDADE SIMULADA

A simulação permite aos gerentes estudar os sistemas complexos do mundo real que não podem ser descritos adequadamente por outros métodos analíticos. Os modelos de simulação descrevem a operação de um sistema em termos de eventos individuais. No caso dos sistemas de reservas, a simulação permite cada atividade de reserva a ser estudada como um evento separado. O sistema de reservas pode ser dividido em componentes individuais, tais como reservas, cancelamentos, *no-shows* e *walk-ins*, cada um dos quais podendo ser previstos usando distribuições de probabilidade para cada componente em particular.

Inter-relacionamentos entre os componentes também são definidos pelo modelo. Quando seus componentes são combinados em um sistema de dados coletados, a operação dos sistemas de reservas pode ser simulada pelo computador, e seu comportamento estudado. Alterando um único componente, os gerentes podem perguntar questões do tipo "e se", estudar as conseqüências e desenvolver estratégias alternativas (Hillier e Lieberman 1974).

CASO DO ST. IGNATIUS

O gerente de reservas do hotel St. Ignatius, uma grande e luxuosa propriedade de 371 quartos em uma cidade do sudeste americano, queria melhorar a política de reservas do hotel usando simulação. De domingo até quinta-feira, o maior mercado do hotel era de negócios. Como em muitos hotéis urbanos de luxo, pacotes de lazer eram usados para preencher as noites de finais de semana do hotel. O hotel era sensível aos custos associados com o *overbooking* porque tinha uma porcentagem alta de clientes fixos. A meta do gerente de reservas era maximizar o lucro.

O preço médio da diária por quarto ocupado era de US$125. Todos os custos fixos, trabalho, amortização e consumíveis estavam estimados em US$50 por quarto. A gerência queria que uma penalidade, razoavelmente grande por recusar uma reserva confirmada, fosse criada no modelo de simulação, porque era costume do hotel confiar nos seus clientes fixos. Sem tal penalidade, o modelo iria gerar *overbooking* em antecipação de cancelamento e *no-shows* sem se preocupar com os custos intangíveis dos hóspedes *walk-in*. Na essência, incorporar uma penalidade em dólares para os cancelamentos criaria publicidade ruim e perda potencial de negócios que poderia resultar na recusa de uma reserva confirmada. Enquanto a escolha de uma penalidade apropriada deve ser o resultado de uma avaliação subjetiva, gerentes nas áreas de reservas e recepção concordaram que US$200 era um valor realista.

Hóspedes *walk-in* geralmente preenchiam alguns quartos deixados vagos por partidas inesperadas, cancelamentos de última hora e *no-shows*. A gerência do hotel preferia manter quartos vazios a ter *overbooking* e se arriscar a dispensar hóspedes com reservas confirmadas.

Um olhar superficial nos dados de reserva do hotel em um período de quatro meses em 1987-1988 mostrou um grande volume de reservas para o mesmo dia, variando de 10 a 20% o número de quartos disponíveis. *Walk-ins* respondiam por outros 2 a 5% do tráfego. Mais perturbador era uma avalanche de cancelamentos tardios, com 20% de reservas antecipadas sendo canceladas no mesmo dia da chegada. Outros 10% de reservas antecipadas eram *no-shows*. Então, a combinação de reservas para o mesmo dia e *walk ins* não poderia equilibrar a perda de reservas devido aos cancelamentos do mesmo dia e *no-shows*, mesmo se os *no-shows* fossem de apartamentos que pudessem ser utilizados para os *walk-ins*.

Tal volatilidade no processo de reserva e cancelamento, juntamente com uma política de não dispensar hóspedes com reservas confirmadas, pode causar problemas com a margem de lucro. Se o St. Ignatius tem potencial para ocupação completa em 150 dias por ano, cada quarto que permanece vazio por estes 150 dias representa uma perda de US$18.750, baseado na diária média de US$125. Claramente, o gerente precisa desenvolver um modelo para minimizar esse custo sem sacrificar o nível de serviço que o hotel deseja estender aos seus hóspedes.

DESENVOLVENDO O MODELO

O primeiro passo na simulação é construir um modelo realista pela inclusão de todos os componentes relevantes. Depois, usando dados históricos de um hotel específico, são calculadas as distribuições de probabilidade e o modelo é exercitado através da simulação. Se o modelo inicial produz resultados promissores, um modelo mais detalhado pode ser formulado usando distribuições de probabilidades estatísticas válidas.

Ao desenvolver o modelo do hotel St. Ignatius, todas as distribuições foram tidas como normais, com média e desvio-padrão fornecido pelos dados históricos do hotel.[1] Após o teste inicial, o modelo foi aperfeiçoado para a forma apresentada no Quadro 1. Os dados dos últimos quatro meses de 1987 e os primeiros quatro meses de 1988 foram coletados para a simulação.

Os passos específicos para a simulação foram: (1) Iniciar o modelo fixando a taxa de ocupação do dia anterior. O padrão para o modelo do Hotel St. Ignatius era 371, o número total de quartos disponíveis. (2) Repetir a simulação para um número específico de dias à frente (o modelo usado pelo St. Ignatius foi o de 30 dias). Dada a ocupação do dia anterior, o modelo gerado antecipou partidas, *early check outs* e *stayovers*. (3) O modelo gerou chegadas antecipadas, cancelamentos no dia da chegada e *no-shows*. (4) Se houvesse quartos disponíveis, o modelo geraria o número estimado de *walk-ins*. (5) Dos dados acima, simulados da distribuição de probabilidade e das interações de vários componentes do sistema de reservas, foi obtida uma ocupação esperada. Este valor entrou como ocupação do dia anterior na próxima simulação. (6) O passo final foi calcular lucros ou perdas.

Uma vez que os modelos prolongam-se por mais tempo, o efeito de cada dia de simulação é carregado para a frente para projetar qual ocupação pode ser esperada nas datas subseqüentes. Enquanto mais dados são recebidos, a simulação pode ocorrer novamente com os componentes alterados.

APERFEIÇOANDO O MODELO

No modelo desenvolvido para o St. Ignatius, o lucro foi calculado usando-se as equações mostradas no Quadro 1. A primeira equação determina lucro quando o número total de reservas é menor que 371 (total de quartos disponíveis), e a segunda, quando o número de reservas é maior que 371 e a situação de *overbooking* ocorre.

A gerência deduziu que o custo da penalidade de US$200 × o número de quartos vendidos a mais seria suficientemente dura para reduzir o *overbooking* excessivo em uma simulação modelo. Os testes indicaram que este não era o caso, uma vez que ocorreram exemplos ocasionais de 100 quartos *overbooked* quando a simulação estava acontecendo.

Antecipando uma revolta que os funcionários da recepção enfrentariam com os hóspedes dos 100 quartos com *overbooking*, a gerência sugeriu uma penalidade mais severa – especificamente o número de quartos *overbooked* aumentaria à potência de 1,5 e então multiplicaria por US$ 200. Por exemplo, se o modelo *overbooked* um quarto, a penalidade seria de 1,5 multiplicado por US$ 200, uma penalidade modesta de US$ 300. Mas se o modelo *overbooked* dois quartos, a penalidade aumentaria para US$ 600 (US$ 200 multiplicado por 2 para a potência de 1,5, ou 3), e três *overbookings*, então custaria substancialmente mais do que o anterior, e o custo da penalidade de oito *overbookings* (não em 8 × US$ 200 mas 32 × US$ 300) faria o modelo "pensar duas vezes" sobre o *overbooking* para compensar possíveis cancelamentos e *no-shows*. Esta mudança foi incorporada no modelo aperfeiçoado e está refletida na segunda equação.

USANDO O MODELO

Nós fizemos a simulação por 30 tentativas de 30 dias cada. A média do lucro foi calculada para cada tentativa e depois calculada a média sobre as 30 tentativas. No primeiro jogo de 30 dias, os cálculos do juro foram feitos usando-se a política de pré-simulação no St. Ignatius, que não permitiu *overbooking*. O número máximo de quartos ocupados não excederia 371. Neste caso, a média de lucro diária foi de US$ 14.352.

Depois, o modelo foi alterado para permitir o *overbooking* mas não a dispensa de hóspedes, e nós fizemos repetidas simulações para determinar o nível máximo de reservas que poderia ser alcançado sem dispensar nenhum hóspede. Uma política de *overbooking* por nove quartos (para 380) alcançou o objetivo de não dispensar nenhum hóspede enquanto aumentava a média diária de lucro para US$ 14.453 dólares.

A simulação final permitiu tanto o overbooking quanto a dispensa de hóspedes e foi feita para determinar a média máxima de lucro diário que o hotel poderia ter, considerando o custo da penalidade por dispensar hóspedes. Esta simulação não levou em consideração a preferência da gerência de não dispensar hóspedes mas simplesmente determinou o número máximo de quartos que o gerenciamento poderia arriscar ao *overbooking* antes da penalidade por dispensar os hóspedes começar a ter um efeito adverso no lucro. O nível de otimização de reservas para esta política foi determinado para ser 386 quar-

QUADRO 1
Diagrama Modelo de Fluxo de Reservas em Hotéis

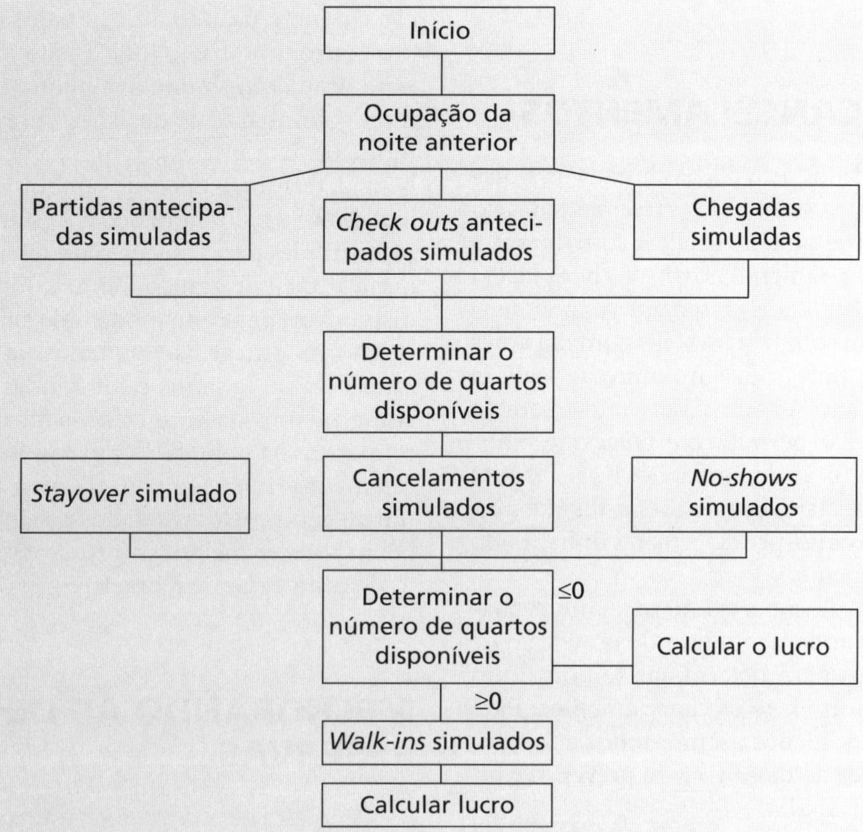

Este modelo baseia-se no modelo de simulação mostrado em: Carolyn U. Lambert e Joseph M. Lambert, "Setting Reservation Policies: A Microcomputer-Based Simulation", *Hospitality Education and Research Journal*, 12, Nº 2 (1988), pp. 403-409.

Modelo do St. Ignatius

$$\text{Lucro} = (R \times \text{US\$ } 125) - \text{US\$ } 18.550 \text{ quando } R < 371$$

$$\text{Lucro} = \text{US\$ } 27.825 - (R - 371)^{1,5} \times \text{US\$ } 200 \text{ quando } R >= 371$$

A função do lucro é gerada de uma diária de quarto de US$ 125, com US$ 18.550 representando custos fixos (371 x US$ 50, os custos fixos por quarto estimados pela gerência). R representa o número de reservas de quartos.

A primeira equação, implementada quando o número de reservas é menor que o número de quartos no St. Ignatius, é uma fórmula simples de lucro deduzindo custos fixos dos lucros dos quartos.

Na segunda equação, o lucro inicial de US$ 27.825 é determinado pela subtração dos custos fixos de US$ 18.550 do lucro dos quartos com ocupação total (371 quartos x US$125). Este lucro é então reduzido pela penalidade de *overbooking*, que é determinada pelo aumento no número de quartos vendidos a mais para 1,5 e multiplicando o resultado por US$ 200.

tos, ou 15 quartos *overbooked*. A média de lucro diária de todas as tentativas foi de US$ 14.474. As grandes variações nas médias aconteceram entre as simulações por causa do grande desvio-padrão; nenhuma mudança foi feita nas estratégias de marketing. Apesar desta simulação permitir a dispensa, a penalidade minimizou a freqüência. Um hóspede foi dispensado em somente 19 dos 900 dias, uma média de 2%.

É claro, pelo modelo de simulação, que a política de gerenciamento de não *overbooking* do St. Ignatius é bastante conservadora. O hotel pode manter a política de não dispensar e aumentar o lucro anual por US$ 101 por dia, ou US$ 36.865 por ano. Comparando esta política com os resultados da maximização do lucro, o "custo" de uma política severa de *overbook* é de US$ 44.530, a diferença anual entre uma média diária de lucro de US$ 14.474 e US$ 14.352. Enquanto o lucro adicional neste caso é nominal, o resultado foi significante no modelo de desenvolvimento.

PREVENDO CANCELAMENTOS

Analisando os dados pelo dia da chegada foi notado um fenômeno interessante: (1) as reservas feitas no dia da chegada eram altamente voláteis, com uma alta taxa de reserva e cancelamento no dia da chegada. (2) Um nível alto de volatilidade – reservas e cancelamentos – também existiu com reservas feitas um dia antes da chegada. Houve tráfego insignificante de *walk-in* para preencher os cancelamentos. Entretanto, como a política de reservas não permitia o *overbooking*, o hotel foi colocado na posição de confiar nos *walk-ins* para preencher os quartos vazios devido aos *no-shows* e cancelamentos quando os hóspedes regulares tinham sido recusados anteriormente.

Por causa destas descobertas, nós decidimos analisar os dados de cancelamento usando o método de mínimos quadrados para determinar se houve um relacionamento linear entre os cancelamentos. Para fazer esta determinação, nós usamos todos os cancelamentos feitos antes do dia-alvo para prever os cancelamentos no referido dia.

Um fraco coeficiente de correlação de $r = 0,70$ foi obtido da análise. A equação de regressão resultante é: o número de cancelamentos do dia-alvo = 7,8 + [0,766 × (o número de cancelamentos antecipados)]. Apesar da correlação dos dados iniciais não ser forte, os dados adicionais podem melhorar o relacionamento e permitir uma previsão mais confiável nos cancelamentos de última hora.

PRÓXIMOS PASSOS

O modelo de processo inicial requereu menos de 40 horas de programação e mais ou menos oito horas de coleta de dados. O modelo de simulação se torna mais útil quando mais dados são incorporados, então nós sugerimos algumas técnicas que ajudariam o gerenciamento de teste do hotel na melhoria de sua habilidade de conseguir os dados necessários.

Os resultados desta investigação indicaram que o gerenciamento do St. Ignatius poderia melhorar sua ocupação e seu lucro aceitando mais reservas do que o mesmo atualmente faz. Mesmo se a gerência decidisse manter seu modelo conservador de dispensar hóspedes, ele melhoraria substancialmente a ocupação e o lucro usando os resultados da simulação.

O próximo passo lógico para o St. Ignatius é fazer a simulação simultaneamente com o sistema manual e comparar as decisões feitas usando os dois modelos. Durante este tempo, a gerência pode também determinar aperfeiçoamentos para conseguir, localizar e adicionar dados necessários. As modificações simples para o sistema de reservas existente poderia aumentar grandemente a qualidade dos dados disponíveis para este modelo de simulação.

Ao modificar os resultados da simulação, a gerência do St. Ignatius pode mudar ou modificar os componentes da simulação para ver os efeitos das mudanças na política. Por exemplo, a análise de cancelamentos por segmento de mercado pode não somente gerar melhores dados de simulação mas também fornecer melhor informação para planejamento de estratégias de marketing.

MELHORANDO AS DECISÕES DE RESERVAS

A política ideal de reservas é aquela que maximiza o lucro, dada uma série de condições. Aparentemente, esta meta é clara. Na prática, entretanto, muitas variáveis influenciam as decisões de reserva. Desenvolver uma política por tentativa e erro não é mais suficiente no ambiente competitivo do mercado atual, e livros com fórmulas, modelos desenvolvidos para outras indústrias e análise de distribuição podem não ser suficientes para responder pela atividade dinâmica que caracteriza a função das reservas. O modelo de simulação é um meio relativamente barato de melhorar a decisão do gerenciamento na área vital de política de reservas.

O uso do modelo de simulação compele o gerenciamento a definir e formular o problema e articular tais variáveis como o custo de dispensar um hóspede. A simulação requer que o gerenciamento obtenha dados relevantes, encontre uma solução e teste a solução. Este tipo de análise profunda ajuda os gerentes a entenderem a complexidade do problema das reservas. O modelo de simulação então torna-se uma importante ferramenta estratégica, permitindo aos gerentes testarem o impacto de mudança de políticas sem na verdade implementá-las até que apareça a melhor solução para seu hotel.

4. Descontos no Setor Hoteleiro: uma Nova Abordagem

Richard D. Hanks
Robert G. Cross
R. Paul Noland

Três executivos ocupados se aproximam da recepção, fazem o *check in*, recebem suas chaves e se dirigem ao elevador. Enquanto estão subindo para seus quartos, o assunto do valor das diárias vem à tona. Roy está pagando US$20 mais que Jeanne, enquanto Jennifer está pagando US$18 mais que Roy. Mesmo assim todos têm basicamente o mesmo tipo de apartamento.

Aqueles familiarizados com o *yield management* já descobriram que o sistema está funcionando aqui. Esses três hóspedes – todos ficando em quartos similares – receberam três tipos de tarifas. Você poderia estar pensando que estas tarifas são baseadas na diferença de necessidade e boa vontade para pagar. Você também poderia concluir que alguma coisa diferencia esses hóspedes, algo como flexibilidade nas datas de chegada ou diferença em quando eles fizeram suas reservas.

Suas conclusões estariam erradas. Esses três hóspedes fizeram as reservas no mesmo dia através da mesma fonte.

O que diferencia esses hóspedes não tem nada a ver com a oferta e a procura, suas necessidades ou boa vontade para pagar. A diferença está somente na habilidade de "trabalhar com o sistema", a boa vontade de negociar com os funcionários do hotel e a habilidade deles para reclamar.

A filosofia de desconto do setor hoteleiro tem sido descrita em várias publicações como sendo similar às negociações dos mercados de pulgas ou do mercado de carros usados. Essa comparação pode ser dura, mas não está longe da realidade. Nesse artigo nós explicaremos como a Marriott Corporation aplicou uma abordagem mais racional para os descontos, com requisitos para compras adiantadas.

ATUAL PRÁTICA DO SETOR

Você poderia esperar que o setor da hospitalidade aplicasse regras estruturadas e lógicas para descontos.[2] Esse não é geralmente o caso. Mesmo dentro de cadeias hoteleiras, não há, freqüentemente, uma metodologia para determinar como as taxas de desconto são oferecidas. A ausência de estrutura se dá em parte pela mentalidade há muito tempo existente "cabeças nas camas" do setor. Para parafrasear um gerente geral, "Se eu tenho um corpo quente com dinheiro na minha frente e lençóis frios no quarto, eu quero fazer negócio. Contanto que este cliente esteja com vontade de pagar mais do que meu custo variável para limpar aquele quarto, eu vou fazer dinheiro". Esta atitude pode ter senso econômico, mas o cliente a vê como uma sessão de pechincha sobre as diárias. O que vamos relatar é uma ligação verdadeira que aconteceu nos escritórios de reserva de um hotel independente no sudoeste dos EUA.

Cliente: Eu gostaria de fazer uma reserva para a próxima terça-feira.

Agente: Nossa diária *single* é de US$189.

Cliente: Você tem alguma coisa mais barata?

Agente: Nossa tarifa para empresa é de US$159. Para qual empresa você trabalha?

Cliente: Bem, eu estava esperando por alguma coisa mais barata.

Agente: Deixe-me checar. Oh, sim. Nós temos uma tarifa super especial de US$129.

Cliente: Você tem alguma coisa abaixo de US$100?

Agente: Bem, nós temos poucos quartos disponíveis no valor de US$99.

Cliente: Eu vou ficar com este.

Dos pontos de vista do cliente e do hotel, nós acreditamos que a abordagem é uma maneira otimizada de chegar a uma tarifa apropriada para o cliente pagar.

POR QUE O DESCONTO?

Muitas variáveis afetam a decisão de compra de um quarto. O preço é somente uma das variáveis. Em um mundo ideal, o preço ficaria no banco de trás do valor do produto e os valores agregados na maioria dos negócios. Por exemplo, no Marriott, um dos compromissos corporativos é o de oferecer serviço excepcional ao cliente. Ninguém quer desconto, mas os hotéis *estão* dando desconto. Entretanto, os hotéis precisam dar desconto para satisfazer a maior quantidade de hóspedes possível e maximizar os lucros com a demanda existente. Para piorar as coisas, o atual ambiente econômico e níveis de oferta estão fazendo com que os hotéis ofereçam mais descontos que no passado.

Desesperados para aumentar o lucro dos quartos, o gerentes gerais fazem surgir quartos com desconto disponíveis. Ao vender um quarto com desconto, o hotel tenta implementar o lucro de hóspedes sensíveis com preço.

ATRIBUIÇÃO DE PREÇOS POR *YIELD MANAGEMENT*

O conceito de controlar inventários de descontos se envolveu com o gerenciamento *yield*, que ganhou força quando as companhias aéreas começaram a usá-lo e agora está sendo oferecido em outros setores.[3] As condições ideais para implementar o gerenciamento *yield* incluem:

1. Custos variáveis baixos.
2. Custos fixos altos.
3. Estoques perecíveis.
4. Padrão variável de demanda.
5. Habilidade de prever a demanda futura.
6. Habilidade de segmentar clientes de acordo com suas necessidades, comportamento e disposição para pagamento.

Enquanto a maioria dessas condições é direta, a última – segmentando clientes - se caracteriza sendo tanto a mais difícil para atingir como a mais importante. Para maximizar lucros, a maioria dos hotéis precisa separar os clientes e cobrar dos mesmo diferentes tarifas baseadas nos seus comportamentos e necessidades diferentes. É essencial manter os clientes segmentados. Ou seja, os hotéis não somente precisam segmentar os clientes mas também precisam, de alguma maneira, evitar que os clientes migrem de uma categoria de preço para outra.

Uma curva de demanda teórica pode ser desenhada para cada produto e serviço, mostrando a relação entre preço e volume. Se somente um preço fosse oferecido, nós estabeleceríamos aquele preço de maneira que maximiza o lucro. Entretanto, a abordagem de um preço para um produto perecível como quartos de hotel deixa uma quantidade substancial de lucros não realizada (ver Gráfico 1).

Segmentação de Preço

Uma abordagem mais racional é mostrada no Gráfico 2, no qual clientes diferentes recebem preços diferentes, aumentando a receita, e satisfazendo mais clientes. Este conceito é o alicerce dos preços em muitas indústrias, incluindo companhias aéreas, serviços de telefonia de longa distância e cinemas. A chave para o conceito é ter uma estratégia de segmentação significativa (por exemplo, tarifas de te-

GRÁFICO 1
***Expectativas de Lucro Quando se Oferece uma Tarifa* Single**

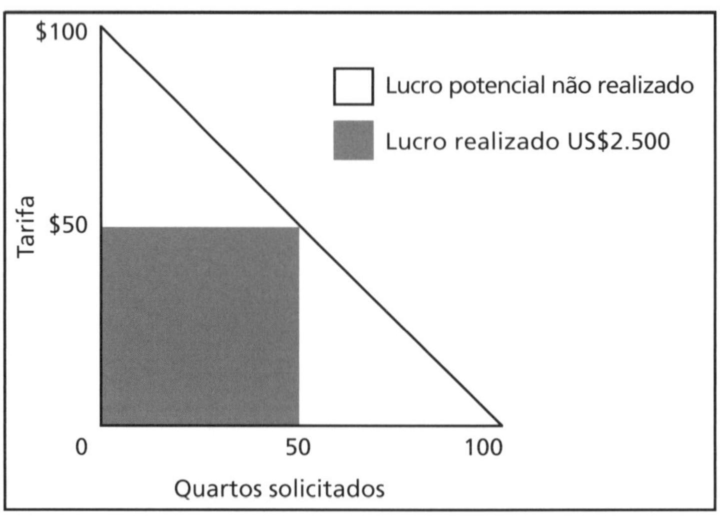

lefone para empresas *versus* desconto de finais de semana) que diferencia clientes que estão dispostos e capazes a pagar preços maiores daqueles que estão dispostos a trocar seu comportamento em troca de um preço mais baixo.

O mercado para quartos de hotel é tudo menos, homogêneo. Os hóspedes de hotéis têm uma grande variedade de necessidades. Mas a maioria dos hoteleiros estão bem cientes que o mercado de hóspedes esporádicos (que não pertencem a um determinado segmento de mercado) podem se dividir em dois componentes grandes – isto é, viajantes de negócios e viajantes a lazer (veja Quadro 1). Dentro destas duas categorias estão hóspedes com os mais variados objetivos, mas, novamente, os hóspedes podem ser agrupados de acordo com suas características de consumo (uma comparação de traços característicos de consumo é mostrada no Quadro 1). Qualquer decisão de compra do hóspede será feita sobre circunstâncias particulares de tempo, lugar e motivo da viagem. Por exemplo, uma pessoa em férias com destino a um *resort* pode estar orientada pelo prestígio e qualidade, mas pode ser flexível sobre o destino e a ocasião da viagem. Justamente por isso, o viajante de negócios pode ter que estar em um lugar particular em um período específico, mas pode ser flexível sobre a exata localização do hotel.

Aproveitando essas características, as recentes estratégias de marketing hoteleiro tentam expandir os segmentos de mercado com preços elásticos (viajantes a lazer) através de tarifas inovadoras e pacotes, enquanto protegem os lucros de negócios com preços não-elásticos de reduções ou alterações tarifárias.

Esta abordagem resultou em esforços para segmentar os mercados com base na necessidade do público-alvo. Até recentemente, esses esforços estavam apontados para grupos claramente identificáveis (por exemplo, funcionários do governo). Tais programas, baseados no *status* individual, têm sido largamente implantados e aceitos.

Em contrapartida, as práticas de segmentação que empregam restrições baseadas nas características de reservas do hóspede (por exemplo, compra antecipada), mais que status ou o fato de ser membro de um grupo, tem causado controvérsia. A estratégia de combinar tarifas diferentes a diferentes comportamentos de compra não é nova. As companhias aéreas melhoraram a prática com seus trechos não-reembolsáveis, compra antecipada, reservas para os finais de semana. Os cinemas usam o horário do dia e a idade da pessoa para segmentar seus clientes.

GRÁFICO 2
Expectativas de Lucro Quando se Oferecem Tarifas Múltiplas de Quartos

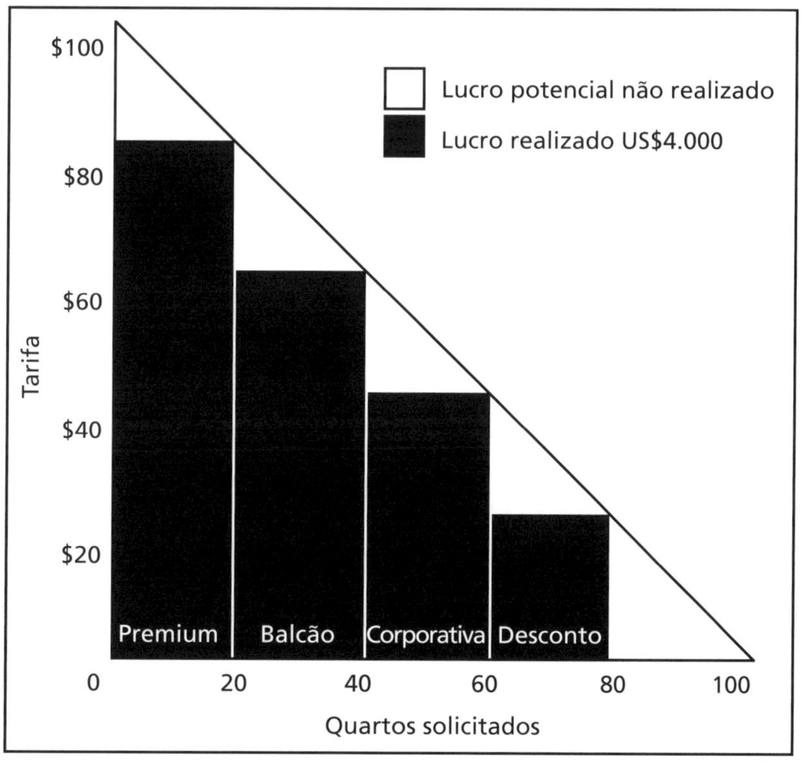

QUADRO 1
Segmentos de Mercado Comparados

Viajantes a Lazer	Viajantes a Negócios
• Capazes de assumir compromisso antecipado	• Má vontade em se comprometer antecipadamente
• Aceitam níveis de qualidade variáveis	• Desejam alta qualidade
• Destinos flexíveis	• Destino inflexível
• Localizações flexíveis	• Localização inflexível
• Prestígio indiferente	• Conscientes de prestígio
• Preço elástico	• Preço não elástico
• Permanência de longa duração	• Permanência de curta duração

As tarifas das companhias telefônicas baseadas na hora do dia e dia da semana foram colocadas em prática há muitos anos.

O PROBLEMA DA NEGOCIAÇÃO

O que as companhias aéreas, telefônicas e os teatros não fazem é negociar tarifas individualmente com seus clientes. As regras para serviços de telefones são claramente estruturadas e lógicas. Para muitos hotéis, o procedimento parece ser o de cotar a tarifa mais alta e permitir que o cliente a diminua. Essa estratégia tem dois resultados possíveis. Primeiro, os hotéis têm notado maior erosão no índice de *room-nights* com tarifas balcão e tarifas corporativas nos últimos anos, enquanto o número de vendas com desconto aumentou substancialmente. O presidente da Hilton, Carl Mottek, por exemplo, relatou um declínio nas vendas em tarifa balcão para somente 15% do total em 1991, dos 55% que a companhia teve nos anos anteriores.

O segundo resultado é mais difícil de documentar. Percebe-se falta de integridade nas interações dos hotéis com seus clientes. No caso da conversação telefônica que nós mencionamos, o cliente recebeu quatro tipos de tarifas. Clientes que pagam determinada tarifa para um quarto e mais tarde percebem que eles poderiam ter negociado a uma tarifa mais baixa podem ter uma má impressão do hotel. O que emerge é uma figura da hotelaria como um negócio de carros usados.

Entretanto, os clientes estão se tornando mais conscientes da intenção do hotel em diminuir as tarifas. Artigos com títulos como "como conseguir tarifas baratas em bons hotéis" são comuns na imprensa popular.[4] Poucas das estratégias apresentadas em tais artigos têm qualquer coisa a ver com a segmentação racional de mercado.

UMA ABORDAGEM ESTRATÉGICA PARA ESTABELECER AS TARIFAS

Como os clientes se tornam mais sofisticados ao manipular o atual sistema de preços, os hotéis provavelmente serão forçados a modificar sua estrutura de preços. Mais do que permitir que esta modificação aconteça aleatoriamente, nós temos testado uma abordagem estratégica para as diárias de apartamentos. O Quadro 2 compara três possíveis estratégias futuras de preço. Nós discutiremos os aspectos positivos e negativos de cada uma. Não há dúvida de que diferentes cadeias de hotéis e propriedades independentes escolherão opções diferentes. Devido à fragmentação do setor hoteleiro, é improvável que nós tenhamos um tipo uniforme de estrutura de preços encontrado em outros setores.

Antes de começarmos nossa comparação das três estratégias, deveríamos dizer que há a quarta abordagem: a *status quo*. Esta abordagem não é particularmente uma estratégia. Com base na situação atual das empresas, nós não acreditamos na sua viabilidade.

Tarifa Única

A primeira abordagem é oferecer uma tarifa única para todos os apartamentos disponíveis (exceto grupos e tarifas por contrato). A tarifa pode mudar de acordo com a estação do ano ou o dia da semana. A abordagem é simples para administrar

QUADRO 2
Opções Comparadas de Preços de Acomodação

Uma Tarifa para Todos os Quartos	Tarifas Estabelecidas por Tipo de Quarto	Tarifas com Descontos Escalonados
Prós • Fácil para administrar • Fácil para explicar	**Prós** • Alcança grandes lucros • Fácil de explicar	**Prós** • Racional para cada tarifa • Fácil para explicar • Próxima do lucro máximo
Contras • Não pode suprir a demanda diária • Não supre a sensibilidade de preço do cliente • Não maximiza os lucros	**Contras** • Disponibilidade limitada do produto • Não funciona com hotéis com um tipo uniforme de quartos • Desafio operacional	**Contras** • Requer reservas sofisticadas e sistemas de *Yield management* • Desafio operacional

e fácil de explicar para os clientes. Sistemas de gerenciamento sofisticados não seriam necessários. A estratégia de um preço, entretanto, é falha em responder a altos e baixos de demanda e não responde à habilidade do cliente ou sua intenção de compra. Alguns hóspedes estarão pagando menos do que estariam dispostos a pagar, enquanto outros acharão a tarifa muito alta e irão para outro lugar, possivelmente deixando o hotel com apartamentos que poderiam ter sido usados, caso fosse utilizada uma outra estratégia.

Tarifas por Tipo de Apartamento

Uma segunda abordagem é estabelecer tarifas de acordo com as características diferentes dos apartamentos (por exemplo, tamanho, vista e andar). Esta abordagem é usada em muitos hotéis atualmente. É fácil explicar para os clientes porque há uma diferença perceptível nos quartos oferecidos a tarifas diferentes. Ela é melhor que a abordagem de uma tarifa única por permitir ao hotel oferecer tarifas diferentes no mesmo dia, obtendo maior lucro. Mas estabelecer tarifas por tipo de apartamento também tem várias desvantagens. Isto não funcionaria para um hotel com somente um tipo de apartamento. Mesmo se o hotel tem diferentes tipos de apartamentos, ele estaria limitado pela sua disponibilidade física de quartos com tarifas mais altas que poderia vender, fazendo com que o lucro potencial seja limitado por níveis de produtos e não fluxo de demanda. Esta abordagem de segmentação não funcionará em mercados onde os clientes não pagam por categorias diferentes, e é difícil, operacionalmente, para a recepção e os agentes de reservas.

BOAS "GRADES" TRAZEM BONS LUCROS

A terceira abordagem é a de desenvolver "grades" – regras racionais e lógicas ou restrições que são designadas para permitir aos clientes se segmentarem em categorias de tarifas apropriadas, baseadas em suas necessidades, comportamento ou intenção de compra. Tais grades consideram reservas antecipadas e compras não reembolsáveis. Estas políticas permitem, por exemplo, que clientes mais sensíveis a preços tenham uma tarifa mais baixa em troca de flexibilidade reduzida. Por outro lado, os clientes de tarifas tradicionais podem ter seu apartamento quando quiserem. O aspecto importante das grades é que elas permitem ao hotel vender quartos com desconto para um segmento de clientes sem permitir que os clientes com tarifas mais altas migrem de uma classe para outra.

As grades tarifárias são fáceis de explicar para os clientes, e toda tarifa é racional. Usando um sistema de grade tarifária, os hotéis podem usar o *yield management* para 100% de sua oferta, atribuindo descontos quando a demanda é fraca e reduzindo os descontos durante grandes períodos de demanda.

O aspecto negativo das grades tarifárias é que elas são mais difíceis de gerenciar do que as abordagens anteriores. As grades tarifárias requerem sistemas de reservas sofisticados e *yield management*. Entretanto o hotel deve ter tarifas regulares que estejam corretamente posicionadas para o mercado.

Ao introduzir grades tarifárias e outras restrições, o hotel pode penetrar nos mercados pretendidos o mais profundamente possível, sem permitir que o segmento de mercado que paga as tarifas mais altas migre para tarifas mais baixas. O requisito das companhias aéreas para pernoite no sábado é um exemplo excelente de grade tarifária que separa turistas (que geralmente estão disponíveis para o pernoite) dos viajantes de negócios (que geralmente não querem ficar em um lugar quando o negócio está concluído).

As grades devem combinar com o controle de disponibilidade para maximizar os lucros. Esse requisito vai além do *yield management* praticado por muitos hotéis atualmente. Enquanto este gerenciamento é eficiente em vender apartamentos com altas tarifas durante períodos de grande demanda, ele tem efeito limitado em prevenir que um hóspede, que geralmente paga uma tarifa mais baixa, mude de classe tarifária durante períodos de demanda mais fraca, quando as taxas de descontos estão abertas. Entretanto, o controle de disponibilidade do *yield management* precisa ser combinado com o controle de segmentação da grade tarifária para maximizar os lucros.

Um estudo de gerenciamento de companhia aérea mostrou por que tanto o controle de disponibilidade quanto as restrições de tarifas são obrigatórios para um programa eficiente de *yield management* (Bennett 1984). Quando os passageiros que pagam tarifas cheias foram perguntados por que não tentaram desconto, 38% responderam que não havia tarifa com desconto disponível, e 42% disseram que eles não se enquadravam nas restrições. Somente uma pequena porcentagem disse que eles não teriam negociado o preço sem os controles existentes.

TESTES DO MARRIOTT

No final de 1990, a Marriott começou a testar grades tarifárias nos EUA e em parte da Europa. A companhia examinou muitos tipos de grades que dividiriam os clientes em segmentos (ver Tabela 1). Para seus testes, a Marriott escolheu oferecer grades com três tarifas alternativas: compra antecipada, sem reembolso e sem alterações.

Teste Um

O primeiro teste foi uma promoção para as férias de dezembro de 1990. 179 hotéis Marriott ofereceram uma tarifa, no período, de US$49, que tinha como requisitos a compra antecipada em até 14 dias, sem reembolso. Mais de 54.000 quartos foram vendidos durante este período de tradicional baixa ocupação – uma ocupação 70% maior que a esperada. Dos clientes que utilizaram as acomodações de compra antecipada, 11% disseram que não teriam feito a viagem sem o incentivo das tarifas de descontos.

Teste Dois

O teste seguinte foi uma promoção de verão em 1991, que ofereceu tarifas com descontos de até 60%, com requisitos de compra antecipada de 14 a 21 dias.

TABELA 1
Grades Tarifárias Testadas ou Consideradas

Tipo de Regra	Antecedência Mínima (dias)	Reembolso	Mudanças Permitidas	Restrição de Permanência
• Pagamento antecipado	• 3	• Nenhum	• Nenhuma	• Dia da semana
• Reserva antecipada	• 7	• Porcentagem do total	• Pode mudar a data da reserva, mas não o número de diárias	• Final de semana
	• 14	• Valor fixo definido	• Ilimitada, mas sem reembolso	
	• 21	• Valor total	• Ilimitada	
	• 30			

A Marriott queria ver como os clientes reagiriam às restrições durante os meses de férias de verão. Os clientes votaram afirmativamente, com seus cartões de créditos. Quase 250 mil apartamentos foram vendidos, duas vezes mais do que foi originalmente projetado. Dois terços das vendas neste programa representaram acréscimos nos negócios.

Teste Três

Durante os períodos de 22 de novembro a 2 de dezembro de 1991, e de 13 de dezembro de 1991 a 5 de janeiro de 1992, a Marriott novamente adotou a promoção de compras antecipadas, oferecendo tarifas de US$49, US$59 e US$69 em compras com 14 dias de antecedência. Embora os resultados finais não estivessem disponíveis na época da impressão deste livro, os resultados iniciais eram promissores.

Teste Quatro

Nos meses de inverno de 1992, a Marriott novamente testará um programa com requisitos de compra antecipada em 14 e 21 dias. O objetivo da empresa com este teste é avaliar as reações dos clientes durante um período de viagem mais orientado para negócios que o verão ou as férias. Além disso, 24 hotéis tentarão tarifas com grades diferentes daquelas do programa principal, tais como vários requisitos de compra antecipada, reservas antecipadas e reembolso parcial.

REAÇÃO DO SETOR

A reação do setor aos testes da Marriott foi diferente e variava do aspecto positivo ao negativo. Muitas empresas disseram que os testes não respondem às necessidades dos clientes, enquanto outras começaram a testar seus próprios programas de grades tarifárias.[5] Talvez o comentário mais interessante tenha aparecido no jornal *USA Today*, onde o correspondente Doug Carroll (1991) escreveu: "os hotéis também precisam de sistemas de computadores sofisticados para gerenciar suas vendas e não vender muitos apartamentos a um preço muito baixo". Carroll (1991) citou Robert McGrail, vice-presidente executivo do *Hospitality Franchise Systems*, que franquia Howard Johnson e Ramada: "Muitas empresas não podem usar o sistema". Claramente, a habilidade do sistema de reservas do hotel para lidar com grades tarifárias influenciará a decisão da gerência em oferecê-las.

Reação do Cliente

Os programas de teste que caracterizam áreas sem reembolso não causaram as reclamações que muitos no setor acreditavam que aconteceriam. Na verdade, ao implementar um conjunto de regras racionais e estruturais que definem as tarifas de desconto, a Marriott está tornando mais fácil para que os clientes entendam o processo de compra de um apartamento. A pesquisa de mercado feita após os primeiros dois testes descobriu que dois terços dos entrevistados acharam que restrições às compras antecipadas eram razoáveis ou justas. Daqueles que optaram pela compra antecipada, 87% disseram que eles provavelmente usariam a oferta novamente. A pesquisa também descobriu que 87% dos viajantes, usando o programa de compra antecipada, eram turistas de lazer.

Baseado nos testes iniciais e na pesquisa de mercado, a Marriott acredita que a grade tarifária é a direção certa para pelo menos uma parcela de suas tarifas com descontos. As grades tarifárias serviram ao seu propósito, como segue: (1) elas separaram viajantes de negócios de turistas de lazer; (2) elas eram facilmente compreendidas e aceitas; (3) elas engordaram o mercado ao atrair clientes que de outra maneira não teriam ficado em um Marriott, ou, em alguns casos, não teriam nem viajado.

QUESTÕES SOBRE A GRADE

A idéia de grades tarifárias levanta questões a respeito de ética, dificuldade na administração, reações de viajantes de negócios e reclamações de clientes quanto à falta de reembolso. Nesta seção nós discutiremos estas questões.

Ética

Você pode perguntar: é ético e justo cobrar de hóspedes diferentes tarifas com base nas suas características de reservas ou intenção de compra? Muitos hoteleiros se sentem desconfortáveis com a idéia de cobrar hóspedes diferentes com preços diferentes em razão destes fatores. A questão gira em torno de estabelecer expectativas e educar os clientes. Ao segmentar o mercado, os hotéis criaram produtos diferentes com preços diferentes. Mesmo se os atributos físicos fossem os mesmos, o último quarto na casa vendido na noite da chegada não é o mesmo produto que o reservado com o hotel ocupado pela metade trinta dias antes do *check in*.

Através da segmentação de mercado, o hotel é capaz de satisfazer pelo menos dois grupos diferentes. Para o turista, apartamentos com grandes descontos estão disponíveis se forem reservados com antecedência. Para os homens de negócios, as reservas de última hora estão disponíveis por um preço maior.

Os hoteleiros parecem estar confortáveis ao cobrar tarifas diferentes com base no status individual, como mostrado pela abundância de tarifas especiais para diversas organizações como AARP, funcionários do governo e agentes de viagem. As tarifas diferentes geralmente não têm nada a ver com a qualidade de suas acomodações ou custo dos serviços prestados. Elas são baseadas nas expectativas de elasticidade de preço por parte dos clientes. A maioria dos hóspedes, entretanto, tem pouco controle sobre seu status quando faz uma reserva. Nós achamos que é mais justo ter uma estrutura de tarifas baseadas em fatores que o hóspede *pode* controlar (por exemplo, padrões de chegadas e partidas).

Finalmente, tais restrições como tarifas sem reembolso representam uma redução do risco (como *no-shows*), pelo qual o hotel tem boa vontade em compensar o hóspede através de um desconto. Os hotéis têm um custo de oportunidade substancial para quartos que permanecem vagos ou são cancelados. Se o hóspede assume o risco de um quarto vazio ao comprar uma tarifa sem reembolso, o produto é diferente de um quarto que pode ser cancelado. Os hotéis premiam este comportamento com uma tarifa reduzida.

Negócios *versus* Lazer

Alguns hoteleiros podem observar que viajantes de negócios estejam cansados de "subsidiar" os turistas de lazer. Esta percepção parte da observação de que as tarifas de negócios são geralmente mais altas que as dos turistas de lazer. Qualquer tarifa que exceda o baixo custo variável da ocupação de um apartamento contribui para cobrir seus custos fixos. O fato de o hotel ter custos fixos altos, quartos adicionais de qualquer tipo, de quase qualquer tarifa, geralmente ajudam a aumentar a lucratividade. Entretanto, lucro adicional gerado por turistas com desconto ajuda a limitar o aumento da tarifa de apartamentos para os homens de negócio. Na realidade, hóspedes de lazer e negócios se subsidiam uns aos outros.

Administração

Você deve pensar que as tarifas de compras antecipadas são difíceis de administrar. Não há dúvida que controlar a disponibilidade e lembrar o que pode ou não ser vendido por uma tarifa particular é um desafio complexo. Tarifas para pagamento antecipado também requerem funcionários adicionais para processar e cuidar dos depósitos. Enquanto é verdade que as grades tarifárias podem necessitar de recursos adicionais, seu custo é rapidamente coberto por lucros adicionais que podem ser gerados de ofertas com desconto, impedindo a redução de tarifas.

Reclamações de Clientes

O serviço ao cliente é claramente um problema com as grades tarifárias, especialmente quando os clientes não se adaptam às restrições ou mudam seus planos após o pagamento da reserva. Nós acreditamos que os problemas junto aos clientes de grades tarifárias são menos complicados que aqueles que acontecem nos sistemas não estruturados de hoje. Embora as grades tarifárias não sejam fáceis de gerenciar, elas certamente podem ser explicadas ao cliente pelos agentes de vendas e de reservas. Ao contrário do sistema de negociação, o hotel não perde nada ao explicar as regras para os clientes em potencial. A escolha é sempre do cliente, dependendo se eles podem aceitar as restrições. O simples fato de ter uma estrutura de tarifas racional elimina muitas das dúvidas que os clientes de hoje enfrentam.

CONCLUSÃO

Concluindo, a lei da oferta e da procura requer que os hotéis usem preços segmentados para maximizar os lucros e tentar cobrir o grande investimento da propriedade. A maioria dos hotéis agora usa o que eles melhor descrevem como a "abordagem da pechincha" para segmentar os clientes. Isto confunde e aliena os hóspedes que não entendem o sistema. Os clientes que aprenderam a trabalhar com o sistema também são um problema.

Uma maneira racional de segmentar preços é o uso de "grades", regras lógicas e restrições que segmentam os clientes em suas necessidades, comportamento e intenção de compra. Vários testes de tarifas sem reembolso e compras antecipadas provaram ser bem-sucedidas para a Marriott. Testes de outros descontos baseados em regras podem ser eficientes. Ao usar estas técnicas, a Marriott foi capaz de aumentar o lucro enquanto melhorou a integridade do preço e conquistou a confiança do cliente.

A EXPERIÊNCIA DA COMPANHIA AÉREA:
Ou, por que a American Airlines começou tudo isso

Em 1977, a American Airlines instituiu tarifas com grades de descontos com capacidade controlada (Super Savers), que ofereciam 45% de desconto para reservas antecipadas em até 30 dias, com uma estada mínima de sete dias. Estes 'produtos' iniciais e experimentais de tarifas eram limitados ao mercado transcontinental. Eles foram tão bem-sucedidos em gerar lucro adicional, que virtualmente todas as companhias aéreas estavam oferecendo tarifas similares no final de 1978 em praticamente todos os vôos domésticos.

Em 1985, a American introduziu uma tarifa com desconto ainda maior (75% da tarifa cheia), que tinha uma restrição ainda maior – elas não eram reembolsáveis. Estas tarifas também tiveram um impacto positivo na receita da American. Apesar da receita por passageiro/milha da American declinar, o aumento do tráfego resultante das tarifas mais baixas, mais que compensaram a queda, e a receita aumentou em 4,7%.[2]

Aproximadamente 80% de todos os bilhetes de companhia aérea vendidos nos EUA em 1991 estavam sujeitos a algum tipo de restrição. 70% de todos os bilhetes tinham restrição na mudança de itinerário ou cancelamento, e 20% não eram reembolsáveis. Robert W. Coggin, vice-presidente de desenvolvimento de marketing da Delta Airlines, prevê que tais restrições chegaram para ficar. O produto e a diferenciação de preços inerente às restrições permitem que as companhias atraiam uma base maior de consumidores com uma gama maior de variação de produtos com preços diferentes com várias regras e restrições.[3] A experiência do Marriott com a iniciativa de tarifas com restrições indica que um grau similar de sucesso é obtido no setor da hospitalidade.

Como Criar Regras e Restrições Apropriadas

A estrutura de tarifas deveria ser criada com um claro entendimento dos objetivos do segmento de mercado em mente. As tarifas e restrições devem ser estruturadas para que elas tenham o efeito pretendido no público-alvo. Por exemplo, uma tarifa com desconto deve ser boa o bastante para estimular o mercado, mas não tão profunda para diluir excessivamente a tarifa obtida pelo segmento de mercado. Da mesma forma que restrições similares não deveriam ser tão onerosas que impeçam a compra pelo grupo-alvo, elas não podem ser tão soltas que permitam "vazamento" para outros segmentos no programa de tarifa especial.

Uma vez que você conhece as características de reserva de um segmento de mercado, você pode comparar a habilidade de certos segmentos de mercado em superar várias restrições de tarifas com a eficiência da regra em restringir o acesso da tarifa a outros mercados. Em 1982, a Boeing conduziu um estudo para mostrar como este processo poderia funcionar no setor da aviação.[4] A tabela compara as respostas dos viajantes a negócios e a lazer de diferentes níveis de restrições de tarifas. Usando estes resultados como base para análise, descobre-se que, como regra geral, quanto maior a restrição, maior a probabilidade de ganho líquido em receitas geradas e mais baixa a probabilidade de diluição de valor de tráfego mais alto.[5] Este conceito é mostrado no gráfico de acompanhamento de análise, também desenvolvido pela Boeing. – R.G.C.

Efeitos das Restrições nos Preços das Passagens

Regra		Porcentagem de Satisfação do Mercado com as Restrições	
Reservas Antecipadas (Dias)	Mínimo de Dias	Viagens a Lazer (%)	Viagens a Negócios (%)
7	Nenhum	82	53
14	Nenhum	69	27
30	Nenhum	49	11
7	Nenhum	53	11
14	7	46	8
30	7	35	4

Análise do Aumento da Lucratividade (Fator = 54%)

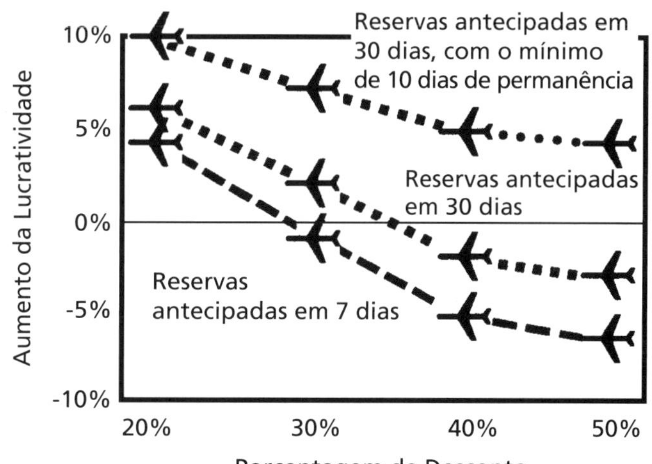

---

[1] Civil Aeronautics Board, Notice of Proposed Relemaking, 44 Fed. Reg. 21818 (1979).

[2] Merrill Lynch, *Quarterly Financial Statistics, Fourth Quarter and Year End* 1985, Maio de 1986.

[3] Robert W. Coggin, tese preparada para a conferência de CEO, Savannah, Geórgia, outubro de 1991.

[4] Boeing Company, *Service Quality/Discount Fare Survey*, abril de 1982, p.20.

[5] Boeing Company, *Boeing Discount Fare Management*, setembro 1979, p. 35

5. Reservas: o Contrato do Hóspede

Jon P. McConnell
Denney G. Rutherford

As reservas são a força vital de qualquer operação de hotel. Seu valor é claro tanto para os hóspedes que sabem que terão um lugar para ficar quanto para os hoteleiros que sabem que terão seus apartamentos vendidos. O processo de reservas é tão comum que os hoteleiros e hóspedes raramente pensam sobre isso – até que aconteça alguma coisa de errado. Neste artigo, nós discutiremos que a reserva, mesmo feita por telefone, é um contrato. Entretanto, um estudo pequeno que nós conduzimos indica que a maioria dos hoteleiros parece reconhecer esse fato.

Imaginem que alguém escreva para um hotel pedindo que ele reserve um apartamento para um certo dia. O hotel responde, concordando em fazer a reserva. Agora digamos que a pessoa chegue na data estabelecida mas não consiga um apartamento. O hotel violou o contrato com o cliente? Esta pessoa pode processá-lo? Digamos que, ao contrário, o hóspede não chegue, deixando o dono do hotel em com um apartamento vazio durante a alta estação. Pode o hotel processar o hóspede?

Parece haver alguma divisão entre as autoridades legais sobre esta questão. John E. H. Sherry, da Cornell University School of Hotel Administration, diz que a reserva não é um contrato ao menos que a mesma seja confirmada – o que significa que o pagamento foi antecipado pelo hóspede ou é garantido por alguém responsável, como uma agência de viagens ou uma companhia de cartão de crédito. Em seu livro sobre lei de hospitalidade, Sherry (1981) afirma: "uma reserva será tratada como um contrato quando houver uma oferta e uma aceitação". Esta é, sem dúvida, uma afirmação da lei, mas então ele acrescenta: "a consideração necessária é dada pela confirmação da reserva pelo hóspede conforme a política do hotel (por exemplo por pagamento ou depósito)".

Sherry parece estar dizendo que consideração, que é um requisito para todo contrato, está presente somente quando uma reserva é de alguma maneira garantida. Nós entendemos isto como uma afirmação incorreta da lei, e a maioria das autoridades aparentemente concorda com nossa posição. A promessa mútua de uma oferta e de uma aceitação é uma consideração adequada para apoiar praticamente qualquer tipo de contrato. A menos que exista alguma razão explícita de que o contrato para reservar um apartamento não é verdadeiro, nós devemos entender que a reserva de um apartamento é um contrato. Se nós nos oferecemos para comprar seu cavalo por US$400 e você concorda em vender por este preço sem maiores acordos, nós temos um contrato. A transferência de fundos não é necessária para fazer a concordância de uma proposta. Da mesma forma, se nós oferecemos um apartamento de US$ 40 e você concorda com esse preço, nós temos um contrato.

A afirmação de Sherry requer comentário posterior. Quando ele diz: "a consideração é dada pela confirmação do hóspede da reserva de acordo com a política do hotel", a afirmação pode ser verdade. Se o hotel *requer* um depósito, antes ele garantirá a reserva, o hotel não aceitou somente uma simples oferta de alugar um apartamento. Ao invés disso, ele fez uma contra-oferta. O hóspede pode aceitar o novo requisito de um depósito, e somente quando ele assim o fizer, se resultará em um contrato. A consideração é dada pela troca de promessas e não necessariamente por um depósito ou outra confirmação.

Outras autoridades legais dizem que um contrato resulta do simples acordo em fazer a reserva. No seu texto, John R. Goodwin (1987) analisa os requisitos de um contrato e o processo de fazer uma reserva e conclui que o contrato resulta de uma reserva não confirmada. Norman G. Cournoyer e Anthony C. Marshall (1988) chegam à mesma conclusão em seu texto, dizendo especificamente que um contrato oral para reservas é válido. Jack P. Jeffries (1983) decifra a questão em detalhes:

> Quando o hotel e uma pessoa tentando se tornar hóspede entram em acordo no qual o hotel vai reservar um apartamento por um período de tempo definido, com um preço especificado, se o hotel ou o hóspede quebrar esse acordo, o interessado poderá processar o outro por danos. Este é o contrato geral da lei. O acordo pode ser oral ou feito por telegramas ou correspondência entre as partes.

Esta afirmação de Jeffries introduz outro aspecto dos contratos que deveria ser discutido – isto é, o *status* de reserva oral (tipicamente por telefone). A maioria das formas de contrato pode ser oral; certos tipos devem estar por escrito para serem válidos. Os contratos entre o dono de hotel e um hóspede não estão entre os contratos que possam ser escritos. Os contratos orais sofrem de um defeito: eles dificilmente podem ser provados. Sob a maioria das circunstâncias seria preferível ter o contrato escrito. Entretanto, um contrato oral para reservar um apartamento deveria ser obrigatório se o hóspede ou o hoteleiro pudessem provar que ele existira.

A questão sobre a reserva ser um contrato tem sido considerada pelas cortes em casos ocorridos há muitos anos. Em um caso de 1946, Kellogg contra o Hotel Commodore (1946), o queixoso alegou duas causas da ação, uma por quebra de contrato escrito para reservas com o hotel e outra por danos de depressão e crise nervosa ao queixoso. A questão era se a reclamação deveria ser recusada sem ser considerada pelo júri. A corte nunca questionou a validade do caso da ação relativa aos danos baseados na quebra de contratos e não incluiu a afirmação de que a reserva era pré-paga ou confirmada. Quase toda a opinião a respeito da questão é se a segunda causa da ação (relativa à crise nervosa e à depressão) era válida. A consideração da corte foi negativa nesta questão, mas o caso é, entretanto, autoridade para a proposição de que a reserva é um contrato.

Uma década mais tarde, o caso Thomas contra a Pick Hotels Corporation (1955) envolveu uma situação onde o queixoso era uma pessoa negra que tinha feito uma reserva por carta com o hotel acusado localizado em Kansas. No encontro do queixoso em pessoa, os funcionários do hotel se recusaram a honrar a reserva. A opinião da corte não incluía indicação de que a reserva era pré-paga ou confirmada. Kansas tinha um estatuto de direitos civis, mas o estatuto de dois anos de limitações nesta lei tinha expirado. Ao invés disto, a corte sustentou que o queixoso poderia levar esta ação baseada em quebra de contrato, que tinha um estatuto de limitações de três anos que não havia expirado. Este caso é a afirmação mais direta de que não honrar a reserva constituía quebra de contrato.

Pelo menos três casos subseqüentes afirmam que a falha em honrar uma reserva *confirmada* constitui uma quebra de contrato, apesar deste ponto nunca ter sido questionado, até onde nós sabemos.[6] Nenhum destes casos diz que a confirmação é necessária para tornar o contrato obrigatório.

RESERVAS PRÁTICAS

Há poucos casos envolvendo quebra de contrato de reservas por causa da realidade das reservas. O relacionamento entre hóspede e dono de hotel é uma das muitas formas de transação de negócios na qual é geralmente impraticável, por qualquer parte, processar por quebra de contrato. Se o hotel quebra o contrato recusando um hóspede, provavelmente o hóspede pode encontrar outro hotel. Mesmo se ele não puder, a perda real pela inconveniência não seria grande (especialmente se as cortes não permitirem o custo da depressão). Se o hóspede quebra o contrato por não aparecer, o dono do hotel pode freqüentemente alugar o apartamento para outra pessoa, deste modo eliminando a reivindicação por danos. Mesmo se o apartamento permanecer vazio, a perda monetária não seria grande. Qualquer das partes pode processar em tribunais de pequenas causas, exceto o hóspede dispensado que teria que retornar ao local para processar o hotel por uma pequena quantia ou o hotel teria que procurar o hóspede que não apareceu em alguma cidade distante. Raramente haveria dinheiro suficiente envolvido para garantir contratar advogados e levar o caso a frente.

PONTO CRUCIAL

Se nenhum dos lados tiver perdas significativas para continuar com o processo, que diferença faz se a reserva é um contrato? A questão da reserva contrato é completamente acadêmica? A resposta é que existem circunstâncias sob as quais o hotel poderia encarar grandes prejuízos. Apesar de casos desta natureza não terem aparecido ainda, há uma crescente tendência para as queixas de acomodação, e é provável que em um futuro próximo nós vejamos um grande movimento contra o dono de hotel que recusa a reserva.

A regra é que o lado prejudicado pode processar somente por perdas que o lado que quebrou o contrato poderia prever razoavelmente.[7] Apesar de ser possível que um hóspede cuja reserva não é honrada possa incorrer em prejuízos além da tarifa do táxi para o próximo hotel, o dono de hotel não pode prever tais danos e o hóspede não poderia recuperá-los. Mas e se o dono do hotel estiver atento para outros fatores negativos? Suponha que é um domingo de *Superbowl* ou final de semana de formatura em um colégio, quando todas as acomodações ao redor da cidade estão reservadas. O hóspede rejeitado não teria alternativa senão dormir no seu carro ou em um banco da praça. Se alguma coisa ruim acontecer como resultado – um assalto, ou prisão por vadiagem – um veredito de responsabilidade civil contra o hotel por todos os danos resultantes está dentro das possibilidades, e tais danos não seriam pequenos.

Bloqueio de Apartamentos

A outra forma de contrato hóspede – hotel, que envolve o bloqueio por um longo prazo dos apartamentos de hotéis em favor de uma convenção de um grupo ou associação, também raramente envolve pré-pagamento. Essas reservas envolvem grandes quantias. Se há uma disputa, as audiências, os trâmites legais e apelos subseqüentes podem ser caros, estendendo-se por anos. O mais notável desses casos foi discutido no artigo de McConnell (1983).

A implicação óbvia do que foi dito é que as reservas, confirmadas ou não, deveriam ser honradas, de qualquer maneira. É claro, a razão usual por que não honrar reservas é que o hotel está lotado. Já que o *overbooking* é somente uma tentativa de minimizar a perda de lucro pelos *no-shows*, sua estratégia deveria se reduzir a incidência de *no-shows*.

Acordos

Muitos hotéis nos EUA desenvolveram um número diferente de técnicas para encorajar os hóspedes a honrarem suas reservas, usando várias formas de confirmação de reservas e outras estipulações. Somente uma parte dos grandes hotéis requerem a confirmação da reserva antes das 16 horas. Para apontar os tipos de acordo mais freqüentemente usados para minimizar as perdas por *no-shows*, nós fizemos uma pesquisa com 70 hoteleiros. Os resultados seguem.[8]

TABELA 1
Formas Aceitáveis de Reservas

Tipos de Reserva	Número de Entrevistados
• Ligação telefônica pedindo reservas	67
• Pedido telefônico no qual o hóspede fornece o número do cartão de crédito como garantia	70
• Pedido escrito ou enviado via telex	70
• Pedido de qualquer forma acompanhado por pagamento parcial	70
• Pedido garantido por uma agência de viagens ou um representante do hotel	59

POLÍTICAS DE RESERVAS

Nós pedimos aos nossos entrevistados que relatassem sua política em três áreas básicas: (1) *aceitação de reserva* – sob quais condições eles aceitam uma reserva; (2) *coleta e recursos* – qual atitude o hotel toma se um hóspede não honrar a reserva; (3) *overbook* – qual *é* a política do hotel a respeito da não-acomodação de hóspedes. Apresentamos as respostas para estas questões nas Tabelas 1 a 3, e sintetizamos os comentários para ilustrar nossa análise dos dados enquanto eles se aplicam para nossa discussão do contrato de lei.

TABELA 2
***Como os Hotéis Lidam com os* No-shows**

Ação	Número de Entrevistados
• Cobrança em cartão de crédito ou conta da empresa (se conhecida)	66
• Envio de carta exigindo ou requisitando pagamento	43
• Recusa em aceitar futuras reservas sem garantia	12
• Outros procedimentos	12
• Envia para uma agência de cobrança	8
• Arquiva um processo judicial em juizados de pequenas causas	2

Parece claro que as práticas da maioria dos hoteleiros correspondem à teoria legal que um contrato resulta de uma oferta e uma aceitação. Virtualmente todos os hotéis aceitarão reservas recebidas por uma ligação telefônica, e todos também aceitariam uma reserva que chegasse de forma escrita. Dez não honrariam o pedido por agência de viagens ou um representante de hotel sem um depósito. (Esta descoberta pode ser uma outra via para pesquisa). Parece claro, pelos dados desta seção da pesquisa, que os hotéis estão confortáveis em aceitar reservas de qualquer forma que sejam feitas – com ou sem garantias, pagas à vista ou com cartão de crédito.

Parece igualmente claro que os contratos entre os donos de hotel e os hóspedes não precisam ser escritos para a oferta e aceitação serem legalmente concordadas. Como dito anteriormente, entretanto, embora uma oferta e aceitação via telefone possa constituir um contrato, elas podem ser executadas somente

TABELA 3
Como os Hotéis Compensam Hóspedes Dispensados

Ação	Número de Entrevistados
• Pagamento do quarto em um hotel similar	67
• Pagamento do transporte do hóspede para outro hotel	67
• Escreve carta formal de desculpas	57
• Paga por outro quarto no melhor hotel disponível	44
• Outros (ver Tabela 4)	25
• Oferece uma noite grátis	21
• Dá ao viajante freqüente *status* especial	12

Nota: Setenta hoteleiros participaram da pesquisa.

se elas puderem ser provadas. Pode ser difícil para o hoteleiro provar que a pessoa no outro lado da linha telefônica era, de fato, a pessoa que ela dizia ser.

CONDIÇÕES

As condições sob as quais os hotéis aceitam uma reserva variam de acordo com as operações. As seguintes situações eram típicas de quando o hotel aceitaria reservas sem garantia:

- Se houvesse apartamentos disponíveis.
- Esperaremos somente até as 18 horas.
- Depende da estação.
- Se nós conhecemos o cliente.

Uma outra resposta típica foi que um depósito ou uma garantia deve acompanhar o pedido do agente de viagem.

Historicamente, os hotéis são tímidos quanto a processar débitos ou contratos não honrados. Enquanto houve muito progresso nos controles rígidos desta área nos últimos vinte anos, os hotéis ainda podem fazer pouco menos que uma carta requisitando o pagamento (relatado por 43 hotéis). E se eles têm um número de cartão de crédito ou uma conta de empresa, 66 dos entrevistados disseram que cobrariam estas contas por *no-shows*.

As respostas da pesquisa mostram a dificuldade de processar por quebra de contrato. Somente 2 dos hotéis que responderam considerariam tal ação, e 9 usariam o expediente normal de negócios de devolver a conta para a agência coletora. Nós imaginamos se a herança da hospitalidade torna difícil para um dono de hotel fazer uma coisa tão rude como devolver uma conta para uma agência coletora ou se não vale a pena o esforço de processar uma venda perdida.

Similarmente, a grande maioria dos entrevistados (50) pareciam relutantes em colocar um hóspede na lista negra por não honrar a reserva bloqueando o sistema de reservas individuais do hotel. Vários entrevistados comentaram que depende de como o *no-show* acontece, se a reserva é rastreável, ou se é um problema recorrente com a companhia ou com o indivíduo.

No mesmo filão, um grupo menor de entrevistados (17) designou outros sistemas ou procedimentos para aumentar a segurança ou controlar a exposição de riscos em caso de *no-shows*. Os procedimentos típicos relatados foram os seguintes:

- Ligação telefônica depois de um *no-show*.
- Entrega ao sistema de cobranças depois de 60 a 90 dias.
- Cobranças na conta *master* do grupo, se aplicável ou disponível.

Dispensar um hóspede é uma condenação para qualquer gerente de hotel, mas é algo que cada um vive diariamente quando tem sorte suficiente para gerenciar um hotel quase ou completamente cheio. Não é surpreendente que, ouvindo uma sugestão dos seus sócios no setor das companhias aéreas (que enfrentam penalidades da Federal Aviation Administration) (Toh 1986), os hotéis agora oferecem aos hóspedes dispensados alternativas para negociação e ofertas.

Como mostrado nas Tabelas 3 e 4, a maioria dos hotéis da amostra pagará o transporte e a acomodação do hóspede em um hotel similar, e a grande maioria vai apresentar uma carta com um pedido formal de desculpas pelos transtornos causados. Na maioria dos casos, algumas combinações de seus procedimentos serão suficientes para evitar que um hóspede procure um recurso legal. Os viajantes mais sofisticados entendem que os problemas do hotel em gerenciar a exigência de seus clientes são os mesmos das companhias aéreas. A maioria dos hotéis, por outro lado, empregam uma hierarquia a respeito dos hóspedes que podem eventualmente ser dispensados. Sob a maioria das circunstâncias, os membros de programas de viajantes freqüentes, hóspedes regulares, empresas, associações de oficiais e organizadores de reuniões raramente estão entre os que são dispensados. Outras estratégias, que demonstram a criatividade e o comprometimento do setor da hospitalidade, estão listadas na Tabela 4.

TABELA 4
Cortesias para Hóspedes Dispensados

- Chamadas de longa distância na conta do hotel
- *Status* VIP em um pernoite subseqüente
- *Upgrade* de quarto em um pernoite subseqüente
- Garrafa de vinho, cesta de frutas ou outra cortesia
- Chamada pessoal do gerente do hotel
- O gerente geral acompanha o hóspede para almoço ou jantar em um pernoite subseqüente

Para viajantes freqüentes

- Nunca dispensa hóspedes freqüentes
- Pagamento instantâneo de US$ 200 se dispensado
- Se dispensado, um pernoite de cortesia na próxima estada

A PRÁTICA ENCONTRA A TEORIA

Nossa pesquisa indica que há uma convergência entre os aspectos teóricos do contrato da lei e a prática empregada pelos hotéis. Contratos orais estão ligados de acordo com a teoria do contrato da lei. Na prática, eles são empregados extensivamente pela maioria dos hotéis. Reservas confirmadas (na questão de pagamento) não são necessárias para criar um contrato e para a locação de um apartamento. Na prática, a confirmação é somente um dos vários arranjos empregados pela maioria dos hotéis. Somente quando há um grande número de apartamentos (com grande quantidade de dinheiro) é que os procedimentos legais são envolvidos.

6. *Concierges* Americanos Estabelecem Padrões de Serviços

Glenn Withiam

Com a colaboração de Marjorie Silverman, chefe dos concierges do Hotel Intercontinental de Chicago.

Duas coisas parecem dizer respeito aos *concierges* de hotéis americanos. Primeiro, o serviço de *concierges* tornou-se parte da definição do produto hoteleiro para propriedades de luxo. Segundo, os padrões de serviços orientados para o hóspede estabelecido pelos *concierges* transcenderam o setor hoteleiro para abraçar outros negócios. Em 1983 eu conduzi uma investigação jornalística que era relativamente nova, um fenômeno em expansão – o crescimento do *concierge* nos hotéis americanos (Withiam 1983). Dez anos mais tarde, o *concierge* não é novo para os operadores do hotel e para os hóspedes, e os próprios *concierges* têm buscado constantemente profissionalizar seu campo. Neste artigo, discutirei o *status* do *concierge* americano.

No coração de Fort Worth, onde os investidores de negócios e oficiais da cidade estão desenvolvendo 28 blocos de imóveis de uso misto, situa-se o Hotel Worthington, com 500 apartamentos de estilo contemporâneo. Em 1993, a gerência do hotel ficou chocada pela perda de uma de suas quatro estrelas atribuídas pela Móbil, uma perda que resultou da necessidade da renovação da propriedade. Juntamente à estratégia do hotel para reconquistar aquela estrela estava a de se repensar o serviço, como o gerente geral Robert Jameson afirmou. Uma peça importante deste serviço é a mesa do *concierge*.

Como Jameson observa, os hóspedes vão perguntar o tipo de questões que os *concierges* respondem rotineiramente, não importa se o hotel tem ou não uma mesa para os *concierges*. "Quando eles precisarem de ajuda, os hóspedes pedirão a alguém. A mesa do *concierge* no saguão fornece um lugar específico para os hóspedes trazerem suas questões. Também torna tudo mais fácil para os mensageiros, apesar desses funcionários também precisarem saber o básico". Quando viaja, Jameson diz que sempre confia nos *concierges* dos hotéis em que se hospeda.

"Para mim, o *concierge* é uma parte integrante da nossa operação", Jameson disse. "Muitas pessoas não são familiares com a comunidade, e elas precisam ser orientadas. Eu não posso me imaginar sem essa orientação".

A maioria dos hotéis quatro e cinco estrelas não mais se imagina sem seus *concierges*. Apesar de ter sido um dia uma tendência inovadora nos hotéis mais luxuosos, o serviço de *concierge* se tornou uma função essencial em muitos hotéis de todos os níveis. "O *concierge* tornou-se parte da definição de um hotel em um certo nível. Os avaliadores de hotéis procuram pelo serviço de *concierge*", disse John Neary, chefe de *concierge* no Carlyle de Nova York e presidente da filial americana do Les Clefs d'Or, a associação de *concierges* profissionais.[9] Marjorie Silverman, *concierge* no hotel Intercontinental Chicago, diz: "Dez anos atrás, um em cada três hóspedes queria saber o que era o *concierge*. Hoje, os hóspedes entram procurando pelo *concierge*."

O fato dos hóspedes apreciarem o serviço ajudou, sem dúvida, os *concierges* americanos, apesar do recente declínio das grandes fortunas hoteleiras. "A maioria dos hotéis de nível 4 e 5 estrelas não estaria sem o serviço de um *concierge* neste ponto", observou Silverman. "A situação econômica criou uma redução que afetou alguns departamentos de *concierge*, notadamente por diminuir os funcionários. Alguns hotéis pioraram seus serviços ou combinaram a mesa do *concierge* à função de gerente de recepção". Ironicamente, diz Silverman, especialmente os *concierges* europeus estão sentindo a redução nas despesas, porque é algo que nunca aconteceu antes.

Holly Stiel, um antigo *concierge* que agora é consultor e formador de *concierges*, concordou que as mesas dos *concierges* americanos têm sido eliminadas devido à queda de movimento. A redução é um problema evidente que muitos *concierges* enfrentam, tanto que um dos tópicos da Conferência Americana de *Concierge* de 1993 foi como gerenciar a situação quando o serviço de um *concierge* é combinado com outro serviço ou simplesmente eliminado.

EXPANDINDO O CONCEITO

Simultaneamente, a filosofia do *concierge* foi adotada como guia principal dos serviços de todas as operações do hotel. "Toda missão para uma grande cadeia hoteleira contém as palavras ou idéias de exceder as expectativas do hóspede", Silverman disse. Não somente isso, mas o conceito de *concierge* se expandiu além do setor hoteleiro. Stiel observou que outros negócios estão usando o conceito em suas próprias operações. Tais empresas como condomínios para aposentados, prédios oficiais e lojas de departamentos têm agora pessoas designadas como *concierges*. "Cada um tem sua própria rotação, mas o conceito-base é mostrar o serviço e fazê-lo notável. É um ponto de diferença e é muito visível", Stiel disse. Ela foi consultada por empresas como a Nordstrom e a Trump Shuttle quando elas instalaram suas mesas de *concierge*.

A PepsiCo desenvolveu uma adaptação incomum de *concierge* nos seus escritórios de compras em Nova York. Notando que os funcionários estavam frustrados por não serem capazes de tomar conta de suas tarefas pessoais (ou que eles estavam usando o tempo do trabalho para isso), a empresa desenvolveu um serviço de *concierge* que se tornou altamente popular com seus funcionários – tão popular que ele será eventualmente vendido para outras corporações (sob o nome de Xtra Ours) (Lopez 1993). O *concierge* corporativo Andy King é provavelmente o primeiro *concierge* com este título.

"Nós achamos que o tempo será o benefício do futuro", Margaret Regan, chefe de consultores de pessoal da Towers Perrin, explicou para o The Wall Street Journal. Towers Perrin deu assistência à PepsiCo com o início do serviço de *concierge*, que lida com quase tudo que diz respeito aos funcionários da empresa – de consertos domésticos até troca de óleo dos automóveis (em uma unidade móvel no estacionamento da empresa).

CONEXÃO COM A GERÊNCIA

Embora o privilégio de um *concierge* na empresa seja notável, isto pode não servir para melhorar a causa ou a posição de *concierges* no hotel. Seu *status* depende em grande parte da gerência do hotel, e nem todas as equipes de gerenciamento entendem completamente as ramificações do serviço de *concierge*. "Nós ainda não tivemos sucesso em obter o entendimento total, por parte da gerência, do que nós fazemos e como fazemos para que tenham mais confiança em nosso serviço", disse a gerente do Intercontinental, Silverman. "Precisa haver suficiente número de funcionários. Esta questão de exceder as expectativas do cliente têm que contar com alguém por trás. A gerência deve criar o ambiente para que seja possível exceder as expectativas".

Para se obter os tipos de recursos que o *concierge* necessita, o hotel tem que contratar uma equipe de *concierges*, como diz Stiel. "O *concierge* não é uma pessoa. Ele é um funcionário. Ninguém pode fazer isso sozinho - e quem gostaria de fazer?", ela diz. Em sua visão, uma equipe mínima teria pelo menos quatro pessoas trabalhando em pares para dividir o dia em dois turnos. Além disso três outras pessoas fariam o serviço, e um *concierge* adicional deveria ser responsável pela cobertura da noite. No total, ela acredita, o time seria de 6 ou 7 pessoas. A equipe do Neary's Carlyle é formada por quatro pessoas, mais mensageiros. Sua mesa funciona das 7 da manhã às 11 da noite.

Ter duas pessoas juntas na mesa é essencial para o completo serviço de *concierge*. "Nós estamos ocupados. Não paramos. O telefone não pára de tocar", explica Neary.

"Alguns gerentes acham que é uma função fácil, e então passam ao *concierge* a função de administrar os *club floors*[NR] além de suas tarefas diárias", diz Stiel. "Mas você não pode estar à mesa por 12 horas tentando resolver exigências impossíveis e desempenhar perfeitamente sem assistência e sem ninguém para fazer o serviço". Silverman explicou que o serviço é prejudicado por causa de poucos funcionários: "Se você tem quatro ligações e 10 pessoas na sua frente, é difícil exceder as expectativas do hóspede."

Alguns gerentes de hotéis, entretanto, entendem a posição de *concierge*. Neary sente apoio substancial do gerente geral do Carlyle, por exemplo, e o The Worthington fornece um serviço completo de *concierge* no *lobby*, no modo tradicional.

Na avaliação do serviço completo de *concierges*, somente uma pessoa que oferece o serviço completo tradicional deveria carregar o título. Mesmo após mais de uma década, alguns gerentes de hotel atribuem o título de *concierge* para uma pessoa que pode ser um pouco mais do que um garçom de bebidas. "Você não consegue ser um *concierge* simplesmente colocando um *pin* (broche) ou uma tarjeta de identificação", diz Stiel "Em alguns casos, os hotéis estão contratando agências de turismo para assumirem a mesa do chamado *concierge*, apesar dessas companhias não poderem oferecer o serviço completo que os *concierges* podem fazer".

Silverman acrescenta: "Alguns gerentes têm o que você pode chamar de síndrome do *glamour* do *lobby*. Eles contratam pessoas charmosas que são agradáveis de olhar. A questão é se elas têm os contatos para conseguirem mesas em restaurantes lotados. Nós ainda estamos discutindo a profissionalização dessa posição".

NR: Andares executivos ou especialmente designados para hóspedes especiais.

CHAVES DOURADAS

Os *concierges* têm feito mais do que brigar por profissionalização. Através de sua associação, Les Clefs d'Or, eles criaram um programa de certificação profissional que inclui um exame entre os requisitos. Mesmo para se afiliar ao clube a pessoa tem que ter no mínimo cinco anos de experiência em hotel, incluindo três anos como *concierge*. A organização tem seu foco no *concierge* clássico. As pessoas com o título de *concierge* em outros negócios que não hotéis, tais como apartamentos ou lojas, não são consideradas como possíveis membros da Les Clefs d'Or.

Apesar de o número de hotéis com *concierges* ter se estabilizado, ser membro do Clef's d'Or se expandiu na década passada, passando de mais ou menos 50 membros em 1983 para mais de 200 em 1993. A conferência da organização de 1993 teve mais de 250 participantes, comparada com os talvez 30 membros de sua reunião em 1983.

Clefs d'Or se tornou o mecanismo para melhorar a eficiência dos *concierges*. Através da organização, os *concierges* construíram o relacionamento formal com companhias de serviço como a American Express e a American Airlines. "American Airlines tem membros especiais e agentes de serviços para *concierges* somente, porque nossos clientes são de primeira classe e classe executiva", explicou Silverman. "Nós podemos fornecer serviços VIP ao redor do mundo e encontrar problemas na esquina". A AmEx publica uma carta internacional em conjunto com o serviço de *concierge*, e o Clefs d'Or está discutindo com eles para melhorar os serviços aos portadores dos cartões Gold e Platinum. Também patrocinado pela AmEx, Clefs d'Or se uniu no apoio da Academy of Travel and Tourism, uma fundação privada que ensina tópicos de turismo em escolas públicas.

Finalmente, o Clefs d'Or avançou além das questões de profissionalismo, educação e relacionamentos de negócios para filantropia. "Nós começamos uma fundação para ajudar pessoas com doenças terminais", disse Stiel.

ESTABILIDADE

No momento em que a rotatividade em hotéis atinge proporções legendárias, os *concierges* permanecem leais. Antes de Stiel tornar-se uma consultora e treinadora, ela foi *concierge* no San Francisco Grand Hyatt por 16 anos. Silverman deixou seu emprego no Hotel Westin Chicago para o Intercontinental Chicago somente porque isto representava uma oportunidade em um hotel novo. Neary está no Carlyle desde 1978. Os requisitos severos para se tornar membro do Clefs d'Or e a necessidade de construir uma rede de informações e contatos tendem a desencorajar mudanças, apesar de algumas pessoas mudarem de um hotel para o outro dentro da mesma cidade. Stiel observou, no entanto, que se uma pessoa é desembaraçada, mudando-se para uma nova cidade e aprendendo sobre ela, isso não seria um problema. Ocasionalmente, um hotel ou *resort* recrutará um outro *top concierge* para as operações.

ALUGA-SE UM *CONCIERGE*?

Silverman acredita que um *concierge* oferece mais de uma ilha de estabilidade em um mar de rotatividade. O *concierge* pode ser um rosto familiar para hóspedes habitués, em uma visão de tremenda rotatividade na recepção devido à promoções ou demissões. Mas Silverman oferece uma sugestão para os hotéis que não podem ter um *concierge* em tempo integral ou para aqueles que têm um negócio estritamente sazonal. "Os hotéis estão contratando funcionários temporários. Minha idéia é que o Clefs d'Or deveria se preparar para a "América temporária" treinando grupos de pessoas para se tornarem *concierges* temporários, talvez usando a AH&MA como uma agência de contratação. Isto seria particularmente eficiente para os *resorts* ou outras propriedades sazonais", ela diz.

Nem todos os *resorts* querem ou precisam de uma pessoa com o título de *concierge*. Por anos, o capitão porteiro no tradicional hotel de férias tomou conta dos hóspedes de maneira muito parecida como a que os *concierges* fazem. No Homestead, em Hot Springs, Virginia, por exemplo, o porteiro no saguão tem virtualmente todas as informações que os hóspedes precisam e os mensageiros estão prontos para administrar os desejos dos hóspedes. "Isto tem funcionado há anos", Silverman relata. "Alguns hotéis têm outros funcionários que realmente prestam o serviço. A questão é ter um local específico onde a informação esteja organizada. Capitães porteiros antigos têm a informação e a organização, então eles são capazes de executar o serviço".

O *CONCIERGE* CONSULTOR

Como a primeira consultora *concierge*, Holly Stiel descobriu que a tarefa de educadora é dobrada. "Você pode ensinar algumas habilidades organizacionais para os *concierges* e instruí-los em padrões e atitudes profissionais, mas você também tem que ensinar os gerentes a entenderem o papel", ela diz. "Sem um bom gerente você não pode ter um bom *concierge*".

A essência do *concierge*, entretanto, não pode ser ensinada, de acordo com Stiel. "As atitudes básicas devem ser inerentes à pessoa. Ela tem que ser um pouco detetive, ter vontade de fazer o que é preciso e querer entender as coisas", ela diz. "Uma coisa que um *concierge* sempre diz é 'eu não sei', mas é sempre seguido de um 'eu vou descobrir'. As pessoas que são as melhores nisto estão nas profissões de "doação" (enfermeiros, professores, assistentes sociais)".

Stiel finalizou o que provavelmente é o primeiro livro sobre como ser um *concierge*, mas as instruções no livro são todas baseadas em exemplos (Stiel 1993). "O livro é cheio de anedotas de *concierge* para mostrar o tipo de pensamento necessário para fazer bem o trabalho", ela diz. "Eu quero inspirar as pessoas sobre o papel do *concierge*". As histórias reunidas também tornam a leitura interessante. Elas são similares à história que Neary contou sobre um caso recente que ele teve que resolver. "As coisas que parecem fáceis têm sempre uma maneira de se tornarem difíceis", ele recordou. "Um dos nossos hóspedes queria a gravação em vídeo de um programa que ele tinha visto na televisão uma noite anterior, mas o hóspede não sabia em que canal ou qual programa – somente o assunto. Primeiro nós tivemos que averiguar os 50 canais do sistema de TV a cabo de Nova York para descobrir em qual canal poderia ter sido transmitido o programa. O canal era da rede pública. Então nós tivemos que procurar o produtor, que não estava na cidade. Finalmente nós localizamos o produtor, que tinha a única cópia da fita que existia, e nós conseguimos fazer uma cópia para o hóspede".

TECNOLOGIA PARA O *CONCIERGE*

Muitos hotéis estão usando a tecnologia para reduzir a intensidade do trabalho de serviços ao hóspede, por exemplo, com computadores que fazem as chamadas de despertar e o sistema de voice-mail. Longe de ser uma ameaça, a tecnologia pode ampliar a habilidade do *concierge* em servir aos hóspedes. Nos últimos anos, os *concierges* estão fazendo uso de computadores para organizar seus arquivos e fontes de informação. É um passo além na manutenção dos históricos do hóspede na recepção, o que é muito valioso para os serviços aos hóspedes, mas Stiel comenta que o toque pessoal dado pelo *concierge* é importante.

"Nós temos arquivos computadorizados dos *concierges* conectados com o sistema de gerenciamento do hotel, por exemplo, o sistema HIS", Silverman disse. "Ao invés de uma base separada de dados, o *software* do *concierge* é agora parte do sistema do hotel". Ela espera mais avanços nas habilidades técnicas do *concierge* para "levar a profissão para o século 21".

O *concierge*, assim como o setor hoteleiro, não adquiriu a mistura de tecnologia e sutileza gerencial que é referida metaforicamente como sendo necessária para o século XXI. Como o novo século chegará em alguns anos, os *concierges* esperam completar brevemente seu projeto de educar a gerência para fazer com que eles entendam o seu papel no hotel.

Casamento

"Todo setor está em uma encruzilhada – entrar em uma época de grande potencial tecnológico. Isto é verdade no setor hoteleiro, também, especialmente internacionalmente", Stiel disse. "Nós precisamos iniciar o diálogo entre os *concierges* e os gerentes. O *concierge* é os olhos, ouvidos, coração e alma do hotel. Uma mesa de *concierge* que funcione apropriadamente é um casamento entre o gerente e o *concierge*, que tem uma equipe de pessoas que entendem o trabalho. Então, este é o conceito para os próximos anos: educar gerentes, especialmente na América", Stiel continuou.

Progresso para Mulheres

Apesar do trabalho educativo parecer grande, os *concierges* já realizaram um progresso considerável pelo tempo relativamente pequeno em que eles estão nos hotéis americanos. Além de tornarem a filial americana da organização Clefs d'Or uma força para a profissionalização, uma realização particular dos *concierges* é demonstrar, de maneira conclusiva, quão eficientes são as mulheres *concierges*. Quando os hotéis americanos originalmente contrataram mulheres como *concierges*, houve uma preocupação internacional de que as mulheres não poderiam fazer o trabalho. Hoje, as mulheres são aceitas internacionalmente como *concierges*. A própria Silverman é a terceira presidente do Clefs d'Or internacional e a primeira mulher no conselho internacional de diretores – posições que ela acredita que não seriam dadas a uma mulher dez anos atrás.

Resumindo, homens ou mulheres, os *concierges* americanos têm demostrado grande valor e melhorado os serviços para os hóspedes. Este valor é notado nas expectativas que os hóspedes têm quando se hospedam em bons hotéis. Isso é perceptível pelo fato de que outros negócios adotaram o conceito de *concierge* também. E aparece inclusive na resistência que muitos donos de hotéis têm em eliminar o serviço de *concierge*, quando eles lutam pelo menos para manter o título e o serviço de alguma forma, para não eliminá-lo completamente. Em uma era em que o serviço se tornou uma senha para muitas organizações, o *concierge* permanece como um exemplo de serviço.

7. Gerentes Intermediários: Enfrentando o Desafio da Comunicação

Judi Brownell

Ele se chama Jeff Colburn. Tem 31 anos e está trabalhando no hotel há quase dez anos. Dois anos atrás, ele foi promovido a gerente de reservas em Osborne, uma propriedade de 650 apartamentos no oeste dos EUA, onde ele supervisiona 16 funcionários. Jeff é um dos quase 100 gerentes de hotéis em todo o país que me ajudaram a criar o quadro complexo das atividades de comunicação que dão forma a seu trabalho no emprego. Através de entrevistas locais, entrevistas telefônicas, grupos de trabalho e questionários, eles dividiram suas perspectivas em relação aos desafios dos negócios da comunicação. Em suas próprias palavras, entrevistados como Jeff nos dizem o que é ser um gerente intermediário.

Uma revisão das respostas dos participantes para algumas questões gerais, a respeito de suas comunicações diárias, ajudarão a determinar como você e seus colegas se comparam a seus pares pelo país. Neste artigo, eu exploro os desafios que os gerentes intermediários enfrentam ao facilitar a comunicação nos níveis superiores, nos níveis inferiores junto a seu grupo de trabalho, e mantendo relacionamentos efetivos com outros gerentes intermediários. Em seguida, eu apresentarei as linhas gerais para o aumento da eficiência no que parece serem situações críticas que gerentes enfrentam.

COMUNICAÇÃO GERENCIAL

Por que é tão importante entender como se comunicar efetivamente? Por uma lado, nenhuma outra competência gerencial está tão diretamente ligada ao sucesso do trabalho. Cada uma de suas atividades diárias – motivar, influenciar, explicar, delegar, ensinar – depende da eficiência da comunicação. Na verdade, você provavelmente gasta 80% do seu dia se comunicando. Pense que diferença isso faria se você aumentasse seu desempenho em pelo menos 10%!

À medida que a força de trabalho se torna mais diversificada, as habilidades em comunicação serão muito mais importantes em determinar a maneira pela qual cada funcionário responde a seus colegas de trabalho e a seus requisitos diários do trabalho. No seu papel de liderança, seu comportamento comunicativo fornece o modelo para seus empregados e influencia o clima organizacional ou moral e, no final, a qualidade de serviço e a produtividade.

Um dos primeiros passos para melhorar a comunicação no trabalho é obter um melhor entendimento do que acontece durante um dia típico. É fácil fazer previsões sobre como alguém como Jeff passa seu dia em Osborne. Você pode adivinhar com quem ele interage e quão satisfeito ele está pela maneira que lida com esses encontros regulares. Seria mais útil, entretanto, perguntar-lhe questões que criariam um quadro real e acurado de suas atividades comunicativas.

PERFIL DE COMUNICAÇÃO

Várias questões parecem ser particularmente importantes. Primeiro, para quem os gerentes estão falando? Quando este grupo foi pesquisado, cada entrevistado indicou que ele se comunica com subordinados várias vezes ao dia. Mais de 90% dos entrevistados também falam diariamente com seus colegas. Relativamente menos tempo, entretanto, é gasto em interação face a face com supervisores e hóspedes; 22% dos gerentes entrevistados disseram que falam com seus supervisores somente uma vez por semana. Mais de 30% falam com os hóspedes menos de uma vez por semana.

Segundo, quão difícil é para os gerentes comunicar-se com esses vários grupos? Empregados, eles dizem, têm mais dificuldade para explicar suas idéias para seus gerentes do que os gerentes têm ao se comunicar com seus empregados. 61% dos entrevistados sentiram que os empregados experimentam grande ou significativa dificuldade comunicando-se acima, enquanto menos de 50% sentiu que gerentes tinham problemas significativos comunicando-se com seus subordinados. Em contraste, 70% dos entrevistados encontraram pouca ou nenhuma dificuldade expressando suas idéias para seus colegas.

Pode ser útil também dar uma olhada nos *tipos* de comunicação que acontecem, e quais habilidades os gerentes acreditam que eles têm ao desempenhar cada tarefa (Tabela 1). Como você pode esperar, os gerentes preferem enviar um memorando para seus supervisores do que para seus funcionários. A comunicação escrita, entretanto, geralmente tem a forma de um relatório ou carta comercial. Numa escala de 1 (raramente) a 6 (freqüentemente), 63% dos gerentes entrevistados indicaram que eles freqüentemente escrevem relatórios, e um número ainda maior disse que eles freqüentemente escrevem cartas comerciais.

Os gerentes intermediários também parecem gastar boa parte do seu tempo com comunicação oral. Mais de 30% dos entrevistados freqüentemente fazem apresentações formais (somente 15% disse que raramente tem que ficar de pé e falar à frente de um grupo), enquanto 35% participa freqüentemente de algum tipo de entrevista. As categorias mais altas, entretanto, estavam resolvendo conflitos e dando *feedback*. Enquanto 60% dos gerentes que responderam indicaram que freqüentemente fornecem *feedback* para seus funcionários, 72% disse que freqüentemente se acham resolvendo os conflitos.

Mensagens Confusas

Agora sabemos que os gerentes gastam muito tempo engajados nas atividades de comunicação oral e escritas. A próxima questão é: quanta habilidade eles têm em cada uma dessas tarefas? Para responder esta pergunta, os gerentes foram questionados sobre quão bem eles sentiram que os chefes de outros departamentos e supervisores lidaram com cada tipo de situação de comunicação. Usando a escala mencionada de 6 pontos, nenhum gerente deu uma média 6 para seus colegas em qualquer tarefa! Enquanto os gerentes sentiram que seus pares lidaram com os memorandos moderadamente bem, 34% daqueles que responderam indicaram que seus pares escreveram cartas de negócios não tão boas, e mais ou menos o mesmo número deu baixas médias aos relatórios escritos.

Infelizmente, escrever não foi a única habilidade em que os gerentes sentiram que seus pares não se saíram bem. A área mais problemática foi a de apresentações formais. Mais de 65% dos entrevistados deram à categoria "fazer apresentações" uma média de três ou menos e 40% descreveram as apresentações de seus colegas como pobres. Apesar de os gerentes se encontrarem fornecendo *feedback* freqüentemente, 34% acreditam que eles fazem isso de maneira não tão boa; menos de 10% sentiu que seus colegas desempenham um bom trabalho nessa tarefa. Os gerentes acreditam que seus pares foram moderadamente bem em resolver conflitos (84%) e entrevistas (78%).

Esta informação deve ter dado a você uma idéia geral de como Jeff gasta seu tempo a cada dia, e o que seus colegas pensam sobre seu comportamento comunicativo. Números, entretanto, não contam a história toda. Vamos dar uma olhada em situações comuns de comunicação e como elas afetam seu relacionamento no trabalho e sua habilidade para cumprir tarefas de gerenciamento.

TABELA 1
Atividades de Comunicação Auto-reportadas de Gerentes Intermediários

Estes dados de pesquisa mostram como gerentes intermediários se auto-avaliam em relação a atividades de comunicação

	Freqüência			Nível de Habilidade		
	Raramente	Às Vezes	Freqüentemente	Pobre	Moderado	Alto
Memorandos aos subordinados	38%	18%	44%	25%	67%	8%
Memorandos aos superiores	17	42	41	20	77	3
Cartas de negócios	8	27	65	34	61	5
Relatórios	10	27	63	33	58	9
Apresentações	15	53	32	41	44	15
Gerenciamento de conflito	0	28	72	8	84	8
Entrevista	10	52	38	11	78	11
Feedback	7	33	60	34	58	8

VOZES DAS TRINCHEIRAS

As linhas de comunicação formal são geralmente discutidas em termos de movimento de mensagens verticalmente acima, abaixo e horizontalmente. Apesar de sabermos que as redes informais transferem informações sem se importar com o nível ou posição, os canais formais são importantes para reconhecer e entender por que os gerentes podem planejar e controlar a natureza e a freqüência da informação transmitida desta maneira. Uma vez que os modelos de comunicação forem determinados, essas redes podem ser analisadas e estratégias de comunicação podem ser implementadas melhorando a eficiência da organização. Primeiro vamos dar uma olhada na dimensão vertical para (1) ver quais problemas os subordinados de Jeff têm ao se comunicar para cima e (2) examinar sua comunicação para baixo com seu grupo de trabalho. Finalmente, nós veremos o que acontece quando ele se comunica horizontalmente com outros gerentes de departamentos.

Comunicação Vertical para Cima

Como um típico gerente da área de hospitalidade, um dos problemas mais sérios que Jeff enfrenta é fazer com que seus funcionários dividam a informação com ele. Uma reclamação freqüente é que seus empregados são relutantes em comunicar más notícias. Eles parecem ter medo de represálias e freqüentemente não explicam o problema real, mesmo quando são perguntados diretamente. Ao mesmo tempo, Jeff pode comportar-se da mesma maneira com seu chefe. Como um gerente notou, esse modelo não é o único para gerentes intermediários e seus empregados. Ele ocorre na comunicação vertical em todos os níveis. Um gerente de restaurante descreveu a seguinte situação:

> Você descobre naquela noite que fez algo errado – você esqueceu um bolo de aniversário. Você dá a volta e fala sobre isso? Você diz qualquer coisa para o chefe quando ele pergunta como a noite foi, quando vocês sabem que isso fará com que sua pressão sangüínea aumente e suas veias na testa pulem para fora? Eu quero dizer, você fica no meio de uma situação difícil. Você o isola das coisas e as pessoas isolam você das coisas. E essa situação se perpetua.

Por que esta relutância em dividir más notícias? Os gerentes foram claros sobre as possíveis causas desses problemas e medos. Uma explicação foi que os subordinados em todos os níveis não são questionados freqüentemente por suas opiniões ou idéias. Como um gerente explicou:

> Nossa gerente geral nunca perguntou como as coisas estavam indo. Eu quero dizer, isto nunca importou a ela. Ela sabia que as pessoas estavam indo e vindo. Então, um ano antes, nós mencionamos as estatísticas de rotatividade e suas causas, "bem, sim, oi, – onde você tem estado?" Até então, imagine os problemas organizacionais que tinham sido causados! Ela se trancou e era difícil voltar atrás.

A explicação mais freqüente, entretanto, foi que os empregados temiam as conseqüências de comunicar más notícias. As seguintes histórias são típicas:

> Meu chefe é da velha escola. Se ele não quisesse ouvir alguma coisa, se isto fosse um problema, significava que alguém tinha que ser demitido. Agora ele começou, lentamente, a mudar seu modo de pensar. Não é que alguém precise ser demitido; alguém precisa somente ser melhor treinado.

Outro gerente contou o seguinte incidente:

> Eu fiquei cansado de ver o dono ir ao restaurante brigar com meus garçons, o que é muito embaraçoso quando você tem um restaurante cheio de hóspedes. Quando ele terminava com os garçons ele ia até o capitão e fazia a mesma coisa. Então, quando terminava com o capitão, ele vinha até mim. O capitão cuidava de um restaurante; eu cuidava de três. Então eu tinha que agüentar três vezes mais. É muito desestimulante; você está tentando fazer seu trabalho, e tem uma pessoa gritando com você.

Nós sabemos que a comunicação com os níveis superiores é vital. Aqui estão várias estratégias que os gerentes podem implementar para encorajar a troca de informação – mesmo quando as notícias são desanimadoras.

Encorajando a Comunicação com os Superiores

Como os supervisores podem encorajar seus subordinados a lhe contarem o que está acontecendo? Primeiro, deve ficar claro que os funcionários de Jeff acreditem que ele ouvirá aberta e objetivamente seus problemas e preocupações. Se ele tem uma reputação de ter um temperamento difícil ou de descontar o que outros dizem para ele, o canal de comunicação será cortado.

Jeff seria inteligente se praticasse suas habilidades de ouvir, fazendo perguntas e checando suas percepções ao invés de fazer afirmações críticas. A habilidade para ouvir a mensagem inteira sem se tornar emocional é a chave. Como um gerente descobriu, funcionários intimidados freqüentemente se negam a escrever, bloqueando a comunicação em duas vias. Em um exemplo, o gerente descreveu encontrar uma nota colada na porta do seu escritório. Ela dizia: "se o problema que eu conversei com você ontem não for resolvido agora, eu me demito!"

Jeff também precisa tomar a iniciativa e ser criativo em suas atitudes ao resolver problemas. O que ele pode fazer, dentro de um contexto de uma propriedade particular, para facilitar a comunicação para cima? Como um exemplo, um dos seus colegas descreveu o seguinte plano:

> Eu reuniria todos em um lugar e diria: "Tudo bem, esta é a situação. Leiam isto em cinco minutos, e então eu quero suas opiniões". Eu não os deixaria partir até que tivesse ouvido alguma coisa de cada pessoa. "É ruim ou você acha que é útil? Se for ruim, por que você acha isso?" Eu tive bons resultados com esta abordagem.

Uma outra organização levou esta idéia mais adiante, agendando mensalmente "reuniões públicas" com o gerente geral. Os funcionários eram encorajados a levantar questões e discuti-las em primeira mão. Os gerentes não devem ser somente criativos e persistentes em seus esforços para facilitar a comunicação com os superiores, eles também têm que reconhecer o impacto que a comunicação diária tem no comportamento de seus funcionários.

Comunicação com os Subordinados

Jeff gostaria de pensar que os problemas de comunicação acontecem principalmente por causa dos empregados com menos habilidades; no entanto, as quebras na comunicação acontecem geralmente de um único lado. Seus funcionários têm sua parcela legítima de reclamação sobre a maneira com que ele lida com a informação. Como um recepcionista explicou:

> Há um problema real em passar a informação para a gerência. Nós sentamos em uma sessão de *brainstorming* e dissemos "tudo bem, como podemos melhorar as operações em termos de dar melhor qualidade de serviços para nossos hóspedes?" Nós apresentamos as melhores idéias, nos sentamos com o gerente de recepção e falamos com ele, mas nunca soubemos se alguma coisa boa estava sendo feita com nossas idéias. Elas foram filtradas, ou simplesmente se perderam? As sugestões funcionam se você nunca tem retorno?

Como este comentário mostra, a comunicação com os subordinados é crítica.

Dois dos mais sérios problemas de comunicação, da perspectiva do gerente intermediário, são (1) falta de informação concreta e (2) relutância da parte dos gerentes em explicar as razões de suas decisões. Com muita ênfase na liderança cultural, visão e gerenciamento simbólico, a linha base parece ser a de que informação clara e concreta é necessária na hora certa e no lugar certo. Outro gerente intermediário dividiu os seguintes pensamentos:

> Muitos restaurantes elegantes pensam que a cultura é a de simplesmente se integrar, e que a filosofia do gerenciamento é transparente para todos. Mas quando encontramos lavadores de pratos, ajudantes de garçom e outras pessoas como estas, a filosofia realmente não importa. Ainda é do tipo "O que você quer que eu faça agora", quero dizer, eu sei que você quer o banheiro limpo, mas de que jeito?" Então você tem que explicar, "Deste jeito. Isto é uma bacia. Isto é uma escova para vaso sanitário" e assim por diante.

Uma segunda fonte de desentendimento vem da relutância dos gerentes em explicar as razões por trás de suas decisões. Um gerente descreveu um típico exemplo:

> Nossa gerente geral decidiu que não queria refrigerantes na área da recepção. No passado, os funcionários da recepção e operadores de PBX poderiam ter refrigerantes em seus locais de trabalho contanto que eles não fossem vistos pelos hóspedes. A gerente geral sentiu que não havia meios de assegurar que os refrigerantes ficariam fora da visão, então decidiu banir todos de uma vez.
>
> O problema começou quando o gerente noturno não seguiu as regras e permitiu que a telefonista tomasse refrigerante no seu local de trabalho. Quando as telefonistas da manhã descobriram, elas argumentaram que não era justo, e que elas também poderiam manter seus refrigerantes fora da visão das pessoas. A gerente da

manhã desistiu, e novamente houve refrigerantes na área de PBX. Quando os recepcionistas descobriram, eles trouxeram refrigerantes para sua área também.

A gerente geral deveria ter dito desde o início que a visibilidade não era a única razão para a regra e que era somente uma pequena parte de todo esforço para aumentar o profissionalismo e manter a consistência nas orientações gerais para todos os funcionários. Comunicar somente a questão da visibilidade e não a meta geral a ser atingida tornou a regra difícil. Quando os funcionários entendiam por que se pedia alguma coisa para eles, a regra era mais fácil de ser cumprida.

ESTRATÉGIAS DE COMUNICAÇÃO EFICIENTE

Se os exemplos acima parecem familiares é porque os gerentes intermediários em todos os lugares enfrentam desafios e frustrações similares. Abaixo há três passos para reduzir ou prevenir dificuldades comuns da comunicação, inclusive como usar a comunicação horizontal para obter melhores resultados.

Passo 1: *Comunique informações detalhadas assim como a idéia inteira.* Jeff pode aumentar sua eficiência certificando-se de que a informação que ele dá a seus funcionários é concreta e específica, e que ele encoraje o comprometimento dos funcionários compartilhando a lógica por trás das regras e políticas para as quais ele pede apoio.

É fácil fazer previsões sobre o que os funcionários sabem ou entendem. Tais previsões, entretanto, são perigosas; os funcionários podem desempenhar bem seus trabalhos somente se eles sabem exatamente o que têm que fazer. Como um gerente relata:

Meus funcionários dizem: "Bem, eu achei que alguém o traria para mim. Eu não sabia que era meu trabalho pegá-lo". Eu ouço tais desculpas o tempo todo e penso: "Por que você não olhou ao redor? Todo mundo está fazendo isso". Mas eu digo, "Por que você não perguntou?" E eles dizem, "Eu não sabia que tinha que perguntar. Ninguém nunca me disse". E assim por diante.

Instruções ambíguas e vagas descrições do trabalho, tais como "realizem um serviço de alta qualidade para todos os hóspedes", têm valor limitado no setor onde a competitividade é definida pela atenção ao detalhe. Como você sabe que foi claro? Como outro gerente diz, "você sabe que está indo bem quando todos os seus funcionários sabem como tirar o pó da lâmpada".

A ênfase recente no gerenciamento participativo reconhece a necessidade de os funcionários serem envolvidos no processo de decisão. Parte dessa filosofia requer que gerentes expliquem as razões por trás de seus pedidos. Quando os funcionários se sentem deixados fora do processo, eles têm menor probabilidade de seguir a regra. O setor da hospitalidade, em particular, depende do envolvimento do funcionário e da habilidade de tomar decisões mais do que qualquer outro setor. Por esta razão, ajudá-los a entender a idéia inteira tem um benefício direto. Um gerente explica:

As pessoas que de fato fazem o serviço são as que ganham menos. Na indústria, as pessoas que trabalham nas linhas de montagem estão construindo os equipamentos mas há alguém checando este equipamento antes de eles deixarem a fábrica. Nosso produto consiste em como a recepcionista fala com o hóspede. E a maioria das vezes nós nem estamos lá para avaliá-la.

O desafio de Jeff, então, é promover um sentimento de confiança e comprometimento entre todos seus funcionários. Quando seus funcionários sabem exatamente o que eles têm que fazer e quando eles entendem a idéia inteira, eles podem perceber como suas ações contribuem para a obtenção das metas da organização.

Passo 2: *Converse com outros gerentes – comunique-se horizontalmente.* Jeff e seus funcionários sabem que há muitos aspectos em que eles poderiam melhorar sobre a interação com os funcionários. Jeff sabe, também, que quando ele implementa algumas das idéias que ele vem considerando, suas interações com os funcionários estão quase certamente sendo melhoradas. Entretanto, é o comentário de seus pares que aborrece Jeff. Enquanto a maioria dos desentendimentos que ele experimenta com seus funcionários poderia ser resolvida por aprender e praticar habilidades de comunicação específicas, seus colegas gerentes relatam problemas de natureza diferente. Parece que muitos dos desafios que gerentes intermediários enfrentam quando se comunicam com seus pares resultam de perspectivas especializadas, defesa e relutância em dividir a informação necessária.

Na verdade, um número significativo dos colegas de Jeff disse que rivalidades, fofocas e ofensas pelas costas não eram um incômodo. Além dos conflitos de personalidade, que tornam difícil trabalhar em equipe, há a considerável tática do "dedo duro" e "esconda-se", especialmente nos departamentos envolvidos.

A competição por fontes e lealdade para com um departamento em particular (mais do que com a própria organização) fez com que muitos gerentes tivessem uma visão míope. Um gerente escreve:

> Como os hotéis são organizados com diferentes especialistas (chefes de departamentos), é natural para um gerente ter dificuldade em ouvir um colega com uma perspectiva diferente. É fácil esquecer que todos nós temos uma meta geral.

Esta lealdade para com um departamento ou área em particular freqüentemente cria uma situação onde os gerentes acham difícil ter mente aberta. Um gerente notou que esse problema é particularmente aparente durante as reuniões:

> Geralmente, os gerentes vão para uma reunião com um objetivo predeterminado e gastam todo o seu tempo tentando alcançar aquele objetivo sem ouvir ou considerar o que os outros estão dizendo.

Os gerentes também foram rápidos em culpar os outros por problemas no emprego. Freqüentemente, os problemas são resultados da informação insuficiente. Em muitos casos, os gerentes percebem que seus colegas seguraram informação, assumindo que "mudanças sutis em suas áreas não afetariam outros departamentos". A resposta ressonante, no entanto, foi: "Mas as mudanças realmente afetam!"

A comunicação defensiva foi incentivada por linhas não muito claras de autoridade, a ambigüidade quanto à responsabilidade e procedimentos afetaram o relacionamento dos gerentes e a qualidade de sua comunicação no trabalho. Quando trabalharam juntos em uma tarefa, os gerentes de departamento descreveram sentimentos de ressentimento dos seus pares quando eles delegavam tarefas ou tomavam um papel mais forte de liderança.

Geralmente, Jeff e seus pares sentiram que perspectivas especializadas, troca insuficiente de informação e disposição para tornar-se defensivo foram os maiores obstáculos para construir um relacionamento forte com os grupos dentro de suas organizações. Embora superar esses obstáculos requeira energia e comprometimento, a eficiência na comunicação horizontal é essencial para assegurar operações eficientes de gerenciamento.

Passo 3: *Fomente abertura e confiança.* Jeff sente-se muito menos em controle da comunicação horizontal no Osborne do que quando comunica-se verticalmente acima e abaixo. Conseqüentemente, ele se sente menos capaz de facilitar uma mudança positiva.

Quando trabalha dentro de seu próprio departamento, Jeff tem um senso de autoridade e poder. É relativamente fácil para ele, como supervisor de departamento, exercer influência numa situação. Quando se comunica horizontalmente com outros departamentos, entretanto, ele imagina como um gerente pode ter um impacto significativo no comportamento de seus pares. Ele sente também que pelo menos parte do problema tem a ver com as atitudes dos gerentes e a falta de espírito de equipe. Claramente, estratégias que podem funcionar com um lavador de pratos relutante serão inadequadas quando usadas para influenciar o gerente de Alimentos e Bebidas.

Apesar de os métodos que ele usa com seus colegas não poderem ser tão simples e diretos como aqueles que ele acha efetivos com seus funcionários, o comportamento de Jeff ainda tem uma influência significativa nos outros gerentes de departamento. Pequenas mudanças em suas atitudes e práticas de comunicação irão, com o tempo, afetar outros gerentes. Ele pode começar por aproximar *todas* as situações de comunicação com mente aberta e praticar comportamentos que provavelmente reduzam a defesa naqueles com quem ele tem que se comunicar.

É difícil permanecer com a mente aberta, especialmente quando se compete por recursos limitados ou engajamento em algum tipo de atividade persuasiva. Outro gerente descreveu a situação muito bem:

> A comunicação gerente a gerente é afetada pelas inseguranças individuais. Antes de discutir o problema que eu estou tendo com outro gerente, eu tento lembrar que há dois lados para cada história. Muitos gerentes começam uma conversa já na defensiva e isso tende a colocar outros gerentes da defensiva também.

Construir um clima de apoio, caracterizado por confiança e troca de informação, leva tempo. O primeiro passo, entretanto, é o reconhecimento que "do ponto de vista da outra pessoa, ela provavelmente está certa". Permanecer com a mente aberta e tentar entender como seus colegas enxergam a situação capacitará Jeff a melhorar a comunicação com seus pares.

A defesa é um dos mais sérios problemas de comunicação gerencial. Ela pode, entretanto, ser reduzida pela prática dos seguintes comportamentos de comunicação.

1. Descreva o comportamento ou problema que perturba você ao invés de fazer afirmações de julgamento como "esta foi a coisa mais estúpida para dizer" ou "você realmente acabou com aquela venda".

2. Tente encontrar soluções para os problemas, e não coloque a culpa nos seus colegas de trabalho.
3. Qualifique opiniões e afirmações controvertidas com modificadores como "para mim, parece..." ou "pelo que eu sei dessa situação" mais do que afirmando sua posição como se ela fosse a única coisa certa a dizer.
4. Mostre respeito pela posição da outra pessoa e seu ponto de vista. A atitude de indiferença, a apatia e a superioridade podem aumentar os sentimentos de defesa dos outros.

Quando a defesa é reduzida, a confiança aumenta. Quando o ambiente é de apoio, os gerentes gastam menos tempo protegendo sua reputação e territórios pessoais e podem enxergar a idéia inteira. Quando a comunicação horizontal é eficiente, todos os gerentes estão olhando para a mesma direção e seguindo o mesmo foco.

TRABALHO DE EQUIPE E CONFIANÇA

Talvez os seus gerentes de departamento não sejam como Jeff Colburn. Mesmo assim, pode ser útil para eles saber algumas das coisas que nós descobrimos sobre as práticas de comunicação de gerentes intermediários. Pode ser valioso para eles ter um melhor entendimento dos desafios que outros na mesma posição enfrentam, como eles conectam os funcionários da base ao gerenciamento de alto nível e como eliminam limites entre suas áreas de atuação.

Apesar de duas propriedades não serem parecidas, gerentes intermediários do país dividem as mesmas preocupações e enfrentam problemas similares quando realizam suas tarefas diárias. A maioria dessas tarefas envolve comunicação, e a qualidade e a natureza de suas interações afetam diretamente a produtividade e o serviço. Gerentes intermediários "têm a chave". Aqueles que se comunicam com eficiência encorajam a troca de informações e fornecem mensagens claras e suficientes para seus subordinados. Eles promovem um clima de trabalho em equipe e confiança através de sua mente aberta e práticas de apoio à comunicação.

Quando os gerentes intermediários olharem para o século 21, eles verão escritórios e áreas equipadas com equipamentos novos e sofisticados. Entretanto, se eles olharem mais de perto, eles notarão que somente nas propriedades onde a informação acontece através dos elos humanos a organização é realmente saudável e produtiva.

ESTUDO DE CASO
Patologias da Recepção

Depois de sua transferência e promoção para gerente de recepção de um *resort* de 600 apartamentos no Arizona, vinda de uma propriedade menor da mesma cadeia, Denise Tome gastou 6 meses se familiarizando com os mercados do hotel, a área e todas as características do *resort*. Ela também gastou uma parte importante do tempo aprendendo sobre o trabalho da gerência de recepção e concluiu que é significativamente diferente da função de assistente de gerente de recepção em uma propriedade menor.

Os funcionários da recepção são jovens, a maioria formados ou estudantes de faculdade. Na maioria, eles são funcionários entusiasmados, mas têm carência de profissionalismo, que vem de sólido conhecimento e treinamento. Entre os fatos que preocupavam Denise como gerente estão as seguintes:

- Vários membros de uma associação nacional de diretores tinham sido dispensados em um final de semana recente.
- Várias vezes por semana os hóspedes que chegaram foram levados para apartamentos que não estavam em ordem, não tinham sido limpos ou ainda estavam ocupados.
- As reclamações dos hóspedes, por carta ou pessoalmente, sobre o hotel, seus serviços e funcionários, tinham mais que dobrado sobre os anos anteriores e estavam superando as cartas de cumprimento a uma razão de duas para uma.

As relações gerenciais de Denise com seus funcionários são muito boas. Seus relacionamentos com outros gerentes no hotel, entretanto, se tornaram tensos, particularmente com a governança e com o departamento de vendas.

Como Denise tem que entender a complexidade dos problemas, ela decidiu compilar uma lista do que *poderiam* ser as causas do problema. Que tipo de itens podem estar nesta lista? Que formas poderiam ter as potenciais soluções a serem tomadas?

Certifique-se de incluir motivos para as soluções e um plano que permitirá a ela demonstrar à gerência que a análise e as soluções são provavelmente o resultado de discussões sobre as dificuldades.

Notas Finais

[1] Uma amostra dos dados atuais mostrados nas distribuições não foram normais mas foram distorcidos nas distribuições Weibull. Entretanto, como a diferença entre as distribuições Weibull e a Normal foi pequena, a simulação assumiu a normalidade.

[2] Para a discussão de como os descontos são (ou não) negociados através do sistema de reservas, ver Robert C. Lewis e Christopher Roan, "Vendendo o que Você Promove", *The Cornell Hotel and Restaurant Administration Quarterly*, 27, nº 1, p. 13 – 15.

[3] Para uma discussão de yield management, ver Walter J. Relihan III, "A Abordagem de Yield Management no Preço de Apartamento do Hotel", *The Cornell Hotel and Restaurant Administration Quarterly*, 30, nº 1 (1989), p. 40 – 45; Sheryl E. Kimes, "The Basics of Yield Management", *The Cornell Hotel and Restaurant Administration Quarterly*, 30, nº 3 (1983) p. 14 – 19; e Eric B. Orkin, "Strategies for Managing Transient Rates", *The Cornell Hotell and Restaurant Administration Quarterly*, 30, nº 4 (1990), p. 34 – 39.

[4] Por exemplo, ver Cathy Lynn Grossman, "Cheap Travel Talk", *USA Today*, 24 de junho de 1991, p. D4.

[5] Ver James Yenchel, "Low-Cost, No-Refund Rates", *Washington Post*, 24 de março de 1991, p.E4; e Laura Koss, "Marriot Leans to Permanent Advance Rates", *Business Travel News*, 20 de maio de 1991, p.1.

[6] Ver *Dold v. Outrigger Hotel*, 501 P.2d 368 (Havaí 1972); *Brown v. Hilton Hotels*, 211 S.E. 2d 125 (Georgia 1974); *Well v. Holiday Inns*, 522 F. Supp 1023 (Missouri 1961).

[7] A regra vem como resultado de *Hadley contra Baxendale*, 9 Exch. 341 (1854), um caso inglês que ainda é lei hoje. Neste caso, uma companhia de carruagens atrasou o retorno de um cabo para um moinho. Sem o conhecimento da pessoa que estava levando a carruagem, o moinho foi fechado até que o cabo fosse devolvido. O operador do moinho prestou queixa pela receita perdida quando ele descobriu que a carruagem estava atrasada sem motivo. A corte negou o pedido do moinho com base em que a pessoa que estava com a carruagem não sabia que o moinho fecharia pela falta do cabo. O moinho não pode recuperar as perdas porque sua perda de lucro não era prevista.

[8] Nós enviamos um questionário de três partes e 21 itens para uma amostra aleatória de propriedades Móbil de três, quatro e cinco estrelas nos EUA. Das 200 pesquisas distribuídas, nós recebemos 70 respostas por um retorno de 35%. Estas pesquisas foram distribuídas para seis regiões dos EUA. As respostas foram proporcionais ao número de pesquisas distribuídas em cada área, então nós sentimos que nossa pesquisa é relativamente representativa em termos de amostra.

[9] Les Clefs d'Or tem este nome pelo símbolo tradicional do *concierge*, chaves douradas cruzadas. Clefs d'Or membros usam as chaves cruzadas na lapela como símbolo de honra.

Referências

Albrecht, Carl and Ron Zemke. 1985. *Service America!* New York: Dow Jones-Irwin, pp. 37-38.

Allin, Nancy J. and Kelly Halpine. 1988. From Clerk and Cashier to Guest Agent. *Florida International University Hospitality Review* 6(1):42.

Ashforth, Blake E. and Ronald H. Humphrey. 1993. Emotional Labor in Service Roles: The Influence of Identity. *The Academy of Management Review* 18(1):88- 115.

Author unknown. 1991. Travel Executives Sound Warning. *Travel Weekly* November 18:21.

Author unknown. 1993. Shooting for the Star. *The Cornell Hotel and Restaurant Administration Quarterly* 34(3):17.

Bardi, James A. 1990. *Hotel Front Office Management.* New York: Van Nostrand Reinhold.

Barrington, Melvin N. and Michael D. Olsen. 1987. Concept of Service in the Hospitality Industry. *International Journal of Hospitality Management* 6(3):131-138.

Barrington, Melvin N. and Michael D. Olsen. 1988. An Evaluation of Service Complexity Measures of Front Office Employees in the Hotel/Motel Industry. *Hospitality Education and Research Journal* 12(2):149-162.

Barsky, Jonathan D. and Richard Labagh. 1992. A Strategy for Customer Satisfaction. *The Cornell Hotel and Restaurant Administration Quarterly* 33(5):32-40.

Beckmann, Martin J. 1958. Decision and Team Problems in Airline Reservations. *Econometrica* 26: 134- 145.

Bennett, D.J. 1984. Discount Fare Market Research 1981-83. *63rd Annual Meeting of the Transportation Research Board* January:2.

Bowen, David E. and Edward E. Lawler. 1992. The Empowerment of Service Workers: What, Why, How, and When. *Sloan Management Review* 33(3): 31-39.

Cannon, Debra F. 1993. Determinants of Organization Commitment Among Hotel Employees. *Hospitality and Tourism Educator* 5(2):75.

Carroll, Doug. 1991. Marriott Checks In with Risky Discounts. *USA Today* September 19:B1.

Christensen-Hughes, Julia. 1992. Cultural Diversity: The Lesson of Toronto's Hotels. *The Cornell Hotel and Restaurant Administration Quarterly* 33(2): 78-87.

Corney, William J. 1984. The Use of Computer Spreadsheets of Optimization and Analysis. *International Journal of Hospitality Management* 3(4):153-157.

Cournoyer, Norman G. and Anthony G. Marshall. 1988. *Hotel, Restaurant, and Travel Law.* Albany, NY: Delmar, p. 229.

Dahl, J. 1991. Nonrefundable Rates Are About to Check in at Hotels. *Wall Street Journal* February 21:B1.

Day, G.S. 1978. Are Consumers Satisfied? In *Consumerism: Search for the Consumer Interest, eds.* D. Asker and G. Day. New York: Free Press, pp. 406-417.

Freedman, D.H. 1989. Canceled flights. *C.I.O.* 2(7): 48-54.

Goodwin, John R. 1987. *Hotel Law, Principles, and Cases.* Columbus, OH: Publishing Horizons, p. 418.

Hillier, Frederick S. and Gerald J. Lieberman. 1974. *Operations Research.* San Francisco: Holden-Day.

Hopper, M.D. 1990. Rattling SABRE—New Ways to Compete on Information. *Harvard Business Review* May-June:118.

Jeffries, Jack P. 1983. *Understanding Hotel/Motel Law.* East Lansing, MI: Educational Institute of the American Hotel and Motel Association, p. 9.

Kavanaugh, Raphael R. and Robert H. Woods. 1993. Critical Elements: Making It in Management. *Hosteur* 2(2):89.

Kellogg v. Commodore Hotel. 64 N.Y.S. 2d 131 (N.Y. 1946).

Kulik, Carol T. and Maureen L. Ambrose. 1992. Personal and Situational Determinants of Referent Choice. *Academy of Management Review* 17(2): 212-237.

Ladany, Shaul P. 1976. Dynamic Operating Rules for Motel Reservations. *Decision Sciences* 7(4): 829-840.

Lieberman, Warren H. 1993. Debunking the Myths of Yield Management. *The Cornell Hotel and Restaurant Administration Quarterly* 34(1):34-41.

Lopez, Jolie Amparano. 1993. PepsiCo's Concierge Service Gets "Xtra Ours" Out of Work Force. *Wall Street Jounal* April 1: A1, A9.

McConnell, Jon P. August 1983. Room-Block Reservations: When an Agreement Is a Contract. *The Cornell Hotel and Restaurant Administration Quarterly* 24(2):76-82.

Orkin, E.B. 1988. BoostingYourBottom Line withYield Management. *The Cornell Hotel and Restaurant Administration Quarterly* 28(4):52-56.

Parasuraman, A., Leonard L. Berry, and Valarie A. Zeithaml. 1991. Understanding Customer Expectations of Service. *Sloan Management Review* 32(3): 39-48.

Rafaeli, Anat. 1989. When Cashiers Meet Customers: An Analysis of the Role of Supermarket Cashiers. *Academy of Management Journal* 32(2):245-273.

Rothstein, Marvin. 1974. Hotel Overbooking as a Markovian Sequential Decision Process. *Decision Sciences* 5:389-404.

Rutherford, Denney G. 1985. The Front Office Manager: Key to Hotel Communications. *Florida International University Hospitality Review* 3(2): 38-48.

Schlesinger, Leonard A. and James L. Heskett. 1991. Breaking the Cycle of Failure in Services. *Sloan Management Review* 32(3):17-28.

Sherry, John E.H. 1981. *The Laws of Innkeeping.* Ithaca, NY: Cornell University Press, p. 129.

Smith, Ken. 1993. Hospitality and Empowerment: Trusting Employees. *Hospitality and Tourism Educator* 5(2):19-20.

Sternberg, Lawrence E. 1992. Empowerment: Trust vs. Control. *The Cornell Hotel and Restaurant Administration Quarterly* 33(1):69-72.

Stiel, Holly. 1993. *Ultimate Service: A Complete Handbook to the World of the Concierge.* Englewood Cliffs, NJ: Prentice Hall.

Sullivan, Sherry E. and Rabi S. Bhagat. 1992. Organizational Stress, Job Satisfaction and Job Performance: Where Do We Go From Here? *Journal of Management* 18(2):353-374.

Thomas v. *Pick Hotels Corporation.* 224 F.2d 604 (7th Cir. 1955).

Thompson, H.R. 1961. Statistical Problems in Airline Reservations Control. *Operational Research Quarterly* 12(3):167-185.

Toh, Rex S. 1986. Coping with No-Shows, Cancellations, and Oversales. *International Journal of Hospitality Management* 5(3):124.

USA *Today.* 1993. Hotels: Home, Home on the Road. April 13:El-E12.

Vallen, Gary K. 1993a. Organizational Climate and Burnout. *The Cornell Hotel and Restaurant Administration Quarterly* 34(1):54-59.

Vallen, Gary K. 1993b. A Comparison of Hospitality Burnout with Other "High Burnout" Industries." *Hospitality and Tourism Educator* 5(2):31-36.

Williams, Fred E. 1977. Decision Theory for the Innkeeper: An Approach for Setting Reservation Policy. *Interfaces* 7(4):18-30.

Williams, Peter W. and Michael Hunter. 1992. Supervisory Hotel Employee Perceptions of Management Careers and Professional Development Requirements. *International Journal of Hospitality Management* 11(4):347-358.

Withiam, Glenn. 1983. Keeper of the Keys; Concierges in American Hotels. *The Cornell Hotel and Restaurant Administration Quarterly* 24(3):40-48.

Zweig, Philip L. 1986. Banks Stress Resolving Complaints to Win Small Customers' Favor. *Wall Street Journal* December 8:29.

Leituras Sugeridas

Livros

Bardi, James A. 1990. *Hotel Front Office Management.* New York: Van Nostrand Reinhold.

Bryson, McDowell and Adele Ziminski. 1992. *The Concierge: Key to Hospitality.* New York: John Wiley.

Foster, Dennis L. 1992. *Rooms at the Inn: Front Office Operations and Administration.* Westerville, OH: (Glencoe Division Macmillan/McGraw-Hill.

Heldenbrand, H.E. 1944. *Front Office Psychology.* Chicago: American Hotel Register Company. Editor's note: This little volume is out of print but generally is carried in hotel school libraries and some "seasoned" faculty offices. Many of Heldenbrand's observations are as valid today as they were in 1944.

Vallen, Jerome J. and Gary K. Vallen. 1991. *Check-In Check-Out,* 4th ed. Dubuque, LA: Wm. C. Brown.

Artigos

Barrington, Melvin N. and Michael D. Olsen. 1988. An Evaluation of Service Complexity Measures of Front Office Employees in the Hotel Motel Industry. *Hospitality Education and Research Journal* 12(2):149-162.

Brownell, Judi. 1990. Grab Hold of the Grapevine. *The Cornell Hotel and Restaurant Administration Quarterly* 31(2):78-83.

Brymer, Robert. 1991. Employee Empowerment: A Guest-Driven Leadership Strategy. *The Cornell Hotel and Restaurant Administration Quarterly* 32(1):58-68.

Bush, Melinda. 1988. Hotel Booking-Information Is Critical. *Lodging Hospitality* 44(7):2.

Cadotte, E.R. and Normand Turgeon. 1988. Key Factors in Guest Satisfaction. *The Cornell Hotel and Restaurant Administration Quarterly* 28(4):4451.

Dev, Chekitan S. and Bernard D. Ellis. Guest Histories: An Untapped Service Resource. *The Cornell Hotel and Restaurant Administration Quarterly* 32(2): 29-37.

Engel, Paul G. 1987. Computerized Management: What's Right for You? *Lodging Hospitality* 43(1): 96.

Gamble, Paul and Graham Smith. 1986. Expert Front Office Management by Computer. *International Journal of Hospitality Managanent* 5(3):109-114.

Kasavana, Michael L. 1993. Front Office Operations. In *VNR's Encyclopedia of Hospitality and Tourism*, eds. Mahmood Kahn, Michael Olsen, and Turgut Var. New York: Van Nostrand Reinhold.

Lambert, Carolyn U. and Thomas P. Cullen. 1987. Balancing Service and Costs through Queueing Analysis. *The Cornell Hotel and Restaurant Administration Quarterly* 28(2):69-72.

Murthy, Bvsan and Chekitan S. Dev. 1993. Average Daily Rate. In *VNR's Encyclopedia of Hospitality and Tourism*, eds. Mahmood Kahn, Michael Olsen, and Turgut Var. New York: Van Nostrand Reinhold.

Rutherford, Denney G. 1985. The Front Office Manager: Key to Hotel Communications. *Florida International University Hospitality Review* 3(2):38-48.

Van Dyke, Tom. 1993. Guest Registration. In *VNR's Encyclopedia of Hospitality and Tourism*, eds. Mahmood Kahn, Michael Olsen, and Turgut Var. New York: Van Nostrand Reinhold.

Williams, Peter W. and Michael Hunter. 1992. Supervisory Hotel Employee Perceptions of Management Careers and Professional Development Requirements. *International Journal of Hospitality Management* 11(4):347-358.

Fonte das Notas

A Questão do Overbooking: uma Simulação, de Carolyn U. Lambert, Joseph M. Lambert e Thomas P. Cullen é um artigo publicado em agosto de 1989 em *The Cornell Hotel and Restaurant Administration Quarterly*. ©Cornell University. Reimpresso com permissão. Todos os direitos reservados.

Descontos no Setor Hoteleiro: uma Nova Abordagem, de Richard D. Hanks, Robert G. Cross e R. Paul Noland é um artigo publicado em fevereiro de 1992 em *The Cornell Hotel and Restaurant Administration Quarterly*. ©Cornell University. Reimpresso com permissão. Todos os direitos reservados.

Reservas: O Contrato do Hóspede, de Jon P. McConnell e Denney G. Rutherford é um artigo publicado em fevereiro de 1990 em *The Cornell Hotel and Restaurant Administration Quarterly*. ©Cornell University. Reimpresso com permissão. Todos os direitos reservados.

Concierges Americanos Estabelecem Padrões de Serviços, de Glenn Withiam é um artigo publicado em maio de 1993, em *The Cornell Hotel and Restaurant Administration Quarterly*. ©Cornell University. Reimpresso com permissão. Todos os direitos reservados.

Gerentes Intermediários: Enfrentanto o Desafio da Comunicação, de Judi Brownell é um artigo publicado em fevereiro de 1991 em *The Cornell Hotel and Restaurant Administration Quarterly*. ©Cornell University. Reimpresso com permissão. Todos os direitos reservados.

5

Governança, Engenharia e Segurança

Introdução

GOVERNANÇA

Em um recente encontro de diretores de governança da maioria dos grandes hotéis metropolitanos em uma grande cidade no nordeste dos EUA, a seguinte questão foi colocada: quantos de vocês, como parte de seu plano de carreira, inicialmente consideraram a governança como um papel gerencial atraente? A resposta, não surpreendentemente, foi nenhuma das pessoas!

Isto indica o maior dilema que o gerenciamento moderno de hotéis enfrenta. A governança, que é uma das funções de trabalho mais intensivas e o maior centro de custo do hotel, é muito importante. Entretanto, ela não é nem universalmente compreendida, nem respeitada pela maioria dos gerentes de departamentos de um hotel, funcionários e, em sentido amplo, hóspedes e clientes. Há alguns sinais encorajadores, entretanto, de que esta situação está mudando aos poucos. Algumas companhias hoteleiras estão experimentando tirar a governança da divisão de quartos e torná-la um setor independente, com o diretor da governança reportando-se diretamente ao gerente geral. Outras estão combinando a governança a outras funções de gerenciamento tais como manutenção e segurança. Um estudo descobriu que mais de 60% dos gerentes de governança entrevistados eram graduados e 40% eram homens (Rutherford e Schill 1985). Isto tende a contradizer o tradicional estereótipo de diretor da governança como uma mulher que conseguiu seu posto através da hierarquia da governança.

A informação sobre a administração de governança é tradicionalmente organizada de acordo com os modelos estabelecidos em livros que datam de 1951, sobre o tratamento de governança hospitalar de LaBelle e Barton. Brigham (1955) focou sua análise da estrutura de funções e responsabilidades da governança em um hotel pequeno. Tucker e Schneider (1982), Schneider e Tucker (1989), e Martin (1986) forneceram um inventário abrangente da imagem teórica, responsabilidades, relacionamentos e técnicas importantes para a governanta moderna em uma série de situações operacionais. (Ver a contribuição de Martin adiante.)

Falando de modo geral, esse trabalho apresenta informação em uma estrutura similar à usada no currículo da universidade de governança do Holiday Inn, que diz que a governanta administra "quatro grandes áreas de responsabilidade".

1. Gerenciamento de pessoas, equipamento e material de trabalho.
2. Preservação do acabamento, tecidos e móveis.
3. Controle de custos.
4. Controle dos registros (Tucker e Scheider 1982, 38).

Ao analisar as diferenças entre o "o folclore e o fato" do trabalho do gerente, Mintzberg (1975) concluiu que havia diferenças substanciais entre a noção popular e a acadêmica do trabalho dos gerentes comparadas ao que os gerentes na verdade fazem.

A pesquisa mencionada acima (Rutherford e Schill 1985) demonstrou curiosidades similares: o que é o relacionamento entre tudo o que foi escrito sobre governança e o que os diretores de governança consideram importante. A pesquisa foi enviada para uma amostra nacional de executivos de governança pedindo-lhes que classificassem, em uma escala crescente de 1 a 5, a importância de 100 conceitos comuns à literatura de governança. Procedimentos estatísticos (análise fatorial) agruparam as respostas das governantas em oito grupos diferentes. Embora as responsabilidades tradicionais de registros, custos, suprimento e mobiliário ainda fossem importantes, as questões centrais para gerenciamento de pessoas foram de grande importância. Especificamente destacadas foram as seguintes:

- Liderança.
- Comunicação.
- Planejamento estratégico.
- Interações organizacionais no hotel.
- Gerenciamento departamental.
- Treinamento.

Os autores concluíram que as novas estruturas do conhecimento tradicional, construção e táticas, tais como as exploradas em seu modelo, podem apresentar aos futuros gerentes as alternativas e oportunidades operacionais, educacionais ou de marketing para melhorar a posição competitiva ou modernizar a transferência do conhecimento. A disseminação deste conhecimento da maneira mais eficiente e eficaz é também importante para, como Mintzberg aponta (1975), "desafiar o gerente para achar maneiras sistemáticas de compartilhar seu conhecimento privilegiado."

Desde 1985, tem havido poucas experiências analíticas empíricas sobre os aspectos operacionais da governança e outros departamentos de trabalho intenso nos hotéis. Até esta data, haverá pouco movimento em direção à "teoria" da governança. Não há, entretanto, falta de experimentação prática por parte dos gerentes de governança.

Um exemplo interessante de tal experimentação criativa é discutido neste artigo por Paul Kirwin. Kirwin, vice-presidente do Carlson Hospitality Group, resume a implementação bem-sucedida, em seu grupo, de um modelo de produtividade baseado no incentivo para as governantas. Com base no clássico conceito "trabalho segmentado", as camareiras do Carlson podem trabalhar tão rápido quanto desejarem enquanto ainda garantem uma média de salário acima da média. Kirwin descreve como este processo se provou não somente produtivo mas motivador, com o benefício extra de diminuir a rotatividade.

O professor Robert Martin, da Universidade de Nevada, Las Vegas, escreve como os departamentos de governança são organizados quanto aos funcionários. Ele fornece uma visão geral da perspectiva organizacional do departamento, com atenção particular às responsabilidades das várias pessoas dentro do moderno departamento de governança. Martin traz uma experiência profunda no gerenciamento de departamento de governança para seu artigo e estrutura sua descrição da organização com uma narrativa do mundo real, "contada da maneira que é".

Na maioria dos casos, o gerenciamento da função de governança não pode ser mais provinciano, do tipo "mulher mandona". A experiência em administrar o departamento juntamente com o número de funcionários a seu comando faz com que esta pessoa tenha que ser um líder, com habilidades gerenciais, além de ser sofisticado e criativo.

MANUTENÇÃO

De uma certa forma, governança, manutenção e segurança poderiam, cada um, ser considerado como serviço para o hóspede. Na maioria dos hotéis o serviço ao hóspede (ver capítulo 4) é um componente muito visível que pode incluir o *concierge*, serviço uniformizado, garagem e atividades especializadas de lazer e recreação. A governança e a segurança do hotel e seus hóspedes, e o sistema de engenharia de manutenção, estão, sob as melhores circunstâncias, atrás das cortinas. Eles geralmente nem são notados pelo hóspede, apenas em sentido abstrato. Eles são, entretanto, serviços críticos para a segurança, o conforto e a estadia bem-sucedida do hóspede no hotel.

Como afirmado no primeiro dos dois artigos incluídos aqui na função de manutenção, no passado o engenheiro chefe e seus departamentos foram relegados a praticamente a mesma posição na organização do hotel que eles ocupavam fisicamente – o porão. Como explorado nestes dois artigos, há indicações numerosas de que a função da manutenção é extremamente importante, e não pode mais ser ignorada ou tratada com menos respeito que qualquer outra função no gerenciamento.

Estes dois artigos, embora sobre o mesmo tópico, são essencialmente diferentes. O primeiro, sobre a função da manutenção, dá uma visão geral do departamento; ele explora algumas influências sobre a manutenção do hotel e demonstra as típicas funções da área. Adicionalmente, ele lança mão da pesquisa que produziu o segundo artigo, que foca especificamente o engenheiro chefe, ou gerente de manutenção.

A pesquisa relatada sobre os engenheiros chefes argumenta que o cargo de engenheiro chefe, como o executivo da governança, em uma organização hoteleira moderna, exige um líder que agora é mais um gerente do que um técnico. Esta pessoa deve gerenciar uma diversa coleção de talentos e habilidades entre os funcionários da manutenção. Isto levanta a questão de que tipo de engenheiro esta pessoa deveria ser. Este estudo, conduzido em uma amostra nacional de engenheiros chefes de hotel, demonstrou que a gama de tarefas que desafiam o engenheiro chefe em um hotel moderno, aquelas classificadas como mais importantes, lidam com o gerenciamento dos problemas relacionados com o ser humano e as práticas dos funcionários. Isto representa uma mudança significativa do passado recente, quando as tarefas e atividades técnicas predominavam e eram responsáveis por uma porção importante das tarefas do engenheiro chefe durante um dia de trabalho.

O número de funcionários por quem o engenheiro chefe é responsável varia grandemente, baseado principalmente no tamanho do hotel. Um estudo estabeleceu a razão de 3,9 funcionários da manutenção para cada 100 apartamentos (Fischer 1986). Outros fatores que podem influenciar a diversidade do gerenciamento relacionado ao ser humano para o gerente de manutenção são o nicho de mercado, sofisticação do *design* do prédio e equipamento, e filosofia da corporação. Entretanto, se um hotel de 1.000 apartamentos tem 40 pessoas ou mais na manutenção, todos presumivelmente bem treinados, qualificados e com habilidades técnicas, isso sugere fortemente a necessidade de habilidades de relacionamento interpessoal por parte do engenheiro chefe.

Quando Wasmuth e Davis estudaram o gerenciamento da rotatividade de funcionários, eles descobriram que a mesma é relativamente baixa nos departamentos de manutenção, na maioria dos hotéis estudados. Eles também descobriram que a qualidade de supervisão era o elemento chave em manter baixas as taxas de rotatividade entre os departamentos de manutenção. O estilo de supervisão que era mais bem-sucedido tinha como elemento crítico o talento que "permitia e encorajava [os engenheiros] a trabalharem autonomamente" (1983, 68).

Permitir aos funcionários da manutenção trabalhar com autonomia é devido à natureza de seus vários trabalhos e a preocupação para com o lado humano do gerenciamento. Isto também sugere que, enquanto alguns estilos de supervisão podem ser apropriados nos departamentos de manutenção, outros podem não ser. O estilo de gerenciamento se refere à maneira que nós gerenciamos, controlamos e motivamos, e por outro lado, dirigimos nossos subordinados. É através do uso de vários estilos gerenciais que os funcionários podem ou não ser encorajados e permitidos a trabalharem por si só. A extensão pela qual tal atmosfera pode ser fomentada pelo gerente afeta significantemente a gama de desafios relacionados ao ser humano do gerente, rotatividade sendo um exemplo primário.

Estilos de Gerenciamento

Um estudo não publicado de 49 engenheiros chefes de uma grande companhia hoteleira internacional, que participaram de uma reunião regional anual, buscou determinar o seu estilo de gerenciamento. Foi pedido a eles que preenchessem um pequeno questionário demográfico padronizado sobre estilo gerencial, para determinar qual estilo gerencial era predominante.

No instrumento de coleta, o estilo gerencial primário foi considerado como uma entre as seis categorias, com um segundo estilo que poderia ser um ou uma combinação de outros. Os seis estilos gerenciais foram:

- *Coercitivo:* O gerente "faça do jeito que eu mando", que controla de perto seus subordinados e os motiva com ameaças e disciplina.
- *Autoritário:* O gerente "firme mais justo", que fornece aos subordinados direção clara e os motiva por persuasão e *feedback* em relação ao desempenho da tarefa.
- *Paternal:* O gerente "pessoas primeiro, tarefas depois", que enfatiza o bom relacionamento pessoal entre os subordinados e os motiva tentando mantê-los felizes com benefícios e atividades sociais.
- *Democrático:* O gerente "participativo" que encoraja a opinião do subordinado na tomada de decisão e o motiva premiando o esforço em equipe.
- *Líder:* O gerente "eu mesmo faço", que desempenha as tarefas pessoalmente, esperando que seus subordinados sigam seu exemplo e os motiva estabelecendo altos padrões e permitindo que os funcionários trabalhem por si sós.
- *Técnico:* O gerente "do desenvolvimento", que ajuda e encoraja os subordinados a melhorar seus desempenhos, e que os motiva fornecendo oportunidades para seu desenvolvimento profissional (Mc Ber, sem data).

Um perfil do estilo gerencial reflete os estilos primário e secundário. O "primário" é o comportamento gerencial freqüentemente mais usado, mais confortável e no qual as pessoas normalmente ficam sob estresse. O "secundário" refere-se a uma maneira de gerenciamento alternativa que se usa quando o estilo primário não é eficiente. Alguns indivíduos têm mais do que um estilo primário e alguns utilizam múltiplos estilos secundários.

Os dados dos 49 engenheiros chefes que receberam o questionário para determinar seus estilos gerenciais de acordo com sua auto-percepção estão na Figura 1. Para fins de comparação, estes dados são dispostos com perfis estabelecidos para gerentes de restaurante (Whitney 1986) e gerentes de clubes privados (Whitney 1988).

As comparações mostram que cada grupo é primariamente do estilo Paternal. Os gerentes de restaurante, entretanto, combinam suas afiliações com um alto nível de Coercitivo e de "Técnico". Isto é incomum e provavelmente reflete fatores como boa vontade e situações de alta pressão, como também uma predominância de modelos de gerência coercitiva no setor do restaurante. Os gerentes de clubes, por outro lado, são muito similares aos engenheiros chefes no estilo gerencial. Dos grupos, os engenheiros parecem ser os mais paternais, uma característica que destoa de sua reputação como "casca grossa".

Os Paternais (74%) são, na verdade, o estilo primário do grupo de engenheiros, e seu estilo secundário é o Democrático (55%). O segundo mais alto, o de Líder (46%), pode não ser um estilo de gerenciamento empregado freqüentemente pela maioria dos engenheiros, mas provavelmente representa um número significativo de engenheiros que preferem "o deixa que eu faço", ou trabalhar em locais onde eles acham impossível ou difícil delegar responsabilidades. A confiança em um estilo Democrático com sendo o secundário, combinado com o estilo primário Paternal, certamente produziria uma atmosfera organizacional onde os funcionários se sentiriam encorajados a ser independentes e autônomos.

Geralmente, para propósitos descritivos, somente os estilos primários e secundários são usados mas, neste caso, como nem o Coercitivo, o Autoritário ou o Técnico se classificaram

FIGURA 1
Perfil do Estilo Gerencial

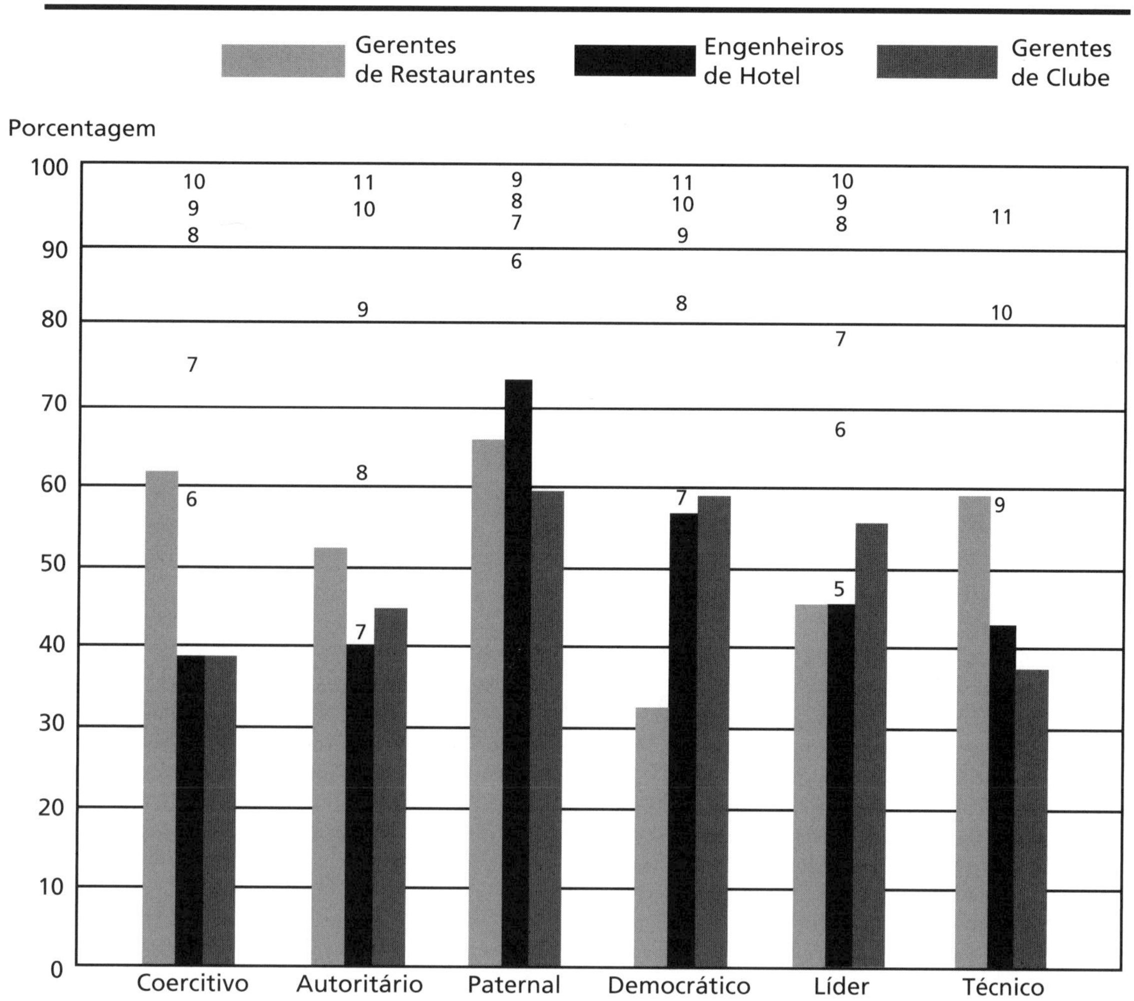

extremamente baixos, cada um chegando perto dos 40%, o grupo pode ser considerado bem equilibrado em sua habilidade para empregar todos os estilos. Tenham em mente, entretanto, que a chave para a eficiência não é a versatilidade por si só, mas se alguém usa o estilo *certo* no momento *certo,* ou não.

Os dados encontrados por meio da aplicação deste instrumento, para esta amostra, tendem a apoiar a teoria de que engenheiros chefes bem-sucedidos e seus departamentos deveriam favorecer os estilos de gerenciamento que colocam as pessoas em primeiro lugar. Pelo menos neste momento, parece que o estilo Paternal funciona melhor com as pessoas e tarefas gerenciadas por um engenheiro chefe. Isto é, entretanto, um pequeno estudo de uma única companhia, e precauções estão na ordem do dia. Neste estágio do estudo dos engenheiros chefes, dados como estes podem somente ser sugestivos, apesar de eles fornecerem uma visão maior das facetas do gerenciamento da manutenção de um hotel moderno.

SEGURANÇA

É um fato infeliz da administração de hotéis modernos que simplesmente fornecer ao hóspede conforto, comida de qualidade, bebida, serviços de hospedagem e uma atmosfera de lar longe de casa não seja mais suficiente. O hotel de hoje tem sido duramente afetado por muitos problemas apresentados por elementos predatórios da sociedade moderna. Por isso, os departamentos de segurança têm a responsabilidade de proteger os hóspedes, bem como os bens do hotel, em relação a possíveis perdas ou danos.

Os hotéis geralmente são silenciosos sobre seu esquema de segurança, suas funções, tarefas e funcionários. Uma boa visão geral sobre segurança pode ser encontrada na publicação do Educational Institute of the American Hotel and Motel Association – AH&MA (Ellis 1986). Tipicamente, o departamento moderno de segurança do hotel será organizado como uma equipe cujo diretor de segurança se reporta diretamente à gerência. Nós temos poucos dados sobre o gerente de segurança do hotel porque poucas pesquisas têm sido feitas sobre este tema. Curiosamente, da experiência do editor, a maioria dos gerentes recentemente contratados para preencher esta função veio da segurança militar ou de serviços de segurança civil.

Tipicamente, a equipe da segurança refletirá a natureza e a dimensão das ameaças para um hotel em particular, assim como o tamanho do hotel, sua localização e sua estratégia de gerenciamento. Um diretor de segurança administrará as funções do seu departamento em face a duas classes gerais de ameaças – externas e internas.

As ameaças externas são geralmente aquelas que apresentam um risco para o hotel e seus hóspedes devido a ações de estranhos. A segurança interna é uma área funcional que está preocupada com a redução de perdas ou danos em bens do hotel. Na maioria dos casos, isto se refere ao controle de mercadorias altamente atraentes e populares como vinho, comidas caras e, é claro, o dinheiro do hotel.

As responsabilidades do gerente de segurança envolvem:

- Segurança física, que lida com o perímetro do hotel.
- Políticas e procedimentos adaptados à construção e à localização do prédio.
- Utilização de aparelhos eletrônicos, aparelhos modernos de telecomunicações, alarmes de proximidade, detectores de movimento e circuito fechado de televisão para reforçar a capacidade do hotel em eliminar ameaças.

Os diretores de segurança também têm certas responsabilidades administrativas, lidando com políticas, treinamento, educação e recursos humanos, para ajudar o hotel a evitar contratar o que se chama de funcionário de "alto risco". Isto é devido primeiramente ao aumento do risco que os hotéis e funcionários enfrentam com a contratação negligente.

Um aspecto fundamental do diretor de segurança do hotel é desenvolver políticas e procedimentos para gerenciar emergências. Estas emergências podem acontecer de muitas formas, mas nos anos recentes incluíram incêndios, terremotos, enchentes, furacões, blecautes, roubos, ameaças e explosões de bombas, emergências médicas e dentárias e algumas formas de terrorismo. É um fato da vida moderna que o hotel gerenciado adequadamente do ponto de vista da segurança, nesta época tem que ter planos de contingência e programas de treinamento de funcionários prontos para lidar com estas ameaças em potencial.

Uma outra responsabilidade do diretor de segurança é a ligação com autoridades civis. Como o artigo incluído neste capítulo aponta, os hotéis são responsáveis pelo que eles "sabem ou deveriam saber" sobre as ameaças potenciais. O melhor caminho para se manter atualizado com isso é ter um bom relacionamento com a polícia local.

Finalmente, a maior responsabilidade de um diretor de segurança de um hotel moderno é dar assistência no desenvolvimento de políticas que guiem a implementação de procedimentos, treinamento, inspeção e relatórios para ajudar na formalização de uma estrutura que ligue todas as partes pertinentes da organização do hotel ao conceito de segurança total para a organização, seus funcionários e hóspedes.

O artigo de Rutherford e McConnell aqui incluído lida primeiramente com a relação de ameaças em potencial aos hóspedes de um hotel provocadas por estranhos. Ele foi escrito para sugerir ao setor hoteleiro, seu gerenciamento e seus funcionários que, enquanto o setor não tem padrões publicados para a segurança relativa aos hóspedes do hotel, a justiça cada vez mais ordena tais padrões por aplicarem o teste de o que o hotel "sabia ou deveria saber" e, conseqüentemente, o que poderia ser previsto. Se uma ameaça em potencial era previsível e o hotel não colocou as políticas e procedimentos em prática para lidar com ela, os tribunais julgam os hotéis cada vez mais responsáveis por um lapso no grau de cuidado que devem aos hóspedes. Os autores apresentam vários casos típicos trazidos por partes prejudicadas contra as operações de hospitalidade. Eles foram escolhidos não por seu efeito dramático, mas por seu potencial como precedentes legais pelos quais se julga o comportamento de todos os operadores envolvidos com hospitalidade.

RESUMO

Governança, manutenção e segurança – embora não sejam funções tipicamente atraentes – são, entretanto, muito importantes para o gerenciamento de qualquer hotel. Todas evoluíram para o gerenciamento profissional dos departamentos, que respondem a estímulos internos e externos, e que afetam consideravelmente seu relacionamento com outros departamentos no hotel e, no final, a realização dos serviços do hotel para os hóspedes.

Vários livros que tratam destes departamentos em profundidade estão listados como leitura sugerida e o leitor que está em busca de mais informações poderá encontrá-las em qualquer um deles.

1. Organizações de Governança: História, Objetivo, Estruturas e Pessoal

Robert J. Martin

ORIGENS DA HOSPITALIDADE E DA GOVERNANÇA

Por definição, hospitalidade é a recepção cordial e generosa e o entretenimento de hóspedes ou estranhos, social ou comercialmente. Por essa definição nós temos o sentimento de portas abertas e do anfitrião com braços abertos; de um lugar no qual pessoas podem se sentir bem cuidadas. Independentemente das razões pelas quais as pessoas vão para uma "casa" longe dos seus lares, há a certeza de que elas precisarão de cuidados. Elas precisarão de um lugar limpo e confortável para dormir ou descansar, serviço de alimentação, espaço para se socializar e encontrar outras pessoas, acesso ao comércio e segurança.

Os americanos têm sido descritos como pessoas em movimento, uma sociedade móvel. Mesmo enquanto o país se expande, nós necessitamos de cama e descanso. Os viajantes, nos anos de 1700, descobriram uma hospitalidade similar à que existia em seus países de origem, apesar de as novas acomodações serem casas de estrada, missões, casas particulares, onde a governança não deve ter incluído mais que uma cama de palha, trocada semanalmente.

As opções em todas as partes da jovem América eram mensuradas de acordo com as exigências do público viajante, e antigos registros indicam que havia possibilidade de escolha, baseada em onde se encontrava a melhor comida, proteção durante a noite e outras facilidades. Mesmo sendo rudes, as pousadas eram lugares de reuniões onde poder-se-ia ouvir as notícias do dia, socializar-se, ouvir sobre os negócios da área e descansar.

O negócio de hospedagem gradualmente se tornou o setor hoteleiro de hoje, mas o componente principal permanece: um quarto confortável e limpo, acesso à comida, facilidades de entretenimento e funcionários cordiais e preocupados que dizem a verdade quando professam "estamos à sua disposição".

Os departamentos de governança têm um papel vital no setor hoteleiro hoje. Pessoas envolvidas em operações de governança realizam serviços de quarto, mantêm limpas áreas públicas e especiais e, em muitos casos, operam a lavanderia e serviços de recreação e saúde. Além disso, as pessoas da governança são parte do time de anfitriões que dão as boas vindas aos hóspedes. Elas demonstram preocupação e cuidado quando alguma coisa dá errado com a visita do hóspede, e tentam resolver o problema o mais rápido possível para fazer com que as coisas voltem ao normal.

Grandes companhias hoteleiras foram rápidas em reconhecer o valor da governanta e de outros funcionários dos hotéis. Um bom gerenciamento de hotel não vê o trabalho da governança como humilhante. Pelo contrário, todo gerente operacional de hotéis de qualidade desempenhou, de uma maneira ou de outra, funções de governança e, como resultado, entende o valor das pessoas que desempenham suas funções regularmente.

Aqueles que estudam este setor em particular deveriam relembrar periodicamente o lema de um dos mais prestigiosos *resorts* nos EUA, The Greenbriar of White Sulfur Springs, West Virginia. Ele aparece em um cartaz quando você entra no *resort*: *"Senhoras e Senhores Servidos por Senhoras e Senhores"*.

DEPARTAMENTO DE HOSPEDAGEM

Recepção e Governança

O departamento de hospedagem em um estabelecimento hoteleiro é o departamento que é direta e unicamente envolvido com todos os aspectos de venda, ocupação e serviço aos hóspedes em seus quartos. Ele é gerenciado por uma pessoa que geralmente se chama gerente residente. Apesar de o título dar uma idéia errada do que se pressupõe, a maioria não reside no hotel. Outros sinônimos de títulos para o gerente residente são gerente de hospedagem, diretor de hospedagem, diretor de operações de hospedagem ou, simplesmente, gerente (não confundir com gerente geral).

O departamento de hospedagem é geralmente pensado como uma combinação de dois departamentos operacionais principais – o *front office* e a governança. O gerente responsável pela recepção inspeciona vários sub-departamentos: reservas, recepção, mensageiros, transporte, telefonia, possivelmente o *concierge* e qualquer outra forma de função que envolva o hóspede.

A gerente encarregada das funções de governança é geralmente conhecida como governanta executiva. Dependendo do tamanho do hotel, outros sub-departamentos podem estar dentro da esfera das operações de governança, tais como uma lavanderia ou recreação. A pessoa responsável pela governança pode ter qualquer um dos diferentes títulos, todos considerados sinônimos de governanta executiva. Alguns títulos são:

- Governanta.
- Gerente de governança.
- Diretor de serviços.
- Diretor de serviços internos.
- Diretor de operações de governança.

Para os propósitos deste artigo, todas as responsabilidades serão consideradas funções da gerente conhecida como governanta executiva.

Em uma determinada época, a maioria das governantas executivas trabalhou sob a direção do gerente de recepção. Elas eram, na verdade, não executivas, mas pessoas que tinham trabalhado desde a posição de camareira e, com pouco ou nenhum treinamento, chegaram à posição de gerente. Entretanto, hoje, o tamanho, custo e a complexidade das operações de governança colocaram a governanta executiva em pé de igualdade com outros departamentos de gerência. Como resultado, elas agora têm responsabilidade igual sobre o gerente residente para a operação dos departamentos de hospedagem.

O setor hoteleiro é um negócio de trabalho intenso. Pode haver mais empregados envolvidos em operações de alimentos e bebidas que em qualquer outra área. Também, por causa da diversidade de tais operações (restaurantes, serviços de banquete e de cozinha), há geralmente mais gerentes para controlar a operação total. Na governança, entretanto, há um chefe de departamento que é responsável pelos funcionários, operando o centro de custo e a área física da propriedade.

A governanta executiva de hoje deve ser treinada para planejar, organizar, gerenciar, dirigir e controlar operações. Também deve ter habilidade em relações humanas, ter conhecimento superior em controle de custos e ter um bom conhecimento técnico em compras, decoração e renovação. Por último, mas não menos importante, deve ter habilidade em delegar tarefas. Sem uma grande inclinação para delegar tarefas, ter a força necessária para agir e, finalmente, manter as pessoas responsáveis por suas funções, ela mesma deverá desempenhar todas as tarefas. E esse escritor nunca encontrou uma pessoa que pudesse arrumar 3.000 camas em um dia.

ORGANIZAÇÃO

As organizações de governança são tão variadas quanto os tamanhos e tipos de hotéis. Exceto os hotéis muito pequenos como os super econômicos "*bed and breakfast*", a tendência hoje está longe do hotel familiar de 80 quartos. A fim de discutir as organizações de governança, seria apropriado ter um hotel modelo cujo tamanho permita a maior variação possível. A organização a ser discutida se adequaria a um hotel de 200 ou mais quartos. Na maioria dos hotéis com maior ou menor número de apartamentos, haveria funções idênticas, mas o tamanho faria com que uma pessoa desempenhasse várias funções no hotel menor. Obviamente, quanto mais facilidades o hotel ofereça, maior a necessidade de uma equipe maior, com mais indivíduos realizando uma única função. Considere então o seguinte hotel:

- Novos hotéis de negócios.
- 350 apartamentos.
- Dois restaurantes (um 24 horas e outro somente para o jantar).
- Área de eventos com 15.000 metros quadrados de espaço.
- *Room service.*
- Cozinha para dar apoio a todos os serviços de alimentação.
- *Lounge* principal com entretenimento noturno.
- Serviço de bebidas para eventos, serviço de bar para ambos os restaurantes e para o *room service.*
- Piscina externa, piscina interna aquecida, sala de ginástica, sauna seca e a vapor.
- Salão de jogos (videogames, bilhar e tênis de mesa).
- Lavanderia para os enxovais de quartos e de eventos.
- Duas lojas de *souvenirs.*
- Recepção com sistema de gerenciamento totalmente computadorizado.

Organização do Hotel

Antes de verificar a organização do departamento de governança, é útil visualizar a organização do hotel inteiro. O que está representado na Figura 1 poderia facilmente ser apropriado para o modelo de hotel já descrito.

Note a posição da governanta executiva dentro da organização. Algumas governantas executivas podem ocupar posições mais altas ou mais baixas dentro de qualquer organização. Algumas podem responder diretamente ao gerente geral; outras podem ter posições executivas; e outras ainda podem responder para o chefe de manutenção (engenheiro chefe). Nesse caso, entretanto, nossa executiva ocupa a posição de gerente intermediário, uma chefe de departamento igual ao gerente da recepção e os outros principais chefes de departamento. Há dois gerentes juniores que responderão para a governanta executiva, o gerente de governança e gerente de lavanderia. Tanto a governanta executiva como o gerente de recepção respondem para o gerente residente, que é um membro do comitê executivo da propriedade. Este comitê é o corpo diretivo que faz as políticas para a propriedade, sob o comando do gerente geral.

Organização da Governança

A Figura 2 descreve uma organização racional de um departamento de governança para o hotel modelo. Note a utilização dos dois assistentes principais. O gerente de governança é o primeiro assistente para a governanta executiva e foi colocado para tomar conta de todos os apartamentos do hotel. Isto enfatiza a delegação das tarefas, o gerente de governança não é somente um assistente para a governanta executiva, e sim um gerente júnior com responsabilidades funcionais. Há várias maneiras pelas quais esta parte da organização pode ser gerenciada. As camareiras podem ser escaladas independentemente ou podem ser agrupadas em grupos de trabalho. Nesta ilustração, a formação dos grupos e a atribuição dos horários (escalas) fornecem uma técnica mais eficiente de trabalho.

A lavanderia oferece outra área para um gerente júnior. Neste caso, a experiência técnica necessária é mais específica. Tal técnica incluiria conhecimento de lavanderia comercial e equipamentos, conhecimentos das etapas do trabalho, a utilização de produtos químicos e seus efeitos nos caros componentes do enxoval.

Tanto o gerente júnior como a governanta têm supervisores que respondem diretamente a eles. Cada supervisor, então, tem um ou mais funcionários que se reportam a eles. Abaixo do nível de gerência, os funcionários são remunerados por hora trabalhada ao invés de terem um salário fixo.

A organização mostrada na Figura 2, sob gerente de hospedagem, está incompleta. O número de supervisores ou líderes de equipe necessários, juntamente com as camareiras, quarto e outros membros da equipe, depende do número de quartos que cada camareira deve limpar em um período de 8 horas. O padrão americano varia de 13 a 20 apartamentos limpos por pessoa, em 8 horas trabalhadas, de acordo com a ocupação do hotel.[NR] Os hotéis cuja ocupação principal seja de homens de negócios ou grupos/eventos ligados a negócios contam com limpeza mais eficiente porque a ocupação é fundamentalmente *single* e os hóspedes não ficam mais que uma noite. Além disso, eles costumam deixar seus quartos em estados menos desarrumados. Em tais casos, as camareiras podem limpar de 18 a 20 quartos por dia. Quando há mais ocupação dupla, tais como famílias de férias, o acesso aos quartos para limpeza é mais complicado, o que diminuirá a eficiência dos funcionários. Em tais casos, as camareiras não serão capazes de limpar tantos apartamentos no mesmo período de 8 horas.

Considerações sobre Funcionários e Escalas de Horários

No caso do nosso hotel modelo de 350 quartos, admita uma carga de trabalho de 18 quartos por dia. Em qualquer dia com 100% de ocupação, nós precisaríamos de aproximadamente 20 camareiras para limpar todos os apartamentos. Agrupando as camareiras em times de cinco pessoas cada, sob a supervisão de um supervisor de andar, cria-se a necessidade de quatro destes supervisores. Admita também que uma ajudante de limpeza será designada para cada equipe para limpar o corredor, fornecer certos serviços para as camareiras durante o dia e cuidar de outras áreas públicas dentro da área interna do hotel. Finalmente, admita que cinco funcionários da lavanderia serão necessários no local regularmente, e que as pessoas admitidas para cobrirem as folgas das camareiras também possam integrar a equipe de lavanderia.

A organização deveria estar completa agora, exceto por uma última preocupação. Os funcionários horistas não podem trabalhar sete dias por semana, mas estão geralmente programados para uma semana de cinco dias.

A fórmula pode servir para preencher todo o serviço de limpeza dos quartos, lavanderia e reduzir a necessidade de funcionários. Ela aumenta os funcionários e permite dias de folga para as camareiras, funcionários da lavanderia, supervisores de andar e aju-

NR: No Brasil, a legislação sobre a quantidade máxima de apartamentos por camareira é diferente da americana.

FIGURA 1
Organização do Hotel (por meio de chefes de departamento)

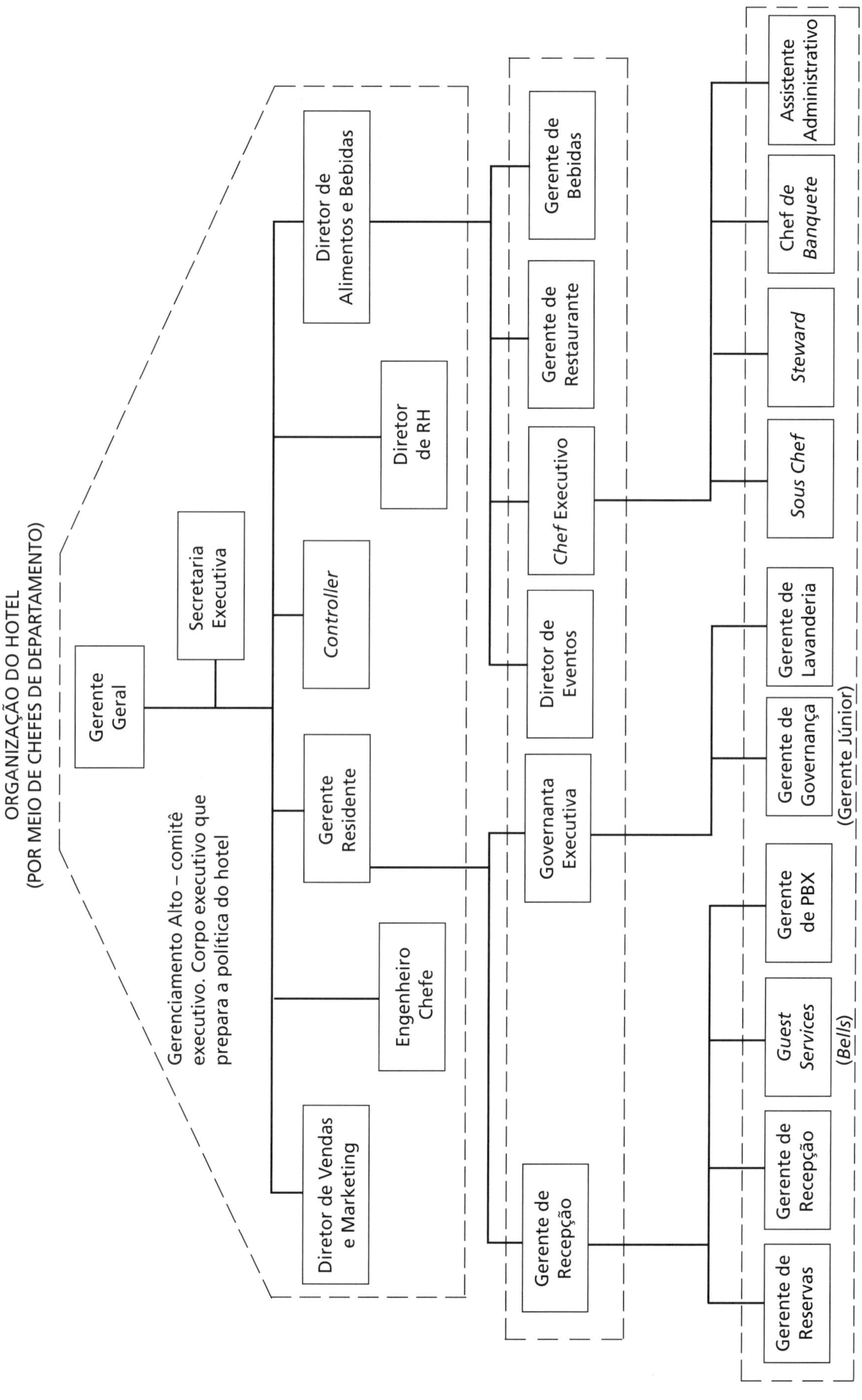

FIGURA 2
Organização do Departamento de Governança

ORGANIZAÇÃO DO DEPARTAMENTO DE GOVERNANÇA

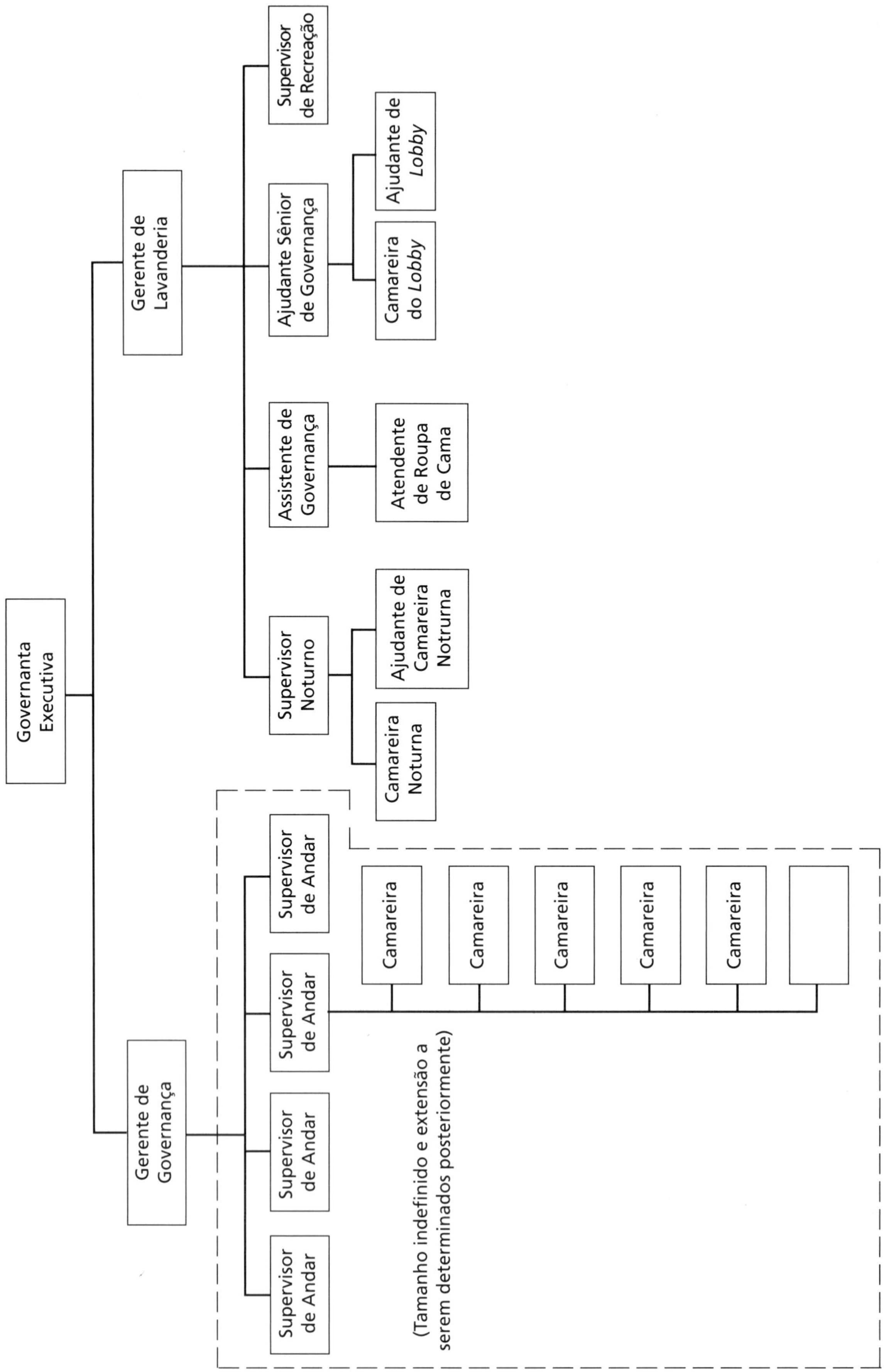

dantes de limpeza. (Ver Tabela 1 – Guia de Funcionários). Com 100% de ocupação em uma base contínua:

Funcionários regulares × sete dias =
Total de funcionários × máximo de cinco dias

$$S_1 \times 7 = S_2 \times 5$$

$$S_2 = (S_1 \times 7) \div 5$$

Para nosso hotel modelo, $S_2 = (25 \times 7) \div 5 = 35$ funcionários trabalhando, todos limitados a uma semana de cinco dias. Os dez empregados adicionais podem ser organizados em duas equipes especiais idênticas na composição das equipes regulares e dos funcionários da lavanderia. Estas duas equipes seriam "equipes turnantes", aliviando todas as equipes da lavanderia em 2 dias por semana e tendo dois dias de folga para elas também. Esta parte da organização agora pode ser programada para trabalhar por unidades de equipe mais do que individualmente, com um horário muito mais simplificado para as pessoas. (Para mais informações sobre técnicas de escalas, o leitor é incentivado a ler o texto básico, Martin 1986.)

As tarefas a serem realizadas e distribuídas pela organização da governança são anotadas. Para fins de ilustração, essas funções devem ser escaladas individualmente. Especificamente, o pessoal necessário para o segundo turno, as pessoas necessárias para estabelecer a comunicação com a governança e pessoas organizadas sob assistente sênior de limpeza para colaborar com a governança na manutenção das áreas comuns do hotel, totalizam os funcionários do departamento. O departamento de governança inteiro deve parecer com a organização fornecida na Guia de Funcionários (Tabela 1), que é um documento criado para listar precisamente a necessidade do total de pessoas. Cada posição dentro do departamento está listada e pode ser usada como um guia para preencher vagas quando elas aparecem. Note que as equipes estão identificadas por cores.

Este sistema de identificação mostra quais são as equipes regulares, equipes de lavanderia e equipes turnantes. Este guia presume que 100% dos funcionários foram contratados para apoiar uma média de ocupação diária de 85% ou mais. Se a previsão de ocupação for menor, não haverá necessidade de trazer todos os funcionários, e folgas e férias podem ser distribuídas pelo time todo. A flutuação na ocupação diária deve ser considerada para escalar as equipes de maneira justa e equilibrada. A necessidade de escala em razão da ocupação diária pode ser delegada para um supervisor de andar, mas os controles devem estar organizados para garantir a justiça para todos que perderão trabalho devido à baixa ocupação.

FUNCIONÁRIOS E CARGOS NO DEPARTAMENTO DE GOVERNANÇA

O que se segue é uma lista dos vários cargos que você pode encontrar em um departamento de governança. A função básica e o escopo de responsabilidade serão indicados para as posições de gerentes e empregados horistas; títulos e responsabilidades serão listados. Onde diferentes nomes ou títulos se destinam à mesma função na estrutura horista, cada nome será apresentado.

Governanta Executiva

A governanta executiva geralmente assume completamente a direção, o controle operacional e a supervisão da governança, da lavanderia e do departamento de recreação. O escopo das responsabilidades é normalmente grande para assegurar a esta pessoa a liberdade necessária para realizar o trabalho. Essa posição agora é reconhecida como um passo para o crescimento futuro na carreira. A governanta deve operar o departamento sob seu controle da maneira mais eficiente possível, aplicando as políticas da empresa e usando os métodos descritos nos procedimentos-padrão de operação, e os princípios gerenciais. Esta pessoa é primeiramente responsável pela limpeza dos apartamentos dos hóspedes e áreas públicas sob a supervisão da governança. Ela realiza as tarefas através de treinamento, motivação e supervisão de todo pessoal alocado na governança, lavanderia e departamentos de recreação.

Gerente de Governança

Na organização modelo, o gerente de governança assume a principal responsabilidade pelos serviços de limpeza dos quartos e age como o principal assistente da governanta executiva. Sob a direção da governanta executiva, esta pessoa é responsável pelo gerenciamento ordeiro e eficiente da limpeza dos quartos, dos serviços gerais da governança e do relatório de *status* dos apartamentos. Ele representa aqueles empregados diretamente envolvidos na limpeza de quartos e deve, em razão disso, estar diretamente envolvido em seus horários. Ao fazer a escala, deve levar em consideração a ocupação com o objetivo de manter os custos sob controle.

TABELA 1
Guia de Funcionários de Departamento

Número da Posição	Título	Nome
	Equipe de Gerência	
1	Governanta executiva	________
2	Gerente de governança	________
3	Gerente de lavanderia	
	Equipe Fixa	
4	Supervisor de roupa de cama	________
5	Atendente de roupa de cama	________
6	Ajudante sênior de governança (supervisor de áreas públicas)	________
7	Camareiro de área pública 1	________
8	Camareira de área pública 2	________
9	Camareira de área pública (reforço)	________
	Equipe Noturna	
10	Supervisor noturno	________
11	Camareira da seção noturna	________
12	Ajudante de governança noturno	________
13	Camareiro noturno (área pública) 1	________
14	Camareira noturna (área pública) 2	________
15	Camareira noturna (área pública) (reforço)	________
	Equipe Regular de Limpeza de Quartos – Equipe Vermelha	
16	Governanta sênior (supervisora)	________
17	Ajudante de camareira	________
18	Camareira de seção 1	________
19	Camareira de seção 2	________
20	Camareira de seção 3	________
21	Camareira de seção 4	________
22	Camareira de seção 5	________
	Equipe Amarela	
23	Camareira sênior (supervisora)	________
24	Ajudante de camareira	________
25	Camareira de seção 6	________
26	Camareira de seção 7	________
27	Camareira de seção 8	________
28	Camareira de seção 9	________
29	Camareira de seção 10	________
	Equipe Marrom	
30	Camareira sênior (supervisora)	________
31	Ajudante de camareira	________
32	Camareira de seção 11	________
33	Camareira de seção 12	________
34	Camareira de seção 13	________
35	Camareira de seção 14	________
36	Camareira de seção 15	________

(Cont.)

Número da Posição	Título	Nome
	Equipe Verde	
37	Camareira sênior (supervisora)	______
38	Ajudante de camareira	______
39	Camareira de seção 16	______
40	Camareira de seção 17	______
41	Camareira de seção 18	______
42	Camareira de seção 19	______
43	Camareira de seção 20	______
	Lavanderia	
44	Supervisor de lavanderia (lavadeiro)	______
45	Ajudante de lavanderia/separador	______
46	Atendente de lavanderia (passadeira)	______
47	Atendente de lavanderia (passadeira)	______
48	Atendente de lavanderia (dobrador/escaninho)	______
49	Atendente de lavanderia (dobrador/escaninho)	______
50	Atendente de lavanderia (dobrador/escaninho)	______
	Equipe *swing* 1	
51	Camareira sênior (supervisora *swing*)	______
52	Ajudante de seção (ST-A)	______
53	Camareira de seção A-1	______
54	Camareira de seção A-2	______
55	Camareira de seção A-3	______
56	Camareira de seção A-4	______
57	Camareira de seção A-5	______
	Equipe *swing* 2	
58	Camareira sênior (supervisora *swing*)	______
59	Ajudante de seção (ST-B)	______
60	Camareira de seção B-1	______
61	Camareira de seção B-2	______
62	Camareira de seção B-3	______
63	Camareira de seção B-4	______
64	Camareira de seção B-5	______

Gerente de Lavanderia

O gerente de lavanderia geralmente assume a responsabilidade principal pela operação da lavanderia do hotel. Ele também age como o segundo assistente da governanta executiva. Sob a direção da governanta executiva, ele é responsável pela administração eficiente e correta da lavanderia do hotel. Através da alocação correta das pessoas destinadas a estes serviços, o gerente de lavanderia fornecerá enxoval limpo para o hotel e para o departamento de eventos, de acordo com os planos e orçamentos.

FUNCIONÁRIOS HORISTAS

Camareira

A camareira é também conhecida como atendente de quartos ou governanta de seção. Esta pessoa é a principal responsável pela limpeza dos quartos. Ela geralmente tem uma quantidade designada de quartos para serem limpos todos os dias. Geralmente, a camareira realiza as mesmas tarefas em todos os quartos destinados a ela. Também fará algumas vistorias em apartamentos, em horários pré-estabelecidos, para determinar a situação do hotel. Essas situações incluem apartamentos ocupados, prontos (livres e prontos para serem ocupados), em arrumação (livres mas não limpos ainda, também conhecidos como *check outs* ou em saída suja).

A camareira também participará da "limpeza geral" (limpeza profunda) em um ou dois quartos por dia para assegurar os padrões de qualidade do serviço.

A maioria das camareiras trabalha de acordo com procedimentos padrão de operações, que podem especificar mais de 60 itens que devem corresponder a um padrão em cada quarto. Isto não é tão difícil quanto parece, porém este sistema garante a cobertura onde é necessário. Finalmente, a camareira deve repor seu carrinho com roupas de cama e banho ao final de cada dia de trabalho.

Se o hotel for organizado desta forma, a camareira será um dos vários membros do time de governança subordinado a um supervisor de andares.

Ajudante de Limpeza

O ajudante de limpeza era antes chamado de homem da casa. A incumbência para esta posição é trabalhar na área dos quartos do hotel, fazendo a limpeza regular diária dos corredores, elevadores e escadas, poços de escada, áreas de serviço, depósitos de andar, áreas de vendas e outros espaços especiais ou unicamente para o público nas adjacências dos quartos de hóspedes. O ajudante de limpeza também ajudará as camareiras quando envolvidos em uma limpeza geral, se necessário. Ele também removerá as roupas de cama sujas e o lixo dos carrinhos das camareiras e reporá o estoque de roupas de cama para o andar, quando necessário. Este ajudante sob a direção do supervisor de andares e, quando o hotel é organizado desta maneira, também trabalha como um membro da equipe da governança.

Supervisor de Andares

O supervisor de andares também é conhecido como governanta(e) sênior ou inspetor(a). Os supervisores de andares são líderes de equipe, tendo várias camareiras e ajudantes de limpeza se reportando a ele. Eles respondem por divisões específicas do departamento de governança de uma propriedade e são responsáveis pela qualidade do serviço desempenhado nas várias sessões para as quais seus subordinados são designados. Eles também são responsáveis pelos setores públicos destinados a seus ajudantes de limpeza. Fazem inspeções e relatórios e são responsáveis pelos membros de suas equipes. Eles também ajudam na administração de pessoal de seu departamento.

O título alternativo de inspetora pode ser inadequado. Muitos supervisores de andar são inspetores em virtude do fato de também inspecionarem os quartos. Outros inspetores não fazem nada exceto inspecionar os quartos, relatando diretamente ao gerente o que eles observam, mas não têm responsabilidade para corrigir as discrepâncias encontradas, porque nenhum funcionário é subordinado a eles. (Este autor é da opinião que pessoas que somente inspecionam os quartos mas não têm autoridade para tomar ação corretiva representam a subutilização do trabalho humano).

Ajudante Sênior da Governança

No passado, o ajudante sênior da governança era conhecido como o chefe da casa. O ajudante sênior é um supervisor no departamento de governança. Ele está encarregado de todas as áreas públicas não diretamente associadas aos quartos. Saguões, corredores públicos, banheiros públicos, escritórios e outras áreas especificamente negociadas como parte da responsabilidade geral da governança são o domínio do ajudante sênior. Ele geralmente é responsável pelo treinamento básico dos ajudantes de limpeza e pela supervisão dos serviços daqueles que devem realizar tarefas específicas como limpar carpetes, janelas ou planejar trabalhos. O ajudante sênior freqüentemente assume a responsabilidade pelo controle contábil e de estoque do material de limpeza. Ele normalmente trabalha como supervisor assistente para a governanta executiva e realiza outras tarefas designadas por ela.

Supervisor Noturno

O supervisor noturno presume um segundo turno que não tem gerenciamento regularmente designado. Isso pode variar, dependendo do tamanho do hotel e complexidade das operações. Mais do que visitas contínuas ao gerente de governança, o supervisor noturno assume o controle total do departamento depois que a maior parte da limpeza do hotel foi concluída. Supervisionando funcionários do turno da noite – uma ou duas camareiras, um ajudante de limpeza e várias pessoas da área pública e do saguão – o supervisor noturno é responsável pelo balanço das atividades que foram realizadas pela governança durante o dia. O supervisor noturno assegura que todos os quartos são deixados limpos e prontos para serem ocupados, e os pedidos dos hóspedes para serviços ou equipamentos como berço, estrados de cama, roupa de cama extra e similares sejam atendidos. O supervisor noturno trabalha com o gerente noturno do hotel, geralmente usa um bip, e faz as inspeções de rotina pelo hotel até que o departamento esteja seguro cada noite na hora exata. O supervisor noturno, como o ajudante de governança sênior, é um importante supervisor dentro do departamento.

Supervisor de Enxoval

O depósito principal de roupa de cama e banho é, na verdade, o centro nervoso de comunicação da governança e da atividade do hotel. Como resultado, esta área física de serviços pode ser mais bem descrita como Central da Governança. O supervisor de enxoval, abaixo da governanta executiva, está encarregado das principais operações envolvendo roupas de cama e banho. Manter e operar o elo de comunicação com a recepção, a manutenção, e com cada hóspede que necessita de atenção da governança são as principais responsabilidades associadas ao trabalho deste supervisor. Além disso, algumas vezes referem-se a ele como o "chefe operador do status da governança". Manter, trocar quando necessário, e relatar o estado de cada necessidade de roupa de cama ou banho dos hóspedes durante o dia são outras funções importantes do supervisor de enxoval. Ele é o principal representante do contato com o hóspede. Além disso, também acompanha as atividades de um ou dois atendentes que realizam a função da distribuição de itens como colchas, cobertores e cortinas. No turno da noite, o supervisor noturno assume as responsabilidades de supervisor de enxoval.

Supervisor de Lavanderia

Trabalhando como o principal assistente do gerente de lavanderia, o supervisor de lavanderia verifica as atividades dos atendentes de lavanderia. Normalmente, o supervisor de lavanderia é chefe das pessoas que lavam e está encarregado da maioria dos equipamentos de lavagem e produtos químicos. A pessoa nesta posição também supervisiona a carga de trabalho e a produção. Em nosso hotel modelo, quando o supervisor de lavanderia e a equipe de lavanderia estão de folga, um supervisor de equipe turnante assumiria as responsabilidades do supervisor de lavanderia e traria sua equipe para a lavanderia. O fato de haver duas equipes turnantes fornece ao departamento flexibilidade máxima e treinamento.

Supervisor de Recreação

Em nosso modelo de hotel, o supervisor de recreação sob a supervisão direta da governanta executiva assumiria responsabilidade por todas as áreas de recreação do hotel. Todos os atendentes da piscina trabalhariam para o supervisor de recreação e seriam instrutores de segurança totalmente qualificados pela Cruz Vermelha. (As piscinas deveriam ter um sinal indicando "Sem salva-vidas de plantão. As pessoas que quiserem nadar o farão sob sua responsabilidade e risco". Isto evita que o hóspede abdique de sua responsabilidade da segurança dele e de suas crianças. Entretanto, todos os atendentes da piscina seriam totalmente qualificados em procedimentos de segurança na água.) Os atendentes de piscina sob a direção do supervisor de recreação também trabalhariam na sala de ginástica, nas saunas e salão de jogos para fornecer serviços aos hóspedes, limpeza e manutenção da ordem.

Outros Funcionários

Outros funcionários podem ser encontrados no departamento de governança, e seus títulos indicam suas atividades e a quem eles se reportam. Quase todas as posições têm títulos apropriados para homens e mulheres e não são específicas a nenhum dos dois sexos. Tais posições são as seguintes:

- Ajudante de serviço da governança.
- Atendente do depósito de enxoval.
- Ajudante de governança do *lobby*.
- Costureira.
- Atendente de lavanderia.
- Treinador de governança (um trabalho secundário que pode ser feito por camareiras para assegurar a padronização do treinamento).

NOVOS HORIZONTES NA GOVERNANÇA

A National Executive Housekeeper's Association (NEHA) já reconhece que pessoas desempenhando funções de governança em hospitais, hotéis e casas de repouso têm responsabilidades similares. A associação recebe seus membros não somente de hotéis, condomínios de aposentados e estabelecimentos com contrato de limpeza, mas também de hospitais e casas de repouso. Além disso, o movimento de administração pessoal entre estes campos é bem documentado. Quando perguntamos qual a dificuldade para o gerente em fazer a transição de um campo para outro, o representante de um hospital disse "a principal função da governança em ambas as áreas é limpar quartos e áreas públicas, e retirar o lixo. Há somente uma grande diferença, entretanto: é que nos hospitais, sabemos exatamente onde estamos pisando, e em hotéis você pode não saber com o que está lidando". Isto era verdade – até o advento da Aids.

No dia 2 de dezembro de 1991, novas regras federais emitidas pela OSHA tornaram obrigatório que os empregadores fornecessem informação e treinamento a todos os empregados que poderiam ter contato com sangue humano ou outros fluidos corpóreos como resultado de sua função no trabalho. Os empregadores devem cumprir com as precauções federais designadas para manter o local de trabalho seguro no que diz respeito aos agentes patogênicos (microorganismos sangüíneos que podem causar doenças em seres humanos, especialmente os vírus HIV e HBV).

Especificamente, os gerentes de departamento devem estabelecer planos de controle para combater a ameaça e fornecer acesso para os funcionários lerem e entenderem os padrões de conformidade da OSHA. Como funcionários de governança e lavanderia podem, como parte de suas tarefas regulares, entrar em contato com fluidos do corpo tais como sangue, sêmen, catarro, vômito ou seringas usadas que foram jogadas no lixo pelos diabéticos ou usuários de drogas, devem ser avisados dos riscos em potencial. Além disso, eles devem ser treinados e avaliados sobre como lidar com tais riscos quando eles acontecem, e devem ter a oportunidade de ser imunizados contra o vírus da hepatite B (HBV) com a medicação paga pela empresa. Os registros de todos os treinamentos e contaminações devem ser bem guardados.

CONCLUSÃO

As operações de governança não são mais território exclusivo das mulheres, nem são consideradas humilhantes ou menos importantes que qualquer outra função em organizações de hospitalidade. Se alguém pensa o contrário, esta pessoa deveria tentar imaginar as operações do hotel sem a governança e eles podem encontrar gerentes gerais e presidentes limpando quartos.

Por causa da grande quantidade de funcionários envolvida, as operações de governança fornecem boas oportunidades para desenvolver o potencial de liderança e habilidades de supervisão, uma oportunidade nem sempre disponível em outros departamentos.

Este autor lembra um momento real vivido vários anos atrás, quando ouviu um comentário do gerente geral para um ajudante de limpeza, que naquele horário (1 hora da manhã) estava lavando um banheiro masculino. O gerente geral disse: "Sabe, o que você está fazendo é tão vital e necessário quanto o que eu faço todos os dias. Nós somente fazemos coisas diferentes e trabalhamos em níveis diferentes de habilidades. Quando a empresa pensar que pode seguir sem algum de nós, eles acabarão com nossos cargos. Eu não acho que eles farão isso, mas até que eles façam, não se esqueça, seu trabalho aqui é tão importante quanto o meu!"

2. Abordagem de Redução de Custo na Governança

Paul Kirwin

Como muitos operadores de hotel, a Country Hospitality teve que lidar com muita falta de funcionários em certos mercados. Nós temos lidado com sucesso nessa falta de funcionários em nosso departamento de governança desenvolvendo um plano de compensação inovador, similar àquele que a indústria manufatureira tem feito há anos. Ao pagar as camareiras por quarto limpo, ao invés de pagar por hora, nossas propriedades aumentaram a produtividade, o controle de custos e a retenção de funcionários.

Neste artigo, eu vou descrever o nosso programa da forma como foi implementado em nosso Burnsville (Minnesota) Country Inn. O programa foi originalmente implementado em uma outra propriedade do grupo Carlson Hospitality Group, o Radisson Plaza, em Charlotte, Carolina do Norte, e foi mais tarde transplantado para a propriedade de Burnsville e outros Country Inns. Sua propriedade pode se beneficiar deste programa se você tem dificuldades em atrair e manter os funcionários. Você também pode querer usar se acredita que seus funcionários da limpeza não estão tão motivados como deveriam estar.

O PLANO

A estrutura de pagamento de nosso setor vai na contra-mão dos novos conceitos de motivação de pessoal. As estruturas e sistemas são antiquados, como os que requerem 80 horas semanais e pagam pessoas pelo seu tempo ao invés de seu resultado.

A maioria dos hotéis paga as camareiras por hora, mas pagamentos por hora não dão aos funcionários um grande incentivo para atingir a produtividade máxima. Pelo motivo dos funcionários estarem sendo pagos pelo seu tempo, os gerentes geralmente passam seu tempo monitorando a duração do intervalo de seus funcionários e o tempo que eles gastam estocando carrinhos e limpando quartos. Tempo que poderia ser gasto em treinamento ou usado para "pajear" os funcionários. Ao invés de se concentrar na eficiência (limpeza de quartos), os gerentes devem se concentrar nos níveis de atividade dos funcionários.

Aumentando a Produtividade

Ao contrário do que se apresenta, nós achamos que a produtividade melhora imediatamente quando as camareiras são pagas por quarto. Os funcionários rapidamente reconhecem que um trabalho mais eficiente significa melhor salário.

Com a oportunidade de ganhar mais dinheiro trabalhando melhor, muitas camareiras aumentam sua produtividade. Em nosso Burnsville Country Inn, as camareiras limpam regularmente de dois a três quartos por hora. Este número representa um aumento de produtividade de 25 a 50% sobre o antigo sistema.

Não é necessário dizer que o aumento da produtividade reduziu a folha de pagamento da governança. Quando o programa começou, nós esperávamos que cada camareira limpasse um quarto a cada meia hora. Para determinar o salário por quarto, nós dividimos o nosso salário existente por dois. Então, as camareiras que recebiam US$5 por hora receberiam US$2,50 por quarto.

Depois de observar a produtividade de 2,5 a 3 quartos por hora, nós aumentamos nosso nível de produtividade para 2,25 quartos por hora e reduzimos nosso pagamento por quarto para US$2,22, uma redução de custo de 11% (mas ainda US$5 por hora). As camareiras não se opuseram à mudança porque sabiam que haveria muitos dias nos quais poderiam superar o nível de produtividade. Durante a semana, por exemplo, a propriedade atrai um grande número de homens de negócios cujos quartos são relativamente fáceis de limpar.

Pagando as camareiras por quarto, nossos gerentes instantaneamente ganharam uma redução nos custos. O sistema assegura que o hotel consiga suas metas de orçamento para o custo de quarto limpo, sendo que a quantidade foi estabelecida desde o início. Em contraste, o pagamento por hora requer que os gerentes assegurem que as camareiras atinjam o nível esperado de produtividade para que o hotel possa atingir custo orçado por quarto limpo.

Fatores Sazonais

Pagar por quarto é particularmente eficiente em hotéis com grande variação sazonal. Durante as baixas estações, os gerentes lutam para dar às suas camareiras uma semana completa de trabalho. As camareiras ficam divididas entre sua responsabilidade em alcançar os níveis de produtividade e o desejo de gerar o número máximo de dólares que elas podem. Mais que tentar maximizar o número de horas trabalhadas, as camareiras ficam ansiosas para conseguir trabalho, deixar os quartos limpos e ir para casa.

O sistema de pagamento por quarto também permite aos gerentes reduzir o número de camareiras em período integral. Uma vez que a maioria das propriedades tem altos e baixos em ocupação, elas geralmente estão com muitos ou poucos funcionários, dependendo da época do ano.

Nada é mais frustrante para gerentes que recrutar, contratar e treinar novos funcionários para demiti-los ou vê-los pedindo demissão quando não há trabalho suficiente. O funcionário, também, é frustrado pela falta de horas.

Como as camareiras são pagas por quarto, os gerentes podem desafiar e encorajá-las a limparem quartos adicionais durante a alta estação, habilitando a propriedade a lidar com um número menor de funcionários. As camareiras ganham mais dinheiro na alta estação e não enfrentam a perspectiva de serem demitidas.

A alta estação em Burnsville é o verão, e todos os hotéis têm dificuldade em encontrar camareiras suficientes. Como nossas camareiras ganham mais dinheiro a cada quarto limpo, elas ficam ansiosas para trabalhar mais na alta estação. Entretanto, elas sabem que o esforço extra na alta estação significa que o hotel não terá que contratar pessoas extras e não as demitirá, e entendem que essa política significa que elas terão trabalho suficiente na baixa estação. Geralmente, há mais dias fáceis do que dias difíceis.

O Radisson Plaza em Charlotte enfrentou uma situação similar. Localizado no centro da cidade, o hotel tinha uma grande falta de funcionários e um mercado excessivamente sazonal. Ainda assim, tem sido capaz de manter uma equipe sólida de camareiras com o sistema de pagamento por quarto.

Superando a Rotatividade

Este sistema também reduz a rotatividade e os custos da contratação. Por terem controle parcial sobre quanto recebem trabalhando com mais eficiência, nossas camareiras estão apreciando seu trabalho mais do que antes. A rotatividade da propriedade Burnsville diminuiu consideravelmente, e está atraindo melhores candidatos porque os funcionários atuais recomendam o hotel para os seus amigos.

SUPERVISÃO

A primeira reação que eu tenho quando discuto esse programa com gerentes de hotel é a preocupação que pagando por quartos eles encorajarão as camareiras a limpar de maneira menos eficiente. Este sistema de maneira alguma elimina a necessidade de supervisionar as camareiras ou inspecionar os quartos. Na verdade, um completo procedimento de inspeção aumentará a eficiência. As camareiras rapidamente aprenderão a fazer o serviço logo da primeira vez, porque retornar ao quarto para corrigir itens esquecidos ou retirar sujeira custa tempo e dinheiro (elas são pagas por quarto somente uma vez).

Em propriedades menores (com menos de 200 apartamentos), manter um programa de inspeção que conserve os quartos limpos não deve ser difícil para o gerente geral. Em propriedades maiores (com aproximadamente 300 quartos), você precisará contratar inspetores para checar o trabalho. Os inspetores devem ter incentivos para garantir que os quartos estejam realmente limpos. Nossa empresa achou que faz mais sentido pagar aos gerentes para checar os quartos do que bancar os "guardas de trânsito" em relação ao comportamento do funcionário.

Aqui está como o programa de incentivo funcionou no Radisson Plaza em Charlotte. Neste hotel, o trabalho dos inspetores é checado pela governanta executiva. Os inspetores recebem um bônus em dinheiro semanal se 80% de seus quartos passarem pela inspeção da governanta executiva. Os inspetores rapidamente foram motivados a assegurar que seus quartos estejam dentro dos padrões. Como resultado, a limpeza do hotel melhorou e a governanta executiva gasta menos tempo inspecionando os quartos.

Preocupações com o Salário

Uma outra objeção em potencial para este sistema é a possibilidade de que alguns funcionários recebam menos que o salário mínimo. Se um empregado tivesse que trabalhar de maneira que não pudesse receber o salário mínimo, você como supervisor teria que corrigir o salário para atingir o mínimo de horas trabalhadas.

Para compensar a possibilidade de tal desempenho indesejado, eu sugiro que cada propriedade adote a política da produtividade mínima que requer de cada funcionário a limpeza de quartos suficientes para atingir o salário mínimo. Se uma camareira não é capaz de atingir o nível mínimo de produtividade, ela deve ter mais treinamento e aconselhamento. Se a produtividade do funcionário ainda não melhorar, você precisará tomar uma ação disciplinar, possivelmente incluindo a demissão.

Se você quiser implementar o programa de pagamento por quarto, esteja ciente de que você provavelmente não será capaz de implementá-lo de uma vez. O programa é feito para ajudar as pessoas com sua ética no trabalho. Quando elas descobrem que podem ganhar mais trabalhando mais e melhor, elas não vão querer voltar para o sistema antigo. É importante, entretanto, seguir nossos critérios para estabelecer padrões. A meta é ter seus quartos limpos e não levar vantagem sobre as pessoas.

O ambiente de trabalho de hoje requer novas estratégias para resolver problemas desafiadores. Pagar as camareiras por quarto limpo é uma estratégia que deve render dividendos, se implementada cuidadosamente. O maior lucro será o de ter os custos controlados e melhorar a situação do trabalho.

3. Função da Manutenção no Hotel: Organização, Pessoal e Questões da Era Moderna

Denney G. Rutherford

INTRODUÇÃO AO DEPARTAMENTO DE MANUTENÇÃO

História do Departamento

Historicamente, as funções e tarefas do engenheiro chefe, seus funcionários e o departamento de manutenção têm sido quase invisíveis para a administração do hotel e certamente para os hóspedes do hotel. O lugar deles na organização era semelhante ao lugar deles na estrutura do prédio, no subsolo e basicamente fora de visão. As únicas vezes em que as funções de departamento de manutenção se fizeram notadas foram em ocasiões infelizes, quando algo dava errado com algum dos sistemas do prédio e os hóspedes e/ou gerência eram perturbados.

Conseqüentemente, no passado, o tratamento "longe dos olhos, longe do coração" prevaleceu no departamento de manutenção, e como resultado sua importância relativa foi diminuída. Além disso, o pessoal do departamento de manutenção era composto de artesãos e trabalhadores semi-habilitados, geralmente gerenciados por um deles mesmos que, através da longevidade e perseverança, chegou à supervisão.

Estímulo Evolutivo

Agora, há a clara evidência de que este departamento está mudando, da mesma maneira que outros departamentos de um hotel moderno. As razões para estas mudanças evolutivas são muitas, mas quatro fortemente inter-relacionadas, conectadas, estão destacadas aqui.

Competição. Quando cada vez mais organizações hoteleiras procuram negócios em mercados cuidadosamente segmentados, muitas características competitivas se manifestam primeiramente no plano físico. Isto pode variar do design do prédio, paisagem, elevadores, conforto dos quartos, facilidades como equipamentos de última geração e sistemas do edifício como encanamento, equipamento de cozinha, aquecimento e ar condicionado (HVAC) e as outras parafernálias "atrás das cortinas" que formam o domínio do engenheiro chefe.

Sofisticação. Muitos destes sistemas construtivos nos hotéis de hoje são inter-conectados; eles são gerenciados em conjunto com outros sistemas departamentais e monitorados por computadores. Este aumento da sofisticação tornou necessário maior conhecimento de gerenciamento em todos os departamentos, mas talvez as mudanças mais drásticas e substanciais estejam ocorrendo na manutenção.

Retorno do Investimento. Muitos hotéis modernos foram construídos com investimentos de várias pessoas ou grupos, incluindo (não necessariamente) a empresa que administra o hotel. Estes investidores esperam um certo retorno de seus investimentos, e esperam que a empresa não somente mantenha o hotel cheio de hóspedes mas também mantenha a propriedade de tal maneira que os hóspedes retornem. Isto abre novas dimensões para o trabalho do engenheiro.

A combinação de aumento de competição e sistemas sofisticados gera mais que uma abordagem de "reparo e manutenção" para dar o apoio da manutenção em todas as áreas do hotel. Para dar aos investidores o retorno de seu dinheiro, o hotel deve considerar os funcionários da manutenção como os mais importantes.

O Impacto do Embargo OPEC OIL, 1973 – 1974. O custo, uso, gerenciamento e conservação de energia adicionou uma nova dimensão para o trabalho de engenheiro chefe – uma que não existia nas operações de 1973, simplesmente porque a energia era muito barata. Os edifícios não eram construídos nem gerenciados para poupar energia.

Desde meados dos anos 70, a maioria dos hotéis e das empresas hoteleiras modernas tiveram que reconhecer a energia como uma despesa do prédio na qual se pode fazer economia significativa. Se feita com cuidado, a manutenção pode fornecer serviços ao hotel sem efeitos adversos para os hóspedes. Nós queremos evitar, por exemplo, as circunstâncias extremas de pedir aos hóspedes para tomarem banhos mais curtos e, ao mesmo tempo, pedir para que eles paguem US$180 de diária.

Os efeitos residuais do embargo do óleo são duplos. Os hotéis anteriores a 1973 não foram construídos para serem particularmente eficientes quanto à energia. Os engenheiros que gerenciam a manutenção neste tipo de hotel têm um trabalho mais difícil no que se refere à conservação de energia. Por outro lado, os hotéis que foram desenhados e construídos após 1973 – 1974 têm exibido sistemas cada vez mais sofisticados de gerenciar e conservar energia sem efeitos adversos para os hóspedes. O primeiro exemplo representa um problema de gerenciamento de "fazer acontecer" para o gerente de manutenção; o segundo apresenta o dilema de expandir o conhecimento em um ambiente de rápida mudança tecnológica.

Em nenhum sistema tão complexo quanto um hotel, um sistema mecânico ou eletrônico é a resposta. Grande atenção deve ser dada ao treinamento de pessoas para superar hábitos de desperdício de energia. Um exemplo clássico é o dos funcionários da cozinha, que ligam os aparelhos elétricos às 6 da manhã, quando talvez somente 20% sejam usados na preparação do café da manhã, e o resto só será usado no horário de almoço. Isto representa os hábitos de desperdício que estão basicamente fora do controle dos engenheiros, que entretanto são obrigados a apontá-los para os outros chefes de departamentos.

Estes exemplos sugerem complexidades maiores no trabalho do engenheiro. Agora, especificamente, o engenheiro precisa ter uma presença ativa como membro da equipe de gerentes e se tornar apto a interagir com outros gerentes de departamentos.

FUNCIONÁRIOS

Função do Gerente de Manutenção

Conhecido como engenheiro chefe, diretor de operações do edifício, superintendente do edifício ou alguma outra combinação destes termos, este é o indivíduo responsável pela administração dos sistemas do edifício, sua manutenção, reparo e conservação (Figura 1).

Como dito anteriormente, no passado os engenheiros chefes eram as pessoas que começavam a trabalhar em outra profissão ou como engenheiro especializando-se em um dos sistemas de construção. Eles podem ter trabalhado em hotéis por toda sua carreira profissional ou transferidos para o hotel vindos da posição de engenheiros de construção em organizações tão diversas quanto companhias marítimas, fábricas, construtoras, universidades ou hospitais.

Existem evidências, entretanto, que sugerem que esta tendência deva estar mudando (Rutherford 1987). Os engenheiros chefes que responderam a esta pesquisa se descreveram coletivamente de acordo com os dados exibidos na Figura 2. Mais de 25% dos que responderam a esta pesquisa nacional indicaram que tinham nível universitário. Destes, três quartos estavam em alguma área da manutenção. Isto sugere que a sofisticação de operações de hotéis modernos pode fazer com que a função de engenheiro seja executada por aqueles cuja educação formal é mais intensa do que a requerida no passado.

FIGURA 1
Organização do Departamento de Engenharia

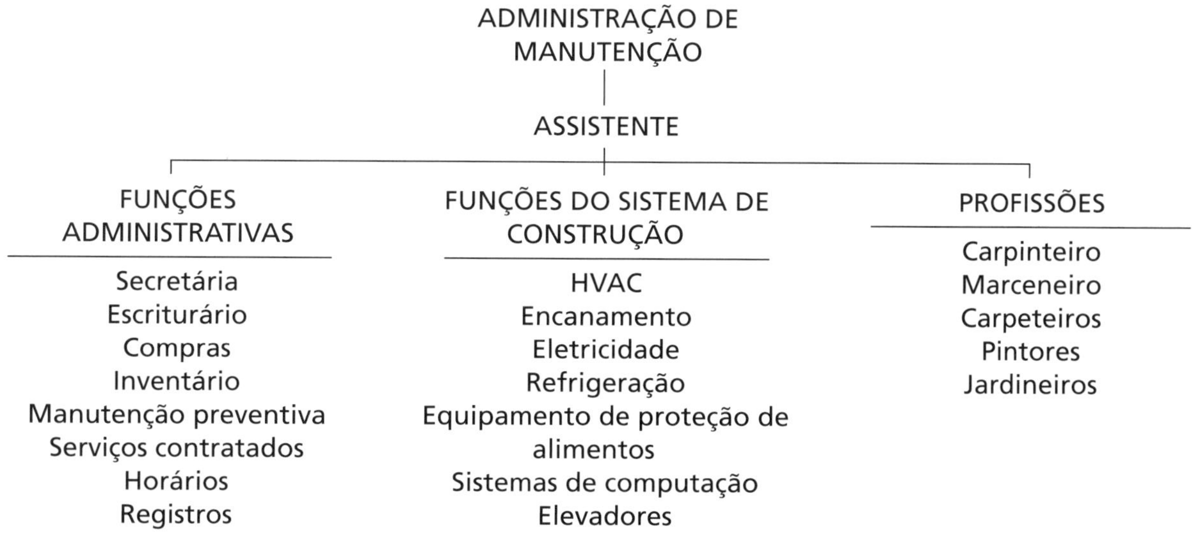

FIGURA 2
Estatísticas do Engenheiro Chefe (74 entrevistados)

		Número Bruto, se Aplicável
Média de idade	44,5	
Porcentagem de sexo masculino	100%	
Porcentagem caucasiana	92,9%	
Média de salário	US$35.000	
Porcentagem de grau universitário	27%	(20)
Porcentagem de formandos em engenharia	75%	(15)
Porcentagem de formandos em administração/hotelaria	25%	(5)
Média de anos no setor de hospitalidade	10,9	
Média de anos no hotel atual	6,3	
Média de anos na posição atual	6,15	

Neste estudo, o engenheiro típico tinha 44,5 anos e trabalhava na hospitalidade há mais ou menos 11 anos. Isto sugere que o engenheiro típico provavelmente teve treinamento e experiência no trabalho de campo em outros setores e só recentemente veio para o setor da hospitalidade.

Após entrar na hospitalidade, entretanto, parece que o engenheiro chefe rapidamente se muda para o gerenciamento e tem carreiras mais estáveis. Isto é evidente pela congruência da média de anos na posição presente e média de anos no hotel atual.

Ao comentar esses dados, um engenheiro chefe disse que, em sua análise, cada vez mais gerentes de manutenção em grandes hotéis internacionais estão sendo recrutados entre pessoas que tenham pelo menos educação universitária, não necessariamente formação em engenharia. Ele deu a entender que sua empresa não prefere, obrigatoriamente, treinamento acadêmico sobre a experiência prática mas reconhece a realidade de negociar no ambiente competitivo de hoje. Ele também sugere que o engenheiro chefe deve ser capaz de entender e administrar sofisticados sistemas de prédios que a companhia antecipa-se a instalar e que estão sendo desenvolvidos para os novos hotéis do próximo século.

Este comentário é uma chave para entender o trabalho do engenheiro chefe. O mais bem-sucedido chefe de engenheiros do futuro irá provavelmente ser um daqueles cuja educação e treinamento prepara para pensar estrategicamente, reconhecer tendências e fazer a sua parte para ajudar o hotel e seus donos a lidar bem com as questões evolutivas discutidas anteriormente.

Outros Funcionários do Departamento de Gerência

Dependendo do tamanho do hotel e da extensão e sofisticação de suas funções de manutenção, o engenheiro chefe pode usar os serviços de pessoas da administração, incluindo gerentes assistentes (ver Figura 1). Estas pessoas ajudam nos detalhes administrativos da operação de um complicado departamento do hotel. Também estaria incluído o apoio de uma secretária, que pode ser combinada com uma função burocrática.

Entre as funções administrativas mais importantes do departamento de manutenção estão:

- Ajudar outros chefes de departamento a tomar decisões de compras.
- Manter um inventário de peças e equipamentos do prédio.
- Preparar o desenvolvimento de manutenção preventiva nos sistemas do prédio.
- Administrar serviços de contrato como controle de pragas, lavagem de janelas, paisagismo, manutenção da piscina, jardinagem e vários outros.

Enquanto o departamento cresce em tamanho e importância, uma função administrativa maior envolve o planejamento de equipamentos e funcionários para realizar suas tarefas. Isso envolveria outra série de tarefas diárias na administração do departamento de manutenção. O planejamento pode se beneficiar grandemente de avanços tecnológicos tais como computadores, mas em um prédio cujos sistemas são tão complicados e inter-relacionados quanto aqueles de um hotel, a manutenção deve estar preparada para reagir a eventos não previstos que variam entre banheiros entupidos, elevadores quebrados, vazamentos de gás e assim por diante.

Uma função administrativa final estabelece o trabalho de base para decisões administrativas que afetam operações a longo prazo do departamento de manutenção e, por extensão, o próprio hotel. Isto significa manter dados precisos e atualizados com respeito aos vários sistemas do edifício e instalação do equipamento pelo qual o engenheiro é responsável. Aqueles engenheiros que têm o privilégio de ter funcionários administrativos bem desenvolvidos acham seu trabalho de gerenciar o edifício, seus sistemas e problemas de seus atendentes mais fácil se dados completos, precisos e atualizados estão disponíveis como base para planejamento, compras, orçamento e controle.

Estes são os tipos de detalhes administrativos que complicam o trabalho de qualquer gerente, mas podem ser particularmente difíceis para o engenheiro. Uma das principais razões para isso é que enquanto o departamento de manutenção é responsável pela manutenção e reparo de sistemas sofisticados e complicados, sob a maioria das circunstâncias esses sistemas e seus componentes são freqüentemente operados (e talvez mal usados) por muitas pessoas, variando de funcionários a hóspedes. Particularmente no caso dos hóspedes, os engenheiros têm pouco ou nenhum controle sobre a maneira com que os hóspedes tratam os equipamentos de quarto, pelos quais são responsáveis.

Especialistas Técnicos

Funções típicas de edifícios que são responsabilidades do departamento de manutenção estão listadas na Figura 1. Elas proporcionam conforto aos hóspedes e ajudam o hotel a melhor servi-los. Cada uma tem dificuldades que geram desafios à gerência e aos funcionários do departamento de manutenção.

Aquecimento, ventilação e ar condicionado são relacionados ao fornecimento, nas várias áreas do hotel, como áreas públicas e quartos de hóspedes, de um ambiente limpo, controlado e confortável. O sistema HVAC de prédios modernos fornece aquecimento ou refrigeração, adicionando ou retirando a umidade do ar para ajustá-lo a uma umidade relativa excelente, filtrando-o ou limpando-o, distribuindo-o por todos os lugares do hotel. Os sistemas HVAC fornecem várias mudanças completas no ar do quarto por hora, independente dos códigos do local e atividades dentro de uma particular área do hotel.

Outros fatores complicadores que desafiam o departamento de manutenção é que várias áreas do hotel têm diferentes necessidades de ar – por exemplo, a necessidade é diferente nos quartos de hóspedes, em áreas como cozinha, áreas públicas como o saguão, restaurantes ou serviços de lavanderia e governança. Os engenheiros chamam isso de "fornecer o sistema com equilíbrio", e esta é a maior função dos indivíduos que estão encarregados do HVAC para fornecer um ambiente agradável para cada área do hotel e ajustar o sistema HVAC para que isso seja possível.

O sistema de encanamento em um hotel moderno tem que desempenhar diversas funções equilibradas também. Em primeiro lugar, nas mentes dos gerentes, está fornecer serviços de água de qualidade para os quartos dos hóspedes. Os hóspedes querem água de alta qualidade, livre de defeitos visuais como sujeira ou ferrugem, sem nenhum odor e com sabor limpo e fresco. Os hóspedes também querem água quente suficiente para barbear-se e tomar banho sem o perigo de serem escaldados; também querem água em quantidade generosa. Nada é mais frustrante em um hotel do que um hóspede que está pagando mais de US$100 por noite descobrir que o hotel ficou sem água no meio do banho da manhã. Ao mesmo tempo, o departamento de manutenção tem que fornecer água para a "produção", água quente e fria para a cozinha, governança e lavanderia e as várias áreas de alimentos e bebidas. Fornecer água de qualidade para vários usuários dentro do hotel é uma das maiores funções da manutenção, uma função que somente é notada quando acontece algum defeito na sua distribuição.

Um caso similar é o serviço de eletricidade em várias áreas do hotel. Assim como fornecer encanamento de alta qualidade, o sistema elétrico do hotel também tem que ser projetado e mantido para servir vários usuários. Novamente, como o encanamento, não há substituto para a falta de eletricidade. Os funcionários da manutenção devem fornecer ao hotel serviço de eletricidade para suprir as necessidades dos departamentos, assim como as dos hóspedes.

Refrigeração, equipamento para a produção de comida e sistemas de computadores são exemplos dos sistemas do prédio cujos reparo, manutenção, reposição e gerenciamento podem ser responsabilidades do departamento de manutenção. Enquanto a manutenção de muitos desses sistemas pode ser contratada de terceiros, o departamento de manutenção é a primeira linha de defesa para mantê-los operando de maneira eficiente.

Na maioria dos hotéis modernos, a instalação e o serviço de elevadores são geralmente providências do fabricante do elevador, e os hotéis mantém contratos de manutenção para seus elevadores. A maioria dos departamentos de manutenção, entretanto, monitora de perto a operação dos sistemas de elevadores. Em hotéis altos, com elevadores rápidos, o menor problema com os serviços deve ser rapidamente identificado e relatado para os contratados. É geralmente responsabilidade do departamento de manutenção monitorar esse serviço e seus contratos cuidadosamente.

As várias funções apresentadas na Figura 1 são incluídas para ilustrar os tipos de habilidades especializadas solicitadas pela maioria dos departamentos de manutenção do hotel. Dependendo do tamanho do hotel e da complexidade dos serviços, o departamento de manutenção pode empregar em tempo integral um ou mais carpinteiros e marceneiros para manter, consertar e construir mobília para os hóspedes e os funcionários do hotel. Da mesma forma, se esse serviço não é contratado, os hotéis devem empregar uma pessoa cuja tarefa maior é manter a aparência de alta qualidade na vasta coleção de mobília de um hotel.

Pintar e manter a paisagem do hotel também representa uma função que requer constante atenção. Esses serviços podem ser contratados de companhias terceirizadas, mas elas estão incluídas aqui para sugerir a gama de funções pelas quais o departamento de manutenção é responsável.

QUESTÕES EM DEBATE

No estudo previamente mencionado (Rutherford, 1987), os engenheiros entrevistados foram perguntados sobre a relativa importância de cada uma das 58 afirmações relativas à operação de um departamento de manutenção de um hotel moderno. Um procedimento estatístico foi aplicado para classificar as afirmações em termos de sua importância. As dez facetas mais importantes do trabalho do engenheiro derivam desta lista que está reproduzida na Figura 3 e serve como base para sugestão das maiorias das questões que os departamentos de manutenção enfrentam nesta época.

Gerenciamento Departamental

Os itens 4, 6, 7, e 8 sugerem que os engenheiros de um hotel moderno consideram essas atividades, que são relacionadas ao gerenciamento de seus departamentos, como muito importantes para o sucesso: comunicação com os empregados, fornecimento de um ambiente seguro, sendo capaz de organizar as várias tarefas, atividades e pessoas do departamento, e transmitir liderança. Tudo isso sugere que as principais questões que os chefes de manutenção enfrentam hoje são aquelas relacionadas ao gerenciamento, mais do que habilidades técnicas, que eram tradicionalmente tidas como sendo a maior preocupação do chefe de manutenção.

Energia

O fato de que três itens relacionados à energia foram classificados no topo das dez questões por todos os engenheiros que responderam esta pesquisa, sugere que questões relacionadas à energia não foram resolvidas satisfatoriamente pela maioria desses profissionais. Também sugere que a energia continuará sendo um problema num futuro próximo.

Relações com a Alta Gerência

Outra grande dimensão do trabalho do engenheiro pode ser vista pela importância dos engenheiros sobre este ponto específico. Dos departamentos que os engenheiros tinham que classificar em relação ao relacionamento comum, apenas dois, governança e compras, estavam classificados dentro dos 50% desses 58 itens. Muitos dos engenheiros chefes contatados para comentar concordaram com essa classificação. Eles disseram que está se tornando uma importante parte do trabalho não somente responder para o gerente, mas também educá-lo sobre a importância da função de engenheiro.

Equipamentos

Deve ser notado que os aspectos mais técnicos do trabalho do engenheiro chefe não foram ignorados pelas 58 afirmações operacionais. O conhecimento da manutenção de equipamentos, claramente classificado o primeiro entre as outras afirmações, assim como o conhecimento de tipos de equipamentos entre as 10 mais, sugere que enquanto o trabalho do engenheiro chefe pode ser envolvido em direção a uma natureza mais gerencial, alguns dos tradicionais aspectos técnicos do trabalho ainda têm uma grande importância na responsabilidade diária do engenheiro.

FUTURO E CONCLUSÃO

Dados de uma Pesquisa Empírica

A interpretação dos dados reunidos na pesquisa de uma entrevista coletiva com engenheiros chefes e conversações e um acompanhamento subseqüente com engenheiros selecionados, sugere que o trabalho de um engenheiro chefe está na verdade evoluindo como o sugerido no início deste capítulo.

Os engenheiros dizem que estão mais envolvidos com questões e problemas relacionados a pessoas, ações interdepartamentais e interação do que no passado, quando a maioria dos problemas e questões que eles enfrentavam envolviam equipamentos e sistemas.

Também parece que no futuro os engenheiros chefes terão que ser mais adeptos às políticas interdepartamentais. Para fornecer ao hotel e seus hóspedes serviços de alta qualidade relativos a sistemas físicos e ambientais do edifício, o engenheiro chefe vai ter que competir com outros chefes de departamento por fontes escassas relacionadas ao pessoal, tecnologia e "campo livre de ação".

Resumindo, o departamento de manutenção, seu gerenciamento e seus funcionários são especialistas técnicos e representam uma organização funcional de um hotel moderno que está em um processo de mudança evolutiva. Como afirmado no início, esta mudança é impulsionada por inúmeros fatores. O futuro de uma organização de sucesso irá depender da habilidade dos gerentes de hotéis em reconhecer a importância de todas as contribuições do departamento de manutenção para a execução de serviços para os hóspedes e, desta maneira, manter um retorno alto do investimento feito pelos donos da propriedade.

FIGURA 3
Importância deste Item para a Operação do meu Departamento

Rank	Item	Média	DP	N
1.	Conhecimento de manutenção de equipamento	4,760	0,633	75
2.	Conservação de energia	4,655	0,804	74
3.	Gerenciamento de energia	4,589	0,761	73
4.	Responsabilidade pela comunicação com funcionários	4,587	0,680	75
5.	Relações com a gerência	4,520	0,811	73
6.	Responsabilidade pela liderança	4,514	0,726	74
7.	Responsabilidade pela segurança	4,486	0,904	72
8.	Responsabilidade pela habilidade organizacional efetiva	4,453	0,810	75
9.	Custos de energia	4,444	0,854	72
10.	Conhecimento de todos os tipos de equipamento	4,370	0,791	73

Escala : 1 = não importante de modo algum
5 = de importância vital.

4. Evolução do Trabalho do Engenheiro de Hotel

Denney G. Rutherford

Considerando-se as muitas mudanças substanciais que recentemente afetaram o departamento de manutenção do hotel, não é de se surpreender que a posição de engenheiro chefe não seja claramente compreendida por outros no hotel. Em uma ponta do espectro está a percepção do engenheiro chefe como um mesquinho irascível que conhece o significado de cada barulho em todos os canos e que sabe onde chutar a máquina de gelo, como reacender a caldeira, como construir uma mesa de bilhar, uma mesa de dados ou uma mesa de jantar (ou talvez todas as três de uma vez) no mesmo dia em que o pedido chegar. Na outra ponta, está o quadro do engenheiro chefe como um gerente vestido em um terno executivo e de gravata, que está igualmente confortável na suíte executiva e na sala das caldeiras e que comanda um batalhão de tecnologia moderna um pouco menos complicado do que o *deck* da nave *Enterprise.*

O aumento da energia em 1970 foi o ímpeto principal para o desenvolvimento de uma "nova" posição de engenheiro chefe. Borsenik (1979, 4) afirma que durante a era anterior de preços estáveis de utilidade, serviços limitados de hotéis, baixo custo do trabalho e funções de engenharia e manutenção eram relacionadas ao *status* menor de um "mal necessário". Nos anos 70, um período de alta nos preços de energia e de avanços tecnológicos acelerados, as gerências de hotéis começaram a reconhecer o papel crítico que o engenheiro chefe poderia desempenhar. O problema era que muitos engenheiros chefes não tinham as habilidades de gerência para compensar suas excelentes habilidades técnicas.

A maioria das discussões escritas sobre o papel dos engenheiros chefes afirma que esta posição agora admite funções orientadas para o gerenciamento, mas elas nem sempre especificam quais destas funções estão envolvidas. Neste texto sobre manutenção de hotel, Aulbach (1984, 53) afirma:

> A necessidade de gerenciamento efetivo do departamento de engenharia e manutenção é tão importante quanto o de qualquer outro departamento. Além de conhecimento técnico especializado, o engenheiro chefe deve possuir habilidades gerenciais se o departamento tiver de alcançar suas metas.

Aulbach acrescenta que o papel do departamento de engenharia e manutenção mudou durante os anos de um "apenas mantenha as coisas funcionando" para gerenciamento efetivo (Aulbach 1984, 54). O engenheiro chefe deve ficar lado a lado com o desenvolvimento rápido da tecnologia e satisfazer os desejos dos hóspedes, no que envolve mudanças físicas no hotel. Neste artigo, eu revisarei os eventos que forjaram uma nova identidade para os engenheiros chefes e apresentarei os resultados de uma pesquisa sobre como 74 engenheiros chefes entendem seu trabalho.

FORÇAS PARA MUDANÇA

Uma variedade de novos desafios surgiu para o engenheiro chefe do hotel. A maioria não vem de bruscas revoluções, mas se desenvolveu de uma combinação de fatores evolutivos relacionados. Entre estes fatores está a competição. Quanto mais organizações hoteleiras entram no negócio de segmentos de mercados, mais acrescentam melhorias técnicas para suas plantas físicas que devem ser mantidas pelos departamentos de manutenção. Estas características podem variar de design geral do edifício geral a recursos dentro do quarto (por exemplo, geladeiras) e o mais moderno em instalações e sistemas de edifícios. O gerenciamento destes bens físicos é fundamental para o trabalho do engenheiro chefe.

Sofisticação

Muitas características e sistemas nos hotéis de hoje estão interconectados e gerenciados em conjunto com outros sistemas departamentais e monitorados por computadores (Marko e Moore 1980a, 1980b; Saidel 1981). Isto aumentou a sofisticação dos equipamentos que todos os gerentes devem saber manusear, mas as mudanças mais drásticas e substanciais estão acontecendo na manutenção.

Como resultado, o engenheiro chefe deve não somente estar bem informado sobre os mais modernos equipamentos e sistemas, mas também deve ser capaz de recrutar, treinar e gerenciar os funcionários para que eles possam enfrentar os desafios de manter o equipamento de tecnologia avançada.

A combinação da crescente competição no mercado e sistemas sofisticados expandiram o trabalho do engenheiro. Além das tradicionais funções de "reparo e manutenção", o trabalho agora envolve o fornecimento de suporte de manutenção para todos os departamentos do hotel.

Energia: um Fator Novo

O custo, uso e conservação da energia têm acrescentado uma nova dimensão ao trabalho do engenheiro chefe – que essencialmente não existia antes de 1973. Como a energia era previamente tão barata, os edifícios não eram nem programados nem gerenciados para poupar energia.

Desde a reestruturação do setor da energia em meados dos anos 70, a maioria dos hotéis reconheceu a energia como uma área onde poder-se-ia obter economia considerável. A maioria dos programas de conservação de energia fornece os serviços ao hotel sem efeitos adversos para o hóspede. As administrações dos hotéis querem evitar, por exemplo, o caso extremo de pedir ao hóspede que paga US$100 por noite para tomar um banho mais curto.

Os efeitos residuais do embargo do petróleo de 1973 têm duas facetas. Os hotéis construídos antes de 1973 não foram construídos para serem particularmente eficientes poupadores de energia. Os engenheiros que trabalham nestes hotéis têm um trabalho difícil no que diz respeito à conservação de energia. Por outro lado, muitos hotéis construídos após esta época contêm sistemas sofisticados que conservam energia sem afetar o conforto do hóspede. O primeiro exemplo apresenta para o engenheiro chefe um problema gerencial de "fazer acontecer"; o segundo requer expansão contínua do conhecimento técnico do chefe.

Entretanto, um sistema mecânico ou eletrônico nunca pode ser a única resposta para a conservação de energia em um negócio tão complexo quanto um hotel. Uma grande atenção deve ser dada ao treinamento do pessoal para superar hábitos de desperdício. Aqui está uma outra complicação para o engenheiro chefe, porque no caso de conservação de energia a responsabilidade do engenheiro chefe se estende além da manutenção para todos os departamentos do hotel.

Teoria

Da discussão, parece claro que um gerente de manutenção bem-sucedido deveria exibir uma mistura de conhecimento técnico e experiência gerencial. A discussão seguinte sugere que os gerentes gerais gastarão uma maior porcentagem do seu tempo em questões de administração, e isto alcançou níveis de importância no mínimo tão grandes quanto os aspectos técnicos do trabalho do engenheiro chefe.

Para descobrir se estas afirmações eram verdadeiras, eu enviei uma pesquisa para uma amostra de engenheiros chefes escolhidos por acaso em 200 hotéis, representando todas as regiões do país e equilibrada igualmente entre operações de grandes cadeias e operadores pequenos, independentes. 74 pesquisas retornaram (39% das respostas). Além de solicitar informação demográfica, eu pedi aos engenheiros que respondessem a 58 afirmações sobre a operação do departamento de manutenção. As respostas eram para julgar cada afirmação em dois contextos: (1) quão importante era a atividade ou função na operação do departamento deles, e (2) quanto tempo eles gastavam na atividade ou função anualmente. Essas respostas foram classificadas em uma escala do tipo *Likert.*

QUEM SÃO OS ENGENHEIROS?

Como muitos departamentos nos hotéis, a manutenção é dominada por homens (Tabela 1). Em parte, este fenômeno reflete a dificuldade tradicional que as minorias e mulheres têm encontrado em escalar degraus altos no gerenciamento de qualquer departamento de hotel. Mas a preponderante ânsia de homens brancos é mais visível na manutenção do que em outros campos, presumivelmente porque as habilidades e ofícios dos trabalhadores e gerentes nesse departamento não são historicamente tão abertas para minorias e mulheres.

O salário das pessoas que responderam variavam bastante, de US$25.000 a mais de US$55.000 anuais. Um engenheiro que revisou os dados ficou de alguma forma surpreso que metade dos salários relacionados estavam abaixo dos US$35.000 porque, em sua experiência, alguém que chega ao nível de engenheiro chefe (pelo menos em uma cadeia de hotel) geralmente receberia mais do que essa quantia.

Este engenheiro chefe também relatou que um número crescente de pessoas com graduação está se juntando ao departamento de manutenção, para exclusão daqueles que seguiram o caminho mais tradicional de degrau em degrau. Como não há dados comparativos de outros estudos de engenheiros chefes, é difícil determinar se a tendência para os engenheiros com nível universitário está crescendo. Outro engenheiro chefe com quem eu conversei concordou que os engenheiros chefes com nível universitário não são certamente mais incomuns e podem ser a onda do futuro.

Quase todas as pessoas que responderam consideram suas carreiras bem-sucedidas. Essa avaliação foi apoiada por outras medidas: os engenheiros chefes disseram que serão continuamente recrutados para outros trabalhos e sentiram que sua situação econômica melhorou nos últimos cinco anos. A grande maioria dos que responderam pretendiam permanecer na manutenção, o que sinaliza a confiança em sua habilidade

TABELA 1
Características dos Engenheiros Chefes Pesquisados e dos Hotéis

Demografia dos engenheiros e dados de carreira	
Média de idade	44,5
Média de anos no setor da hospitalidade	10,9
Média de anos no hotel atual	6,3
Média de anos na posição atual	6,1
Salário médio	US$35.000
Número de pessoas graduadas	20 (27%)
Número de pessoas com graduação em engenharia	15
Número de pessoas com graduação em administração ou administração hoteleira	5
Atitudes dos engenheiros quanto à carreira	
Consideram-se bem-sucedidos na carreira	98,5%
Sentem que as posições econômicas e pessoais melhoraram nos últimos cinco anos	70,1%
Consideraram seriamente deixar o negócio de hotel nos últimos dois anos	24,6%
Tentaram uma nova profissão nos últimos dois anos	87,1%
Planejam permanecer na engenharia (em nível unitário ou corporativo)	83,8%

Dados do hotel	Variação	Média
Número de quartos	124 a 1.865	609
Diária média dos quartos	US$42 a US$450	US$97
Total de funcionários na manutenção	1 a 130	25,6
Número de gerentes na manutenção	0 a 9	2,6

Estes números baseiam-se numa pesquisa com 74 engenheiros. Todos eles eram homens e, exceto seis, eram caucasianos. Setenta por cento dos hotéis afiliados eram de grandes cadeias.

para contribuir com o campo. Estes dados de satisfação na carreira são comparados favoravelmente com os resultados de uma pesquisa similar de gerentes de hotéis (Rutherford e Wiegenstein 1985).

Carreiras Secundárias

Uma comparação do número médio de anos que os engenheiros chefes gastaram no setor da hospitalidade e suas idades indicou que muitos deles vieram de outros setores para o negócio de hotelaria. Isto era aparentemente verdade, entretanto, somente entre os gerentes mais velhos. Os engenheiros mais jovens estavam na administração hoteleira pela importância de suas carreiras.

Enquanto os hotéis representados na amostra variavam de pequenos (124 quartos) a mega hotéis (1.800 quartos), houve uma pequena inclinação para os hotéis maiores pelas pessoas que responderam. Setenta por cento dos que responderam eram de cadeias de hotéis (a amostra compreendia 55% de grandes cadeias hoteleiras e 45% de cadeias independentes ou regionais), e a média de quantidade dos funcionários da manutenção de 26 pessoas indicaria uma resposta mais forte das operações maiores.[1]

É possível que uma causa para o retorno irregular é que muitos departamentos de manutenção em cadeias de hotéis sejam gerenciados para serem mais receptivos a projetos de pesquisa como esse. Uma cadeia internacional, por exemplo, pediu permissão para repassar este estudo em seus próprios hotéis. Um executivo corporativo em outra cadeia disse que a mudança da cultura corporativa de modo crescente reflete as contribuições potenciais dos engenheiros chefes. Então, os indivíduos do departamento de manutenção podem estar mais inclinados a participarem de tal estudo.

TESTANDO TEORIAS

Depois dos engenheiros julgarem a importância relativa do tempo destinado a cada um dos 58 itens da pesquisa, as afirmações foram classificadas de acordo com a ordem de importância e tempo. Os 20 fatores mais importantes dos chefes de manutenção são demonstrados na Tabela 2. Estas facetas são provavelmente as questões mais urgentes que os gerentes de manutenção de hotel estão enfrentando.

Gerenciamento Departamental

Oito dos vinte itens mais importantes envolviam administração. As pessoas que classificaram problemas como comunicação com os funcionários, organização e fornecimento de treinamento, manutenção de um ambiente seguro e promoção de liderança motivacional sugerem a importância de habilidades gerenciais mais que o mero conhecimento técnico.

Energia

A energia permaneceu como prioridade máxima. O fato de 5 itens relacionados a energia estarem entre os vinte primeiros (por exemplo, número 2, conservação de energia, e número 3, administração de energia) indica que a energia ainda é um problema para a maioria dos engenheiros, e que ela continuará sendo uma prioridade no futuro próximo.

Gerenciamento de Relacionamentos

Outra grande dimensão do trabalho dos engenheiros chefes foi o relacionamento com outros gerentes. Esse era o item número 5, e foi classificado acima dos relacionamentos com departamentos individuais. Ao comentar esse fato, muitos engenheiros chefes disseram que a interação regular com a gerên-

TABELA 2
A Importância da Classificação de Várias Tarefas da Manutenção

Rank	Tarefa	Classificação média
1.	Conhecimento de manutenção do equipamento	4,76
2.	Conservação de energia	4,66
3.	Manutenção de energia	4,59
4.	Responsabilidade pela comunicação com os funcionários	4,59
5.	Relações com a gerência	4,52
6.	Responsabilidade pela liderança	4,51
7.	Responsabilidade pela segurança	4,49
8.	Responsabilidade pela habilidade organizacional efetiva	4,45
9.	Custos de energia	4,44
10.	Conhecimento de tipos de equipamento	4,37
11.	Uso de computadores para controlar e monitorar custos de energia	4,36
12.	Responsabilidade pelo orçamento	4,31
13.	Conhecimento do uso de equipamentos e treinamento	4,31
14.	Relações com o departamento de governança	4,27
15.	Responsabilidade por um controle de registro eficiente	4,27
16.	Conhecimento de requisitos de energia do equipamento	4,23
17.	Responsabilidade pela motivação	4,22
18.	Uso de computador no departamento	4,19
19.	Função de treinamento e educação continuada dos funcionários	4,12
20.	Uso de computadores para controle em manutenção preventiva	4,09

Pediu-se a 74 engenheiros chefes que classificassem a importância de 58 tarefas ou fatores do emprego numa escala de 1 (sem importância) a 5 (vitalmente importante). Estes 20 fatores foram classificados como os mais importantes na média.

cia se transformou em uma grande parte dos seus trabalhos. Eles não somente respondem à gerência mas também são responsáveis por educar os gerentes sobre sua função.

A governança foi o departamento mais significativo para os engenheiros, fora o deles mesmos. Os funcionários da governança trabalhando em todas as áreas do hotel se transformaram em "olhos e ouvidos" do gerente de manutenção ao monitorar a condição e eficiência dos sistemas do prédio e dos bens físicos.

Computadores

A maioria dos engenheiros chefes não classificou os itens relacionados aos computadores porque a maioria não usa computadores. Ainda assim, os itens relacionados aos computadores foram muito importantes para os engenheiros chefes que realmente usavam sistemas automatizados. (Os computadores estão sendo usados para apoiar funções como gerenciamento de energia e manutenção.)

Equipamento

Manter o equipamento em operação foi a consideração número um para os engenheiros chefes. Três outros itens relacionados ao equipamento também estavam entre os 20, e parece claro que não importa a posição do chefe de manutenção, os aspectos do trabalho ainda são a maior preocupação.

RESTRIÇÕES DE TEMPO

O tempo gasto em vários aspectos do trabalho do engenheiro chefe ficou muito próximo aos 20 aspectos mais importantes do trabalho. Com somente uma exceção, os vinte itens classificados como mais importantes estavam também na lista das tarefas que consumiam mais tempo. A manutenção de equipamento, por

TABELA 3
Tempo Dedicado a Várias Tarefas de Manutenção

Rank	Tarefa	Classificação média
1.	Conhecimento de manutenção do equipamento	4,22
2.	Responsabilidade pela liderança	4,08
3.	Responsabilidade pela comunicação com os funcionários	4,04
4.	Responsabilidade pela habilidade organizacional efetiva	3,91
5.	Relações com o departamento de governança	3,85
6.	Responsabilidade pela segurança	3,78
7.	Relações com a gerência	3,76
8.	Conservação de energia	3,65
9.	Conhecimento de tipos de equipamento	3,64
10.	Responsabilidade pela motivação	3,60
11.	Gerenciamento de energia	3,60
12.	Uso de computadores para controlar e monitorar custos de energia	3,46
13.	Conhecimento de requisitos de energia do equipamento	3,40
14.	Custos de energia	3,38
15.	Conhecimento do uso do equipamento e treinamento	3,36
16.	Uso do computador no departamento	3,35
17.	Relações com o departamento de alimentos e bebidas	3,29
18.	Responsabilidade pelo orçamento	3,25
19.	Responsabilidade pelo efetivo controle de registros	3,25
20.	Função de treinamento e educação continuada dos funcionários	3,23

Pediu-se a 74 engenheiros chefes que classificassem a taxa de tempo usado em 58 tarefas do emprego ou fatores em uma escala de 1 (virtualmente tempo algum) a 5 (tempo substancial). Estes 20 fatores foram classificados numa média de maiores consumidores de tempo.

exemplo, estava em ambas as listas. Nesse respeito, houve um considerável acordo por parte dos 74 entrevistados. A congruência das duas listas indica que estes gerentes têm suas prioridades em ordem: eles dedicam tempo para as atividades que acreditam ser mais críticas para as operações de seus departamentos.

Houve um relacionamento consistente entre a importância das tarefas e o tempo disponível para realizá-las. Para cada um dos 58 fatores, os engenheiros chefes deram uma classificação significativamente maior para a importância de cada fator do que o tempo dedicado a ele.[2] Olhando novamente ao item número um de ambas as listas, a importância média classificada por conhecimento de equipamento de manutenção foi de 4,7, enquanto a classificação média do tempo dedicado a esse item foi de 4,2. Alguém pode dizer que a maioria dos gerentes acha que eles não têm tempo suficiente para todas as suas responsabilidades, mas o trabalho do engenheiro chefe é excepcionalmente grande e complexo. A responsabilidade de gerenciar uma diversidade de pessoas, sistemas e equipamentos complexos indubitavelmente causa um esforço gerencial incomum para os engenheiros chefes. Por exemplo, um engenheiro disse que sua habilidade para dedicar tempo a tarefas gerenciais e administrativas sofria da necessidade de despachar os problemas imediatos envolvendo pessoal e sistemas.

MUDANÇAS

Retornando à questão proposta no início deste artigo, a extensão pela qual o papel do engenheiro chefe mudou nos anos recentes, os dados da pesquisa claramente apoiam uma noção de que o engenheiro chefe deve se manter atualizado com o rápido desenvolvimento da tecnologia, permanecer sensível ao papel do equipamento e estar atento às funções de gerenciamento de pessoal necessárias para manter o departamento funcionando.

Com o envolvimento maior no gerenciamento do hotel, os engenheiros chefes terão que ser mais adeptos às políticas organizacionais inter e intradepartamentais. O engenheiro chefe deverá competir com outros chefes de departamento por recursos de orçamento relacionados a funcionários e tecnologia para que os serviços aos hóspedes possam ser mantidos.

Visão de um Engenheiro Chefe

O gerenciamento de energia surgiu como uma questão de alta prioridade. Ron Parker, engenheiro chefe do hotel Four Seasons em Newport Beach, Califórnia, disse que a crise de energia dos anos 70 "aumentou a consciência". Ele acrescentou que os maiores avanços para a conservação de energia na maioria dos hotéis ainda estão relacionados com o sistema mais do que com as pessoas. Na sua visão, a solução a longo prazo para as necessidades de energia do hotel dependerão de instalação e conservação de energia e de gerenciamento ético através da estrutura gerencial. Esta ética terá que chegar a todos os funcionários do hotel, ele diz.

Parker ecoa o sentimento coletivo de seus colegas engenheiros chefes quando afirma que a segurança é uma outra questão importante. As taxas de segurança do hotel estão baseadas na freqüência de acidentes, e o engenheiro chefe na maioria dos hotéis tem uma responsabilidade significativa para detectar e corrigir condições sem segurança.

Os dados também mostraram que o departamento de manutenção não é mais um jogador menos importante no gerenciamento de um hotel. Cada engenheiro chefe com quem eu conversei reportou uma visibilidade maior entre seus pares gerentes do hotel. Um estudo de Wasmuth e Davis (1983) descobriu que o apoio da gerência era particularmente vital para reduzir a rotatividade no departamento de manutenção. Se a manutenção falhava em conseguir autorização para itens necessários do orçamento, a moral estava prejudicada. O estudo presente confirmou a importância que os engenheiros chefes dão ao seu relacionamento com a gerência e o tempo gasto neste relacionamento.

Entretanto, os resultados da pesquisa apóiam a idéia de que os engenheiros chefes estão gastando mais tempo com problemas gerenciais e relativamente menos tempo nos aspectos técnicos do trabalho. Os engenheiros descreveram muitos incidentes nos quais lidaram com muitas questões e problemas relacionados a pessoas e ações do departamento do que no passado. Enquanto as questões de equipamento e sistemas ainda são as mais importantes no dia-a-dia do engenheiro, os problemas das pessoas também exigem uma grande parcela de tempo.

MOVENDO-SE EM DIREÇÃO À GERÊNCIA

Este estudo procurou documentar o papel atual de um engenheiro chefe de hotel. Por ser o primeiro estudo deste tipo, não há dados comparativos, e outros pesquisadores podem estar interessados em testar outros aspectos deste tópico.

Os operadores de hotel podem usar esta informação para estabelecer uma estrutura de gerenciamento. As companhias podem desejar usar estes dados como base para comparação com suas organizações. E os engenheiros podem encontrar valor particular em comparar aspectos operacionais de seus departamentos e carreiras a aqueles apresentados aqui. Se o papel e função do departamento de manutenção estão mudando substancialmente, as companhias hoteleiras deveriam documentar as mudanças e reajustar suas políticas, funcionários e procedimentos para conseguir vantagem competitiva deles.

5. Padrões de Segurança de Fato: Operadores em Risco

Denney G. Rutherford
Jon P. McConnell

O gerenciamento efetivo envolve ser capaz de prever e controlar situações, pessoas ou coisas. Se alguma coisa pode ser antecipada, os gerentes devem ter no lugar as políticas ou procedimentos com as quais lidar com o evento. De tempos em tempos, entretanto, apesar de todos os cuidados para fornecer um envolvimento seguro, alguma coisa que não foi antecipada pode causar ao hóspede uma experiência de perda ou dano.

A justiça alega que estes atos e eventos que prejudicam um hóspede podem ser previstos logo, são passíveis de prevenção. Como resultado, o setor hoteleiro está operando com maior risco do que no passado.

OPERADORES EM RISCO

Tradição

A tarefa dos hoteleiros e donos de restaurantes em fornecer segurança para seus hóspedes é reconhecida por séculos. Hoteleiros ingleses, por exemplo, no início do século XV, tinham que acomodar qualquer pessoa bem-comportada que chegasse em sua hospedaria. A lógica para tal regra era de que o interior inglês estava infestado de ladrões e salteadores, e a vida corria perigo, exceto dentro de um hotel. Foi estabelecido que o hoteleiro tinha a obrigação de receber a quantidade de hóspedes que o hotel poderia acomodar.

Entretanto, primeiro por defeito e depois por decreto, as hospedagens se tornaram seguradoras dos bens dos hóspedes. Para evitar que os donos de hotéis conspirassem com os ladrões para roubar os bens dos hóspedes, o hoteleiro, pela lei, era responsável pela perda dos bens dos hóspedes. (Esta regra foi modificada por estatuto em todos os estados nos EUA.)

Os donos de hotéis e de restaurantes nunca foram presos por serem responsáveis pela segurança dos hóspedes. Na verdade, o padrão de cuidado tem sido que eles possuem a premissa de segurança razoável do hóspede, e eles devem ter atitudes razoáveis para proteger seus hóspedes do mal.

Previsibilidade

O conceito de previsibilidade, então, se torna importante no contexto da prevenção e no cuidado com os hóspedes. Se o gerente de um estabelecimento *deve* ser capaz de prever o perigo para qualquer hóspede, o gerente tem que tomar atitudes para lidar com perigo. Isso traz à tona nossa preocupação com segurança.

Como os seguintes casos ilustram, as cortes têm sustentado e continuam a sustentar que se uma atividade criminosa é previsível, atitudes adequadas devem ser tomadas para a proteção dos hóspedes. Isso tem sido lei por décadas. Nossa preocupação é com o *aumento* da atividade criminal e necessita de mais medidas de segurança para os hóspedes.

Padrões mais Rígidos

O que as cortes têm feito ao decidir pelos queixosos (hóspedes) em casos de segurança de hotéis é interpretar estatutos e leis comuns de maneira a sugerir padrões gerenciais de segurança. A maioria destas interpretações legais envolve instâncias onde a corte sentiu que se o hotel tivesse aplicado um padrão mais rígido de cuidado a um evento previsível, os danos ou perdas não teriam acontecido. Geralmente tais "deficiências" na segurança envolvem incidentes relacionados a três categorias de padrões de segurança (ver Tabela 1):

1. Físico ou relacionado à propriedade.
2. Pessoal ou relacionado a treinamento.
3. Administrativo ou relacionado ao procedimento.

AS CORTES JUDICIAIS ENCONTRAM DEFICIÊNCIAS

O que se segue é uma análise de casos legais nos quais a corte encontrou deficiências, e nós argumentamos que o remédio para essas deficiências têm o potencial de tornar os padrões de segurança impostos aos operadores de hospitalidade pelas cortes. Depois de uma breve discussão de cada caso, nós apresentamos dados de nossa pesquisa com executivos de segurança em companhias hoteleiras que mostram as reações de seus oficiais para os novos padrões e a extensão pela qual as companhias hoteleiras têm prestado atenção nesses padrões.

Padrões de Segurança Orientados pela Justiça

Em cada um dos casos que nós discutimos, as cortes acharam que os hotéis ou restaurantes e seus gerentes apresentaram alguma deficiência. As cortes argumentaram que essas deficiências resultaram, em algum grau, em uma experiência traumática, ou de danos para o hóspede, certamente não o que o hóspede esperava quando entrou no estabelecimento.

Nós acreditamos que decidindo pelos queixosos nestes casos e apontando as deficiências de cuidados específicos, as cortes estabeleceram os *padrões de segurança orientados pela corte* (CMSS) para os hotéis. As descobertas da justiça podem ser usadas como base para futuras decisões em casos envolvendo circunstâncias similares, as decisões são equivalentes a um mandato.

Nossa análise do *Banks* versus *Hyatt* (Rutherford e McConnell 1987, 58 – 63) sugere que os hotéis se tornaram proativos em prever áreas de vulnerabilidade de riscos, daí estabelecer políticas e procedimentos para eliminar a porção maior de riscos previsíveis.

Os casos apresentados aqui ilustram deficiências comuns da parte de hotéis e restaurantes e o dano subseqüente que pode recair sobre seus hóspedes. E isto não é nenhum inventário exaustivo de tais casos, nem um grupo selecionado para efeito dramático. Esses casos representam o campo de responsabilidade e são, tristemente, típicos.

Garzilli *versus* Howard Johnson Motor Lodges

Neste caso, provavelmente não ajudou aos réus o fato de a vítima ser uma celebridade, isto é, Connie Francis. Entretanto, os fatos do caso mostram que os operadores do hotel *poderiam* ter feito um trabalho melhor ao fornecer segurança *(Garzilli versus Howard Johnson Motor Lodges 1976).*

Reclamação do hóspede. Connie Francis estava hospedada no Westbury, New York, Howard Johnson motel. Ela sofreu tentativa de agressão por um homem que entrou em seu quarto através das portas de correr. Por dentro as portas aparentavam estar fechadas, mas elas poderiam ser abertas por fora sem dificuldade.

A decisão. Com base no depoimento psiquiátrico de que sua lucrativa carreira como cantora foi arruinada por causa da experiência traumática, Francis recebeu US$2,5 milhões e seu marido, 150.000 dólares. Em apelação, a indenização para a cantora foi confirmada, mas para seu marido foi reduzida para 25.000 dólares.

Deficiências. O hotel violou princípios elementares de segurança ao fornecer portas de correr que poderiam ser abertas pelo lado de fora. O erro de Howard Johnson foi um descuido relativamente pequeno, mas levou a um trágico incidente que poderia ser prevenido. As portas que parecem estar fechadas mas não estão são um convite para este tipo de problema.

Kveragas *versus* Scottish Inns

Mesmo os remédios mais simples podem ajudar a aliviar as conseqüências legais de violência pessoal imposta aos hóspedes (Kveragas *versus* Scottish Inns Inc. 1984).

Reclamação do hóspede. Os queixosos estavam ocupando um quarto no Scottish Inns motel em Knoxville, Tennessee. Por volta das 22h10, três intrusos arrombaram a porta do quarto deles e os assaltaram, roubando US$3.000 em dinheiro e atirando e ferindo gravemente o queixoso. A porta que foi chutada foi colocada de maneira que mal encaixava no batente. A única fechadura era a que estava na porta, descrita como uma fechadura de terceira categoria. Uma corrente de segurança foi quebrada quando a porta foi arrombada.

A decisão. A corte emitiu um veredicto direto para o réu, os queixosos apelaram, e o tribunal anulou o veredicto e ordenou um novo julgamento.

Deficiências. Nos dias de hoje, portas e fechaduras adequadas estão disponíveis, e até mesmo pequenos motéis correm riscos se não instalam tal equipamento. A evidência neste caso mostrou que fechaduras adequadas que poderiam ter resistido à força usada para quebrar a porta eram facilmente encontradas.

TABELA 1
Tipos de Padrões de Segurança e Casos Judiciais Relacionados

Padrões de segurança mandados pela Justiça	Citação de caso pertinente
Físico ou relacionado à propriedade	
Sistemas de fechadura regularmente inspecionados que funcionem e forneçam o mínimo de segurança	Garzilli *versus* Howard Johnson Motor Lodges Kveragas *versus* Scottish Inn, Inc.
Iluminação adequada nos *halls* e outras áreas onde os hóspedes são esperados	Boles *versus* La Quinta Inns
Monitoramento remoto por TV ou outro sistema de vigilância	Virginia D. *versus* Madesco Investment Co. Orlando Executive Park, Inc. *versus* P.D.R. Peters *versus* Holiday Inns
Acesso limitado a áreas de hóspedes para excluir pessoas não autorizadas	Virginia D. *versus* Madesco Investment Co. Nordmann *versus* National Hotel Co. Orlando Executive Park, Inc. *versus* P.D.R. Peters *versus* Holiday Inns
Relacionados ao pessoal Funcionários da segurança regularmente empregados e que também patrulhem as áreas dos hóspedes e áreas ao redor do hotel	Virginia D. *versus* Madesco Investment Co. Nordmann *versus* National Hotel Co. Banks *versus* Hyatt Corporation Orlando Executive Park, Inc. *versus* P.D.R. Peters *versus* Holiday Inns
Emprego de segurança armada em operações que têm altas taxas de atividade criminal na área	Taco Bell, Inc. *versus* Lannon
Treinamento e instrução do pessoal de segurança que esteja armado	Harris *versus* Pizza Hut of Louisiana, Inc.
Treinamento dos funcionários em procedimentos para relatar e lidar com atividade criminal quando descoberta pelos funcionários do hotel	Nordmann *versus* National Hotel Co. Boles *versus* La Quinta Inns Harris *versus* Pizza Hut of Louisiana, Inc.
Administrativos ou relacionados a procedimentos Monitorar e estar ciente de atividade criminal na área de operação	Banks *versus* Hyatt Corporation Taco Bell, Inc. *versus* Lannon Peters *versus* Holiday Inns
Sistema de aviso aos hóspedes sobre áreas perigosas e/ou atividade criminal perto do hotel	Banks *versus* Hyatt Corporation Orlando Executive Park, Inc. *versus* P.D.R

Virginia D. *versus* Madesco Investment

Problemas com violação e acesso não autorizado deveriam ser levados a sério e lidados decisivamente. Atue nas recomendações de seu quadro de segurança e encontre maneiras de monitorar estas áreas abertas ao público (Virginia D. *versus* Madesco Investment Corporation 1983).

Reclamação do hóspede. A queixosa era hóspede do restaurante do hotel do réu. Enquanto usava o banheiro de mulheres designado pelo restaurante para suas clientes, ela foi pega por trás e estuprada.

O banheiro feminino estava localizado no saguão inferior do hotel, uma área contendo sala de reuniões e de banquetes (estas salas não estavam em uso na hora do ataque) e vários escritórios do hotel. Apesar de ter passado o horário comercial (17h30), quatro funcionários do hotel ainda estavam em seus escritórios. O acesso para o saguão inferior poderia ser feito por qualquer andar do hotel por um elevador ou pelo saguão superior usando-se um lance de escadas. O saguão superior era acessível através de duas portas na frente do hotel e de uma entrada dos fundos usada pelos funcionários e vendedores. Nenhum funcionário estava no saguão inferior. Não havia televisão ou monitores de vídeo no saguão inferior.

Sinais de alerta. Havia evidências abundantes no passado recente de crimes como violar a área do saguão inferior deste hotel. Aparentemente, a entrada de pessoas não autorizadas era uma preocupação do pessoal da segurança do hotel, mas pouco se tinha feito a este respeito. Por algum tempo o banheiro feminino era trancado após o horário comercial, mas isto causou objeções do restaurante e a prática foi abolida. Havia um segurança cuja tarefa era patrulhar o hotel inteiro. Ele não estava no saguão inferior na hora do ataque. A agência pela qual o guarda foi contratado recomendou um novo guarda, mas esta sugestão não foi implementada.

A decisão. O veredicto do júri na corte dando uma recompensa de US$100.000 à queixosa foi reestabelecida pela Corte do Estado do Missouri. A corte disse que o júri poderia facilmente encontrar provas de que a entrada no saguão inferior não era controlada e que os criminosos poderiam entrar por ela; ainda assim, nada havia sido feito para proteção dos hóspedes.

Deficiências. Havia três grandes deficiências: (1) acesso ilimitado à área onde as senhoras do restaurante do hotel deveriam passar; (2) falta de pessoal de segurança nesta área; e (3) não havia televisão nem outra forma de monitoramento para desencorajar os criminosos de espreitar-se no recinto.

Nordmann *versus* National Hotel

Os funcionários do hotel devem usar o bom senso e ter estímulo para colocá-lo em prática. A falha em responder uma chamada do hóspede pode resultar em grandes problemas (Nordmann *versus* National Hotel Company 1970).

Reclamação do hóspede. O Sr. e Sra. Nordmann eram hóspedes numa festa em um hotel de 1.200 quartos em Nova Orleans. Eles saíram da festa e se dirigiram a seus quartos. Quando estavam se preparando para entrar no quarto foram abordados por um ladrão e forçados, com um revólver, a entrar no quarto. O ladrão amarrou o senhor Nordmann e começou a molestar a senhora Nordmann. Um hóspede do quarto ao lado ouviu o que estava acontecendo e chamou a telefonista do hotel, pedindo à telefonista que chamasse a polícia.

Ao invés de chamar a polícia, a telefonista discutiu por um tempo se isso seria útil. A telefonista eventualmente chamou o assistente da recepção. Este, também, se atrasou por algum tempo apesar do pedido do hóspede ser urgente e ter uma descrição vívida. O recepcionista decidiu não chamar a polícia e começou a procurar um oficial de segurança ou o detetive da casa.

As provas mostraram que 40 minutos se passaram antes da polícia ser chamada, mas quando foram chamados levaram somente quatro minutos para chegar ao hotel. Até este momento, o homem armado, que tinha tentado estuprar a senhora Nordmann, tinha fugido há muito tempo. Perguntaram ao recepcionista por que ele tinha demorado tanto tempo em chamar a polícia, e ele respondeu: "Nós estávamos realmente ocupados naquele momento e não podemos chamar a polícia para todos que ligam aqui para baixo."

A decisão. O júri concedeu à senhora Nordmann US$16.000 e US$5.000 a seu marido. Isto foi apelado, porque na ocasião a quantia foi caracterizada como "modesta".

Deficiências. Em qualquer circunstância, um hotel com 1.200 quartos não tem funcionários suficientes quando tem somente um segurança, um único ajudante de quarto e somente um mensageiro de plantão. No caso deste hotel, parece que não havia procedimentos estabelecidos que poderiam ser feitos no evento da descoberta de um possível crime em progresso. Além disso, os saguões deste hotel e elevadores não eram seguros.

Boles *versus* La Quinta Inns

Aqui está um outro exemplo de como as ações dos funcionários – ou a falta delas – podem prejudicar a responsabilidade do hotel junto a seus hóspedes. (Boles *versus* La Quinta Inns 1982).

Reclamação do hóspede. Quando Boles abriu sua porta no motel La Quinta Motor, encontrou um vagabundo que a puxou para o quarto e a estuprou. O atacante amarrou e amordaçou Boles, ameaçou voltar e matá-la, e a deixou no escuro. Ela conseguiu tirar o telefone do gancho e ligar para a recepção pedindo ajuda.

Os funcionários da recepção não se interessaram muito pelo apelo de Boles. Ela conversou com pelo menos três funcionários diferentes, e nenhum deles demonstrou qualquer preocupação ou piedade de sua situação. Um informou-lhe que não iriam para seu quarto ajudá-la, apesar de terem chamado a polícia. Dois assistentes de gerente e o gerente se postaram ao lado do quarto dela ouvindo seus gritos e nenhum a ajudou.

Boles processou o La Quinta, alegando que (1) o motel foi negligente falhando na manutenção de corredores iluminados e seguros, e (2) os funcionários do motel foram negligentes na maneira como responderam quando ela tentou pedir ajuda.

A decisão. O júri decidiu que o hotel foi negligente em não manter um corredor bem iluminado, mas esta não foi a causa do estupro, e nada foi pago por esta acusação. Entretanto, o júri decidiu que a conduta demorada dos funcionários contribuiu para os ferimentos físicos e psíquicos. Estes ferimentos foram divididos em duas categorias: US$35.000 para os prejuízos do dia do ataque e US$43.000 por danos futuros. O réu apelou contra a recompensa por danos futuros.

Na apelação, a corte reviu as provas e encontrou motivos abundantes para acreditar que a ação insensível dos funcionários, ao permitir que Boles permanecesse amarrada no escuro temendo por sua vida por 20 a 25 minutos, causou danos psíquicos. Um psiquiatra assim testificou. O julgamento da corte foi confirmado.

Deficiências. O problema maior neste caso foi que os procedimentos do hotel ao lidar com a hóspede numa situação de emergência foram totalmente inadequados. A iluminação fraca do corredor poderia ser facilmente citada como um fator que contribuiu para o caso, e foi meramente boa sorte da ré não ter sido acusada pelo ataque.

Banks *versus* Hyatt

Não é suficiente estar atento dentro dos limites de sua propriedade. O padrão estabelecido para este caso é que os estabelecimentos têm um alto grau de responsabilidade pela segurança do hóspede mesmo em uma propriedade pública adjacente a suas instalações (Banks *versus* Hyatt Corporation 1984).

Fatalidade do hóspede. Doutor Banks estava retornando de um jantar de negócios para o Hotel Hyatt em Nova Orleans quando ele e sua companhia foram atacados por dois homens armados. Dr. Banks foi morto na frente da entrada do hotel. Quando ele caiu, sua cabeça estava a 3 metros do meio-fio e seus pés estavam a somente um metro das portas de vidro da entrada do hotel.

A viúva do doutor Banks e seus filhos acusaram o hotel de não providenciar segurança adequada e falhar em não alertar para o perigo de ser assaltado na entrada do hotel.

A decisão. O júri encontrou negligência por parte do hotel e conferiu aos queixosos US$975.000. O que foi apelado.

Deficiências. Os procedimentos de segurança do hotel foram deficientes de duas maneiras: (1) a propriedade, localizada em uma vizinhança com altas taxas de criminalidade, tinha patrulhas de segurança inadequadas na área do hotel; e (2) os funcionários do hotel falharam em não avisar os hóspedes do perigo inerente na vizinhança e, por conseqüência, em volta do hotel.

Comentário. Este caso gerou controvérsia porque o queixoso não foi assaltado fora dos limites do hotel mas, ao invés, antes da entrada do hotel. Na sua opinião a corte dedicou bastante discussão para o fato de que o proprietário de um negócio possa ser responsável por danos a pessoas entrando ou saindo mesmo se eles não estão na propriedade. Isto parece ser o padrão de mandato da corte.

Orlando Executive Park *versus* P.D.R.

É imperativo para a segurança dos hóspedes que proteções e avisos sejam ordenados se eventos anteriores demonstraram que a propriedade é vulnerável à atividade criminosa (Orlando Executive Park, Inc., *versus* P.D.R.1981).

Reclamação do hóspede. A vítima era hóspede registrada em Orlando, Flórida, no Howard Johnson Motor Lodge. Por volta das 21h30 ela saiu de seu quarto no primeiro andar e foi até o carro pegar alguns papéis. Quando retornava ao interior do prédio, ela foi sexualmente atacada por um intruso.

A vítima alega que o motel foi negligente das seguintes maneiras: (1) permitir que o prédio permanecesse aberto e disponível para que qualquer um entrasse, apesar de ataques anteriores aos hóspedes; (2) a falha em instalar uma televisão ou vídeo para monitoramento; e (3) falha em avisar aos hóspedes de ataques anteriores para as vítimas.

A decisão. Havia provas pelas quais o júri entendeu que o réu não forneceu padrões de segurança razoáveis. Isto foi afirmado na apelação.

Deficiências. Esta propriedade era deficiente de pelo menos quatro maneiras: (1) não havia força de segurança regular, (2) não havia aparelhos de segurança (tais como monitores de televisão) nos corredores ou outras áreas comuns, (3) não havia política de avisar os hóspedes sobre incidentes anteriores, e (4) não havia procedimentos para retirar pessoas não autorizadas de seu território.

Taco Bell, Inc., *versus* Lannon

Aqueles que conduzem negócios em uma área de alta criminalidade podem estar sujeitos a padrões que não se aplicam em lugar algum (Taco Bell, Inc., v. Lannon 1987).

Reclamação do cliente. Lannon entrou em um restaurante Taco Bell, percebeu que havia um assalto ocorrendo, e fugiu. O assaltante atirou em Lannon, ferindo-o no dedo.

Havia acontecido dez assaltos à mão armada naquele restaurante nos últimos três anos, incluindo um somente duas noites antes do assalto envolvendo Lannon. Apesar de o restaurante estar localizado em uma área de alta criminalidade, não havia seguranças de qualquer tipo contratados pelo Taco Bell.

Lannon argumentou que o restaurante tinha a obrigação de adotar medidas adequadas de segurança para protegê-lo de possíveis atos criminosos de terceiros e falhou em adotar tais medidas. Os réus argumentaram que o cliente, Lannon, era culpado por contribuir com a negligência. Em outras palavras, era culpa dele tentar fugir do restaurante. O júri concedeu à vítima US$40.000. Os réus apelaram.

A decisão. A corte de apelação afirmou que o restaurante tinha a obrigação de adotar "medidas razoáveis de segurança para prevenir ou impedir atos previsíveis, e diminuir condições conhecidas de perigo... especificamente, os riscos associados com roubo à mão armada."

No apelo à Corte Suprema do Estado do Colorado, quase toda a discussão envolveu a questão se o Taco Bell era responsável por fornecer medidas de segurança razoáveis para seus clientes. A corte afirmou que havia a obrigação, por parte do restaurante, em proteger seus clientes de perigo previsível, e que, sob tais circunstâncias, ser ferido por assaltantes era previsível. A corte de apelação foi confirmada, com três dos nove juízes discordando.

Deficiências. Apesar da decisão da corte, é difícil enxergar o que deveria ter sido feito para evitar o dano causado. Pelo restaurante ser localizado em uma área de alta criminalidade, contratar segurança armada pode ser uma opção aceitável. Também é possível que monitores de televisão e alarmes contra roubo possam ajudar a diminuir assaltos deste tipo.

Harris *versus* Pizza Hut

Contratar pessoal de segurança não é, por si só, uma maneira segura de evitar ser responsável no caso de qualquer um dos clientes passar por alguma experiência de dano. No caso de Harris *versus* Pizza Hut, treinamento e procedimentos escritos por seu pessoal de segurança podem ter ajudado (Harris *versus* Pizza Hut de Louisiana, Inc., 1984).

Fatalidade e danos. Membros da família Harris estavam jantando no Port Street Pizza Hut, em uma área de alta criminalidade em Nova Orleans. Por volta das 21h10min, Maxie Walker, um oficial de polícia fazendo um trabalho extra como segurança no Pizza Hut, estava de plantão. Ele pegou comida e sentou-se para conversar com um amigo. A visão de Walker da porta e a visão de sua presença por aqueles que entravam pela porta estavam obscurecidas por uma divisória.

Por volta das 22 horas um assaltante mascarado entrou no restaurante e dirigiu-se à caixa registradora. Walker sacou sua arma, mas outro assaltante com uma espingarda apontou para ele. Walker moveu-se para a direita mas a espingarda foi descarregada. A rajada de balas feriu um dos filhos de Harris e matou sua mãe.

A decisão. A corte decidiu que Walker foi negligente das seguintes maneiras (e sua negligência é atribuída a seu empregador, o réu): (1) Walker deveria estar em uma área altamente visível do restaurante (o propósito principal de um segurança é agir como um meio de intimidação, e este é maximizado quando o guarda é altamente visível); (2) o guarda não deveria estar comendo e conversando com um amigo no trabalho (foi notado que o réu não deu instruções específicas de sua função para Walker); e (3) quando confrontado com um homem armado, Walker deveria ter permanecido parado e não mover-se para o lado (seu movimento colocou em risco a vida das pessoas do restaurante).

Três juízes discordaram da maioria que considerou o Pizza Hut responsável. Eles argumentaram que Walker estava sendo mantido em um alto padrão de cuidado que, de fato, se um estabelecimento contrata um guarda de segurança, a corte está dizendo que o estabelecimento é o responsável pela segurança de seus hóspedes, mais do que ser segurado pelo padrão universalmente aceito de providenciar segurança razoável dentro de seus limites.

Deficiências. Aqui houve pelo menos duas deficiências, ambas relacionadas ao treinamento. Uma envolveu a falta de instrução para o pessoal da segurança quanto às suas obrigações e o que se esperava deles. A outra foi a de procedimentos inadequados em responder a emergências.

Comentário. Este caso e o Taco Bell, Inc., *versus* Lannon apresentou um dilema difícil para hotéis e restaurantes em áreas de alta criminalidade. O caso do Taco Bell discutido anteriormente mostrou que o restaurante pode ser responsável se não empregar segurança em uma área de criminalidade alta. Agora vemos que, mesmo se um restaurante contrata segurança, ele pode ser responsável se o guarda não usa o julgamento perfeito. A melhor resposta para este dilema é ter certeza de que se você determinar que deve ter guardas de plantão, os guardas devem estar claramente instruídos sobre o que devem fazer em uma emergência. Procedimentos adequados são freqüentemente a melhor defesa legal.

Peters *versus* Holiday Inns

Neste exemplo, um julgamento sumário em favor do réu foi indeferido e um novo julgamento foi ordenado. A apelação afirma que um júri poderia encontrar negligência baseada em várias deficiências notadas pelo tribunal (Peters *versus* Holiday Inns 1979).

Reclamação do hóspede. Quatro homens estavam parados em frente ao Holiday Inn West em Wauwatosa, Wisconsin, às 3 horas da manhã. Um dos homens, um antigo empregado do motel, entrou no saguão e perguntou sobre um funcionário que não estava no local. O ex-funcionário foi até a cozinha, onde roubou uma camisa usada pelo pessoal do *room service*. Após entrar na seção de *room service* do motel, vestido com a camisa que ele havia pego na cozinha, ele bateu na porta de Peters. Quando ouviu a batida, Peters olhou pelo buraco da porta, viu um homem com uniforme do serviço de quarto e abriu a porta. Peter foi atacado, roubado e obrigado a acompanhar o assaltante até um carro que estava esperando por ele.

Enquanto isso, um policial em alerta tinha avistado o carro, suspeitou, pediu por reforços e seguiu o assaltante. Peters foi resgatado de quatro homens que o estavam seqüestrando, e os quatro foram presos. Neste motel, os quartos eram equipados com fechaduras com travas, uma corrente de segurança e um orifício de observação. O corredor era bem iluminado mas não havia guardas empregados, porque a polícia patrulhava a vizinhança e havia poucos incidentes violentos.

A decisão. A decisão da corte foi baseada em depoimento juramentado e fatos adicionais introduzidos no julgamento. Na apelação a corte manteve que o julgamento sumário deveria ser concedido, e um novo julgamento foi ordenado, dando a Peters a oportunidade de apresentar as várias inadequações de segurança das quais o motel era evidentemente culpado.

Deficiências. As deficiências citadas pela apelação incluíam: (1) o prédio em que ficava o quarto do réu não estava nem trancado nem monitorado por circuito fechado de televisão, funcionários do motel ou pessoal de segurança; (2) esta seção do motel estava separada do saguão, e não era necessário passar pelo saguão para alcançar o prédio; e (3) não havia a precaução de monitorar áreas distantes do saguão do hotel.

GRANDES COMPANHIAS HOTELEIRAS RESPONDEM

Para determinar a extensão de quanto as companhias têm se preocupado para estes mandatos de padrões de segurança da corte, nós pesquisamos as 50 maiores empresas hoteleiras dos EUA para saber qual o grau de importância colocado nestes padrões ao estabelecer suas políticas e procedimentos.[3] Votação por telefone revelou os nomes corretos e títulos para o chefe legal, executivo de risco ou prevenção de perda de cada empresa, e os pacotes de entrevistas foram endereçados para estas pessoas nas empresas. Após três correspondências, 24 pesquisas utilizáveis foram devolvidas (uma taxa de resposta de 48%).

Enquanto 24 respostas parecem modestas, deveria ser notado que a amostra original representou (na época) quase 1,6 milhão de quartos de hotéis em nível nacional de um potencial de 2,7 milhões.

Nós estamos confiantes de que as 24 respostas que conseguimos representam uma boa parte dos tipos de empresas hoteleiras assim como uma larga margem de opiniões sobre práticas gerenciais.

O que Nós Perguntamos

Nós apresentamos os dez mandatos da corte sobre padrões de segurança e pedimos aos oficiais legais e de riscos em nossa amostra para classificar cada um individualmente em uma escala de 1 a 5. Uma classificação de 1 significaria que o CMSS *(Padrões de Segurança Orientados pela Justiça)* era de pouca ou nenhuma importância em formular e estabelecer políticas e procedimentos legais para suas empresas, e uma classificação de 5 indicaria que o padrão era de um papel de máxima ou vital importância na política de suas empresas e procedimentos. A média de importância de cada, juntamente com os desvios de padrão e a ordem de classificação, estão demonstradas na Tabela 2.

De acordo com os resultados de nossa pesquisa, os oficiais dos hotéis determinavam a seguinte ordem de importância (do maior para o menor) para os dez padrões que apresentamos: treinamento de funcionários, iluminação, sistemas de segurança (fechaduras), contratação de pessoal de segurança, monitoramento de atividade criminosa na área, controle de acesso à propriedade, treinamento para os funcionários armados da segurança, comunicação de riscos para os hóspedes, monitoramento eletrônico remoto e admissão de segurança armada. Quando os dez padrões apresentados em nossa pesquisa são categorizados de acordo com o tipo de deficiência que eles pretendem remediar (referente à Tabela 1), quatro deles podem ser relacionados a funções físicas ou da propriedade, quatro são relacionados ao pessoal e dois envolvem políticas administrativas ou de procedimentos.

Quando vistas de acordo com estas categorias, as questões relacionadas ao pessoal foram as mais altamente classificadas (treinamento classificado como número 1 e patrulhamento como número 4) e as questões relacionadas à propriedade foram classificadas como secundárias (iluminação foi a número 2 e sistemas de fechadura, o número 3). Monitoramento da criminalidade na área, uma função administrativa, foi classificada como a quinta.

Dos dez padrões propostos apresentados em nossa amostra de pesquisa, os cinco maiores foram coletivamente classificados com pontuação média em excesso de 4,0 (Tabela 2). Estes cinco padrões, evidentemente, são de vital importância em ajudar as empresas a estabelecer políticas e procedimentos para evitar áreas de risco legal e ao mesmo tempo proteger seus clientes dos mais comuns contratempos que acontecem dentro do hotel, restaurante e arredores.

Braços de Apoio

Dos padrões de classificação mais baixos, os dois que têm alguma coisa a ver com segurança armada claramente geram a maior diversidade de opinião. Sobre a questão de empregar seguranças armados, seis pessoas que responderam classificaram este padrão como o mais baixo (1), enquanto a média de respostas para esta questão foi distribuída de maneira equivalente pelo resto da escala (2 a 5). O padrão crescente de Harris *versus* Pizza Hut, que foi classificado como número 7 no geral, ajuda a exemplificar a diferença de opinião sobre guardas armados: 15 pessoas que responderam classificaram de 4 ou 5, e sete classificaram de 1 a 2. Os outros entrevistados não classificaram este item.

A questão sobre as armas dos guardas de segurança é a que está carregada de problemas potenciais, como se pode observar pela diferença de opinião de vários juízes no caso Harris. Nossos entrevistados ofereceram comentários como "nunca dê armas a seguranças" e "somente forneça armas aos seguranças se eles forem policiais fora de serviço". Tipicamente, empregar policiais fora de serviço foi a única circunstância sob a qual um guarda armado foi considerado apropriado. Além do mais, comentários a respeito de treinamento destes policiais mencionados que garantem a segurança seriam provavelmente arriscados se o treinamento não fosse possível.

Apesar de a atividade da corte em favor dos guardas armados como refletido nos casos de Harris e Taco Bell, as companhias como um grupo ainda estão cautelosas sobre o conceito de empregar pessoas armadas na qualidade de segurança. O desvio padrão da classificação média (1,729) sugere que esta questão levará algum tempo para ser resolvida. A natureza dos negócios da hospitalidade impede ênfase significativa na presença de pessoas armadas, e esse fator torna a questão ainda mais difícil para resolver.

Treinamento

Os 5 padrões classificados neste estudo representam áreas nas quais a maioria dos grandes hotéis tem mantido pelo menos uma média acima do nível de atividade. Treinamento de funcionários (classificado como número 1), sendo o mais fácil de ser consegui-

TABELA 2
Resposta Corporativa a Mandados de Segurança Padrão Judiciais

Mandados de Segurança Padrão Judiciais	Média de Importância	Desvio-padrão	Ordem no *Rank*
Físicos ou relacionados com a propriedade			
Sistemas de fechadura regularmente inspecionados que funcionem e forneçam o mínimo de segurança	4,417	0,654	3
Iluminação adequada nos *halls* e outras áreas onde hóspedes são esperados	4,542	0,588	2
Monitoramento remoto por TV ou outro sistema de vigilância	2,958	1,122	9
Acesso limitado a áreas de hóspedes para excluir pessoas não autorizadas	3,833	0,917	6
Relacionados ao pessoal			
Funcionários da segurança devidamente empregados que também patrulhem as áreas dos hóspedes e áreas ao redor do hotel	4,167	1,007	4
Emprego de segurança armada em operações que têm altas taxas de atividade criminal na área	2,818	1,5	10
Treinamento e instrução do pessoal de segurança que esteja armado	3,762	1,729	7
Treinamento dos funcionários em procedimentos para relatar e lidar com atividade criminal quando descoberta por funcionários do hotel	4,625	0,77	1
Administrativos ou relacionados a procedimentos			
Monitorar e estar ciente de atividade criminal na área de operação	4,083	1,018	5
Sistema de aviso aos hóspedes sobre áreas perigosas e/ou atividade criminal em torno do hotel	3,13	1,254	8

do, não está sem seus problemas. A dedicação das pessoas para programas de treinamento, dadas as altas taxas de rotatividade nas companhias hoteleiras, requerem uma significativa visão de recursos do orçamento para alcançar um nível de vigilância aceitável nas cortes.

O treinamento mínimo na resposta para procedimentos de emergência ou atividades criminosas pode prevenir a grande maioria dos problemas exemplificados pelos casos Nordmann e Boles. Embora não haja padrões de segurança publicados, a maioria dos hotéis, pelo menos, presta atenção a alguns tipos de atividades de treinamento necessários para fornecer a seus funcionários a importância de uma resposta correta em certos tipos de situação.

Iluminação e Fechaduras

Fornecer iluminação adequada e sistemas de fechadura minimamente seguros podem ser considerados padrões do setor, com base no conhecimento geral do potencial para problemas legais, como exemplificado pelos casos Boles, Garzilli e Kveragas. Por exemplo, poderia parecer que as pessoas que responderam nossa pesquisa reconheceram a importância do risco potencial agregado nesses padrões e implementaram políticas e procedimentos para isolar suas companhias desse risco. (É surpreendente, então, dada a grande disseminação de falhas de cuidado descritas em tais casos, e a notoriedade do caso Garzilli, notar o número de casos similares que continuam a acontecer baseados nesses precedentes.) Os baixos desvios-padrões da média de classificação de treinamento de funcionários, iluminação adequada e sistemas de fechadura claramente indicam que há uma sólida concordância entre as pessoas que responderam sobre a importância desses padrões na formulação de políticas e procedimentos para suas empresas.

Guardas: Visíveis ou Não?

Há menos concordância entre os que responderam sobre a importância de pessoas regularmente empregadas para segurança manterem uma presença visível dentro dos limites da propriedade. A classificação deste padrão comum como número 4, entretanto, é uma indicação de que, na era moderna da hospitalidade, os funcionários de segurança se tornaram um padrão do setor na maioria das circunstâncias especiais. Os comentários sobre a pesquisa indicam que a maioria das empresas empregam pessoal de segurança pelo menos para certas horas durante o dia (geralmente tarde da noite e de manhã cedo).

Também, casos especiais como festas, banquetes e outros eventos em larga escala no hotel podem requerer a presença de segurança especial. Entre os exemplos dos casos da corte citados acima, cinco se referiram à deficiência do pessoal da segurança. A esse respeito, a corte entende os esforços que as companhias hoteleiras têm feito para garantir segurança a seus hóspedes. No caso Nordmann, a corte concordou em repreender a companhia por falhar no fornecimento de segurança extra durante uma festa chique que foi largamente comentada pela imprensa local e que pode ter atraído o elemento criminoso.

A MENSAGEM DAS CORTES É "ATENÇÃO OBRIGATÓRIA"

É encorajador notar que "ser capaz de monitorar e estar ciente de atividade criminosa na área de operação do hotel" classificou-se entre os cinco padrões mais importantes. A ação da corte ao decidir sobre o caso Banks e em devolver Peters para um outro julgamento mandou uma mensagem clara de que as cortes esperam que os hotéis entendam o ambiente físico, social e criminal dentro do qual eles operam, e estabeleceu que a responsabilidade dos hotéis pela segurança dos seus hóspedes não necessariamente termina dentro dos limites da propriedade do hotel.

Enquanto o precedente estabelecido pela corte ao decidir que o caso Banks podia ser, a princípio, um choque para o setor, os dados da nossa pesquisa sugerem que a mensagem da corte com respeito a atenção obrigatória foi recebida alta e claramente.

Atenção na Vizinhança

No nível de julgamento no caso Banks, o juiz disse ao júri que um dono de hotel "é responsável por danos causados a seus hóspedes ou clientes por atos intencionalmente prejudiciais de terceiras pessoas, se, no exercício de diligência razoável, ele pudesse descobrir que tais atos estavam sendo feitos ou estavam para ser feitos e pudessem ter protegido seus hóspedes controlando a condução do [malfeitor] ou fornecendo avisos adequados para possibilitar ao hóspede evitá-lo" (Ruterford e McConnell 1987, 600).

Em apelação, uma vez que não havia disputas sobre os fatos, a U.S.Court of Appeals, Fifth Circuit, revisou as inferências da lei a ser traçada pelo assassinato de Banks fora da presença imediata do hotel. A corte revisou a acusação do juiz para o júri e julgou-a inadequada.

Novo Padrão de Cuidado

A conclusão lógica do caso Banks é que a corte, de fato, fez uma clara afirmação de que qualquer padrão previamente assumido de cuidado foi expandido. Agora os hotéis devem estar cientes de atividade criminal em suas adjacências e ser capazes de analisar estes perigos para responder adequada e apropriadamente ao perigo potencial para seus hóspedes.

Câmera Imparcial

O monitoramento remoto por circuito fechado de televisão ou outro sistema de vigilância e acesso limitado às áreas dos hóspedes parece ser, para as pessoas que responderam, de alguma forma problemático, e pode ser responsável pela classificação relativamente baixa atribuída a estes itens.

Muitos sentiram que o monitoramento por televisão pode enviar um sinal errado para os hóspedes, e os mesmos se sentiriam desconfortáveis caminhando por corredores e outras áreas públicas onde as câmeras de televisão estivessem funcionando o tempo todo.

Acesso limitado às áreas dos hóspedes é uma façanha difícil para se conseguir do ponto de vista físico, dadas as particularidades arquitetônicas da maioria das propriedades. O acesso limitado, na maioria dos casos, cai nos ombros dos funcionários do hotel. Isto é conseguido ou através daqueles que são treinados e regularmente empregados como funcionários da segurança, ou por contar com qualquer treinamento que possa ser oferecido aos funcionários que têm acesso contínuo a uma vasta área de hóspedes. Em particular, os mensageiros, camareiras e funcionários da manutenção podem ser os "olhos e ouvidos" da administração de segurança do hotel se eles forem corretamente treinados.

Também parece que em qualquer propriedade grande, onde os elevadores estão sob direta observação e controle dos funcionários do hotel, inspecionar o ir e vir dos hóspedes e não hóspedes é difícil, no melhor das hipóteses. Mesmo com um sistema de *concierge* ou acesso codificado aos apartamentos, limitar o acesso a não-hóspedes geralmente significa limitar o acesso a hóspedes.

Contar ou Não Contar?

Entre os padrões de segurança que parecem fazer nossos funcionários de hotéis mais desconfortáveis está o que propõe um sistema de aviso aos hóspedes sobre áreas perigosas e atividade criminosa em torno do hotel (como sugerido em Banks e Orlando Executive Park). Por tradição e treinamento, os hotéis são extremamente desconfiados ao sugerirem aos hóspedes que pode haver algo inerentemente perigoso sobre a escolha do hóspede em ficar em um hotel em particular. Por outro lado, pode ser argumentado que poucos ou nenhum viajante que freqüentam hotéis urbanos ignorem o perigo ou perda potencial.

Até onde as cortes se interessam, os hotéis estarão servindo sua clientela se fornecerem aos hóspedes informações sobre segurança pessoal. Realisticamente, tais avisos podem ser cuidadosamente ditos e expressos em termos não mais ameaçadores do que os usados em avisos de procedimentos de emergência de fogo, a disponibilidade de cofres e a importância de trancar duas vezes as portas dos quartos ocupados dos hóspedes.

Sabendo-se que a maioria dos viajantes está ciente de que o crime e a violência são uma realidade da sociedade de hoje, os hotéis que comunicam perigos específicos para seus hóspedes não deveriam temer qualquer perda de negócios. Considere que o setor da aviação há anos avisa seus hóspedes sobre o perigo de voar sem qualquer perda de negócios. Detectores de metal, palestras de segurança e cartões de procedimentos de emergência agora são aceitos como parte da experiência do vôo. Não há motivos para pensar que os donos de hotéis espantarão seus hóspedes por promoverem segurança pessoal.

CONSENSO DE FATO

Os dados desenvolvidos através de nossa pesquisa indicam que os hotéis estão fazendo um grande esforço para cumprir com pelo menos alguns dos padrões de segurança ordenados pela corte apresentados neste estudo. Na verdade, as questões que lidam especificamente com treinamento de funcionários, iluminação e sistemas de fechadura parecem ter se tornado padrões no setor por causa do alto nível de concordância entre as empresas hoteleiras.

Pelo fato de haver falta de padrões no setor, publicados por qualquer grupo de hospitalidade, os hotéis podem esperar que tais padrões serão impostos a eles pela corte, como deficiências de cuidado encontradas pelas análises das cortes em políticas de hotéis (ou falta delas) que permite que aconteçam prejuízos para os hóspedes. Os padrões do setor hoteleiro, entretanto, podem ser derivados de um consenso de fato, que deriva de hotéis sendo figurativamente "feridos na cabeça" por cortes para que as companhias hoteleiras incorporem os padrões ordenados pela justiça como políticas e procedimentos planejados para prevenir os hotéis de perdas futuras.

Claramente, este é o caso com padrões presentes no dia-a-dia para treinamento de funcionários, iluminação adequada e sistemas de fechaduras. Nós sugerimos que o emprego regular de funcionários de segurança e o acúmulo correto e regular de dados da atividade criminal na vizinhança de uma propriedade estejam também emergindo como padrões do setor.

Tendência Nacional?

Não está claro como os "padrões de mandados de corte" funcionarão como políticas e procedimentos padrões para hotéis em nível nacional. O uso de guardas armados, por exemplo, cria uma controvérsia que provavelmente somente será resolvida na base do caso a caso. Dado o comentário dos entrevistados, se os guardas são desejados, isso geralmente será realizado através do uso de policiais que estejam de folga no trabalho. Guardas da polícia são presumivelmente apropriados e especialmente treinados, apesar dos fatos do Harris sugerirem que este não é sempre o caso.

Para se proteger e proteger seus hóspedes contra danos e perigos, os proprietários de hotéis, gerentes e operadores aprenderam a prestar mais atenção no que está sendo decidido nos casos precedentes através de vários sistemas judiciais. Com isso em mente, nós lembramos vocês que os dez casos descritos como parte deste estudo são mais típicos do que os casos de responsabilidade afetando o setor da hospitalidade.

Formalizando o Gerenciamento de Risco

Um estudo recente envolvendo seis hotéis representando diferentes cadeias nacionais relatou que dessas companhias, cinco designaram alguma maneira formal de gerenciamento de risco ou avaliação (Saied 1990). Os papéis e implementação de políticas de atividades de tais unidades funcionais variam grandemente, de acordo com este estudo, mas cada um inclui alguns aspectos das sugestões e conclusões discutidas aqui. O tema recorrente relatado mais de perto foi o de treinamento.

Nós sentimos fortemente que a atenção com que as cortes relatam os padrões de segurança é uma parte essencial tanto das responsabilidades do gerente de hotel quanto do gerenciamento de estrutura de risco do hotel.

ESTUDO DE CASO
Plano de Segurança Interdisciplinar

Como gerente regional de uma cadeia de hotéis que opera três hotéis urbanos em uma grande cidade do leste, Denise Tomes estava ficando muito preocupada, em 1993, com o fato de os hóspedes, nos hotéis pelos quais ela era responsável, estavam ficando muito vulneráveis aos maus tratos físicos e a perdas financeiras devido a uma variedade de tipos de crimes. Ela sabia pelos jornais que as ruas da cidade em que seus hotéis operavam estavam se tornando inseguras devido a uma grande quantidade de mendigos, crimes de rua, roubos, ataques físicos e sexuais e roubos de automóveis.

Em virtude de seus hotéis totalizarem o número de 1.500 quartos e trabalharem principalmente com convenções, viajantes de negócios e de mercados independentes, Tomes sabia que a qualquer momento um grande número de seus hóspedes estaria nas ruas da cidade, e que, além disso, devido à natureza pública dos hotéis em geral, seria possível que os criminosos entrassem no hotel procurando por vítimas.

Estes hotéis foram construídos no final dos anos 60 e início dos anos 70, e apesar de serem regularmente redecorados e reformados para continuar agradando à fatia mais abastada do mercado, ainda refletiam a consciência arquitetônica e de segurança de sua era em termos operacionais. Isto significava que as fechaduras dos quartos dos hóspedes ainda eram do padrão de chaves; os elevadores, escadas de incêndio, entradas e saídas externas do hotel e estruturas de estacionamento ainda eram relativamente não monitoradas e o treinamento da governança, manutenção e funcionários de serviços de hóspedes não refletiam a segurança necessária dos anos 90.

Para ajudá-la a lidar com estes problemas potenciais apresentados pela situação atual, Denise Tomes convocou uma reunião dos chefes de departamento de segurança, governança e manutenção. Ela apresentou-lhes o desafio de projetar um plano para aumentar a segurança de seus hóspedes sem criar fortalezas. A tarefa dos diretores de segurança, governança e manutenção era demonstrar para Tomes uma análise dos problemas em potencial e uma gama de sugestões alternativas sobre como vencê-los através dos esforços de seus respectivos departamentos e funcionários.

Notas Finais

[1] A média de 25,6 engenheiros por hotel é baseada em 73 hotéis. A 74ª pesquisa relatou 365 funcionários da manutenção – indubitavelmente um número errôneo. Não está claro se esta resposta foi um erro de impressão ou uma resposta jocosa para um hotel de 496 quartos. O número pode ser um cálculo do total de funcionários do hotel. Em qualquer dos casos, foi melhor descartar esta resposta em particular.

[2] Um teste de médias descobriu que toda diferença era estatisticamente significativa com $p < 0{,}05$.

[3] As 50 maiores firmas estavam determinadas a se basear no número total de quartos, como relatado por Frances Martin no artigo "200 Leading Hotel Chain in 40 Countries Report 2.7 Million Rooms", Hotels and Restaurant International, julho de 1987, p. 42-92.

Referências

Aulbach, Robert E. 1984 *Energy Management.* East Lansing, MI: Educational Institute of the American Hotel and Motel Association.

Banks v. *Hyatt Corporatin*, 722 F. 2d 214 (5th Circuit, 1984).

Boles v. *La Quinta Inns*, 680 F. 2d 1077 (5th Circuit, 1982).

Borsenik, Frank D. 1979. *The Management of Maintenance and Engineering Systems in Hospitality Industries*. New York: John Wiley.

Brigham, G.H. 1955. *Housekeeping for Hotels, Motels, Hospitals, Clubs, Schools*. New York: Ahrens.

Fisher, Reed Allen. 1986. A Documentation of Factors Which Determine Staffing Levels for the Engineering Department of a Hotel Property. *MPS Monograph*. Ithaca, NY: Cornell University School of Hotel Administration.

Garzilli v. *Howard Johnson Motor Lodges*, 419 F. Supp. 1210 (E.D. New York, 1976).

Harrs v. Pizza Hut of Louisiana, Inc., 455 So. 2d 1364 (Louisiana, 1984).

Kveragas v. *Scottish Inns, Inc.*, 733 F. 2d 409 (6th Circuit, 1984).

LaBelle, A.M. and J. Barton. 1951. *Administrative Housekeeping*. New York: G.P. Putnam's.

Marko, Joseph A. and Richard G. Moore. 1980a. How to Select a Computing System. *The Cornell Hotel and Restaurant Administration Quarterly* 21(1): 60-71.

Marko, Joseph A. and Richard G. Moore. 1980b. How to Select a Computing System. *The Cornell Hotel and Restaurant Admintstration Quarterly* 21(2): 8-18.

Martin, Robert J. 1986. *Professional Management of Housekeeping Operations*. New York: John Wiley.

McBer & Company. Managerial Style Questionnaire.

Mintzberg, H. 1975. The Manager's Job: Folklore and Fact. *Harvard Business Review* July-August: 49-61.

Nordmann v. *National Hotel Company*, 425 F. 2d 1108 (5th Circuit, 1970).

Orlando Executive Park, Inc., v. *P.D.R.*, 402 So. 2d 442 (Florida, 1981).

Peters v. *Holiday Inns*, 278 NW 2d 208 (Wisconsin, 1979).

Rutherford, D.G. 1987. The Evolution of the Hotel Engineer's Job. *The Cornell Hotel and Restaurant Administration Quarterly* 27(4):72-78.

Rutherford, Denney G. and Jon P. McConnell. 1987. Understanding and Managing Your Liability for Guest Safety. *The Cornell Hotel and Restaurant Administration Quarterly* 27(4):58-63, 600.

Rutherford, Denney G. and William J. Schill. 1985. Theoretical Constructs in Practice: Managers Rate Their Importance. *International Journal of Hospitality Management* 25(4):101-106.

Rutherford, D.G. and Jane Wiegenstein. 1985. The Mentoring Process in Hotel General Managers' Careers. *The Cornell Hotel and Restaurant Administration Quarterly* 25(4):16-23.

Saidel, David. 1981. A Hotelier's Guide to Energy Management. *The Cornell Hotel and Restaurant Administration Quarterly* 22(2):57-62.

Saied, Jamelia. 1990. Approaches to Risk Management. *The Cornell Hotel and Restaurant Administration Quarterly* 31(2):45-55.

Schneider, Madelin and Georgina Tucker. 1989. *The Professional Housekeeper*, 3d ed. New York: Van Nostrand Reinhold.

Taco Bell, Inc., v. *Lannon*, 744 P. 2d 43 (Colorado, 1987).

Tucker, G. and M. Schneider. 1982. *Professional Housekeeping*. Boston: CBI.

Virginia D. v. *Madesco Investment Corporation*, 648 S.W. 2d 881 (1983).

Wasmuth, William J. and Stanley W. Davis. 1983. Strategies for Managing Employee Turnover. *The Cornell Hotel and Restaurant Administration Quarterly* 24(2):65-75.

Whitney, David L. 1986. Restaurant Managerial Style, How Effective? How Versatile? *Florida International University Hospitality Review* 4(1):17-23.

Whitney, David L. 1988. Managerial Style: Molding the Club Environment. *The Cornell Hotel and Restaurant Administration Quarterly* 28(4):23-27.

Leituras Sugeridas

Livros

Ellis, Raymond C., Jr. 1986. *Security and Loss Prevention Management*. East Lansing, MI: Educational Institute of the American Hotel and Motel Association.

Stipanuk, David M. and Harold Roffmann. 1992. *Hospitality Facilities Management and Design*. East Lansing, MI: Educational Institute of the American Hotel and Motel Association.

Artigos

Bean, Nelson R. 1992. Planning for Catastrophe: The Fast Track to Recovery. *The Cornell Hotel and Restaurant Administration Quarterly* 33(2):64-69.

Dale, J.C. and Theodore Kluga. 1992. Energy Conservation: More Than a Good Idea. *The Cornell Hotel and Restaurant Administration Quarterly* 33(6): 30-35.

Fonte das Notas

Chapter 2, A Cost-Saving Approach to Housekeeping, by Paul Kirwin is reprinted from the November 1990 issue of *The Cornell Hotel and Restaurant Administration Quarterly*. ©Cornell University. Reimpresso com permissão. Todos os direitos reservados.

Chapter 4, The Evolution of the Hotel Engineer's Job, by Denney G. Rutherford is reprinted from the February 1987 issue of *The Cornell Hotel and Restaurant Admtnistration Quarterly*. ©Cornell University. Reimpresso com permissão. Todos os direitos reservados.

Chapter 5, DeFacto Security Standards: Operators at Risk, by Denney G. Rutherford and Jon P. McConnell is reprinted from the February 1991 issue of *The Cornell Hotel and Restaurant Administration Quarterly*. ©Cornell University. Reimpresso com permissão. Todos os direitos reservados.

6

Divisão de Alimentos e Bebidas

Introdução

Ao discutir as maneiras pelas quais as organizações hoteleiras passaram por modificações, no capítulo precedente, foi apontado que, numa época anterior, a alimentação tinha um papel importante na estrutura organizacional e *mix* de serviços e produtos dos hotéis. Foi especulado de que o papel desempenhado pelo serviço de alimentação do hotel na sociedade foi significativamente diminuído com o começo da Lei Seca (Prohibition) durante os anos 20. As pessoas deixaram de ir a estabelecimentos de alimentação nos quais elas não poderiam beber. A Lei Seca aumentou a competição dos restaurantes de ruas que vendiam bebidas ilegalmente. Esses restaurantes de rua não eram da mesma natureza dos restaurantes dos hotéis. A redução da importância do serviço de alimentação nos hotéis deveu-se, em vários fatores, pela Grande Depressão de 1930, com o declínio econômico, e pelos anos de guerra de 1940, com suas incertezas. No geral, era muito difícil para o serviço de alimentação dos hotéis se recuperar a partir disso tudo.

Com o final da Segunda Guerra Mundial, grandes mudanças na população e na ênfase econômica começaram a acontecer. Os restaurantes independentes continuaram a competir mais diretamente com o serviço de alimentação dos hotéis. Havia movimento nas regiões afastadas do centro e nas áreas centrais de negócios. Motéis e hotéis foram construídos nas rodovias para se aproveitar da mobilidade da família americana. Restaurantes *fast food* também apareceram como um grande impacto nos hábitos de alimentação americanos. Conseqüentemente, muitos hotéis viram o custo de fornecer serviço alta qualidade para competir com essas forças tão grandes. Os efeitos desses fatores levaram muitos administradores e hóspedes de hotéis a acreditar que o serviço de alimentação dos hotéis era pouco mais que um "mal necessário". Para muitas organizações, tornou-se uma profecia de auto-realização, e o serviço de alimentação dos hotéis passou dificuldades por muitos anos.

Essa tendência pareceu se reverter nos últimos anos. Dos muitos fatores, mencionados anteriormente, que geraram mudanças organizacionais (segmentação de mercado, retorno ao investimento, mudanças demográficas, etc.), o retorno dos investimentos parece ter um papel dominante nesta reviravolta. A "praga dupla" do alto custo da construção e das expectativas de retorno do investimento pelas pessoas fora do mundo da hospitalidade, fortemente sugerem que o espaço dedicado ao serviço de alimentação deveria contribuir pelo menos com uma parcela para o lucro da moderna estrutura de serviços de hotéis.

Os artigos e ensaios incluídos nesta seção abordam estas e outras questões que são importantes para a função de Alimentos e Bebidas nas modernas organizações hoteleiras.

ALIMENTOS

Enquanto o gerenciamento operacional das funções de Alimentos e Bebidas é tratado por muitos autores (ver Leituras Sugeridas), a literatura sobre *gerentes* de Alimentos e Bebidas é escassa.

Uma pesquisa não publicada pelo editor sugere um quadro demográfico sobre o gerente de Alimentos e Bebidas, que pode ser caracterizado como um homem branco, entre 30 e 39 anos de idade, casado, cidadão americano, com diploma de bacharel em administração hoteleira, ganhando mais de 35.000 dólares por ano. A maioria dos que responderam a esta pesquisa não tinha um trabalho fora do setor da hospitalidade, e teve mais de quatro trabalhos gerenciais em suas carreiras de cinco a dez anos. Essas pessoas tenderam a estar muito felizes com suas posições financeiras e gerenciais, e pretendem continuar suas carreiras na administração de hotéis e restaurante.

Tais dados sugerem um verdadeiro elemento de profissionalismo entre os gerentes da função de Alimentos e Bebidas dos hotéis. Enquanto mais pesquisas nessa área são necessárias, deveria ser observado que a maioria das cadeias hoteleiras agora recruta especificamente pessoas que procuram começar suas carreiras na área de Alimentos e Bebidas. Nós ainda estamos esperando por um estudo compreensivo sobre diretores de Alimentos e Bebidas.

Em 1966, Allen Hubsch (ver leituras sugeridas) sugere algumas prescrições para revitalizar o serviço de Alimentos e Bebidas dos hotéis. Entre as sugestões de Hubsch, há mais de 25 anos, estavam:

- As facilidades de Alimentos e Bebidas em hotéis devem se tornar centros de lucros – não mais um mal necessário.
- Novo e maior profissionalismo dos gerentes de Alimentos e Bebidas – menos confiança no velho modelo de *chef – maître d'hotel.*
- Pontos de vendas de Alimentos e Bebidas devem necessariamente se tornar atrativos que produzam *room-nights.*
- As unidades de Alimentos e Bebidas precisam adotar filosofias – marketing, divulgação, decoração de ambiente, menu – e serviços de restaurante necessários para competir com os restaurantes de rua do local.
- Uso de Alimentos e Bebidas para preencher espaços lucrativos em aluguel, armazenamento ou áreas de produção.
- Novos *outlets* de Alimentos e Bebidas podem alavancar facilidades existentes como armazenamento e cozinhas ao distribuir custos fixos numa base de vendas maior.

Olhando para o futuro estado das operações de Alimentos e Bebidas, Carol Greenberg fornece algumas pistas atormentadoras e, aparentemente, algumas prescrições de conclusão propostas por Hubsch. Greenberg é editor da publicação *Hospitality Directions*, publicada quinzenalmente pela Coopers e Lybrand. A *Hospitality Directions* publica dados, interpretações e comentários de artigos. Na contribuição de Greenberg, ela aponta que, em 1990, um departamento de Alimentos e Bebidas em um hotel de serviço completo perdeu 5% da renda bruta, comparadas com os 3,2% do lucro dos restaurantes de ruas. Greenberg usa estes e outros dados para explorar como Alimentos e Bebidas podem aumentar a contribuição de lucros e melhorar suas operações.

Em muitos hotéis, o *room service* tem sido tratado como um filho ilegítimo. Em muitos casos, ele não foi nem planejado nem projetado na construção do hotel. Recentemente, fornecer um serviço completo, como a entrega de Alimentos e Bebidas no quarto, 24 horas por dia, se tornou um ponto competitivo, e os hotéis tiveram que lutar por formas efetivas de implementá-lo. O artigo de contribuição de Doreen Bell explora o pensamento moderno que atualmente dá forma ao *room service.*

Poucos argumentariam que ter um *chef* executivo de primeira linha deveria ser a norma do hotel, desde que isto permita à organização do hotel competir efetivamente pelos negócios de Alimentos e Bebidas no mercado de hoje. É, entretanto, pouco claro que o *chef* hoje não tenha o papel dominante que os chefes tinham no início do século XX. Dada a importância da função de Alimentos e Bebidas, o *chef* executivo deveria ser puramente um técnico, ou precisaria ter habilidades de gerenciamento para complementar o treinamento técnico e artístico que nós nos acostumamos a esperar?

O *chef* Lewis Reed explora o domínio do *chef* moderno. Sua estrutura enfoca os aspectos do dia-a-dia do trabalho do *chef*.

O autor Patti Shock, juntamente com seus colegas Stefanelli, Kent e Karkouti, destacam a importância das funções de banquete e eventos de Alimentos e Bebidas do hotel. Com o aumento da atenção nacional sobre a importância de conferências, convenções e reuniões de todos os tipos, estes profissionais dos serviços de alimentos, cuja especialidade é planejar e servir refeições e bebidas para grandes grupos de pessoas, tornaram-se muito importantes. Estes acontecimentos representam uma contribuição significativa para os lucros do serviço de Alimentos e Bebidas do hotel. A eficácia do esforço de um hotel em vender e servir o mercado de homens de negócios pode muito bem ser a diferença entre a lucratividade da função de Alimentos e Bebidas e alguns resultados menos desejáveis. O primeiro artigo explora a organização, os funcionários e os processos do departamento de eventos, e o segundo olha em profundidade para os gerentes executivos de eventos e banquetes que dirigem estes departamentos.

Parker e Kent apresentam alguns dos critérios que os gerentes devem considerar quando decidirem se usam entretenimento ao vivo nos bares e restaurantes do hotel. Com agências licenciadoras de música (BMI e ASCAP) atualmente muito ativas em proteger os direitos autorais de compositores e escritores, os gerentes de hospitalidade devem estar atentos sobre os problemas de usar entretenimento ao vivo em suas operações.

BEBIDAS

Em qualquer hotel que tenha mais de um bar, há geralmente uma função separada, dentro do departamento de Alimentos e Bebidas, chamada bar ou gerenciamento de bebidas. Teoricamente, todas as questões a respeito das bebidas alcoólicas, vinhos e outras bebidas serão coordenadas por este escritório. O gerente de bebidas terá a responsabilidade de comprar, receber, estocar e fornecer bebidas, assim como controlar o inventário de vinhos e cervejas.

Além disso, o gerente de bebidas deve:

- Contratar, treinar, escalar e controlar todas os funcionários da área de bebidas.
- Promover os vários serviços do departamento de bebidas.
- Coordenar os pedidos de outros departamentos que necessitem de serviços de bebidas, por exemplo, banquete e eventos, *room service*, *chefs* e gerência.
- Assegurar que o departamento de bebidas está de acordo com as leis e regulamentações federais, estaduais e locais.

O gerente de bebidas administra ou gerencia até quatro tipos diferentes de bares.

O *lobby* **bar ou bar público** é o bar no qual o hóspede, se assim ele o desejar, interage com o *barman* e outros funcionários. Há atendimento para hóspedes sentados no bar propriamente dito, que pode ser parte do restaurante ou uma sala ou área separada. Pode haver mesas separadas e áreas para ficar de pé, disponíveis para o serviço de bebidas. Um *lobby* bar pode ou não incluir entretenimento.

Um **bar de serviço** é um bar "escondido" que é designado para ser usado somente pelos funcionários dos Alimentos e Bebidas. Ele pode servir uma ou mais áreas de serviço de alimentos ou *room service*, e é designado especialmente para serviço eficiente e econômico. Na maioria dos casos, a velocidade é considerada mais essencial em serviços de bares do que ambientes decorativos. Os bares de serviço são geralmente localizados centralmente, no *back of the house*, fora da visão do hóspede.

Bares portáteis são aqueles designados para máxima flexibilidade e que podem ser usados em conjunção com as vendas de bebidas associadas a outras atividades em qualquer área do hotel. Isto pode ser estendido em áreas de *resort*, incluindo as áreas de recreação.

Uma nova facilidade popular entre muitos hotéis é o **bar no quarto, minibar** ou **bar de honra.** Enquanto, às vezes, a responsabilidade para o inventário destes bares fica com o gerente de *room service*, o gerente de bebidas, na maioria dos casos, é também profundamente envolvido em seu *design*, marketing e controle.

De várias maneiras, o trabalho do gerente de bebidas pode ser visto em termos do estereótipo histórico da governança. Freqüentemente, o gerente de bebidas começou seu trabalho como atendente de bar e, através da experiência, longevidade e interesse, se tornou o gerente de bar ou bebidas. Há motivos para acreditar que de muitas maneiras isto possa estar mudando. Como em qualquer outra área de gerenciamento dentro do hotel, a função de gerenciamento de bebidas enfrenta uma gama de questões que são mais complicadas e sofisticadas que os problemas tradicionais de Alimentos e Bebidas do passado. Os gerentes de bebidas do futuro podem muito bem ser capazes de trazer seu trabalho para um nível gerencial, organizacional e administrativo de sofisticação que antes não era necessário.

1. Organização e Gerenciamento de Alimentos e Bebidas no Hotel

Robert H. Bosselman

Similar à indústria hoteleira em geral, os Alimentos e Bebidas no mercado hoteleiro têm sofrido nos últimos anos. Uma característica geral seria a de que o mercado retornará, mas com menos crescimento significativo e com ênfase na contenção de custos. Enquanto o serviço de alimentos em hotéis compete com a multidão de operações comerciais de serviços de alimentos para o consumidor, o foco em ambos, operadores e consumidores, será o valor agregado.

Neste artigo, o leitor encontrará uma discussão da missão e metas dos departamentos de Alimentos e Bebidas, estrutura organizacional de tais departamentos e interações dos elementos de Alimentos e Bebidas dentro da operação, taxas e índices de operações e tendências potenciais na área.

MISSÃO E METAS

"A meta de nossas operações de Alimentos e Bebidas é fornecer o melhor serviço de Alimentos e Bebidas da cidade", menciona o Four Seasons Hotel em Boston. Esta afirmação, sucinta e focada, exemplifica o que as operações de hospedagem estão procurando, em âmbito nacional. A maioria dos executivos identificaria as operações de Alimentos e Bebidas como uma das áreas mais difíceis de gerenciar. O serviço de Alimentos e Bebidas em hotéis não somente envolve as dificuldades tradicionais associadas com ambos, a produção e o serviço de Alimentos e Bebidas, mas também realiza estas funções todos os dias, 24 horas por dia. O custo de trabalho e despesas operacionais resultantes podem se provar onerosos para muitos estabelecimentos. Para que estas operações de Alimentos e Bebidas sobrevivam e prosperem, elas devem conseguir não somente os hóspedes das facilidades de hospedagem, mas também consumidores do mercado externo à propriedade.

Na verdade, as operações de Alimentos e Bebidas mais lucrativas obtêm mais de 50% de seus negócios de pessoas que não são hóspedes da propriedade. O hóspede do motel ou hotel não é um cliente cativo; hoje existem muitas outras oportunidades para jantar. Ainda assim, para se ter uma propriedade lucrativa, uma porcentagem significativa de vendas deve ser produzida pela operação de Alimentos e Bebidas. Para conseguir isto, as facilidades de hospedagem devem competir, com sucesso, com numerosas cadeias e restaurantes independentes que oferecem uma variedade de serviços. Muitos hoteleiros estão escolhendo não competir neste ambiente. Ao invés disso, a estratégia deles é eliminar as operações de Alimentos e Bebidas completamente, ou arrendar operações de Alimentos e Bebidas para companhias terceirizadas, operadas em cadeia ou independentes.

Enquanto o leitor pode começar a pensar que os serviços de Alimentos e Bebidas não são importantes no mercado de serviço de alimentação, as vendas projetadas para 1993 foram estimadas em 16 bilhões de dólares (previsão de 1993). De acordo com a informação de cadeias hoteleiras, há seis grandes cadeias cujas vendas médias de alimentos por hotel atingem mais de 2,3 milhões de dólares. No topo está a Westin, cuja média das propriedades está acima de US$9 milhões cada nas vendas de alimentos (Ruggless 1992). Claramente, os profissionais de serviço de alimentação nos hotéis têm muitas ou mais oportunidades para o sucesso que em outros segmentos do setor de serviço de alimentos. Com vendas potenciais como as apresentadas, o serviço de alimentos permanece como um parceiro do lucro e da receita da propriedade. Um gerente desembaraçado e competente fará a operação de alimentos única, atraindo clientes para o hotel. Desta maneira, o serviço de alimentos pode ser visto como um meio de se obter vantagem competitiva sobre outros hotéis.

O campo da hotelaria tem uma longa história de pessoas se servindo durante suas viagens. Desde os primórdios do Império Romano, quando as pessoas viajavam a pé ou em veículos puxados por animais, até a época moderna de transporte por ar, carro e trilhos, os hotéis e pousadas suprem suas necessidades. Na verdade, estes primeiros hotéis eram o centro de atividade da comunidade e, freqüentemente, o único local que se podia comer longe de casa. Os anos de *glamour* do final do século XIX e início do século XX produziram grandes propriedades hoteleiras, os chamados "palácios do povo", com esta percepção solidificada de que os hotéis são centros de entretenimento público e fontes de alimento e bebida para os hóspedes. Esta reputação continuou no século XX, quando os hotéis se tornaram o lugar ideal para se encontrar entretenimento e discussões de negócios.

As operações independentes de alimentos dos hotéis eram raras, mesmo em grandes centros urbanos. Somente após a Segunda Guerra que a era de restaurantes independentes e cadeias de restaurantes cresceu em número e influência do mercado. Quando nos aproximamos do século XX, o serviço de alojamento é responsável por aproximadamente 6% do total do mercado de serviço de alimentos. Do domínio total do mercado para seu papel menor hoje, o serviço de alimentos em hotéis passou por mudanças dramáticas. Enquanto as propriedades lutam com a decisão de serviço de alimentação ou não, número de unidades e nível de serviço oferecido, os gerentes futuros precisam considerar as metas e missão da operação do serviço de alimentos:

1. Fornecer o nível de serviço apropriado de Alimentos e Bebidas para os hóspedes da propriedade.
2. Apoiar metas da propriedade.
3. Dar assistência à propriedade para obter vantagem competitiva sobre outros estabelecimentos de hospedagem.
4. Funcionar de maneira eficiente e eficaz para produzir lucro.

CONSIDERAÇÕES ORGANIZACIONAIS

A organização de departamentos de serviço de alimentos dentro de estabelecimentos de alojamento varia dependendo do tipo de facilidade e, no caso de operações de redes, políticas corporativas. Desde que este nível de variedade existe, categorizar propriedades de alojamento pode ser difícil. Por exemplo, um *resort* pode também ter um espaço extensivo para convenções. Uma propriedade conhecida primeiramente como um hotel de convenção tem quartos suficientes para acomodar grupos grandes. Os espaços de serviço de alimentos provavelmente incluirão restaurantes, *lounges*, facilidades de banquete e *room service*. Um *resort* fornece todas as amenidades que estão relacionadas com o entretenimento e descanso do hóspede. Haverá ênfase maior em restaurantes especializados, assim como *room service*. Problemas específicos que os gerentes de *resort* possam enfrentar dizem respeito à sazonalidade das operações, localizações e *layout*. Os últimos pontos são importantes desde que a propriedade, assim como os espaços exclusivos de Alimentos e Bebidas, esteja localizada em áreas de difícil acesso, impactando assim as despesas de operações.

As propriedades de aeroportos cresceram com o aumento das viagens aéreas. Muito freqüentemente os viajantes escolherão estes empreendimentos baseados no fator da conveniência. Enquanto as taxas de ocupação são altas durante a semana, os negócios de final de semana tendem a se arrastar.

As propriedades econômicas são atualmente o segmento da área de hospedagem em maior crescimento. Este segmento geralmente rejeita o papel de serviço de alimentos na propriedade. Entretanto, há algumas propriedades tentando redefinir o conceito de valor para os clientes. Um destes exemplos é o Courtyard by Marriott, que combina conforto com operações reduzidas de serviço de alimentos. Propriedades *All-suites* permanecem com o conceito mais alto de hospedagem. Enquanto algumas unidades contêm facilidades de cozinha, muitas oferecem Alimentos e Bebidas como cortesia para o viajante ocupado.

Um exemplo de como a operação de Alimentos e Bebidas do hotel pode ser organizada foi demonstrado pelo hotel Four Seasons de Boston. A divisão de Alimentos e Bebidas tem quatro departamentos: preparação de comida, eventos, organização de eventos e pontos de vendas diretas. O último tem cinco operações: bares privativos, *room service*, um salão de refeições aberto o dia todo, um restaurante elegante e as salas de eventos. Cada departamento tem empregados que respondem a assistentes de gerentes, que por sua vez, respondem para os chefes de departamento, que então respondem para o diretor de restaurantes e bares, que, por sua vez, responde para o diretor de Alimentos e Bebidas. Independentemente do tamanho do empreendimento hoteleiro, os alimentos e as bebidas precisam ser preparados e servidos. Entretanto, o tamanho e a complexidade de algumas operações tornam crítico que alguns gerentes se comuniquem bem com todos os níveis de empregados. Pode haver uma tendência em direção a estruturas de organizações mais niveladas, assim como para separar completamente certas funções da área de Alimentos e Bebidas.

FUNCIONÁRIOS DO SERVIÇO DE ALIMENTAÇÃO

Quem são as pessoas-chave na organização de serviço de alimentos no hotel? Nossa atenção aqui estará focalizada nos funcionários operacionais, aqueles indivíduos mais freqüentemente responsáveis pelo trabalho de agradar os hóspedes e controlar os custos.

Na maioria das operações de cozinha, um *chef* executivo será responsável pelo gerenciamento relacionado a atividades de produção. Dependendo do tamanho e complexidade da operação, o *chef* executivo pode, na verdade, realizar pouco na linha de produção de alimentos. Em uma operação pequena, o *chef* também pode ser o proprietário e desempenhará a maioria das operações relacionadas aos alimentos. Com a tendência de redução nas operações, seria rara a organização de serviço de alimentos em hotéis que emprega vários funcionários de *back of the house* para uma única função. Alguns exemplos do passado poderiam incluir o *sous chef* – o assistente executivo do *chef* e freqüentemente o supervisor de funcionários; um *saucier* – um cozinheiro de molhos; um *garde-manger* – cozinheiro responsável pela preparação de comida fria; um *chef patissier* – um *chef* de confeitaria; e um *chef* de banquete responsável pelo evento. Pode haver vários assistentes para cada uma destas posições. Além disso, pode haver um *steward*, um gerente de compras, um funcionário para administrar os estoques e vários outros assistentes. (Ver a Nota do Editor: Artigos de Evans e Riegel na parte 8).

O salão de jantar pode ter um grau de complexidade igual, dependendo da operação. Pode ou não, haver um supervisor, geralmente chamado de *host/hostess* ou *maître*. Esta pessoa recebe os hóspedes e também supervisiona os garçons. No nível atual de serviço, nós temos capacidade para capitães, garçons, *commis* e caixas. Se uma operação de *lobby* estiver presente, nós incluiremos *bartenders* e *barmen*. Como alguém pode perceber prontamente, se tornou imperativo trabalhar em equipe.

No ambiente de controle de custos atual, as operações de Alimentos e Bebidas correspondem a folhas de pagamento e responsabilidades consolidadas de trabalho para cortar despesas operacionais. O treinamento multifuncional permite que um indivíduo tenha múltiplas responsabilidades. No passado, não era incomum na operação de Alimentos e Bebidas empregar muitos trabalhadores de especialidades diferentes, sendo a maioria dos itens feita na hora do pedido. Com mais equipamentos e uso de itens de alimentos mais convenientes, como as carnes pré-cortadas, torna-se raro encontrar tais partes de operação como um açougue ou confeitaria. Novamente, as operações de hotéis estão concentradas na qualidade, valor e custo. Se a propriedade pode comprar um produto ao invés de produzi-lo, a tendência será mais para a compra do que para a produção artesanal.

Tem havido grande atenção no nível de educação dos *chefs* nas operações hoteleiras. Estes indivíduos podem ter salários compensadores, mas muito será esperado deles também. Eles devem ser capazes de produzir produtos de qualidade usando recursos mínimos. Eles também dirigem todas as atividades do *back of the house*, incluindo o treinamento e supervisão de funcionários. Sua responsabilidade se torna o meio pelo qual a unidade de Alimentos e Bebidas produz lucros para sua instituição, o hotel. (Nota do Editor: ver também a contribuição de Reed nesta Seção.)

INTERAÇÃO OPERACIONAL

Os hotéis são instituições complexas que são divididas em áreas operacionais, entre elas os apartamentos, a manutenção, a administração, a contabilidade, recursos humanos e vendas, além de Alimentos e Bebidas. Essas divisões interagem de todas as maneiras, durante as 24 horas, do dia para produzir uma experiência de qualidade para os hóspedes. Roger Simon, o executivo do New York Hilton e Towers, oferece o seguinte exemplo.

> Uma área freqüentemente observada nas operações de Alimentos e Bebidas é a importância dos funcionários de vendas, quando eles reservam um banquete e reuniões, assim como quartos para os hóspedes. A geração de receita potencial de uma operação de Alimentos e Bebidas pode ser facilitada ou dificultada pelo tipo de cliente dormindo em seus quartos. Como uma grande porção dos clientes de Alimentos e Bebidas pode ser hóspede do hotel, é importante que você saiba qual é o tipo de pessoas no hotel. Qual é a taxa de utilização de Alimentos e Bebidas para os vários segmentos de mercado? Os viajantes de negócios comem e bebem mais que os viajantes de lazer? Qual convenção vai usar os espaços de Alimentos e Bebidas mais que outras? Seus funcionários de vendas de banquete têm que saber o que é mais lucrativo - uma recepção para 1.500 pessoas ou um jantar para 900? E os funcionários de vendas não podem somente estar preocupados em alcançar as cotas de apartamentos para gerar receita; eles devem conhecer o impacto de suas decisões no restante do hotel e como as mesmas afetam a sua lucratividade.
>
> No New York Hilton, os hóspedes são responsáveis por mais de 85% do consumo de bar/restaurante. O gerente de Alimentos e Bebidas tem de saber quem são os clientes e o que eles esperam. A recepção é instrumento importante para fornecer informação sobre os hóspedes do hotel. Estatísticas internas, relatórios de mercado, relatórios de confirmação de grupos e estimativas

de chegada e partida ajudam a equipe de Alimentos e Bebidas a tomar decisões. A previsão de contas ajuda no planejamento, no pedido de alimentos e na decisão de fechar ou não um espaço em particular. Os *mixes* atuais de mercado auxiliam os gerentes de Alimentos e Bebidas na determinação de taxas de utilização que fornecem *insights*, por meio dos quais os restaurantes e demais pontos checam se foram bem ou não.

Por exemplo, se metade de seus quartos em um mês estiver no segmento lazer/férias, quando normalmente somente 20% estão neste segmento, pode-se explicar por que seu consumo no jantar está baixo e sua média de entrada nos bares também está baixa. A comparação de amostras de menu com diferentes *mixes* de mercado permite que você determine padrões de comida para diferentes segmentos que, mais tarde, podem ser usados na composição de novos menus.

O relatório de comprometimento de grupo permite-lhe planejar o futuro. Por exemplo, certos grupos têm necessidades diferentes de Alimentos e Bebidas. Estimativas de chegadas/partidas auxiliam os funcionários se você souber quando certas convenções estão chegando ou deixando sua propriedade. E, finalmente, todo funcionário de hotel é um agente de vendas para os espaços de Alimentos e Bebidas da propriedade. Os funcionários devem ser treinados para sempre referir e recomendar os serviços do hotel para os hóspedes.

É claro que a qualidade das operações de Alimentos e Bebidas pode ter um impacto em todas as operações do hotel e no seu lucro. A qualidade seria particularmente importante para hotéis de convenções e *resorts*. Os hóspedes vêm para tais propriedades com propósitos específicos. Por isso, uma boa reputação de serviço de qualidade de Alimentos e Bebidas servirá para atrair clientes. Essas operações geram a propaganda boca a boca de guias, organizadores de eventos e reuniões, motoristas de táxis, companhias aéreas e agências de turismo. Enquanto essa reputação pode atrair hóspedes, ela se torna responsabilidade do gerente para planejar efetivamente como satisfazer as necessidades de seus hóspedes.

Considere que você gerencia um restaurante de hotel, opera o *room service*, fornece Alimentos e Bebidas para seus funcionários, e além disso está servindo vários tipos diferentes de refeições/funções para diferentes grupos. Lembre-se que a meta do hotel é atender sua clientela. Assim, cada área do hotel deve complementar a outra no fornecimento do serviço. Os gerentes, particularmente os de Alimentos e Bebidas, devem se comunicar efetivamente e serem treinados constantemente para maximizar as metas da operação do hotel.

ÍNDICES DE OPERAÇÃO

Há muitos índices de operação utilizados pelo departamento de Alimentos e Bebidas. O controle operacional de despesas é, talvez, o maior desafio que os gerentes de Alimentos e Bebidas enfrentam. Os gerentes em qualquer nível devem ser *controllers*. George Tanzman, do Four Seasons Hotel em Boston, nota que freqüentemente os índices usados incluem "retenção, custo de comida, custo de bebida e inúmeras dificuldades de produtividade quando examinados os custos de trabalho. Entretanto, outros índices são empregados para avaliar problemas específicos quando necessários. Por exemplo, nós podemos olhar para um índice de vendas de sobremesa quando considerarmos novos menus de sobremesa em um restaurante, ou hóspedes por quarto ocupado quando avaliarmos a força da venda do minibar durante um período específico de tempo".

Roger Simon, do New York Hilton e Towers, identifica índices de operação comuns como "custo por cliente, porcentagem de vendas, custo por funcionários, taxa de utilização (número de clientes/número de hóspedes), receita por quarto ocupado, vendas por hóspede de hotel, valor médio pago por cliente, vendas por funcionário, tabela de rotatividade, rotatividade do inventário, receita por metro quadrado, receita por assento, custo por metro quadrado, retorno de investimento, clientes por funcionário, média de clientes por dia e média de vendas por dia." Ele nota que o segredo para bons controles é, primeiro, ter um bom sistema, e, segundo, permitir que um número absolutamente mínimo de pessoas o controle.

O que se pode observar é que os gerentes de Alimentos e Bebidas utilizam índices para determinar se eles obtiveram sucesso em gerar receitas e minimizar despesas. Tais índices podem ser comparados com números de um período contábil anterior a operação. Vamos examinar alguns dos índices mais comuns.

Vendas de Alimentos e Bebidas por Quarto Disponível

$$\frac{\text{Total de Vendas de Alimentos e Bebidas}}{\text{Número de Quartos Disponíveis}} = \$$$

Ocupação de Alimentos e Bebidas

$$\frac{\text{Número de Clientes}}{\text{Número de Assentos}} = \text{Turnos}$$

Vendas por Assentos Disponíveis

$$\frac{\text{Vendas de Alimentos e Bebidas}}{\text{Número de Assentos Disponíveis}} = \$$$

Valor Médio Pago por Cliente

$$\frac{\text{Vendas de Alimentos e Bebidas}}{\text{Número de Clientes}} = \$$$

Razão da Venda de Bebidas Sobre a Venda de Alimentos

$$\frac{\text{Venda de Bebidas}}{\text{Vendas de Alimentos}} \times 100 = \%$$

Porcentagem do Custo de Alimentos

$$\frac{\text{Custo de Alimentos}}{\text{Vendas de Alimentos}} \times 100 = \%$$

Porcentagem do Custo de Trabalho

$$\frac{\text{Custo do Trabalho de Alimentos e Bebidas}}{\text{Vendas de Alimentos e Bebidas}} \times 100 = \%$$

Note que os custos geralmente são mencionados como porcentagem de vendas. Estas porcentagens podem ser comparadas com aquelas de registros anteriores. Com os valores em dólares necessários para determinar as porcentagens, se torna difícil comparar dólares para dólares empregados por período de tempo. As medidas de receita geralmente dizem quanto esforço os funcionários de Alimentos e Bebidas gastam para em benefício da operação. Estes índices combinando Alimentos e Bebidas podem ser divididos em categorias específicas. Veja, pelos comentários apresentados anteriormente, que os índices utilizados variarão dependendo da operação. Sua meta como gerente geral será obter a melhor informação disponível para ajudar na tomada de decisões.

Unidades individuais, como eventos, *room service*, *coffee shop* e restaurantes terão fatores diferentes e similares, ao mesmo tempo. Por exemplo, o gasto médio seria comum a todos, enquanto uma medida de rotatividade de assentos se aplicaria somente ao *coffee shop* ou ao restaurante. O acúmulo de informação deve ser o mais fácil possível para a gerência. O uso de tecnologia de ponta melhoraria o processo. Os gerentes não devem gastar todo o tempo determinando o que são os índices e o que eles querem dizer. A gerência deveria ser capaz de rapidamente checar o que aconteceu na operação e tomar qualquer ação corretiva necessária.

TENDÊNCIAS NO SERVIÇO DE ALIMENTOS EM HOTÉIS

Quanto às tendências atuais, nós devemos ser cautelosos, o que funciona em uma operação de Alimentos e Bebidas pode não funcionar em outra. Por exemplo, compare o que George Tanzman do Four Seasons Hotel em Boston e Roger Simon do New York Hilton e Towers dizem sobre suas respectivas operações. De acordo com Tanzman:

> Talvez a tendência mais notável seja o declínio da formalidade. Essa tendência é notada em tudo, desde os trajes menos formais aos conteúdos e estrutura do menu. Os hotéis de luxo não estão nos negócios para definir a moda, e sim para satisfazer as necessidades do cliente, fornecer boas experiências para os hóspedes. Nós descobrimos que uma abordagem mais caseira para os menus os torna populares e lucrativos. Enquanto fornecer itens exóticos ainda seja viável, oferecer galinha assada e outros itens caseiros, com excelente preparação e apresentação, provou sofisticação e sucesso suficientes para manter a classificação de cinco estrelas em nossos restaurantes.

Por outro lado, Simon indica:

> Em Nova York, temos visto o aumento do mercado de lazer/férias, particularmente dos japoneses. Reagimos com o aumento de ofertas de menus de estilo japonês. Também reduzimos alguns preços do menu para termos melhor relação de custo/benefício. Enquanto houver algumas indicações de que os consumidores estão comendo de maneira mais saudável e bebendo menos álcool, o mercado tradicional de alimentos saborosos continua forte. Nós estamos variando o suficiente para que haja alguma coisa para todos nos nossos menus. Adaptamos os menus para grupos específicos, com dietas restritas ou preferenciais. Somos flexíveis para atender às necessidades dos nossos clientes.

Para que sua operação de Alimentos e Bebidas obtenha sucesso, analisar o mercado e observar o que as pessoas querem deve acompanhar a qualidade de serviço dos alimentos. Enquanto os consumidores podem escolher seu hotel por razões específicas, como preço ou serviço, eles procuram mais criatividade na operação de Alimentos e Bebidas. Se você não pode atrair o hóspede para o hotel, você descobrirá que atrair clientela da área local é também difícil. Muito provavelmente, cada hotel tem a sua própria característica, o que sugere uma variação das operações de Alimentos e Bebidas em mercados diferentes. O conceito de marca, altamente popular em vários segmentos de alimentação, poderia ser utilizado no serviço de alimentação do seu hotel.

Enquanto algumas operações do hotel de serviço limitado fizeram parcerias com companhias de alimentos, este conceito tem um potencial significativo para o mercado apropriado. Um exemplo dessa operação seria no caso em que o serviço de alimentos do hotel fosse mínimo, na melhor das hipóteses. A propriedade pode concentrar seus recursos nos quartos e terceirizar o serviço de Alimentos e Bebidas para uma marca reconhecida. Os hotéis deveriam estar a par, entretanto, de que em certas situações tal companhia de restaurante pode não ser familiar com os serviços de *room service* ou eventos. Em um caso extremo de mudança do serviço de alimentos, algumas propriedades limitam seus serviços de quarto para minibars e microondas, com os itens de alimentos disponíveis para venda em uma loja de presentes. Em alguns casos, a loja de presentes é transformada em uma loja de conveniência.

Nós observamos que o Four Seasons sente o renascimento da simplicidade nas operações de Alimentos e Bebidas. Um bom exemplo disso seria o *coffee shop*. O que aconteceu nos últimos dez anos tem sido o abandono desse conceito em favor de um jantar com preço mais alto. Mas, ao deixar o *coffee shop* ser um *coffee shop*, você entra na consciência de valor do cliente como um menu variado e serviço rápido. Enquanto alguns podem achar esse conceito maçante, muito freqüentemente os consumidores procuram o conforto de saber se eles podem conseguir uma refeição a um bom preço dia após dia em seu hotel.

A área de *room service* também está procurando mudanças significativas. Em algumas propriedades, o *room service* foi eliminado, enquanto em outros, ele foi revisado. Por exemplo, menus foram limitados a conceitos particulares, tais como pizza ou comida asiática. Os itens de alimentos são apresentados para parecer como se eles viessem de um restaurante. Algumas propriedades até listam o número de *room service* sobre o número do item dos alimentos (por exemplo, a pizza). A chave, novamente, é conhecer sua clientela. Mas a mudança para menus mais simples, acompanhada de preços mais baixos, poderia trazer o *room service* de volta como um grande contribuinte para as operações, de modo geral. Alguns grandes hotéis estão focando um menu mais compacto e um serviço mais rápido através do *room service*. Por exemplo, uma propriedade converteu um elevador de carga em uma cozinha móvel, fornecendo o serviço em minutos após o pedido. Enquanto essa opção pode não ser possível para todos os hotéis, ela novamente aponta que devemos saber o que oferecer para clientes específicos.

CONCLUSÃO

Como pode ser visto nestas discussões, pode ser difícil apontar quais tendências devem ser mais importantes para qualquer hotel individual. O que nós podemos dizer é que algumas propriedades, notavelmente propriedades de cadeias e aquelas de maior tamanho, parecem estar se diferenciando para fornecer o melhor serviço de Alimentos e Bebidas para sua clientela. Estas operações estão essencialmente se reinventando para se manter jovens e fornecer oportunidades de maneira criativa para funcionários e hóspedes. Estas operações olham para o serviço como parte integrante do sucesso da operação.

Por outro lado, nós podemos ver uma tendência em direção à restrição ou mesmo não ter serviço de alimentos, principalmente em propriedades menores. Estas operações olham para seus negócios como sendo estritamente hoteleiro e deixam o serviço de alimentos para outra pessoa, agora, freqüentemente, uma marca nacional bem conhecida.

Deveria ser óbvio, ao ler estas considerações, que uma ênfase no controle de custos será provavelmente a estratégia chave para o serviço de alimentos em motéis. Com a competição aumentando em outras operações de serviços de alimentos em potencial, os hotéis estão encontrando dificuldade em gerar receitas e aumentar o número de clientes. A atenção para valor e serviços será uma preocupação significativa para os consumidores. Os gerentes de Alimentos e Bebidas precisarão utilizar melhor as ferramentas de controle, tais como prever a técnica e analisar menus. Os banquetes e eventos têm o maior potencial para geração de lucro de serviço de alimentação. Estas funções permitem ao gerente a melhor oportunidade para previsão acurada de lucros e de funcionários necessários. Áreas de bebidas, tais como bares do *lobby*, continuarão a ser lucrativas apesar da tendência do consumo menor de álcool pela população.

As probabilidades de conseguir lucro em restaurantes de hotel dependerão do tipo e tamanho dos restaurantes. Não há razão por que um motel não possa ir bem, mas a atenção ao detalhe é freqüentemente a falha em algumas operações. O *room service* aparece como sendo uma área com menor impacto no lucro, e seu futuro no serviço de alimentos de hotéis pode ser incerto.

É claro que o serviço de alimentos em hotéis oferece aos gerentes desafios únicos no mundo sempre dinâmico do gerenciamento de serviço de alimentos.

2. Departamentos de Alimentos e Bebidas Melhoram o Perfil e se Preparam para o Futuro

Carol Greenberg

A ênfase crescente nas operações e na linha de frente do setor hoteleiro de hoje inclui, sem dúvida, focar mais atenção no departamento de Alimentos e Bebidas. Enquanto considerado um elemento essencial do serviço fornecido por muitas propriedades, os departamentos de Alimentos e Bebidas são castigados por altos custos e têm perdido terreno para seus competidores na luta pelo lucro e pela clientela (Gráfico 1). Conseqüentemente, os restaurantes de hotéis têm freqüentemente sido um escoadouro do caixa nas operações hoteleiras.

O ambiente de retenção de custos do futuro apresenta desafios especiais para o desenvolvimento dos departamentos de Alimentos e Bebidas do hotel. Os hotéis sentem a pressão em manter os preços enquanto encaram aumentos nos custos e na sensibilidade de valores dos clientes. Alem disso, novos empreendimentos de categoria superior, que não sentem o peso de departamentos de Alimentos e Bebidas completos, estão competindo com hotéis que oferecem serviço completo (os de categoria luxo).

COMPETIÇÃO ACIRRADA CORRÓI O NEGÓCIO DE ALIMENTAÇÃO NO HOTEL

No primeiro trimestre de 1992, quase 14.000 hotéis nos Estados Unidos (49,5% de todas as propriedades) tinham pelo menos um restaurante (Smith Travel Research). Em âmbito nacional, há mais de 391.000 restaurantes independentes (U.S. Census Bureau 1989). Nós podemos deduzir destes números que a maioria dos hóspedes de hotel tem uma grande opção de locais para jantar em qual escolherem, especialmente em áreas urbanas. Os altos preços têm trabalhado contra a popularidade dos restaurantes de hotel. Enquanto os restaurantes de hotéis em grandes cidades selecionados para nossa pesquisa estão geralmente classificados com pelo menos um "muito bom", a média de gasto é alta (ver Apêndice 1). O aumento da popularidade de hotéis com serviço limitado teve um impacto negativo nos departamentos de Alimentos e Bebidas, ambos por retirar a demanda de propriedades de serviço completo e por fazer os consumidores mais acostumados a comer fora dos hotéis.

Historicamente, estes departamentos se diferem de restaurantes de rua em seus objetivos e modo de operação. O propósito principal dos departamentos de Alimentos e Bebidas é servir os hóspedes do hotel. Como conseqüência, o serviço de alimentos do hotel está disponível durante mais períodos de refeição por dia que a maioria dos outros restaurantes, e os serviços fornecidos não incluem somente jantares, mas também *room service*, uma característica única de hotel, e áreas de banquetes, as quais podem não estar presentes em outras áreas e locais para refeições. Como os banquetes e eventos também atraem hóspedes que alugam quartos, é do interesse do hotel agendar eventos que maximizem a ocupação.

Uma maior atenção provavelmente será destinada aos departamentos de Alimentos e Bebidas no futuro, porque diárias relativamente mais baixas e a diminuição da receita do bar do *lobby*, devido ao aumento da sensibilidade do público para diminuição da bebida alcoólica e leis mais severas contra dirigir bêbado, deram maior importância aos restaurantes de hotel e eventos como fontes de receita. Como os departamentos de Alimentos e Bebidas do hotel estão se tornando centros de lucros, mais do que meramente uma amenidade necessária para um serviço completo, eles provavelmente terão os recursos financeiros e gerenciais necessários para realmente obterem sucesso.

COMPARANDO O DESEMPENHO DO HOTEL COM OS RESTAURANTES INDEPENDENTES

Os departamentos de Alimentos e Bebidas do hotel exibem similaridades aos restaurantes independentes para fazer uma comparação teórica dos índices de operação. Entretanto, este exercício é complicado em razão de diferentes padrões de contabilidade. De acordo com o Uniform System of Accounts (Sistema Uniforme de Contabilidade para hotéis), despesas gerais, como administrativas, propaganda e marketing, reparo e manutenção, custos de ocupação e custos fixos, não estão distribuídas em outros

GRÁFICO 1
Diferença Entre as Vendas de Departamentos de A&B de Hotéis e Restaurantes Independentes

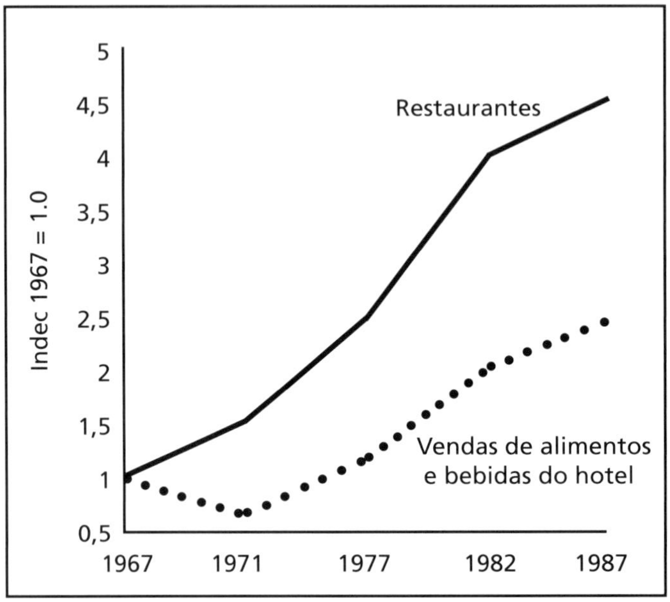

Fonte: U.S. Census Bureau.

departamentos. Uma solução é formatar o balanço de pagamentos do restaurante para parecer com o balanço de pagamentos do hotel. Esta abordagem nos permite comparar lucros operacionais, mas não os resultados operacionais, por que os custos de ocupação, despesas operacionais variáveis e os custos fixos são excluídos. Para solucionar este problema, nós formatamos o balanço do departamento de Alimentos e Bebidas do hotel para parecer com o balanço de restaurante, fixando a maioria dos custos em uma base de metros quadrados de nossa fonte de hotéis, o relatório da National Restaurant Association (NRA) e nosso julgamento profissional (ver Apêndice 2).

As fontes de dados do hotel selecionadas para esta análise inclui *Tendências na Indústria Hoteleira para 1991*, um estudo de 1990 preparado por Pannell Kerr Forster (PKF) e *U.S. Lodging Industry 1989*, relatando dados tabulados de 1988 por Laventhol & Horwath (L&H). Dados de operações de restaurantes de 1990 publicados na NRA *Restaurant Industry Operations Report* de 1991 também foram usados. Todos os dados dos restaurantes independentes também foram retirados do estudo da NRA.

Cada uma dessas fontes de dados é baseada em amostras diferentes, com suas características únicas. Os dados hoteleiros, por exemplo, são provavelmente baseados nos melhores desempenhos. As propriedades participando na pesquisa do PKF tinham taxas mais altas de ocupação e diárias médias mais altas que os hotéis numa pesquisa mensal muito maior da Smith Travel Research. A variação percentual em cada indicador de 1990 a 1991 foi similar, entretanto, sugerindo que as amostras são muito representativas nas tendências do setor (Tabela 1).

As duas principais diferenças entre os estudos da PKF e da NRA são os métodos de tabulação estatística e a abrangência. O estudo da PKF considera médias, enquanto o da NRA considera medianas. Como a mediana não é afetada por valores extremos que são mais provavelmente distorcidos por receitas especialmente altas do que por despesas altas (mais raras), o relatório PKF provavelmente mostra maior lucratividade que o estudo da NRA. Os números dos hotéis representam o total de operações de Alimentos e Bebidas, incluindo o *room service* e os eventos, diferentemente dos dados do hotel da NRA que inclui somente restaurantes. O importante papel que as altas margens de eventos representam para a maioria das propriedades (Gráfico 2) sugere que os vários departamentos de Alimentos e Bebidas do hotel são provavelmente mais lucrativos do que o restaurante sozinho.

Dentro do estudo da NRA, os dados de serviço de mesa com menus completos nos restaurantes de hotéis, em 87, nos permitem comparar custos selecionados e itens de receita com todos os restaurantes, mas os lucros operacionais não são relatados devido ao pequeno tamanho da amostra. Baseados nos poucos dados disponíveis sobre as margens brutas, o custo de alimentos, pagamentos e benefícios, utilidades, e custos de ocupação, estes restaurantes de hotéis estão

TABELA 1
Comparação Entre as Amostras da PKF e STR: Primeira Metade de 1991 e Todo o Ano de 1990

	Taxa de Ocupação (%)			*Taxa de Quartos ($)*		
	1991	1990	% variação	1991	1990	% variação
Pannell Kerr Forster	63,4	66,2	-4,2	74,37	73,75	0,8
Smith Travel Research	60,4	63,6	-5,0	60,28	58,73	2,6

Fonte: Pannell Kerr Forster, Trends in the Hotel Industry 1991, Smith Research.

4,6 pontos percentuais em desvantagem com relação às despesas operacionais diretas, administrativas e gerais, propaganda e marketing, reparo e manutenção, custos de ocupação e custos fixos.

CUSTOS ALTOS E POUCOS CLIENTES RESULTAM EM BAIXO LUCRO

Os resultados indicam que os departamentos de Alimentos e Bebidas do hotel tiveram desempenhos substancialmente mais baixos do que os restaurantes independentes. A Tabela 2 compara o padrão de receita por tipo de hotel (para quatro tipos de propriedades) até um completo padrão de serviços de restaurantes com menu completo, como relatado no estudo da NRA. O lucro do departamento de Alimentos e Bebidas do hotel fica atrás de todos os restaurantes, em quantidades que variam de 5,5 para hotéis de convenção a 10,0 pontos percentuais para *resorts*.

Este diferencial é atribuído a alta folha de pagamento e benefícios e custos operacionais diretos que compensam o menor custo das vendas. Os resultados da pesquisa da NRA de hotéis e restaurantes verificam este relacionamento. A folha de pagamentos e os benefícios para estes restaurantes de hotéis foram de 38,4% das vendas, ainda mais alto que os 32,9% para

GRÁFICO 2
O Departamento de Eventos é Responsável por Mais de um Terço da Receita de Alimentos e Bebidas

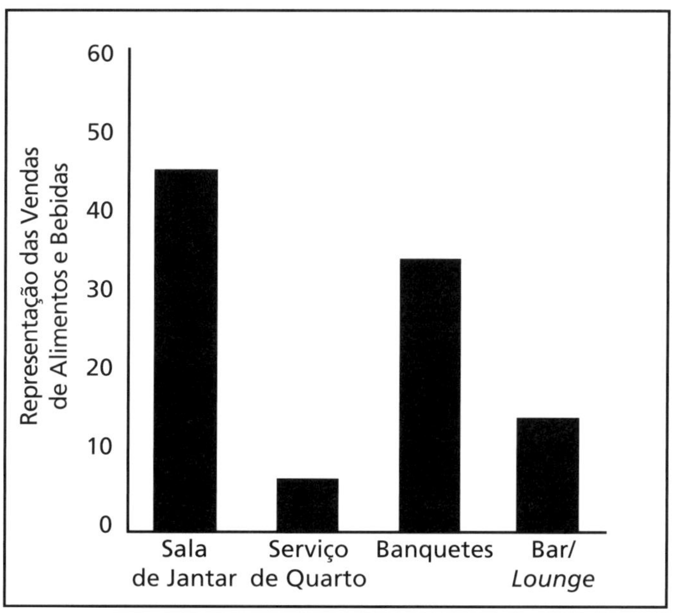

Nota: Quantidade média ajustada para soma de 100%.
Fonte: Laventhol e Horwath.

TABELA 2

Lucro de Alimentos e Bebidas em Hotéis de Serviço Completo com Defasagem de Operações de 8% em relação a Todos os Outros Restaurantes

	Alimentos e Bebidas do Hotel*				
	Serviço completo	*Resort*	*All-suite*	Convenção	Menu completo** para Restaurantes Tabela de Serviço
	Porcentagem da Receita do Departamento				
Vendas					
Alimentos	77,2%	77,7%	76,7%	77,1%	82,2%
Bebidas	23,2	22,3	23,3	22,9	22,1
Total	100	100	100	100	100
Custo líquido das vendas					
Alimentos	32,2	20,9	34,3	27,9	35,9
Bebidas	22,3	22,1	26,4	18,4	27,2
Total	29	28,9	32,3	25,6	34,3
Lucro Bruto	71	71,1	67,7	74,4	65,7
Outras Receitas	4,7	2,3	6,7	3,5	0,7
Total de Receitas	75,7	73,4	74,4	77,9	66,7
Despesas departamentais					
Folha de pagamentos, benefícios	43,3	41,9	42,8	45,6	32,9
Operação direta	12,3	13,4	12,9	9,7	5,7
Total das despesas do departamento	55,6	55,3	55,7	55,3	38,6
Renda departamental	20,1	18,1	18,7	22,6	28,1
Diferencial de lucro	8	10	9,4	5,5	

* Os dados são médias
** Os dados são medianas
Fonte: Pannell Kerr Foster, National Restaurant Association.

todos os restaurantes (Tabela 3). Benefícios mais altos nos restaurante de hotel, 19,7 % da folha de pagamentos, comparados com os 16,8% de todos os restaurantes no estudo da NRA, são responsáveis por mais da metade desta diferença. O total da folha de pagamentos e benefícios por funcionário de restaurante de hotel é 7,5% mais alto que a média dos restaurantes no estudo da NRA, mas as vendas líquidas por funcionário são 14,7% mais baixas (Tabela 4).

Despesas operacionais diretas atraídas pelos departamentos de Alimentos e Bebidas do hotel (como uma porcentagem das vendas de Alimentos e Bebidas) são mais que o dobro que a mediana do setor dos restaurantes. Conseqüentemente, a despesa operacional total como uma porcentagem do total de vendas de Alimentos e Bebidas excede o índice dos restaurantes em 17 pontos percentuais.

Pelo lado da receita, preços levemente mais altos são insuficientes para compensar a rotatividade média que é aproximadamente 50% mais baixa para todos os restaurantes (Tabela 5). Parte do problema é que as taxas de captação de cliente, definidas como hóspedes não registrados no hotel dividido pelo número de hóspedes do hotel, sem considerar os participantes de eventos, são baixas para muitas propriedades. Fora isso, a clientela pode ser desencorajada pela localização do hotel, acesso limitado e altos preços. A maioria dos hotéis de serviço completo com múltiplos restaurantes tem muitos assentos por quarto. Nossa experiência em consultoria mostrou uma relação negativa entre os assentos de Alimentos e Bebidas por quarto e a lucratividade do hotel.

Após a subtração de todas as despesas rateadas, o departamento de Alimentos e Bebidas de um típico

TABELA 3
Folha de Pagamentos e Benefícios Aumentam o Custo Principal dos Restaurantes de Hotéis em Relação a Todos os Restaurantes

Custo por Vendas	Custo de Vendas	Folha de Pagamentos e Benefícios	Custo Principal
Hotéis	32,8	38,4	73,6
Todos os restaurantes	34,3	32,9	67,2

Fonte: National Restaurant Association.

TABELA 4
Defasagem de Aproximadamente 15% em Vendas Líquidas por Funcionário de Restaurante de Hotel devido à Baixa Rotatividade de Assentos

	Total de Vendas	Pagamentos e Benefícios por Funcionário	Vendas Líquidas
Hotéis	US$29.463	US$11.021	US$18.442
Todos os restaurantes	31.873	10.251	21.622
Equivalência de funcionários de período integral	**Total**	**Por 100 assentos**	**Por 100 refeições diárias**
Hotéis	35,7	10,5	13,2
Todos os restaurantes	32,0	15,9	12,0

Fonte: National Restaurant Association.

TABELA 5
Restaurantes Típicos de Hotel Têm o Valor Final Levemente Mais Alto e Rotatividade Mais Baixa que Todos os Restaurantes

	Quartil Inferior	Mediano	Quartil Superior
Média da conta			
Hotéis	US$8,00	US$10,89	US$15,00
Todos os restaurantes	US$6,95	US$10,00	US$15,00
Média de rotatividade de assentos			
Hotéis	0,4	0,7	1,6
Todos os restaurantes	0,7	1,3	2,4

Fonte: National Restaurant Association.

hotel de serviço completo está claramente no vermelho, com perdas, antes da cobrança de impostos, na margem de 5% do total de lucros de Alimentos e Bebidas comparado com o ganho de 3,2% para a amostra de restaurantes com serviço completo (Tabela 6).

Enquanto esses números sugerem que alguns departamentos de Alimentos e Bebidas de hotéis são escoadores do caixa de suas propriedades, a diferença entre os Alimentos e Bebidas do hotel e o lucro do restaurante deveria ser vista com precaução. Mesmo

TABELA 6
Despesas de Restaurantes de Hotéis Totalmente Alocadas Excedem a Receita em 5%

	Serviço Completo	Menu Completo** Restaurantes com Serviço de Mesa
Vendas		
Alimentos	77,2%	82,2%
Bebidas	22,8	22,1
Total	100	100
Custo líquido das vendas		
Alimentos	31,2	35,9
Bebidas	22,3	27,2
Total	29	3,44
Lucro bruto	71	65,7
Outras receitas	4,7	0,7
Total	75,7	66,7
Despesas de departamento		
Pagamentos, benefícios	43,3	32,9
Operação direta	12,3	5,7
Propaganda, entretenimento	2,2	2,4
Utilidades	3,2	3,2
Administrativas e gerais	1,9	3,9
Reparos e manutenção	1,7	1,8
Controle total de despesas	64,6	51,5
Receita antes dos custos de ocupação	11,1	15,4
Custos de ocupação		
Aluguel	6,5	5,1
Taxas de propriedade	0,7	0,7
Outras taxas	0,5	0,5
Seguro da propriedade	1,6	1,2
Custos de ocupação total	8,2	6,8
Taxas de gerenciamento	3,0	6,0
Receita antes de juros e depreciação	-0,1	2,6
Juros	2,7	1,3
Depreciação	2,2	2,3
Outras deduções	0	1,1
Receita antes do imposto de renda	-5	3,2

Fonte: National Restaurant Association; Laventhol & Horwath; Pannell Kerr Forster; Coopers & Lybrand.

nos departamentos de Alimentos e Bebidas com o melhor gerenciamento é improvável ter o potencial de lucro como o de um restaurante independente, devido às restrições administrativas discutidas acima. Esses, por sua vez, têm implicações nos custos e receitas. Por exemplo, apesar dos departamentos de Alimentos e Bebidas do hotel terem taxas mais baixas de administração, propaganda e gerenciamento que os restauranes de serviço completo, seus horários de trabalho e tipos de serviços aos hóspedes inibem vantagens, resultando em folhas de pagamento, benefícios e despesas de operação direta mais altas. Custos fixos, como custos de ocupação e taxas de administração são também mais altos em hotéis, devido às diferenças físicas nestes dois tipos de edifícios e possíveis diferenças nos modelos de financiamento.

Por estas razões, não é apropriado medir os lucros de Alimentos e Bebidas de hotéis e de restaurantes independentes usando o mesmo padrão de comparação.

MUDANÇA PARA RESTAURANTES CASUAIS DESAFIA OS RESTAURANTES DE HOTÉIS

A necessidade de fornecer *room service*, despesas gerais altas e custos de capital associados aos elegantes salões de jantar construídos em muitas propriedades, mais a necessidade de menus ligados à alta margem de eventos, tem tornado difícil para os hotéis acompanhar a mudança para salões de jantar casuais que teve início há muitos anos atrás.

Consumidores saudáveis e conscientes do valor começaram a favorecer bistrôs de massas, salada, peixes e outras refeições mais leves ao invés de tradicionais *steakhouses* e restaurantes de grife. Muitos dos salões de jantar de hotéis se beneficiariam com seu reposicionamento ou atualização, mas a receita fraca, pouco capital e lucros questionáveis tornam rara a completa renovação dos salões de jantar de hotéis. Ao invés disso, as mudanças nos menus são institucionalizadas para acomodar as últimas preferências dos clientes.

O reposicionamento pode ser mais fácil para propriedades do mercado intermediário (superior) do que para a maioria dos hotéis de luxo. O Holiday Inn, por exemplo, está no processo de reposicionamento de 18 restaurantes da empresa, introduzindo diferentes estilos de comida com ênfases em alimentos de baixos custos. Um cenário típico seria a mudança de um *steakhouse* ou restaurante de grife para um bistrô de massas através da implementação de mudanças no design do restaurante, menu e na atmosfera do local. Este tipo de conversão resulta em um aumento de 12 pontos percentuais na captação de cliente, que era de 46%. O reposicionamento é especialmente importante para os restaurantes de hotéis, uma vez que mesmo os espaços não lucrativos não podem ser fechados a não ser que existam múltiplos restaurantes no empreendimento.

HOTÉIS BUSCAM AUMENTAR BENEFÍCIOS AO INVÉS DE DIMINUIR OS PREÇOS

Admitindo as deficiências do controle de qualidade no passado, os departamentos de Alimentos e Bebidas do hotel estão se concentrando no aumento dos benefícios mais do que na redução do preço. Ênfase está sendo colocada na qualidade da comida, apresentação e consistência, de local para local. Enquanto os preços competitivos permanecem importantes, manter um alto relacionamento de custo/benefício é a chave. Os hóspedes, especialmente aqueles que ficam em hotéis de luxo, geralmente têm condições de pagar altos preços por uma experiência de alta qualidade no jantar. Por esta razão, os hotéis que procuram aumentar a clientela oferecendo os preços mas baixos sem aumentar a qualidade provavelmente não terão sucesso, e suas reduções de preço poderiam meramente resultar em receitas mais baixas. Enquanto a maioria dos entrevistados decidiu manter a linha de preços, nenhum sugeriu grandes aumentos no futuro próximo.

A tecnologia e a centralização estão recebendo mais atenção do que no passado para ajudar a garantir a alta qualidade e a consistência. As especificações para itens de alimentos estão sendo reforçadas. Muitas alterações no processo de preparação dos alimentos, como frutas e vegetais pré-cortados, estão sendo comprados já preparados, e a carne está sendo trazida em pacotes com porções certas. A redução de custos de alimentos e trabalho, uma necessidade para menor número de funcionários da cozinha e menos desperdícios têm sido os subprodutos destes esforços. A mudança para compra de produtos pré-preparados tem resultado na economia de custos de 2% e redução de custo de trabalho de 20% em alguns hotéis.

Para assegurar a consistência, uma cadeia de hotel está considerando a preparação de alimentos numa central única em cada grande cidade, para distribuição a todas as propriedades no mercado. A padronização para melhorar a qualidade parece ser de alta prioridade para os departamentos de Alimentos e Bebidas de hotéis.

NOVA IMAGEM POR MEIO DE PRODUTOS DE MARCA E AMBIENTAÇÃO INDEPENDENTE

Em um esforço para desassociar a imagem negativa de restaurantes de hotéis, muitas propriedades estão reforçando a natureza independente dos restaurantes. Isso toma muitas formas, incluindo a seleção de nomes de restaurantes não relacionados ao hotel, esforços independentes de marketing, acesso da rua para o salão de jantar, venda de produtos famosos em espaços do hotel e a abertura de cadeias de restaurantes dentro dos hotéis.

Os produtos com marcas estão se tornando grandemente populares. A Marriott e seu franqueado Interstate Hotels entraram em um acordo com o franqueador da Pizza Hut e esperam envolver cerca de 70 hotéis. A pizza é oferecida através de uma variedade de meios, incluindo serviços de quartos, quiosques e restaurantes dentro dos hotéis. Este conceito tem sido bem recebido e está se expandindo. A Radisson tomou uma abordagem diferente com um produto de sucesso dentro do hotel – Napolizza – que serve aos hóspedes como um serviço de entrega independente de pizza, mas é produzida na cozinha do hotel.

AUMENTO DE *LEASING* E *FRANCHISING*, MAS NÃO SEM IMPREVISTOS

O impacto potencialmente negativo dos departamentos de Alimentos e Bebidas nos hotéis pode ser evitado ao eliminar o departamento do balanço de contas. Isto pode ser conseguido pelo *leasing* das operações de Alimentos e Bebidas para um operador independente. Além de criar uma fonte de renda dependente para o hotel, o *leasing* reduz as despesas gerais necessárias para gerenciar o departamento de Alimentos e Bebidas.

Enquanto alguns profissionais acreditam que restaurantes com nome melhoram a imagem da propriedade, a resignação do controle tem o seu lado negativo também. Há um risco que as operações de Alimentos e Bebidas de franquias ou terceirizadas desenvolvam esforços incoerentes com a imagem do hotel. A qualidade tem de ser controlada cuidadosamente. Enquanto as cadeias geralmente estabelecem padrões que as operações de Alimentos e Bebidas devem aderir, sendo as mesmas franqueadas ou não, a aderência é da responsabilidade do gerenciamento do hotel. Um gerente que monitora o número de hotéis de primeira classe, como departamentos de Alimentos e Bebidas terceirizados (*leasing*), admite incoerência com o gerenciamento e uma necessidade de estar a par de todos os aspectos da operação, do desempenho dos funcionários e da qualidade da alimentação até o marketing. No geral, o marketing, mais do que a qualidade da alimentação, parece ser um mar de fraqueza para os operadores independentes de Alimentos e Bebidas, mas esta pode ser uma situação relacionada com a novidade do conceito.

De uma perspectiva financeira, operações de Alimentos e Bebidas terceirizadas são menos arriscadas que as operações controladas pelo hotel, mas também podem resultar em menos receita para o hotel. Isto é devido parcialmente ao abandono da porção lucrativa do negócio de *catering* e eventos. Há um relacionamento sinérgico entre a ocupação do hotel e os eventos. Conseqüentemente, o hotel com um olho para a renda total reservará somente grandes grupos com grande antecedência. O operador independente, diferentemente, não se beneficia com os quartos lotados, então pode querer reservar eventos sociais como casamentos e festas de aniversários, inibindo os esforços de marketing do hotel. Algumas terceirizações de Alimentos e Bebidas lidam com a questão dando ao hotel a primeira escolha de reserva do espaço para banquetes, limitando ao operador de Alimentos e Bebidas às reservas de 90 dias ou mais. Além disso, alguns bloqueios são oferecidos por taxas abaixo do mercado para compensar pela suposta responsabilidade de *room service* do operador, reduzindo o retorno para o hotel. Estas questões têm um impacto na maioria dos hotéis com uma cozinha apenas, mas aqueles com múltiplos espaços e cozinhas podem se beneficiar do arrendamento de um restaurante como uma entidade anônima, enquanto mantêm o controle sobre os negócios de banquete.

Uma questão mais fundamental é o possível desacordo entre a cozinha do restaurante e as necessidades de negócios do hotel. As cadeias atualmente localizadas em hotéis tendem a ser posicionadas abaixo do nível coerente com uma imagem de hotel de prestígio elevado. Conseqüentemente, os arrendatários dos restaurantes de hotel são provavelmente independentes ou membros de pequenas cadeias de restaurantes, porque a maioria das cadeias maiores se especializam em alimentação rápida em escala menor de jantares de família. Das 28 cadeias de restaurantes que nós pesquisamos para esse relatório, somente seis respondem por um total de 67 restaurantes em hotéis até o final de 1992, excluindo a Denny's, que não poderia especificar seu número nas unidades de hotel (Tabela 7).[2]

A Pizza Hut respondeu por 70% dos espaços relatados, mas seus quiosques não pegam o lugar do salão de jantar principal. Apesar de grandes cadeias de restaurantes raramente se localizarem dentro de um hotel, elas freqüentemente dividem uma parcela de terreno, um fenômeno especialmente comum entre os hotéis de serviços limitados. Estas praças de alimentação pretendem ser um substituto para um restaurante do hotel.

Algumas cadeias de restaurantes de alto padrão se localizam em hotéis, provavelmente os mais conhecidos sendo o Trader Vic's, com unidades em 5 hotéis dos Estados Unidos (Atlanta, Beverly Hills, Kansas City, Portland, OR e Washington D.C.). Bobby McGee, outra cadeia de alto padrão, tem duas unidades em hotéis, e o Chicago Embassy suítes arrendou seu departamento de Alimentos e Bebidas para a cadeia de alto padrão Lettuce Entertain You. O gerente desse restaurante de hotel ressalta a importância da localização e o acesso à rua. Na sua opinião, a praticidade do projeto não deveria depender dos negócios do hotel. O sucesso deste novo espaço pode encorajar outras cadeias de restaurantes a se localizar em hotéis também.

Os aspectos únicos do serviço de alimentos do hotel torna o entendimento do negócio crucial para o sucesso dos arrendatários de Alimentos e Bebidas. Por exemplo, os operadores precisam ser capazes de realizar o *room service* e conduzir banquetes ao mesmo tempo. Os hotéis de aeroporto precisam ter acesso para a cozinha durante altas horas da noite ou muito cedo de manhã para acomodar passageiros cujos vôos foram atrasados, clientes que possam representar uma porção significativa de seus negócios. As necessidades de Alimentos e Bebidas para conferências e reuniões devem ser supridas com prontidão.

Comprar uma franquia de – ou emitir um contrato de gerenciamento para – uma cadeia de restaurante com nome famoso é outra maneira de ganhar benefícios de reconhecimento da marca sem renunciar completamente ao controle. Uma cadeia de restaurantes descreveu dois formatos administrativos diferentes do arrendamento. Sob uma das formas, o dono de um hotel mantém a propriedade de seus bens, mas paga uma taxa de gerenciamento para a cadeia de restaurante. Alternativamente, uma franquia de restaurante pode possuir o hotel e operar o restaurante como um segundo negócio. Em ambos os casos, a renda e as despesas dos Alimentos e Bebidas permanecem como parte do balanço de pagamentos do hotel, mas o hotel ganha a vantagem de ter um produto com marca para estimular as vendas. Achar o restaurante certo pode ainda ser difícil. Uma empresa de gerenciamento discutiu com várias cadeias de restaurantes de alto padrão, mas acha que essas cadeias geralmente são relutantes em ceder o controle para a franquia.

CONCLUSÃO
DESENVOLVIMENTO EM TRÊS BASES

Nos próximos anos, os departamentos de Alimentos e Bebidas do hotel darão novas ênfases na qualidade da alimentação, coerência e eficiência para suprir as necessidades dos consumidores conscientes do valor.

TABELA 7
Poucas das Grandes Cadeias de Restaurantes Têm Unidades em Hotéis

Cadeias de Restaurantes	*Número de Unidades em Hotéis (1992)*
Arby's	1
Baskin-Robbins	0
Burger King	0
Chi-Chi's Mexican Restaurants	0
Church's Fried International	0
Country Kitchens International	1
Dairy Queen	0
Denny's	Y*
Domino's Pizza	0
Dunkin' Donuts	0
Grandy's	0
Hardee's	0
Jack in the Box	0
Kentucky Fried Chicken	0
Little Caesars Pizza	0
Long John Silver's Seafood Shoppes	0
McDonald's Corp.	1
Orange Julius	0
Pizza Hut	48
Popeye's Famous Fried Chicken	0
Shakey's Pizza	0
Sizzler Restaurants International	0
Subway Sandwiches	0
T.G.I. Friday's	11
Taco Bell	0
Tony Roma's	3
Wendy's International	2
White Castle Systems	0

* "Y" indica presença de um indeterminado número de unidades de hóteis

Fonte: Coopers & Lybrand.

As maiores propriedades com espaços múltiplos são as prováveis candidatas para arrendar pelo menos um salão de jantar. Isso já ocorreu em Las Vegas, que aceitou produtos de marcas famosas em todos os níveis. As características físicas e as metas de serviços do hotel determinam se as operações de Alimentos e Bebidas serão arrendadas ou franqueadas.

Hotéis superiores geralmente manterão seu banquete e salão de jantar e considerarão arrendados um ou 2 espaços. As propriedades intermediárias serão as mais inclinadas em arrendar seus departamentos de Alimentos e Bebidas inteiros, enquanto propriedades econômicas sem serviço de alimentos não serão afetadas.

Devido à questão do ego ou imagem ao ceder o controle de salões de jantar existentes nos hotéis, o arrendamento provavelmente se tornará até mais popular, uma vez que o próximo ciclo de desenvolvimento do hotel comece. Em todos os casos, a atenção dada aos Alimentos e Bebidas provavelmente é o resultado de uma melhora gradual no lucro desses departamentos nesta década.

APÊNDICE 1
Restaurantes de Hotéis de Alto Padrão Conseguem Boas Classificações, Mas Pagam o Preço

Os freqüentadores de restaurante gostam de alimentação de boa qualidade, decoração e serviço em muitos restaurantes de hotéis de alto padrão nas grandes cidades, mas eles podem ser intimidados pelo custo. Esta conclusão tem base em nossa análise de dados de uma pesquisa de 1992 da Zagat para 7 grandes cidades selecionadas nos Estados Unidos. Essas pesquisas são baseadas na participação voluntária de um grande grupo de clientes. Enquanto a amostra dos restaurantes em qualquer cidade tende a se basear em todo o universo disponível, a amostra do hotel fundamenta-se no padrão da propriedade; então, os resultados não devem ser aplicados largamente.

Em cada cidade que analisamos, havia alguns restaurantes de hotéis que ofereciam a melhor relação de alimentação (em uma classificação de alimentação de excelente a extraordinário). Notavelmente, o Ritz Carlton e o Four

TABELA 8
Restaurantes de Hotéis se Destacam nos Mercados de Alimentos

Restaurante	Hotel	Restaurante	Hotel
Atlanta		**Nova York**	
The Dining Room	Ritz Carlton, Buckhead	Le Cirque	The Mayfair Hotel
Claudette's	Ritz Carlton, Buckhead	Le Regence	Hotel Plaza Athenee
Bernard's	Ritz Carlton, Buckhead	Mark's Halcyon	Mark Hotel
Cafe de la Place	Ritz Carlton, Buckhead	Cafe Pierre	The Pierre Hotel
The Cafe	Ritz Carlton, Atlanta	Lafayette	Drake Hotel
The Restaurant	Ritz Carlton, Atlanta		
Savannah Fish Co.	Westin Peachtree Plaza		
Nikolai's Roof	Hilton And Towers		
Chicago		**Filadélfia**	
The Dining Room	Ritz Carlton	The Fountain	Four Seasons
Seasons	Four Seasons	Swann Lounge	Four Seasons
La Tour	Park Hyatt	Evermay/Delaware	Evermay Hotel
Boulevard Room	Intercontinental	Restaurant 210	Rittenhouse Hotel
Benkay	Hotel Nikko		
The Dining Room	Ritz Carlton		
Dallas-Ft. Worth		**São Francisco**	
French Room	Adolphus	Masa's	Vintage Court
The mansion	The Mansion	Postrio	Prescott Hotel
Laurels	Sheraton	The French Room	Four Seasons
L'Entracote	Loew's	Campton Place	Campton Place
Reflections	Worthington	Donatello	Donatello Hotel
Enjolie	Marriott		
Los Angeles			
Diaghilev	Bel Age		
Dynasty Room	W. Marquis		
Bernard's	Bel-Air Hotel		
Checkers	Checkers Hotel		

Fonte: Zagat Restaurant Surveys.

Seasons apareceram no topo da lista em várias cidades (ver Tabela 8).

A classificação média da alimentação para cada cidade foi pelo menos "muito bom a excelente", quando classificadas por decoração e serviço. Baseando-se num estabelecimento individual, a classificação mínima não ficou abaixo de 11 em nenhuma das 7 cidades (Tabela 9). Alguns restaurantes de hotel na amostra construíram uma grande clientela de não-hóspedes. Por exemplo, os restaurantes San Francisco Postrio e Masa's encabeçam a lista dos restaurantes mais populares da Bay Area. Similarmente, The Fountain, no Philadelphia Four Seasons, está classificado como o segundo em popularidade, assim como o French Room em Dallas.

Enquanto muitos dos restaurantes conhecidos são também os mais caros, as contas de jantar em hotéis tendem a ser mais altas do que os restaurantes independentes da mesma categoria de qualidade. (O custo, como relatado pela pesquisa de Zagat, representa o preço estimado de um jantar com bebidas e gorjeta). Em Chicago, por exemplo, o custo médio de restaurantes não localizados em hotéis no topo da lista de alimentação era de 37 dólares comparados com 48 dólares dos restaurantes da mesma lista. Similarmente, os restaurantes de hotéis em Dallas, neste grupo, cobrou 11 dólares a mais que a média de 29 dólares para seus similares independentes.

A pesquisa Zagat indica que os hotéis que se concentram em seus restaurantes podem ganhar classificações favoráveis com o público que sai para jantar. Ela também sugere que a competição dos restaurantes em grandes áreas metropolitanas pode fomentar a popularidade da propriedade no mercado de restaurantes de hotéis.

APÊNDICE 2
Métodos

Ao proceder a um balanço de pagamentos de um restaurante para os departamentos de Alimentos e Bebidas dos hotéis, era necessário estimar os custos operacionais variáveis (administrativo e geral, propaganda e entretenimento, reparos e manutenção e utilidades), custos de ocupação (aluguel, taxas de propriedade e outras e seguro da propriedade), e custos fixos (juros, depreciação e amortização). Na maioria dos casos, distribuímos esses custos proporcionalmente por metro quadrado ocupado em um típico departamento de Alimentos e Bebidas, com base em nossas fontes de hotel e relatório NRA.

De acordo com Bob Patterson, diretor de hospitalidade da Coopers & Lybrand e consultor para a área de Los Angeles, isto seria aproximadamente um restaurante de 1.400 m^2 em um hotel de 260 quartos (o tamanho médio de propriedades de serviço completo na amostra do PKF). Uma facilidade desse tipo tipicamente tem 2,8 m^2 por quarto no espaço de banquete (730 m^2), 0,7 assentos por quarto no salão de jantar (182 assentos) em 1,5 m^2 por assento (270 m^2) mais 372 m^2 para cozinha e almoxarifado.

Para distribuir despesas de administração em geral, reparos e manutenção, nós primeiro precisamos eliminar a porção da folha de pagamentos, sendo isso excluído da contabilidade dos restaurantes. Como o relatório do PKF não fornece detalhes sobre pagamentos em nenhuma categoria, multiplicamos o total de quantidade PKF por quarto disponível por uma taxa de componentes de não-pagamento para cada despesa do total do item do

TABELA 9
Rank de Restaurantes de Hóteis em Alta Qualidade e Custo

	Pontuação Média para Restaurantes de Hotéis			
	Comida	Decoração	Serviço	Custo
Atlanta	20	20	20	28
Chicago	21	21	20	31
Dallas/Ft. Worth	23	23	22	31
Los Angeles	23	25	23	43
Nova York	19	21	19	46
Filadélfia*	21	23	21	35
São Francisco	21	23	21	38

* Inclui Atlantic City, Nova Jersey e Wilmington, Delaware.

Classificação da Pontuação

0 – 9 = ruim a moderado
10 – 19 = bom a muito bom
20 – 25 = muito bom a excelente
26 – 30 = extraordinário a perfeito

Fonte: Zagat Restaurant Survey

relatório L&H. Estes custos de não-pagamento por quarto disponível foram então convertidos para custo de m² e aplicados para estimar o espaço ocupado por um típico departamento de Alimentos e Bebidas de um hotel, como antes mostrado. Esse procedimento produziu um custo total estimado em dólares. Para converter isso a uma taxa de vendas total, o custo total foi dividido pela soma das vendas de Alimentos e Bebidas por quarto disponível do relatório PKF e multiplicado por 260 (quartos).

As despesas com propaganda e entretenimento foram estimadas em 2,2% do total de vendas de Alimentos e Bebidas, com base na nossa experiência de consultoria. Similarmente, acreditamos que as despesas da utilidade de Alimentos e Bebidas do hotel são comparáveis às dos restaurantes, uma afirmação apoiada pelos dados de restaurantes de hotel da NRA.

As taxas de franquia de hotel são pagas pela propriedade inteira; então, não designamos qualquer porção delas para o departamento de Alimentos e Bebidas, mas o gerenciamento das taxas é distribuído como uma porcentagem de vendas de Alimentos e Bebidas. Essas taxas foram comparadas com os gastos de restaurante da corporação, que inclui custos ou taxas cobradas ou distribuídas pelo escritório central de gerenciamento da organização ou operação da cadeia, para supervisão executiva e gerenciamento.

Os custos de ocupação por m² foram tabulados para a amostra de restaurantes na NRA. Os índices para o total de vendas foram calculados como custo por metro quadrado dividido pelo total de vendas do restaurante por metro quadrado.[3]

Para cobranças fixas, confiamos nos dados de L&H de 1988, desde que esses itens não estivessem incluídos no relatório PKF de 1990. Valores por quarto disponível foram convertidos ao total de dólares por restaurante e expressos como uma taxa de vendas de Alimentos e Bebidas por hotel. Estas estimativas podem ser conservadoras, uma vez que o numerador representa os dados de 1988, e os números de 1990 estão no denominador, mas acreditamos que eles são representantes razoáveis, desde que a reestruturação de empréstimos que se difundiu pelos últimos anos sugere um declínio da tendência de cobranças fixas como uma divisão do total das despesas.

3. Queima de Gerente

Christopher Krone
Mary Tabacchi
Bonnie Farber

Durante os anos que estivemos envolvidos em desenvolver programas de bem-estar para o setor da hospitalidade, conversamos com muitos gerentes de serviços de alimentos que descreveram condições de trabalho estressantes e demonstraram uma grande variedade de sintomas psicológicos de estresse, de dores de cabeça a ataques de coração, de indigestão a ataques epiléticos, de fadiga a pressão alta e de dermatite a úlceras. O que estamos vendo e ouvindo são os sintomas de queima.

Depois de muitos desses contatos, nós decidimos investigar o setor e descobrir o que caracteriza a queima do serviço de alimentos e quão perverso este fenômeno é no setor. Esse artigo descreve nosso estudo de queima entre gerentes de serviços de alimentos em cinco cadeias de hotéis e examina alguns dos fatores primários que contribuem para a queima no setor. Enquanto alguns dos fatores de queima que isolamos parecem ser parte integrante do serviço de alimentos, outros podem ser evitados e deveriam ser restringidos para manter gerentes talentosos no campo e em seu trabalho.

MEDINDO O ESTRESSE

O seguinte diálogo é típico de nossas entrevistas informais com gerentes de serviço de alimentos:

Gerente: Queima? Claro eu poderia lhe contar algumas histórias sobre queima. Todas as pessoas que trabalham no gerenciamento de serviços de alimentos, provavelmente, poderiam também.

Autor: Então você experimentou algum tipo de sentimento que você pode descrever como queima. Como isso entra no seu trabalho?

Gerente: Bem, você simplesmente se cansa de lidar com todos os egos no negócio de alimentos – hóspedes, fornecedores, mesmo os empregados. A única maneira de você continuar é se desligar. Às vezes eu trabalhava 80 horas por semana, tentando agradar a todos, e o que eu consegui com isso? Nada. Na verdade, se você não trabalha estas horas, eles acham que você não sabe o que acontece e não se move.

Autor: Deve ser difícil. Você sente que a empresa reconhece o esforço que você coloca no trabalho?

Gerente: Na verdade não. Pelo menos os trabalhadores da linha operacional têm pagamento sobre horas extras – os gerentes como eu ganham a glória de passar por todos os tempos difíceis e não receber pagamento extra. Eu tenho 2 dias consecutivos de folga uma vez a cada 3 meses. Eu nunca vejo minha família ou amigos. Quero dizer, o que se espera no final para mim? Eu me dou inteiro para a empresa, e eles voltam e dizem que 100% não é suficiente neste setor. Eles construíram este grande mito sobre ser capaz de ir além como gerente, mas a realidade é diferente, não há fim da linha.

Autor: Você tem algum sentimento de realização?

Gerente: Não muito. É a mesma coisa enfadonha dia após dia – metade dos seus funcionários está doente no inverno e na praia no verão. Os fornecedores mudam o padrão e esquecem de te avisar. A máquina de gelo quebra e inunda sua cozinha, e você não consegue consertar porque é feriado. Você não pode satisfazer seus clientes porque eles querem tudo que você não tem e quando você coloca alguma coisa nova no menu, eles querem algo diferente.

Autor: Parece que alguém da empresa deveria estar sentado na empresa anotando como os gerentes como você estão se sentindo.

Gerente: Eles realmente sabem, mas é a mentalidade dos Alimentos e Bebidas. O que vai mudar isso?

Esta conversa ilustra os três sintomas que constituem o diagnóstico clínico da queima: (1) exaustão emocional, (2) uma tendência a despersonalizar outros e se tornar insensível para com seus sentimentos e necessidades e (3)um baixo senso de realização profissional.[4]

Nós usamos o Maslach Estresse Inventory (MBI), como um instrumento destinado a medir as dimensões da queima listadas acima, para determinar o grau que os gerentes que nós estudamos sofrem da "queima". O MBI consiste de 22 afirmações explorando o

TABELA 1
Níveis de Burnout Exibidos por uma Amostra de Gerentes de Serviço de Alimentos em Hotéis (n= 532)

	Porcentagem de Entrevistados		
Dimensão de Burnout	**Estresse Baixo (%)**	**Estresse Médio (%)**	**Estresse Alto (%)**
Exaustão emocional	39	33	28
Despersonalização	44	36	20
Realização pessoal	64	24	12

Maslach calculou o estresse em três medidas: exaustão emocional, despersonalização e sentimentos de baixa realização pessoal. Os entrevistados alcançam pontos altos em estresse quando encontram ou excedem pontos cortados em cada escala. O estresse alto é indicado por uma pontuação de 27 ou mais (de 54) na escala de exaustão emocional, 13 ou mais (de 30) na escala de despersonalização e 31 ou mais (de 48) na escala de realização pessoal. Por outro lado, o estresse baixo relata uma pontuação de 16 ou menos na escala de exaustão emocional, 6 ou menos na despersonalização e 38 ou mais na escala de realização pessoal.

grau de exaustão dos entrevistados, a extensão com que eles despersonalizam outros, e seu senso de realização profissional. Em uma escala de sete pontos variando de "nunca" para "todos os dias", os entrevistados indicam quão freqüentemente eles experimentam sentimentos específicos (por exemplo, "eu me sinto emocionalmente acabado por causa do serviço").

As cinco cadeias hoteleiras que participaram deste estudo forneceram 532 entrevistados. O critério foi estabelecido pelos participantes, onde eles tinham de ser diretamente responsáveis por uma ou mais operações de Alimentos e Bebidas em suas respectivas propriedades e estar no emprego por no mínimo seis meses. Os entrevistados incluíam diretores de Alimentos e Bebidas e restaurante, banquetes e gerentes de eventos.

Perfil Administrativo

Entre os entrevistados, 80% eram caucasianos e 76% eram homens. A média de idade destes gerentes era de 32 anos, e a maioria deles (89%) estava abaixo dos 40 anos. Sessenta por cento relataram que completaram pelo menos quatro anos de faculdade. Quase 80% disseram que eles trabalhavam 60 ou mais horas por semana.

As estatísticas de longevidade de nossa amostra reforçaram a percepção comum do serviço de alimentos ser uma profissão altamente móvel. Oitenta e seis por cento dos participantes estavam na posição atual por menos de três anos.

O gerente típico de serviço de alimentos no hotel, então, é jovem, homem, caucasiano e tem educação superior. Ele trabalha pelo menos 60 horas por semana e provavelmente muda de posição a cada dois anos.

Fator *Burnout* (estresse)

Como demonstrado na Tabela 1, a maioria dos entrevistados demonstrou alguma evidência de estresse, e entre 20 e 25% dos 532 participantes caíram na média de alto estresse. Mais de 25% demonstrou altos níveis de exaustão emocional. Vinte por cento indicou que eles despersonalizaram outros regularmente para lidar com as exigências das pessoas que eles encontravam no trabalho, e 36 por cento despersonalizaram freqüentemente.

Ponta do *Iceberg*

O perfil demográfico da amostra sugere que estudos deste tipo podem não fornecer a figura toda. A média de idade dos gerentes participantes era de 32 anos, e 90% da amostra estavam no serviço de alimentos por menos de 15 anos. A questão que chama nossa atenção é, onde estão os gerentes mais velhos com anos de experiência? A resposta pode ser que o setor de alimentos está perdendo seus gerentes experientes para o estresse.

ANALISANDO O PROBLEMA

Nossas estatísticas iniciais validaram o entendimento comum que o estresse do gerente é um problema no setor de serviço de alimentos. Mas identificar e documentar o problema não leva a soluções, então nós reorganizamos os dados para ver se nós podíamos isolar fatores específicos que parecem contribuir para o estresse.

Nós encontramos níveis homogêneos de estresse em cinco cadeias de hotéis, apesar de uma das cadeias

TABELA 2
Níveis de Estresse por Cadeia Hoteleira

	Porcentagem de Entrevistados		
Dimensão do Estresse	**Estresse Baixo (%)**	**Estresse Médio (%)**	**Estresse Alto (%)**
Exaustão emocional			
Hotel cadeia 1 (n = 120)*	33	30	37
Hotel cadeia 2 (n = 122)	39	35	26
Hotel cadeia 3 (n = 134)**	40	37	23
Hotel cadeia 4 (n = 67)	46	30	24
Hotel cadeia 5 (n = 89)	42	28	30
Despersonalização			
Hotel cadeia 1	36	34	30
Hotel cadeia 2	44	33	23
Hotel cadeia 3	48	34	18
Hotel cadeia 4	42	39	19
Hotel cadeia 5	49	30	21
Realização pessoal			
Hotel cadeia 1	60	22	18
Hotel cadeia 2	68	25	7
Hotel cadeia 3	66	24	10
Hotel cadeia 4	63	24	13
Hotel cadeia 5	61	27	12

* Cadeia com o nível mais alto de estresse.
** Cadeia com nível mais baixo de estresse.
A variação entre as cadeias 1 e 3 foi significativa num nível de 95%.

ficar no nível mais alto (ver Tabela 2). Examinando os dados por área geográfica, revelou-se que o estresse é difundido entre as cinco regiões estudadas, apesar da maior diferença ter sido encontrada entre o sudeste, onde foram registrados os níveis mais baixos de estresse, e o centro sul, que revelou os níveis mais altos (Tabela 3).

O Fator das Pessoas

Examinar os dados das condições de trabalho vigentes foi mais frutífero. Por exemplo, nós observamos que entre os gerentes estudados, os gerentes de restaurante exibiram o nível mais alto de estresse, como mostrado na Tabela 4.

O estresse foi mais predominante em profissões que envolvem alto contato com pessoas, então diferenças nos níveis de contato com as pessoas têm um papel significativo nesta descoberta. Aqueles que são envolvidos nas responsabilidades administrativas de alto gerenciamento são geralmente capazes de renunciarem a muitos problemas com pessoas delegando tarefas de supervisão e serviço de hóspedes para as pessoas da linha de frente – os gerentes de restaurantes.

Horas de Trabalho

Como a Tabela 5 demonstra, os entrevistados que trabalham mais de 70 horas semanais demonstraram níveis mais altos de exaustão emocional que aqueles que trabalham 60 horas, desafiando a crença de que quem trabalha mais horas é mais valioso para a organização. Os gerentes emocionalmente exaustos são incapazes de funcionar no seu melhor. Entretanto, os gerentes não relataram seus sentimentos de maior realização pessoal com o aumento de horas trabalhadas. Poderia parecer que a crença comum de que os gerentes do serviço de alimentos têm um orgulho perverso nas suas longas horas de trabalho é um erro.

Gerentes Não Tradicionais

Os gerentes homens e mulheres de grupos étnicos relataram níveis maiores de estresse. A pequena

TABELA 3
Níveis de Estresse por Região (Burnout)

	Porcentagem de Entrevistados		
Dimensão do Estresse	**Estresse Baixo (%)**	**Estresse Médio (%)**	**Estresse Alto (%)**
Exaustão Emocional			
Nordeste (n = 113)	40	29	31
Sudeste (n = 52)**	54	27	19
Meio-Oeste (n = 83)	43	27	30
Oeste (n = 228)	34	40	26
Centro-Sul (n = 56)*	41	25	38
Despersonalização			
Nordeste	38	43	19
Sudeste	52	33	15
Meio-Oeste	39	37	24
Oeste	48	33	19
Centro-Sul	41	36	23
Realização Pessoal			
Nordeste	68	22	10
Sudeste	73	21	6
Meio-Oeste	54	33	13
Oeste	63	24	13
Centro-Sul	62	20	18

* Região com o nível mais alto de estresse.
** Região com o nível mais baixo de estresse.
A variação entre as regiões com os níveis mais altos e mais baixos de estresse foi significativa em uma porcentagem de 95%.

representação destes grupos na amostra torna difícil interpretar estas descobertas, mas é claro que se o setor espera resolver alguns dos seus problemas de funcionários recrutando mulheres e minorias para posições de gerência, terá de criar um ambiente de trabalho que incentive mais estes indivíduos.

PERIGO OCUPACIONAL

Aparentemente, então, poderia parecer que há pouca coisa que os gerentes de primeira linha podem fazer para diminuir o estresse, a não ser contratar mais gerentes para suas áreas de alimentos, para reduzir as horas trabalhadas de cada gerente. Entretanto, pareceria que há poucos gerentes de serviço de alimentos que podem se proteger do estresse, a não ser chegar o mais rápido possível nos níveis de gerência para permiti-los delegar o grosso dos problemas de relacionamento pessoal para outros.

Entretanto, quando nós examinamos o conteúdo do trabalho dos entrevistados, observamos que há conflitos inerentes típicos do papel de gerente de Alimentos e Bebidas que contribuem substancialmente para o estresse. Em alguns casos, estes conflitos poderiam ser reduzidos por mudanças nas políticas e práticas da empresa. O alto gerenciamento faria bem em considerar as exigências e expectativas colocadas em seus gerentes de serviços de alimentos e pesar a extensão da filosofia da companhia e atitudes que estimulam o estresse.

Papel Sobrecarregado

Os gerentes de serviços de alimentos são geralmente solicitados para supervisionar funcionários, lidar com papéis, atender às necessidades dos clientes. A crença da hospitalidade, de que os gerentes devem estar disponíveis para responder as necessidades e reclamações dos hóspedes impede seu planejamento de tarefas individuais em blocos separados de tempo de trabalho. Os gerentes que se mudam para o escritório para trabalhar com papelada estão sujeitos a serem interrompidos a qualquer instante, e os gerentes que se confinam em seus escri-

TABELA 4
Níveis de Estresse por Cargo

	Porcentagem de Entrevistados		
Dimensão do Estresse	Estresse Baixo (%)	Estresse Médio (%)	Estresse Alto (%)
Exaustão emocional			
Diretores de alimentos e bebidas (n = 202)**	46	29	25
Diretores assistentes de alimentos e bebidas (n = 64)	41	37	22
Gerentes de banquete (n = 47)	45	34	21
Gerentes de vendas e eventos (n = 75)	31	37	32
Gerentes de restaurantes (n = 144)*	31	33	36
Despersonalização			
Diretores de alimentos e bebidas	46	38	16
Diretores assistentes de alimentos e bebidas	42	38	20
Gerentes de banquete	51	28	21
Gerentes de vendas e eventos	44	41	15
Gerentes de restaurantes	39	32	29
Realização Pessoal			
Diretores de alimentos e bebidas	66	22	12
Diretores assistentes de alimentos e bebidas	72	19	9
Gerentes de banquete	51	36	13
Gerentes de vendas e eventos	59	23	19
Gerentes de restaurantes	64	26	10

*Trabalho com nível mais alto de estresse.
** Trabalho com nível mais baixo de estresse.

TABELA 5
Níveis de Estresse por Horas de Trabalho

	Porcentagem de Entrevistados		
Dimensão do Estresse	Estresse Baixo (%)	Estresse Médio (%)	Estresse Alto (%)
Exaustão Emocional			
50 – 59 horas (n = 88)	47	32	21
60 – 69 horas (n = 261)	38	37	25
70 – 79 horas (n = 144)	38	27	35
Despersonalização			
50 – 59 horas	51	36	13
60 – 69 horas	42	39	19
70 – 79 horas	43	34	23
Realização Pessoal			
50 – 59 horas	60	32	8
60 – 69 horas	64	26	10
70 – 79 horas	65	21	14

tórios para realizar tarefas administrativas freqüentemente são vistos como improdutivos na arena de Alimentos e Bebidas.

Em um único dia, o gerente típico deve pular para frente e para trás entre administrar as metas globais da empresa e cronometrar detalhes de desempenho do serviço e do funcionário. Muitos gerentes de alimentos são responsáveis por objetivos administrativos, planejamento de controle de qualidade, avaliação de desempenho e programas de incentivo, assim como planejar os orçamentos dos departamentos de Alimentos e Bebidas. Estas tarefas requerem análise cuidadosa baseada na visão global da operação. Ao mesmo tempo, os gerentes têm de andar na operação, checar o serviço de hóspedes, distribuir elogios ou reprimendas aos funcionários quando necessário – atividades que requerem habilidades de observação de alto senso de envolvimento e desenvolvimento.

A rápida mudança de um modo de pensar para outro cria estresse mental, independentemente do conteúdo ou importância das tarefas individuais que o gerente está desempenhando. O estresse deste tipo pode ser abrandado pela diminuição da freqüência com que o gerente muda de uma tarefa para outra. Os gerentes de níveis superiores podem adquirir isso criando posições de apoio. Mesmo um assistente de gerente de meio período pode aliviar o estresse de muito trabalho assumindo certas tarefas por períodos determinados, liberando o gerente para concentrar-se em outros aspectos do trabalho. O gerenciamento deveria considerar a reestruturação da hierarquia do trabalho em grandes áreas de serviço de alimentos, estabelecendo posições separadas de período integral para um gerente geral, que observa a operação e se engaja em atividades de gerência orientadas, e um gerente de andar que supervisione os funcionários e responda por detalhes do serviço.

Ambigüidade do Papel

As descrições do trabalho de gerente do serviço de alimentos não são freqüentemente claras e podem variar de uma empresa para outra. Um gerente pode começar um trabalho com uma variedade de expectativas criadas em outras localidades somente para ser confrontado com um conjunto inteiramente novo de responsabilidades e com um sistema de premiação diferente.

Além disso, os gerentes novos freqüentemente lidam com os fantasmas de gerentes anteriores, que formaram as atitudes, desempenho e nível de habilidade dos funcionários. Seus superiores raramente dão a eles um guia para seguir seus predecessores ou fazer mudanças. Os novos gerentes que erram são comparados com gerentes anteriores e sofrem críticas sutis de seus funcionários e críticas não tão sutis de seus superiores.

O alto gerenciamento pode diminuir este estresse causado pelo papel da ambigüidade tendo um papel ativo em horas cruciais na carreira do novo gerente. As responsabilidades do trabalho e as expectativas da empresa deveriam ser explicadas durante o processo de admissão no emprego. Uma vez que o candidato é escolhido, a gerência deve tornar claras as metas da operação de serviço de alimentos. Mesmo quando as mudanças são necessárias, os funcionários veteranos podem resistir a mudanças introduzidas por um novo gerente e criar estresse pela falta de cooperação deles. O gerenciamento pode facilitar a transição e aliviar um pouco deste estresse encontrando-se com os funcionários de linha para explicar a necessidade de mudança e expressar o apoio para as políticas e procedimentos para o novo gerente que está chegando.

Conflito

A arte de gerenciamento efetivo envolve o uso bem considerado de influência gerencial e autoridade para coordenar os esforços dos funcionários, para atingir suas metas. Entretanto, esta atividade é conflitante com a necessidade pessoal do gerente em crescer e integrar-se ao local de trabalho.

A necessidade de crescer (que significa, subir na empresa) pode tornar os gerentes perfeccionistas isolados que tentam trabalhar sozinhos fazendo tudo por si só, recusando admitir que eles não podem trabalhar com sucesso sem a ajuda dos outros.

A necessidade para integrar-se (que é desenvolver relacionamentos de amizade e confiança), por outro lado, pode minar a autoridade do gerente. Com medo de arriscar relacionamentos interpessoais, um gerente pode ser relutante em exercer influência para fazer com que os funcionários tenham um bom desempenho.

Para serem eficientes em seus papéis, os gerentes devem aprender a equilibrar estas necessidades conflitantes de criar um modo consistente de relacionamento. Entretanto, a cultura da companhia que premia a realização ou atividade que influenciam no sacrifício do comportamento de integração intensificará este conflito e interferirá com os esforços dos gerentes em encontrar um equilíbrio efetivo. O gerenciamento pode criar um ambiente de trabalho menos estressante e mais satisfatório para seus gerentes, enfatizando resultados nas suas operações de serviços de alimentos mais do que enfocando o estilo de gerenciamento e premiando um tipo de comportamento sobre o outro.

MISTICISMO OU MAL-ESTAR

Apesar da evidência de estresse nos gerentes de serviço de alimentos, o índice de realização pessoal (Tabela 2) mostra um sentimento geral de alta realização neste grupo. As longas horas e exaustão emocional conectadas com o gerenciamento do serviço de alimentos aparentemente têm sido aceitas como as "obrigações" que os indivíduos devem ter para escalar a gerência; e o estresse tem sido considerado como parte do "misticismo" do gerenciamento de serviço de alimentos ao invés do mal-estar que na verdade é.

A média de idade dos gerentes de serviço de alimentos em nosso estudo indica que a crença no misticismo se esvai. Uma vez que os gerentes alcançam a meia-idade, a maioria está sem vontade ou é incapaz de lidar com as condições estressantes do trabalho, geralmente associadas com o serviço de alimentos. Unidos na injustiça entre horas trabalhadas e pagamento relativo a outras ocupações, a prevalência de estresse claramente afeta os incentivos dos gerentes para permanecerem nesta área.

"ESTRESSE-OS E RENOVE-OS"

O setor de serviço de alimentos deve reavaliar a sabedoria da estratégia do "estresse-os e renove-os". Os gerentes emocionalmente exaustos não podem ser confiados a tomar decisões efetivas, e os gerentes que estão super estressados com os problemas dos hóspedes e funcionários se transformam em supervisores e anfitriões ruins.

Após passar anos aprendendo sobre a complexidade de lidar com funcionários, fornecedores e hóspedes, os gerentes talentosos estão sucumbindo ao estresse e deixando a área. Outros setores estão se beneficiando da sabedoria, maturidade, habilidades organizacionais e relações humanas aprendidas nas cozinhas dos restaurantes e salões de jantar, enquanto os operadores de serviço de alimentos têm de começar novamente a ensinar jovens gerentes inexperientes que cometem todos os erros que seus anteriores aprenderam a não cometer.

Aqueles que administram os gerentes devem olhar uma segunda vez para o trabalho que eles estão pedindo para seus gerentes de linha realizarem, o número de horas que estão pedindo para eles trabalharem e a compensação que estão oferecendo. O custo de uma empresa ao oferecer aos gerentes menos horas de trabalho e mais apoio e assistência pode ser menor do que o custo da rotatividade, absenteísmo, baixa produtividade e pedidos de planos de saúde ocasionados pelo estresse.

4. Eventos Contemporâneos em Hotéis

Patti J. Shock
John Stefanelli

Apesar do evento ser geralmente a segunda maior fonte de renda para a maioria dos hotéis, atrás apenas dos apartamentos, ele tem sido virtualmente ignorado no currículo escolar de hotelaria. As faculdades que oferecem um curso de eventos geralmente se centralizam em como planejar, cozinhar e servir uma refeição, que é um bom referencial, mas não informa os alunos sobre o papel do departamento de eventos do hotel.

O evento freqüentemente oferece a maior visibilidade que o hotel tem em nível local. Ele pode criar uma imagem para o hotel, ambas local e nacionalmente.

ORGANIZAÇÃO DE DEPARTAMENTO

Na maioria dos hotéis, o diretor de eventos responde para o diretor de Alimentos e Bebidas, com os gerentes de banquete e os gerentes de montagem de banquetes respondendo para o gerente de eventos. Em outros hotéis você pode encontrar um diretor de eventos e serviço de convenções que responde para o diretor de marketing, com as posições de banquete respondendo para os Alimentos e Bebidas. No último arranjo, o serviço de convenções geralmente lida com as funções de Alimentos e Bebidas para grupos de 20 ou mais quartos, com o serviço de eventos vendendo e servindo os mercados sociais e de negócios. O serviço de convenções, então, não vende; o departamento de vendas de quartos lida com este aspecto. O serviço de convenções na maioria dos hotéis, entretanto, lida com toda a logística não relacionada a alimentação. Nos hotéis onde as convenções não são um segmento de mercado importante, o serviço de convenções pode não existir, neste caso, o departamento de eventos lidaria com toda a logística do processo.

O diretor de eventos distribui e verifica todas as funções, observa os gerentes, acompanha todos os esforços de marketing, interage com os clientes e gerentes de eventos, coordena o trabalho com o diretor de vendas do hotel e trabalha com o *chef* para criar menus.

Abaixo do diretor de eventos pode haver um assistente de diretor que ajuda com o marketing e acompanha os gerentes de vendas de eventos. Pode haver vários gerentes de vendas de eventos, dependendo do tamanho do hotel. Os gerentes de vendas de eventos mantém contato com os clientes e com o serviço de contas. O papel deles é vender e prestar serviços. Eles devem procurar e consultar clientes, planejar menus, temas e decoração; negociar preços; e coordenar com os vendedores dos departamentos.

O departamento também pode empregar representantes de vendas de eventos que geralmente estão envolvidos com a venda, deixando a prestação de serviços para outros.

O gerente de banquetes implementa os pedidos do diretor de eventos, inspeciona os coordenadores; supervisiona funções em andamento, funcionários e planeja garçons e *bartenders*; e coordena todos os departamentos de apoio. Ele é o diretor de operações, diferentemente dos executivos de eventos, que principalmente vendem e planejam eventos.

O assistente de gerente de banquetes responde para o gerente de banquetes e supervisiona a colocação das mesas e a decoração. Pode haver dois (ou mais) assistentes; por exemplo, um hotel pode ter um para o dia e um para o turno da noite.

O gerente de banquetes supervisiona os funcionários de banquetes; arruma as mesas, cadeiras e outros equipamentos de sala; e supervisiona a arrumação da sala.

O planejador, geralmente referido como o assistente diário, dá entrada nas reservas no livro de eventos (agora computadorizado); averigua o ritmo de todas as funções e fornece rotatividade adequada entre as funções; é responsável pelo planejamento da utilização das salas de reuniões, áreas de recepção, áreas da piscina, funções de refeições, funções de bebidas, outras funções e pedidos de equipamentos; mantém registros apropriados para se assegurar contra o *overbooking* e dupla reserva de espaço; é responsável por comunicar esta informação para departamentos relevantes.

O *maître* do hotel é o gerente de andar. Ele é responsável por todo o pessoal dos serviços e inspeciona o serviço de hóspedes durante a refeição, assim como as funções de bebidas.

O capitão é o gerente de sala e é responsável por todas as funções de serviço de refeições. Os capitães geralmente inspecionam todas as atividades de toda a função de sala ou em parte dela. Eles também supervisionam os garçons.

Há dois tipos de garçons, os de alimentos e os de bebidas. Os garçons de alimentos entregam alimentação, bebidas não alcoólicas e utensílios para a mesa. Os atendentes de bebida servem bebidas alcoólicas, geralmente nas recepções. Os garçons são às vezes ajudados pelos *buspersons*, cujas responsabilidades primárias são limpar as mesas, repor porções, e servir água gelada, pães, manteiga e condimento.

O *bartender* se concentra na produção e serviço de bebida alcoólica. Os *bartenders* são freqüentemente ajudados por ajudantes de bar, cuja responsabilidade primária é inicialmente estocar e repor o bar com bebidas, gelo, copos e outros suprimentos necessários.

Os homens da casa (às vezes referidos como porteiros) arrumam as salas montando espelhos, equipamentos, mesas, cadeiras e outros itens necessários. Eles respondem para o gerente de organização de banquetes.

Os atendentes "refrescam" as salas de reuniões durante os intervalos limpando cinzeiros, enchendo jarras de água e removendo lixo. Algumas funções de eventos também requerem pessoas para trabalharem na chapelaria ou atendentes de banheiros.

O assistente (ou secretário) lida com a rotina da correspondência, digita contratos e pedidos de banquete (BEOs), recebe mensagens de telefone, distribui documentos para membros dos demais departamentos do hotel.

O departamento de manutenção fornece serviço de utilidade necessária como ar condicionado/aquecimento, monta painéis eletrônicos para grandes exibições, pendura *banners* e monta *displays* de audiovisual.

Outras posições variadas incluem as seguintes. Um *sommelier* (ou garçom de vinho) é usado somente em eventos elegantes e de alto padrão. O caixa vende tickets de bebidas no bar. Um coletor de tickets pode ser necessário para recolher os *tickets* dos hóspedes na porta de entrada. Finalmente, a maioria dos departamentos de eventos emprega funcionários para distribuir a quantidade apropriada de pratos, copos e prataria para as funções.

Qualquer que seja a estrutura organizacional, o impacto favorável do lucro de eventos no hotel é primeiramente devido ao fato de o gerente ter controle sobre uma variedade de despesas, assim como o gerente de um típico restaurante. Em um restaurante, o trabalho tem de ser planejado, o ar condicionado ou aquecedor deve estar ligado, e deve se manter um estoque de alimentos, se algum hóspede estiver presente no hotel. Em eventos, o serviço deve estar confirmado antes do planejamento ou compra dos itens.

PROCESSO DE VENDAS E SERVIÇO

Vender é uma parte vital de eventos (ver Figura 1). Para vender um evento, os mercados potenciais devem ser identificados e cultivados. Os mercados alvos devem ser estabelecidos. Os mercados em potencial incluem reuniões de associações (reuniões locais anuais, assim como convenções anuais nacionais); reuniões de empresas, incluindo sessões de treinamento e banquetes de incentivos, casamentos e aniversários; *bar mitzvahs*; graduações, festas religiosas, reuniões de escolares e militares e organizações fraternais como o *Rotary* e o *Lions*. A lista é infinita.

Um plano de mercado deveria ser desenvolvido para claramente definir os mercados alvos; definir a demanda; descrever concorrentes em eventos; estabelecer metas financeiras; considerar outras rendas potenciais que eventos podem gerar para o hotel; e descrever os procedimentos-padrão que devem ser usados para atrair novos clientes, qualificar condutas, fazer telefonemas de vendas, desenvolver contratos e fornecer produtos e serviços requeridos.

O contato inicial para um evento pode ser iniciado pelo cliente ou pelo departamento de eventos. Em muitos casos, os clientes potenciais fazem o primeiro contato. Ele deve contatar você por telefone, por carta ou pessoalmente.[NR]

Se o contato for por telefone, certifique-se de que a pessoa que atender o telefone possa responder às questões, ou que alguém que tenha conhecimento esteja sempre disponível. Com muita freqüência uma pessoa mal paga e sem treinamento atende o telefone no escritório e isso pode dificultar os esforços de vendas. O telefone deve sempre ser atendido em até três toques. Sempre anote o nome e número do telefone de quem está ligando.

Se o contato inicial for por carta ou fax, responda com uma ligação telefônica. Cópias das cartas foram provavelmente mandadas para outros concorrentes e é melhor ser o primeiro a responder. Sempre é necessário obter mais informações, tais como o orçamento que o cliente tem para o evento ou o objetivo do mesmo. Este contato inicial fornece a oportunidade para convidar o cliente em potencial para um almoço na propriedade ou uma visita pela mesma (*site-inspection*). Todo esforço deve ser feito para trazer o cliente em potencial para o hotel, ou para a sua "área de segurança".

NR: Atualmente, muitas solicitações vêm via correio eletrônico (e-mail).

Às vezes, uma carta inclui um pedido de proposta (RFP[NR]), que é um prospecto escrito por profissionais de planejamento de reuniões. Um RFP geralmente indica que um cliente em potencial tem muito conhecimento sobre eventos e é um bom negociante.

Se o cliente em potencial o visitar pessoalmente sem uma reunião, peça que alguém converse com ele o mais rápido possível. Ofereça algo para beber e o mantenha ocupado até alguém estar disponível. Dê uma estimativa exata de quanto tempo ele terá de esperar. Peça a recepcionista para obter informações preliminares, como datas e tipo de evento, para o manter envolvido no processo de planejamento. Mantenha também um álbum sempre à mão que contenha cartas de clientes satisfeitos assim como fotos de eventos anteriores.

Um arquivo da história do grupo (*group history file*) deve ser criado assim que o contato inicial for feito. O arquivo deve incluir todas as facetas do relacionamento comercial, do contato inicial até a finalização. Informação padronizada inclui nome do contato, nome da pessoa que toma as decisões, títulos, organização, tipo de eventos, números, toda a correspondência, anotações das conversas telefônicas, contratos, história de crédito, potencial para negócios futuros e preferências dos clientes.

O gerente que responder às perguntas do cliente deve entender da capacidade do hotel. Ele precisa conhecer especialmente a produção e o serviço de Alimentos e Bebidas. Planejar um menu para um grupo pequeno é muito diferente de planejar algo para um grupo grande. Por exemplo, suflê para 1.000 pessoas seria quase impossível.

Quando se planeja um menu, a pessoa deve conhecer a ocasião ou motivo do evento. O estilo do serviço depende da ocasião. Seria desapropriado ter um *buffet* de sanduíches para um banquete de premiação.

Com eventos internacionais, o protocolo dever ser considerado em tudo, da decoração às restrições dietéticas.

O espaço público ou a sala para eventos deve ser previsto para utilização dos mesmos, assim como

FIGURA 1
Passos de Venda e Serviço de Banquete

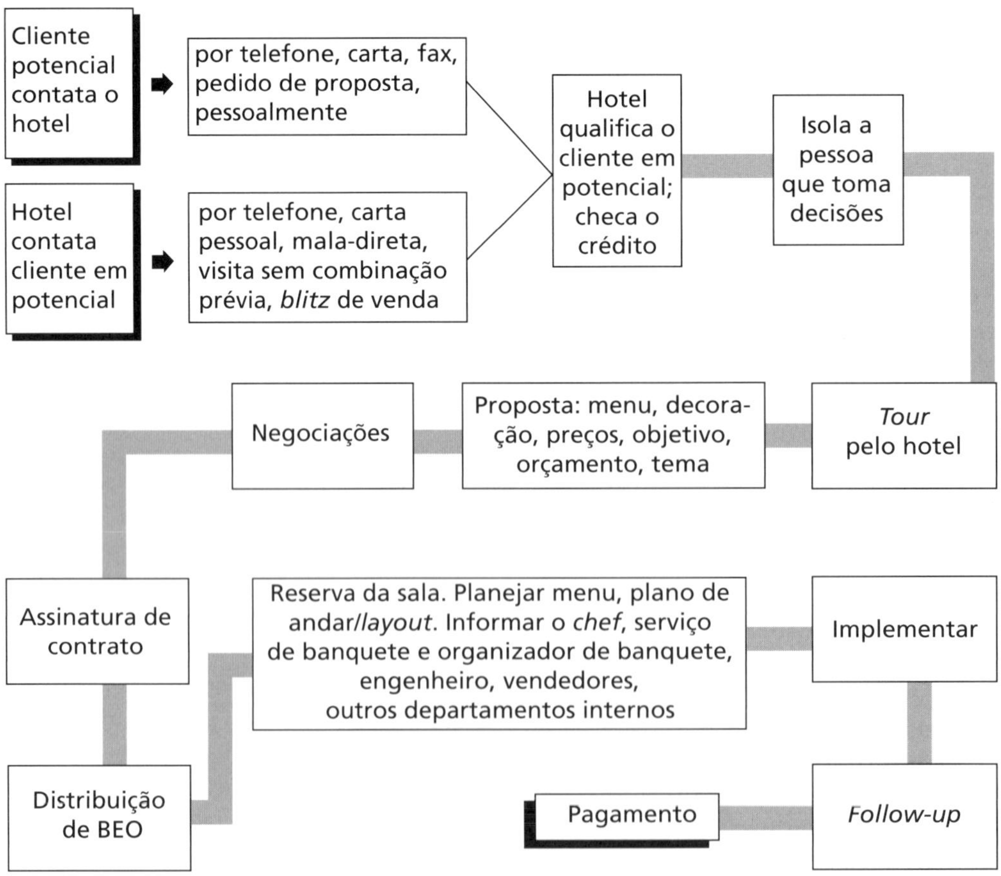

NR: Procedimento comum nos EUA.

o departamento de vendas do hotel prevê os requisitos dos hóspedes.

Trabalhar bem com os departamentos internos é crucial. A roupa de mesa deve ser requisitada da lavanderia, os engenheiros da manutenção devem se certificar que a temperatura da sala esteja apropriada; as mesas devem estar corretamente distribuídas, e o departamento de compras deve pedir as quantidades e tipos corretos de alimentos e bebidas.

Os vendedores externos, tais como decoradores, companhias de audiovisual, floristas, pintores e fotógrafos, podem ser necessários para o cliente ter certeza de um evento de sucesso.

Desempenhar bem é o próximo passo. Aqui a ênfase muda de vendas até o serviço. Os hóspedes devem ser tratados com cuidado; o serviço deve ser pontual; a alimentação, apresentação, limpeza e ambientes devem ter padrões de qualidade; atenção profissional deve ser dada a detalhes; o anfitrião do evento deve se sentir como um hóspede e não como um gerente preocupado; e pedidos de última hora e as crises devem ser tratados rapidamente e com eficiência.

O *follow-up* é vital para que o negócio se repita. Os procedimentos-padrão devem ser desenvolvidos para ligações individuais de agradecimentos e cartas de agradecimentos pessoais. Os eventos completados devem ser avaliados com os funcionários e as informações do cliente. Negócios aplicáveis devem ser solicitados. *Souvenirs* e presentes apropriados devem ser distribuídos. E contas pendentes devem ser pagas.

QUESTÕES FUTURAS

Questões que o departamento de eventos enfrentará no futuro incluem restrições de álcool; exigência de menus alternativos, incluindo produtos de baixa caloria, seguros e sem contaminação; concorrência com outras empresas, regulamentações para despejo lixo e reciclagem; consumidores que estão se tornando conscientes do valor; e serviço que está se tornando um ponto mais importante de diferenciação.

A terceirização se tornará mais comum, especialmente para o trabalho de alimentos. Chamar uma empresa que fornece garçons é mais eficiente do que ter funcionários no telefone ligando para funcionários em serviço. O contratador de trabalho independente treina os funcionários e faz toda a papelada de pagamentos.

Os gerentes de eventos não podem ter todos os tipos de especialistas como seus funcionários. Com um evento de tema japonês, um restaurante de *sushi* deve ser contratado. Ou um especialista de churrasco local, empresas de ostras, assados ou café podem lidar com eventos únicos. O hotel deve adicionar aproximadamente 20% acima do preço para a conta do terceirizado, e então adicionar o custo do restante das refeições preparadas no local.

No passado, os menus raramente mudavam, no futuro será importante ser capaz de distinguir entre uma tendência e uma moda passageira. As modas, como *nouvelle cuisine*, têm vida curta. As tendências como a exigência de alimentos nutritivos são mais permanentes.

Provavelmente o maior desafio na percepção entre os hóspedes é que todos os organizadores de eventos em hotéis são parecidos. Os compradores podem sentir que há sempre um outro serviço de eventos capaz de fornecer um serviço similar. O relacionamento custo/benefício se tornará mais importante assim que os organizadores entenderem o aumento da competição.

5. Uma Mesa para 5.000? Por Aqui, Por Favor!

Patti J. Schock
William E. Kent
Samad Karkouti

Os executivos de eventos ou gerentes de banquetes devem ter uma grande variedade de habilidades em seus trabalhos. Os executivos de eventos planejam casamentos, *bar mitzvahs*, elaboram jantares de governo e banquetes anuais de escoteiros. Eles devem ter um grande conhecimento de Alimentos e Bebidas, e devem ser capazes de guiar um cliente para a complexidade de uma grande função de jantar, mesmo quando o cliente não está certo do que ele deseja.

O termo "executivo de eventos" tem aparecido nos últimos anos. A Associação Profissional de Executivos de Eventos (NACE) era conhecida antes como a Corporação de Gerentes de Banquete. Mas o executivo de banquete é uma descrição melhor da função da pessoa que é meio gerente dos Alimentos e Bebidas, meio vendedor e completamente diplomata.

GRANDES HOTÉIS

Os executivos de eventos estão longe de ser os mais numerosos do hotel. Os números da NACE mostram somente 1.000 membros. Eles estão empregados em grandes hotéis, apesar de alguns trabalharem com grandes clubes ou cruzeiros. Relativamente poucos membros da NACE são organizadores independentes ou fora desta área.

Perfil do Executivo de Eventos

Porque, como foi mencionado anteriormente, o executivo de eventos é um tipo relativamente novo de gerente, os autores fizeram uma pesquisa dos membros da NACE para compilar um perfil demográfico e psicográfico destes profissionais. Além de procurar por informações demográficas, a pesquisa inclui um questionário de satisfação no emprego para descobrir como estas pessoas se sentem em relação a seu trabalho. Os autores receberam 197 respostas das pesquisas entre 1.000 que foram enviadas para os membros da NACE (aproximadamente 20% responderam). Enquanto esta amostra pode não ser representativa da inteira população de executivos de eventos, ou mesmo os membros da NACE, ela permite um olhar mais compreensivo deste importante grupo de executivos de hotel.

JOVENS E EDUCADOS

Comparados com os detentores de outras posições na gerência do hotel, este grupo de executivos de eventos é jovem e bem educado (ver Tabela 1). A proporção deste grupo que é solteiro (divorciados ou que nunca se casaram) é alta, mas não mais alta do que as dos gerentes de hotel. O fato de 60% das pessoas que responderam ser mulheres não é surpreendente, em uma visão de aumento crescente no número de mulheres executivas de hotel.

Grandes Hotéis

A grande proporção de executivos de eventos que se graduou em administração hoteleira na faculdade é notável. Esta proporção excede a encontrada em um estudo de 1982 sobre gerentes gerais, diretores de vendas e de pessoal (Kent 1982).

Pelo fato de muitos entrevistados terem se formado em administração hoteleira, os autores decidiram testar as diferenças entre este grupo e os que estudaram em outros campos. Foi pedido aos entrevistados para indicar, numa escala de cinco pontos, quão útil a educação tinha sido para a carreira deles. Como demonstrado na Tabela 2, a graduação em hotelaria foi muito positiva sobre a utilidade da educação deles – muito mais positiva que em qualquer outro grupo de entrevistados. Os graduados em hotelaria aparentemente percebem que sua educação lhes dá uma percepção melhor do que aqueles formados em outros campos. (Educadores em Hotelaria, levem a sério!)

Diferenças de Salários

A pesquisa indicou que os formados em administração hoteleira recebem um salário médio maior do que os outros grupos, mas nenhuma conclusão

TABELA 1
Perfil Demográfico dos que Responderam

Graduados em Faculdade	
• Administração hoteleira	29,7%
• Administração	26,2
• Profissões liberais	25,6
• Educação	4,7
• Ciência	3,5
• Outros	10,5
Renda	
• $0 – $20.000	11,2%
• 20.001 – 25.000	18,8
• 25.001 – 30.000	23
• 30.001 – 35.000	12,8
• 35.001 – 40.000	8,7
• 40.001 – 45.000	6,6
• 45.001+	18,8
Educação	
• Alguma faculdade	0,5%
• Graduado	10,2
• Escola técnica ou profissional	5,6
• Alguma faculdade	31
• Formado em faculdade	44,2
• Graduado no trabalho	8,6
Estado Civil	
• Nunca casou	35,7%
• Divorciado	18,4
• Primeiro casamento	33,2
• Segundo (ou mais)	12,7
Idade e Sexo	
• Sessenta por cento das pessoas que responderam tinham menos de 35 anos	
• As mulheres excederam o número de homens na relação de três para dois.	

firme foi possível com respeito a esta estatística. As diferenças no pagamento poderiam ser atribuídas a superioridade, tamanho de negócio ou idade das pessoas que responderam. Tal resultado inconclusivo pede por mais pesquisa se o grau do gerenciamento do hotel influencia nos últimos salários.

MAIORIA SATISFEITA

Independentemente das diferenças salariais, não houve diferenças estatisticamente significativas na pontuação de satisfação entre os grupos de diferentes escolas. Uma explicação possível para esta descoberta é o princípio da auto-seleção. A teoria de que as pessoas tendem ao trabalho é apropriada para eles e eles apreciam. Se isso for verdade, o tempo e a auto-seleção agiriam como "niveladores" dos pontos de satisfação no trabalho.

Este estudo empregado pelo Índice Brayfield – Rothe de Satisfação no Trabalho registra uma escala de cinco pontos (Brayfield e Rothe 1951). Esta amostra da pontuação do BRI variou de 40 a 89. A média da pontuação de BRI foi de 71, um número similar a pontuação dos gerentes gerais, diretores de vendas e diretores de recursos humanos. (Esta pontuação média variou de 69,8 a 71,1. A pontuação máxima de BRI é de 90). Os autores consideraram a possibilidade de que o BRI não poderia ser uma medida válida de satisfação no trabalho para os executivos de hotel, mas a literatura de apoio e testes estatísticos indicaram sua provável validade.

TABELA 2
Análise, por Faculdade, das Pessoas que Responderam

Indicação das pessoas que responderam sobre a utilidade da graduação em suas carreiras

Área	Porcentagem de Respostas Útil ou Muito Útil
Administração hoteleira	95
Administração	59
Profissões liberais	57
Educação	38
Ciências	50
Outras	63

Salários médios das pessoas que responderam por faculdade

Área	Salário
Administração hoteleira	US$32.500
Administração	27.500
Profissões liberais	27.500
Educação	30.000
Ciências	27.500
Outras	27.500

GRANDES DIFERENÇAS

Quando a amostra de executivos de eventos foi dividida de acordo com o gênero, os autores encontraram uma diferença na média dos níveis de salário –

uma diferença que foi relatada em outros estudos (Kent 1982). Os homens executivos de eventos ganhavam em média duas vezes o salário de suas colegas mulheres. Não surpreendentemente, duas vezes mais homens do que mulheres relataram estarem satisfeitos com seus pagamentos. A insatisfação também foi encontrada nos estudos de nível de salário entre as mulheres em posições executivas de hotel (Kent e Shock 1983).

Uma outra grande diferença entre os sexos é que mais mulheres do que homens neste grupo não eram casadas.

Similaridades

Porcentagens iguais de homens e mulheres relataram altos níveis de estresse em seus trabalhos, e os dois gêneros não mostraram diferença na pontuação média de satisfação no trabalho. Os dois grupos relataram uma semana de trabalho com média de 58 horas. Estas descobertas também batem com outro estudo de posições no hotel de 1982.

TABELA 3
Diferenças e Similaridades entre Respostas de Homens e Mulheres

Similaridades

- Sessenta por cento dos homens e mulheres relataram níveis de estresse alto ou muito alto em seus trabalhos
- Homens e mulheres trabalham em média 58 horas por semana
- Não houve diferença na pontuação de satisfação no trabalho entre homens e mulheres

Diferenças

- Salário médio para mulheres: US$22.500
- Salário médio para homens: US$40.000

Porcentagem de homens

- 60% satisfeitos com o salário
- 43% solteiros ou divorciados
- 59% com faculdade

Porcentagem de mulheres

- 32% satisfeitas com o salário
- 60% solteiras ou divorciadas
- 47% com faculdade

MORDOMOS

Os autores ficaram surpresos com a relativamente grande proporção de formados na pesquisa. Poderia ser que estes graduados são atraídos para os "aspectos práticos" do gerenciamento de banquetes, ou talvez os gerentes gerais encaminham os graduados em hotelaria para posições onde eles são mais necessários. Em qualquer evento, a educação em hotelaria parece ter servido bem para estas pessoas; com uma idade média de 29 anos, eles têm um salário médio de US$32.000 anuais. (É verdade, entretanto, que eles trabalham quase 60 horas por semana para ganhar esse dinheiro).

Vale a pena notar novamente a diferença considerável entre as médias salariais para executivos de eventos homens ou mulheres. Há uma evidência de crescente insatisfação com o nível de pagamentos entre as mulheres. Esta questão tem implicações importantes para os executivos de eventos e o setor hoteleiro como um todo, por causa do número crescente de mulheres agora trabalhando e entrando no setor. Sendo um estudo exploratório, entretanto, esta pesquisa não pretendem fechar a questão. Os autores recomendam maior pesquisa no tópico de diferenças aparentes entre homens e mulheres no setor hoteleiro.

A similaridade da média de satisfação no trabalho relatada por esta amostra de executivos de eventos e por amostras anteriores de gerentes gerais, diretores de vendas e diretores de pessoal é interessante, e pode indicar que não há uma "posição mais satisfatória" em um hotel. Ainda assim, os executivos de eventos parecem ser um grupo relativamente satisfeito. Apesar da média de satisfação em nosso estudo ser grande, a satisfação no emprego foi alta.

6. Utilizando o Entretenimento ao Vivo em Hotéis, Restaurantes e Clubes

Geoffrey A. Parker
Willian E. Kent

A seleção, contratação e monitoramento de entretenimento ao vivo pode ser uma tarefa confusa para o gerente de hospitalidade. Não são somente as questões de gosto do público e estilo artístico, o gerente também se confronta com o orçamento do entretenimento e um número de questões legais envolvendo leis de direitos autorais. Não há substituto para o conhecimento de um agente com respeito a escolha de talento, nem há um substituto para conselhos legais na questão de direitos autorais. Mas todo gerente de hotel, restaurante ou gerente de clube que lida com entretenimento ao vivo, deveria se informar dos aspectos básicos desta atividade.

Há relativamente pouca coisa escrita sobre o assunto, do ponto de vista do gerente de hospitalidade. Hull e Kent (1977) apontaram certos aspectos estéticos, financeiros e legais da contratação de entretenimento ao vivo. Eles concluíram que os clientes geralmente esperam e apóiam entretenimento ao vivo, que um programa deveria ser sustentável, que o gosto dos hóspedes quanto à música deveria ser refletido, e que há taxas de licença para atuação pagas pelo estabelecimento. Lillo (1981) pesquisou restaurantes nos Estados Unidos e concluiu que o entretenimento ao vivo pode assumir muitos formatos e pode incluir uma variedade de verbas. Wren (1981) relatou que os negócios de restaurante se tornarão mais ligados ao setor de entretenimento por causa do aumento de tempo de lazer dos clientes e uma demanda correspondente para o entretenimento.

Este artigo fornecerá aos gerentes diretrizes detalhadas a respeito das implicações financeiras de alugar shows ao vivo e verifica algumas questões de direitos autorais e questões relacionadas a união associadas com este tipo de entretenimento. Enquanto algum conselho será dado ao escolher talentos, há, claro, uma subjetividade considerável a este respeito.

ORÇAMENTO DO ENTRETENIMENTO

Despesas para entretenimento são geralmente expressas como uma porcentagem das receitas de Alimentos e Bebidas, porque o entretenimento é normalmente fornecido em alguns espaços onde Alimentos e Bebidas são servidos. É então lógico considerar que essa despesa será conpensada pela venda de comida e bebida.

TABELA 1
Despesas com Música e Entretenimento em 325 Hotéis nos Estados Unidos

	Nordeste e Meio Atlântico	Centro-Norte	Atlântico Sul	Atlântico Central	Montanha e Pacífico
Como % de receita de alimentos e bebidas	1,8	2,1	1,9	3,4	2,9

Fonte: Pannel, Kerr, Forster & Company (1983a).

TABELA 2
Despesas com Música e Entretenimento em Hotéis de Países Europeus Selecionados

	França	Alemanha	Grã-Bretanha	Itália	Países Baixos
Como % de receitas de alimentos e bebidas	1,5	1,2	1,0	1,2	1,0

Fonte: Pannel, Kerr, Foster & Company (1983b).

TABELA 3
Despesas com Música e Entretenimento em Hotéis de Países Selecionados do Oriente Médio

	Israel	Arábia Saudita	Emirados Árabes
Como % de receitas de alimentos e bebidas	1,9	0,2	5,2

Fonte: Pannell, Kerr, Forster & Company (1983b).

TABELA 4
Despesas com Música e Entretenimento em Hotéis de Países Selecionados do Caribe

	Ilhas Bahamas	Bermudas	Porto Rico
Como % de receitas de alimentos e bebidas	5,0	7,4	2,7

Fonte: Pannell, Kerr, Forster % Company (1983b).

Enquanto não há normas por si, não há medidas disponíveis no setor em uma base mundial. As tabelas de 1 a 4 indicam a variação considerável de despesas nos Estados Unidos, Europa, Oriente Médio e Caribe. Algumas variações parecem refletir as diferenças culturais, por exemplo, Arábia Saudita *versus* os Emirados Árabes. Outras variações são atribuídas à natureza da área, por exemplo, os altos custos nas áreas de *resort* como as Bermudas.

Comparações por tarifa de apartamento e tamanho de propriedade também estão disponíveis. Geralmente, quanto maiores e mais caras as propriedades maior a porcentagem de receita de Alimentos e Bebidas comprometida para o entretenimento ao vivo. As despesas entre os restaurantes independentes para música e entretenimento variam consideravelmente, mas, para estabelecimentos de serviço de mesa com menu completo nos Estados Unidos, a média em 1982 era de 1% da receita de Alimentos e Bebidas.

Os gerentes de hospitalidade são encorajados a comparar suas despesas com estas estatísticas, mas deveria ser lembrado que os números representam médias e que toda propriedade é única.

TENHO RETORNO EM MEU INVESTIMENTO?

Outro critério pelo qual se avalia as despesas de música e entretenimento (M&E) é o ROI, critério de retorno do investimento. Neste exemplo, nós consideramos o dinheiro para os artistas como um investimento que, espera-se, retorne mais dividendos. Para calcular o ROI nas despesas de M&E, nós empregamos uma fórmula simples mais muito útil conhecida como a fórmula CVP (Coltman 1982).

A fórmula básica CVP é a seguinte:

$$\text{Total de vendas requerido} = \frac{\text{custos fixos} + \text{lucro desejado}}{100\% - \text{custos variáveis (como \% de receita)}}$$

Uma modificação da fórmula é a seguinte:

$$\text{Total de vendas requerido} = \frac{\text{custos fixos} + \text{despesas de M\&E} + \text{lucro desejado}}{100\% - \text{custos variáveis}}$$

Expressa verbalmente, a fórmula é usada para calcular o total de vendas necessário para produzir o lucro desejado após terem incorrido certos custos variáveis e fixos. Na fórmula, M&E é considerada o custo fixo, mas é mostrada separadamente para propósito de ilustração.

Exemplo A

Um salão tem custos fixos (aluguel, depreciação, licenças, seguro, certos salários, etc.) de US$30.000 por mês. Custos variáveis (perdas, salários, etc.) totalizam 75% da receita. Presuma que o operador do espaço gaste US$6.000 por mês em entretenimento ao vivo e deseja um lucro de US$5.000. O total de vendas requerido deve ser calculado como o seguinte:

Total de vendas requerido =

$$\frac{\text{US\$30.000} + \text{US\$6.000} + \text{US\$5.000}}{100\% - 75\%}$$

ou

$$\frac{\text{US\$41.000}}{0{,}25} = \text{US\$164.000 } \textit{drinks}$$

Isto também pode ser expresso em número de bebidas, assumindo um preço médio de US$1,5 por dose

$$\frac{\text{US\$164.000}}{\text{US\$1.50}} = \textit{109.333 drinks}$$

Exemplo B

Um empresário local se aproxima do operador do espaço e diz que, se contratar uma banda de primeira classe, ele aumentará seus lucros consideravelmente. Uma banda de primeira classe, de acordo com o agente, custará US$12.000 por mês ou duas vezes o que a banda atual custa. O operador diz que ele não considerará a nova banda ao menos que os lucros aumentem 50%, ou seja, para US$7.500 por mês. Enquanto o operador sabe que não há maneira de prever se tal resultado acontecerá, ele pode pelo menos verificar a probabilidade de tal resultado. Novamente, usando a fórmula CVP:

Total de vendas requerida =

$$\frac{\text{US\$30.000} + \text{US\$12.000} + \text{US\$7.500}}{100\% - 75\%}$$

ou

$$\frac{\text{US\$ 49.500}}{0{,}25} = \textit{US\$198.000 ou 132.000 drinks a US\$1.50}$$

Comparado com as vendas anteriores de 109.333 *drinks*, um aumento de 20,7% para 132.000 parece improvável para o operador. O gerente do espaço sugere aumentar os preços do bar para US$1,75 para cobrir o aumento do custo do entretenimento. Os requisitos de receita permanecem os mesmos a US$198.000, mas agora somente 113.143 *drinks* (US$198.000)/(1,75) serão necessários para cobrir todos os custos, pagar a banda e atingir a meta de lucros.

Exemplo C

O empresário, sentindo o interesse do operador, faz uma oferta adicional. Ele fornecerá a nova banda sem salário fixo se o operador concordar em dar ao empresário 6% do total das vendas. O operador mais uma vez emprega a fórmula CVP, desta vez usando custos variados.

Total de vendas requerido =

$$\frac{\text{US\$30.000} + \text{US\$0.00 (banda)} + \text{US\$7.500}}{100\% - 81\%}$$

ou

$$\frac{\text{US\$37.500}}{0{,}19} = \text{US\$197.368 (US\$11.842 para o agente)}$$

Computado em número de drinks, o operador precisaria vender 131.578 *drinks* a US$1,50 ou 112.781 a US$1,75 para conseguir sua meta de lucros. Claro que o operador considerará cuidadosamente as implicações do agente se tornando um "sócio" nos negócios mais do que um fornecedor pago.

Há muitos cenários diferentes que o operador deve considerar, mas a fórmula CVP pode ser usada efetivamente como ajuda na maioria das tomadas de decisão. Certas hipóteses são subtendidas quando usamos a fórmula CVP, incluindo: (1) custos associados com o nível atual das vendas podem ser divididos em seus elementos fixos e variáveis; (2) os custos fixos permanecerão fixos durante o período em questão e (3) os custos variáveis variam de uma forma linear com as vendas.

ONDE EU ENCONTRO O TALENTO?

Após considerar os custos fixos e variáveis associados com a decisão sobre o orçamento de entretenimento, o passo seguinte envolve estabelecer o entretenimento apropriado para seu estabelecimento.

No passado, algumas cadeias hoteleiras centralizaram suas funções de compra de talentos. Os Ramada Inns tinham um diretor nacional de entretenimento que dirigia atividades de aquisição para operações de franquia, e a cadeia também estabeleceu escritórios regionais com representantes de marketing e entretenimento. Agora a política do Ramada (assim como as franquias do Holliday Inn) dita que cada hotel lide com sua própria compra de talentos. As pessoas que tomam as decisões no Sheraton nunca se envolvem com as funções de entretenimento, ao menos que a locação em questão seja um carro-chefe local, clube dentro da propriedade ou área de *resort*. Mesmo assim, eles deixam a maioria das decisões para o gerente geral local.

A maioria dos gerentes gerais, gerentes de banquete e gerentes de alimentos não têm conhecimento e/ou tempo para serem ativos observadores de talento. Mas John Sansone, com a agência Limelighters em Nashville, Tennessee, sugere que um dos pré-requisitos para manter um local lucrativo é um estudo de mercado. Uma análise completa da competição na área e uma pesquisa demográfica a respeito de clientes em potencial são elementos necessários em qualquer plano de entretenimento. Aí é que os empresários podem ser úteis. Miles Bell, da Agência Limelighters, sugere encontrar um empresário que represente todos os tipos de programa que sejam compatíveis com o local em particular, e então usar de algum tempo para sair e ver que tipo de show o agente tem para oferecer. Isto dará ao comprador uma oportunidade para avaliar as atrações e o agente. Um bom agente também se envolverá com orçamento do local, marketing e objetivos de entretenimento para que haja um objetivo bem definido de fornecer o *mix* correto de entretenimento.

Miles Bell sente que o comprador potencial deveria avaliar o agente da mesma maneira que um advogado ou médico o faria, que é perguntando por uma lista de referências e gastando dez dólares e cinco minutos no telefone falando com os clientes do agente. Alguns compradores são meio paranóicos sobre seus espaços, então a Limelighters faz seu próprio estudo de mercado com a gerência do hotel, visitando outras salas na área, incluindo os bares da vizinhança, e tentando achar o conceito que nenhuma outra sala está usando.

Não há padrões de procedimentos para pagar os agentes. A maioria é compensado com 10 a 15% da valor total pago pelos fregueses. Em casos raros, os agentes servem como consultores de entretenimento para o local, o agente é contratado pelo operador para lidar com todas as tarefas de entretenimento. Entretanto, de acordo com David Snowden do Triangle Talent em Louisville, Kentucky, esta não é uma prática comum hoje. Ele afirma que quando uma franquia de discoteca apareceu, as corporações viram pouca necessidade para consultores de entretenimento. Também, com as viagens se tornando mais caras, as bandas e programas de bares/boates não viajam pelo país com a mesma freqüência que faziam antes, e, como resultado, as agências estão se tornando mais localizadas. Se um agente está sendo usado como consultor, é necessário estar a par dos conflitos de interesse conhecidos como "comissão dupla", que ocorre quando um agente pega a comissão comum da banda e recebe um salário do local. Se localizar um agente apropriado em uma área particular é um problema, a International Theatrical Agencies Association fornece uma lista de empresários.

QUAIS SÃO AS MINHAS OBRIGAÇÕES LEGAIS?

Dez anos atrás seria presunção admitir que a maioria dos compradores tem uma compreensão de responsabilidades legais envolvidas na contratação de artistas. Hoje, os operadores deveriam, pelo menos, ter um conhecimento trabalhista das sociedades de direitos artísticos e seu relacionamento com as leis de direitos autorais.

Em 1909, o Congresso passou uma emenda para a Constituição Americana dando aos compositores certos direitos de exclusividade, entre eles a liberdade para cantar suas próprias canções e o direito para licenciar seus trabalhos com direitos autorais para outros cantarem, contanto que os criadores fossem plenamente recompensados. O decreto de 1909, entretanto, não forneceu a sanção do direito exclusivo de performance pública, e em 1914 a Sociedade Americana dos Compositores, Autores e Editores foi formada para lidar com este problema. Em 1931, a Sociedade de Autores Europeus de Palco e Compositores começou a existir, seguida da Broadcast Music Incorporated (BMI) em 1939. Estas três organizações são sociedades de direitos de performance, e suas funções principais são a de licenciar os direitos não dramáticos de performance pública de uma música com direitos autorais.

Vamos considerar uma situação hipotética. Um gerente geral de um motel em uma comunidade rural está pensando em usar uma banda para aumentar as vendas de Alimentos e Bebidas durante a entre-safra. Antes dos músicos começarem a tocar, o gerente geral teria negociado com o compositor das músicas que a banda está pretendendo incluir no repertório. Não somente um tempo considerável seria gasto juntando as listas das músicas (às vezes os músicos só preparam as listas meia hora antes do show), mas a despesa e a pesquisa envolvidas na contratação, com literalmente centenas de compositores, colocariam encargos intransponíveis nos recursos financeiros do estabelecimento. Felizmente, tal esforço pela gerência do hotel não é necessário.

Cada sociedade de direitos autorais emite uma licença uniforme que permite o músico usuário a acessar as canções no repertório daquela sociedade. A ASCAP e BMI licenciam a maioria das canções, e desde que a maioria dos estabelecimentos confiam na música popular para agradar seus clientes, uma licença, de ambas as sociedades, é inevitável. A SESAC, por outro lado, tem o menor catálogo e é possível excluir qualquer composição da SESAC de ser cantada em sua propriedade. Entretanto, alguém teria a responsabilidade para checar cada afiliação das músicas antes de cada show. Alguns proprietários acham que suas tarefas estão cumpridas quando eles pagam os músicos, ou que é a responsabilidade dos músicos obterem qualquer licença necessária para sua performance. Esta não é a lei. A lei é que sem licença o proprietário do estabelecimento usando música é responsável pela violação dos direitos autorais (ASCAP 1978).

QUANTO EU PAGO?

A taxa de licença varia entre as sociedades e diferentes critérios são usados, dependendo do tipo do usuário de música. Por exemplo, os hotéis e motéis, sob licença da ASCAP, pagam uma taxa anual de acordo com o total de despesas para todos os tipos de entretenimento em suas premissas. Esta taxa sobe gradativamente num período de cinco anos (o período de ambos os acordos da BMI e ASCAP para motel/hotel). Se a música ao vivo somente é apresentada no hotel ou motel e o total do orçamento para o entretenimento é de US$100.000, a licença da ASCAP iria para US$1.725 no primeiro ano de contrato e aumentaria para US$1.898 cinco anos mais tarde. Usando o mesmo orçamento de US$100.000 para o entretenimento, as taxas da BMI seriam um pouco mais baixas (aproximadamente US$975 durante o primeiro ano, aumentando para aproximadamente US$1.045 cinco anos mais tarde. O SESAC emprega o contrato de um ano e suas taxas são de US$300. Por exemplo, o total das taxas de licença seria, conseqüentemente, US$3.000 em 1984 e aproximadamente US$3.300 em 1988.

Um plano de tarifa separado se aplica quando um hotel ou motel usa som mecânico (somente fitas ou discos). A ASCAP tem cinco categorias, a taxa de licença depende de variáveis como número de pessoas ou cobrança de entradas, ou se dançar for permitido, e se um show ou programa é usado juntamente com a música mecânica. A ASCAP calcula a tarifa básica pelo número de quartos no estabelecimento e correlaciona as variáveis. Por exemplo, um hotel ou motel com 210 quartos e sem danceteria, controle de clientes, ou cobrança de entrada, e sem show teria pago US$120 em 1984, entretanto, a BMI teria cobrado US$75 pela mesma licença. Há também tarifas de planejamento que se aplicam quando a locação tem música mecânica e ao vivo. No último acordo da ASCAP, o vídeo foi considerado como uma nova performance, então é essencial incluir a taxa da ASCAP quando se calcula o orçamento para entretenimento para telas de vídeos, projetores e etc. A BMI está usando um plano diferente de tarifa para licenciar as performances de vídeo como as de 1985.

Há outras cláusulas nestes acordos de licenças que podem afetar o pagamento de taxas. A ASCAP e a BMI consideram o valor da acomodação ou serviços (de quarto e mesa), que são parte da compensação dos artistas, para serem incluídos no orçamento do entretenimento da propriedade. Além disso, cada locação deve submeter uma verificação contábil detalhada verificando todos os custos de entretenimento. As sociedades têm o direito de examinar os livros e registros do licenciado a qualquer hora, durante as horas normais de negócios com respeito ao arrendamento de espaço para shows industriais ou de negócios. A licença da ASCAP não autoriza essas performances. Legalmente, o hotel ou organização privada poderiam ser responsáveis por outra taxa de licença. Entretanto, de acordo com Robin Dickson da Ray Bloch Productions, Atlanta, Geórgia, a maioria das empresas que se especializam em fornecer entretenimento para o setor não tem sido contatada por nenhuma das sociedades de direitos autorais. A licença também é limitada estritamente para as premissas anteriores. A ASCAP e a BMI não autorizam radiodifusão, difusão por televisão ou transmissão por fio de tais performances para pessoas fora da propriedade, ao menos que o hotel tenha permissão escrita. O contrato estipula que qualquer difusão de uma performance procedente de qualquer ponto fora das premissas ou transmitida para as premissas também não é autorizada (ASCAP 1984). Se você está usando música de fundo como Muzak, cabo ou televisão paga, certifique-se de ter as permissões e licenças. (Apêndice 1 ilustra a informação necessária para requerer todas as licenças.)

A taxa de licença da ASCAP para clubes, restaurantes, *lounges*, discotecas, piano bar e estabelecimentos similares é calculada diferentemente para hotéis e motéis. Este contrato tem um ano de duração e leva em consideração a capacidade de assentos do local.

As variáveis (entradas, cobrança, por exemplo) permanecem as mesmas, mas se aplicam para o número de instrumentistas no palco em qualquer momento. Se o clube tem uma capacidade de 78 pessoas sentadas, e um artista solo está se apresentando quatro noites por semana, a taxa base seria de US$324 por ano. Se há qualquer mudança nesta política, como cobrança de entretenimento, a taxa de licença pode pular para US$770 dependendo das circunstâncias.

A BMI, por outro lado, usa o método do hotel e simplifica as bases de suas taxas sobre o custo total de entretenimento para o estabelecimento. Há também tarifas sazonais para os lugares em operação somente durante certos meses do ano. A taxa sazonal é a metade da licença anual por um período de quatro meses. Cada mês adicional é pré-taxado em metade da taxa de licença anual. No exemplo acima, a taxa sazonal seria de US$162 por quatro meses de operação e cada mês adicional custaria ao clube US$27 a mais para a licença da BMI.

A ASCAP e a BMI têm acordos recíprocos com as sociedades filiadas de direitos autorais em outros países (ver Apêndice 2). No Canadá, a Performing Rigths Organization of Canadá Limited (afiliada a BMI) e Composers, Authors e Publishers Association of Canada Limited (filiada a ASCAP) são corpos de governo para a coleta de *royalties* de performance.

A Performing Rigths Organization of Canadá Limited (PRO) coleta uma taxa baseada no orçamento total de entretenimento do hotel, salões, restaurante ou taverna. Se um estabelecimento distribui mais de US$170.000 anualmente para entretenimento, a taxa de licença anual seria de US$1.800 mais 0,5% do excesso. A Composers, Authors e Publishers Association of Canadá Limited (CAPAC) emite uma licença similar baseada no mesmo critério e a taxa quase idêntica, mas tem uma porcentagem levemente mais alta no excesso de US$100.000.

Na Inglaterra, a Performing Right Society Limited (PRS) é a única associação de direitos autorais autorizada a coletar uma tarifa dos hotéis, restaurantes e cafés que regularmente empregam ou contratam músicos, em que o custo anual de entretenimento é de 3.500 libras ou mais. A aliança é calculada da seguinte forma: 2 por cento sobre as primeiras 35.000 libras, 1.5% de qualquer quantia adicional. Se o custo é menos de 3.500 libras por ano, a taxa de licença é de 2,60 libras por 100 pessoas admitidas no local em questão.

No Japão, a Japanese Society for Rights of Authors, Composers e Publishers (JASRAC) é a única sociedade. A taxa para as performances de músicos, cabarés, cafés, *night clubs* ou hotéis é determinada por calcular o tamanho da facilidade e a capacidade de assentos, sujeita a um máximo de 50% das taxas respectivas fornecidas para as performances de trabalhos musicais em concertos ou recitais. Por exemplo, um estabelecimento, com uma capacidade de menos de 500 assentos e uma cobrança de admissão de menos que 100 *yens*, estaria sujeito a uma licença anual de 20 *yens*.

A LEI DE DIREITOS AUTORAIS NOS ESTADOS UNIDOS MUDA DE 1909 PARA 1976

A lei de direitos autorais dos Estados Unidos sofreu uma emenda em 1976, e há muitas mudanças que afetam a apresentação de entretenimento. A lei de 1909 excluía as associações não lucrativas, como organizações fraternais e clubes privados, de qualquer obrigação de licença, mas a emenda de 1976 elimina esta provisão. No acordo de licença do clube privado ASCAP, a taxa é calculada de acordo com as despesas anuais para todo o entretenimento nas premissas. Se uma soma menor que US$4.999 por ano é dividida para os músicos, a taxa anual de licença seria de US$140. Assim como os outros contratos da ASCAP, a música mecânica é taxada de maneira diferente. Numa situação em que um clube privado usa somente fitas e discos, então a taxa é baseada no número de membros que pertencem ao clube. Por exemplo, se um clube tem mais de 300 membros, a taxa de licença anual de música mecânica é de US$70; menos de 300 membros constituem uma taxa de US$50.

Segundo, as multas de violação mudaram dramaticamente com a passagem da nova lei. Antigamente, o transgressor enfrentava o mínimo de multas para as violações de direitos autorais (US$250 por infração). A lei de 1976 dá às sociedades mais flexibilidade quando procurada por danos, até US$50 mil por violação. A ASCAP geralmente não pede por mais de US$1.000 por infração, mas o cálculo da quantia pagável em prejuízos é baseado em quanto tempo o operador tem evitado pagar a taxa da ASCAP, de acordo com David Nelson, gerente da divisão sudeste da ASCAP. O processo varia de acordo com as circunstâncias. Um representante da ASCAP visita o local e discute com o operador suas obrigações legais sob a lei de direitos autorais. Uma segunda tentativa é feita pelo representante, e, se o local não responde, a primeira nota escrita é enviada (Apêndice 3) para o estabelecimento e é seguida por outra visita. Depois de uma série de manobras, a ASCAP (a BMI geralmente usa o mesmo procedimento) envia uma equipe de inspeção (homens e mulheres) para o local. Esta equipe anota todas as músicas que são cantadas naquela noite, em particular, anotando especialmente a data em que cada música é cantada. Informações adicionais como, o nome do grupo, o design do interior do local, são compilados para o litígio e às vezes estas equipes testemunham na justiça. As leis de direitos autorais indicam que se uma canção é protegida, que é licenciada pela ASCAP, BMI ou SESAC, é cantada publicamente, e o estabelecimento não possui a licença apropriada é violação da lei e o incidente é considerado uma violação. Se as sociedades de direitos autorais pedem US$1.000 por infração mais todos os custos da corte, parece prudente assegurar a licença, especialmente se a taxa anual é mínima comparada com o que a corte dará ao queixoso.

TENHO QUE CONTRATAR A ASSOCIAÇÃO DE MÚSICOS?

A American Federation of Musicians (AFM) foi estabelecida em 1896 para beneficiar instrumentistas profissionais. Ela tem aproximadamente 335.000 membros em mais de 600 localidades através dos Estados Unidos e Canadá. É a mais velha e maior associação de músicos do mundo.

Há uma considerável falta de informação sobre a AFM, particularmente no que diz respeito ao "direito para trabalhar". Toda associação local negocia escalas mínimas de salário para seus membros para empregos locais somente. Por exemplo, a compensação mínima aceitável pela associação dos músicos em Rochester, Nova York, pode ser de US$100 por compromisso, considerando que em Chicago a escala de salários poderia ser 50% mais alta. Os membros da AFM não podem ganhar menos do que a quantia especificada, mas eles podem e (ganham) muito mais às vezes. Os hotéis maiores, na maioria das vezes, equiparam as escalas mínimas de salários ou pagam mais que o mínimo em suas localidades, de acordo com David Winston, presidente da Federação de Músicos de Nova Orleans. Há muitas razões para isto acontecer: a maioria dos grandes hotéis em grandes cidades têm uma outra associação além dos músicos para considerar, e a última coisa que alguém quer é a descoberta de um negócio fraudulento (como o incidente de Las Vegas, onde os hotéis e cassinos perderam milhões de dólares) em que uma associação sai em apoio à outra associação. Segundo, os hotéis geralmente pagam mais por entretenimento que os outros locais, com exceção dos clubes de *showcase* (Moonshadow, Atlanta; Bottom Line, Nova York). Por último, a maioria dos grupos conhecidos pertencem à união.

O direito de estipulação para o trabalho dita que a AFM não pode entrar em qualquer acordo com um empregador que use somente músicos da união. A declaração de direito para trabalhar (há mais de 20 delas) proíbe contratos que requerem membros da associação como uma condição para o emprego. O direito para trabalhar é realmente um termo incorreto. Ele tende a evitar que a organização ajude os músicos sem associação. No Mississippi, a lei de direito ao trabalho quase destruiu os locais, de acordo com o Sr. Winston. Basicamente, a lei dá aos músicos o direito para trabalhar onde quer que eles escolham por qualquer quantia que eles possam negociar. Em uma área rural, um pequeno hotel, restaurante de motel ou clube pode pagar os músicos virtualmente o que eles acharem justo. O Texas, o maior e mais industrializado estado que afirma ter a lei de direito do trabalho, alguns operadores de Dallas e Houston prestam pouca atenção aos representantes da associação. Na Geórgia (outros representantes da associação de direitos), clubes e restaurantes com orçamentos de US$100.000 para entretenimento são livres para contratar quem eles quiserem a qualquer preço que o mercado aceitar. Mas mesmo no direito do trabalho afirma que alguns hotéis servem a associação. Russ Byloff, diretor de entretenimento do Harrah's em Reno, Nevada, observa que como eles pagam mais do que qualquer mínimo de qualquer maneira, o Harrah's trabalha com o contrato da AFM. É essencial descobrir se o estado em questão tem a lei que anula contratos que requerem a afiliação à associação como um pré-requisito para o emprego. A AFM mostra desagrado para com seus membros que trabalham em estabelecimentos não afiliados à associação ou com grupos não associados, e algumas vezes os multa. Então é aconselhável descobrir se os músicos contratados são associados ou não e conter a mistura dos dois se possível. Mesmo sendo uma ofensa criminal incomodar qualquer não associado para se afiliar à associação, é melhor evitar os problemas em potencial no local de trabalho com músicos da associação ou não.

Pode ser facilmente visto que a seleção e o uso de entretenimento ao vivo em hotéis, restaurantes e clubes é um problema complexo. Estilos e tendências na música mudam e o operador, além das tarefas tradicionais, deve ficar a altura (ou pagar alguém para ficar à altura) destas mudanças. As médias do setor para gastos com entretenimento e a fórmula CVP podem ajudar o operador a responder algumas das questões financeiras pertinentes partindo do uso do entretenimento ao vivo.

Conselhos para encontrar o agente certo têm sido oferecidos e uma explicação detalhada tem sido dada sobre como estas sociedades operam. (A última palavra sobre o assunto, você não precisa ligar para eles – eles ligarão para você.) Finalmente, a questão da união foi apresentada.

Como nós dissemos anteriormente, o entretenimento ao vivo é especial e uma experiência pessoal para seus hóspedes. É um esforço que vale a pena, e nós devemos adicionar, se desempenhando corretamente.

APÊNDICE 1
Declaração da ASCAP para Hotéis e Motéis

Hotéis e Motéis - Declaração

Para: Sociedade Americana de Compositores, Autores e Artistas

Data ________

Hotel ou Motel ________

Operado por ________

Localizado em ________

Cidade ________ Estado ________ Código Postal ________

Se hotel ou motel de temporada,* Data de Abertura ________ Data de Fechamento ________

Isto é para certificar que os gastos com todo entretenimento ao vivo nos locais acima durante o período de ________ a ________ foram, como segue:

Pagamentos feitos por todo entretenimento (ver Contrato de Licença, Parágrafo "6") $ ________

Valor razoável de acomodações ou serviços fornecidos para músicos e artistas (ver Contrato de Licença, Parágrafo "6") ________

Total $ ________

Taxa explicável da Tabela 1 (Ver Contrato de Licença) $ ________

Música mecânica (ver Contrato de Licença, Parágrafo "6"):

	Sim	Não
Foi fornecida música mecânica?	☐	☐
Houve dança?	☐	☐
Houve algum convite, mínimo ou taxa de ingresso?	☐	☐
Houve um show ou atos?	☐	☐
Número de quartos do hotel ou motel	________	

Se apenas música mecânica foi fornecida, inclua a taxa aplicável da Tabela 2 (ver Contrato de Licença) $ ________

Se tanto entretenimento ao vivo como música mecânica foram fornecidos, inclua a taxa adicional aplicável da Tabela 3 (ver Contrato de Licença) $ ________

Taxa pagável (total de quantias aplicáveis das Tabelas 1, 2 e 3) $ ________

Subscrito e firmado diante de mim neste dia de ________ ,200____

________ (Nome do licenciado)

Por ________

________ (Escrivão)

________ (Título)

*Taxas de Temporada

Para licenças de temporada, as taxas das Tabelas 2 e 3 para períodos até 4 meses de operação são a metade da taxa anual; para cada mês adicional a taxa é de um doze avos da taxa anual. Em nenhum caso a taxa de temporada será maior que a anual.

APÊNDICE 2
Sociedades Estrangeiras Filiadas à ASCAP

Sociedad Argentina de Autores y Compositores de Musica (SADAIC)
Buenos Aires, Argentina
Australasian Performing Right Association, Ltd. (APRA)
Sydney, Australia
Staatlich Genehmigte Gesellschaft der Autoren, Komponisten und Musikverleger (AKM)
Vienna, Austria
Societe Belge des Auteurs, Compositeurs et Editeurs (SABAM)
Brussels, Belgium
Sociedad Boliviana de Autores y Compositores de Musica (SOBODAYCOM)
La Paz, Bolivia
Sociedade Independente de Compositores e Autores Musicais (SICAM)
Sao Paulo, Brasil
Uniao Brasileira de Compositores (UBC)
Rio de Janeiro, Brasil
Composers, Authors and Publishers Association of Canada, Ltd. (CAPAC)
Toronto, Canada
Departamento del Derecho de Autor (DAIC)
Santiago, Chile
Ochranny Svaz Autorsky (OSA)
Prague, Czechoslovakia
Slovensky Ochranny Zvaz Autorsky (SOZA)
Bratislava, Czechoslovakia
Selskabet til Forvaltning af Internationale Komponistrettigheder i Danmark (KODA)
Copenhagen, Denmark
The Performing Right Society Limited (PRS)
London, England
Saveltajain Tekijanoikeustoimisto (TEOSTO)
Helsinki, Finland
Societe des Auteurs, Compositeurs et Editeurs de Musique (SACEM)
Paris, France
Gesellschaft fur Musikalische Aufführungs- und Mechanische Vervielfaltigungsrechte (GEMA)
Berlin and Munich, Federal Republic of Germany
Anstalt zur Wahrung der Aufführungsrechte auf dem Gebiete der Musik (AWA)
Berlin, German Democratic Republic
Societe Hellenique pour la Protection de la Propriete Intellectuelle (AEPI)
Athens, Greece
Vereniging BUMA
Amsterdam, Holland
Composers and Authors Society of Hong Kong Ltd. (CASH)
Hong Kong
Bureau Hongrois pour la Protection des Droits d'Auteur (ARTISJUS)
Budapest, Hungary
Samband Tonskalda og Eigenda Flutningsrettar (STEF)
Reykjavik, Iceland
The Indian Performing Right Society Ltd. (IPRS)
Bombay India
Societe d'Auteurs, Compositeurs et Editeurs de Musique en Israel, (ACUM)
Tel Aviv, Israel
Societa Italiana degli Autori ed Editori (SIAE)
Rome, Italy
Japanese Society for Rights of Authors, Composers and Publishers (JASRAC)
Tokyo, Japan
Sociedad de Autores y Compositores de Musica (SACM)
Mexico, D.F.
Norsk Komponistforenings Internasjonale Musikkbyra (TONO)
Oslo, Norway
Autores Paraguayos Asociados (APA)
Asuncion, Paraguay
Asociacion Peruana de Autores y Compositores (APDAYC)
Lima Peru
Filipino Society of Composers, Authors and Publishers (FILSCAP)
Manila, Philippines
Stowarzyszenie Autorow (ZAIKS)
Warsaw, Poland
Sociedade Portuguesa de Autores (SPA)
Lisbon, Portugal
Sociedad Puertorriqueña de Autores, Compositores y Editores de Musica (SPACEM)
Santurce, Puerto Rico
South African Music Rights Organisation Limited (SAMRO)
Johannesburg, South Africa
Sociedad General de Autores de España (SGAE)
Madrid, Spain
Svenska Tonsattares Internationella Musikbyra (STIM)
Stockholm, Sweden
Societe Suisse pour les Droits des Auteurs d'Oeuvres Musicales (SUISA)
Zurich, Switzerland
Vsesojuznoje Agentstvo po Avtorskim Pravam (VAAP)
Moscow, U S. S. R.
Asociacion General de Autores del Uruguay (AGADU)
Montevideo, Uruguay
Sociedad de Autores y Compositores de Venezuela (SACVEN)
Caracas, Venezuela
Savez Organizacija Kompozitora Jugoslavije (SOKOJ)
Belgrade, Yugoslavia

APÊNDICE 3
Carta de Taxa de Licença da ASCAP

ASCAP

American Society of Composers, Authors and Publishers

Caro(a) Senhor(a)

Ficamos contentes que esteja, como muitos outros proprietários de estabelecimentos públicos, utilizando música para o divertimento de seus clientes. A música é usada muito proveitosamente em muitos negócios como o seu, e nós sentimos que a música da ASCAP contribuirá para seu sucesso.

Apesar de conhecer de forma geral licenças e direitos de propriedade, o(a) senhor(a) pode não ter conhecimento sobre licenças de música e de trabalhos musicais como propriedade. A experiência tem mostrado que quase toda música executada em estabelecimentos como o seu possui direitos autorais – é propriedade privada e, como outros tipos de propriedade, a música com direitos autorais não pode ser legalmente usada sem a permissão do proprietário de tais direitos. Cada apresentação não autorizada de uma composição musical protegida por direitos autorais é uma infração, para a qual a Lei de Direitos Autorais dos Estados Unidos prevê punições.

Desde 1914, nós, a Sociedade Americana de Compositores, Autores e Publicadores (ASCAP), temos representado nossos membros – homens e mulheres que criaram o grande acervo da música popular norte-americana – pelo licenciamento do direito de executar suas composições musicais possuidoras de direitos autorais.

Uma licença da ASCAP abre as portas para um vasto e variado acervo de músicas, criadas pelos maiores compositores da América do Norte. O(a) senhor(a) poderia obter o direito de executar essas composições musicais de cada um de nossos membros individualmente, mas isto certamente consumiria tempo e dinheiro. Oferecemos uma única licença que autoriza o(a) senhor(a) a executar, em seu estabelecimento, as centenas de milhares de músicas de nosso repertório. Dezenas de milhares de usuários de músicas têm considerado as alternativas e escolhido as licenças da ASCAP. Eles sabem que não estarão violando a lei de direitos autorais, mesmo que sem intenção.

Para maiores informações, incluímos um folheto que contém importantes informações sobre a ASCAP e sobre seus direitos.

Para obter uma licença da ASCAP, simplesmente complete e envie-nos a "Declaração de Política de Operações" incluída. Prontamente o(a) informaremos sobre a taxa de licença aplicável a seu estabelecimento, com base nos fatores objetivos indicados na "Declaração de Política de Operações" e nossa tabela uniforme de taxas, e enviaremos formulários de contrato de licença.

Caso haja qualquer questionamento, por favor contate-nos. Esperamos que seus negócios prosperem, que a música da ASCAP contribua para seu sucesso.

Atenciosamente,

SOCIEDADE AMERICANA DE COMPOSITORES,
AUTORES E PUBLICADORES

7. O *Chef* e o Gerente de Produção de Alimentos

Lewis Reed

O setor de serviço de alimentos se tornou um ambiente dinâmico e mutante para a carreira do funcionário. Em lugar algum isso é mais aparente que no papel de gerenciar a cozinha, o *chef*. Escoffier, o "rei" dos *chefs*, escreveu livros que refletem este período – grandes viagens nas preparações de alimentos – mas não deu nenhuma dica quanto ao planejamento, conceitos de vendas e custo, compra, recebimento ou trabalho. O Culinary Institute of América publicou *The Professional Chef* em 1962, um estudo compreensivo de cozinha profissional que se dedicou a equipamentos, fórmulas e técnicas. Desde a primeira publicação, o livro tenta desenvolver as necessidades deste setor inconstante. A quinta edição (1991) inclui a seção sobre padrões sanitários, nutrição, cozinha regional americana, identificação de produto e material atualizado sobre novos equipamentos e técnicas. Este livro contém mais de 700 receitas e comentários sobre cozinha.

Os objetivos da American Culinary Federation (ACF) incluem a promoção da profissão da culinária e encoraja a educação e o desenvolvimento de seus membros. Alguém só tem que perguntar sobre os títulos na cozinha para se tornar totalmente confuso. Quais são as responsabilidades de um cozinheiro, um *chef*, um *chef* executivo ou um *chef master*? Como a descrição do trabalho e as responsabilidades da posição do *chef* mudam, assim também acontece com os atributos e as habilidades que o gerenciamento precisa para identificar e procurar candidatos qualificados. A ACF lista sete áreas que ela acha necessárias para um indivíduo se tornar um *chef* executivo respondendo pela produção de alimentos. Elas são: planejamento, supervisão, pessoal, serviço, folha de pagamento, controle de custo de alimentos e manutenção e medidas sanitárias. O que aconteceu com o cozinhar?

A produção de alimentação mudou da arte para uma ciência. Em 1970 as vendas do setor de alimentos alcançaram US$42,8 bilhões. Em 1990, 45% da população adulta dos Estados Unidos esteve em estabelecimentos de serviço de alimentos em um dia típico – considerando um aumento da receita no setor para US$241,3 bilhões. O número esperado dos funcionários do serviço de alimentos no ano 2.000 pode exceder 11 milhões. O crescimento de restaurantes individuais, cadeias e franquias aumentou de 1955 a 1980, aumentando a competição e diminuindo as margens de lucro. A saturação do mercado com o aumento do número de estabelecimentos de serviço de alimentos obrigou os *chefs* a olharem mais de perto para as operações internas. Especificamente, as sete áreas mencionadas são examinadas para aumentar a produção de alimentos e reduzir os custos.

A primeira área é o planejamento propriamente dito. O planejamento de produção de alimentos começa com o menu. Os *chefs* não estão preocupados somente com a disponibilidade do produto, apelo ao olhar, equipamento e restrições do trabalho; há influências externas como tendências e modas. Mais farelo de trigo? Nós deveríamos estar preocupados com o colesterol, sódio, glutamato de monossódio em uma receita? As preocupações nutricionais de nossos hóspedes estão sendo levadas em conta. Os *chefs* têm de responder a estes novos desafios estudando e treinando os funcionários para entender estas mudanças e se excederem, não somente sobreviver.

A produção pode significar comprar cortes de carne de primeira (peças inteiras ou em bifes) e cortá-las de acordo com suas próprias especificações. Os padrões foram baseados na qualidade – não no preço – e cada estabelecimento cria seu próprio padrão. Poucos estabelecimentos têm condições de fazer isso hoje; o custo de trabalho especializado é proibitivo. Os cortes ornamentados são muito caros para os consumidores conscientes do preço de hoje. O planejamento da produção no passado se concentrou nos lucros. Casos de cabeças de brócolis que dão 67% de lucro, e frango com 48% de carne. Hoje, a porção de controle é a palavra de ordem – compre brócolis já processado e o lucro é de 100%. Frango pode ser comprado com ou sem osso, e você saberá o que é melhor. Eles são mais dignos de confiança do que eram no passado? O *chef* precisa saber mais do que nunca sobre compra, ingredientes, porções de controle de alimentos e produtos que são introduzidos todos os anos. A meta é aprender se eles são melhores para seu estabelecimento em preço e qualidade segundo o seu padrão de medida.

O planejamento de produção de alimentos também significa produzir quantidades apropriadas. A superprodução não se traduz no dia especial de amanhã; significa, ao invés disso, gasto e custo excessivo de alimentação. A previsão apropriada pode ser simplificada usando a tecnologia do computador. Os computadores têm a habilidade de rodar *softwares* e projetar *mix* de vendas e contas dos clientes, mas eles são tão corretos quanto às informações que eles recebem. Os computadores não podem prever os efeitos de reservas erradas, mudanças abruptas de temperatura ou ônibus de excursão parando com passageiros famintos. Os *chefs* ainda devem ter um relacionamento de trabalho com o controle de produção. Supervisionar funcionários se tornou um novo desafio para o *chef*. No ano 2000, está estimado que haverá um complemento de 1 milhão de funcionários. O desenvolvimento organizacional, recursos e treinamento estão se tornando mais importantes na operação diária do serviço de alimentos. Mais do que nunca, o *chef* tem de coordenar funcionários e as necessidades do serviço de alimentos do estabelecimento.

O serviço apropriado de serviço de alimentos ainda é o mesmo – alimentação quente, alimentação quente e fria e alimentação fria. A ênfase em muitas operações mudou de jantares elegantes para rotatividade de assentos, tempos de serviço mais rápidos e volume alto de salões de jantar em áreas pequenas. O menu, equipamento de cozinha e estilos de serviço são todos designados para produzir os resultados desejados – produção de serviço de alimentos mais alta para uma área pré-estabelecida.

O *chef* tem de maximizar a produção e minimizar os gastos, trabalhando como um especialista em alimentos, manutenção e trabalho. O trabalho é o único grande custo controlável no serviço de alimentos do estabelecimento. As pessoas certas nos lugares certos na hora certa, tudo equilibra os atuais custos de trabalho projetados. Isto é sempre mais fácil dizer do que fazer, um observador disse "nós contratamos trabalhadores mas aparecem os seres humanos". O elemento humano é difícil de planejar, mas os *chefs* têm de ser empreendedores nos recursos humanos, treinamento e planejamento. Isto ajudará na tentativa de ficar na frente do processo de controle de custo de trabalho.

Os custos de alimentos são os mais fáceis de estabelecer e os mais difíceis de controlar. Quando os custos dos alimentos estão controlados em 100%, chove em Salinas, Califórnia, o preço da alface vai dobrar. A falta de um pesticida triplicará o preço das maçãs orgânicas, ou as minhocas podem dobrar o preço do peixe fresco. Nós estamos a mercê da natureza, mas boas informações e *commodities*, combinadas com planejamentos alternativos, podem diminuir o custo dos alimentos e transformar-se em um criativo planejamento de menu.

As medidas sanitárias têm sido um item de prioridade alta para os *chefs* e continuarão a ser mais no futuro. Com grandes quantidades de alimento sendo produzidas por muitos funcionários, políticas rígidas sanitárias deveriam ser rigidamente executadas e não casualmente seguidas. Os recentes problemas com *E. coli*, salmonela e outras doenças dos alimentos são exemplos dramáticos da importância das medidas sanitárias, não somente na produção e serviço mas também no crescimento e processamento. Os dois últimos, claro, são áreas que os *chefs* podem exercer pouco controle, exceto através dos padrões de qualidades e especificações para compra que os funcionários têm de seguir.

A ênfase no gerenciamento da produção mudou o papel do *chef* para um número regulamentado de políticas e procedimentos?

Os *chefs* ainda serão capazes de colocar a cozinha em sua agenda pessoal? As respostas estão nas descrições do trabalho para os *chefs*.

Procura-se: *chef*

Vaga disponível para um *chef*. Excelente oportunidade para indivíduo com boas habilidades de relacionamento humano e larga experiência com controles de custo de alimentação e trabalho. Deve ter experiência em todas as fases de produção das refeições e habilidades de planejamento em computador; é útil conhecimento de distribuição de custos. Ênfase em adaptabilidade e flexibilidade.

O cozinhar ainda é importante? Sim, agora mais do que nunca, o conhecimento de trabalho de estoques, sopas, molhos, entradas e acompanhamentos são essenciais para a produção de alimentos.

8. *Revival* do *Room Service*

Doreen Bell

Se você acha que o *room service* é um desperdício de tempo e funcionários, ou um mal necessário que nunca pode trazer lucros, pense novamente. A American Hotel e Motel Association (AH&MA) estima que 58,4% dos equipamentos de hospedagem forneçam serviços de quarto. E muitos hoteleiros estão descobrindo que pode ser uma experiência positiva – com a ajuda de pesquisa de mercado, pré-planejamento e programas inovadores.

O *room service* é um negócio de US$2 milhões por ano para o Loews Anatole Hotel em Dallas. A previsão e o planejamento ajudam os 82 funcionários do departamento a trabalhar bem e efetivamente, de acordo com Robert Fryer, diretor de *room service* de um hotel de convenções com 1.620 quartos. "Quando um grupo é escalado para realizar uma convenção em nosso hotel, é crucial para mim encontrar uma pessoa-chave do grupo que possa fornecer um perfil de seus itinerários e necessidades.", diz Fryer. O perfil contém uma variedade de detalhes que ajudam Fryer a escalar seus funcionários de acordo. "Se o café da manhã está incluído no itinerário do grupo, então eu sei que haverá menos demanda para o *room service* de manhã. Se os eventos não começam para o grupo até a tarde, entretanto, eu dobrarei meus funcionários".

Fryer mantém registros dos padrões de Alimentos e Bebidas para cada grupo. "Se um grupo retorna para o hotel, e muitos o fazem, então nós já temos uma boa indicação para saber quando nossos serviços serão necessários". Porque Fryer mantém registro dos padrões de Alimentos e Bebidas, os hóspedes do Loews Anatole associam qualidade e dependência com o *room service* do hotel. Mas além, de apresentar um pedido na hora, há outros fatores que influenciam a visão dos hóspedes em relação ao *room service*.

"A percepção do *room service* por um hóspede começa com o menu", diz Don Clawson, vice-presidente do serviço de alimentos do Radisson Hotels. "Um menu deve apresentar escolhas de Alimentos e Bebidas de uma maneira limpa e simpática. Os menus podem encorajar ou desencorajar os hóspedes a usarem o *room service*".

Clawson também diz que a "técnica de apresentação" é crucial na percepção de alimentos do hotel. "Uma experiência visual agradável convida o hóspede a apreciar a refeição que promete ser tão boa quanto parece," ele acrescenta. O sabor, é claro, é o elemento mais crucial na experiência do *room service*, ele diz. "E todos os enfeites no mundo não farão a alimentação ter um sabor melhor".

Porque os hóspedes podem ter tido experiências ruins em *room service*, em outros hotéis, Clawson diz que os funcionários do *room service* devem trabalhar dobrado para superar estas impressões. O Radisson ofereceu entrega de pizza para o *room service* juntamente com outros itens do menu, por exemplo, mas as vendas foram desanimadoras. Depois de notar numerosas caixas vazias de pizza comercial nos quartos dos hóspedes, a gerência do Radisson deduziu que muitos hóspedes perceberam que o serviço de pizza estava abaixo dos padrões do hotel. Para tornar sua pizza mais atraente, a cadeia recomeçou seu serviço de pizza de uma maneira única. Napolizza – A *Pizza with Pizazz* no Radisson, a inovação do serviço de pizzas do hotel. O telefone da Napolizza é listado separadamente dos outros itens do *room service* e está entre os telefones de serviços de entrega de pizza da lista de telefones do quarto. E como a pizza Domino's ou Pizza Hut, os funcionários do serviço de pizza do hotel usam jaquetas de *nylon*, boné de *baseball* e camiseta pólo com o emblema da Napolizza. A pizza é entregue em uma caixa térmica. "Mais de 50 dos nossos hotéis estão envolvidos com o programa Napolizza, diz Clawson, "e cada hotel vende aproximadamente 45 pizzas por dia".

Fryer, do Loews Anatole, diz que *room service* para grupos, geralmente servidos mais em suítes do que em apartamentos *standard*, gera US$1 milhão por ano. Ele diz que muitos executivos apreciam entreter seus clientes em suítes de hotel mais do que em restaurantes lotados, ou fora do hotel.

Os escritórios vizinhos também estão apreciando os benefícios do *room service*, diz Clawson. Muitos hotéis Radisson estenderam suas operações de *room service* para os escritórios em volta. "Pessoas do local estão fazendo seus pedidos via fax para nosso departamento de *room service*", ele diz.

A televisão a cabo também está contribuindo para a renovação da popularidade do serviço de quarto. "Quando você tem televisão a cabo ou videocassete no quarto, os hóspedes gostam de aproveitar estas amenidades e as combina com o *room service*, em pelo menos uma noite durante sua estada", diz John Crimmins, diretor de Alimentos e Bebidas do Le Meridien Chicago no 21 East Hotel. Crimmins também diz que muitas mulheres que viajam apreciam a refeição no quarto por segurança.

Para acomodar a diversidade de viajantes que usam o *room service*, Guido Comacchio, vice-presidente dos Alimentos e Bebidas dos hotéis Stouffer diz que a seleção de menus deve mostrar variedade também. "Nossos menus apresentam a maioria dos itens disponíveis em nossos restaurantes", diz Comacchio. "No passado, os hotéis reduziram as opções do menu para limitar o uso do *room service*, mas nós acreditamos que os hóspedes deveriam ter opção de escolha da mesma forma como escolhem onde jantar".

As seleções de *room service* foram ajustadas para satisfazer os hábitos de alimentos hoje. Comacchio diz que os hóspedes geralmente preferem refeições mais leves e alimentações grelhadas àquelas cozidas em molhos pesados. Frutos do mar e massa são atraentes para os vigilantes do peso ou hóspedes conscientes do colesterol.

Para suprir consumidores conscientes da saúde, alguns menus oferecem refeições mais leves como sanduíches de peru, iogurte e saladas separadamente para chamar a atenção destes itens. Mais do que ter de decidir qual entrada é a mais baixa em colesterol ou gordura, seções como esta fornecem aos hóspedes confiança que eles decidiram por alimentos saudáveis.

Para encorajar viajantes internacionais para compartilhar com o *room service*, muitos hotéis oferecem refeições que seus hóspedes encontrariam em sua terra. O chá tradicional japonês, por exemplo, foi bem recebido entre os viajantes japoneses.

O Le Meridien Chicago fornece aos seus hóspedes japoneses autênticos cafés da manhã, além do serviço de chá. Este serviço foi adotado em todos os hotéis Le Meridien, diz Crimmins. O hotel também está no processo de imprimir seu menu em japonês e francês.

O Le Meridien Chicago recentemente introduziu um café da manhã de cinco minutos garantidos. De segunda à sexta-feira, das 6 às 8h da manhã, o *room service* entrega aos hóspedes uma escolha de café, chá ou suco, *muffins* frescos ou pães e cereais sortidos. Os atendentes trabalham com *walkie-talkies* e ficam em vários andares do hotel, prontos para entregar o café em cinco minutos.

No Radisson Suite Hotel em Kansas City, os hóspedes ganham uma cortesia gratuita antes do café da manhã. Cada manhã, o café numa garrafa térmica juntamente com o jornal são colocados em um saco plástico e pendurados em todas as portas dos quartos, diz Janet Kinney, gerente-geral de um hotel-suíte de 214 quartos. "Nós descobrimos que mesmo que a maioria dos hóspedes tenham algum tipo de café da manhã, a maioria aprecia café quando se preparam para o dia", diz Kinney. Porque o processo é relativamente simples, geralmente são necessários dois atendentes para distribuir as sacolas antes das 7h da manhã durante a semana.

Propriedades com serviço limitado estão adicionando ou melhorando o *room service* de acordo com a AH&MA, 42% dos hotéis ou motéis com tarifas abaixo de US$45 oferecem *room service*. O Budget Inns baseado em Milwaukee, por exemplo, recentemente introduziu um café da manhã continental gratuito em seus 72 hotéis. De acordo com o presidente da empresa Stephen H. Marcus, 90% dos americanos tomam café da manhã, e a refeição está ficando cada vez mais popular entre os homens de negócios e viajantes. "O serviço de entrega do Budgetel Continental Breakfast é outra maneira de nós suprirmos as necessidades dos nossos hóspedes e oferecermos o melhor valor possível no setor hoteleiro," diz Marcus. O café da manhã continental, que é servido antes das 7h da manhã em dias de semana e 8h nos finais de semana, inclui um *Danish roll*, suco e café no quarto. Os executivos do Budgetel esperam que três ente cinco hóspedes aproveitem esta oferta. "O café da manhã é entregue aos quartos dos hóspedes sem aumentar as diárias ou cobrando custos adicionais para nossos clientes", diz Marcus.

ESTUDO DE CASO
Divisão de Alimentos e Bebidas

COZINHA REGIONAL

O comitê corporativo dos Alimentos e Bebidas, através de seu diretor-executivo, ordenou cada hotel na cadeia (11 hotéis médios, com serviço completo, situados no Sudoeste, na Costa Oeste e Noroeste) submeter um plano a seus restaurantes de hotéis para preparar menus que enfatizem a cozinha regional ou local. Este menu tem de utilizar ingredientes frescos e carne local, produtos e frutos do mar, e deveria enfatizar a diversidade étnica e cultural de cada área de mercado do hotel. Uma característica deste plano é fazer o restaurante do hotel atraente para a clientela local, assim como para seus hóspedes.

Como diretor dos Alimentos e Bebidas, você tem de se encontrar com seus funcionários para uma discussão de referencial geral, idéias e sobre como implementá-las. Na reunião, estão presentes o *chef* executivo e o *chef* assistente; o gerente e o assistente de gerente de seu (até este ponto) salão de jantar formal francês; o garçom de vinho e o diretor de compras.

Após a apresentação do plano corporativo, você pergunta por idéias e comentários. O *chef*, que é francês, está absolutamente desolado e parece olhar para o plano como um insulto pessoal. Ele sai da sala, ameaçando pegar suas facas e receitas e voltar para a França. A gerente do restaurante está interessada na idéia, mas diz que passou os últimos cinco meses contratando e treinando metade do seu restaurante para aprender a preparação de guarnições e serviço do menu francês. Ela está preocupada com esta mudança rápida de menus e o que esta operação pode causar, a curto prazo.

O garçom de vinho considera isto um desafio, porque, dependendo do que eventualmente for oferecido no restaurante, ele terá de escolher o vinho correto para realçar a alimentação local, e não há indústria significativa de vinhos na cidade. Ele, entretanto, acha que existem compromissos que podem ser feitos e gostaria de conversar mais sobre o assunto.

O diretor de compras está intrigado pelas possibilidades de explorar novos mercados locais. Ele adverte, entretanto, que o desenvolvimento de tal menu tem custos iniciais significativos, particularmente quanto a ingredientes produzidos na região, que podem ser muitos escassos, e para o estabelecimento de padrões onde não existe nenhum.

Seu trabalho como diretor de Alimentos e Bebidas é ajudar todos os *chefs* de departamentos a apresentarem um plano que satisfaça suas preocupações e ao mesmo tempo sigam a política indicada pela corporação.

(Nota do editor: Informação adicional, sobre as soluções em potencial para este caso, pode ser adquirida lendo o ensaio de Evans no capítulo 8.)

Notas Finais

[1] As características demográficas destas propriedades indicam que elas estão dispersas pelos Estados Unidos, possuem tamanho de médio a grande e mais da metade tem estado ativa em negócios por mais de 10 anos.

[2] Essas cadeias foram listadas na edição de maio de 1992 da revista *Hotels* como tendo *outlets* em hotéis ou tendo interesse em ter unidades de hotelaria.

[3] Essas relações de operação foram modificadas em alguns casos desde que os dados dos restaurantes NRA não sejam estritamente comparáveis com os dados PKF.

[4] Para uma discussão detalhada dessas medidas, veja a obra de Christina Maslach e Susan E. Jackson, *Maslach Burnout Inventary*, 2nd. ed (Palo Alto, CA: Consulting Psychologists Press, 1986).

Referências

American Culinary Federation Educational Institute 1989. *Handbook for Certification and Certification Renewal.* Louisville, KY: National Center for Hospitality Studies.

ASCAP. 1978. *Music and the Law.* ASCAP Report, p. 2.

ASCAP. 1984. Memorandum of agreement, 7 January.

Author unknown. 1992. 1993 Forecast. *Restaurants USA* 12(11).

Blake, Anthony and Quentin Crewe. 1978. *The Great Chefs of France.* New York: Harry N. Abrams.

Brayfield, A.H. and H.F. Rothe. 1951. An Index of Job Satisfaction. *Journal of Applied Psychology* 35: 307-311.

Coltman, M. 1982. *Hospitality Management Accounting.* Boston: CBI.

Culinary Institute of America. 1962. *The Professional Chef.* Boston: *Institutions/Volume Feeding* magazine.

Culinary Institute of America. 1991. *The Professional Chef*, 5th ed. New York: Van Nostrand Reinhold.

Dittmer, Paul R. and Gerald G. Griffin. 1989. *Principles of Food, Beverage, and Labor Cost Controls*, 4th ed. New York: Van Nostrand Reinhold.

Fisher, William P. 1993. The Restaurant and Foodservice Industry. In *VNR's Encyclopedia Of Hospitality and Tourism*, eds. Mahmood Kahn, Michael Olsen, and Turgut Var. New York: Van Nostrand Reinhold, pp. 3-13.

Hubsch, Allen W. 1966. Hotel Food and Beverage Management. *The Cornell Hotel and Restaurant Administration Quarterly* 7(3):9- 11, 18- 19.

Hull, G.P. and W.E. Kent. 1977. Live Entertainment: Considerations for Hotels and Restaurants. *The Cornell Hotel and Restaurant Administration Quarterly* 18:13-16.

Kent, William E. 1982. Job Satisfaction among Hotel Managers: Implications for Hospitality Educators. *Journal of Hospitality Education* 7:13-21.

Kent, William E. and Patti J. Shock. 1983. Women in Hospitality Management: Does Quantity Equal Equality? *HSMA Marketing Review* 1:16-21.

Lillo, S. 1981. Let Us Entertain You, Operators Say. *Nation's Restaurant News* 16:33-36.

Ruggless, R. 1992. Soft Market Plagues Hotel Food Service. *Nation 's Restaurant News* 26(31) :110, 112.

Smith Travel Research. U.S. Census, lodging data base.

U.S. Census Bureau. 1989. County Business Patterns.

Wren, J.R. 1981. Restaurants and Show Biz: An Individualized Approach. *Food Service Marketing* 43: 37-41.

Leituras Sugeridas

Livros

Foster, Dennis L. 1992. *Food and Beverage: Operations, Methods and Cost Controls.* Lake Forest, IL: Glencoe Division, Macmillan/McGraw-Hill.

Shock, Patti J. and John M. Stefanelli. 1992. *Hotel Catering: A Handbook for Sales and Operations.* New York: John Wiley.

Artigos

Feltenstein, Tom. 1986. New-Product Development in Food Service: A Structured Approach. *The Cornell Hotel and Restaurant Administration Quarterly* 27(3):63-71.

Hanson, Bjorn. August 1984. Hotel Foodservice: Where's the Profit? *The Cornell Hotel and Restaurant Administration Quarterly* 25(2):92-96.

Hubsch, Allen W. 1966. Hotel Food and Beverage Management. *The Cornell Hotel and Restaurant Administration Quarterly* 7(3):9-11, 18-19.

Swinyard, William R. and Kenneth D. Struman. 1986. Market Segmentation: Finding the Heart of Your Restaurant's Market. *The Cornell Hotel and Restaurant Administration Quarterly* 27(1):89-96.

Fonte das Notas

Chapter 2, Hotel Food and Beverage Departments Assume Higher Profile as They Adapt to the 1990s is reprinted from *Hospitality Directions*, Vol. II, No. III with permission of Carol R. Greenberg, Research Economist; Coopers & Lybrand, Hospitality Industry Consulting; Bjorn Hanson, Ph.D.; Hospitality Industry Chairman.

Chapter 3, Manager Burnout, by Christopher Krone, Mary Tabacchi, and Bonnie Farber is reprinted from the November 1989 issue of *The Cornell Hotel and Restaurant Administration Quarterly.* ©Cornell University. Reprinted by permission. All rights reserved.

Chapter 5, A Table for 5,000? Right This Way! by Patti J. Shock, William E. Kent, and Samad Karkouti is reprinted from the August 1986 issue of *The Cornell Hotel and Restaurant Administration Quarterly.* ©Cornell University. Reprinted by permission. All rights reserved.

Chapter 8, Roomservice Revival, by Doreen Bell is reprinted with permission of *Lodging Hospitality*, May 1990.

7

Marketing e Atividades Associadas

Introdução

Para a maioria das empresas hoteleiras, foi somente durante os anos 80 que a palavra "marketing" se tornou algo mais do que um eufemismo para as vendas. De fato, no campo competitivo do passado não tão distante, a maioria das atividades relacionadas a colocar hóspedes nos quartos poderiam ser conseguidas por um suporte de vendas agressivo e com conhecimento. No ambiente competitivo de hoje, isto se tornou impossível. As companhias de hotéis que designaram uma variedade sofisticada de serviços de hospitalidade precisam de um esquema igualmente sofisticado para permitir que sua clientela conheça seus serviços.

Para a maioria das empresas hoteleiras, o marketing verdadeiro se desenvolveu agora para refletir sua própria sofisticação, assim também como os hóspedes e clientela em potencial. Os viajantes de negócios, agentes de viagens e organizadores de eventos que representam e reservam grupos e convenções são consumidores bem educados e informados. Para servir esta clientela, os hotéis desenvolveram esforços de marketing e segmentação de produto para, primeiro, interessar o mercado e, depois, permitir que as pessoas no mercado façam escolhas inteligentes entre os concorrentes.

Marketing é, então, um termo genérico que cobre várias atividades estratégicas e táticas designadas para contar à clientela a "história" dos serviços de hotel e encorajá-los a fazer escolhas baseados em como a mensagem de marketing de um hotel se compara às alternativas. Em qualquer hotel, ou empresa hoteleira, o marketing inclui: uma gama de atividades de vendas; relações públicas; propaganda em toda a mídia; design de símbolos e imagens; e, crescentemente, os departamentos de serviços de convenção, reservas e talvez banquetes.

A pesquisa também tem um papel importante em estabelecer estratégias de marketing e táticas. Vários artigos listados nas leituras sugeridas para esta seção, entre outros, tratam do acúmulo sistemático de dados sobre a clientela do hotel. É importante que os gerentes entendam a gama dentro da qual estes dados podem ser interpretados e aplicados. Os gerentes bem-sucedidos e as organizações de alta qualidade estarão sempre procurando informações e dados que os permitam tomar decisões corretas e designar esforços de gerência/marketing eficientes.

Estes dados podem ter um número diferente de formas, mas na maioria das vezes eles lidam com as várias características do mercado-alvo do hotel que afetam as suas escolhas de hotel. Os hotéis encontrarão mecanismos para acumular os seguintes tipos de dados (descritos por Booms 1993) sobre seus hóspedes e hóspedes em potencial:

- Geográfico: que tipos de comunidades são representadas; que partes do país ou do mundo; qual a distância que eles viajam.
- Demográfico: idade, sexo, profissão, salário, família, educação, etnia.

- Psicográfico: a auto-imagem do cliente, grupo ou classe social, tipo de vida; traços de personalidade.
- Comportamentais: a escolha do hotel é uma rotina ou ocasião especial; o que o hóspede procura em termos de qualidade, serviço, economia; status do usuário (não usuário, ex-usuário, usuário em potencial, usuário regular, usuário de primeira vez); taxa de uso (baixa, média e alta); lealdade (nenhuma, média, forte, absoluta).

Enquanto muitos destes detalhes específicos ou programas incluídos sob o marketing genérico podem ser redistribuídos para agências que se especializam em propaganda ou relações públicas, o plano de estratégia de marketing do hotel vem de dentro da própria organização.

O artigo, neste capítulo, de Warren e Ostergren trata dos aspectos da natureza da estratégia de marketing para a década atual e atesta os novos níveis de sofisticação que estão se tornando inerentes às atividades de marketing de hotel. Shaw e Makens tratam detalhes específicos com referência às pessoas, estrutura e atividades dos funcionários de vendas.

Apesar da longa prática do setor da aviação, só recentemente o *yield management* começou a encontrar aceitação nos sistemas de reserva de marketing do hotel. Os artigos aqui sobre *yield management* exploram os vários aspectos da prática, do ponto de vista de um proponente (Orkin) e de um cauteloso (Wilson). O artigo de Margaret Shaw sobre o preço de hotel deveria ser lido no contexto das questões e sugestões levantadas pelas contribuições do *yield management*.

A pesquisa e comentário de Robert Lewis sobre marketing de hotel e práticas relacionadas foi largamente disseminada, e dois dos seus mais recentes artigos são o foco central aqui. Ao explorar o "marketing interno", Lewis apresenta um caso de descoberta de gerenciamento possível para fazer os funcionários do hotel acreditarem no produto de hospitalidade e se tornarem "responsáveis pelo marketing interno" para os hóspedes. Lewis argumenta que esta prática, talvez mais do que qualquer outra atividade de marketing, cria uma atmosfera que produz entusiasmo para o hóspede – o boca a boca pode se tornar a campanha publicitária mais eficiente para o hotel. O ensaio de Richard Howey sobre a escolha dos consumidores de hotel fornece pensamentos adicionais sobre a propaganda boca a boca.

Quando Lewis refere-se à propaganda em si, em seu artigo contando a história da posição do hotel, ele usa a propaganda de um hotel real para fazer suas considerações sobre como os hotéis deveriam se posicionar de uma forma orientada para os hóspedes, mais do que se centralizar nas características físicas.

A contribuição de Howey sobre a escolha do consumidor em hotéis apresenta uma introdução prática e de fácil entendimento para a teoria sofisticada. Ele examina essa teoria, apresenta um modelo simplificado mais elegante e discute suas implicações para os gerentes de hotel e seus "responsáveis pelo marketing".

Em nenhum lugar, talvez, o conceito de propaganda boca a boca, como discutido por Lewis e Howey, carrega peso mais potencial do que com os planejadores de eventos previamente apresentados. Esses profissionais de hospitalidade são os detentores de milhões de reservas de quartos de hotel anualmente. É instrutivo que eles baseiem suas escolhas de hotéis em redes de informação interna e externa, observem opiniões e propaganda boca a boca (Bloom 1981; Lowe 1984). Devido à sua importância, o recente artigo de Rutherford e Umbreit está incluído nesta seção.

Como este é um importante segmento de mercado para muitos hotéis, as visões coletivas dos 52 organizadores de eventos que esses autores pesquisaram deveriam ser instrutivas para os responsáveis pelo marketing e gerentes de hotel. Enquanto muitas das pesquisas anteriores sobre organizadores de eventos enfocaram os atributos físicos dos hotéis (Bloom 1981; Renaghan e Kay 1987) – e, por extensão, as ligações com o artigo de propaganda de Lewis (1990) – Rutherford e Umbreit especificamente observaram os domínios de interação de comportamento entre os organizadores de eventos e os funcionários do hotel. De um modo geral, esse artigo é sobre operações, mas está incluído aqui para ilustrar não somente a importância das necessidades não-físicas de um marketing maior, mas também para reforçar o ponto de Lewis e Howey de que algumas das propagandas de hotéis mais eficientes e poderosas são a promoção através dos funcionários e o boca a boca entre os hóspedes. Esses dois conceitos estão reforçados nessa pesquisa.

Se o marketing, como se tem dito, é a promessa, então são os funcionários do hotel que mantém essa promessa. Isso é particularmente importante com o mercado de grupos, representado por organizadores de eventos. No estudo de Rutherford e Umbreit, dos 316 incidentes críticos reunidos de 52 entrevistas de organizadores de eventos, mais de 100, ou 32%, tiveram o gerente de eventos e convenções (GEC) como seu foco central. Em reconhecimento à importância central do GEC em manter a promessa, muitos hotéis incluem os serviços de convenção como um componente funcional do departamento de marketing. Os profissionais desses departamentos planejam suas atividades especificamente para se assegurar de que os esforços e promessas do departamento de vendas e mensagens de marketing são entregues ao grupo enquanto o mesmo se encontra no hotel. O artigo de Michael Adam sobre "um dia na vida" de tal gerente fornece evidência gráfica da importância desta posição. Ele também dá uma visão detalhada das responsabilidades que são importantes para este profissional se especializar ao participar na recepção de tal evento.

Tradicionalmente, a função dos relações públicas para qualquer organização, particularmente os hotéis, foi orientada para a geração de publicidade favorável – geralmente gratuita – para o hotel e a supressão ou gerenciamento das más notícias. Louis Richmond propõe a posição expandida que as atividades de relações públicas podem realçar as vendas do hotel e os esforços de marketing. Ele argumenta que através de esforços de cooperação criativos com a caridade local, organizações culturais e voluntárias, os hotéis podem ajudar estes grupos de levantamento de fundos e mostrar a esses clientes em potencial o desempenho do hotel. Seus exemplos são instrutivos. Richmond, que recentemente abriu sua própria empresa de relações públicas em Seattle, lida com as preocupações do Sheraton e outros clientes de hospitalidade.

As estratégias, táticas, atividades e conceitos de pessoal descritos pelos artigos nesta seção fornecem uma visão geral que somente dá uma dica da importância do gerenciamento eficiente da função de marketing. Marketing é talvez o tópico mais abordado na literatura da hospitalidade. Por haver tanta diversidade de opinião, pode ser argumentado que não há uma maneira correta de fazer marketing, nem que haja uma única peça de literatura geralmente considerada original para o marketing do hotel. O leitor é levado a considerar as referências usadas pelos autores que contribuíram e a sugestão de leituras, e examinar ativamente os periódicos de hospitalidade para obter um maior entendimento deste processo fascinante e, por extensão, seu gerenciamento.

1. Promovendo seu Hotel: Desafios do Futuro

Peter Warren
Neil W. Ostergren

Nós temos visto grandes mudanças no setor de viagens nos anos 80, com fusões, aquisições, marketing de nichos e extensões de marcas. Com toda esta atividade, o consenso é de que o setor de viagens está amadurecendo. Enquanto isso pode ser verdade, não há aparência de que esta mudança diminuirá. Pelo contrário, nós veremos uma tremenda proliferação de serviços de viagens e produtos e serviços experimentais. Com a pressão da concorrência, muitos destes produtos novos acabarão. As companhias que agora estão entrando no setor de viagens deverão ter um sério comprometimento a longo prazo ou desaparecerão. Se você pensa que a concorrência está dura agora, espere quão dura ela será nos próximos anos.

Isto parece terrível? Não é. Na verdade, nós pensamos que os próximos dez anos serão mais excitantes e progressivos na história do setor de viagens. Novos conhecimentos, *insights*, tecnologias e métodos completarão a conversão do negócio de comércio de viagens para um setor massificado de marketing (autor desconhecido 1989 a). Na maioria das partes do mundo, viagens e turismo é um dos mais rápidos e crescentes segmentos da economia. Ironicamente, por causa de sua natureza fragmentada, o setor de viagens nunca foi reconhecido como merece. Como viajar se torna mais importante para a vida de mais pessoas no mundo, sua contribuição para a economia do mundo é melhor reconhecida. Conseqüentemente, a viagem está atraindo mais investimento em capital e mais talentos sofisticados.

O marketing será a chave do sucesso no futuro. Propaganda boca a boca e *slogans* não mais substituirão o entendimento do verdadeiro lugar do marketing. Nós não podemos mais simplesmente responder às exigências do mercado. Ao invés disso, devemos antecipá-las, lendo sobre as melhores condições de mercado mais rápido que antes. O setor hoteleiro está dando grandes passos nesta direção. Ele está mudando rapidamente de um setor de operações dirigidas para um setor voltado ao marketing e ao consumidor (Amster 1989). A importância do marketing é aparente, já que mais CEOs são mais egressos dos departamentos de marketing do que das operações.

Neste artigo, nós examinaremos vários fatores-chave que têm um papel importante no marketing do hotel na década que se aproxima. Estes fatores são a emergência da nova "geração da informação", o crescimento do marketing fundamentado em base de dados, e o desenvolvimento de micro marketing. Nós também mencionaremos o que chamamos "*yield marketing*", gerenciamento de recursos humanos e a ligação do consumidor com a marca.

OS ABSURDOS ANOS 90

Se as empresas hoteleiras vão sobreviver ao que chamamos "os absurdos anos 90", elas devem ser dirigidas ao consumidor. O marketing de poltrona está morto. Ao invés disso, as empresas devem ter um melhor entendimento sobre os desejos e necessidades de seus clientes e como melhor se comunicar com eles (Dumaine 1989). Ao fazer isso, os responsáveis pelo marketing estão descobrindo um comprador sofisticado – que é bem informado e intolerante quanto a mensagens tediosas e lentas (Barmash 1980).

A velocidade e a quantidade de informação que está sendo disseminada para os consumidores está crescendo junto da habilidade para consumi-la. O crescimento da mídia de radiodifusão, particularmente a televisão, é grandemente responsável por esta aceleração. Em nações industrializadas, as gerações nascidas após a Segunda Guerra cresceram assistindo à televisão. Outros, sem acesso à TV, ouviram o rádio. Enquanto a programação e a tecnologia melhoram, os espectadores descobriram que, comparado com a informação impressa, eles estão sendo expostos a mais informação, mais rapidamente, mais vividamente e às vezes com mais precisão, com a radiodifusão. As gerações descobriram que poderiam ouvir sobre um assunto mais rápido do que ler sobre ele, e assisti-lo em vídeo ainda mais rápido.

Mas a televisão não substitui os jornais ou o rádio no mercado. Ao invés disso, as pessoas estão fazendo as três coisas – lendo, ouvindo e vendo – conseqüentemente consumindo mais informação. Neste processo, o tempo se transformou numa mercadoria preciosa. As pessoas geralmente não estão se interessando por se concentrar em mensagens lentas, complicadas ou mesmo tediosas. Às vezes, mesmo a informação televisiva é muito lenta, e as pessoas mudam de programas, usando o controle remoto ou seu videocassete. Com telas separadas, as pessoas podem assistir mais que um programa por vez. Este comportamento mostra, de maneira conclusiva, que a mente pode compreender as coisas muito mais rapidamente do que falamos.

Como resultado, os comunicadores do futuro precisarão experimentar linguagens verbais e visuais novas que possam ser rápida e facilmente entendidas. Na propaganda impressa, as mensagens serão mais simples, similares a quadros de avisos, com títulos mais curtos e visuais mais poderosos. Cada palavra, assim como o visual, deve contribuir para a mensagem. Este consumidor impaciente ajudou a impulsionar a tecnologia que apressa a decisão de compra. As telecomunicações, faxes, *telemarketing*, números 0800 e 0900 e compras com cartão de crédito estão tornando os tradicionais cupons de resposta coisas do passado.

Finalmente, o consumidor está impaciente com as promessas de vendas falsas ou vazias. Os clichês do passado não funcionarão na propaganda de hoje. As campanhas que contêm benefícios reais baseados nos desejos e necessidades do consumidor serão bem-sucedidas. Os "consumidores de radiodifusão" estão agora entrando no negócio de serviços de viagens em grande número. Vendedores, estejam atentos!

MARKETING BASEADO EM DADOS

Como o mercado hoteleiro se torna mais competitivo e complexo, meramente identificar e correr atrás de segmentos de mercado não será suficiente para conseguir os negócios. Nós precisaremos aperfeiçoar estes segmentos em "pedaços" menores para que possamos atingir os micro-segmentos.

A idade do *micromarketing* baseado em dados é possível pelo avanço da tecnologia. O setor hoteleiro há muito tempo identificou este processo de informação sobre seus consumidores através do processo de registro. Somente nos últimos anos nós notamos avanços significativos nesta área. Com o avanço dos *softwares* de computadores, os hotéis terão maior capacidade de identificar e tabular os padrões e preferências de compras dos consumidores. Com esta base de dados, os hotéis serão capazes de atingir seu mercado e assegurar a satisfação do cliente com o produto.

Mesmo se o mercado de viagens se tornar maior, tornando-se um mercado de massa, as companhias hoteleiras tornar-se-ão mais seletivas sobre quais segmentos de mercado elas perseguem. Munidas desta base de dados, as companhias hoteleiras começarão a se posicionar contra estes microsegmentos. Aperfeiçoando o perfil de seus clientes pelo uso de padrões de compras geográficos, demográficos e psicográficos, os hotéis descobrirão oportunidades de negócios pelos quais eles podem competir efetivamente (autor desconhecido 1989b). Entretanto, com um conhecimento profundo dos seus clientes, estes hotéis serão capazes de adaptar suas facilidades, serviços e treinamento de funcionários às necessidades dos hóspedes. Nós estamos convencidos de que empresas hoteleiras grandes e pequenas que estão comprometidas em desenvolver as bases de dados dos clientes serão aquelas que competirão efetivamente no futuro. (Para uma discussão detalhada da base de dados do mercado, veja os artigos de Francese e Renaghan, nas leituras sugeridas.)

YIELD MARKETING

Com o desenvolvimento do marketing com base em dados, as companhias hoteleiras ganharão uma arma que beneficiará a receita, que constantemente estará sob pressão. Muitos hotéis já estão desenvolvendo sistemas de *yield management* que são apropriados para suas operações (Relihan 1989; Wada 1989). O *yield management* pode ser estendido para o marketing para criar o que nós chamamos de "*yield marketing*". Para fazer isso, os hotéis precisarão interligar seus sistemas de vendas, marketing e reservas com seus sistemas de gerenciamento de propriedade. Isto será possível porque os computadores menores estão se tornando mais flexíveis e poderosos.

O *yield management* ligará as respostas dos clientes aos esforços promocionais e de propaganda do hotel. Com um sistema como esse, seu hotel será capaz de medir precisa e rapidamente e até mesmo antecipar a eficiência e eficácia dos investimentos de marketing. Como as vendas e custos de propaganda aumentam, um sistema como o *yield management* será essencial para ajudar os hotéis a alcançarem maior retorno da propaganda e promoção.

GERENCIAMENTO DE RECURSOS HUMANOS

Durante os anos 80, os hotéis individuais e cadeias hoteleiras inteiras fizeram o que podiam para se diferenciar na cabeça dos consumidores. A proliferação de várias marcas e produtos de hotel foi um fator importante neste esforço para a diferenciação. No futuro, nós esperamos que a propaganda seja um fator de diferenciação importante. A aparência, qualidade, estilo e tom das propagandas das propriedades estabelecerão uma personalidade ou identidade distinta no mercado. Esta personalidade também mandará um sinal para que os funcionários saibam o que o hotel significa.

Como as facilidades e amenidades são duplicadas de hotel para hotel, serviço consistente e atitude de funcionários tornar-se-ão um diferencial substancial e fator competitivo. Os hotéis que podem atrair, treinar, motivar e manter seus funcionários terão uma vantagem competitiva. Com a expansão do mercado de trabalho, reter funcionários talentosos será um desafio. O papel dos gerentes de recursos humanos tornar-se-á crítico, e todas as empresas de hospitalidade terão que desenvolver programas de recrutamento inovadores e motivadores. Os gerentes de hotel terão que abrir linhas de comunicação com os funcionários, dar mais ênfase à atmosfera do trabalho e aumentar a qualidade de *output*, e dar maior importância ao fato de que todos os funcionários afetam a experiência de serviço do hóspede.

Primeiro Olhar

Mas todos estes esforços podem ser em vão se um fator crítico não for observado – a pessoa que fecha a venda. O setor hoteleiro gasta milhões de dólares para desenvolver e elaborar boas campanhas para conseguir clientes em potencial para uma determinada ação. Esta ação é discar o número do telefone da reserva ou do sistema de reservas do hotel. E quem conversa com o cliente quando ele liga para o hotel para fazer uma reserva? Quase sempre, o mais inexperiente e mal pago membro de nosso departamento de vendas é a pessoa que atende o telefone. Na maioria dos casos, o funcionário da reserva é a primeira pessoa que fala com o cliente. Esta pessoa não deveria ser a mais motivada e o membro melhor informado dos nossos funcionários? Se não, nem todo o esforço de *merchandising* do mundo fechará a venda. Empresas como a Disney estão liderando a maneira de treinar funcionários, para que cada membro seja imerso na cultura da empresa e esteja pronto para servir o hóspede de maneira apropriada (McGill 1989).

VÍNCULO

Uma vez que um novo cliente é conseguido, os hotéis enfrentam o desafio de manter este cliente. Custa à empresa cinco ou seis vezes mais obter novos clientes do que mantê-los. Mas o cliente notoriamente volúvel de hoje tem pouca lealdade para com a empresa. Para promover mais lealdade, os operadores de hotéis estão começando a entender que precisam ficar perto de seus clientes, ouvi-los e satisfazer seus desejos e necessidades. Ao personalizar a experiência do hóspede, nós podemos construir a lealdade do cliente e criar negócios que se repitam (Sellers 1989).

A propaganda também deve se tornar mais importante e relevante. Como a propaganda tem um papel importante em obter novos clientes mantendo os antigos, a credibilidade da mensagem determinará sua eficiência. (MacDougall 1984). Nós devemos colocar nossa mensagem e o nome do nosso hotel no contexto da vida dos hóspedes. Quanto mais perto nós pudermos relacionar o hotel ao nosso estilo de vida projetado, mais eficiente a mensagem da propaganda será, e maior a lealdade com a marca (Rothenberg 1989 e 1990). Burleigh Gardner chama isso de "vínculo" e nós vemos a evidência disso em um número maior de mensagens de propaganda para os consumidores.

A propaganda de hotel parece estar defasada em relação ao consumidor, para conseguir que os consumidores se vinculem à marca do hotel. Este trabalho não recairá apenas nas campanhas publicitárias mas sobre todos os níveis de funcionários do hotel. Estes são os desafios para o futuro: passar ao consumidor sua mensagem e ser rápido. Realizar suas promessas de maneira que o consumidor esteja atento à comunicação em duas vias de seu estabelecimento. Traga os funcionários para a cena entendendo suas necessidades. Preste atenção no *micromarketing* e explore as possibilidades do *yield marketing*. Apesar de os desafios serem enormes, o potencial é ilimitado.

2. Práticas de Marketing em Cadeias Hoteleiras

Chekitan S. Dev

Nos últimos dez anos, os operadores de hotéis americanos estavam desenvolvendo somente programas de marketing rudimentares – a maioria deles, técnicas de vendas e propaganda. Hoje, como este artigo mostrará, a maioria das cadeias hoteleiras reconhecem a importância da função de marketing e seu papel decisivo no sucesso de suas operações. Como Howard Feiertag (1986) colocou: "um hoteleiro que não considera o marketing como uma parte importante da sua operação está condenado à falência".

Há pouca pesquisa direta sobre os planos de desenvolvimento das empresas hoteleiras. Um estudo examinou indústrias e companhias de serviço, enquanto outro discutiu fornecedores de mercadorias embaladas (Hopkins 1981; Stasch e Lanktree 1980). Para suprir este vão na informação relacionada ao hotel, eu conduzi um estudo comparativo de práticas de planejamento em 12 empresas hoteleiras, todas baseadas na América do Norte (Quadro 1). Meus objetivos eram (1) identificar e descrever procedimentos de planejamento de marketing em várias empresas hoteleiras; (2) comparar e contrastar estes procedimentos; (3) estabelecer marcas de referência ou linhas mestras, se possível, que pareçam estar associadas com práticas de planejamento de marketing; e (4) tentar determinar a eficiência de cada prática de planejamento de marketing da empresa por seu desempenho financeiro.

O ESTUDO: Desenvolvimento de Planos de Mercado

Eu conduzi minha pesquisa durante o verão de 1989. Para começar, escrevi para as 25 maiores companhias hoteleiras na América do Norte para pedir sua participação.

Doze demonstraram interesse em participar. As empresas participantes representavam todos os segmentos do setor hoteleiro. Duas cadeias operam hotéis de luxo, quatro têm propriedades de primeira classe, três estão primariamente no mercado intermediário, e três são operadores econômicos.

Eu usei o questionário mostrado no Quadro 2 como uma estrutura para uma série de 43 entrevistas com executivos chaves de marketing nos níveis corporativos e das propriedades. Antes de ir para as entrevistas, eu me familiarizei com as empresas revendo suas posições financeiras e lendo artigos publicados sobre elas em jornais acadêmicos e do mercado.

Para assegurar que as informações que eu consegui nestas entrevistas eram as mais sinceras possíveis, prometi aos entrevistados que informações específicas permaneceriam confidenciais. Conseqüentemente, este artigo discute as empresas hoteleiras sem fornecer os tipos de informação descritiva que possam torná-las identificáveis.

Dimensões

No curso das minhas entrevistas, eu pedi aos especialistas em marketing para caracterizar seus procedimentos de planejamento de marketing seguindo seis dimensões: ambição versus objetivos conservadores, documentação simples versus documentação complexa, metas de curto prazo versus metas de longo prazo, abordagens de cima para baixo versus abordagens de baixo para cima, para estabelecer objetivos, desenvolvimento racional (fixo) versus desenvolvimento incrementado (revisto e ajustado), e processo de planejamento seqüencial (passo a passo em uma direção) versus repetido (*loopback*).

Eficácia

Eu também tentei julgar se cada planejamento de marketing da empresa era eficaz. Eu considerei

QUADRO 1
Empresas Participantes

Best Western	Holiday Inns	Motel 6	Ritz-Carlton
Days Inns	Marriott	Omni	Sheraton
Four Seasons	MHM	Ramada	Westin

o processo eficaz se as projeções de receita no plano de marketing mostrassem uma variação de menos de 5% dos resultados atuais. Infelizmente eu me frustrei com esse esforço. Para começar, eu consegui poucos dados. A maioria da informação apresentada veio das recordações das pessoas que eu entrevistei mais do que dos números documentados. Entretanto, a companhia com o processo de planejamento mais completo relatou resultados com uma variação maior que 5% do orçamento (felizmente, uma variação positiva). Entretanto, duas companhias com processo de planejamento menos completo relataram uma variação de menos de 1%.

Eu concluí que os resultados de um único ano não podem demonstrar a eficácia do processo de planejamento, e que seriam necessários muitos anos de informação para fazê-lo. Pode parecer que nem mesmo uma longa série de resultados terá correlação, devido a fatos tão incontroláveis como recessões econômicas, débito alto de uma aquisição ou atos naturais, que afetariam o desempenho da empresa. Para os propósitos deste artigo, eu propus medir a eficácia dos planos de marketing por seus resultados no critério especificado na literatura; parece funcionar bem (Stasch e Lanktree 1980).

Benchmarks

Para comparar as práticas de planejamento das 12 empresas hoteleiras, portanto, eu selecionei quatro características para avaliar como foi o processo de planejamento. Eu classifiquei o processo de planejamento como alto se os quatro critérios seguintes fossem seguidos:

1. A companhia usou informações de níveis diferentes de gerenciamento.
2. A companhia usou fontes internas e externas de informação (por exemplo, uma agência de propaganda externa e departamento interno de pesquisa de mercado).
3. A quantidade de tempo programada para o desenvolvimento de planos de marketing apropriados para a tarefa (por exemplo, dois ou três meses de desenvolvimento seriam mais apropriados do que duas ou três semanas).
4. Fatores de motivação e organização usados para encorajar um bom planejamento, incluindo programas de treinamento e bônus ou planos de incentivo baseados nas vendas ou lucros resultantes de um plano de marketing.

DESCRIÇÕES DA EMPRESA

As empresas hoteleiras que eu pesquisei não eram de maneira alguma uniformes em suas abordagens de planejamento de marketing. Duas eram diferentes pela eficácia de seus processos de planejamento. Cinco outras ficaram pouco abaixo das duas melhores, primeiramente porque apresentaram poucos indícios de terem um programa de treinamento para planejamento de marketing e forneceram somente linhas mestras para o desenvolvimento de documento de plano de marketing. As outras cinco ficaram mais abaixo porque nem ofereciam treinamento nem tinham plano de incentivo, e falharam em incluir gerenciamento de marketing em nível de propriedade, ou empresas terceirizadas no processo de planejamento.

Diversificadas

A companhia hoteleira A, uma das duas com os processos de planejamento de marketing mais intrincados, é parte de uma grande e diversificada corporação multinacional. Ela compreende hotéis próprios e hotéis gerenciados, juntamente com um número substancial de propriedades franqueadas. A maioria de suas propriedades é do mercado intermediário. O processo de planejamento da companhia A começa com um plano estratégico de cinco anos que é examinado e revisto a cada três anos. No plano estratégico, a companhia estabelece como será, o que fará e onde espera estar no final dos cinco anos. Do plano estratégico, os gerentes de marca dos hotéis da empresa desenvolvem seus planos de marketing anuais.

Ao desenvolver o plano de marketing, os gerentes de cada produto encontram e revisam os objetivos e estratégias do plano. Estes objetivos são traduzidos em objetivos para cada departamento individual. Planos anuais de marketing são revistos em um nível alto para aprovação. Por ser negociada publicamente em bolsas, a companhia mantém tanto um plano interno quanto um externo. As metas escritas para o público são de alguma forma menos agressivas que aquelas publicadas internamente para a operação efetiva. Não é requerido às franquias preparar um plano anual de marketing.

QUADRO 2
Questionário de Planejamento de Marketing

1 - Filosofia Organizacional
  - Declaração da missão: O que a companhia representa?
  - Natureza dos negócios da companhia?
  - Quem é o cliente?
  - Quem é o competidor?

2 - Filosofia de marketing
  - Papel do marketing na organização
  - Satisfação do hóspede *versus* sistema de eficiência operacional para monitorar, traçar ou direcionar a satisfação do hóspede – resultados? Está funcionando?

3 - Auto-avaliação
  - Pontos fortes: Qual sua principal arma para competir? Você usa?
  - Pontos fracos: Qual o seu "calcanhar de Aquiles"?
  - Oportunidades: Para onde você crescerá?
  - Ameaças ou limitações: Barreiras para crescer?

4 - Direcionamento de marketing
  - Objetivo: Aonde você espera chegar em cinco anos?
  - Estratégia: Como pretende chegar lá? Expansão ou aquisição?

5 - Áreas de resultados-chave
  - Qual seu foco para o futuro?

6 - Organização de marketing
  - Linhas de autoridade (real *versus* imaginado)
  - Envergadura do controle, especialização

7 - Planejamento de marketing
  a. Formulários? Documentos? Estruturação do tempo?
  b. Fontes de input:
    - Gerenciamento sênior: Direcionamento? Envolvimento?
    - Equipe e linha de gerenciamento: Número? Áreas? Níveis?
  c. Passos
    - Pesquisa: Escaneamento? Análise do competidor? Produto? Cliente?
    - Planejamento: Determinação objetiva: muito ambiciosa, otimista, realista, pessimista, ou muito conservadora. Cenários? Por segmento?
    - Estratégia: Conflito com a estratégia corporativa? Planos de ação?
    - Execução: Liberdade? Discriminação? Correção de Curso? Fontes externas?
  d. Características
    - Simples *versus* complexo
    - Curto prazo (três meses) *versus* longo prazo (cinco anos)
    - *Top-down versus bottom-up*
    - Racional (arrumado) *versus* incremental (revisado e ajustado)
    - Seqüencial (uma tentativa em cada nível) *versus* iterativo (os projetos são revistos e revisados)
  e. Facilitação
    - Treinamento ou desenvolvimento
    - Planos de incentivo ou outros fatores motivacionais
  f. Avaliação e mensuração (último para cinco anos)
    - Porcentagem de tendências de *market share*
    - Tendências de vendas
    - Tendências de crescimento
    - Variações – Real *versus* orçamento: Típica? A mais recente?
  g. Futuro
    - Questões importantes?

O documento de plano de marketing da companhia é escrito em um formato padronizado e estruturado. Muitas fichas e tabelas são usadas para dar consistência à apresentação das informações.

Primeira Classe

A companhia B, uma subsidiária inteiramente pertencente a um conglomerado multinacional, é uma grande empresa internacional que tem a maioria dos hotéis gerenciados e franqueados, com poucos hotéis próprios. Todos são pelo menos hotéis de primeira classe ou de negócios. A fase de planejamento da companhia B começa em abril e termina em julho. Em meados de julho, os planos de marketing são entregues ao escritório regional para revisão pela gerência. Em agosto, os comitês executivos regionais e da propriedade conduzem reuniões para revisão do orçamento. Depois que o plano é revisto em detalhes, ele está pronto para aprovação, em nível corporativo, em setembro. Em outubro, todos os planos de marketing são incorporados ao plano anual de marketing da corporação.

Os hotéis recebem informações claras e procedimentos para o processo de planejamento que resulta num documento escrito de plano de marketing. O gerenciamento corporativo estabelece requisitos de receita e objetivos para cada hotel. Muitas fichas padrão são usadas para assegurar que a informação consistente tenha sido gerado através de processos específicos para cada hotel.

Luxo

A companhia hoteleira C possui e gerencia um pequeno grupo de hotéis de luxo em vários países. Seu processo de planejamento de marketing começa informalmente na conferência anual de marketing da empresa, onde várias questões importantes são levantadas. Os gerentes de nível sênior discutem as questões que são relevantes para toda a organização de marketing de todos os hotéis por quatro ou cinco dias. Após esta interação, as questões mais importantes são listadas e combinadas com pesquisa extensiva e análise para estabelecer as bases para o plano de marketing anual. Os dados recebidos destas análises são discutidos em fóruns abertos dentro da empresa.

O processo formal de planejamento de marketing é dividido em dois níveis, corporativo e de propriedade. Os planejadores corporativos estabelecem os esboços do orçamento para o processo de planejamento em propriedades locais. Estes esboços e linhas mestras são estabelecidos antes das propriedades individuais começarem a desenvolver seus planos anuais de marketing. As propriedades então desenvolvem seus próprios objetivos e usam as linhas mestras da companhia em seus planos de marketing.

Uma vez que os planos de marketing são desenvolvidos, eles são distribuídos para todos os gerentes corporativos para uma revisão detalhada. Os gerentes corporativos se encontram para aprovar as metas do hotel para taxa de ocupação, receitas, despesas, estratégias, orçamentos e promoções. Os gerentes destes hotéis individuais são informados sobre os resultados destas deliberações e têm de duas a três semanas para fazer as revisões. Com os planos dos hotéis locais no lugar, começa o processo de planejamento e revisão para o orçamento total corporativo. Uma equipe de gerentes corporativos vai para cada hotel e revisa as receitas orçadas e as despesas, linha por linha, com o gerente geral da propriedade, o *controller*, o diretor de alimentos e bebidas e o diretor de marketing. Depois que seu plano de marketing é aprovado, os hotéis completam seus orçamentos operacionais.

Ao preparar o documento de plano de marketing, os hotéis recebem um formato estruturado como modelo e, por sua vez, devem submeter estes rascunhos do plano de marketing de acordo com a agenda descrita abaixo.

Gerenciamento

A companhia hoteleira D é uma pequena empresa de gerenciamento (menos de 100 propriedades) que opera uma variedade de produtos hoteleiros, a maioria deles franquias de grandes marcas nacionais. O processo de planejamento de marketing da companhia começa com a definição ou redefinição de sua missão. Depois, o gerenciamento conduz um processo extensivo que inclui uma análise da área de demanda, análise competitiva, avaliação da propriedade e desenvolvimento do perfil do consumidor. Este passo é seguido por uma previsão da área, análise da concorrência, formulação ou posicionamento da demonstração de contas,[1] desenvolvimento de estratégias e objetivos, e estimativas da penetração projetada, *market mix*, tarifas, e receitas. Finalmente, a empresa desenvolve um plano de ação.

A companhia fornece aos seus gerentes um detalhado manual de marketing que descreve os conteúdos do documento de plano de marketing. Este documento é estruturado, e muitas fichas são usadas no processo de planejamento. O estímulo básico para o desenvolvimento do plano de marketing, entretanto, é no nível da propriedade, onde os objetivos e estra-

TABELA 1
Comparação das Características de Planejamento de Marketing

	Gerenciamento de Nível Sênior (Corporativo e Regional)	Gerenciamento de Nível de Propriedade (Gerente Geral e Funcionários Executivos)	Agências Externas (Pesquisa, Relações Públicas, etc.)	Linha do Tempo	Treinamento	Plano de Incentivo (Nível, se Aplicável)
Companhia A	Sim, muito	Sim, muito	Sim, muito	15 meses, contínuos	Sim, forte ênfase	Sim
Companhia B	Sim, muito	Sim, muito	Sim, muito	4 meses: abril – julho	Sim, forte ênfase	Sim, ligado ao lucro e satisfação do hóspede
Companhia C	Sim, muito	Sim, muito	Sim, muito	Dois meses: junho – agosto	Pouca ênfase: linhas mestras somente	Sim
Companhia D	Sim	Sim	Sim	Contínuo durante o ano	Pouca ênfase: linhas mestras somente	Sim, ligado a cotas de vendas
Companhia E	Sim, muito	Nenhum	Sim, muito	Trimestres: dezembro – maio, maio – setembro, setembro – dezembro	Pouco treinamento sobre princípios gerais	Sim (corporativos e regionais)
Companhia F	Sim, muito	Sim	Sim, muito	Dois meses	Pouco treinamento, bases espaciais	Sim (propriedade)
Companhia G	Sim, muito	Sim, muito	Sim	Contínuo durante o ano	Pouca ênfase	Sim, ligado ao lucro no nível da propriedade
Companhia H	Sim, muito	Nenhum	Sim	Quatro meses: abril – agosto	Nenhum	Nenhum
Companhia I	Sim, muito	Nenhum	Sim	Quatro meses: setembro – dezembro	Nenhum	Sim (nível corporativo e de propriedade)
Companhia J	Sim, muito	Nenhum	Sim, muito	Quatro meses: junho – setembro	Nenhum	Sim ligado ao lucro e satisfação do hóspede
Companhia K	Sim, muito	Sim	Nenhum	Dois meses: julho – agosto	Sim	Nenhum
Companhia L	Algum	Sim, muito	Sim	Quatro meses: abril – julho	Nenhum	Sim, ligado ao lucro e à divisão de mercado

tégias são formulados e incorporados ao plano de marketing corporativo da empresa.

Sem Plano Formal

A companhia E é uma grande cadeia nacional que possui e opera todas as suas propriedades, que são primariamente motéis em rodovias. Esta empresa não segue um processo de planejamento formal. Na minha entrevista, eu não consegui discernir nenhuma evidência de um plano de marketing específico. Ao invés disso, os objetivos da empresa são revistos a cada três meses. Esta revisão é considerada o plano da empresa.

Detalhes

A companhia F é uma pequena cadeia internacional de hotéis com propriedades luxuosas de primeira classe próprias, propriedades operadas pela companhia e instalações franqueadas. O processo de planejamento desta empresa começa com sua missão geral, na qual os objetivos são estabelecidos. A gerência desenvolve estratégias corporativas para atingir estes objetivos. Todo gerente da corporação nas várias áreas de função leva estas estratégias e objetivos para o nível da propriedade.

Cada propriedade recebe um esboço detalhado do conteúdo dos planos de marketing. O documento consiste de grandes capítulos em um formato padrão com muitas tabelas e fichas para completar. Os gerentes passam por um processo detalhado de planejamento que inclui uma análise de oferta e demanda, uma avaliação da propriedade, um perfil econômico e uma revisão do posicionamento das contas da propriedade. Os chefes de departamento, então, desenvolvem estratégias e planos de ação que incluem datas específicas da ação.

Todas estas análises são documentadas no plano de marketing, incluindo elementos de *merchandising*, alimentos e bebidas e projeção de receita. O plano de marketing é revisto juntamente por uma equipe corporativa e uma equipe de gerentes da propriedade. Após o plano ser aprovado, a propriedade faz seu orçamento final, e o plano de marketing corporativo é desenvolvido usando as informações das propriedades individuais.

Pré-abertura

A companhia hoteleira G é uma cadeia pequena de hotéis de luxo que possui e opera propriedades nos Estados Unidos. Seu processo de planejamento de marketing começa durante a fase de pré-abertura da propriedade hoteleira. A empresa conduz pesquisa de segundo plano no local e em seu ambiente competitivo. A informação armazenada deste estudo é revista em uma reunião de dois dias envolvendo a matriz, o gerenciamento regional, os funcionários de marketing do hotel e a agência de propaganda do hotel. Dessa reunião sai uma avaliação preliminar de marketing que identifica os segmentos de mercado importantes para a propriedade, as características destes segmentos e a concorrência. O plano estabelece prioridades para os recursos de marketing que devem ser usados para assegurar os segmentos de mercado alvo. Em uma reunião final, os gerentes de hotéis concordam sobre a avaliação, estabelecem objetivos de vendas, desenvolvem propagandas e estratégias de relações públicas e formulam o orçamento. Eles preparam um plano escrito que é implementado depois que o orçamento é aprovado pelos executivos da corporação.

Uma vez que a propriedade é aberta, os hotéis da companhia G seguem um processo de planejamento anual de marketing que inclui uma revisão detalhada dos resultados dos anos anteriores, os históricos dos hóspedes, análise competitiva, identificação de oportunidades em potencial, desenvolvimento de estratégias e a preparação de um plano escrito e do orçamento. Enquanto a satisfação do hóspede é a base da missão estabelecida pela empresa, os bônus para os gerentes de hotéis foram baseados primeiramente nas metas a serem atingidas para o lucro operacional bruto.

Brainstorming

A companhia H, uma organização de referência, fornece aos afiliados identificação da marca, sistema central de reservas e padrões básicos da companhia. O processo de planejamento de marketing corporativo começa com sessões de *brainstorming* nos segmentos-chave de mercado. A partir destas sessões, as expectativas de divisão de mercado são estabelecidas e os objetivos são desenvolvidos. O gerenciamento conduz uma análise competitiva nas taxas e parte física do hotel. Então a companhia estabelece estratégias, táticas e passos de ação em um documento de planejamento escrito.

Fornecendo Direção

A companhia I é uma grande cadeia econômica com propriedades franqueadas principalmente nos

EUA, apesar de estar se expandindo em outros países. Em seu processo de planejamento, os gerentes sêniores fornecem direção no desenvolvimento de objetivos e estratégias para a companhia. Com esta direção, os departamentos individuais preparam seus próprios planos com táticas específicas e planos de ação. Estes planos são consolidados em um único plano de marketing corporativo anual.

Centralizado

A companhia J é uma corporação multinacional grande e diversificada que possui, opera e franquia hotéis em vários segmentos de mercado. O processo de planejamento de marketing está centralizado nesta cadeia. Os gerentes de propriedade lidam somente com a execução do plano de marketing e não estão envolvidos no processo de planejamento, que acontece em níveis corporativos e regionais.

O processo começa em junho, quando os membros da corporação e os membros regionais discutem questões-chave de planejamento com contatos de relações públicas e agências de propaganda. Em agosto, estas reuniões estabelecem desafios-chave para o ano seguinte. Em setembro e outubro, o escritório corporativo envia suas instruções para os gerentes de propriedades, que desenvolvem seus orçamentos de marketing baseados nestas linhas mestras. No final de novembro, os planos de marketing são devolvidos para os escritórios regionais, para aprovação. Todos os planos residem nos escritórios regionais.

Um documento típico de plano de marketing consiste em uma visão geral de área de mercado e planos detalhados para cada segmento-alvo do mercado, alimentos e bebidas, canal de distribuição, comunicações de mídia e atividade de pesquisa de mercado. Todos os planos incluem objetivos específicos, estratégias e planos de ação, que são determinados em termos qualitativos e quantitativos.

Novo Desenvolvimento

A companhia K é uma grande cadeia internacional que opera principalmente propriedades intermediárias franqueadas, mais algumas propriedades pertencentes à empresa. O processo de planejamento de marketing da companhia está em desenvolvimento recente. Quatro anos atrás, somente 20% de seus hotéis desenvolveram planos de marketing. Na época do meu estudo, pelo menos 80% estavam desenvolvendo seus planos de marketing.

O processo de planejamento de marketing da companhia K começa em junho com reuniões corporativas, onde os gerentes discutem as receitas de cada propriedade, ocupação, diárias médias e receitas totais para o próximo ano. Eles também revisam cada orçamento corrente do hotel, as previsões possíveis para o ano seguinte e planos de ação. Em julho, as propriedades começam a desenvolver seus planos de marketing, metas de incorporação, estratégias e orçamentos. Os comitês executivos de níveis regionais e de propriedade se encontram para rever as receitas esperadas para cada segmento de mercado. O plano de marketing do hotel acaba no dia 15 de setembro, quando o processo de aprovação do orçamento começa. Ele é concluído em meados de outubro. Todos os planos de marketing dever ser aprovados em nível regional antes de serem enviados para os executivos da corporação.

O plano de marketing compreende um sumário executivo, análise competitiva, avaliação da propriedade e inventário detalhado dos hóspedes. Este inventário é completado para cada segmento de mercado nos espaços de alimentos e bebidas, apartamentos, salas de reuniões e todas as áreas públicas. O diretor de vendas estabelece taxas projetadas e *room-nights* para cada segmento de mercado. Os chefes de departamento desenvolvem planos de ação e orçamentos para cada área produtora de receita. As propostas de orçamento são finalizadas pelo gerente geral e *controller*. Após o plano de marketing ser aprovado, os objetivos das vendas são revistos todos os meses através de um relatório de lucros e perdas, onde os números são comparados com o orçamento de plano de marketing.

Discussões

A companhia L é uma companhia pequena que possui e opera hotéis de primeira classe, a maioria nos Estados Unidos. Ela está se expandindo agora para outros países. O processo de planejamento de marketing na propriedade começa em abril e termina em julho. O escritório corporativo oferece pouca orientação durante esta época, mas há muita discussão indo e vindo entre os escritórios regionais e as propriedades. Uma vez que o processo de planejamento é completado, o plano de marketing vai para o escritório regional para aprovação antes de ser enviado para a matriz.

O plano de marketing da companhia L é um documento detalhado. Ele contém linhas mestras específicas e instruções para o hotel, para o desenvolvimento consistente de seu plano de marketing.

PLANEJAMENTO TOTAL

As características mais importantes no desenvolvimento de um plano de marketing total tendem a ter participação da gerência e comprometimento em todos os níveis, tempo suficiente para o desenvolvimento, treinamento específico no desenvolvimento de um plano de marketing e incentivos para a superação de metas e objetivos. Eu classifiquei os processos de planejamento das companhias A e B acima dos outros porque eles eram os mais completos em termos das quatro características. Em ambos os casos, todos os níveis de gerenciamento foram envolvidos no processo de planejamento de marketing e o esforço foi completado por propaganda, relações públicas e agências de pesquisa de mercado. Com 15 meses de duração, a companhia A teve o ciclo de planejamento mais longo, mas os oficiais da empresa descrevem o processo de planejamento como contínuo. Os gerentes de hotéis estão sempre procurando por oportunidades de mercado e ameaças que possam afetar a realização dos objetivos dos planos de marketing.

Apesar do seu ciclo de planejamento ser de somente quatro meses, o que é típico no resto do setor, o procedimento da companhia B ainda se sobressai entre as demais. Como a companhia A, ela enfatiza o treinamento para o planejamento de marketing em todos os níveis da organização. Em contraste, as outras cadeias que eu examinei compensaram sua falta de treinamento com instruções detalhadas e linhas mestras para o desenvolvimento do plano de marketing. Estas linhas mestras incluem agendas específicas, fichas, tabelas e instruções passo a passo sobre como passar pelo processo de planejamento. Infelizmente, em seu esforço para fazer o processo simples de se entender, a maioria das companhias hoteleiras fazem o processo mais complexo. Como resultado, um volumoso plano de marketing é produzido.

RELAÇÃO

As instruções detalhadas não somente adicionam complexidade, como impedem os aspectos criativos e *insights* necessários para avaliar a condição única de cada propriedade. Os gerentes de cada hotel deveriam avaliar suas próprias situações e desenvolver um plano de marketing baseado em suas necessidades. Ao fornecer um formato estruturado, os gerentes de hotel podem começar a ver o processo de planejamento como uma atividade de rotina e não como algo criativo.

O plano de marketing deve ser simples e flexível para responder às mudanças no ambiente (por exemplo, mudanças econômicas e competitivas). Então, o plano de marketing deve ser reavaliado todo o tempo. Meu estudo descobriu somente três companhias hoteleiras que tinham processo contínuo.

Muitos gerentes aproximam o exercício do planejamento de marketing da meta de produzir um documento final. Tal abordagem torna o plano irrelevante se o ambiente mudar. Como um dos entrevistados respondeu: "o que você consegue do processo é uma função do que você apresenta".

PLANEJANDO *BENCHMARKS*

Para reiterar, as quatro linhas mestras de um programa de marketing total são as seguintes:

1. Um processo de planejamento contínuo que inclui avaliação constante e reavaliação do ambiente. Esta prática ajuda a fazer previsões melhores.
2. Participação e envolvimento completo de todos os níveis da gerência no processo de planejamento. Este procedimento assegura o entendimento completo das metas da companhia e a direção necessária para execução efetiva do plano de marketing.
3. Forte treinamento no planejamento de marketing. O treinamento assegura um processo significativo que é entendido por todos os interessados.
4. Um plano de incentivo que ligue fatores críticos além da receita e do lucro no bônus do gerente. Especificamente, os programas de satisfação dos hóspedes deveriam ser incluídos, mas a maioria das companhias não descobriram uma fórmula para esta avaliação.

Somente duas companhias de hotéis em meu estudo exibiram uma forte ênfase no serviço de hóspede em suas práticas de planejamento de marketing. As companhias B e J operam um programa único de incentivo ligado à satisfação dos seus hóspedes. Os gerentes gerais recebem um bônus anual se conseguirem tanto as metas de lucro quanto a satisfação dos hóspedes. Estes dois elementos do programa não são independentes um do outro, e ambos devem ser atingidos para que o gerente geral seja elegível ao bônus.

DIMENSÕES DO PLANEJAMENTO

Apesar de as companhias hoteleiras seguirem formatos similares em seus processos de planejamento, minha análise mostra que suas abordagens são muito variadas. Olhando para as primeiras seis dimensões que eu usei para caracterizar o processo de planejamento da companhia, conservador versus ambicioso, descobri uma relação entre o tamanho da companhia e a abordagem para estabelecer objetivos no processo de planejamento. A maioria das grandes companhias (A, B, H e J) descreve suas metas como ambiciosas, enquanto as companhias pequenas (C, D, G e L) descrevem seus objetivos como realistas ou otimistas.

As companhias pequenas se diferenciaram das companhias grandes em outras duas dimensões. Primeiro, as companhias menores tinham autonomia maior e menos direção corporativa no processo de planejamento. Isto era evidente nas companhias C, D, F e L, que descreveram uma abordagem "de baixo para cima" em seu processo de planejamento. Em contraste, o gerenciamento de nível corporativo teve maior controle em companhias maiores. A maioria das grandes companhias (A, B, E, I, J e K) usou a abordagem "de cima para baixo" no processo de planejamento. O gerenciamento no nível da propriedade estava mais envolvido com a implementação do plano nestas companhias.

Segundo, as companhias maiores geralmente usaram um processo de planejamento seqüencial, enquanto as companhias menores tinham o luxo de uma abordagem iterativa que movia o plano entre os níveis para maior trabalho. Esta descoberta faz sentido, considerando a quantidade de tempo que seria necessária para o plano de marketing passar pelos níveis das companhias maiores. Um processo seqüencial é quase essencial.

O exame de outras três dimensões revelou poucas diferenças entre as companhias. A maioria das empresas tinha orientação de médio prazo em seu ciclo de planejamento de marketing, tipicamente um ano. A razão para esta descoberta é provavelmente que a natureza dinâmica do setor hoteleiro torna difícil para os gerentes planejarem o futuro. A maioria das companhias usa uma abordagem racional para o planejamento, mais do que procedimentos incrementados. Mais uma vez, esta descoberta resulta provavelmente da natureza do ambiente do hotel. Os gerentes estão tão ocupados tentando fazer com que o negócio esteja em seus orçamentos que têm pouco tempo para rever seus planos de marketing numa base regular. Finalmente, não havia modelo nenhum para saber se o processo da companhia foi simples ou complexo.

Cruzamento

Tanto a companhia A como a companhia B descreveram seus processos de planejamento de marketing com as mesmas características: ambicioso, complexo, de longo prazo, de cima para baixo, racional e seqüencial. Esta congruência pode ser puramente coincidência, mas ambas as companhias têm tantas similaridades em seus processos de planejamento que mera coincidência é improvável. Uma explicação possível para as similaridades pode ser o movimento extensivo de gerenciamento de pessoas entre todas as companhias hoteleiras. Muitos gerentes de marketing trabalharam para mais de uma companhia hoteleira, fazendo o cruzamento dos sistemas das companhias.

OBJETIVOS AGRESSIVOS

Apesar da natureza competitiva do setor hoteleiro, estabelecer metas realistas no plano de marketing é mais uma raridade do que uma norma. Das 12 companhias que estudei, somente três descreveram seus objetivos como agressivos e ambiciosos. Ao justificar esta abordagem, vários entrevistados afirmaram que gostariam que suas organizações alcançassem além do seu potencial. Eles assumiram que estabelecer objetivos ambiciosos incentivaria seus funcionários a fazer melhor do que eles esperavam.

Tal estabelecimento de meta ambiciosa freqüentemente resulta em um cabo de guerra entre os escritórios corporativos e as propriedades individuais. Enquanto o escritório corporativo vem para a mesa com objetivos ambiciosos, os gerentes de propriedade deliberadamente diminuem seus objetivos. Eventualmente, as duas alcançariam um acordo de compromisso ou uma meta. Este jogo viola um dos princípios fundamentais de bom planejamento de marketing – isto é, estabelecer metas realistas em primeiro lugar.

RECOLOCAR O HÓSPEDE EM FOCO

Em minha discussão com os executivos de marketing do hotel, observei que o processo de planejamento de marketing da indústria evoluiu a um processo que envolve alcançar objetivos para os níveis de vendas e lucros, e não as necessidades do hóspede. Na obrigação de conseguir as metas de vendas, os gerentes de hotel podem perder o hóspede de vista. Em um negócio de serviços como o setor hoteleiro, alguém esperaria que os programas de serviços de hóspede seriam grandemente enfatizados, mas este não é o caso. Eu recomendei que mais companhias adotassem sistemas de incentivo similares àqueles oferecidos pelas companhias B e J, que premiam os gerentes que conseguem as metas de satisfação do hóspede juntamente com as metas financeiras. Ao integrar o serviço de hóspede ao processo de planejamento de marketing, as companhias hoteleiras serão capazes de focalizar muito mais fortemente seu negócio principal, que é servir e satisfazer os hóspedes. Parece possível que um documento de plano de marketing estabelecido em termos de satisfação do hóspede seria muito mais útil que os atuais planos baseados em recursos financeiros.

O principal objetivo do hotel não deveria ser o lucro ou a maximização da receita. O objetivo deveria ser simplesmente a satisfação do hóspede. Questões de lucro e receita são restrições que devem ser obedecidas, como o serviço de débito. Uma vez que você satisfez seus hóspedes, o restante automaticamente estará no lugar.

Para sobreviver nesta arena competitiva do futuro, as companhias hoteleiras precisarão recolocar a satisfação do hóspede em foco. Elas precisam entender que a satisfação do hóspede não é mais somente um bom negócio; é uma questão de sobrevivência. Todas as atividades gerenciais, incluindo planejamento, terão que começar e terminar com o hóspede.

3. Arte e Ciência de Vender para Mercado de Grupos nas Vendas de Convenções de Hotel

Margaret Shaw

Vender para mercado de grupos no negócio hoteleiro é uma arte assim como uma ciência. O lado da ciência lida com a aplicação de princípios de marketing e gerenciamento para a venda da hospitalidade. Posicionamento do produto, segmentação de mercado, público-alvo e gerenciamento de vendas são todos praticados nas vendas de hospitalidade para o mercado de grupos, da mesma forma que são estratégias de vendas em qualquer outro setor.

A "arte" reflete a realidade de intuição, senso comum, bom julgamento e decência ao lidar com clientes, proprietários, funcionários e a comunidade. Em outras palavras, a teoria de gerenciamento funciona mas sempre deve ser pesada pelos bons instintos e "usando sua cabeça".

CLIENTES E CONSUMIDORES

Vender espaço do hotel significa considerar as necessidades de clientes e consumidores. Clientes são as pessoas responsáveis pelo planejamento do evento – seja ele a conferência anual de vendas da companhia, um grupo em viagem de férias, uma convenção de associação médica ou uma reunião de família. Os consumidores são as pessoas que na verdade comparecem ao evento. São os participantes das convenções, os indivíduos que compram pacotes de viagens ou os membros da família que comparecem a uma reunião familiar.

Os gerentes de vendas de hotel lidam primeiramente com os clientes. É seu trabalho descobrir as necessidades dos clientes em potencial e seus respectivos consumidores, e então determinar se o hotel pode ou não satisfazer suas necessidades. Estas necessidades tipicamente incluem os apartamentos dos hóspedes, salas de reuniões, instalações para banquetes, secretarias, e tudo o mais. A localização do hotel, acesso para aeroportos e rodovias, facilidades de recreação e serviço de cortesia também são critérios comuns que os clientes consideram quando reservam um hotel. Uma vez que a reunião está "agendada", é trabalho da equipe de gerenciamento do hotel inteiro assegurar que as necessidades dos clientes e seus respectivos consumidores são supridas.

MERCADO DE GRUPOS

As necessidades de um organizador de eventos, um coordenador de eventos, um agente de viagens ou um técnico de futebol viajando com sua equipe variam. Então, o mercado de grupos é segmentado por vários tipos de grupos que dividem necessidades comuns. Por sua vez, a maioria dos responsáveis pelo marketing identificam um ou mais destes segmentos de mercado de grupos como seu alvo específico para seus respectivos hotéis. Isso não somente ajuda o hotel a melhor se posicionar no mercado, mas também dá aos funcionários de vendas o foco em seus esforços de vendas para identificar as necessidades do público-alvo.

Os segmentos de mercado para vendas de hotel podem incluir associações e convenções, empresas, governo, grupos de educação, esportes, médicos, viagens de incentivo e turismo. Apesar de não ser uma lista completa, cada grupo representa um grande mercado nas vendas de convenções dos hotéis. A seguir está uma breve descrição de cada um.

Mercado de Associações e Convenções

Dos maiores mercados para grupos, as associações e convenções são provavelmente sobre o que mais se escreve, se lê e se conhece. Eles variam de pequenas associações regionais como a New England Rose Growers Association a grandes associações nacionais tais como os 12.000 membros da American Bankers Association. As associações se encontram regularmente, freqüentemente em uma base anual. Por toda a América do Norte estas convenções são normalmente conhecidas como "convenções anuais".

O mercado de associações e convenções pode ser segmentado pelo tipo de organização. Como mostrado no Quadro 1, isto inclui associações de comércio, associações profissionais e os grupos de associação "SMERF", que compreende organizações sociais, militares, educacionais, religiosas e fraternais. Devido à natureza predominantemente sem lucro das organizações SMERF, elas tendem a ser mais sensíveis ao preço do que o comércio e as associações profissionais.

QUADRO 1
Tipos de Associações

Associações de negócios	Representam o setor corporativo da economia, especialmente manufatura (incluindo vendas e distribuição)
Sociedades profissionais	Representam o profissional e organizações de serviços como Direito, Medicina e Serviços Financeiros
Organizações SMERF	Representação e setor não-lucrativo da economia, incluindo organizações sociais, militares, educacionais, religiosas e fraternas. Agências do governo também são comumente incluídas nesta categoria

Mercado Corporativo (Empresas)

As corporações de todos os tipos têm várias reuniões fora de suas sedes, conferências e convenções. As locações típicas para estas reuniões são os hotéis, *resorts* e centros de convenções. Os vários tipos de reuniões corporativas incluem vendas e treinamento de marketing, gerenciamento, profissional/técnico e acionistas. Elas podem variar em tamanho de 10 a mais de 1.000 participantes que se encontram anualmente, semestralmente ou trimestralmente. Algumas companhias maiores têm departamentos profissionais de planejamento de eventos, que planejam todas as reuniões das companhias, considerando que outras deixam o trabalho do planejamento para o chefe ou gerente da divisão que está organizando o evento.

Mercado de Governo

Muitos hotéis focam especificamente o mercado de governo em razão de seu tamanho. Por exemplo, quase 15% dos trabalhadores dos EUA é empregado por agências de governo local, estadual e federal. A maioria das reuniões fora das sedes é de seminários educacionais e/ou programas de treinamento. O planejamento de reuniões de governo é bem diferente das do setor privado; atenção especial às necessidades precisa ser dada às regulamentações específicas do governo e as restrições, diárias, orçamento especial e procedimentos de faturamento. A Sociedade de Organizadores de Eventos Oficiais trata das necessidades específicas de planejamento de eventos para todos os níveis de governo.

Mercado de Educação

O mercado de educação para as vendas de convenções em hotéis é freqüentemente mal interpretado, muito provavelmente por ser grande e ter partes componentes em outros grandes mercados. O mercado de educação inclui instituições de educação secundárias e superiores como escolas privadas e universidades públicas, associações de educação como a National Association of English Teachers, e seminários de educação e treinamento.

A razão principal para este mercado de educação potencial como público-alvo selecionado é sua amplitude, seu potencial para repetir negócios e sua boa vontade para se reunir durante períodos tradicionalmente mais baixos. Primeiro, o mercado de educação é grande em extensão e perpassa vários setores da economia, incluindo organizações com e sem fins lucrativos. Segundo, o potencial em se repetir negócios é grande, especialmente de grandes instituições com uma variedade de divisões e atividades. Ter uma universidade como alvo, por exemplo, incluiria negócios solicitados de unidades acadêmicas, o escritório dos alunos, a divisão de educação continuada, etc. Terceiro, e talvez o mais importante, muitas conferências orientadas para a educação acontecem durante os meses de verão, um período tipicamente baixo para as reuniões de empresas, negócios e atividades de convenção de associações profissionais. Como notado anteriormente, o mercado de educação é um mercado sensível a preços. Deste modo, "combinar" as necessidades de preço deste mercado ajudará a encher quartos vazios durante os períodos de baixa demanda no período de verão.

Mercado de Esportes

As equipes profissionais e amadoras de esportes constituem a maior porção no mercado esportivo. Eventos individuais de esportes profissionais como golfe, tênis e eventos de esporte amador como campeonatos de patinação também fazem parte deste crescente mercado. Um aspecto importante para solicitar o mercado de esportes é entender as necessidades específicas do treinador/patrocinador do evento. Pedidos típicos incluem proximidade ao local onde o evento está acontecendo, menus especiais e horários de refeições especiais, horários de *check in* e *check out* incomuns, segurança extra e privacidade (especialmente para esportes profissionais), grandes quartos e procedimentos especiais de pagamento.

Mercado Médico

O mercado médico é composto de profissionais de saúde em medicina e áreas relacionadas atendendo seminários, simpósios e *workshops* para seus campos em particular. Os patrocinadores destas conferências incluem universidades, instituições privadas, associações médicas, clínicas e similares. Pesquisa e tecnologia, em particular, têm apresentado um crescimento tremendo no mercado de reuniões de grupos médicos onde há uma grande necessidade de se manter atualizado em relação aos últimos avanços na profissão médica.

As necessidades particulares do mercado médico a serem consideradas pelos responsáveis pelo marketing do hotel incluem um curto prazo para reservas, equipamentos audiovisuais de alta tecnologia e apartamentos com espaço para estudo/trabalho, por exemplo, grandes mesas de trabalho, boa iluminação e tranqüilidade. As reuniões médicas são freqüentemente regulares, e seus planejadores são muito meticulosos em suas exigências. Apesar de às vezes serem considerados difíceis de lidar, eles geralmente respondem muito favoravelmente a abordagens profissionais em colaborar com suas necessidades de reunião.

Mercado de Viagens de Incentivo

Viagem de incentivo é um prêmio para vendedores, revendedores, distribuidores e funcionários terceirizados. Oferece viagens como recompensa ao alcance de metas sobre um período específico de tempo. A viagem de incentivo é uma ferramenta de motivação e a gerência freqüentemente emprega agências profissionais de incentivo para desenvolver e implementar seus programas. A Society of Incentive Travel Executives (SITE) é a organização líder de profissionais de planejamento neste campo.

O planejador de incentivo está procurando desenvolver um programa que fornecerá uma experiência memorável para os participantes. Então, critérios como um destino emocionante, variedade de opções de entretenimento, criatividade nas funções de alimentos e bebidas e alternativas de recreação são importantes para a decisão e seleção de um hotel. O mercado de viagens de incentivo é um mercado lucrativo e os hotéis que se oferecem como destinos atrativos são procurados ativamente para este negócio.

Mercado de Grupos de Turismo

O mercado de grupos de turismo é grande e complexo. Este mercado é composto de vários participantes, incluindo operadores, representantes, agentes de viagem e turismo e clubes de viagens. Por causa de sua complexidade, a maioria dos hotéis que buscam este mercado usualmente tem um ou mais gerentes de vendas que se especializam nele.

Na essência, o mercado de grupo de turismo satisfaz as necessidades de indivíduos que querem viajar a lazer com outros grupos de pessoas. Ao invés de estabelecerem seus próprios itinerários, eles procuram por ajuda de profissionais que os ajudam na seleção de um itinerário. O itinerário pode ser um pacote de viagem oferecido por uma operadora, um clube de viagens desenvolvendo seu próprio itinerário, ou simplesmente um *charter* para alcançar um destino pré-determinado com desconto nos preços. Estas são somente algumas das muitas opções que envolvem grupos de turismo disponíveis para satisfazer quem está procurando por viagens de lazer.

PROCESSO DE VENDAS

Determinar o público alvo é essencial para ser bem-sucedido nas vendas de grupos no setor da hospitalidade. Uma vez que os públicos-alvo foram identificados, é importante entender os princípios básicos do processo de vendas. Os cinco maiores passos do processo de vendas estão no Quadro 2, e em seguida está uma discussão de como cada um deles se relaciona com as vendas de convenções dos hotéis.

Inicie o Relacionamento

O primeiro passo óbvio é iniciar o relacionamento com um cliente em potencial. Há fontes numerosas e o melhor lugar para começar é com as contas em andamento. Datas pré-determinadas ou um arquivo de lembretes são normalmente usados pelos gerentes de vendas como lembrança para checar periodicamente contas regulares sobre reuniões que estão para acontecer, eventos ou conferências recentemente planejadas.

Outras fontes incluem prospecção, indicação e guias. A prospecção é usada com clientes em potencial que não realizaram previamente reuniões no hotel mas têm potencial para fazê-lo. Por exemplo, se uma nova divisão da AT&T foi recentemente transferida a uma área, um gerente de vendas do hotel deveria fazer uma visita para saber sobre suas atividades de reuniões externas, e onde as reuniões tipicamente acontecem. A estratégia é freqüentemente feita por telefone e depois seguida de uma visita pessoal para identificar os clientes em potencial.

Indicações e guias são oportunidades para negócios em potencial vindos de uma fonte externa. Os exemplos incluem o escritório local do Conventions & Visitors Bureau, um escritório nacional de vendas para cadeias hoteleiras, e colegas de outras áreas de negócios. Na verdade, amigos, família e vizinhos podem indicar negócios para os gerentes de vendas de hotéis perseguirem.

QUADRO 2
Cinco Passos para o Processo de Vendas

1.	*Abrir o relacionamento:* Contas atuais, prospecção, líderes e referenciais
2.	*Qualificar a conta:* Determinar as necessidades tangíveis e intangíveis no passado e presente
3.	*Apresente a mensagem:* Forneça soluções para os problemas através de características e benefícios oferecidos pelo hotel
4.	*Aproxime a venda:* Pergunte por negócios e "reserve" a conta
5.	*Sirva a conta:* Cumpra o que prometeu

Qualifique a Conta

Qualificar uma conta em potencial tem dois aspectos. As necessidades do organizador de eventos devem ser identificadas. Isto inclui tanto as necessidades físicas quanto as psicológicas da reunião sendo planejada. As necessidades físicas se referem aos aspectos tangíveis do evento tais como o número de pessoas participando da reunião, duração da conferência, número de apartamentos necessário, número e dimensão das reuniões e banquetes a serem planejados, etc.

As necessidades psicológicas são mais intangíveis, mas igualmente importantes. Quais são os objetivos estabelecidos para a reunião? As esposas são convidadas e encorajadas a comparecer? É uma conferência de vendas anual e nacional, que é tanto uma reunião para informação como para motivação? Tentar saber o máximo possível sobre o evento é crítico neste estágio do processo de vendas. Os gerentes de vendas que não tentam, mas simplesmente pegam ordens de vendas, freqüentemente perdem os negócios para um concorrente com recursos similares, mas com funcionários melhor treinados e mais agressivos na arte de conhecer o cliente.

Qualificar uma conta em potencial também inclui aprender sobre reuniões semelhantes que aconteceram no passado. O organizador da reunião estava satisfeito? Por que ou por que não? Quais mudanças estão sendo feitas? Como o hotel pode ajudar o organizador de eventos a melhor alcançar seus objetivos? Esta é uma outra maneira de sondar, e isso demonstra para o organizador de eventos seu interesse genuíno em uma reunião bem-sucedida – no passado, presente e futuro.

Apresente a Mensagem

Uma vez que as necessidades e os desejos, tangíveis e intangíveis, foram identificados, o gerente de vendas está na posição de apresentar a mensagem. Isto é geralmente feito pessoalmente no hotel e depois seguido de uma carta proposta ou carta acordo. Esta carta acordo inclui todos os itens pertinentes discutidos durante as negociações como datas, tarifas, número de apartamentos a serem reservados, principais funções de alimentos e política de crédito. Uma vez que ambas as partes assinaram a carta acordo, ela se transforma em um contrato.

Um ponto chave ao apresentar a mensagem é que o gerente de vendas forneça "soluções" para os "problemas" do organizador de eventos. O princípio do marketing é que você – o fornecedor – pode fornecer ao consumidor o que ele precisa. Nas vendas de hotéis são as facilidades e serviços de um estabelecimento que são providenciados para alojar, alimentar e entreter os participantes da reunião, conferência ou convenção. O organizador de eventos estabelece os objetivos para a reunião, não a gerência do hotel.

Entretanto, é trabalho do hoteleiro assegurar que o organizador de eventos receba as facilidades e serviços para ajudá-lo em seus objetivos.

Feche a Venda

"Reserve!" é o termo das vendas de hospitalidade para fechar a venda. Ele significa que um contrato assinado pelo organizador da reunião foi recebido pelo hotel e que as reservas para os quartos e funções de banquetes estão "nos livros". O evento pode ser agendado para os próximos dois meses ou dez anos. E pode levar duas semanas ou dois anos para iniciar o relacionamento, qualificar a conta, apresentar a mensagem e fechar a venda. Entretanto, agora está reservado e a preparação do serviço começa.

Servir a conta pode ser ou não responsabilidade do gerente de vendas do hotel. Em hotéis maiores, a conta é freqüentemente passada para o departamento de eventos e convenções. Entretanto, o gerente de vendas continua mantendo contato com o cliente mesmo se ele não divide a responsabilidade com o gerente de eventos designado para a conta.

Dê Assistência à Conta

Dar assistência à conta acarreta coletar todos os detalhes do serviço que precisam ser colocados em ordem antes do evento acontecer. Isto inclui itens tão específicos como organização de apartamentos, requisitos audiovisuais, listas VIP, acomodações em suítes, menus das funções de alimentação, listas de quartos, instruções de pagamento, arranjos de crédito, estoque de equipamentos para o hotel, pedidos de transporte terrestre, mudança de horários, etc. É um trabalho enfadonho e requer uma pessoa detalhista para fazê-lo com eficiência. Alguns dizem que ser um pouco mágico ajuda muito!

Poucas semanas antes da chegada, um resumo da convenção é desenvolvido, apontando os detalhes específicos para o grupo. É um documento interno, disseminado para todos os chefes de departamentos no hotel. Para grupos maiores ou eventos complexos geralmente acontece uma reunião pré-convenção. Aqui, o organizador de eventos se reúne com os chefes de departamentos para rever o resumo da convenção, esclarecer qualquer dúvida que apareça e checar as mudanças inevitáveis de última hora.

Como notado acima, o gerente de vendas ou é responsável pela entrega ou é designado para a convenção como gerente de serviços. Seja qual for, deveria sempre haver um membro da gerência, designado para cada conta, disponível durante todo o evento. Estudos recentes mostraram que ter um membro responsável que responda para organizador de eventos durante o evento colabora no aumento da satisfação total do cliente em relação ao hotel e seus serviços. Não é preciso dizer que clientes satisfeitos são aqueles que retornam para fazer reservas para o próximo evento.

CAPTAR E MANTER UM CLIENTE

Marketing é captar um cliente e mantê-lo. As vendas estão encarregadas em captar clientes – descobrir quais são suas necessidades e onde encaixá-las. As operações do hotel são responsáveis por manter o cliente, oferecendo um produto ou serviço que satisfaça e exceda suas expectativas. Em outras palavras, nós queremos mais que um cliente satisfeito, nós queremos que o cliente volte, volte e volte.

Marketing de Relacionamento

O marketing de relacionamento está muito envolvido em captar e manter um cliente. Ele vê as vendas como parte do processo, não como uma meta isolada a ser atingida. No marketing de relacionamento, o consumidor é visto como um bem da empresa. Como um bem, o consumidor se torna tão importante para a gerência quanto o prédio, o equipamento, o estoque e o funcionário. Um bom gerenciamento constantemente monitora seus bens, protege-os e luta para aumentar o seu valor. Numa venda de convenção do hotel, isto é feito através de um gerenciamento efetivo das contas de vendas.

Gerenciamento das Contas de Vendas

A designação de públicos-alvo específicos para cada gerente de vendas de hotel é o gerenciamento de contas de vendas. Cada gerente de vendas é responsável pelo seu mercado designado, incluindo a clientela potencial e a atual. Conhecendo muito bem as nuances e necessidades dos públicos-alvo específicos, o esforço do marketing é melhorado e a base de clientes é "protegida" através de intervenção contínua. Bons gerentes de vendas constantemente se mantêm a par de tendências e mudanças no mercado.

QUADRO 3
Gerenciamento de Vendas em Hotéis: um Exemplo

Gerente de Vendas	Mercado-alvo
1.	Associações nacionais e convenções
2.	Associações e convenções do estado e regionais
3.	Mercado corporativo – Costa oeste e Chicago
4.	Mercado corporativo – Costa leste
5.	Mercado de grupos de turismo
6.	Mercados de educação e médico

No Quadro 3 está um exemplo de gerenciamento de contas do hotel. Para cada gerente de vendas neste exemplo é designado um mercado específico por perfil e, no caso de mercado corporativo, por localização geográfica.

O número de gerentes de vendas e gerentes de contas varia dependendo de inúmeras questões. Elas incluem o tamanho e a localização do hotel, seu posicionamento, sua estratégia de mercado e a experiência ou nível desejado das vendas dos respectivos gerentes de vendas.

Todos Vendem

Sim, é responsabilidade primária do gerente de vendas do hotel comercializar e vender com eficiência o hotel. Entretanto, é responsabilidade do gerenciamento do hotel inteiro apoiar o esforço das vendas assim como entregar o produto como prometido. É responsabilidade de todos manter-se em contato com o cliente – para contínua e implacavelmente perseguir a satisfação do cliente. Captação e manutenção do cliente – é sobre isso que trata a arte e a ciência de vender para o mercado de grupos.

4. Vendedores de Hotel: Estimulando sua Criatividade e Eficiência

James C. Makens

A reclamação foi ouvida em incontáveis salas de reuniões: "Nosso pessoal de vendas se tornou complacente. Não há uma maneira de melhorar a produtividade dentro deste grupo?" Das muitas maneiras de melhorar a operação do escritório de vendas, há duas que imediatamente me surgem como sendo as mais importantes. Primeira, você pode aumentar a criatividade do seu pessoal de vendas; segunda, você pode ajudar estes indivíduos a maximizar o uso do tempo no trabalho. Na primeira parte deste artigo eu discuto como é importante promover a criatividade entre o pessoal de vendas. Esta discussão é seguida por algumas sugestões para um programa de gerenciamento de tempo.

CRIANDO CRIATIVIDADE

A criatividade é a base para a melhoria do serviço ao cliente, aquisição de novos clientes e para uma organização dirigida verdadeiramente para o marketing. A criatividade do pessoal de vendas é aquela energia irreprimível que nos ajuda a melhorar contas existentes e desenvolver novas. Criatividade é a força que move vendedores comuns para se transformarem em gerentes de contas que desejam desenvolver alianças estratégicas com seus clientes. Em contraste, os sinais certeiros de uma força de vendas sem imaginação, em que falta criatividade, são repetição, aderência total à política da empresa e disputas internas.

Encoraje e Recompense a Criatividade

Gerentes de vendas do tipo "faça de acordo com as regras inevitavelmente constróem imagens espelho em seu pessoal de vendas. O aumento da criatividade aumenta com a liderança e a vitalidade do gerenciamento.

A criatividade dentro de seu grupo de vendas pode ser melhorada através de um programa de modificação de comportamento bem concebido e cuidadosamente administrado. *Feedback* constante e prêmios por realização de tarefas e objetivos são exemplos teóricos de estímulo positivo – e eles funcionam.

Estímulos Exteriores

Artistas, escritores e compositores confiam em seu ambiente e experiências culturais para estimular sua criatividade. Positiva ou negativa, excitante ou rotineira, as influências externas podem afetar grandemente a criatividade. A exposição a novos estímulos pode ser gerada pelos gerentes de vendas através de uma variedade de oportunidades de custo baixo.

Mantenha-os informados. Faça assinaturas de periódicos como revistas de negócios e publicações profissionais. Encoraje seu pessoal de vendas a lê-las em casa, durante os intervalos para almoço, ou no metrô. Encoraje a discussão de tópicos interessantes dentro destas publicações em sessões formais (por exemplo, reuniões de vendas) e informalmente durante discussões no escritório.

Dê acesso à cultura. Compre ingressos para o teatro local, óperas ou organizações de dança e distribua-os entre seu pessoal de vendas para uso pessoal. Sempre que possível, ligue estes presentes a realizações bem-sucedidas de objetivos de vendas (por exemplo, prospecção). Estes pequenos presentes não são suficientes para premiar o desempenho nas vendas, mas podem ser uma maneira excelente de dizer "obrigado" por tarefas bem feitas enquanto expõem seus funcionários a performances criativas.

Faça-os viajar. Desenvolva um programa de incentivo. Os hoteleiros estão em uma posição única para se beneficiar de virtualmente todo tipo de viagem. Combine um assunto relacionado ao trabalho com uma viagem. Os vencedores podem ser enviados a uma propriedade irmã, em um local agradável, onde eles podem encontrar o gerente de vendas e todos os funcionários de vendas da propriedade. Novas amizades geralmente surgem com as férias e fornecem novas idéias relacionadas a vendas.

Encoraje liderança comunitária. Encoraje seus funcionários a assumirem posições de liderança em organizações locais. É surpreendente o quanto pode se aprender ao organizar um pacote de escoteiros ou liderar a *Little League*. Ser membro de escolas locais, organizações fraternais e outros grupos comunitários ajuda a quebrar a síndrome de inatividade e expõe as pessoas a novas idéias.

Encoraje a educação adulta. Muitas empresas oferecem reembolso de instrução para cursos de graduação. Infelizmente, o resultado final é que o detentor do novo diploma freqüentemente começa a tentar uma nova carreira. Embora este lado ruim não possa ser evitado, você pode promover participação em faculdades comunitárias, escolas técnicas e outras instituições que oferecem cursos sem créditos. Cursos em escrita criativa, história da arte e mesmo mecânica de automóveis podem incentivar a criatividade. Tudo depende da motivação individual.

Permita que outros conversem com eles. Convide pessoas interessantes e provocantes para suas reuniões de vendas ou outro evento em grupo. Os comunicadores de motivação podem ser incluídos, mas não encha a reunião deles. E não restrinja os tópicos que seus pares possam escolher. Os oradores podem cobrir uma variedade de assuntos, de crescimento profissional das vendas a problemas comunitários e desenvolvimento econômico.

Profissionais da saúde, especialistas em viagem e turismo, consultores de vendas, políticos, presidentes de bancos locais e professores universitários são tipos de oradores disponíveis na maioria das comunidades.

Varie o local de suas reuniões de vendas. Os funcionários de vendas de muitos hotéis raramente, se nunca, aventuram-se para fora do hotel para suas próprias reuniões. Ocasionalmente realize suas reuniões em outros lugares interessantes. Por exemplo, o operador de barcos na Virginia's James River recebe dúzias de reuniões que começam em Williamsburg e terminam em Norfolk, onde os hóspedes podem partir para o aeroporto. As companhias descobriram que a liberdade de uma viagem de barco e a mudança de cenário incentivam a criatividade.

Acompanhe as reuniões em locais diferentes com a breve apresentação de um tópico relacionado àquele local em particular. Por exemplo, em um restaurante chinês, você poderia discutir a origem e o propósito dos pauzinhos; em um prédio de 1920 você pode criticar sua *art deco*; e, em um barco, você pode considerar as aventuras de Huckleberry Finn!

Organize uma blitz de vendas. Uma *blitz* profissional de vendas oferece muitas vantagens, incluindo a fagulha para dar ignição à criatividade individual durante a quebra de rotina das atividades diárias das vendas (Makens 1986).

Mude-os de lugar. É fácil perder contato com as pessoas que realmente importam: o hóspede e os funcionários. Então, coloque seu pessoal de vendas no lugar de outras pessoas por um dia. O programa "In Touch" do Hyatt Hotels e Resorts é digno de imitação. A cada ano, todos os membros corporativos do Hyatt se tornam funcionários da linha de frente por um dia. Em um boletim do Hyatt, Hyatt In Touch, um oficial da companhia relatou que "o que começou como uma forma de entrar em contato com outros funcionários e hóspedes terminou como um dos melhores programas já realizados. Os funcionários do escritório corporativo retornam ao trabalho animados, educados – e exaustos".

Treinamento e Educação *In House*

A educação e treinamento de funcionários do hotel é uma prioridade alta para os hotéis continuarem sendo bem-sucedidos. Um pessoal de vendas criativo é parcialmente o resultado de treinamento e educação *in house* consistentes.

Desenvolva um programa contínuo. A educação e o treinamento *in house* são freqüentemente vítimas do medo ou protelação, especialmente quando o gerente de vendas se sente despreparado para conduzir ou planejar esta função. Na verdade, nenhum indivíduo está numa posição melhor para entender as necessidades do pessoal de vendas do que o gerente de vendas. O treinamento do pessoal de vendas e a educação normalmente não contam para o contínuo *input* do educador treinado. Consistência e regularidade são fatores dominantes de sucesso. Tente uma variedade de abordagens, mude o curso – mas ofereça ao pessoal de vendas alguma forma de treinamento e educação regularmente.

Troque idéias, problemas e soluções. Envolva seu pessoal de vendas em seu próprio treinamento e educação. Não confie na educação passiva para aumentar a criatividade. O fato de que as sessões de estudos de pares são incorporadas em quase todos os programas executivos já diz sobre seu valor potencial quando elas são usadas adequadamente. Mas esteja atento, grupos de discussões desestruturados e mal organizados geralmente se deterioram em razão de brigas e discussões.

Use estudos de caso. Estes casos não precisam ser negócios complexos. Dúzias (se não centenas) de estudos de caso estão disponíveis dentro de seus próprios departamentos de vendas. Lá você encontrará casos em que as oportunidades de vendas foram perdidas, contas importantes foram mantidas, clientes infelizes foram satisfeitos e muitos outros cenários.

Educação corporativa e treinamento nas reuniões de vendas. Requer breves apresentações durante as reuniões de vendas pelos indivíduos de vendas. Limite o tempo em 15 minutos para prevenir discursos vagos e desconexos. Espere que estas apresentações sejam acompanhadas por *slides*, transparências ou outros recursos visuais. Esta prática serve como base de treinamento útil para as apresentações a clientes.

Encoraje Hábitos de Trabalho Organizados

Um mito persiste: de que a criatividade é aumentada pela desorganização e até por um estilo de vida desleixado. Talvez seja verdade para poucos indivíduos, mas as realizações criativas de uma empresa de arquitetura moderna, agências de propaganda, grupos de *design*, empresas de engenharia e outros fornecem evidências contrárias. Os autores de *best sellers*, escultores famosos e outros artistas normalmente relatam que suas criações não nasceram de um arroubo de criatividade, mas do resultado de um trabalho contínuo e organizado. Um horário de trabalho organizado e um local de trabalho livre de confusões ou distrações desnecessárias não precisa ser estéril ou tedioso. Os hábitos e o ambiente de trabalho deveriam ser vistos como parceiros na busca de criatividade e aumento da produtividade das vendas.

Gerenciamento Participativo

Os funcionários de vendas muito freqüentemente esperam por orientações. Cada membro do departamento de vendas deve ser ativamente envolvido no planejamento das vendas, o que força o pensamento criativo. O papel do gerente de vendas é facilitar o processo. Uma maneira de fazer isso é usar a abordagem de Socrática de questionamento sistemático para forçar as pessoas a pensarem durante o processo.

Formas adicionais de envolver seus funcionários de vendas no planejamento criativo incluem o seguinte:

Análise competitiva. Examine cuidadosamente o que sua concorrência está *realmente* fazendo, e descubra quão bem eles estão fazendo. Tal estudo serve como "abridor de olhos" para os funcionários e a gerência, e fornece a base para aumento de criatividade. A corporação ITT Sheraton refere-se ao processo como "engenharia invertida". O Sheraton examina criticamente sua concorrência através de envolvimento dos funcionários e respostas de clientes via grupos de foco.

A análise da conta. Se você separa suas contas por tamanho de negócios e dados demográficos, como por código postal e tipo de negócios, você notará que questões importantes automaticamente surgirão. Por exemplo: por que alguns clientes são importantes enquanto outros do mesmo setor contribuem pouco para a ocupação e o lucro? Questões como essa são o produto natural da análise da conta. Esse tipo de discussão deveria lubrificar até mesmo as engrenagens de pensamento mais emperradas.

Previsão de vendas e objetivos. Nunca aceite como projeção para o próximo período de vendas uma estimativa que é baseada simplesmente na previsão de desempenho mais um pequeno aumento. As previsões de vendas e os objetivos podem ser estabelecidos somente após uma análise cuidadosa do ambiente externo, competição, contas e clientes-alvo. Se o *yield management* é usado na sua propriedade, esse processo fica até mais importante.

Estratégias e táticas de vendas. Estas são o coração de qualquer plano de vendas. Aqui é onde a ação e a chance para a criatividade real acontecem. Encoraje a discussão aberta, a troca de idéias e o *brainstorming*.

O orçamento de vendas. O gerente de vendas não pode esperar fazer tudo que os funcionários desejam, mas o orçamento adequado é mais possível quando apoiado por estratégias criativas que prometem aumento nas vendas e receitas mais altas.

Plano para Enriquecimento da Carreira

O estresse é um perigo entre os envolvidos nas vendas de hotel, como indicado pelo alto nível de rotatividade da propriedade. Mas se você identificar o movimento do pessoal de vendas, você descobrirá que muitos permanecem dentro do setor da hospitalidade apesar da insatisfação com suas posições prévias. O estresse, parece, relaciona-se com trabalho específico mais do que a insatisfação com o setor.

Os vendedores que sofrem de estresse não têm probabilidade de ser criativos. Mas uma mudança na responsabilidade e no título pode restaurar seu entusiasmo e dinamismo. Como o movimento para cima ou lateral de um membro do time é difícil de defender quando um indivíduo está em colapso, é melhor fazer tal movimento quando a pessoa está no seu pico. Isto requer um cuidadoso planejamento de carreira para o pessoal de vendas, mesmo se isso signifique a criação de novas posições. A tentação para deixar os melhores vendedores em suas atuais posições é um chamado de alerta para impedir desastres ou estresse.

Criar novas posições dentro do departamento de vendas do hotel não necessariamente implica em uma estrutura gigante. Qualquer hotel que deseje expandir seus clientes deveria considerar o seguinte.

Estabeleça uma posição de vendas para administrar as contas-chave ou nacionais. O gerenciamento nacional de contas e o mercado de parcerias estão se tornando um modo de vida para corporações de negócios. Visto em sua perspectiva verdadeira, isto é precisamente a definição de hotéis comerciais.

Estabeleça uma posição para contas internacionais. Esta pode ser provavelmente uma posição vista com prestígio dentro do departamento de vendas. Posições como esta (isto é, posições com as quais seus funcionários sonham) são desesperadamente necessárias nas vendas do hotel para superar a natureza sem perspectivas de progresso no departamento.

Crie outros títulos. Separe as contas por tipo de indústria, geografia ou outras características de mercado. Forneça ferramentas e encoraje os vendedores a tornarem-se especialistas em uma indústria ou região.

Os hotéis localizados em áreas com concentrações industriais específicas como computadores, aviões, processamento de alimentos, têxtil ou fabricação de papel devem se beneficiar treinando pessoas para se tornarem familiares com essas indústrias. Isto pode requerer comparecimento a exposições regionais, leitura de revistas especializadas e ganho de conhecimento de trabalho dos participantes do setor.

Ofereça ao pessoal de vendas a oportunidade de se tornarem profissionais especializados em indústrias, juntamente com a responsabilidade de desenvolver um plano de vendas e marketing com recomendações orçamentárias. Então espere para ver se a criatividade não melhora.

Forneça oportunidades de transferência para propriedades irmãs. Criatividade e entusiasmo geralmente diminuem por razões pessoais que não têm causa dentro da organização (por exemplo, divórcios, morte de um ente querido, desejo de conhecer o mundo e tédio com sua comunidade). Mais do que perder esses indivíduos para o mercado, ajude-os providenciando uma transferência para uma propriedade irmã. Considere sua estabilidade no emprego como treinamento profissional, e mantenha sua porta aberta para os vendedores que possam ser levados em sua direção a partir de outras propriedades em sua cadeia.

Estabeleça um plano de carreira. Inclua seus funcionários em um plano de carreira. Evitar esta responsabilidade crítica de gerenciamento inevitavelmente leva à frustração e ao estresse – e freqüentemente a sentimentos de desânimo. Muitos vendedores requerem freqüentes reforços relativos a seu plano de carreira e devem ser regularmente convencidos de que não foram esquecidos.

Pavimentando o Caminho

Balas mágicas que aumentam e mantêm a força da criatividade são um mito. Este aviso é claramente dito por Michael B. Peceri, presidente dos Marquis Hotels e Resorts. "Quando o pessoal de vendas se torna complacente, eu procuro maneiras de motivá-los, mas eu teria dificuldade de pegar uma força de trabalho complacente e torná-la criativa". O caminho para a melhora da criatividade é pavimentado com habilidades básicas de gerenciamento. O aumento da criatividade não é um problema distinto que requer uma resposta única, mas uma função contínua de gerenciamento e a base para crescimento sólido e contínuo com o aumento do ambiente competitivo.

PLANEJAMENTO DO TEMPO

Como nós vimos, o aumento da criatividade do pessoal de vendas pode aumentar suas vendas. Muitos outros fatores também têm um papel, mas nenhum é mais importante que o uso eficiente do tempo dos seus funcionários.

O propósito de planejamento de tempo para vendas é ajudar os membros a estabelecer prioridades, alcançar objetivos e ser eficientes e contentes. O estresse, comum entre os vendedores, é improdutivo para quaisquer objetivos da propriedade. Planejando suas prioridades de vendas dentro de um programa, o estresse pode ser reduzido.

O pessoal de vendas que demora a descobrir que suas cotas não serão alcançadas são candidatos a altos níveis de estresse e baixo desempenho. O sucesso verdadeiro de vendas no setor hoteleiro nunca resulta de contas grandes assinadas na última hora. Ao invés disso, a aquisição de vendas é o resultado de esforço contínuo durante o ano.

Infelizmente, muitas pessoas falham em usar seu tempo eficientemente e sofrem com o desempenho nas vendas. Por exemplo, é comum ver vendedores gastando uma ou mais manhãs de cada semana para trabalhos burocráticos como completar relatórios. As manhãs são o horário principal de vendas e deveriam ser usadas para visitar clientes.

Planejamentos Anuais

O processo de planejamento de tempo nos força a considerar como as várias tarefas necessárias para alcançar o sucesso podem ser melhor distribuídas dentro de um espaço de tempo limitado. Planejamentos para o ano inteiro não precisam descrever como cada semana ou cada dia será usado, mas para identificar as maiores tarefas a serem realizadas durante o ano e suas relativas distribuições durante o mês.

Usado corretamente, um planejamento anual ajuda os vendedores a entenderem o que é necessário para alcançar e exceder objetivos. Planejamentos anuais nunca devem ser encarados como contratos, mas devem ser vistos como ajuda para melhorar o desempenho pessoal.

O planejamento anual deve ser completado uma vez a cada ano e deveria ser incorporado em seu processo anual de planejamento de vendas (Dev 1990). A base para qualquer plano de vendas é a identificação de contas-chave e secundárias, acompanhadas por prospecção de novas contas-alvo e estimativas do volume de vendas para cada uma. As estratégias e táticas para reter contas antigas e adicionar novas fornecem a base para estimar a quantidade de tempo necessária para realizar essas tarefas primárias.

Planejamento Semanal

Os planos semanais devem ser completados antes de cada manhã de segunda-feira. Tome cuidado ao atrasar o planejamento semanal até o início do final de semana, entretanto, quando isso parece uma espada suspensa sobre a cabeça do vendedor. Em tais casos, a tarefa de planejamento de vendas semanais tem um tom agourento, muito diferente de seu verdadeiro nível de dificuldade.

A assistência de um gerente de vendas experiente no desenvolvimento de planos semanais é a diferença entre uma semana frustrante e desperdiçada de uma semana com genuíno progresso de vendas. Vendedores veteranos podem precisar de pouca assistência, mas novos vendedores geralmente podem se beneficiar. Reveja os planos semanais dos vendedores e procure por essas grandes armadilhas de tempo:

- Cargas de trabalho diário desiguais.
- Muitos ou poucos telefonemas de vendas diários.
- Dispersão geográfica das visitas.
- Pouco ou nenhum tempo para a administração das tarefas de vendas.
- Grande ênfase em uma conta nova com pouco tempo distribuído para as contas já existentes.

Planejamento Diário

Nenhum aspecto de planejamento de tempo é mais importante que o plano diário: o sucesso anual das vendas é nada mais que o acúmulo de dias de vendas bem-sucedidos.

Uma pessoa de vendas premiada foi perguntada sobre o que contribuiu para seu sucesso nas vendas. A resposta foi simples: "Eu planejo as atividades de cada dia na noite anterior. Muitas outras pessoas de vendas nessa empresa não começam a planejar até estarem atrás do volante do carro".

O sucesso de vendas é na verdade o resultado do planejamento de cada dia para maximizar a eficiência das vendas, enquanto minimiza tarefas não essenciais. Todos os gerentes de vendas devem continuamente ensinar e reforçar este conceito básico.

Estabeleça objetivos para cada reunião: esqueça a noção de que vendas deveriam ser feitas "somente para ficar em contato". As pessoas que tomam decisões simplesmente não têm tempo para reuniões sem propósitos. Mas elas levarão tempo para aprender sobre novos produtos e benefícios, ouvir como solucionar um problema, conhecer idéias de diminuição de custos e encontrar com vendedores que os ajudem no desempenho de seu trabalho.

O advento de sistemas computadorizados integrados tem o potencial de demonstrar as variações de desempenho de vendas entre membros individuais do departamento. Estes vendedores bem estabelecidos no uso de planejamento de tempo pouco temem esta ou outra ferramenta de tecnologia. Um profissional de vendas comprometido com o tempo de planejamento está preparado para o sucesso.

Senso Comum

Embora muitas destas sugestões para gerenciamento de tempo possam parecer senso comum, é verdade que, como diz o ditado, o senso comum não é tão comum. Se você combinar a abordagem prática para o gerenciamento do tempo com a abordagem criativa para gerar vendas, seu hotel vai se beneficiar com funcionários de vendas eficientes, motivados e produtivos.

5. Aumentando sua Receita com o *Yield Management* NR

Eric B. Orkin

Quando avaliam o desempenho de vendas, os gerentes de hotel podem "tocar diferentes tambores". Alguns gerentes cuidam do compasso da ocupação, outros observam a diária média, e outros comparam os resultados previstos e os realizados. A seleção da gerência sobre os critérios de desempenho afetam a tomada de decisão, o estabelecimento de prioridades e o comportamento de todos os departamentos e unidades dentro do hotel.

Muitos dos critérios tradicionais de desempenho empregados pelo setor hoje não fomentam decisões que são melhores para o interesse do hotel. O departamento de vendas, medido pela produtividade dos apartamentos, por exemplo, inevitavelmente aceitará grupos de negócios sempre que possível - e então será forçado a negar reservas de última hora, mais caras, de clientes individuais. Neste artigo, eu explicarei como uma técnica de medição integrada, chamada *yield management*, pode ajudar o hotel a obter um ótimo "mix" de negócios e alcançar suas metas de receita e rentabilidade.

De maneira resumida, os hotéis estão no negócio de gerar receita em função de seu espaço. Quartos, assentos do restaurante e salas de reuniões são a fonte escassa dos hotéis, da mesma maneira que os assentos são uma fonte escassa na aviação. A principal função do gerenciamento é produzir o melhor retorno possível, ou *yield*, do espaço disponível.

PORCENTAGEM

A estatística básica do *yield* é uma medida simples da eficiência de práticas e políticas aplicadas para gerar receita das vendas. Esta estatística pode ser expressa como se segue:

$$Yield = \frac{\text{Receita Constatada}}{\text{Receita Potencial}}$$

A receita potencial é a renda que poderia ser assegurada se 100% dos quartos disponíveis fossem vendidos em sua tarifa balcão. Então, para um hotel de 300 quartos com uma tarifa balcão de US$100, a receita potencial é de US$30.000. A receita constatada são os recibos das vendas atuais. Se o hotel vendeu 200 quartos em uma tarifa média de US$80, a receita constatada seria de US$16.000. O *yield* seria de US$16.000 divididos por US$30.000, ou 53,3%.

MAIS IGUAL QUE OS OUTROS

Muitas combinações de ocupação e diária média poderiam resultar na mesma receita e na mesma porcentagem *yield*, como mostrado na Tabela 1. Alguns leitores podem argumentar que todos os casos de um *yield* de 53,3% não são iguais. Poder-se-ia afirmar que

TABELA 1
Cenários Diferentes para Receitas Idênticas

Caso	Quartos Vendidos	Ocupação (%)	Diária Média	Receita de Quartos	*Yield* (%)
A	160	53,3	$100.00	$16.000	53,3
B	180	60	88.88	16.000	53,3
C	220	73,3	72.72	16.000	53,3
D	240	80	66.66	16.000	53,3
E	260	86,6	61.53	16.000	53,3
F	280	93,3	57.14	16.000	53,3
G	300	100	53.33	16.000	53,3

NR: O conceito de *Yield Management*, explicado neste capítulo, tem sido utilizado, com esta mesma denominação, em muitos hotéis e redes hoteleiras no Brasil.

o Caso A é preferível, por exemplo, porque o custo de limpeza e aquecimento de 160 quartos é mais baixo que qualquer das alternativas. Alguém poderia dizer que ter 300 quartos ocupados é melhor, porque uma casa cheia significaria inevitavelmente mais receitas em outros centros de lucros, tais como restaurantes, bares e telefones. O leitor sensível a como estas estatísticas podem criar impressões poderosas pode entender que uma das alternativas imediatas foi melhor, porque seria menos provável levantar uma bandeira vermelha com os proprietários ou com a matriz.

Na verdade, cada um dos argumentos precedentes tem validade. Para o equilíbrio deste artigo, eu assumirei que todas as combinações de vendas de quartos que produzem o mesmo *yield* são igualmente desejáveis para o hotel.

PRIMOS PRÓXIMOS

A estatística *yield* está estritamente relacionada com o apoio do setor na porcentagem de ocupação e diária média. A porcentagem de ocupação, é claro, é na verdade uma razão do número de quartos vendidos sobre os que estavam disponíveis para a venda. Nós geralmente expressamos a diária média como um número simples em dólares, mas também poderíamos expressá-la como uma razão entre a diária real e a diária potencial. No Caso B, por exemplo, a diária média é de US$88.88 dividida por US$100, ou aproximadamente 89%. Saber que você tem uma diária média correspondente a 89% e uma taxa de ocupação de 60% não é especialmente útil, até você multiplicar as razões juntas, como mostrado na Tabela 2.

Estão a estatística *yield* está relacionada com a combinação de ocupação e a diária média. A única diferença é que a diária média é convertida em uma razão. Mas a estatística *yield* é a maneira mais flexível e consistente de avaliar o desempenho de um hotel.

GANGORRA

A maioria dos gerentes veteranos sabe que resultados como o do Caso B (com seus desanimadores 60% de ocupação) receberiam ocasionalmente uma ligação da matriz ou dos proprietários perguntando por que a ocupação estaria tão baixa. Em resposta a esta preocupação, a gerência deve abrandar as expectativas de tarifas de grupos, vender mais quartos para hóspedes mais econômicos e separar mais quartos para preços especiais de pacote. Se estas medidas forem eficientes, os resultados para o próximo mês poderiam parecer com o Caso E, no qual a ocupação aumenta enquanto a diária média diminui. O gerente então não se surpreenderia em receber outra ligação, agora perguntando por que a diária média estava tão baixa.

A questão aqui é que ambos os casos são essencialmente iguais em termos de receita e rentabilidade, e provavelmente são igualmente lucrativos para o hotel. Ao considerar a rentabilidade, o gerente teria uma única medida integrada que traria alguma contribuição para lucratividade. "Rentabilidade é a palavra-chave no Hilton. Preocupações com a diária média e a ocupação foram substituídas por receita e rentabilidade".

TABELA 2
Calculo Típico de Yield

Taxa de ocupação média	×	**Média das diárias médias**
é o mesmo que:		
Quartos vendidos / Quartos disponíveis para venda	×	Diária média de quartos vendidos / Diária média potencial
Usando o Caso B como exemplo:		
180 quartos vendidos / 300 quartos disponíveis para vender	×	US$88,88 diária média de quartos vendidos / US$100 diária média máxima
Isto se calcula como:		
US$16.000 receita constatada / US$30.000 receita potencial	=	53,3% *yield*

AUMENTANDO A RENTABILIDADE

A responsabilidade da gerência é aumentar a rentabilidade. Há duas estratégias básicas de *yield management*, cada uma apropriada para diferentes condições de oferta e demanda de quartos. Demanda alta requer táticas geradas para maximizar a receita associada com quartos vendidos (tarifas altas). Excesso de oferta requer uma ênfase na venda máxima de quartos, mesmo se uma tarifa média mais baixa é o custo associado a estas táticas.

A eficiência do hotel em melhorar a rentabilidade é baseada em sua infra-estrutura nas seguintes áreas críticas:

1. *Previsão:* Boa previsão da demanda diária dos quartos com um sistema contínuo de avaliação.
2. *Sistemas e procedimentos:* Sistemas automatizados, políticas de estabelecimento de tarifas, pacotes promocionais, pessoas altamente treinadas com flexibilidade suficiente para se adaptar às mudanças nas condições de demanda.
3. *Estratégia e planos táticos:* Estratégias coerentes apoiadas por táticas que possam responder rapidamente a variáveis condições de demanda.
4. *Sistemas de feedback:* Métodos para avaliar a eficiência das táticas e fornecer informações vitais para as pessoas que procuram melhorar o desempenho.

PREVISÃO

As táticas de *yield management* mais eficientes têm orientação diária, mais do que orientação com intervalos regulares. Por exemplo, as decisões a respeito da disponibilidade dos pacotes para os mercados sensíveis a tarifas deveriam ser tomadas para dias, e não como uma única política para todos os dias da estação. A previsão deve fornecer estimativas de demanda futura em uma base diária para ser útil em um *yield management* otimizado.

Muitos hotéis que fazem previsões diárias olham somente para os 60 ou 90 dias adiante. Como a maioria dos hotéis comerciais realiza a grande maioria das reservas semanas antes de recebê-la, previsões diárias com um horizonte de dois ou três meses parecem suficientes. Mas as estimativas de longo prazo da demanda flutuante são críticas mesmo para os hotéis que fazem uma pequena porção de seus negócios com segmento de grupos.

A relação entre grupo de negócios e negócios ocasionais é geralmente de ocupação versus tarifa. Os grupos geralmente fazem as reservas muito mais adiantadas que os ocasionais, e com isso aumentam os percentuais conhecidos de taxa de ocupação. Mas a maioria dos hotéis acha que hóspedes ocasionais pagam, em média, tarifas mais altas que os grupos. Conseqüentemente, o deslocamento de futuras altas taxas de reservas ocasionais para grupos que estão pagando tarifas mais baixas deve ser uma decisão cuidadosamente considerada. Esta decisão toma uma dimensão maior quando se considera que uma porção dos ocasionais deslocados passará uma noite em um hotel concorrente. É claramente imperativo basear a decisão de hoje (reservar um grupo prospectado) em uma demanda prevista para os dias em consideração. A abordagem comum de se considerar todas as segundas até quintas-feiras como sendo essencialmente a mesma coisa leva a um desperdício de apartamentos vazios que poderiam ser vendidos.

As previsões devem considerar tanto as demandas de grupo como as de reservas individuais. Ao avaliar se reserva um grupo dois anos adiantado a uma tarifa baixa, o gerente de vendas deve determinar a probabilidade do deslocamento de outros grupos, ainda desconhecidos do hotel, que estejam dispostos a pagar uma tarifa maior.

Os métodos de previsão feitos por computador podem facilitar a análise necessária de dados. O risco inerente em alguns modelos de previsão é sua simplificação excessiva de fatores que afetam a demanda. Um programa que falha em observar a interação entre dias próximos, por exemplo, pode resultar em informação errada. Tomando cada dia individualmente, um programa pode prever a ocupação de 100% em uma segunda-feira à noite e 95% numa terça-feira à noite. Um programa bem projetado faria ajustes na terça-feira para refletir a falta de disponibilidade na segunda-feira. Se a segunda-feira for totalmente vendida prematuramente, o potencial da terça-feira não será realizado.

SISTEMAS E PROCEDIMENTOS

Previsões diárias de demanda, apesar da exatidão, não são suficientes para aumentar a rentabilidade. As políticas, procedimentos e funcionários treinados para a maximização da receita devem ser colocados de modo a tirar vantagem das previsões e agir para aumentar a receita da propriedade. A seguir está uma amostra das táticas que cultivam receitas mais altas.

Alta Demanda

Quando a demanda está alta, o hotel pode (1) restringir ou fechar a disponibilidade de categorias de tarifas mais baixas e pacotes para reservas individuais, (2) requisitar períodos mínimos de estadia, e (3) comprometer quartos somente com os grupos que pagam tarifas mais altas.

Baixa Demanda

Quando a demanda está baixa, o hotel pode (1) fornecer tarifas promocionais aos agentes de reservas para as reservas individuais que pagam tarifas standard, (2) procurar grupos de negócios de organizações e segmentos que são caracteristicamente sensíveis a tarifas, e (3) promover disponibilidade limitada para pacotes de baixo custo no mercado local.

Apesar destas táticas não serem novas, sua aplicação em muitos hotéis é freqüentemente menos que completa. Na minha experiência, não é incomum encontrar hotéis que tomam decisões somente parciais para maximizar a rentabilidade. Por exemplo, um hotel que antecipa a demanda de uma venda pode restringir a disponibilidade de todas com exceção das categorias de tarifas mais altas, enquanto mantém inadvertidamente tarifas abertas para segmentos especiais (por exemplo, o governo).

Às vezes a intenção é correta, mas a tática está fora do alvo. Até recentemente, uma grande companhia tinha uma política de fechar tarifas mais baixas no planejamento fixo, de acordo com o número de quartos disponíveis para vender. Isso significava que alguém que ligasse para uma reserva quando havia 300 quartos não vendidos teria uma tarifa mais baixa do que a pessoa que ligasse no mesmo dia, quando somente 100 quartos estivessem disponíveis. Este método não considerava nem o tempo deixado para vender os quartos remanescentes, nem estimava o potencial da demanda não considerada.

Em muitos casos, a falta de flexibilidade dos sistemas de computador dificulta os esforços do *yield management*. A maioria dos sistemas centrais de reservas, quando fornecem tarifas para os agentes de viagens respondendo a uma pergunta, dispõe as tarifas que estão disponíveis na data de chegada "requerida". Mas a demanda na data da chegada não irá, em muitos casos, ser representativa da demanda durante o período de estadia.

O seguinte exemplo ilustra este ponto. Digamos que o agente de reservas computadorizado está programado para mostrar as seguintes tarifas nos seguintes dias da semana.

Caso A. A pessoa que liga está perguntando sobre uma estadia de três dias começando no domingo que poderia ser cotada com cinco tarifas diferentes, todas a partir de US$65. Estas cotações de taxas minariam os esforços para maximizar a receita, sendo que segunda e terça-feira são dias de alta demanda.

Caso B. Uma pessoa liga perguntando sobre uma estadia de três dias começando na terça-feira que seria cotada com apenas uma tarifa, US$110. Tal inflexibilidade da tarifa aumentaria provavelmente a possibilidade do cliente ligar para outros hotéis perguntando por tarifas mais baixas. Como quartas e quintas-feiras são dias de baixa demanda, a perda dessa reserva seria infeliz.

	Tarifas disponíveis				
Domingo	110	95	85	75	65
Segunda-feira	110	95			
Terça-feira	110				
Quarta-feira	110	95	85	75	65
Quinta-feira	110	95	85	75	65

Outros sistemas centrais de reserva adotam uma abordagem diferente. Eles disponibilizam somente as tarifas que estão disponíveis para todos os dias requisitados. Usando os exemplos acima, somente US$110 seriam cotados em ambos os casos. Tal abordagem seria restritiva se a maximização de receita fosse o objetivo.

Freqüentemente não é um sistema automatizado que confunde a completa implementação das táticas de gerenciamento, mas as abordagens escolhidas para treinar o pessoal e monitorar seu desempenho. Por exemplo, a produtividade do gerente de vendas é freqüentemente medida em termos de quartos reservados. A suposição explícita nesta abordagem é que todos os quartos são igualmente benéficos para o hotel, independentemente da tarifa. Muitas companhias aprimoram este critério verificando o total de vendas mensais do gerente para *room-nights* e diárias médias. Apesar desta abordagem fornecer mais dados, ela não necessariamente enfoca o impacto real de cada reserva do gerente de vendas. A Tabela 3 ajuda a demonstrar o problema.

Todos os quatro gerentes de vendas no exemplo reservaram 600 *room-nights* a uma média de US$100. Isto significa que eles fizeram igualmente um bom trabalho contribuindo para a rentabilidade do hotel? Um caso pode ser feito para classificar os gerentes de vendas da seguinte maneira.

TABELA 3
Diferentes Cenários para Reservas Similares

	Reservado em Dias de			
	Alta Demanda	**Média Demanda**	**Baixa Demanda**	**Total/ Média**
Gerente de Vendas A:				
Room-nights	200	200	200	600
Tarifa Reservada	$100	$100	$100	$100
Gerente de Vendas B:				
Room-nights	300	200	100	600
Tarifa Reservada	$100	$100	$100	$100
Gerente de Vendas C:				
Room-nights	300	200	100	600
Tarifa Reservada	$90	$100	$130	$100
Gerente de Vendas D:				
Room-nights			600	600
Tarifa Reservada			$100	$100

- Gerente de vendas D: todas as reservas em dia de baixa demanda.
- Gerente de vendas A: relativamente poucos dias de alta demanda.
- Gerente de vendas B: alta proporção de dias de alta demanda reservados, alta probabilidade de deslocamento de reservas individuais.
- Gerente de vendas C: alta proporção de dias de alta demanda, muitos vendidos a uma tarifa relativamente baixa.

A diferença na contribuição feita pelas vendas dos gerentes D e C é substancial. Quando medidas tradicionais de produtividade são incapazes de demonstrar essa diferença estatisticamente, há pouca motivação para o gerente de vendas adaptar seu comportamento para maximizar a contribuição. O gerente de vendas à frente de um grupo sensível a tarifas, com possibilidade de reservar dias de baixa demanda, pode pensar duas vezes antes de aceitar o grupo se o mesmo iria baixar substancialmente sua diária média para o mês. Qualquer medida que cria tal conflito entre o interesse do hotel e a representação estatística da produtividade é seriamente falha e não ajudará a promover a maximização da receita.

A Boykin Management Company, com base em Cleveland, instituiu um sistema de incentivo de venda que premia os esforços dos gerentes que contribuem para a realização da otimização do "mix" de negócios. Os hotéis Hyatt estão testando um sistema de incentivo que dá ao vendedor crédito variável, dependendo dos fatores da demanda de mercado. Reservas em dias de baixa demanda fornecem mais pontos que aquelas em dias de alta ou excesso de demanda.

Para ter certeza dos sistemas e procedimentos que encorajam a maximização de receita, tal propósito deve ser designado especialmente dentro do sistema. Raramente as abordagens tradicionais irão promover decisões e comportamento de apoio. Felizmente, os funcionários conscientes freqüentemente tentam compensar as limitações que eles encontram nos sistemas e procedimentos do hotel.

ESTRATÉGIAS E TÁTICAS

O planejamento adequado é integrante do *yield management*. Freqüentemente o planejamento tem a forma do "resultado do último ano, mais 10%", seguido por uma lista de tarefas a serem alcançadas. Planejar a rentabilidade máxima abrange uma abordagem diferente. Faz perguntas como "Qual seria nosso 'mix' de segmentos de mercado se nós maximizássemos a rentabilidade?" Muito freqüentemente o "mix" de segmentos que fez bom senso aos negócios em poucos anos atrás é perpetuado simplesmente porque esta pergunta não foi feita. Muitas decisões críticas são feitas pela continuação casual de práticas passadas, mais do que uma análise e escolha para o futuro. Exemplo de tal inércia inclui comprometimentos para contas bases, nível de participação em convenções da cidade, tarifas com descontos para organizações locais que têm potencial de produzir um certo volume de negócios e uma desejada relação entre as reservas individuais e de grupos.

Os planejadores militares fazem as táticas para tomar vantagem em qualquer condição do campo de batalha. Apesar do ambiente competitivo do hotel não ter o mesmo nível de complexidade ou conseqüência, a importância de um plano integrado e bem pensado ainda é fundamental. Na maioria dos hotéis, a responsabilidade por responder às condições de mercado é distribuída entre os vários departamentos, freqüentemente resultando em ações com pouca chance de maximizar a receita e com potencial significativo para aumentar a falta de harmonia entre os departamentos.

Os hotéis gerenciados pela Boykin prepararam cuidadosamente os cenários de 'mix' de negócios, especificando qual o tamanho e tipo de grupos e negócios em eventos deveriam estar nos livros e quando. Se o 'mix' proposto não é atingido por um certo tempo, digamos doze meses antes da próxima semana, um cenário de médio prazo é ativado para guiar os esforços das vendas e tomar decisões. Tanto os planos de médio como os de longo prazo são guiados pela demanda e valor dos segmentos de reservas individuais.

Recepção, reservas e departamentos de vendas têm um papel fundamental nas decisões relacionadas à rentabilidade. A visão de mundo deles, entretanto, freqüentemente não é a mesma das pessoas que têm de descrever um elefante baseadas somente no toque. Um sente que o elefante é um tronco de árvore, outro como uma corda, outro como uma mangueira, outro como uma adaga e outro como tão sólido quanto uma parede. Cada um estava certo, claro, mas ninguém tocou o elefante inteiro. Um plano tático apropriado tem todas as suas decisões orientadas para a mesma meta de maximização. Os departamentos trabalham em conjunto apoiados por ações e decisões apropriadas para as condições de mercado atuais e futuras. Como resultado, as negociações com grupos prospectados, cotação de tarifa para reservas individuais e determinação da disponibilidade de pacotes coordenam e contribuem para a otimização da receita.

Tanto o Hyatt como o Hilton relatam melhores relacionamentos de trabalho interdepartamental desde a instituição de sistemas de *yield management*. O diretor de vendas e informação de marketing do Hyatt afirmou: "A comunicação entre o departamento de vendas e reservas aumentou dramaticamente".

Mesmo quando o hotel prepara um plano tático efetivo, a implementação logo se torna complicada. As previsões de curto e longo prazo devem ser mantidas atualizadas no meio da mudança de *status* de grupos (cancelamento de reservas), comportamento variável do volume e base de contas, mudança de disponibilidade de propriedades competitivas e a circulação contínua de eventos nacionais e locais que influenciam a demanda. Os dados e as previsões devem ser atualizados até quando o hotel tiver reserva de grupos. Lidar com essas dificuldades utilizando diferentes estratégias para a solução de problemas futuros, torna o trabalho mais interessante. Além disso, muitas táticas que parecem simples são freqüentemente mais complexas quando exploradas. Por exemplo, uma tática de maximização de receita é analisar a relação entre o valor de um grupo prospectado e a perda associada ao provável deslocamento de negócios com as reservas individuais. Um exemplo esclarecerá as complexidades ocultas sob uma solução aparentemente simples.

DESLOCAMENTO

Digamos que um grupo queira reservar 50 apartamentos para três dias no mês que vem. A Tabela 4 expressa a situação do hotel antes e depois da reserva em questão.

Neste exemplo, o grupo prospectado causaria o deslocamento na quarta-feira, quando o hotel não tem quartos para acomodar o grupo. Se os 50 quartos deslocados pelo grupo custassem em média US$95, e do grupo prospectivo fosse esperada a média de US$70, uma relação simples poderia ser calculada desta maneira:

- Ganho de receita: *150 room-nights a US$70 = US$10.500*
- Perda de receita: *50 room-nights de reservas individuais a US$95 = US$4.750*

Mas este é o único deslocamento que acontecerá? Algumas reservas individuais chegando na segunda e terça-feira ficariam até a quarta-feira. Se a quarta-feira não estiver disponível, estas pessoas podem ir para outro lugar, aumentando o deslocamento. Similarmente, algumas das reservas individuais da quarta-feira teriam ficado no hotel em outros dias, então mais deslocamentos ocultos aconteceriam.

Com a assistência de modelos de computação que possam resolver a complexa cascata de deslocamentos secundários que ocorrem devido à dependência entre os dias, o valor do potencial de negócios pode ser calculado como demonstrado na Tabela 5.

TABELA 4
Exemplo de Deslocamento

	Segunda-feira	Terça-feira	Quarta-feira
Quartos no hotel	300	300	300
Quartos comprometidos com grupos	150	50	200
Demanda transitória esperada	100	100	100
Disponibilidade para grupos novos sem deslocamento	50	150	0
Grupo sob consideração	50	50	50
Deslocamento transitório primário	0	0	50

TABELA 5
Valor de Negócios em Potencial Perdidos

	Segunda-feira	Terça-feira	Quarta-feira	Quinta-feira	Sexta-feira
Grupo sob consideração	50	50	50		
Deslocamento primário	0	0	50		
Total de deslocamento	5	10	50	10	5
Ganho de receita: 150 por noite do grupo a US$70 = US$10.500					
Perda de receita: 80 quartos transientes por noite a US$ 95 = US$ 7.600					

A vantagem de reservar um grupo, entretanto, ainda não é da magnitude que aparenta. Assuma que o grupo incluiria elementos de custo associado a mais de 70 quartos ocupados, se somente as reservas individuais fossem acomodadas. Esses custos poderiam chegar a US$1.000 ou mais. Além disso, 80 clientes individuais desapontados podem ficar muito felizes com sua escolha alternativa de hotel, e seus negócios poderiam estar perdidos para sempre.

Sobram considerações adicionais no que, à primeira vista, pode parecer uma análise razoavelmente honesta. É pouco imaginar que poucos gerentes de vendas têm o tempo ou os dados para fazerem uma análise própria e completa. Mas o resultado é receita perdida.

FEEDBACK

O *feedback* sistemático é necessário para avaliar a eficiência das previsões, o impacto das táticas e o desempenho de departamentos e indivíduos em seus esforços para aumentar a receita do hotel. Muitos destes dados que deveriam ser rastreados são similares aos números já reunidos por muitos hotéis, enquanto alguns dos dados são fundamentalmente diferentes.

Um exemplo simples demonstrará a importância de informações freqüentemente não observadas. Há uma variedade de métodos e modelos para prever a demanda flutuante. E ganhariam exatidão se os dados completos fossem disponíveis sobre reservas individuais que foram perdidas ou recusadas e qual a razão de não terem sido acomodadas.

A maioria dos sistemas de reservas dá aos operadores a oportunidade de entrar em negócios perdidos, mas a maioria não tem uma forma sistemática de assegurar que todos os negócios perdidos e dados relacionados sejam gravados. Nos modelos de previsão, dados parciais podem ser corrompidos ou camuflar tendências importantes.

Como dissemos anteriormente, as pessoas tendem a focalizar seus esforços de maneira que os mesmos tenham maior impacto nas medidas pelas quais seu desempenho pode ser avaliado. *Feedback* regular pode encorajar o comportamento orientado para a rentabilidade e para a tomada de decisão. Como exemplo, tanto hotéis individuais como grandes centrais de reservas têm dificuldade em determinar a eficiência do agente. Eles freqüentemente lançam mão de medidas auxiliares tais como a duração média dos telefonemas ou as ligações completadas por hora. Uma abordagem ligada à rentabilidade compara a receita associada ao potencial do agente, associado com as ligações recebidas pelo agente. Tal abordagem encoraja as reservas em tarifas médias mais altas, sem desencorajar tarifas mais baixas quando apropriado. Esta razão não é suficiente por si só para avaliar a eficiência de agente, mas mantém o agente continuamente prestando atenção à questão da rentabilidade.

O *feedback* no efeito das táticas pode levar à otimização de sua aplicação. Os gerentes de reservas abrem e restringem continuamente a disponibilidade de certas categorias de tarifas na esperança de não vender um apartamento em um valor baixo nem ter um quarto vazio quando poderia ser vendido. A tarefa deles é equilibrar receitas maiores associadas a cotações altas de tarifas, contra a maior probabilidade de conversão, ou reserva, se tarifas mais baixas são oferecidas. Um sistema com dados no fator de conversão associado a variações diferentes de cotação de tarifas, disponibilidade de quartos e estimativa de demanda podem automaticamente selecionar a abordagem de cotação de tarifa com maior potencial.

Feedback potencial e correto fornece estímulo, estabelece prioridades e possibilita o uso de técnicas de *yield management* que de outra maneira pareciam impossíveis.

NA PRÁTICA

As companhias hoteleiras que adotam os sistemas e técnicas de *yield management* atingiram bons resultados.

- As reservas para os andares de *concierge* do Hyatt's Regency Club aumentaram 20%, e a tarifa média para todas as reservas de sua central de reservas aumentou desde que o *yield management* foi instituído.
- Previsão diligente e planejamento orientado para a rentabilidade melhoraram o bem-sucedido programa de *frequent traveller* Gold Passaport do Hyatt por assegurar disponibilidade suficiente de quartos para acomodar a demanda.
- Muitos hotéis Hilton estabeleceram recordes de receita. Uma propriedade experimentou um aumento de US$7.50 na diária média sem redução de ocupação no primeiro mês, após terem instalado o sistema de *yield management*.

Os hotéis marchando ao rufar dos tambores da otimização da receita descobrem benefícios assim como melhorias no saldo final. Os conflitos interdepartamentais diminuem quando as medidas tradicionais de desempenho são substituídas por critérios que integram esforços nas linhas operacionais. Planos claros e de critérios relevantes permitem que a tomada de decisão mova-se para baixo dentro da organização, levando à maior eficiência e aumento da satisfação no emprego.

Muitos métodos de *yield management* se tornam práticos pelo advento de computadores. As práticas do passado, em muitos casos, refletem a tecnologia disponível destes tempos. Novas capacidades geram pensamentos novos e chamam para uma nova contextualização do alcance das tradicionais aplicações do computador no setor hoteleiro.

As práticas, políticas e sistemas que contribuem para o *yield management* dividem uma orientação comum – isto é, retorno máximo sobre uma fonte escassa (quartos de hotel). A mesma abordagem foi aplicada em formatos diferentes para otimizar retorno na função de espaço e facilidades de alimentos e bebidas.

O *yield management* não é meramente um coadjuvante para as abordagens tradicionais de gerência. Ao invés disso, representa uma base fundamental para concentrar esforços organizacionais. Ainda assim, não é uma saída radical para forçar uma transição nas abordagens pré-estabelecidas. Apesar de, em várias maneiras, a idade da orientação para a rentabilidade estar apenas começando, e que algumas experiências iniciais não serão bem-sucedidas, a promessa desta técnica é de tal magnitude que exige atenção imediata.

6. Combinar Promoções de Hotéis, Pacotes de Descontos e Sistemas de *Yield Management*: Certifique-se que é Legal

Robert H. Wilson

RESUMO

A competição feroz é grande, a segmentação extrema de mercado é predominante, e os níveis de ocupação e lucros estão baixos no setor hoteleiro. Como resposta parcial a estes problemas, o setor tem feito mudanças significativas nos métodos usados para cotar preços de apartamentos e na venda de seus quartos através do sistema central ou local de reservas.

Para maximizar a receita, muitos hotéis implementaram sistemas de *yield management* que ajustam "tarifas de quarto em resposta ao nível de quartos reservados para futuras datas de chegada" (Relihan 1989). Os sistemas de computação, programas de incentivo às vendas, o treinamento de pessoal de reservas e outras coisas são necessários para produzir "o melhor retorno, ou receita, sobre o espaço disponível" (Relihan 1989). Enquanto o gerenciamento do hotel está tentando aumentar a receita, eles podem estar ativa e simultaneamente promovendo programas de descontos para atrair hóspedes de final de semana, pessoas de meia-idade, contas corporativas, contratos de governo e famílias.

Os hóspedes em potencial freqüentemente respondem a anúncios de redução de tarifa de quartos e pacotes de descontos ligando para o sistema de reservas do hotel. Procurando por tarifas com descontos, eles podem vir contra o recentemente instalado sistema de *yield management*, cujo propósito é maximizar a receita.

Este artigo focalizará os sistemas de *yield management*, alguns problemas que foram reconhecidos na venda de apartamentos anunciados com descontos, e estatutos federais e estaduais existentes com respeito a atos e práticas enganosas. Ele também examinará como membros da gerência do hotel podem estar violando estes estatutos inadvertidamente. Além disso, alguns conceitos básicos são apresentados para evitar preços e práticas de reservas ilegais.

INTRODUÇÃO

Não é a intenção deste artigo oferecer uma análise completa das várias condições injustas, atos enganosos, práticas e estatutos. Na verdade, o propósito é fazer com que o leitor saiba que tais estatutos existem. O gerenciamento do hotel pode então examinar as ações e políticas existentes na corporação com o conselho jurídico, e fazer qualquer mudança necessária nas práticas e políticas, para estarem de acordo com a legislação aplicável.

COTANDO PREÇOS

Uma variedade de artigos que analisam os métodos usados pelos sistemas de reserva de hotel e de pessoal para cotar preços e reservas já foi publicada. Alguns enfocam as ações e políticas e olham somente a eficiência de programas de marketing, não sua legalidade. Os mesmos métodos, práticas e políticas que foram considerados ineficientes ou práticas de marketing questionáveis também podem ser violações de estatutos e práticas de atos injustos e enganosos. Lewis e Roan (1986) afirmam:

> Para vender um quarto na tarifa de final de semana, um agente de reservas de um hotel deve contar aos hóspedes sobre o pacote. Nossa pesquisa mostra que isso não acontece sempre. Na verdade, muitos hotéis parecem estar relutantes em admitir que descontos de final de semana existem, mesmo quando se pergunta sobre eles.

Mais tarde este artigo analisará se tal relutância em fornecer informação é um ato ou uma prática injusta e enganosa porque pode ser considerada uma recusa para vender produtos anunciados (Código Federal de Regulamentações 1989).

Hermann e Quain (1982) descobriram que as tarifas de apartamento são freqüentemente cotadas de maneira inconsistente. Mais inquietante do ponto de vista dos atos e práticas enganosas é o fato de que seu estudo descobriu que os gerentes de reservas e os atendentes falharam ao seguir a política a respeito da cotação de tarifas de quartos, em 78% dos hotéis estudados.

O jurista Dee Pridgen (1988) afirma:

> Os preços pelos quais as mercadorias e serviços são vendidos são uma informação que os consumidores devem ter se suas decisões coletivas são para abastecer os trabalhos de um mercado perfeitamente competitivo. Então, se uma falha de mercado obstrui a fluência de informação de preço de maneira significativa, temos um candidato para um desafio injusto.

Os gerentes, o pessoal e os agentes podem intencionalmente ignorar a política corporativa. Ater-se a metas de receita, departamento, ou pessoal para maximizar suas próprias avaliações ou compensação podem ser razões para estas pessoas ignorarem a política. Eles também podem, sem saber, falhar em fornecer informação, ou fornecer informação incorreta.

Um outro estudo de Lewis (1986) também descobriu que os clientes que ligam por informações sobre a disponibilidade dos quartos ou sobre preços anunciados freqüentemente recebem informação errônea. "Quando perguntamos sobre estas tarifas baixas em ligações telefônicas aleatórias para seu número 0800 de reservas, estas empresas disseram que seus quartos estavam todos *vendidos*. Nós podemos entender que, de repente, 67% destas cadeias de hotéis estão cheias nos finais de semana". O agente de reserva está dizendo ao cliente que o quarto está vendido, quando claramente o quarto está disponível, mas não naquele preço.

Falhar em revelar preços existentes quando questionados, recusar a venda do que está em promoção, falhar em seguir a política do hotel ou fornecer informação incorreta ou errônea poderiam ser consideradas violações de atos e práticas enganosas da legislação, que serão descritas neste artigo.

NÃO VENDER O QUE ESTÁ SENDO PROMOVIDO

Os sistemas que existem hoje podem impedir que os clientes obtenham apartamentos disponíveis com os preços anunciados. Além disso, a informação do preço anunciado pode ser ou indisponível para a reserva ou muito difícil de acessar. Lewis e Roam (1986) recontam uma história na qual um cliente em potencial ligou para um hotel e tentou reservar um quarto a um valor anunciado de desconto. O agente de reservas, que usou um computador, consistentemente evitou que a pessoa que ligou conseguisse informação quanto à disponibilidade de um quarto com o preço anunciado. O exemplo é o seguinte:

Era 20 de junho de 1986. Eu tinha que estar em uma certa cidade de quarta-feira a domingo, no início de agosto. Em uma página inteira do *Wall Street Journal*, eu vi uma cadeia nacional de hotéis oferecer uma tarifa especial de verão de US$69 para a propriedade da cidade. Eu liguei o número 0800 e tive a seguinte conversa:

> *Eu:* Gostaria de reservar um quarto para agosto. Poderia ter acesso à tarifa especial da associação a que pertenço?
>
> *Hotel:* Os quartos estão disponíveis, mas não com esta tarifa.
>
> *Eu: Como assim?*
>
> *Hotel:* Cada hotel decide por si e estamos lotados no período solicitado.
>
> *Eu:* Qual é a tarifa disponível?
>
> *Hotel:* US$135 por noite.
>
> *Eu:* Só essa?
>
> *Hotel:* Sim.
>
> *Eu:* O que aconteceu com a tarifa anunciada de US$69 em uma página inteira do *Wall Street Journal*?
>
> *Hotel:* Eu não sei nada sobre isso. O que diz no anúncio?
>
> *Eu:* (Peguei o anúncio e li)
>
> *Hotel:* Ah, sim, nós temos estes apartamentos. Estes são classe D, mas já acabaram.
>
> *Eu:* Como você não sabia destes quartos antes de eu mencioná-los?
>
> *Hotel:* Porque eles aparecem numa tela diferente. Eu estava fazendo a reserva na tela da tarifa que você perguntou primeiro.
>
> *Eu:* Que tal uma tarifa de final de semana para sexta-feira e sábado, então?
>
> *Hotel:* Sim, nós temos uma tarifa especial de US$ 84. Este quarto é classe E, mas também não tenho nenhum disponível.
>
> *Eu:* A classe E é menor que a classe D?
>
> *Hotel:* Certo.
>
> *Eu:* Então minha única escolha é US$135?
>
> *Hotel:* Certo.

Havia quartos disponíveis no preço declarado? Havia uma limitação declarada na propaganda quanto à disponibilidade/demanda dos quartos em certas localidades? É difícil determinar neste caso se o agente está usando técnicas de *yield management* ou se o computador está realmente evitando que o agente acesse a informação solicitada. Esta atividade é um exemplo de um *bait and switch* (que será discutido mais tarde) que provavelmente é uma violação do estatuto de atos e práticas enganosas da maioria das leis federais e estaduais. Este hotel, e os outros que operam desta maneira, estão claramente se colocando em risco de uma ação que demandaria o triplo em perdas com os pagamentos de advogados. Se alguém conseguir provar que outros clientes foram tratados da mesma maneira, ou que era uma política corporativa fornecer quartos e informação de preços desta maneira, a cadeia hoteleira e o gerenciamento poderiam estar em um custoso processo judicial.

ATOS E PRÁTICAS INJUSTAS E ABUSIVAS

O Federal Trade Commission Act declara que "atos injustos e práticas abusivas que afetam o comércio são declaradas ilegais". De acordo com o National Consumer Law Center (1988), todos os 50 estados americanos e o Distrito de Columbia aprovaram "poucas leis FTC que se aplicam para a maioria das transações dos consumidores, e objetivam a prevenção de fraude ao consumidor e abuso no mercado".

Os estatutos de atos injustos e práticas enganosas estaduais e federais são concebidos para serem flexíveis de modo que quase todo o tipo de prática abusiva de negócios possa ser considerada injusta ou enganosa. Estas práticas de negócios são geralmente classificadas sob os seguintes grupos de comportamento:

1. Logro ou fraude estatutária.
2. Inconscientemente.
3. Reivindicações insustentáveis.
4. Representação errada generalizada.
5. Técnicas de vendas coercitivas ou de alta pressão.
6. Desempenho de práticas enganosas.
7. Indução a práticas enganosas.
8. Má-fé.

Este artigo enfocará as duas últimas categorias porque elas se relacionam com o setor hoteleiro: indução a práticas enganosas e má-fé. Práticas injustas e de má-fé são uma violação do Federal Trade Commission Act e do estatuto das práticas enganosas e de má-fé da maioria dos estados.

PRÁTICAS ENGANOSAS

Para provar que uma prática é enganosa, precisa-se mostrar que ela tem tendência ou capacidade para enganar somente uma minoria de consumidores; como detalhado no FTC *v.* Colgate Palmolive Company (1965). É importante entender que não é necessário que um hotel ou negócio pretenda enganar o consumidor. Um ato pode ser "enganoso" mesmo se o perpetrador não tinha a intenção de enganar (FTC *v.* Algoma Lumber Company 1934). Em 1984 o FTC promulgou padrões a serem usados para determinar se a prática deveria ser considerada enganosa. Bailey e Pertschuk (comunicação pessoal, fevereiro de 1984) estabeleceram que a prática é enganosa se:

1. A prática provavelmente ilude o consumidor.
2. O consumidor é enganado enquanto se comporta racionalmente nas circunstâncias.
3. O engano é material para o consumidor, isto é, o consumidor teria agido diferente se não fosse a prática enganosa.

O engano na verdade não precisa ser provado, somente que a prática tinha a capacidade de enganar. Além disso, o FTC *v.* Colgate Palmolive Company (1965) estabeleceu que uma prática é enganosa se afetará um número substancial de consumidores e fará com que eles ajam diferentemente do que eles teriam agido se a prática enganosa não tivesse sido usada.

PRÁTICAS INJUSTAS

As práticas injustas são mais fáceis de provar do que as práticas enganosas porque os padrões necessários para provar o engano geralmente requerem a descoberta de uma atividade mais onerosa. No caso da Suprema Corte, FTC *v.* Sperry and Hutchinson Company (1972), a Corte criou padrões para práticas que eram consideradas injustas, mesmo se a prática não era enganosa. A Corte disse que a injustiça seria determinada pelos seguintes fatores:

1. Se a prática, sem necessariamente ter sido previamente considerada ilegal, ofende a política pública... estando ela dentro da penumbra de alguma lei comum, estatuário, ou de outro conceito estabelecido de injustiça.
2. Se a prática é imoral, não é ética, opressiva ou inescrupulosa.
3. Se a prática causa dano substancial aos consumidores.

Numa linguagem que poderia ser aplicada aos hotéis e suas práticas de reserva e preços, a Suprema Corte também estabelece:

> [a] variedade de decisões interpretando o conceito ardiloso de injustiça pelo menos deixa claro que o método de vender viola a seção 5 [do Federal Trade Commission Act] se ele é explorador ou injusto, e se, além de ser moralmente questionável, é seriamente prejudicial aos consumidores ou outros.

As violações do Federal Trade Commission Act não permitem aos indivíduos, que podem ter sido vítimas de atos e práticas injustas ou enganosas, o direito a uma reparação pelos danos ou por proibição de socorro. O que significa, o indivíduo não tem o poder de procurar recurso legal contra perdas. O FTC é autoridade garantida para forçar a Federal Trade Commission Act de acordo com a U.S.C. sec. 45 (a)2.

Para prevenir a conduta imprópria e encorajar os processos judiciais pelos indivíduos, a lei de atos injustos e práticas enganosas da maioria dos estados fornece aos indivíduos a reivindicação por perdas. Os indivíduos que foram injustiçados podem processar por sua própria conta. Estes estatutos incluem "soluções privadas, como pagamentos para advogados para convencer os consumidores, e recompensas punitivas, amedrontadoras ou de dano mínimo" (National Consumer Law 1988). Além disso, a maioria dos estatutos dos estados permite processos judiciais de ação de classe contra os acusados por atos enganosos e práticas injustas.

Em muitas situações onde o consumidor foi enganado, a quantidade de danos sustentada não pode ser grande o suficiente para fazer com que o cliente lesado contrate um advogado para processar. O processo de ação de classe permite aos consumidores processarem como representantes de toda a classe de consumidores que foram lesados de uma maneira similar, e permitir que seu advogado colete as taxas legais da parte processada. O processo judicial de ação de classe é uma ferramenta muito poderosa que pode ser usada eficientemente para encorajar os consumidores e seus advogados a tornarem uma queixa insignificante em uma com um grande potencial para uma recompensa por danos. Como resultado, a maioria das atividades envolvendo atos injustos e práticas enganosas é seguida sob estes estatutos que permitem a ação judicial pelos indivíduos e por ação de classes com recuperação dos honorários dos advogados.

BAIT AND SWITCH

Uma prática que tem sido especificamente reconhecida como prática enganosa conforme as leis de má-fé e práticas enganosas é referida como *"bait and switch"*. Um consumidor é seduzido ou enganado por uma propaganda que oferece um produto ou serviço particular a um preço atraente. Quando o cliente responde à propaganda, o vendedor desvia o consumidor para um produto de preço maior. A decepção acontece porque o vendedor nunca teve a intenção de vender o item anunciado, mas quis usar o baixo preço para atrair pessoas para a loja. (Pridgen 1988). The Federal Trade Commission estabelece:

> Nenhum ato ou prática deveria ser empregado por um anunciante para desencorajar a compra da mercadoria anunciada como parte do esquema de engodo para vender outra mercadoria. Alguns destes atos e práticas que serão considerados parte do esquema engane e desvie são:
>
> a. A recusa em mostrar, demonstrar ou vender o produto oferecido de acordo com os termos da oferta.
>
> b. A depreciação, por atos ou palavras, do produto anunciado.
>
> c. A falha em ter disponível em todos os pontos de vendas listados na propaganda uma quantidade suficiente do produto anunciado para suprir demandas antecipadas, a menos que a propaganda clara e adequadamente exponha que o fornecimento é limitado ou a mercadoria está disponível somente nos pontos de vendas designados.
>
> d. A recusa em receber pedidos da mercadoria anunciada.
>
> e. O uso de um plano de vendas ou método de compensação para as vendas [pessoas], designadas para prevenir ou desencorajá-las a vender o produto anunciado. (Code of Federal Regulations 1989)

Eric Orkin, um especialista respeitado no uso e implementação de sistemas de *yield management* em hotéis, em um artigo recente, considera estratégias diferentes que deveriam ser usadas em um sistema de *yield management* eficiente. Uma estratégia é "treinar os agentes de reservas para cotar em uma maneira orientada à receita" onde "tarifas com descontos e pacotes deveriam ser oferecidos somente após resistência ou que as tarifas balcão tenham sido apresentadas" (Orkin 1990).

A intenção destas sugestões é atrair os consumidores com uma propaganda de um apartamento com valor baixo, para depois levá-los a trocar por um mais caro já que eles estão no telefone com reservas? Quanta resistência deve ser expressa pelo cliente antes que o apartamento com preço inferior seja disponibilizado? A Corte consideraria este tipo de atividade uma falha em vender ou a recusa em atender um pedido?

Orkin também indica que os sistemas de reservas deveriam ser designados para que "fornecessem ao agente de reservas uma seqüência de cotações que levariam à lucratividade máxima" (Orkin 1990). O computador poderia ser programado de tal maneira que os agentes de reserva não ficassem a par das tarifas e pacotes anunciados? Sem algumas diretrizes específicas, é fácil ver como o gerenciamento da empresa, o gerente, o programador de computador ou mesmo o agente de reservas poderia ser levado a participar, sabendo ou não, de atividades ilegais.

As práticas acima deveriam ser de interesse particular dos hotéis com sistemas centralizados de reserva e *yield management*, porque a implementação destes sistemas pode aumentar as violações em potencial dos atos de má-fé e práticas enganosas.

ÁREAS DE PREOCUPAÇÃO

Alguém poderia argumentar que outras ações tomadas pelas companhias hoteleiras também poderiam ser consideradas práticas enganosas e de má-fé. Um exemplo é a questão do *overbooking*. Apesar da discussão de *overbooking* estar além do alcance deste artigo, o setor pode querer considerar se suas práticas relacionadas ao *overbooking* devem ser consideradas como violação dos atos de má-fé e práticas enganosas.

COMPANHIAS AÉREAS USAM O *YIELD MANAGEMENT*, ENTÃO ELE DEVE SER LEGAL

Quando confrontado com a informação de que certas atividades de *yield management* ou práticas de reservas podem ser violações de atos e práticas de má-fé estaduais ou federais, muitas pessoas dentro do setor da hospitalidade responderam que estão somente fazendo o que o setor da aviação fez por muitos anos com sucesso. The Wall Street Journal (Dahl 1991) notou:

> Para a tristeza de muitos passageiros, as companhias aéreas freqüentemente promovem tarifas que não estão disponíveis em todos os vôos. Tais propagandas "se encaixam no clássico 'bait and switch'", diz Albert Sheldon, advogado geral do estado da Califórnia (p.B1).

Enquanto a Federal Trade Commission tomou uma atitude, a princípio, da não intervenção em relação às numerosas atividades de preço das companhias aéreas, muitos estados tentaram conter a atividade de preços e reservas com a execução dos estatutos da prática de má-fé e atos enganosos.

Recentemente, apelos da Corte Federal e da Suprema Corte Americana deram à aviação (e somente para a aviação) carta branca em todas as ações relativas às práticas de tarifas e reservas. No caso *da Trans World Airlines, Inc.; et al., v. Jim Mattox, Attorney General of the State of Texas, et al.* (1990), o estado do Texas e outros tentaram impedir que as companhias aéreas usassem propaganda enganosa através da execução da lei de atos de má-fé e práticas enganosas. A Suprema Corte aprovou a proibição da corte de apelação federal que proíbe o estado de "iniciar qualquer ação de sanção sob a lei do estado, que procuraria regular a propaganda de tarifas pelos queixosos, TWA, Continental e British Air".

A decisão da Corte acima foi baseada no Deregulation Act de 1978, que afirma:

> Nenhuma subdivisão do estado ou política e nenhuma agência interestadual ou outra agência política de dois ou mais estados podem aprovar ou sancionar qualquer lei, regra, regulamentação, padrão ou provisão tendo força e efeito de lei relacionada a tarifas, rotas ou serviços de qualquer companhia aérea.

A lei federal apropria-se de quaisquer ações de estado ou leis para tentar regular a atividade das companhias aéreas relacionadas com a propaganda de tarifas ou preço de passagem.

Nenhuma lei federal protege o setor das ações de sanções por indivíduos e estados tentando sancionar as práticas enganosas e atos de má-fé. O setor hoteleiro não é livre para competir com as ações do setor da aviação (na qual as tarifas com preços baixos e os pacotes de promoção são anunciados) quando ela opera com os sistemas de *yield management*. O setor da aviação não pode ser processado por uma prática que é considerada de má-fé e enganosa sob a lei, enquanto o setor hoteleiro pode ser processado pela mesma prática.

EVITANDO ATOS DE MÁ-FÉ E PRÁTICAS ENGANOSAS

É claro que na pressa de implementar sistemas de *yield management*, preocupações válidas sobre a legalidade destas implementações podem ser facilmente negligenciadas ou desconsideradas. Uma das metas deste artigo é fornecer algum guia para as pessoas responsáveis pela implementação dos sistemas orientação sobre *yield management*, para que eles possam maximizar a receita de uma forma legal. Alguns passos simples podem ser tomados para que a gerência da sua companhia, cadeia hoteleira, funcionários, acionistas e investidores não sejam colocados em situações embaraçosas. Além da consulta ao conselho jurídico, é recomendável assegurar que as ações específicas são legais. Abaixo estão alguns passos básicos a serem tomados:

1. Todas as propagandas devem "clara e adequadamente expor que a oferta é limitada e/ou mercadoria está disponível em locais determinados" (Código Federal de Regulamentações 1989).

O FTC permite a propaganda de descontos para os produtos que têm disponibilidade limitada, mas somente se a disponibilidade estiver expressa nas propagandas. Note que a propaganda (e não o responsável pela reserva) deve indicar que a oferta é limitada. Se a propaganda não especifica que há uma oferta limitada ou que está disponível somente em locais determinados, é responsabilidade do hotel fornecer uma "quantidade suficiente do produto anunciado para satisfazer as demandas antecipadas" (Código Federal de Regulamentações 1989).

2. Integre seus esforços de marketing e práticas de reservas. Envolva as pessoas de marketing e de propaganda em seus planos e estratégias para assegurar que os requisitos acima sejam cumpridos.
3. Cite a tarifa anunciada primeiro. Se um cliente liga perguntando sobre uma promoção especial ou tarifa, então o cliente deve ser imediatamente informado sobre o preço e a disponibilidade para aquele pacote em especial. Tentativas de dar a cotação ao cliente com tarifas mais altas para desencorajá-lo ou para depreciar o pacote devem ser evitadas.
4. Treine todos os seus funcionários para estarem a par das regulamentações dos atos de má-fé e práticas enganosas. Sensibilize-os para as diferenças sutis e não sutis entre comportamentos legais e ilegais. Encoraje-os a questionar as práticas que são antiéticas, imorais e inescrupulosas (*FTC* v. *Colgate Palmolive Company* 1965, 374). Sessões de treinamento com gerentes e conselho jurídico podem ser úteis.
5. Faça com que sua tecnologia trabalhe de maneira legal, não o contrário. Exija que os seus engenheiros de sistemas estejam familiarizados com as determinações legais. Solicite ao seu sistema que se um cliente perguntar sobre preço ou pacote o sistema automaticamente permitirá aos funcionários da reserva acessarem a informação e reservarem o quarto desejado.
6. Evite planos de compensação de incentivos de vendas que podem fazer os agentes de reservas ou funcionários e gerentes se tornarem muito agressivos em sua procura por receita mais alta. Evite planos que desencorajem os empregados a vender os pacotes anunciados a preços mais baixos. Evite planos de compensação que não paguem comissões sobre os quartos com preços mais baixos. Quando o cliente responder aos anúncios para os quartos de valor mais baixo, é extremamente fácil para os gerentes e agentes que estão esperando atingir metas e que estão acostumados a estabelecer níveis de compensação "mudar" estes clientes para quartos de preços mais elevados.
7. Providenciar informações exatas.
8. Ser honesto. Promover a honestidade, a integridade e altos níveis de ética.

CONCLUSÃO

Um sistema bem-sucedido de *yield management* promete receitas mais altas, melhor rentabilidade e lucros mais altos. A maioria dos hotéis está adotando planos e sistemas de *yield management*, ou alguns componentes dos mesmos. Na sua busca para maximizar a receita, os operadores dos hotéis devem tomar muito cuidado para que suas práticas de *yield management* não entrem em conflito com o desconto anunciado e as tarifas promocionais de maneira que se tornem atos de má-fé ou práticas enganosas. Além de seguir os passos estabelecidos acima, os hotéis deveriam analisar seus sistemas, treinamento, planos de compensação e atividades de reservas cuidadosamente, junto do conselho jurídico, para assegurar a conformidade com os estatutos de atos de má-fé e práticas enganosas.

7. Como os Consumidores Escolhem Seus Hotéis

Richard M. Howey

Como o setor da hospedagem se torna mais e mais competitivo, há uma maior necessidade de entender o consumidor. Muitas vezes propagandas e campanhas promocionais são criadas sem levar em consideração como os consumidores na verdade fazem suas escolhas entre as propriedades concorrentes. Muitos vendedores têm um bom entendimento do que eles estão vendendo, mas pouco entendimento de como os consumidores avaliam o que está sendo oferecido. Neste artigo vários pontos de vista teóricos sobre como o consumidor avalia escolhas no mercado são apresentados, e várias sugestões práticas sobre como estas teorias podem ser usadas, são oferecidas.

COMO OS CONSUMIDORES ESCOLHEM

Uma variação da teoria de como os consumidores tomam decisões sobre o que comprar é a seguinte:

1. Necessidade despertada.
2. Procura por alternativas.
3. Avaliação de alternativas/compra.
4. Uso e reavaliação.

Em cada um dos quatro estágios, há importantes elementos que os gerentes de hotel e responsáveis pelo marketing devem considerar. Seria possível para estes gerentes e responsáveis pelo marketing controlar ou manipular certos aspectos destes diferentes estágios para seu benefício.

Necessidade Despertada

Para que o hóspede potencial passe pelo processo de compra e uso, tem que haver uma necessidade ou vontade que a compra e o uso satisfaçam. Muitas destas necessidades são fáceis de identificar. Um viajante precisa de um quarto de hotel quando visita uma cidade. Uma família quer ter férias. A maioria dos gerentes/responsáveis pelo marketing de hotel está bem a par destes diferentes tipos de necessidades e desejos.

Implicações de Marketing. Há, entretanto, dois pontos que podem não ser tão óbvios. Primeiro quando os viajantes dizem que precisam de um lugar para ficar, o que eles realmente estão dizendo? Na verdade, o viajante realmente precisa de um lugar para dormir, ou segurança, ou conforto. O gerente de hotel e o responsável pelo marketing devem entender que há razões complexas sob a necessidade de um quarto de hotel. Como resultado, os gerentes de hotéis/gerentes de marketing devem tentar identificar as razões reais por que as pessoas ficam no hotel e, então, buscar suprir estas necessidades e desejos.

Segundo, é sempre útil, quando da promoção de um hotel, gerar necessidades sobre as quais o consumidor não deva necessariamente pensar. Por que esperar que os consumidores despertem suas necessidades sozinhos? Se os consumidores podem ser convencidos de que precisam de um final de semana de folga ou férias, uma necessidade criada pelos gerentes de hotéis e responsáveis pelo marketing, então o hotel se beneficia. Como resultado, um importante elemento de qualquer propaganda ou campanha promocional é *despertar as pessoas para a compra*. Muitos negócios podem ser perdidos se o gerente de hotel ou gerente de marketing espera que o consumidor comece o processo inteiro.

Procura por Alternativas

Após os consumidores serem motivados pela necessidade ou desejo de comprar, eles geralmente começam a procurar por maneiras alternativas de satisfazer estas necessidades ou vontades. Esta busca poderia ser relativamente rápida e descomplicada, relativamente extensa e complexa ou em um nível intermediário. Geralmente, a busca e processo de avaliação seriam curtos e descomplicados se:

- O que se compra é relativamente barato.
- O que se compra é relativamente sem importância.
- O que se compra é relativamente comum.
- O que se compra é relativamente fácil de entender e usar.

Alternativamente, o processo de pesquisa e avaliação seria extensivo e complexo se:

- O que se compra é relativamente caro.
- O que se compra é relativamente importante.
- O que se compra é relativamente incomum.
- O que se compra é relativamente difícil de entender e usar.

Compare o esforço que uma pessoa deve fazer quando procura por um motel para a estadia de uma noite *versus* um hotel de luxo para as férias. No primeiro caso, a compra é relativamente barata, provavelmente não tão importante pessoalmente, muito comum de acontecer e muito simples de comprar. Esta pessoa provavelmente não faria muito esforço na procura e avaliação de um motel alternativo.

Quando a mesma pessoa está procurando por um *resort* de férias, a situação muda. Agora a compra será cara. Terá muita importância pessoal, porque são as férias da pessoa que estão em jogo. Similarmente, o uso de um *resort* de alto padrão pode ser incomum para o indivíduo, e em geral os *resorts* de alto padrão terão muito mais amenidades a se considerar do que os motéis. Agora esta pessoa gastará muito mais tempo lendo brochuras, conversando com amigos, falando com profissionais de viagem e ponderando sobre as opções antes de tomar a decisão final.

Implicações de marketing. Do ponto de vista do marketing deveria ser claro que, no caso do motel, o consumidor estaria procurando por informação básica com a qual tomar uma decisão rápida. Geralmente, qualquer referência rápida seria suficiente. É necessário apenas um telefone disponível para realizar a venda.

Por outro lado, no caso do *resort*, muito mais informação precisa ser fornecida. O indivíduo precisa procurar muito mais informação para estar satisfeito entre todas as opções consideradas. As brochuras têm que ser mais atraentes, os vendedores têm que estar preparados com muita informação, e em geral o *risco* envolvido em compra tão importante tem que ser diminuído. O processo é mais caro e consome mais tempo do ponto de vista do consumidor e do hotel.

Avaliação das Alternativas/Compra

Na maioria dos casos, quando a pessoa viaja, há um número de propriedades concorrentes que estão disponíveis para serem escolhidas. Muita pesquisa tem sido feita sobre como as pessoas avaliam alternativas quando estão escolhendo um produto ou um serviço para comprar. No marketing, o modelo de avaliação mais pesquisado é o modelo Fishbein e Ajzen de ação adequada (Fishbein e Ajzen 1975; Ajzen e Fishbein 1980). Nesta teoria, nós entendemos que toda opção de escolha tem uma série de atributos ou características que os consumidores considerarão quando escolherem uma alternativa em particular. Por exemplo, o Hotel A pode ter os seguintes atributos [2]:

- Preço baixo.
- Boa localização.
- Sem piscina.

Similarmente, o Hotel B pode ter os seguintes atributos:

- Preço alto.
- Localização intermediária.
- Piscina.

De alguma forma, o consumidor vai ter que tomar uma decisão sobre qual hotel freqüentar. Mas como?

Na maioria dos modelos básicos, os viajantes avaliando diferentes hotéis checariam dois fatores. Primeiro, há alguma avaliação feita sobre o "desejo" de um certo atributo que o hotel possa possuir. Segundo, há alguma "vontade de acreditar" que o hotel avaliado realmente possua aquele atributo. Uma parte importante do modelo Fishbein é que estes dois componentes de alguma maneira se combinariam para fornecer ao consumidor uma avaliação completa – ou atitude – para cada hotel avaliado. Uma representação algébrica deste processo é a seguinte:

$$A_o = \sum_{i=1}^{n} e_i b_i$$

Onde A_o = a atitude geral sobre o hotel alternativo
e_i = desejar o atributo i
b_i = a vontade de acreditar que o hotel alternativo possui o atributo i
n = o número de diferentes atributos sendo avaliados

Este modelo algébrico demonstra o seguinte processo. Mentalmente, os consumidores destinam valores para o nível de desejo e vontade de acreditar aos elementos do modelo. Para cada atributo considerado, o valor do desejo e da vontade de acreditar são multiplicados, e então totalizados por todos os atributos considerados. Estes totais matemáticos são, então, comparados, e o consumidor do hotel escolheria.

Como um exemplo, consideramos os atributos listados acima para o Hotel A e o Hotel B. Todo consumidor teria a mesma opinião de valor de preço, localização e presença de uma piscina. Similarmente, todo consumidor teria algum nível de conhecimento se a propriedade realmente tem estes atributos. Uma maneira de quantificar como o consumidor decidiria de qual hotel ser cliente é designar valores assimétricos para os valores de desejo e a vontade de acreditar. Entenda que para o componente de desejo o valor pode variar de + 5 por um atributo altamente desejável a – 5 para um atributo altamente indesejável. Também entenda que o componente força de acreditar poderia variar de 0 para a crença de que o atributo não existe a 10 para a certeza que o atributo existe.

Agora, entenda que a seguinte situação ocorra. Um viajante está procurando por um hotel e encontra o Hotel A e o Hotel B. Como é a escolha feita entre os dois? Para o Hotel A o viajante acredita que o baixo preço e a boa localização são considerações positivas, mas a ausência de uma piscina é muito negativa. Para o Hotel B o viajante acha que os preços altos e a localização medíocre são atributos negativos, mas a piscina é muito positiva. Desta maneira, o *nível de desejo* para os atributos de ambos os hotéis, baseado na escala de +5 para muito positivo a – 5 para muito negativo, pode parecer como o seguinte:

	Hotel A	Hotel B
Preço	+5	-3
Localização	+5	-3
Piscina	-4	+4

Além disso, o viajante está de alguma forma certo de que o Hotel A tem preços baixos, uma boa localização e uma piscina. Alternativamente, o viajante não está tão certo de que o Hotel B seja caro e tenha uma localização mais ou menos, mas tem certeza que existe uma piscina. Desta maneira a *vontade de acreditar* na presença dos atributos, baseado na escala de +10, sendo positivo que o hotel tem o atributo, a 0 sendo positivo que o hotel não tem o atributo, pode aparecer desta forma:

	Hotel A	Hotel B
Preço	+6	+4
Localização	+7	+5
Piscina	+6	+10

Usando a fórmula dada acima, os resultados seriam os seguintes;

$$\text{Avaliação total}_{\text{Hotel A}} = (+5).(+6) + (+5).(+7) + (-4).(+6) = 41$$

$$\text{Avaliação total}_{\text{Hotel B}} = (-3).(+4) + (-3).(+5) + (+4).(+10) = 13$$

Neste caso em particular, então, o viajante escolheria o Hotel A porque a avaliação total (41) é mais alta do que a avaliação total do Hotel B (13).

Note que é pouco provável que as pessoas designem valores numéricos para níveis de desejo ou vontade de acreditar. Este tipo de avaliação é provavelmente feito casualmente, na base do sentimento ou impressões. Note também que este modelo simples tem alguma elegância. Se o consumidor não sente que um atributo particular é positivo ou negativo, e o nível de desejo é 0, o atributo sairia da equação. Da mesma forma, se o consumidor acredita que o atributo não existe, a força em acreditar seria de 0, e o atributo sairia do modelo.

Implicações de marketing. Este modelo tem várias considerações importantes para os gerentes de hotel/gerentes de marketing. A meta é sempre maximizar a pontuação de sua propriedade relativa à competição e isto pode ser feito de várias maneiras. Os gerentes do Hotel A podem manipular os componentes do modelo, com a meta de aumentar a força competitiva do Hotel A. Por exemplo, o gerente poderia tentar:

- Aumentar a vontade de acreditar nos atributos para o Hotel A; os consumidores já consideram-no desejável. (Anuncie tarifas baixas e localização conveniente.)
- Aumentar o nível de desejo para os atributos. (Anuncie a importância da boa localização.)
- Introduzir novos atributos na equação, minimizando o efeito negativo existente dos atributos. (Anuncie como é bom o serviço de quarto.)
- Diminuir a vontade de acreditar nos atributos do Hotel B que os consumidores já acham que sejam desejáveis. (Anuncie o fato de que a piscina do Hotel B é muito pequena - um pouco maior que uma piscina infantil.)
- Diminua o nível de desejo para os atributos do Hotel B. (Anuncie por que a piscina do hotel causa aumento de tarifas.)

Naturalmente, este exemplo é muito simplificado. Há diferentes situações que os gerentes de hotel/gerentes de marketing teriam que considerar. Primeiro, nem todo consumidor terá o mesmo nível estabelecido de desejo ou vontade de acreditar. O que os profissionais de marketing e vendas deveriam procurar são grupos de indivíduos que dividam as mesmas características essenciais básicas. Segundo, os níveis de desejo podem mudar facilmente. O fato de uma piscina ser um bem no verão não significa que ela seja um bem no inverno. Deve-se tomar cuidado com a avaliação completa de diferentes variáveis que poderiam ter um impacto no nível de desejo de certo atributo.

Uso e Reavaliação

Uma vez que o hóspede compra um quarto de hotel, a avaliação do sistema atual começa. É claro que há uma variedade de questões de gerenciamento envolvidas para assegurar que a estadia do hóspede seja positiva. A questão de marketing está aqui relacionada com o que o hóspede na verdade avalia em sua estadia. Uma teoria predominante sugere que os consumidores criem uma série de expectativas a respeito do uso do que eles compram. Então eles avaliam o desempenho atual da compra e comparam-no com a avaliação de suas expectativas. Desta avaliação somente dois resultados podem ocorrer. Se o desempenho é maior que as expectativas, o hóspede ficará satisfeito. Se as expectativas são maiores que o desempenho, o hóspede ficará insatisfeito.

Implicações de marketing. Se o hóspede está satisfeito, alguns comportamentos positivos podem resultar disto. Primeiro, o hóspede começará a ser leal com a marca. Se a experiência for boa, presumivelmente o hóspede retornará repetidas vezes. Esta é a meta, é claro – captar os hóspedes de tal forma que eles retornem sempre. Segundo, o hóspede geralmente contará a outras pessoas que o hotel é bom. Isto é chamado de *propaganda boca a boca* positiva e é uma das melhores maneiras de propaganda possível. Terceiro, o hóspede pode mostrar outros comportamentos positivos, como escrever cartas de elogios para a gerência do hotel.

Por outro lado, se o hóspede está insatisfeito, alguns comportamentos negativos podem acontecer. Primeiro, o hóspede provavelmente mudará para outro hotel. Segundo, o hóspede geralmente conta para as pessoas que o hotel não é bom. Isto é chamado *propaganda boca a boca negativa* e pode ser muito prejudicial para o hotel. Uma parte interessante da natureza humana é que as pessoas tendem a ouvir informação negativa mais intensivamente que a positiva. (Vamos falar verdade, o que é mais engraçado para ouvir, coisas boas ou coisas "sujas"?) Terceiro, o hóspede pode engajar-se em outros comportamentos negativos como reclamações com a recepção, reclamações escritas, contatando agências como o Better Business Bureau, ou, em um caso extremo, processando o hotel.

COMENTÁRIOS FINAIS

Como pode ser visto, há muitas questões complicadas rodeando a discussão de como os hóspedes escolhem e avaliam um hotel. O sistema discutido neste capítulo não é o único sistema teórico na literatura de marketing. Entretanto, muitas das considerações colocadas aqui são problemas reais que os gerentes de marketing precisam avaliar. O processo de escolha é enormemente complicado, e os pesquisadores certamente não determinaram conclusivamente como cada consumidor reage em determinadas situações. Todavia, as questões trazidas neste artigo são importantes para pensar ao se estabelecer a promoção do hotel. Entender o que motiva e direciona um hóspede de hotel em potencial é um grande avanço para o mercado hoteleiro.

8. Marketing de Hospitalidade: Abordagem Interna

Robert C. Lewis

O elemento mais importante do produto da hospitalidade não é um bem tangível (por exemplo, um quarto ou uma refeição) mas a maneira pela qual os "bens" do setor da hospitalidade são entregues. Em pesquisas e mais pesquisas, o consumidor da hospitalidade tem salientado a importância do elemento serviço – a maneira pela qual o produto da hospitalidade é apresentado ao hóspede – ao colocar o bom serviço entre as qualidades que eles mais procuram em um hotel ou restaurante. O serviço ruim é uma reclamação recorrente entre os hóspedes insatisfeitos e tema dominante de histórias de terror sobre estadas desagradáveis em hotéis.

As empresas de hospitalidade reconhecem a importância de prestar serviço de alta qualidade, e podem tentar diferenciar seu produto em serviço. É um tema impregnado em suas propagandas, planos de marketing, programas de treinamento e ordem da gerência. Enfatizar o serviço é uma coisa; prestá-lo é outra. Na verdade, enfatizar o serviço não é a abordagem apropriada todo o tempo. A ênfase deveria ser dada ao consumidor.

Este artigo apresenta uma "abordagem interna" para o marketing da hospitalidade. A idéia básica é que o foco no cliente torne o marketing e o serviço inseparáveis. As políticas de gerenciamento que são baseadas no serviço ao cliente freqüentemente provam ser a melhor estratégia de marketing da empresa.

CLIENTE INTERNO

Como a prestação de serviço é uma parte integrante do produto da hospitalidade, o desempenho dos funcionários e suas atitudes têm um papel essencial na venda do produto. É difícil para um funcionário vender um produto no qual não acredita, então uma das principais tarefas de marketing e gerenciamento da empresa deveria ser vender o produto para o funcionário – a operação de hospitalidade e a importância do papel destes funcionários. Desta informação emerge o conceito de marketing interno, que vê os funcionários como clientes internos da empresa e reconhece a importância de satisfazer estes clientes, cujas atitudes e desempenho são tão cruciais para o sucesso da operação.

As estratégias tradicionais de marketing – ligando o produto ao consumidor, posicionando o produto corretamente no mercado, estabelecendo comunicação efetiva com o consumidor, desenvolvendo novos produtos e características para satisfazer o consumidor e sustentar seu interesse, estudando a mudança de necessidades dos consumidores e, acima de tudo, criando um produto que satisfaça as necessidades e resolva o problema do consumidor – deveria ser aplicado primeira e principalmente para os clientes internos da empresa, seus funcionários.

Ligando o Produto ao Consumidor

Alguns trabalhadores são intrinsecamente motivados e procuram por satisfação no emprego. Eles trabalham mais produtivamente quando têm a liberdade de tomar decisões e exercitar habilidades pessoais e talentos que adicionarão valor ao desempenho de sua função. Outros funcionários são extrinsecamente motivados e obtêm a satisfação no emprego não pelo trabalho mas pelo salário, benefícios ou outros prêmios externos que resultam do desempenho da função. Diferentemente dos funcionários intrinsecamente motivados, os funcionários extrinsecamente motivados trabalham melhor quando suas tarefas são claramente definidas pelos supervisores e não requerem criatividade ou risco. Os funcionários estarão mais satisfeitos com o produto, seu trabalho, se o gerenciamento segmentar estes clientes internos por estilo motivacional, ligando o tipo apropriado de trabalho ao tipo certo de funcionário.

O funcionário intrinsecamente motivado procurará maneiras de satisfazer o cliente (se lhe for permitido fazer) porque a satisfação do cliente é o mais importante. Por outro lado, as pessoas extrinsecamente motivadas sorrirão (ou não) porque é pedido a eles que o façam – e ao fazer isso é percebido um meio para se chegar a um fim. Como resultado, os funcionários extrinsecamente motivados podem perder de vista o que é importante ao realizar o serviço, a raiz do seguinte incidente:

> O gerente de vendas de um hotel reserva um *bar mitzvah*. Os pais estão preocupados com que tudo saia certo nesse evento. Durante as negociações, a mãe pede que o prato a ser servido lhe seja mostrado exatamente como aparecerá à mesa. Feito isso, o evento está reservado.

> No dia em questão, o *chef* determina que tal apresentação será prejudicial à porcentagem de custo da comida. Sem alterar a qualidade do produto, ele altera o prato para reduzir o custo do alimento. A mãe fica enfurecida.

A motivação do *chef* neste caso foi extrínseca. Ele considerou a apresentação do prato um meio para um fim (custo baixo de alimento) e não um fim em si mesmo (a satisfação do cliente).

Para estimular a motivação intrínseca, você deveria estruturar os trabalhos das seguintes maneiras. Faça-os desafiarem o empregado, teste suas habilidades e use uma variedade de habilidades. Permita que o indivíduo participe no estabelecimento de metas, planejando e desenvolvendo procedimentos. Forneça *feedback* significativo sobre como vai o serviço e certifique-se de que o empregado possa identificar os resultados do seu trabalho (Keaveney 1987).

Comunicando-se com o Cliente

Para satisfazer os clientes, nós devemos entender o que eles precisam e esperam. Em seguida, devemos transmitir eficientemente a natureza do nosso produto para que os clientes saibam o que é e como usá-lo. Nós precisamos manter a mesma comunicação de duas vias com nossos clientes internos. Se nossos produtos, o trabalho que oferecemos, não satisfazem as necessidades e expectativas de nossos clientes internos, eles irão a outro lugar ou desempenharão sua função de uma maneira inferior. Se nós não fazemos a natureza do nosso produto clara, explicando os porquês e os comos do trabalho, nossos funcionários não terão o entendimento do produto, sua função, que lhes permitirá desempenhá-lo bem. Além disso, os funcionários não "comprarão" o produto (serviço ao cliente) quando parecer que o gerenciamento não está com boa vontade para cumprir a promessa do que está "vendendo".

Criando Novos Produtos

Nós competimos com outras operações para os clientes internos assim como os clientes externos, e devemos continuamente criar novos produtos para atraí-los e mantê-los. Nós devemos oferecer tarifas melhores (isto é, compensação), cortesias mais atraentes (por exemplo, benefícios e prêmios), e um produto melhor (por exemplo, oportunidades para promoção, horários que satisfaçam as necessidades internas de nossos clientes, mais posições desafiadoras e interessantes). Nossos funcionários refletem o cuidado com o qual nós conduzimos nosso marketing interno. Quando nós não nos preocupamos com a satisfação do nosso cliente interno, eles passam insatisfação para nossos clientes externos. Um recepcionista em uma convenção no hotel deu este exemplo:

> Uma grande convenção estava acontecendo no hotel, o dia inteiro e não tivemos a chance de escapar da mesa para um intervalo para café ou, mesmo, almoço. Estávamos sorrindo, lidando com todos os problemas e as coisas estavam indo muito bem, considerando as circunstâncias. Após algum tempo, as exigências incessantes começaram a nos cansar, apesar de inventarmos uma comunicação com uma cantiga e brincadeiras entre nós que nos ajudaram a manter o senso de humor. Enquanto tudo isso acontecia, nossos supervisores estavam sentados em uma sala atrás da recepção, conversando e tomando café. Ocasionalmente, alguém saía e, vendo que tudo estava bem, voltava para o café e a conversa, deixando-nos continuar. Um de nós entrou na sala e recebeu uma ordem dos supervisores para que parássemos com aquilo. Nossa atitude mudou imediatamente. Continuamos a trabalhar, mas não nos importamos mais com os clientes e isso ficou nítido.

A falta de compreensão dos supervisores de recepção e preocupação com seus clientes internos foi imediatamente traduzida pela falta de preocupação com os clientes externos, e, o pior de tudo, qualquer um poderia perceber isso.

BÔNUS

As vantagens do marketing interno são duplas. Se nós satisfizermos nossos clientes internos, eles serão motivados a satisfazer nossos clientes pagantes, mas os prêmios da abordagem de marketing interno não terminam aí. O marketing interno encoraja uma orientação de marketing aos funcionários da empresa.

Mesmo os funcionários que geralmente não interagem com o consumidor são uma parte do esforço do marketing. É o lavador de pratos que impede um copo trincado de voltar para o salão de jantar. Os funcionários do almoxarifado podem monitorar o nível de frescor das entregas e o estoque perecível é propriamente armazenado. A camareira pode prestar atenção nas lâmpadas queimadas, e o engenheiro da manutenção pode assegurar que os sistemas de aquecimento e refrigeração e as televisões estão funcionando corretamente.

Todos estes funcionários contribuem para o esforço de marketing, porque eles eliminam fontes de insatisfação e ajudam os clientes. Entretanto, estes funcionários não estão a par de sua importância para o esforço de marketing e enxergam suas tarefas simplesmente como atividades de produção. Através do marketing interno, todos os funcionários podem começar a entender como suas tarefas, e a maneira com que eles as realizam, afetam a satisfação do consumidor e contribuem para a verdadeira orientação de marketing.

IMPLEMENTANDO MARKETING INTERNO

Para atingir a eficiência máxima como estratégia de marketing, o conceito de marketing interno deve prevalecer na organização. Os funcionários de recursos humanos introduzem aos novos funcionários a cultura da empresa fazendo o marketing de empregos da perspectiva do cliente mais do que da perspectiva da produção. Em um ambiente de marketing interno, o departamento de recursos humanos continua realçando a perspectiva de marketing durante as sessões de treinamento dos funcionários, dividindo o tempo de treinamento entre as instruções orientadas para as tarefas técnicas e os componentes orientados para o serviço, que encorajam os funcionários a entender, relacionar e resolver os problemas dos hóspedes. Desde o primeiro contato, as pessoas de recursos humanos reforçam a importância dos funcionários para a organização e o impacto pessoal destes nos hóspedes. Isso não é o largamente praticado "treinamento com sorriso", mas marketing interno.

O sucesso do conceito de marketing interno basicamente está na gerência. Não se pode esperar que os funcionários de nível mais baixo sejam consumidores conscientes se a gerência acima deles não demonstra o mesmo foco. Os gerentes orientados para as operações, que se preocupam primeiramente com políticas e procedimentos, sem consideração ao cliente, debilitam o esforço de marketing da empresa, reduzindo o trabalho dos funcionários para funções mecânicas que geralmente oferecem poucos desafios, melhora da auto-estima ou gratificação pessoal. Entretanto, ao requerer que os funcionários se agarrem rigidamente a procedimentos específicos, o gerente focado em operações amarra suas mãos e restringe a habilidade deles em satisfazer os clientes, como demonstram as seguintes situações.

Como tática promocional, um hotel de uma cadeia de primeira classe presenteava os hóspedes, no *check in*, com um *voucher* de *drink* gratuito para ser consumido no bar giratório do último andar. A oferta de *drink* gratuito parecia uma maneira ideal de fazer propaganda do bar do hotel. Um casal que havia recebido o *voucher* retornou para o hotel por volta da meia-noite e decidiu ir ao local para um drinque. O bar estava quase vazio. Inspirado por um balcão que estava promovendo drinks com sorvete, uma das pessoas decidiu tomar o sorvete ao invés do drinque. Quando ela fez o pedido, a garçonete informou ao casal que não poderia servir o sorvete puro, porque o sorvete era servido somente nos drinques. Interpretando a resistência da garçonete como vontade de "aumentar a conta", o casal disse que pagaria pelo drinque se a garçonete trouxesse somente o sorvete. A garçonete, muito amigavelmente e usando seu sorriso mais hospitaleiro, disse que não poderia fazer isso porque era contra a política do hotel.

O serviço no bar (e incidentes similares) custou ao hotel estes dois clientes e possivelmente os clientes em potencial que ouviram a história vexatória. O casal pode ter tido sentimentos positivos em relação ao hotel na hora em que recebeu o *voucher* do *drink* gratuito, mas a eficiência do *voucher* como uma ferramenta de marketing foi perdida porque o serviço que o casal recebeu quando foi ao bar para tomar o *drink* foi frustrante e irritante.

Claramente, esta funcionária recebeu o treinamento "sorriso", mas estava restrita em sua habilidade de resolver o problema dos hóspedes. Neste caso, sorrisos eram de pouca valia. O problema era que a ênfase estava colocada nas regras e procedimentos e não no cliente.

Em um *resort* de quatro estrelas, fazia 40 graus à sombra às 17h30, quando um grupo de uma convenção terminou o enfadonho dia de trabalho e pulou na piscina. Uma placa na piscina dizia: "a piscina fecha às 18h". Os nadadores acharam que era um engano até que um atendente veio, por volta das 17h55 e pediu que eles saíssem. Eles riram e permaneceram na piscina até que ele voltou às 18h05, para jogar dois grandes baldes de cloro dentro da piscina. Quando os membros do grupo protestaram, foram informados de que a política do hotel dizia que a piscina teria que passar por tratamento de cloro às 18h, todos os dias. Na manhã seguinte, 32 pessoas deixaram o hotel e foram para outro lugar.

Fazer uma exceção na política de colocação de cloro para satisfazer as necessidades dos hóspedes cansados e com calor teria sido um bom marketing, mas o atendente da piscina, que era orientado quanto às operações, estava mais preocupado com o procedimento do que com a satisfação do hóspede. Este fato imediatamente custou ao hotel 32 clientes e também perdeu outras reuniões.

Obviamente, deve haver políticas para guiar as ações dos funcionários, mas o gerenciamento não pode vender a eles uma abordagem de marketing se as práticas e a abordagem operacional nega-lhes a liberdade e flexibilidade para usar seu julgamento ao resolver os problemas dos hóspedes e satisfazer suas necessidades. Funcionários que são encorajados a realizar os desejos dos clientes mas têm negada a liberdade de fazer isso reconhecerão o apoio "da boca pra fora" quando ouvirem-no e deixarão de acreditar no produto orientado ao cliente, que alguém lhes pediu para vender.

Alguns gerentes podem argumentar que políticas e procedimentos são desenvolvidos para assegurar que as operações funcionem corretamente e que os hóspedes recebam serviço consistente mas, onde pessoas estão envolvidas, é impossível antecipar toda a situação e desenvolver políticas adequadas para cada interação funcionário-hóspede. Apesar do papel da gerência de desenvolver políticas e procedimentos que manterão o hotel funcionando corretamente, ela deve reconhecer que interações pessoais individualizadas são a essência da prestação de serviço de alta qualidade e permitir aos funcionários alguma liberdade para responder a situações que apareçam. Quando a orientação interna de marketing de sua organização ajuda os funcionários de todos os níveis a apreciarem que as necessidades das pessoas estão em primeiro lugar, eles estarão preparados para participar em outra estratégia de marketing que é usada dentro de casa – o marketing de relacionamento.

CLIENTE EXTERNO

O marketing de relacionamento enfoca o cliente externo e é dirigido para proteger a base de clientes da empresa. Nesta abordagem, o cliente é reconhecido como um bem, e o foco é dirigido em manter e melhorar os relacionamentos com os clientes.

Quando o negócio de uma empresa é vender serviços, o relacionamento vendedor-comprador se torna superior. Quando o serviço a ser vendido é hospitalidade, a qualidade do relacionamento vendedor-comprador é de tal importância que pode substituir os outros componentes do produto (isto é, tamanho de apartamento e mobília, a atmosfera ou ambiente, o serviço de alimentos) e sozinho determina a qualidade percebida do produto.

Ainda assim, é comum para as empresas de hospitalidade concentrar seus esforços de marketing em obter novos clientes, e prestar um serviço ruim ao manter seus relacionamentos com os clientes atuais. Em algumas propriedades, de fato, os clientes são tratados com tão pouca consideração e recebem um serviço tão ruim e relutante que parece que os funcionários consideram-nos obrigações a serem despachadas o mais rápido possível. Por exemplo, uma reclamação maior entre os organizadores de eventos é que não há ninguém no hotel que lide com seus problemas quando suas reuniões estão acontecendo, apesar de haver muitos funcionários para servir o vinho e o jantar com a maior atenção antes da reunião ser agendada.

Um foco de marketing que é dirigido somente para a propaganda na mídia e outras promoções externas é míope e auto defensivo, sendo que a experiência do cliente na propriedade é a propaganda mais poderosa. Considere o caso de um hotel de uma grande cadeia internacional que gasta dez mil dólares em promoção e propaganda:

> Um casal foi para um hotel localizado perto da casa deles para um final de semana prolongado após seu casamento em dezembro. Dezembro era um período de baixa ocupação e, na época, estava tradicionalmente em 20%. O casal retornou ao hotel para celebrar seu aniversário de casamento nos três anos subseqüentes, cada vez gastando aproximadamente US$500. Eles também ficaram no hotel para o jantar três ou quatro vezes durante o ano, ocasionalmente acompanhados de outros casais.
>
> O casal retornou para o seu quarto aniversário e foi recebido por um atendente que os conhecia das suas estadas anteriores. Após o jantar, foram alojados em seu quarto e ligaram para o salão de jantar para saber até que horas poderiam receber serviço de quarto. Foram informados de que o salão de jantar e a cozinha estavam fechados para a festa anual de natal dos funcionários. Quando perguntaram por que não haviam sido informados de que não haveria serviço de alimentos quando fizeram a reserva, a fim de que pudessem ter parado no caminho para jantar, ou por que o atendente da recepção não os tinha informado antes de subirem para o quarto, trocarem de roupas e abrirem uma champanhe, não tiveram uma resposta satisfatória. O aniversário de casamento deles consistiu em dois sanduíches de frango que conseguiram de alguém na cozinha.
>
> Na manhã seguinte, um alarme falso de incêndio forçou-os a deixarem o quarto e descerem para o saguão com as roupas de dormir. Por essa inconveniência, eles receberam uma xícara de café cortesia.

Quando deixaram o hotel, três dias mais tarde, o marido pediu um desconto por ser membro de uma organização que tinha convênio com o hotel. O balconista informou que ele não poderia ter o desconto porque não o pediu quando se registrou. Esta regra era parte do acordo, mas o marido tinha esquecido de mencionar o desconto no *check in*. O casal tinha certeza de que não haveria problema em conseguir o desconto, porque os funcionários do hotel os conheciam das visitas anteriores e eles sempre tinham usado o desconto.

Estavam errados. Apesar de o balconista conhecê-los e ter feito o registro pessoalmente, ele não garantia o desconto. Ele disse que somente o gerente geral teria autoridade para autorizar o desconto retroativamente, e o gerente geral não estava no local.

O desconto não era grande, mas o cliente ainda estava tão chateado quando retornou para casa que escreveu para o gerente geral, pedindo o desconto e descrevendo as inconveniências que tinham marcado a estada do casal. Numa carta de duas páginas, o gerente geral informou que os alarmes de fogo eram para a segurança dos hóspedes, explicou por que os funcionários deveriam ter festas de natal e negou o pedido do cliente por desconto.

O cliente, então, escreveu para o vice-presidente de marketing do franqueador do hotel, incluindo a carta do gerente geral. Pouco depois, ele recebeu uma segunda carta do gerente geral, iniciada com a afirmação: "Nós estamos felizes por conhecer as reclamações dos nossos clientes porque elas nos ajudam em nossas operações" e terminando com um convite para passar um final de semana como hóspede do gerente geral. O relacionamento entre o hóspede e o gerente geral do hotel foi reparado, entretanto, o cliente nunca mais voltou. Alguns de seus amigos não mais freqüentaram o hotel por causa do incidente e é impossível estimar o estrago que essa propaganda boca a boca causou e quanto o hotel perdeu com a infeliz experiência do casal.

Para evitar um desconto de aproximadamente US$25, este hotel sacrificou seu relacionamento com um cliente valioso que tinha freqüentado o hotel regularmente durante o período de baixa ocupação e trouxe negócios durante o ano. A decisão foi uma antítese do marketing de relacionamento, que se focaliza mais no cliente existente do que no cliente que esperamos ter.

O marketing de relacionamento significa manter o cliente por causa do seu relacionamento com sua operação. Não é uma questão de doar algo que você não daria de outra maneira. Na verdade, se um relacionamento com um hotel é forte, um cliente pode pagar mais por isso. O marketing de relacionamento é uma extensão natural do marketing interno. Quando o ambiente de trabalho reflete a mensagem de que as pessoas são importantes, os funcionários serão orientados para os hóspedes mais do que para as tarefas. Quando a gerência exerce um esforço planejado para satisfazer seus funcionários realçando a importância do sucesso da organização, respondendo às suas necessidades e premiando-os pelos esforços, os funcionários serão motivados a satisfazerem os hóspedes. Quando os funcionários entendem como seu trabalho contribui para a experiência do hóspede, e a eles é fornecida a liberdade de fazer seu trabalho precisamente da maneira que satisfará o hóspede, seu desempenho no trabalho se torna uma questão de orgulho pessoal, e a satisfação do hóspede se torna um prêmio pessoal.

Nenhuma campanha promocional ou de propaganda, não importa quão apropriada ou boa, pode fazer bem à sua operação como um hóspede entusiasmado. Por outro lado, nenhuma campanha, não importa se mal concebida ou não, pode desanimar um hóspede tão certamente quanto um hóspede descontente. Quando formular seu plano de marketing de longo prazo, você faz bem em incorporar uma abordagem não tradicional – começando por seus esforços de marketing interno, onde a lealdade dos seus hóspedes é ganha ou perdida. O marketing interno cria um ambiente de hospitalidade no qual os hóspedes encontram soluções, não problemas, e desenvolve funcionários orientados para o serviço que estão cientes do seu impacto nos clientes e são motivados a dar atenção pessoal, conforto e satisfação aos clientes.

9. Formação de Preços em Hotéis

Margaret Shaw

Especialistas em hotéis têm tomado as decisões de formação de preços dos apartamentos há anos. Das pequenas tavernas e estalagens da Europa Renascentista aos fantásticos *resorts* de 2.000 apartamentos, alguém tem a responsabilidade de tomar decisões quanto a preços para os viajantes que procuram por hospedagem. As questões a serem tratadas incluem: quem são estes viajantes? Quais são suas opções? Quem são as pessoas que decidem sobre o preço? Como eles decidem sobre isso? Como notado por Howard B. Meek (1938), um renomado e respeitado líder no campo da hospitalidade:

> A clássica análise explicando o preço em termos de oferta e demanda passou por muitos exames e revisões, mas ainda encontra sua idéia essencial como a mais satisfatória, a explicação geralmente mais aceita do fenômeno de determinação de preço.

ELEMENTOS-CHAVE PARA A DECISÃO DE PREÇOS

A afirmação de Meek, de 50 anos atrás, está correta. Todas as decisões de preço são baseadas nos princípios econômicos de oferta e procura. Mais especificamente, a demanda relativa para a oferta disponível em qualquer dia determina o preço no mercado. Este princípio básico de teoria econômica tem sua verdade para a venda de apartamentos em hotéis assim como para a venda de pães, seguros de vida e educação superior.

Os elementos essenciais da teoria de preço incluem demanda, competição e custo. Como mostrado graficamente na Figura 1, estes parâmetros oferecem uma estrutura pela qual o hotel tomará suas decisões de preço de apartamentos. Esta estrutura oferece uma perspectiva para determinação de preço e é consistente com a teoria econômica da oferta e procura. A oferta, por definição, é feita de competidores no mercado e o custo que eles incorrem ao conduzir negócios. O modelo na Figura 1 se adapta à teoria econômica para prática de gerenciamento; é uma ferramenta de gerenciamento para as decisões de preço de hotéis eficientes e eficazes.

Demanda

A demanda determina a tarifa mais alta que pode ser cobrada, isto é, "o que o mercado suportará". Alguns viajantes a negócios para a cidade de Nova York pagam mais de US$300 a tarifa do apartamento para acomodações de primeira classe no centro de Manhattan. Algumas famílias pagam até US$5.000 por semana para as férias em um *resort* nas ilhas do Havaí. Alunos de faculdade indo esquiar por uma semana podem estabelecer seu "teto" de US$10 por noite.

Um ponto-chave aqui é o propósito da compra ou, para nosso setor, o propósito da viagem. Há todos os tipos de viajantes, viajando por todas as razões. "O que o mercado suportará" variará tremendamente dependendo do mercado. Então, o mercado-alvo particular de um hotel precisa ser claramente definido ao se decidir seu preço.

A demanda de qualquer mercado-alvo identificado flutuará. A viagem de negócios tende a ser mais pesada no outono e na primavera e, não surpreendentemente, as tarifas de hotéis para este mercado estão no pico durante estes períodos. As viagens de férias dos canadenses para a Flórida são particularmente mais expressivas nos meses de inverno. Assim são as tarifas que eles pagam.

As associações de educação gostam de se encontrar durante os meses de verão, quando a escola não funciona. Este mercado também é sensível ao preço. Então, os hotéis interessados em viajantes de negócios no outono, inverno e primavera podem ter como alvo esta segmentação de mercado como um mercado secundário no verão, com tarifas baixas.

Resumindo, a demanda determina o preço máximo de uma estrutura tarifária, dependendo de quem seja o mercado alvo e qual sua sensibilidade a preço. Isso é só o começo. A concorrência do mercado e os custos impostos por estes fornecedores também têm um impacto grande nas decisões finais sobre preços.

Competição

A competição pode ser vista das perspectivas direta e indireta. A competição indireta se refere à grande variedade de alternativas disponíveis para os viajantes. As pessoas de férias têm a opção de ficar com amigos e parentes, acampar ou simplesmente fazer

FIGURA 1
Elementos-chave na Decisão de Preços

viagens de um dia perto de casa. Em outras palavras, eles têm a opção de não comprar um quarto de hotel para pernoites. O mesmo é verdade para os viajantes de negócios. Eles também têm a opção de viagens de somente um ou dois dias. Na verdade, a média de estadia para o viajante de negócio individual é de 1,3 noites, tipicamente. Entregas expressas noturnas, máquinas de fax, etc., transformaram até a decisão de fazer uma viagem de negócios em primeiro lugar uma despesa questionável.

Uma concorrência direta do hotel vem daqueles hotéis que concorrem por mercados alvos similares. Sheraton, Marriott e Hyatt, por exemplo, competem em nível nacional pelo viajante de negócios de alto padrão, incluindo viagens independentes, corporativas e de convenção. Em muitos aspectos, este mercado visa a esta oferta de acomodações hoteleiras como substitutos próximos – ou alternativas viáveis – quando decidindo sobre onde reservar um apartamento. Apesar de o preço do apartamento ser somente um dos fatores ao tomar a decisão sobre onde ficar, é um fator importante e saliente. Os fornecedores que se desviam de uma variação aceitável relevante eventualmente perderão clientes em potencial para a concorrência.

A concorrência é o elemento-chave em colocar um teto, ou parâmetros, na variação relevante de preços. Quando a demanda excede a oferta no mercado – conhecido como períodos de picos de demanda – a variação relevante é maior no contínuo demanda/competição/custo. E de modo oposto, quando a oferta excede a demanda – conhecido como períodos de baixa demanda – a variação relevante de preços é geralmente muito mais baixa. Por exemplo, no mercado de Boston as tarifas de convenções dos hotéis de primeira classe podem variar de US$150 a US$200 durante o período de pico de setembro, outubro, maio e junho. Assim, nos meses de inverno, as tarifas oferecidas para o mercado de convenções podem ficar muito baixas, variando de US$100 a US$125.

Os compradores experientes de convenções estão bastante cientes destas variações no negócio de hotéis, ou melhor, em suas flutuações de alta e baixa temporada. As pessoas que tomam decisões de preços nos hotéis precisam monitorar o mercado de perto, antecipar o melhor que puderem os períodos de alta e baixa, e evitar os imprevistos da síndrome de "nós não oferecemos descontos". Esta síndrome, especialmente quando praticada nos períodos de baixa, pode resultar em perda de negócios, orçamentos perdidos e proprietários infelizes.

Oferecer descontos durante o período de baixa demanda é comum no negócio da hotelaria. Mercados-alvos diferentes têm elasticidades variáveis de demanda e, quando a oferta excede a demanda, o gerenciamento astuto de hotel olha para os segmentos de demanda mais elásticos para encher seus quartos de hotel. Para oferecer descontos, eles se valem do fato de que os mercados de demandas variáveis existe, e que os mercados mais elásticos, como o dos educadores, estão mais dispostos a comprar com taxas de descontos. Os mercados elásticos, por definição, são os segmentos de demanda mais sensíveis a preços que compram grandes quantidades a preços mais baixos. As tarifas de hotel com descontos são uma aplicação direta dos princípios econômicos da elasticidade da demanda.

Custo

Há essencialmente dois tipos de custos para cada empresa de negócios – custos fixos e variáveis. Os custos fixos são os custos de "estar" nos negócios, e eles permanecem os mesmos apesar do volume de negócios (construção e equipamento, salários administrativos, etc.). Os custos variáveis são os custos de "fazer" negócios, e eles variam com o volume de negócios (materiais, trabalho direto, etc.). Apesar de haver um número de custos semivariáveis e semifixos associados com o gerenciamento de um negócio, o propósito aqui é distinguir os custos de curto prazo ao se fazer negócios e os custos de longo prazo por estar nos negócios.

Os custos de curto prazo, ou variáveis, para os quartos de hotel, são o trabalho da governança, amenidades do banheiro, lavanderia, etc. É essencialmente o custo de um quarto ocupado. Os custos variáveis no setor da hotelaria são relativamente baixos, variando de US$20 a US$75 por quarto/por noite, dependendo do nível de serviço do hotel (econômico, intermediário ou luxo), a localização (*resort*, metropolitano ou suburbano), e a ocupação do hotel (durante períodos de alta ocupação, os hotéis freqüentemente incorrem em custos de trabalho extra). Para dar um exemplo, os custos variáveis para serviço completo em hotéis de áreas metropolitanas podem variam de US$30 a US$60 por apartamento ocupado, por noite.

A curto prazo, são os custos variáveis que são relevantes para a decisão de preço. Estes custos diários de fazer negócios precisam ser cobertos e passam a ser a menor referência para o princípio de decisões de tarifas. Qualquer receita que exceda estes custos contribui de alguma forma para as despesas gerais fixas, o que é melhor que nenhuma contribuição. Não faz sentido (intuitiva e financeiramente) vender um quarto por US$25 se o custo variável para vender este quarto é US$30.

Muitos hoteleiros reconhecem que a margem de lucro pode e será mais baixa durante a baixa estação. As margens de contribuição são simplesmente mais baixas durante os períodos mais baixos; ainda assim, entretanto, contribuem alguma coisa para os custos de despesas fixas de se estar no negócio. Durante os períodos de alta demanda, as margens são maiores e contribuem significativamente para os custos fixos de operação do hotel. É a longo prazo, passando pelo período de alta e baixa demandas, que os gerentes bem-sucedidos conseguem lucros razoáveis.

Os lucros variam através dos ciclos de negócios também. As margens de contribuição podem ser baixas durante um período de recessão, como o setor hoteleiro vivenciou durante os anos 90. Mesmo com tarifas com descontos expressivos, promoções especiais e vendas agressivas, os hotéis espalhados pelo mundo encararam um declínio acentuado na demanda. A viagem de negócios estava em baixa, a viagem de lazer era quase inexistente. Manter-se nos negócios era uma questão de sobrevivência, e não necessariamente lucrativa. A estabilidade econômica tem que ocorrer antes da lucratividade ser constatada. Entretanto, venda o que você pode a um preço que o cliente está disposto a pagar, a menos que o preço alcance ou exceda os custos básicos de "fazer" negócios.

PREÇO: UMA DECISÃO DE MARKETING

Objetivos de Marketing

Atribuir preços é uma decisão de marketing. E a ordem do marketing é a satisfação do cliente. Na verdade, cobrar o preço certo é claramente parte da ordem. Marketing é dar aos clientes-alvo o que eles desejam, quando eles desejam, onde eles desejam ao preço que eles estão dispostos a pagar. A decisão de preços precisa ser feita dentro do contexto do consumidor, e não nos confins do departamento de contabilidade. É através da satisfação do cliente que as metas de lucros a longo prazo são atingidas.

A fixação de preços é vista de maneiras diferentes por diferentes segmentos do negócio. Por exemplo, as questões de liquidez são preocupações dos proprietários do hotel. Para os gerentes do hotel, as realidades do mercado são preocupações primárias. Desta forma, para o consumidor, fixar preços significa o que eles estão dispostos e capazes de pagar para alugar um apartamento para uma noite.

O consumidor não se importa sobre as questões de liquidez, posições financeiras ou retorno no investimento. Nem se importa com a batalha da divisão de mercados entre os concorrentes. O que importa ao consumidor é se o quarto de hotel está limpo e é seguro, a um bom preço percebido por ele.

Posicionamento de Mercado

A percepção do mercado é sobre o que trata o posicionamento de mercado. Há muita verdade no ditado "percepção é realidade". Se o cliente acha que o preço está muito alto, ele está, independentemente do que os proprietários e gerentes pensam. O mesmo é verdade se o preço é percebido como muito baixo. O preço é um sinal de qualidade. Preço muito baixo pode ser um sinal de má qualidade, não importando se a qualidade é boa ou não.

O posicionamento entra no contínuo demanda/competição/custo como as referências mínima e máxima para o estabelecimento de preços de quartos de hotel. Se suas tarifas são entendidas como muito altas (dentro de uma classe de produtos como o intermediário, no mercado hoteleiro) os clientes irão para outro lugar. Se suas tarifas são percebidas como muito baixas, ninguém virá. Em qualquer dos casos, os lucros, na verdade, não acontecerão.

As decisões de posicionamento, tomadas pelo gerenciamento de nível sênior, estabelecem parâmetros para a variação relevante de preços de um hotel. Decisões de preços, dependendo do mercado-alvo, estarão de alguma forma dentro da variação pré-determinada. O termo "tarifa balcão" refere-se à ponta mais alta da demanda, geralmente chamada de "tabela de preços" em outros setores. Os descontos maiores ou tarifas de pacotes especiais estão na ponta mais baixa da variação. Se as tarifas altas são muito altas e/ou os descontos são muito baixos, a imagem total ou o "posicionamento" do hotel está em perigo.

Um bom exemplo para demonstrar isso é o surgimento dos pacotes de final de semana. Agora comumente referido como mercado de pacotes de final de semana, ele consiste, essencialmente, de tarifas com altos descontos direcionadas a viajantes a lazer ou residentes locais que ajudam a incrementar as ocupações de final de semana. Os hotéis metropolitanos suprem primeiro as necessidades dos viajantes de negócios, que são muitos durante a semana, mas ausentes nos finais de semana. Os hotéis precisavam de uma maneira de atrair as pessoas durante estes períodos mais "vazios" com um preço que não estivesse abaixo de seus custos. A estratégia é alcançar o mercado mais sensível a preço com preços mais baixos, mas não tão baixos para comprometer sua posição no mercado. Os hotéis não estão querendo arriscar sua imagem junto ao mercado alvo principal, que neste caso é o viajante de negócios durante a semana.

Daí nasceu o conceito de mercado de pacotes de finais de semana. Os residentes locais e viajantes a lazer que não têm condições de ficar em um hotel por US$150 por noite podem pagar US$ 90 por noite, como um bom preço. Tão importante quanto, o viajante de negócios não se sente explorado quando ouve sobre as tarifas especiais de finais de semana. Na verdade, uma grande porção do mercado de pacotes de finais de semana é do homem de negócios que está viajando por prazer nos finais de semana. O gerenciamento do hotel entende que os indivíduos aparecerão em múltiplos mercados-alvo, dependendo do propósito da viagem. Eles também entendem que a sensibilidade ao preço (ou elasticidades de preço) destes indivíduos variará, dependendo também do propósito da viagem.

Yield Management

O *yield management*, ou gerenciamento de receita, cresceu em popularidade através dos anos 80 e continuará indo bem. Apesar do termo ser relativamente novo, o conceito por si só tem sido praticado por algum tempo. A tecnologia avançada dos computadores estimulou o aumento de aceitação e uso do *yield management* no gerenciamento da hospitalidade.

O *yield management*, no vocabulário hoteleiro, é uma abordagem sistemática (automatizada) para as decisões de preço através do gerenciamento de disponibilidade de quartos e gerenciamento de preços. Seu objetivo primário é a maximização do lucro em qualquer dia (ou período). Em outras palavras, dependendo da demanda prevista para um período futuro, os preços são ajustados para refletirem esta demanda. O *yield management* essencialmente ajusta o preço da quantidade de quartos disponíveis para refletir a realidade do mercado. A previsão é a chave da implementação bem-sucedida do sistema de *yield management*.

A maioria dos hotéis ambiciona por mercados-alvos múltiplos, cada um dos quais com uma demanda de elasticidade de preço diferente. Através da automação, e usando o computador, os gerentes de hotéis podem captar as sutilezas das mudanças de mercado (mudanças na demanda prevista) e ajustar os preços dos quartos remanescentes para assegurar que os quartos não permaneçam sem serem vendidos. De modo inverso, quando a demanda é maior que a esperada para as categorias de quartos com tarifa maior, o número de quartos disponíveis na categoria de quartos com desconto é reduzido.

Por exemplo, uma previsão inicial pode mostrar 100 apartamentos para serem vendidos na tarifa balcão de US$150, e 100 outros para serem vendidos com uma tarifa de desconto para convenções, de US$120. Entretanto, uma previsão revisada pode mostrar uma redução da demanda prevista para os quartos com "tarifa balcão". Um sistema de *yield management* automaticamente sinalizaria esta previsão, e reorganizaria 20 dos 100 quartos em tarifa balcão para serem quartos com desconto de convenções. Em outras palavras, a disponibilidade de apartamentos na tarifa balcão seria agora de 80 quartos, e para quartos com descontos de convenção seria de 120. Isto é feito para assegurar o máximo de receita, ou a mais alta rentabilidade, para o período mencionado. A primeira hipótese aqui é que os 20 quartos com tarifa balcão continuariam vagos ao menos que seu preço fosse reduzido, ou aberto para a tarifa com desconto de mercado de convenção.

Novamente, o objetivo do *yield management* é a maximização da receita. Conseguir o melhor preço, relativo às condições de oferta e procura para um período estipulado, é a meta. A tecnologia avançada dos computadores, que é a base para o *yield management*, tem aumentado a capacidade do gerenciamento em conseguir atingir estas metas.

ESTABELECER VALOR: UMA DECISÃO DO CONSUMIDOR

Resumindo, demanda, concorrência e custo têm um papel importante na decisão de estabelecer tarifas para o hotel. A demanda estabelece o teto e os custos estabelecem a base. A concorrência, ou oferta relativa à demanda, ajuda a determinar mais precisamente quão alto ou baixo o preço estará. O posicionamento, ou como você quer ser percebido no mercado, estabelece limites altos e baixos da variação do preço a ser oferecido. Alguns hotéis podem ter maiores variações que os outros, dependendo da posição que se deseja alcançar.

Mais importante ainda, estabelecer preço é uma decisão de marketing. Isto não implica que somente os departamentos de marketing tomam decisões quanto ao preço. As decisões de preço são tomadas todos os dias nos departamentos de reserva e recepção. Isto significa, na verdade, que é o cliente quem realmente toma a decisão. E é nosso trabalho como hoteleiros, ligados ao marketing, descobrir o que o cliente realmente quer e qual é o preço que ele deseja e é capaz de pagar.

É um princípio de marketing que o cliente esteja satisfeito. E o cliente do hotel sempre tem razão, também.

10. Anunciando a Posição do seu Hotel

Robert C. Lewis

O posicionamento de mercado é a conseqüência natural da segmentação de mercado e público alvo. Na verdade, a posição do hotel deveria ser construída sobre seus mercados-alvo, porque os anúncios proclamando a posição deveriam estar destinados aos mercados-alvo escolhidos. Eu originalmente discuti o posicionamento para o setor da hospedagem dez anos atrás (Lewis 1981). Naquela época, as companhias hoteleiras prestavam pouca atenção ao posicionamento. Hoje, ao contrário, muitos restaurantes e hotéis estão conscientes de suas posições e estão usando a propaganda para declarar esta posição.

O que fica claro na maioria das propagandas de hotéis é que muitas empresas não entenderam como estabelecer suas posições de uma maneira orientada para o consumidor. O posicionamento supõe criar uma imagem, e as propagandas geralmente o fazem. Freqüentemente, entretanto, a propaganda fala de características objetivas, mais do que se concentra no cliente. Neste artigo, eu explicarei como fazer o posicionamento trabalhar para você.

ORIENTAÇÃO PARA O PRODUTO

Os anúncios nas próximas páginas ilustram meu ponto de vista sobre as características objetivas *versus* o posicionamento do cliente. A propaganda para o Colony Square Hotel denuncia uma clara orientação para o produto. Estas propagandas se concentram nos organizadores de eventos. Elas discutem arquitetura, pinturas a óleo, grandes pianos e até um Rolls Royce. Mas somente a propaganda do Colony Square fala sobre um benefício específico para o consumidor – isto é, o hotel atende a pedidos de última hora e certifica-se de que os organizadores estejam à vontade com os funcionários que trabalham nos bastidores para checar cada detalhe.

Para criar uma propaganda eficiente de posicionamento, você deve saber o que é importante para o consumidor e quais os fatores que determinam a decisão da compra. Ao criar este posicionamento, você deve lidar com sua posição objetiva e a subjetiva, como na propaganda do Colony Square. Eu discutirei cada um destes dois conceitos.

POSICIONAMENTO OBJETIVO

Como eu acabei de indicar, o posicionamento objetivo está preocupado quase que totalmente com os atributos físicos do produto. Esta cópia de plataforma de propaganda cria uma imagem de sua propriedade que refletirá suas características físicas e funcionais. Os exemplos seguintes são de uma posição objetiva: o Motel 6 oferece quartos a baixo custo; o Cerromar Beach Hotel está localizado no mar; a Ponderosa Steak House vende *steaks*; o Chicago Hilton é um grande hotel no centro. Estas posições evocam imagens objetivas claras, duas delas indicadas pelos nomes.

O posicionamento objetivo não precisa ser concreto. The Ritz Carlton é um hotel de luxo; o Chicago Hilton é um hotel de convenções; o McDonald's é limpo; o Lutèce fornece uma experiência *gourmet*. Novamente, estas imagens são claras e objetivas, mas elas derivam do produto.

O posicionamento objetivo do produto é importante e freqüentemente usado no setor da hospitalidade – bem-sucedido nos exemplos seguintes. Como ilustrado na propaganda, Hyatt Hotels estão posicionados em seus *lobbies* e átrios (apesar de, ao discutir a "visão" de John Portman, provavelmente eles não significarem nada para os hóspedes). Anteriormente, Howard Johnson posicionou seus restaurantes como tendo 28 sabores de sorvete. A posição do The Plaza em Nova York é que pessoas importantes estão lá.

O objetivo-chave do posicionamento é que sua característica deve ser única de alguma maneira. Muito freqüentemente, entretanto, as características que os hotéis promovem não são únicas. É por isso que muitas propagandas de hotéis que exibem fachadas de prédio (o complexo do edifício) falham ao criar uma imagem ou em diferenciar a propriedade. Do mesmo modo, uma foto de duas pessoas em um quarto de hotel, que parece com outros seis milhões de quartos no mundo, falha em diferenciar sua propriedade. Pior ainda é o quadro de um restaurante vazio com garçons vestidos a rigor parados. Em contraste, a propaganda do Garden City Hotel mostra uma abordagem melhor. Tendo em mente que você deve ter uma posição única, eu mudarei o assunto para posicionamento subjetivo.

POSICIONAMENTO SUBJETIVO

Quando você tenta influenciar as percepções de outras pessoas sobre sua operação, você está lidando com o posicionamento subjetivo. A imagem percebida de sua propriedade não pertence ao produto; ela é conectada com os processos mentais do consumidor. Entretanto, a imagem subjetiva pode não necessariamente refletir o verdadeiro estado das características físicas do produto.

Com a imagem da propaganda, você está tentando alinhar as percepções com a imagem que você quer projetar. O *slogan* do Hilton, "Melhor Endereço da América", é um exemplo de uma tentativa de posicionamento subjetivo. Como há muitos outros negócios de hotéis, a proposta do Hilton não é única e pode falhar em diferenciá-lo de outras operações. Olhando novamente para o anúncio do Garden City Hotel, ele é eficiente porque pega critérios objetivos e os torna subjetivos.

Posicionamento Tangível

A dificuldade em criar imagens para hotéis é considerar a imagem como um produto tangível. A maioria dos hotéis de uma determinada categoria de produtos é eminentemente mutável na mente do consumidor. Nos referimos a esta condição como sendo uma *commodity*[NR] ou quase uma *commodity*. O desafio da propaganda do hotel, então, é criar uma imagem mental única e intangível de um produto que é mais tangível, e não particularmente único.

Os fabricantes de cosméticos enfrentam o mesmo problema, então pode ser útil examinar como eles lidam com o problema de criar emoções para um produto mais tangível. Bill Abrams descreveu a abordagem do Charles do Ritz, usada para promover a fragrância Senchal:

NR: O termo *commodity*, cuja tradução é mercadoria, foi mantido em inglês em razão de seu uso corrente.

"[Responsáveis pelo marketing] falaram com as mulheres, não sobre o que elas queriam de uma fragrância, mas sobre o que elas queriam da vida. Suas respostas foram: aventura, luxo e sexo, especialmente sexo. Agora, há uma fêmea... procurando por perigo. Ela quer a vida passional e cheia de aventuras. Ela é uma conhecedora da luxúria... ou, como a propaganda da Senchal diz: Ela não vai se casar com o primeiro homem que encontrar" (Abrams 1981).

Porque é difícil para os consumidores diferenciar entre essências de perfumes, os responsáveis pelo marketing de fragrância confiam na sua habilidade de criar uma imagem que atrairá os clientes em potenciais. O que está no frasco não é tão importante quanto o próprio frasco, a embalagem, o nome e a propaganda... A mulher Senchal viaja pelo mundo, posando em frente das pirâmides do Egito e inclina-se na Torre de Pisa... Independente e cheia de aventura, ela está entediada [até] que um homem elegante passa em um carro esporte. A mulher Senchal e seu novo par se acariciam na praia. O comercial conclui: "Estou contente por você não ter casado com o primeiro que encontrou".

Esta abordagem é um exemplo excelente de ter um mercado específico, determinados os benefícios importantes e estilos de vida (entretanto fantasiados) do mercado, e posicionados nos aspectos intangíveis e subjetivos de uma mercadoria muito tangível. A mesma estratégia pode funcionar para o setor da hospitalidade. O que você tem que fazer é criar percepções intangíveis de um produto tangível. Esta é a gênese da expressão "Venda o chiado da comida fritando, não o bife".

Posicionamento Intangível

A complexidade do negócio da hospitalidade é que parte dele é intangível. De fato, a parte que nós realmente queremos vender não é a tangível – é a experiência de ficar em um hotel ou o prazer de comer um filé. Ninguém pode levar uma estadia de hotel para casa, para então usar. Sendo assim, enquanto nós devemos criar percepções para nossos tijolos e argamassa, também devemos dar sólida evidência da experiência intangível que vendemos. Tais elementos intangíveis são muito abstratos. A evidência que nós podemos exemplificar para vender aos clientes nossa experiência intangível é muito similar de empresa para empresa.

Em sua propaganda, você deve ter foco na melhora e diferenciação das realidades abstratas através da manipulação de pistas tangíveis. Em algumas propagandas, a Hyatt usou fotos de seus saguões e átrios elevados para criar esta evidência, ao promover a excitação deste padrão arquitetônico. Excitação é uma percepção mental que carrega a própria marca. Se o Hyatt tem átrios espetaculares, o Hyatt tem hotéis excitantes, e o consumidor terá uma experiência excitante no hotel. Apesar destes hotéis terem virtualmente as mesmas características físicas, a percepção pode ser diferente. Muitos hotéis hoje têm saguões, é claro, mas o Hyatt chegou lá primeiro, e a imagem ainda é forte para muitos viajantes.

Além do mais, as propagandas examinadas neste artigo até agora mostram como é difícil dar evidência significativa da experiência intangível do hotel. Um hoteleiro que posicionou seus hotéis com sucesso foi o Leona Helmsley. As propagandas apresentadas dão pistas tangíveis sobre como o Harley New York (agora o New York Helmsley) se preocupou com detalhes que contribuíram para uma estadia prazerosa no hotel. Com estas e muitas propagandas similares, capturou uma posição na mente do consumidor que positivamente diferenciou as propriedades Helmsley de muitos outros hotéis na mesma área.

O conceito de comparação é inerente na idéia de posicionamento. A imagem de sua marca é percebida em relação a imagens concorrentes. Entretanto, sua visão da imagem não é material. É a percepção mental do consumidor que a está controlando, e a imagem pode ou não diferir das características físicas de sua propriedade. Com pouca diferença significativa nas características físicas, a imagem intangível é vital.

PROMOVENDO BENEFÍCIOS

Você deve fazer mais do que meramente aparecer com uma única imagem. A imagem deve satisfazer as necessidades de seu cliente. Com seu posicionamento, você promete certos benefícios para o consumidor e oferece soluções para os problemas dos clientes. Os benefícios e as soluções deveriam, se possível, ser diferentes e melhores que os da concorrência. A campanha do Embassy Suítes retratando o Garfield

diferencia a cadeia por promover benefícios que os hóspedes apreciarão.

Eu tenho lidado com posicionamento no contexto da propaganda somente porque a idéia é fácil para ilustrar com propagandas. Entretanto, o posicionamento vai mais fundo do que a propaganda. Ele deveria ser um conceito único, um guarda-chuva sob o qual tudo na organização se acomoda. Como o "marketeiro" William Dowling (1980) explica: "O posicionamento propriamente dirigido e sincero afeta tudo que um hotel [ou restaurante] faz ou significa – não somente a propaganda, mas também suas promoções, folhetos, facilidades e até mesmo sua decoração". Dowling deveria ter incluído políticas e procedimentos, as atitudes dos funcionários, as relações com o cliente, o trato com reclamações e todos os outros aspectos de sua operação que combinem para compor a experiência da hospitalidade.

O posicionamento tem um papel vital no desenvolvimento de todo o "mix" de marketing. Ele fornece a consistência necessária entre os elementos de sua operação. Para cadeias, um posicionamento da companhia desenvolve uma clientela que gera negócios de unidade para unidade.

Controlando o *Spin*

Seus clientes formarão uma opinião de seu posicionamento, tenha você um ou não. Sem controle, esta posição subjetiva pode significar que sua empresa está embolada com operações desiguais. Seu desafio é controlar a percepção de seu posicionamento por parte de seu cliente. Além disso, se você falhar em selecionar seu posicionamento, pode enfrentar uma das várias conseqüências indesejáveis, como as enumeradas por Christopher Lovelock (1984):

1. Sua empresa ou alguns dos seus produtos serão colocados em uma posição onde enfrentam competição de concorrentes mais fortes.

2. Sua empresa termina numa posição que ninguém quer porque há pouca demanda de consumidores para a empresa ou produto.

3. A posição de sua empresa é tão vaga que ninguém sabe bem o que você faz.

4. Sua firma não terá posição alguma no mercado porque ninguém ouve sobre ela.

Conseqüentemente, você deve escolher uma posição efetiva que identifique claramente você entre os competidores, sobre fatores que são importantes para seu mercado-alvo.

REPOSICIONAMENTO

Uma empresa pode ter muitas razões para o reposicionamento. Ele pode ocupar uma posição sem sucesso, ou pode enfrentar concorrência muito forte ou muito numerosa em sua posição atual. A empresa pode também ver uma oportunidade para levar vantagem de um novo nicho de mercado. John A. Hurley explicou como o reposicionamento pode ser parte de um plano de mudança. Em qualquer evento, o reposicionamento opera somente como o processo original de posicionamento, exceto que a posição velha deve ser removida da percepção dos consumidores.

Muitas empresas tentaram o reposicionamento, com vários níveis de sucesso. Para evitar a competição direta com o McDonald's, algumas cadeias de hambúrgueres se reposicionaram como restaurantes de "hamburger gourmet". O Friendly's, originalmente posicionado para sorvetes e sanduíches, falhou em sua tentativa de se reposicionar como um restaurante de família. O Horward Johnson tentou mudar duas posições de uma vez. Ele tentou manter a identidade como um restaurante de família e também se transformar em um restaurante adulto com bar e música ao vivo. A mudança serviu somente para manchar uma mensagem já fraca. Com maior sucesso, os Hotéis Dunfey eliminaram suas unidades mais fracas e seu nome, ao se reposicionar para se tornar a cadeia de alto padrão Omni.

Boston Park Plaza

O reposicionamento é freqüentemente necessário para salvar o hotel, como no caso do Boston Park Plaza, nascido Statler Hotel. Este era o hotel central da cidade, o local onde todos os grandes eventos aconteciam.

Esta propriedade era o Statler Hotel até que a Hilton a assumiu e ela se tornou o Hilton Hotel. Mas os anos cobraram seu preço. Os quartos eram pequenos e sombrios. Os banheiros eram antiquados. As facilidades públicas eram limitadas. A propriedade inteira estava cansada e velha. A Hilton a dirigiu por poucos anos, perdeu dinheiro e decidiu desistir do fantasma.

O hotel estava esperando a bola de ferro do desmanche quando obteve uma moratória dos irmãos Saunders de Boston, que sentiram que o hotel era um marco para ser destruído. Eles compraram o hotel, sob o patrocínio dos Hotels of Tradition, e o renovaram completamente. O problema de marketing foi o de reposicionamento, deixando o público saber que este era um hotel "novo", completamente renovado e pronto para competir no mercado de hoje.

A tarefa de alcançar os viajantes de Boston, que há muito tinham abandonado o hotel em busca de propriedades mais modernas, seria monumental e cara. Os proprietários fizeram uma abordagem diferente. Eles fizeram a propaganda para os locais como um hotel moderno de tradição. Os locais contaram aos visitantes. Este esforço de reposicionamento foi bem-sucedido.

O Waldorf

O esforço do Waldorf-Astoria é outro exemplo de reposicionamento. O Waldorf era um hotel percebido como um hotel para a nobreza e altos executivos. Apesar de ter o mesmo preço da concorrência, ele era percebido como caro. Como demonstrado na propaganda abaixo, o Waldorf-Astoria queria se reposicionar para alcançar os gerentes medianos também. A campanha de reposicionamento também enfatizou seus estilos de vida, juntamente com os novos preços e atributos do Waldorf.

Um esforço de reposicionamento, então, deveria usar o seguinte procedimento:

- *Primeiro, você deve determinar sua posição atual.* É essencial conhecer onde você está agora antes de determinar como você vai chegar onde quer ir. No reposicionamento, é crítico descobrir o que o consumidor pensa de sua operação, porque a imagem do consumidor pode não ser a que você pensa que é. Antes de tentar mudar uma percepção, você tem que saber qual é esta percepção.
- *Determine qual a posição que você deseja ocupar.* Este passo pede uma pesquisa completa de mercado, e os recursos que sua companhia tem para ocupar a posição. Uma pesquisa objetiva o ajudará a evitar a armadilha da criação ilusória. Você deve ter certeza de que sua nova posição é realmente diferente.
- *Inicie a campanha de reposicionamento,* baseado em três critérios de posicionamento efetivo: imagem, diferenciação e benefícios prometidos.
- *Avalie se sua posição mudou na cabeça do consumidor.* É ingênuo pensar que as percepções mudam simplesmente porque você espera que elas mudem. As mudanças nas vendas ou nos números do lucro não são uma medida para saber se seu reposicionamento foi bem-sucedido, porque estes números podem ser influenciados por outros fatores. Você deve novamente conduzir a pesquisa de mercado para determinar se as percepções real-

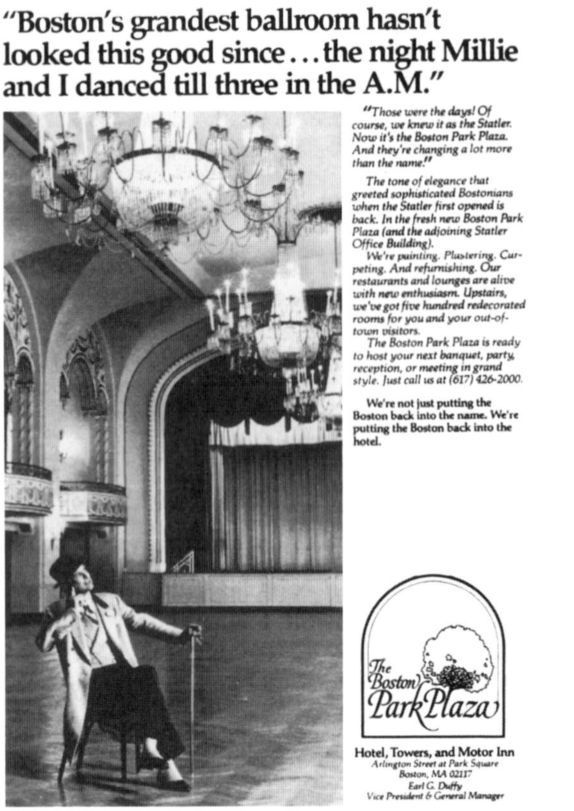

mente mudaram. Em qualquer esforço de posicionamento, nós precisamos conhecer muito sobre percepções, o que elas significam e o que elas refletem. Um benefício não é um benefício a menos que os consumidores o percebam como tal.

Preço

O preço pode ser uma ferramenta de posicionamento poderosa. Por si só, entretanto, os preços realmente não diferenciam segmentos de mercado, especialmente dentro da mesma categoria de produtos. Por outro lado, o preço pode ter um grande papel em diferenciar produtos de classes diferentes.

A força do posicionamento de preço é uma razão pela qual as cadeias hoteleiras de luxo mantêm as tarifas balcão altas e então oferecem descontos pesados. Abaixar o preço oficial pode também prejudicar a imagem. O perigo nesta abordagem é que o cliente potencial pode não entender que o desconto está disponível, formando a percepção de que os hotéis desta companhia estão fora de seu alcance. Para controlar este efeito de "superposicionamento", eu apresento a lista no Quadro 1 para o posicionamento.

POSICIONANDO MÚLTIPLAS MARCAS

Para manter as taxas de crescimento, muitas companhias desenvolveram marcas múltiplas que, supõe-se, têm posições únicas que atendem a diferentes segmentos de mercado. O problema é posicionar cada marca para que uma não quebre a outra. Manter posições únicas entre os nomes de marcas é mais fácil quando os nomes são distintos. Os viajantes provavelmente não sabem (ou não se importam) que Viscount e Travelodge são ambas de propriedade da Trusthouse Forte. Antes de comprar o Motel 6, o Grupo Accor tinha diferenciado sua linha de produto com as seguintes quatro bandeiras: Formule 1, Íbis, Novotel e Sofitel. Cada um tem uma diferente categoria oficial do governo francês (de uma a quatro estrelas respectivamente), e os viajantes que visam um deles quase certamente não encontrarão acidentalmente o outro.

Em contraste, os operadores do Howard Johnson e do Ramada têm um desafio maior criando posições únicas para estas propriedades muito similares da cadeia – a saber, Ramada Inn, Ramada Hotel, Ramada Renaissance, Ramada Plaza, Ramada Suítes e Ramada Resorts; Howard Johnson Lodge, Howard Johnson Hotel, Howard Johnson Plaza-Hotel, Howard Johnson Suítes e Howard Johnson Park Square Inn. O problema aqui não é

QUADRO 1
Examinando seus Anúncios

1. Eles dizem o que você é e o que representa? Criam uma imagem mental?
2. Eles o colocam à parte e mostram quão diferente você é?
3. Eles antecipam uma boa colocação nos lucros e vantagens econômicas?
4. Eles transformam riscos em ativos?
5. Eles oferecem benefícios para o mercado-alvo que se está tentando atingir?
6. Eles provêm evidências tangíveis ou indícios?
7. Eles apresentam uma ou duas coisas que seu mercado-alvo mais quer?
8. Eles são consistentes com sua estratégia (por exemplo, eles expandem ou modificam modelos de uso, criam novos conhecimentos, ou projetam uma imagem forte?)
9. Eles têm credibilidade?
10. Eles fazem uma promessa que você pode cumprir?

necessariamente os múltiplos nomes das marcas, apesar das similaridades poderem causar problemas. A questão é o posicionamento. Como o Ramada Hotel é diferente do Ramada Renaissance? Onde o Howard Johnson Hotel termina e começa o Plaza Hotel? Quem quer que opere estas empresas deve definir mercados específicos e começar o esforço do posicionamento, possivelmente reduzindo o número de nomes parecidos.

A Promus Corporation (antigamente Holiday Corporation) fez a abordagem oposta à do Ramada e Howard Johnson. Vendendo a marca de seu Holiday Inn, a Promus ficou com produtos relativamente distintos, incluindo o Embassy Suítes, Harrah's casinos, e Hampton Inns. Uma olhada no Hampton Inn nos diz a posição dele no mercado, que é somente aquela que deveria ser. Não há dúvida sobre qual experiência esperar quando você entra em um cassino Harrah's.

A realidade do posicionamento é que sua posição é exatamente a que seu cliente acredita ser. Se os viajantes acreditam que os Days Inns são um líder de preços baixos, a companhia pode cobrar mais que a concorrência somente até os clientes descobrirem que a percepção não é mais a correta. Na verdade, a empresa tentou se reposicionar no mercado intermediário, preenchendo o vazio deixado pela tentativa do Holiday Inns de passar a ser alto padrão. Resumindo, imagens, benefícios e diferenciação são unicamente a percepção do cliente, e não o gerenciamento. O fato é freqüentemente esquecido pelo marketing do hotel.

Sua arquitetura, decoração, mobília, louças, candelabros de cristal e bolinhos de cortesia no *lobby* são exemplos dos atributos que podem ser a razão atrás do benefício, ou podem ser a evidência tangível de um benefício intangível. O benefício real, entretanto, é o que todas estas coisas fazem para os clientes – por exemplo, dão um senso de segurança, criam uma sensação de grandeza, oferecem conforto ou fazem a vida mais fácil de manhã. Se você oferecer um benefício de forma bem-sucedida, mas retirar outros benefícios (em razão de serviço ruim, por exemplo), você desfaz seu esforço para criar uma posição. Ao invés de o hotel estar com um saguão aconchegante e amigável de manhã, você terá o hotel com o recepcionista noturno desagradável. Você pode usar a lista de 7 pontos apresentada no Quadro 2 para avaliar seu posicionamento no mercado.

O posicionamento no mercado é uma arma valiosa para os responsáveis pelo marketing da hospitalidade. Criar uma posição bem-sucedida requer reconhecimento do mercado, da concorrência e da percepção dos consumidores. Se você pesquisar as necessidades do seu mercado-alvo, você terá as ferramentas para identificar as oportunidades para criar a imagem desejada, que diferencia você da concorrência e para servir seu mercado-alvo melhor do que ninguém mais.

QUADRO 2
Desenvolvendo uma Estratégia de Posicionamento

1. Empresa:	Quais são os pontos fortes e os fracos, recursos, capacidades de gerenciamento, posição atual no mercado, valores, objetivos e políticas da empresa? Onde estamos agora? Aonde desejamos ir?
2. Produtos e Serviços:	Como são as instalações, localização, atributos, condições físicas, nível de serviço? Qual o tipo de propriedade? O que isto representa em termos funcionais? Por que as pessoas vêm? E por que deveriam?
3. Posição da Marca:	Qual sua percepção, lealdade, e imagem? Como se compara com a competição? Quais são os segmentos de mercado? Quais são os atributos percebidos, e como estão distribuídos entre os segmentos?
4. Clientes:	Quais são suas necessidades e desejos? Que benefícios eles buscam? Qual a posição ótima dos atributos para cada segmento de cliente?
5. Competição:	Quem é seu cliente e por que essa pessoa vai lá? O que seu concorrente faz melhor? E o que ele não faz melhor? Como somos diferentes dos concorrentes? Que posições eles ocupam?
6. Mercado:	Onde ele está? Quais os segmentos de clientes? Qual a demanda genérica? Qual sua fatia do mercado? Como seus clientes são alcançados?
7. Oportunidades:	Que necessidades não são satisfeitas? Podemos satisfazê-las? Podemos aperfeiçoá-las? Que inovações são necessárias? Vale a pena serem feitas?

11. Melhorando Interações entre os Organizadores de Eventos e Funcionários do Hotel

Denney G. Rutherford
W. Terry Umbreit

INTRODUÇÃO

O gerenciamento de serviço e pesquisadores de marketing estão começando a fazer incursões para entender os componentes da qualidade de serviço. Em particular, o foco no encontro com o serviço, que é definido por Czepiel como as interações que ocorrem entre os participantes na prestação de serviços (Czepiel, Solomon e Surprenant 1985), está ajudando organizações a gerenciarem melhor seus relacionamentos com os clientes. Os relacionamentos e interações com os organizadores de eventos (OE) são de grande importância para os hotéis, representando uma quantidade significativa de negócios anualmente. Infelizmente, o gerenciamento deste importante relacionamento é difícil porque as interações acontecem durante todo o processo da prestação de serviço, desde o início das negociações até a avaliação do evento. Este processo pode durar muitos meses e envolver inúmeros contatos com vários funcionários dos hotéis.

Os hotéis podem gastar muitos meses construindo confiança e respeito com os organizadores de eventos mas podem perder a confiança destes indivíduos importantes rapidamente, como resultado da prestação de um serviço ruim, promessas não cumpridas e funcionários com habilidades e comportamentos inadequados para responder a importantes pedidos durante o evento. Se estes incidentes acontecem com um organizador de eventos de maneira regular, eles podem ter um impacto negativo em significativos blocos de negócios, por muitos anos. Além disso, através de propaganda boca a boca negativa entre a rede de OE, um hotel pode facilmente adquirir uma reputação entre eles como sendo difícil de se trabalhar. Em dois estudos de marketing para OE, as recomendações por outros e relatórios pós-eventos apontaram para três dos cinco maiores fatores que ajudam a influenciar a escolha de um hotel como local de reunião (Bloom 1981; Lowe 1984). Certamente, no ambiente de alta competitividade de hoje, os hotéis terão sucesso com este cliente importante somente se satisfazerem ou excederem suas expectativas e gerenciarem positivamente as interações que acontecem dentro da cadeia de atividade que abrange o gerenciamento de eventos.

A grande maioria de pesquisas prévias sobre organizadores e hotéis tem focado nas facilidades físicas, equipamentos, atributos ou cortesias (ver, por exemplo, Renaghan e Kay 1987; Lowe 1984; Wright 1982; Hosansky 1982; Finkel 1980). Tipicamente, estes estudos classificaram vários fatores ou analisaram as relações entre fatores importantes para o sucesso de uma reunião ou para a seleção de espaços e facilidades. As atitudes dos funcionários foram mencionadas, mas somente na maioria dos termos de piadinhas. Estas alusões tomam a forma de referências para tais tópicos como atitude do funcionário, grosseria e incompetência, que são difíceis de quantificar ou de catalogar. Um estudo deveria ser mencionado - Stavro e Beggs (1986) pesquisaram o comportamento de compra dos organizadores de eventos e descobriram que, durante a seleção do local, os fatores mais importantes eram a configuração da sala de reunião e a localização do hotel. Os funcionários eram menos importantes que a seleção do local mas eram a maior preocupação do organizador de eventos, uma vez que a reunião estava em andamento.

De acordo com Heskett (1990), as investigações que se centraram nas causas de desempenho podem fornecer as melhores recomendações nas formas de melhorá-los. As empresas de serviço que estudam importantes encontros entre o servidor e o servido melhoraram muito a qualidade do desempenho. Por exemplo, a British Airways descobriu que os quatro fatores seguintes eram de importância crítica para os viajantes em sua experiência de viagens: cuidado e preocupação, espontaneidade, solução de problemas e reparação. (Albrecht e Zemke 1985). O cuidado e a preocupação e a capacidade de solucionar problemas dos funcionários da companhia aérea eram óbvios para os executivos da empresa; entretanto, a espontaneidade e a reparação foram surpresas importantes. Os clientes da companhia aérea estavam dizendo que eles valorizavam os funcionários que estavam autorizados a pensar rápido e usar a discrição ao agirem em seu favor. No caso da reparação, os clientes estavam interessados em funcionários da empresa que se esforçariam para corrigir um erro e torná-lo uma experiência positiva.

De grande significância é o trabalho de Zeithaml, Parasuraman e Berry (1990), que usaram um exten-

Aplicando Técnica do Incidente Crítico

A técnica do incidente crítico usada pelos pesquisadores neste estudo foi desenvolvida por John C. Flanagan como um procedimento de análise de empregos para coletar observações diretas do comportamento humano. Um incidente, de acordo com Flanagan, é qualquer atividade humana observável suficientemente completa para permitir inferências e predições a serem feitas sobre a pessoa realizando o ato. Para ser crítico, um incidente deve ocorrer em uma situação na qual o propósito ou conteúdo do ato seja claro para o observador e suas consequências sejam suficientemente definidas para deixar pouca dúvida sobre seus efeitos.

Na aplicação do procedimento, os pesquisadores pediram aos organizadores de eventos, num formato estruturado de entrevista, para identificar incidentes da performance eficiente ou não eficiente por parte dos membros da equipe durante todo o processo do evento. Os planejadores responderam essas questões sobre cada incidente: (1) Quais foram as circunstâncias envolvendo o incidente? (2) O que o indivíduo fez que foi ou não eficiente? (3) Quais foram as conseqüências do incidente? e (4) O membro da equipe do hotel teve controle sobre a situação?

Cada entrevista foi gravada em fita cassete e os pesquisadores utilizaram um questionário para guiá-los em sua solicitação de incidentes. Os pesquisadores transcreveram 316 incidentes e os condensaram em relatos curtos. Numa sessão de trabalho, solicitou-se a um grupo de três organizadores de eventos colocar cada um dos incidentes numa pilha de incidentes considerados similares em conteúdo. No final do exercício, os três participantes nomearam e definiram cada pilha. Numa discussão com os pesquisadores, os participantes identificaram os aspectos dimensionais das interações entre organizadores e membros da equipe do hotel. Por fim, os pesquisadores definiram mais a fundo as dimensões, e os participantes revisaram e repensaram as definições.

– D.G.R. e W.T.U.

sivo grupo-foco de entrevistas para produzir um instrumento de medida da percepção do consumidor sobre a qualidade do serviço. O instrumento contém estas cinco dimensões: garantia, empatia, confiança, sensibilidade e a tangibilidade. A dimensão mais crítica foi a confiança ou a habilidade de realizar o serviço prometido segura e corretamente, seguido da sensibilidade, que é a boa vontade em ajudar os clientes e fornecer serviço pontual. Sua pesquisa forneceu conhecimento importante sobre as falhas no desempenho do serviço e como as empresas de serviço poderiam melhorar seu trabalho para os clientes.

Este artigo relata um projeto de pesquisa desenhado para identificar importantes aspectos dimensionais das interações que acontecem entre os OE e os funcionários do hotel durante o processo de gerenciamento de um evento. O volume substancial de incidentes de comportamentos eficientes, e não eficientes pelos funcionários do hotel, produziu um perfil que define os elementos mais importantes de processo de interação e as áreas que causam as maiores dificuldades no sistema de prestação de serviço de um hotel. O resultado desta pesquisa deve capacitar os hotéis a entenderem melhor o processo de interação assim como a gerenciar mais efetivamente seus relacionamentos com os OE.

METODOLOGIA

Os autores usaram a técnica do incidente crítico (Flanagan 1954) para coletar observações diretas de comportamentos de funcionários eficientes e não eficientes na recepção de eventos de OE. Mais de 316 incidentes foram coletados no curso de um estudo de três anos. Os OEs foram contatados em reuniões nacionais e na base de suas organizações em três grandes cidades, e 52 consentiram em narrar incidentes de suas experiências com funcionários de hotéis.

As fitas cassete das sessões de entrevistas (ver tabela) foram coletadas, produzindo uma média de 6,07 incidentes por OE. Estas fitas foram editadas para realçar os incidentes essenciais de comportamento no formato de uma situação, retendo o máximo possível de terminologia original fornecida pelos OE.

Os especialistas em organização de eventos revisaram os incidentes e colocaram-nos em pilhas de acordo com as descrições de comportamentos similares. Estas dimensões foram então definidas para formarem uma base de comportamentos críticos para os pesquisadores analisarem. Tal lista de comportamentos críticos fornece, de acordo com Flanagan (1954) "uma base para se fazer inferências quanto a requisitos em termos de aptidão, treinamento e outras características."

Estas dimensões, assim como certos dados demográficos e de carreira sobre os OE, são relatados na seguinte discussão.

Participantes

Os participantes deste projeto de pesquisa consistiam de 52 organizadores de eventos entrevistados pelos pesquisadores, por um período de três anos. Os organizadores de eventos foram entrevistados durante a Conferência Anual de Organizadores de Eventos Internacionais em Orlando em 1989. Os organizadores também foram contatados em suas organizações em São Francisco, Seattle e Chicago durante 1990 e 1991. Do total, 21 eram organizadores de eventos corporativos (40%); 18 eram organizadores de eventos de associações (34,6%); e 9 eram organizadores de eventos independentes (17,3%) e os quatro restantes eram organizadores de eventos oficiais, de incentivo ou outros tipos (7,6%).

Cinqüenta e nove por cento dos organizadores de reuniões eram mulheres e 41% eram homens. A média de anos de experiência como organizador de eventos foi de 10,52. Em termos de educação, 32 disseram ser formados em faculdade ou possuir diplomas de cursos superiores, com 19 tendo alguma educação secundária ou diploma de curso associado (tecnológico). Um tinha diploma do colégio.

Oito dos organizadores de eventos tinham graduação em administração, com somente um relatando um diploma de HRA. O restante era literalmente de todos os cursos acadêmicos variando de antropologia a zoologia. 76% dos organizadores de eventos tinham entre 26 e 50 anos de idade, seguidos por 15,3% que estavam acima dos 50.

Mais de 88% dos organizadores de eventos estavam empregados em outro tipo de serviço antes de se tornarem organizadores. Suas experiências variavam consideravelmente, e o gerenciamento de hotel era responsável por 43,5%. A maioria restante veio para a organização de eventos de mais de 20 diferentes profissões, do clero, do exército e de trabalhos técnicos.

A Tabela 1 compara o tempo em que os organizadores compreendidos em nosso estudo estão envolvidos com as responsabilidades de planejamento de eventos. Com base na porcentagem, o nosso grupo, que também inclui organizadores de eventos oficiais, independentes e de incentivo, parece estar envolvido nas atividades de planejamento por um longo período em suas carreiras. Já que muitos dos nossos organizadores foram solicitados para participar diretamente ou por e-mail, talvez aqueles com carreiras mais longas e mais experiência se auto-selecionaram e se sentiram mais à vontade relatando os tipos de experiências importantes para o projeto.

Funcionários do Hotel

As organizações de funcionários de hotel estão em um estado contínuo de evolução desde que Ellsworth Statler concebeu o original hotel "comercial", próximo à virada do século. Antes disso, as organizações hoteleiras confiavam grandemente no modelo europeu que enfatizava a alimentação e seu serviço através do acordo entre o *chef* e o *maître*

TABELA 1
Duração de Tempo com as Responsabilidades dos Organizadores de Eventos

Duração de Tempo	Associação[1] de Organizador (%)	Organizadores[1] Corporativos (%)	Estudo do CIT[2] de 1991 (%)
Menos de dois anos	8	11	2,9
De 2 a menos de 4 anos	14	18	8,6
De 4 a menos de 6 anos	11	17	22,9
De 6 a menos de 10 anos	21	15	14,3
De 14 a menos de 20 anos	12	11	14,6
20 anos ou mais	17	8	17,3

[1] Organizadores corporativos e de associações pesquisados pela revista Meetings & Conventions, "O Mercado de Reuniões, '87." Reed Travel Group, Secaucus, NJ.

[2] Todos os organizadores, estudo atual.

TABELA 2
Funcionários do Hotel: Freqüência de Menção

Freqüência Cumulativa (%)	Freqüência Relativa (%)	n[1]	Título do Funcionário	n[2]	Freqüência Relativa (%)	Freqüência Cumulativa (%)
35,90	35,90	79	Gerente de serviços de convenção	101	32	32
59,08	23,18	51	Gerente de vendas	83	26,30	58,30
68,62	9,54	21	Diretor de eventos, gerente ou gerente de vendas de eventos	32	10,10	68,40
73,16	4,54	10	Diretor de vendas	17	5,38	73,78
77,7	4,54	10	Recepcionista	14	4,43	78,21
81,79	4,09	9	Gerente geral do hotel	11	3,48	82,01
85,42	3,63	8	Funcionários do banquete (incluindo serventes e *housemen*)	9	2,85	84,86
-	-	-	Diretor de alimentos e bebidas*	8	2,53	87,29
87,24	1,82	4	Gerente de banquete	6	1,90	89,29
89,51	2,27	5	Engenheiro/funcionários da manutenção	6	1,90	91,19
		197	Subtotal dos maiores papéis	287		
99,96**	10,45	23	Todos os outros (variando do *chef* ao profissional de golfe até o presidente do conselho)	29	9,18	100,37**
				316		

n[1] Análise preliminar.
n[2] Resultados finais.
* Não tabulados separadamente nos resultados preliminares.
** Não é igual a 100 devido ao arredondamento.

d'arrangement. Com o advento de mais viajantes de negócios, a origem das convenções e escritórios de visitantes e o crescimento das convenções e feiras de comércio, os mapas de organização do hotel mudaram para refletir o caráter de mercados que o hotel tem procurado (Shaffer 1986).

Em lugar algum esta mudança foi mais óbvia que na área de marketing. Recentemente, além das tradicionais funções de vendas, propaganda e relações públicas, o guarda-chuva foi estendido para incluir, em muitas instâncias, serviços de convenção, reservas e certos elementos das atividades dos funcionários de banquetes.

Estes novos arranjos organizacionais estão refletidos na freqüência com a qual vários funcionários do hotel foram mencionados pelos organizadores neste estudo. A Tabela 2 demonstra a hierarquia dos funcionários mencionados em 316 incidentes críticos que nós coletamos. Também estão demonstrados aqui resultados similares de uma análise preliminar de uma porção destes dados.

Dados preliminares foram relatados em uma reunião nacional em Las Vegas, em fevereiro de 1991. Estes dados finais demonstram a consistência da freqüência mencionada, classificando-os do preliminar para o final. Enquanto as menções de gerentes de serviço de convenção caíram levemente, elas ainda eram a figura central em quase um terço de todos os incidentes. Entre todas as menções, gerentes de serviço de convenções (GSC), gerentes de vendas (GV), funcionários de eventos, diretores de vendas e funcionários da recepção são responsáveis por 78% de todos os incidentes dos dados preliminares para os finais.

A importância da posição de GSC é atestada pela liderança clara no número de vezes em que eles estavam envolvidos em incidentes com os organizadores. Como os GSC foram mencionados em 32% dos incidentes, pode-se dizer que os hotéis estão cada vez mais reconhecendo a importância de ter um dos funcionários cuja tarefa seja a de conduzir o planejamento de um evento através do labirinto organizacional, do início ao fim.

Os GV foram o segundo maior grupo de funcionários do hotel envolvidos nestes incidentes. Tendo em vista que muitos, senão a maioria, dos eventos são iniciados com os funcionários de vendas, os organizadores freqüentemente confiam nestes funcionários porque são o seu contato com o hotel. Junto com os incidentes que se referem aos GSC , quase 60% dos encontros entre os organizadores e funcionários do hotel envolviam estes dois grupos.

Enquanto os funcionários de eventos, diretores de vendas e pessoas da recepção responderam por 20% dos incidentes, com o restante distribuído pela organização típica, a importância relativa dos GSC e GV como contatos para os OE foi dramaticamente defendida em uma anedota. Um organizador de eventos, cuja conferência estava para começar, estava lidando diretamente com o presidente do conselho de administração de uma companhia hoteleira que estava no local porque ele tinha demitido o gerente geral do hotel e o diretor de vendas com quem o organizador tinha trabalhado previamente. Este organizador estava aborrecido porque tinha descoberto que o estacionamento do hotel estava sendo pavimentado novamente na manhã em que o evento ia começar. O argumento do organizador – que os expositores provavelmente achariam difícil descarregar em um estacionamento que acabara de ser pavimentado – era inútil. Ele não teve mais sucesso em convencer o presidente que o estacionamento alternativo era inútil a menos que a notícia fosse afixada no quadro de leitura. Presumivelmente, a reunião foi um desastre.

Isto não é para sugerir que todas as nossas interações resultam em desastres similares. Na verdade, em 50% dos incidentes, o comportamento dos funcionários do hotel foi descrito como eficiente, com muitos descritos como não eficientes mas não necessariamente um desastre.

ASPECTOS CRÍTICOS DO COMPORTAMENTO DOS FUNCIONÁRIOS DE HOTEL

Após o procedimento de empilhamento e dimensionamento, em consulta com os especialistas na área, nós classificamos as dimensões dos incidentes e fornecemos definições e afirmações ilustrativas curtas. Elas estão resumidas na Tabela 3 e discutidas com os exemplos pertinentes abaixo.

Comunicação

No inventário completo dos incidentes, nenhum foi mais crítico que a relação de interação entre os organizadores e os funcionários do hotel, ligados por vários vetores de comunicação. Muitos organizadores descreveram isto em termos tão simples como "ficar em contato, estar disponível". Outros ligaram as dificuldades ou os sucessos significativos à habilidade relativa dos funcionários em gerenciar o processo de comunicação, pelo uso efetivo de não somente equipamento moderno mas também através do entendimento dos canais de comunicação. Os organizadores apontaram que os funcionários mais eficientes conheciam tanto os canais quanto os grupos entre os quais eles precisavam ser estabelecidos para serem mais eficientes.

Especialmente louváveis, de acordo com os organizadores, eram os funcionários de hotel que tinham profundo comprometimento em retornar ligações telefônicas, faxes e mensagens, e que agiam em relação a estas comunicações de uma maneira conveniente.

Os organizadores saíram do padrão para apontar que, ao executar eventos bem-sucedidos, um dos componentes críticos é a reunião pré-evento. Os organizadores aprenderam a julgar a capacidade do hotel para receber eventos de maneira bem-sucedida através de suas experiências pré-evento. Estas experiências ressaltaram o comprometimento dos funcionários com uma estrutura de comunicação eficiente. A participação de funcionários-chave do hotel em todas as reuniões de pré-evento foi uma indicação de que a realização de serviços importantes em nome do hotel seria alcançada.

A comunicação é, entretanto, uma faca de dois gumes. Os organizadores de eventos relataram numerosas ocasiões onde as dificuldades de comunicação contribuem para o desempenho ruim do hotel. Isto poderia acontecer durante um processo de negociação de atividades no local, ou durante a execução e entrega de serviços importantes. Em um caso, o organizador de eventos enviou uma lista de materiais inflamáveis do hotel para a aprovação do corpo de bombeiros da cidade; entretanto, quando a área de exibição do organizador foi projetada para a abertura do hotel, o corpo de bombeiros não forneceu a permissão porque o hotel tinha falhado em enviar a lista para a

TABELA 3
Dimensões das Interações entre os Funcionários do Hotel e os Planejadores de Reunião

Dimensão	Definição	Exemplos Ilustrativos
1. Comunicações	"Modos e técnicas de comunicação entre todos os participantes. Isto inclui a comunicação interna e externa entre os funcionários do hotel, fornecedores de serviço externo e organizadores"	• *Diálogo periódico/contínuo entre o organizador e o representante do hotel, de um tempo "x" antes do evento até o final do evento* • *Uso efetivo de telefones, fax, entrega de serviços e reuniões necessárias para a comunicação dentro e fora do hotel para que o evento seja bem-sucedido* • *Reunir funcionários adequados do hotel para discutir, antecipar e planejar as especificações e detalhes* • *Estabelecer canais de comunicação intra-hotel entre todos os departamentos e funcionários. O que ajuda na continuidade do serviço, no caso de mudança de funcionários*
2. Organização	"Filosofia e cultura resultante do hotel que estabelece uma estrutura de organização cujas políticas, procedimentos e linhas mestras levam à realização das metas operacionais"	• *Forte (ou nem sempre flexível) aplicação de políticas como reservas, crédito e garantia de quartos* • *Limitações de funcionários criadas pela rotatividade, regulamentação de horários e atribuição de tarefas* • *Existência de uma orientação de lucros que leva a uma atitude disruptiva para realizar o serviço*
3. Execução	"Desempenho de planos operacionais, estratégias e tarefas que melhoram a realização de serviços, incluindo a receptividade para pedidos e instruções, e desempenho de um acompanhamento apropriado"	• *Especificações acordadas não realizadas ou não implementadas corretamente* • *Venda em grande quantidade da capacidade física do hotel ou capacidade dos funcionários para realizar o serviço* • *Falha de desempenho no comportamento por parte dos funcionários do hotel resultando na falta de cooperação* • *Horários que apresentam eventos não compatíveis no mesmo espaço público ou adjacente na facilidade* • *Desenvolver uma abordagem "abrangente" para o gerenciamento de convenções na facilidade*

(Cont.)

TABELA 3 *(Continuação)*
Dimensões das Interações entre os Funcionários do Hotel e os Planejadores de Reunião

Dimensão	Definição	Exemplos Ilustrativos
4. Desenvolvimento de Relacionamentos	"Criação de uma atmosfera de profissionalismo, comportamento ético e confiança que leva a relacionamentos positivos entre o hotel e o organizador"	• *Reuniões e interações que acontecem fora do processo formal e/ou organizações que incentivam valores divididos, respeito e rede de comunicações intergrupos* • *Posições de negociação com efeito direto na confiança entre as partes* • *Adesão a códigos geralmente aceitos de ética e padrões da indústria reforçados por membro/participante de associações profissionais*
5. Iniciativa	"Manifestação de inovação e criatividade no processo da realização do serviço, freqüentemente independentemente de influência e controle externo"	• *Sugestões, pelos funcionários do hotel, que excedam às expectativas dos clientes nas áreas de estética, menus e execução de programa.* • *Uso do conhecimento de contatos locais e redes para assegurar o sucesso da reunião* • *Demonstração de boa vontade incomum para assumir a responsabilidade, diminuindo as obrigações ou tarefas dos clientes*
6. Crise de Gerenciamento	"Habilidade para lidar com e solucionar eventos não antecipados, emengências e condições mutáveis que não estão sob o controle do hotel"	• *Gerenciar uma crise criada por eventos externos como terremoto, enchente ou outros desastres naturais* • *Superar situações como competição de barulho entre grupos, comparecimento além do esperado e problemas no serviço causados por falhas no sistema* • *Resolução de problemas causados por renovação, reforma ou projetos de construção (relacionados também à dimensão 2)* • *Instalação de planos/procedimentos para ação dos funcionários em situação de crise, incluindo programas de treinamento para assegurar a aquiescência dos funcionários*

aprovação. Neste exemplo particular, o hotel deveria ter servido como um condutor de comunicação em nome do organizador, entre o empreendimento e a agência externa. A falha em fazê-lo pode atrapalhar um evento ou mesmo destruí-lo completamente.

Vários organizadores mencionaram a grande utilidade do planejamento de comunicações. Especificamente elogiados foram os hotéis que forneceram gráficos e diagramas mostrando os canais de comunicação, números de telefones de residências, títulos dos cargos e relacionamentos. Em um exemplo memorável, o hotel até forneceu celulares para organizadores e funcionários-chave do hotel, para toda a duração do evento. Isto criou, na verdade, a rede própria de comunicação do organizador.

Outra recomendação fornecida por organizadores de reuniões nesta dimensão de interação entre funcionários do hotel/organizadores foi que, apesar do hotel poder ter meios de comunicação, os funcionários devem ser treinados em como e quando usá-los. Isto liga a dimensão da comunicação a outras dimensões, particularmente a organização e a execução. Alguns organizadores contam histórias que regularmente aparecem na mídia de reuniões (ver, por exemplo, Blair 1988), que lamentam a histórica alta rotatividade entre os funcionários do hotel e atribuem diretamente muitas falhas de comunicação a isto.

Organização

Ao rever as histórias fornecidas pelos organizadores de reuniões, fica claro que o grande problema da área no processo de interação foram as políticas restritivas planejadas e implementadas por certos hotéis. Alguns hotéis têm políticas que parecem estar estruturadas para permitir-lhes um "fora". Estas situações ficaram aparentes quando os organizadores de reuniões forneceram os dados para blocos de quartos, mudança de datas de reservas, flexibilidade no preço da refeição e serviço extra em um curto espaço de tempo. Estas políticas fornecem uma via pela qual se evita responsabilidade e troca de culpa. Este é um expediente de curto prazo, na melhor estratégia de desvantagem e perda de negócios, especialmente pelos boatos dos organizadores de reuniões (Bloom 1981; Lowe 1984).

Os organizadores repetidamente contam anedotas sobre o comportamento de funcionários nos quais a política rígida teve impacto negativo na qualidade de suas experiências em hotéis, em diferentes contextos. Por exemplo, os organizadores de reuniões expressaram dificuldades com políticas que lidam com gorjetas, como na infame controvérsia "tarifa na gorjeta ou gorjeta na tarifa". As garantias de quartos, reservas, políticas de cancelamento e os níveis de tarifa de "cair duro" pareceram ser para os OE as demarcações da "linha na areia" que podem servir para afugentar os negócios dos hotéis.

Aqueles organizadores de reuniões que tiveram as melhores experiências nestes contextos relataram que, durante os processos de negociação, os hotéis apresentaram as políticas que seriam usadas durante o evento e deram aos organizadores ampla oportunidade para talhar suas atividades à luz destas realidades ou negociar circunstâncias diferentes. Em um caso, um hotel permitiu ao organizador, após o contrato assinado, trocar a seleção do menu para aquelas com preços mais razoáveis com o objetivo de manter o custo da reunião dentro do orçamento da associação.

Um ponto particularmente desagradável referiu-se às políticas de reservas que resultaram em problemas como má acomodação de VIPs, assim como de participantes da reunião. Alguém poderia pensar que os organizadores recebem o melhor tratamento possível, mas este não foi o caso, como revelado em muitos incidentes. Para ilustrar, uma organizadora informou um hotel com antecedência que ficaria uma semana no hotel para supervisionar o evento agendado. Quando chegou, foi informada que o hotel não tinha vagas. Após muita discussão, cederam um quarto para ela, mas ela foi informada na manhã seguinte que um dos membros do seu evento havia sido dispensado para que ela pudesse ficar com o quarto. Pareceu para muitos organizadores que os hotéis se escondem atrás de políticas quando impingem suas posições, dando-lhes desculpas para a limitação do serviço mais do que fazendo um esforço extra para encontrar uma solução mutuamente satisfatória.

O problema da rotatividade entre os funcionários-chave é visto pelos organizadores como difuso e endêmico nos hotéis. Quando um evento tinha um espaço de tempo de dois anos, os organizadores foram quase unânimes em não esperar que nem o gerente de serviço de convenções nem o gerente de vendas fossem as mesmas pessoas com as quais eles tinham lidado originalmente. Esta descoberta impressionante foi apoiada pelos entrevistados da pesquisa "Reuniões Bem-Sucedidas" em 1988, onde os organizadores sentiram que muitos de seus problemas de serviço com os hotéis aconteceram por causa da alta rotatividade dos funcionários (ver Tritsch 1988).

Os organizadores estão cada vez mais vendo as políticas de planejamento de funcionários com ceticismo e exigem uma revisão pré-evento de tais políticas para cobrir estas circunstâncias onde elas podem ter um impacto negativo no evento. Em várias ocasiões de finais de semana os organizadores não conseguiram encontrar ajuda para completar os arranjos da reunião porque os funcionários do hotel estavam de folga ou não se encontravam no local. Em uma outra situação, um organizador teve que pagar horas extras para um garçom porque o hotel fazia parte do sindicato e o contrato exigia que os garçons trabalhassem no mínimo quatro horas. Em um caso similar, um organizador de eventos foi cobrado por quatro horas de um eletricista que simplesmente ligou a tomada do projetor de slides.

Na área política, os organizadores de eventos também encontram problemas com os contratadores externos, como os de audiovisual, que queriam cobrar por equipamento adicional não usado no serviço. Repetidamente, os organizadores de eventos tiveram dificuldades com os contratadores de audiovisual porque os funcionários do hotel cometeram erros de comunicação ou o representante do contratado não estava no local para corrigir erros ou reparar o equipamento. Nestas circunstâncias, os organizadores foram levados a crer que os hotéis iriam fazer os arranjos com os contratadores e organizariam o horário destas pessoas que eram críticas para a realização do evento.

Em outras situações, o hotel não tinha funcionários suficientes para lidar com os problemas ou os organizadores tiveram dificuldades em localizar pessoas com autoridade para resolver questões relativas às reuniões. Estes problemas geralmente aconteciam de manhã ou nos finais de semana. Organizadores experientes em muitos destes casos tinham que, pessoalmente, providenciar café, servir comida e organizar as salas.

Nem todas as circunstâncias que começaram negativamente necessariamente terminaram desta maneira. Às vezes, é nesta hora que os funcionários do hotel aparecem. Em muitos destes casos, os funcionários do hotel desempenharam funções acima e abaixo de suas obrigações no quadro da organização, com as pessoas da manutenção fazendo café e preparando o banquete. Estas são circunstâncias onde as limitações de planejamento e funcionários do hotel começaram como problemas nas interações dos funcionários/organizadores mas resultaram positivamente por causa da boa vontade de outros funcionários em aceitar o desafio e desempenhar bem o trabalho.

Apesar das tentativas corajosas de muitos funcionários do hotel em corrigir os problemas de serviços, é óbvio para os pesquisadores que alguns hotéis estão embaraçados pela orientação do lucro, que tem um impacto negativo na atitude de seus funcionários e na habilidade deles em superar as expectativas dos organizadores de reuniões durante eventos agendados. Infelizmente, algumas organizações hoteleiras parecem ter desenvolvido uma cultura inflexível e um modo de operação que é contra-produtivo para realizar níveis de serviços antecipados. Nós descobrimos muitos exemplos onde os hotéis estavam mais interessados em negociar uma posição favorável para eles mesmos, reforçados por políticas que protegiam seus interesses pessoais à custa do mau serviço nos eventos dos organizadores de eventos. Esta dificuldade particular se tornou aparente ao lidar com a dimensão da execução. Alguns hotéis passaram por apuros consideráveis por causa da maneira como abordavam seus comprometimentos para o processo do serviço.

Execução

Esta dimensão de interações de organizadores de eventos com os hotéis pode ser observada através de um simples expediente, algo que a maioria de nós aprendeu quando criança: cumprir nossas promessas. Nesta dimensão nós focamos a habilidade do hotel em fornecer os serviços de reuniões negociados e contratados, em termos tanto das expectativas em relação aos bens físicos quanto do desempenho do funcionário.

Em inúmeros casos, os organizadores de eventos relataram problemas com a condição física das salas de reuniões. As salas de reuniões não tinham o tamanho ou a configuração apropriada; ou, o evento foi prejudicado por causa da proximidade de uma sala com outros eventos acontecendo no mesmo local. Era óbvio a partir do volume de incidentes que os hotéis definitivamente enfrentam um vão de percepção entre o que eles acordam nas negociações e no que eles são capazes de realizar na verdade.

Em muitos casos, os hotéis estavam fazendo reservas para grupos que eles não poderiam administrar ou tentando rearranjar locações para salas de reuniões caso um negócio adicional mais atrativo se materializasse depois de um contrato assinado. Isto nos faz voltar ao motivo do lucro referido na discussão da dimensão da organização e deixa claro para o organizador que seu evento só foi desejado até que um grupo mais lucrativo aparecesse. Um exemplo disso ocorreu quando a recepção de um grupo foi remanejada para o saguão do hotel porque outra organização com evento maior queria o espaço prometido.

Vender mais que a capacidade física do local ou das habilidades dos funcionários em desempenhar seus serviços foi observado em vários exemplos. Um organizador disse que eles requerem que o gerente de serviços de convenção esteja presente e uma parte da transação seja processada (tática muito discutida na imprensa; ver, por exemplo, Bosker 1988) porque os gerentes de convenção, mais do que os gerentes de vendas, conhecem a capacidade física e as limitações da propriedade. Eles sabem, por exemplo, se uma configuração de pessoas sentadas pode ser impraticável em uma sala porque as linhas de visão são impedidas pelas colunas. Eles também têm uma previsão mais realista do que pode e do que não pode ser feito devido às limitações físicas dos edifícios. Muitos organizadores disseram que às vezes o gerente de vendas, ansioso para agendar um evento, vendeu o edifício, dizendo: "Sim!! Nós podemos fazer isso. Nós podemos lidar com isso". O gerente de vendas está prometendo, na verdade, qualquer coisa somente para a agendar um negócio, ou como um organizador de eventos disse, com a mentalidade de "reserve, e depois mude".

O aspecto final dessa dimensão inclui o comportamento interpessoal dos funcionários do hotel. Enquanto esta não era uma questão importante, alguns organizadores sugeriram que em algumas circunstâncias eles eram tratados inadequadamente durante as negociações. Menos freqüentemente, eles relataram dificuldades quanto entraram em contato com os funcionários durante as operações no evento. Vários destes problemas interpessoais foram gerados pelas dimensões previamente mencionadas, tais como o *overbooking*, *double booking* ou perda de reservas, que poderiam estar diretamente ligadas às comunicações ou a falhas de política. Nesses casos onde os empregados se tornaram frustrados na sua falta de habilidade em resolver uma situação, eles terminavam tendo um comportamento interpessoal inadequado ao lidar com os clientes do organizador de eventos. Por causa dessa frustração, os empregados em situações difíceis responderam sem profissionalismo. Essas pessoas eram chamadas pelos organizadores como "os rudes e os brutos".

Desenvolvendo Relacionamentos

Os organizadores de eventos indicaram que nem todas as interações aconteceram na empresa ou dentro da estrutura formal da organização. A troca de informação, rede de trabalho e construção de relacionamento informal aconteceram nas funções sociais, reuniões e grupos de profissionais dos quais os organizadores e os fornecedores eram membros, e outras atividades relacionadas a negócios, como câmaras de comércio ou ligas de negócios.

Muitas vezes os organizadores e fornecedores se encontram envolvidos em atividades voluntárias em suas comunidades. Em muitos exemplos, estas atividades poderiam servir como uma base para a fomentação de uma atmosfera que poderia ter um efeito positivo nos relacionamentos pessoais e inter-organizacionais.

Os organizadores de eventos também relataram incidentes onde os aspectos positivos ou negativos das interações poderiam ser traçados por elementos do processo de negociação. Os organizadores forneceram exemplos onde a posição de negociação do hotel diretamente afetava a confiança que o organizador teria no relacionamento de negócios. Em um exemplo, uma organizadora estava negociando os vários aspectos de trazer seu evento para um certo hotel e o gerente de vendas com quem ela estava negociando parecia estar propositalmente evasivo no processo de negociação. O gerente de vendas nunca era capaz de chegar a um acordo em pelo menos o menor ponto e deixou muitos aspectos da organizadora do evento abertos para revisão pelo diretor de vendas ou o gerente geral. Estes tipos de exemplos de negociação levam a tremenda frustração por parte do organizador de eventos e, em muitos exemplos, sabotam qualquer possibilidade de desenvolver um relacionamento de trabalho positivo entre o organizador e o hotel.

Uma questão legítima trazida por vários organizadores foi: quem treina os gerentes de vendas e os gerentes de convenções em habilidades de negociação? Nos casos em que o organizador era muito mais proficiente na negociação do que o gerente de vendas, o gerente de vendas evitava levar aos "finalmente", simplesmente jogava o processo de tomada de decisão para os níveis superiores. Os organizadores apontaram que é difícil criar qualquer confiança neste tipo de atmosfera.

Contrário ao recente debate e análise na imprensa (Alderson 1986), nenhum dos nossos organizadores insinua qualquer coisa anti-ética no comportamento dos funcionários do hotel ou para a oferta excessiva de presentes. Prometer uma coisa e fazer outra foi considerado mais um aspecto de execução do que ética. Os organizadores de eventos estavam com mais tendência para atribuir tais lapsos a dificuldades organizacionais (dimensão 2), problemas de comunicação (dimensão 1), ou execução (dimensão 3) do que particularmente qualquer lapso notório de ética.

Eles sugeriram, entretanto, que mais profissionalismo traria mais reconhecimento da área para os padrões de serviço do hotel. Os organizadores apontaram que os padrões e códigos de ética são geralmente o resultado de organizações profissionais altamente comprometidas. Foi sugerido que ser membro e participar de associações profissionais pode fomentar, desenvolver e apoiar os padrões industriais e códigos de profissionalismo e ética.

Iniciativa

Esta dimensão de interação foi uma surpresa agradável para nós. Esta dimensão inicial encerra uma estrutura de comportamentos de funcionários de hotel que traz sorrisos para os rostos dos organizadores de eventos e numerosos pesquisadores. Os organizadores de eventos forneceram numerosos exemplos de funcionários de hotel que demonstraram uma habilidade incomum em responder a desafios únicos antes ou durante as reuniões. Um aspecto desta dimensão mencionada freqüentemente pelos organizadores de eventos foi a habilidade dos funcionários do hotel em apresentar sugestões na melhora dos menus e arranjos da sala de reunião.

Além destes, entretanto, os organizadores de eventos, estavam particularmente lisonjeados para apontar o "acima e abaixo da responsabilidade", tipo de comportamentos que demonstram a habilidade dos funcionários do hotel a irem um passo além no serviço de seus eventos. Em muitos casos isto resultou em sugestões de funcionários do hotel que realmente provaram que o evento foi além da mera orientação de venda por lucro.

Um organizador de uma grande empresa de telecomunicações do meio oeste estava trabalhando com um hotel no planejamento de uma série de trinta reuniões de quatro dias cada, para os executivos da empresa, ao longo do curso de quase um ano. Sem dizer aos organizadores de eventos e completamente por iniciativa própria, o gerente de vendas e o gerente de convenções do hotel contrataram uma chocolataria na área de Chicago para fornecer miniaturas de telefones feitas de chocolate para serem colocadas no travesseiro dos participantes no curso destas trinta reuniões. Este organizador corporativo e os participantes da reunião ficaram extremamente tocados com este gesto e, apesar do fato de saber que ele tinha pago por isso de uma maneira ou de outra, o organizador contou o fato por vários anos. Após uma série de eventos, as pessoas de sua organização que participaram desta reunião ainda comentavam sobre estes pequenos telefones de chocolate.

O valor de encorajar uma tarefa agendada de mais de dois anos entre os gerentes de vendas e gerentes de convenções em qualquer hotel foi demonstrado. Confirmando isso estava o número de incidentes relacionados pelos organizadores de eventos que ilustraram como os funcionários do hotel, que tinham conhecimento profundo de contatos locais e redes de serviço, poderiam aumentar o sucesso de uma reunião ou evento. Incidente após incidente, os organizadores reportaram que os artesãos locais, especialmente os floristas, artistas e artífices sugeridos pelos gerentes de vendas e gerentes de eventos realmente abrilhantaram o evento. Estes funcionários do hotel se tornaram, na verdade, *concierges* informados para seus eventos.

Em outro exemplo, um gerente de convenções providenciou carros de aluguel para um grupo que participava de um programa de treinamento de longa duração e precisava sair do hotel por curtos períodos de tempo. Um outro funcionário do hotel usou contatos pessoais fora do hotel para arrumar um arranjo floral magnífico para um banquete. Ainda em outra situação, o gerente de convenções gastou um bom tempo fora do hotel procurando bandeiras de países estrangeiros para decorar o salão de festas do hotel para um jantar internacional.

Os organizadores de eventos foram particularmente impressionados por um funcionário de hotel que mostrou boa vontade incomum ao se responsabilizar por encontrar maneiras inovadoras e criativas de responder aos desafios. Um organizador de eventos que era muito rígido quanto ao orçamento estava procurando maneiras de arranjar balões de gás hélio para decorar as mesas de um banquete. O único fornecedor na área que, para o conhecimento do gerente de convenções, poderia responder em um curto prazo, cobraria um adicional de US$1 por balão. Por um feliz acaso, o gerente de manutenção estava passando por perto na hora e disse que tinha várias garrafas de hélio, já que pessoalmente criava arranjos de balões para festas de crianças na sua vizinhança. Ele se ofereceu e disse que ficaria feliz em fazer os balões para o gerente de eventos de graça.

Embora seja difícil para qualquer um de nós ou para nossos funcionários ser criativo o tempo todo, as redes de organizadores podem oferecer muitas histórias de comportamento similar àquelas que nós coletamos. No curso do tempo, os organizadores astutos poderiam identificar pessoas e organizações que têm a reputação de exceder as expectativas e, sendo tudo igual, e quais lugares os organizadores de eventos escolherão para seus eventos.

Gerenciamento da Crise

Os organizadores de eventos apontaram, durante as entrevistas, que ambientes incomuns, crises ou, em alguns casos, circunstâncias mutáveis, invariavelmente aconteceram quando as reuniões estavam em progresso. Em tais casos, os hotéis foram julgados com base em como eles lidaram com estas crises criadas por eventos externos, como terremoto – um evento realmente não antecipado.

Um organizador que estava executando um evento em um hotel de São Francisco em outubro de 1989 experimentou o que pode ter sido o plano de contingência fundamental para desastres naturais. Quando o terremoto começou, o hotel não perdeu o jogo de cintura. Foram dadas lanternas para todos os membros do evento e para outros membros do hotel. Os funcionários da cozinha entraram em ação para prepararem comidas de cortesia (mas frias), e todos os funcionários do hotel em geral contribuíram para uma atmosfera de controle em uma circunstância que para muitos dos participantes era assustadora. Como um resultado direto do plano de contingência que este hotel efetuou, o organizador de eventos concluiu este evento com uma nota positiva e saiu sorrindo de uma situação que poderia ter sido muito mais séria que uma confusão diária.

Um dos aspectos mais problemáticos de se organizar um evento em grandes hotéis é que muitos hotéis regularmente recebem múltiplos eventos. Eventos que freqüentemente competem por espaço, ou um evento que dispersa barulho na atmosfera de uma reunião adjacente. Uma organizadora de reuniões relatou um evento em que ela, na verdade, perguntou sobre um evento na área adjacente do salão de baile mas foi informada que a reunião seria de religiosos. Aconteceu que a reunião de religiosos atraiu mais gente do que se tinha antecipado pelo organizador do evento. O organizador do evento de religiosos falhou em contar ao gerente de convenções que a forma particular deles rezarem envolvia um testemunho alto e unificado da fé deles. A organizadora de reuniões ficou chateada. A reunião foi prejudicada a um ponto que era inútil continuar e o gerente de convenções não foi encontrado.

Os projetos de renovação ou construção freqüentemente interferem ou interrompem reuniões em progresso por planejamento inadequado. Os organizadores foram consistentes em suas críticas que o gerenciamento do hotel poderia ter agendado estes projetos mais apropriadamente, devido a seu potencial de prejudicar atividades nas áreas de reuniões dos hotéis e nas áreas públicas. Os organizadores sentiram que pelo menos teriam que ter sido avisados sobre as atividades e recebido uma alternativa.

Parece claro, por estes incidentes relatados para nós que, como parte regular da negociação e reuniões de pré-evento, os organizadores deveriam perguntar sobre eventos em salas adjacentes, projetos de reforma do hotel e como o hotel lida com mudanças de tempo e outros atos da natureza. Também pode ser importante nesta hora, para o organizador, obrigar o hotel a relatar seus planos de contingência no caso de eventos de desastres naturais.

Outro, mas não menor, problema de reunião poderia ser evitado com funções de manutenção regulares, como a lavagem de janelas, aspiração de pó e mesmo algo tão comum como a limpeza da piscina. ("O barulho da sucção era irritante!"). Os organizadores estão aprendendo a questionar os hotéis cuidadosamente sobre tais atividades potencialmente perturbadoras.

OBSERVAÇÕES E SUGESTÕES

Em nossa rica coleta de incidentes, nós aprendemos que a comunicação, organização, execução, desenvolvimento de relacionamentos, iniciativa e gerenciamento de crise são os componentes-chave na habilidade de um hotel em fornecer serviços bem-sucedidos para o setor das reuniões. Os hotéis que se especializam nestes aspectos fundamentais de serviço se separam dos seus concorrentes. Mais que isso, nós identificamos organização, execução e profissionalismo nas interações entre organizadores de eventos e funcionários do hotel como cruciais para o sucesso do gerenciamento do evento. A melhoria nestas áreas aumentará grandemente a habilidade do setor hoteleiro em servir este segmento de mercado no futuro.

Estratégias Organizacionais

Vários problemas trazidos nos incidentes críticos podem ser traçados como decorrentes da estrutura de organização do hotel. Em muitos casos, os hotéis não tinham o tipo de estrutura condizente para servir as necessidades dos organizadores de reuniões. Esta dificuldade era evidente em várias áreas. Primeiro, os funcionários de vendas do hotel tinham uma tendência de vender a mais as capacidades do hotel ou de prometer mais do que podiam na realização de serviços importantes. Havia uma falta de comunicação definida entre o pessoal de vendas e os funcionários do operacional do hotel nos serviços de convenção e de alimentos e bebidas. Os exemplos incluem: a promessa de uma certa sala de reunião ou suíte que não estava disponível quando o grupo se registrou. O hotel estava *overbooked* e não tinha quartos para acomodar todas as pessoas. A não-realização de serviços prometidos é um caminho certo para mandar os clientes para outro lugar. Um melhor trabalho de equipe e coordenação devem ser adquiridos para superar esta falha organizacional. Nós sugerimos que vários funcionários do hotel sejam designados para cada grande grupo de reunião para melhorar a coordenação e assegurar a continuidade da comunicação.

Segundo, é crítico que a organização e o controle de reuniões em andamento sejam designados para um funcionário do hotel. Ninguém é mais importante neste cenário que o gerente de serviços de convenção. Caso após caso, foi o conhecimento, treinamento e profissionalismo deste funcionário-chave que fez a diferença entre o sucesso e o fracasso do organizador de um evento. Nestes casos onde o gerente de convenções tinha controle dos processos do hotel e das funções dos empregados, os organizadores geralmente tiveram experiências positivas ou muito boas. Eles expressaram este poder de decisão em muitas maneiras, e um deles fez uma analogia entre um bombardeiro B-17 da Segunda Guerra Mundial. Durante o bombardeio (execução do evento) o bombardeiro tinha controle completo da aeronave, dando ordens para o capitão e a tripulação (o gerente geral e os funcionários do departamento) que contribuíram para o sucesso da missão (evento). Este ponto é, muito simplesmente, que a pessoa responsável pelo evento deveria ter autoridade para dirigir todos os recursos da organização necessários para garantir o sucesso. Os hotéis precisam reconhecer para, com efeito, dar a um funcionário o "controle" do evento do organizador de eventos.

A criação de uma posição de gerente de convenções em um hotel fez uma grande diferença na realização dos serviços para os organizadores. As organizações hoteleiras precisam dar o passo seguinte e verdadeiramente dar poder a este indivíduo para supervisionar todos os aspectos do processo de realização dos serviços. Um hotel, o Chicago's Palmer House, exemplifica este conceito e, como parte da recente campanha, utiliza um gráfico redesenhado da organização para realçar este poder (Tabela 4). Um membro da cadeia Hilton, o Palmer House exemplifica a crescente importância do gerente de convenções dentro do ambiente das organizações hoteleiras.

Terceiro, os hotéis devem administrar o problema de rotatividade de funcionários, pelo menos nas posições críticas, para o gerenciamento do evento. Em muitas ocasiões, enganos de contrato, acompanhamento mal feito sobre detalhes importantes e dificuldade na execução de serviços foram causados pela saída de importantes funcionários do hotel. Estes incluem os representantes de vendas, gerentes de serviços de convenção, gerente de banquetes e executivos de alimentos e bebidas. Muitos dos organizadores de eventos relataram este problema como sendo o grande impedimento ao lidar com as organizações hoteleiras. Mais continuidade e confiança entre os funcionários-chave, como identificado neste estudo, são cruciais para a habilidade do hotel em estabelecer credibilidade junto dos organizadores de eventos. Nós recomendamos que os hotéis considerem estabelecer estas posições como planos de carreira e não como degraus para outras responsabilidades executivas. Incentivos apropriados deveriam ser desenvolvidos para atrair e reter estes indivíduos para as organizações hoteleiras. O desempenho deveria ser avaliado e monitorado na base de qualidade de serviço realizado para grupos de eventos e não em termos de metas definidas pela empresa que têm como foco os objetivos de curto prazo.

Quarto, toda tentativa deveria ser feita pelos hotéis para criarem uma cultura de serviço. Um comprometimento com o serviço pela gerência é importante para a formação de uma equipe e a aceitação de valores de serviço pelos funcionários. Uma visão de serviço que reposiciona a orientação do lucro encorajará atitudes positivas entre os funcionários do hotel e ressaltará a boa vontade deles para fornecer o nível mais alto possível de serviços. Se os hotéis realmente querem ser competitivos neste mercado, eles devem ter boa vontade para mudar e adotar uma filosofia mais relevante, que resulta em níveis mais altos de satisfação para o grupo de participantes. O lucro inevitavelmente aparecerá.

Execução

Muitos dos incidentes críticos negativos que nós coletamos sobre (todas) as dimensões claramente mostraram alguns aspectos de falha na execução. Era menos uma questão de incompetência do funcionário do que ignorância. Tais falhas no serviço como salas de reuniões não preparadas corretamente, cortesias não colocadas nos quartos, erros de coordenação audiovisual, perda de itens de estoque, erros na conta e falta de alimentos refletem um problema na coordenação do gerenciamento, comunicação e liderança. Nestes exemplos, a situação poderia ser evitada se controles de supervisão apropriados tivessem sido usados. Nós também descobrimos que os funcionários estavam impedidos de corrigir erros de serviço ou de fazer ajustes por causa das políticas e regulamentações.

Apesar de várias falhas no serviço resultarem em problemas imediatos e críticos, os hotéis poderiam ter se recuperado se houvesse respostas positivas dos funcionários. Nosso exame de incidentes revelou que os funcionários não estavam adequadamente preparados para lidar com emergências porque não tinham controle pessoal e conhecimento sobre como corrigir problemas. Nós sugerimos aos hotéis treinarem seus funcionários que lidam com os hóspedes mais freqüentemente sobre como lidar com problemas típicos gerados por eventos. As sessões freqüentes de treinamento com os funcionários-chave do hotel, incluindo gerentes de convenções e de alimentos e bebidas, deveriam servir para discutir ações corretivas, procedimentos e abordagens para melhor atender às necessidades dos organizadores. As reuniões de pré-evento e outros métodos de coordenação deveriam ser empregados, visto que nosso estudo apontou as vantagens apreciadas pelos hotéis que tinham membros-chave da equipe constantemente em contato com os organizadores de eventos.

TABELA 4
Anúncio da Palmer House Exemplifica o Conceito de Realce de Poder

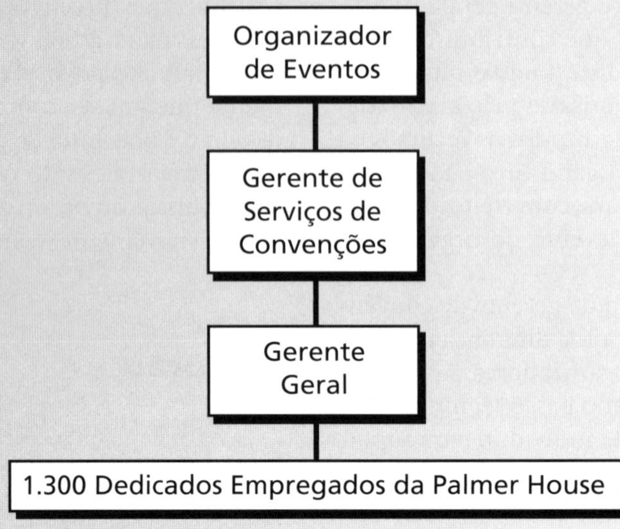

QUANDO VOCÊ REALIZA UM EVENTO NO THE PALMER HOUSE NÓS FAZEMOS MAIS QUE REESTRUTURAR AS SALAS

Nós reestruturamos nossa organização. Assim, os organizadores de eventos têm acesso instantâneo à alta gerência do hotel.

Antes, durante e mesmo depois de um evento, nossa equipe de 1.300 dedicados empregados proporciona excelentes serviços para atender suas necessidades. Nossa inteira organização está aqui para ajudar na obtenção de seu sucesso.

Além de nossa reputação de excelente serviço, The Palmer House oferece 38 salas de reunião na mais completa estrutura de eventos de Chicago, Conference Center 7, 3.344 metros quadrados de espaço para exibição e mais mil e setecentos quartos de hóspedes e suítes à distância de um elevador, assim como cinco luxuosos salões de festas e um dos melhores *fitness center* de hotéis no país.

Ligue, então, para nosso Diretor de Vendas e veja como você se identificará com The Palmer House.

The Palmer House.

Um Hotel Hilton

O Prazer de Fazer Negócios

The Palmer - 17 East Monroe Street - Chicago, Il 60603 - (312) 726-7500

O grande número de incidentes que nós colhemos, que demonstraram a iniciativa e criatividade dos funcionários dos hotéis ao lidar com pedidos especiais e responder a situações de crises nos convenceu do valor do poder de decisão dado ao funcionário. Os organizadores estavam totalmente de acordo que as respostas positivas dos funcionários salvaram o dia e resultaram em futuras reservas na mesma propriedade. Os hotéis deveriam dar poderes aos funcionários, delegar autoridade, e encorajá-los a tomar decisões independentes necessárias para responder às necessidades inesperadas dos grupos de reunião. Os funcionários que responderam apropriadamente a ambos os pedidos de emergência e os de rotina criados pelos grupos deveriam ser reconhecidos e premiados por seus esforços em nome do hotel. Exemplos de esforços incomuns dos funcionários deveriam ser contados em reuniões internas e ser publicados nos boletins dos mesmos. O hotel deve demonstrar que tal iniciativa dos funcionários é valorizada.

Estratégias de Profissionalismo

Um grupo profissional nacional, a Associação de Gerentes de Operações de Convenções (AGOC), foi formada em 1988 e cresceu para mais de 500 membros. Algumas companhias hoteleiras formalmente reconheceram a importância do gerente de convenções ao estabelecerem escritórios corporativos ou, em um caso, um distinto treinamento em serviços de convenção (Ghitelman 1989).

O estabelecimento de uma associação nacional tal como a AGOC é um passo positivo, pois é através de grupos profissionais que os membros podem ter acesso a programas educacionais e de treinamento baseados na experiência prática e pesquisa de seus pares e outros profissionais interessados. O trabalho de rede, reuniões anuais, seminários educativos, padrões de certificação e publicações profissionais contribuem para o desenvolvimento profissional dentro da população de gerentes de convenções. É também destas associações que emergem os padrões e códigos de ética (Dimensão 4). Os organizadores agradecerão o aumento de profissionalismo dos gerentes de convenções e, através de sua rede de trabalho, tenderão a dirigir seus negócios para as organizações que ligam o profissionalismo à criatividade (Dimensão 5).

O treinamento, experiência e profissionalismo por parte dos gerentes de convenções não são as únicas coisas que garantem um evento bem-sucedido. Em muitos exemplos, nos incidentes que coletamos, o elemento crítico era freqüentemente o gerente de vendas. Quando um evento estava em dificuldade, os organizadores freqüentemente levavam os problemas para o gerente de vendas que originalmente reservou o evento. Freqüentemente estas pessoas de vendas eram jovens e inexperientes, tendo passado pelo departamento de vendas como parte componente do treinamento; eles se tornam só mais um membro da rotatividade legendária observada pelos organizadores que aflige o departamento de vendas do hotel (Dimensão 2). No último exemplo, os organizadores freqüentemente citaram a frustração em ter o evento agendado por um gerente de vendas, somente para encontrar outro, invariavelmente novo, responsável quando o evento se aproximava. A falta de continuidade de funcionários da reserva a execução freqüentemente teve efeitos negativos no organizador de eventos.

Os organizadores insistiam para que o gerente de serviços de convenções fosse incluído o mais cedo possível no processo de vendas, sendo que o mesmo deve cumprir as promessas dos funcionários de vendas (Dimensão 3). Em muitos casos relatados para nós, os organizadores indicaram dificuldades que poderiam ter sido evitadas se os gerentes de vendas estivessem a par das capacidades e limitações físicas do hotel que são o pão e a manteiga do trabalho dos gerentes de convenção. Os organizadores endossaram o conceito da necessidade de gerentes de vendas treinados em vários setores nos departamentos de serviços de convenções ou, falhando isso, incluíam o gerente de convenções nas vendas e negociações de reservas como um mecanismo de controle.

Reconhecendo que as vendas de grupos de negócios são o foco primário de um número crescente de pessoas de vendas no hotel, uma organização parceira para a AGOC foi recentemente estabelecida. A Associação de Executivos de Marketing de Convenções (AEMC) foi fundada para aumentar e formalizar o profissionalismo de gerentes de vendas de convenções, *conventions and visitors bureaus* e centros de convenção. Esta organização é dedicada ao mesmo tipo de atividades como a AGOC e deverá servir para preparar seus membros para melhor entender, vender e servir sua clientela.

Cada vez mais, os organizadores relataram incidentes sobre o comportamento dos funcionários que foram descritos como eficientes ou não em termos de profissionalismo. Os organizadores caracterizaram este profissionalismo em vários termos mas continuaram voltando para o treinamento, conhecimento, controle e poder. Nos casos em que os funcionários do hotel foram treinados e sabiam o que esperar dos seus clientes, as chances para um evento bem-sucedido eram realçadas. Quando um hotel dava autoridade para um funcionário-chave, quase nunca o resultado era negativo. Nestas circunstâncias felizes onde este funcionário-chave era também criativo e imaginativo em nome do organizador do grupo, o resultado chegava à experiência lendária e à recordação do organizador.

A raiz da causa mais penetrante dos incidentes negativos era invariavelmente traçada por falta de treinamento, lapsos de conhecimento, falhas na comunicação ou políticas rígidas restritivas. Tipicamente, estes motivos, sozinhos ou em combinação com outros, foram julgados pelos organizadores para resultar no comportamento não profissional que contribuiu para a dificuldade da execução ou falha no evento. De maneira interessante, muitos organizadores ainda acham que o hotel teria falhado mesmo se os participantes das reuniões não soubessem o que es-

TABELA 5
Dimensões e Táticas

	Dimensões					
Táticas	Comunicação	Organização	Execução	Desenvolvimento de Relacionamentos	Iniciativa	Gerenciamento de Crise
Desenvolver um plano estratégico para os eventos	☎	↕	✌	♥	🕯	♛
Rever políticas que são restritivas		↕	✌			
Compra ou reserva de equipamentos especializados de comunicação	☎		✌			♛
Reorganizar o evento "amigavelmente"	☎	↕	✌			
Cross training do gerente de serviço de convenção/gerente de vendas/gerente de vendas de banquete		↕	✌	♥		
Dar poder de decisão a funcionários-chave		↕	✌		🕯	♛
Propriedade do evento	☎	↕	✌		🕯	♛
Encoraje, pague por atividades profissionais	☎			♥	🕯	
Limite a rotatividade entre os funcionários-chave		↕	✌			
Treine todos os funcionários para serem sensíveis aos grupos	☎	↕	✌			
Aprenda sobre o emprego do organizador de eventos	☎		✌		🕯	
Forneça treinamento e familiarização para os organizadores de eventos da área	☎	↕	✌			

tava faltando. Eles afirmaram que os organizadores realmente sabiam e o futuro potencial dos comportamentos similares significativamente coloria as decisões de compra dos organizadores com respeito a eventos futuros.

CONCLUSÃO

Na Tabela 5, nós demonstramos uma série de táticas derivadas da análise para os hotéis considerarem. Elas estão arranjadas de acordo com as dimensões dos incidentes críticos a que estão mais intimamente associadas. Algumas das táticas se aplicam a todas as dimensões e a sua implementação pode ser vista como reforço para toda a estrutura do hotel e do "mix" de organização dos funcionários. Outras são mais específicas a duas ou três dimensões.

Esta pesquisa relata, analisa e comenta seis dimensões que parecem ser únicas na literatura de interação do serviço. Estas dimensões começam a explicar os aspectos importantes da permuta que acontece entre os funcionários em nome da organização do hotel e os maiores clientes representando literalmente milhões de *room-nights* e outras receitas.

Se os hotéis vão melhorar o serviço para o mercado de grupos, particularmente em uma atmosfera econômica dura, eles estão bem aconselhados para entender as variáveis cruciais que acontecem no processo de troca de serviço. Este artigo resume o inventário mais completo do processo. Os hotéis podem usar este conhecimento para adaptar as táticas, implícitas e explícitas, para melhorar seu desempenho no serviço. Eles devem, pois os organizadores de eventos usarão estes mesmos dados da análise para julgar a qualidade de seus relacionamentos interativos com os hotéis.

12. Serviço Seletivo: um Dia na Vida de um Diretor de Serviços de Convenção

Michael Adams

São 7h45 da manhã, e Eric Chong anda jovialmente pela cozinha gigante do Westin O'Hare Hotel. Ele é cumprimentado calorosamente, e chamado pelo primeiro nome, pelos funcionários da cozinha e observa como eles derramam um espesso molho holandês sobre uma camada de presunto, ovos pochê e bolinhos ingleses; *voilá*, ovos beneditinos. Note que tudo está planejado, ele vai até o hall de serviço e pára em frente a uma prateleira cheia de fatias de mamão, cada uma em pratos individuais e enfeitada com um morango vermelho rubi.

Chong gesticula em direção a um dos pratos. "Eu tive uma pequena discussão com o gerente de alimentos e bebidas sobre isso", ele diz. "Nós íamos servir o mamão sozinho. Mas eu insisti em adicionar o morango. Disseram que eu estava dando o hotel". Ele sorri enquanto explica. "Mas eu queria que o café da manhã fosse especial". Ele gesticula novamente para o morango. "Ficou bonito, não ficou?"

O dia de Chong – na verdade, seu trabalho todo – é feito de detalhes tais como um simples morango, um copo manchado, um telefonema ou uma cadeira fora do lugar. Como diretor de serviços de convenções para o Rosemont, Illinois, Chong deve encarar tarefa após tarefa. Ao final do dia, ele terá atendido dezenas de ligações telefônicas, causando um número igual de crises, andando quilômetros dentro dos corredores do hotel e enfrentado uma grande pilha de papel. Tudo isso em um dia de 11,5 horas que Chong classifica como "muito fácil".

CRÍTICAS DURAS

Às 7 horas da manhã, quando ele chega ao hotel, Chong, um homem naturalmente confiante, tem motivo para tremer. O grande evento agendado para hoje, quinta, 24 de maio de 1990, é a 74ª Convenção Anual da Associação de Executivos de Chicago (CAAEC) – 330 hoteleiros, alguns de propriedades rivais. A posição de Chong não é diferente à de uma estrela de ópera de Puccini em relação a seus pares; uma nota falsa e certamente todos notarão.

Às 7h30, após uma parada rápida no seu escritório para deixar sua maleta, Chong anda pela primeira vez pelo hotel. Primeira parada, o salão de festas Archer/Adams, onde a plenária geral da CAAEC começará às 9 horas. Tudo parece em perfeita forma – cadeiras colocadas em um perfeito estilo de teatro, carpete sem manchas, púlpito pronto para os discursos de abertura. Chong pronuncia "limpo, em ordem e pronto para começar" e continua. De repente, uma figura aparece na porta; Chris Mahaffey, impondo sua altura e sua autoridade, ele é o diretor executivo da CAAEC. "A que horas o ar condicionado estará ligado?", ele pergunta. "A sala estará pegando fogo na hora da reunião". Chong concorda com Mahaffey, apanha seu sempre presente *walkie talkie* e liga para a manutenção para ter a temperatura reduzida. Outro detalhe despachado.

Chegando ao *foyer*, Chong cumprimenta Bárbara Grimsgard, diretora de reuniões da CAAEC. Esta é sua primeira grande reunião pela associação mas, se há qualquer inquietação, está bem mascarada atrás de seu sorriso largo. Ela e Chong trocam garantias mútuas de que tudo sairá como planejado.

Agora, um segundo café da manhã para a CAAEC, este para novos membros, que está acontecendo no restaurante *gourmet* do hotel, Benchmark. A refeição é em estilo *buffet*, com *waffles* feitos individualmente as the *pièce* de *rèsistance*. Os hóspedes se enfileiram em volta da mesa para se servirem de ovos mexidos, salsicha, bacon e *bagels*. A maioria pára perto do aroma quente e doce do *waffle*, e muitos caem na tentação. "Você não pode preparar esta comida muito adiantada", Chong diz. "Para 60 pessoas eles acabam ficando empapados".

Saindo do restaurante, ele passa por um garçom mexicano e diz algumas palavras de cumprimento – em chinês. Chong é um nativo de Singapura, levemente forte e com aparência de garoto apesar dos seus 32 anos. "Ele tem uma namorada chinesa, então eu converso com ele em chinês ou mandarin".

Apesar de ter um inglês impecável, a herança chinesa de Chong sobrevive em seu suave sotaque. ("Minha cunhada diz para mim, "fale '*complicado*', Eric. Fale '*complicado*'". Ela sabe que eu tenho problemas com Rs", ele sorri. Então eu sempre respondo, "difícil".)

PRINCIPÍO 80 – 20

Chong agora inspeciona o restante dos espaços de eventos do hotel. Embora a convenção do CAAEC tome a maioria de sua atenção hoje, há outras 20 reuniões menores acontecendo. A American Academy of Orthopedic Surgeon está aqui, assim como a Dow Chemical, National Association of Chain Drug Stores, a Society of Actuaries, Union Carbide, a United States League of Savings e Sara Lee. Estes são os eventos mais simples. Chong já fez o trabalho preliminar; os vários funcionários do hotel farão com que tudo corra bem. Hoje, ele precisará fazer menos por estas reuniões do que reservar uma mesa para a Society of Actuaries.

"Eu trabalho com o princípio 80 – 20", ele diz. "80% da reunião você pode planejar. Para os 20% restantes você faz o melhor que pode". Hoje os 80% parecem estar certos.

Às 9 horas da manhã, Chong retorna para seu escritório e usa este tempo para checar seus cartões e registros de status das reuniões seguintes, que o ajudarão a lembrar de contatar os organizadores em certas datas-chave. Ele também examina as longas folhas amarelas que detalham as necessidades dos futuros eventos – tudo, de organização de sala até bebidas e flores. "Estas folhas permitem que cada departamento saiba o que tem que fazer", ele diz, "assim como diz ao organizador quais serão os custos".

O trabalho burocrático constitui aproximadamente 50% de suas atribuições, e ele encara a papelada com a paciência de um monge.

"Nós usamos o computador para reservar os negócios", ele diz, "mas nós não chegamos ao estágio de usá-lo para tudo. Digitalizar esta informação fará meu trabalho mais fácil, mas isto significa gastar tempo e dinheiro com *software* e treinamento".

O escritório de Chong é pequeno e, por fora, parece com os outros que se enfileiram no corredor no piso executivo. Os funcionários sempre pedem licença antes de entrar. A ele foi oferecido um escritório maior quando assumiu o emprego, 15 meses atrás, mas ele recusou. "Porque eu precisaria de mais espaço?", ele pergunta retoricamente.

PROCEDIMENTO EQUILIBRADO

Enquanto trabalha, Chong fala de sua família – sua esposa e três filhos com idade abaixo de seis anos. "Se eu não estou inteiro em casa", ele diz, "eu não posso dar 100% no trabalho. Quando eu tenho tempo com minha família, eu asseguro que o momento seja especial". Chong credita seu equilíbrio à sua esposa nascida em Guam: "Quando eu chego em casa, ela diz, 'as crianças são todas suas'. Eu exercito minha responsabilidade de pai colocando-as para dormir. Todas elas gostam do tempo só com o pai, então eu dedico a cada um 15 minutos sozinhos antes de colocá-los para dormir".

Chong tenta impor esta ética em seus funcionários: "Eu digo a eles que trabalho não é tudo".

É sua descendência chinesa a responsável em parte por esta necessidade de equilíbrio? "Não", ele diz decididamente. "Meus pais eram ambos 'trabalho, trabalho e trabalho'. Quando eu tinha três meses de idade, fui mandado para a casa da minha avó; ela me criou até os seis anos. Meu pai cuidava dos negócios e minha mãe cuidava de todo o resto. Hoje, eu troco fraldas, cozinho, lavo. Limpo o banheiro. Eu acho que meu pai nunca levantou uma vassoura. Nesta geração, nós entendemos muito mais a mulher".

As habilidades de negócios de Chong foram aprendidas na ótica de seu pai. "Era muito importante para nós servir o cliente", ele diz. "O serviço é enraizado nos países asiáticos. O cliente sempre se sente em casa. Esta atitude me ajuda com o meu trabalho atual. Nós fazemos isso não porque somos forçados, mas é a maneira como fomos ensinados".

VELHA POLIDA

Chong checa o primeiro *coffee break* da CAAEC às 10h30. Ele desce pelas escadas interiores (os funcionários do Westin são "desencorajados" a usar os elevadores de andar para andar) e chega quando os funcionários estão completando o serviço.

Além do tradicional cardápio – café, *muffins* e pães doces – a CAAEC optou por pequenas porções de iogurte, mel e frutas frescas. Dois homens em mesas do lado oposto do corredor têm liquidificadores prontos para serem usados. Chong checa tudo e olha para Bárbara Grimsgarg, que parece levemente ansiosa. "Fique calma", ele diz. Ela pede para ele fazer um ajuste de temperatura. A sala que ameaçou estar muito quente está muito fria.

Ele conversa com os homens dos liquidificadores, pega um pedaço de fruta e espera. O grupo que entra no salão de *coffe break* olha de modo indeciso para a mesa e começa a conversar num crescente burburinho. Uma minicrise, quando um dos liquidificadores falha, não é trágica, e Chong ajuda os serventes pegando os copos e completando as bebidas.

Uma rápida caminhada por outras reuniões o convence de que tudo está bem com os sete grupos para o almoço que o hotel tem que fornecer simultaneamente. ("Felizmente, este não é um dia agitado", ele diz, indicando que nenhuma das reuniões terá pedidos complexos.)

Chong é constantemente sensível aos sentimentos dos outros. "Você deve dar respeito aos seus trabalhadores", ele diz, "e tomar conta de suas necessidades". Ao observar uma pilha de pratos sujos do lado de fora de uma sala de reunião, ele pega um telefone e liga para a pessoa responsável por recolher os pratos. Por que ele não usa o *walkie talkie*? "Eu não quero embaraçá-lo permitindo que todos ouçam nossa conversa", ele explica.

Agora é hora do almoço do próprio Chong, como sempre no refeitório dos funcionários. Assim como as crianças desajeitadas estão sempre descalças, os funcionários do Westin não têm os ornamentos de um hotel de luxo, e sim um refeitório onde a atmosfera é muito funcional. A comida é básica também; é fácil reconhecer a fruta que sobrou da reunião. Mas com todas as refeições sendo gratuitas, o preço está justo.

VIDA GLAMOUROSA

A primeira experiência de Chong em um hotel foi quando ainda era jovem. "Os *coffee shops* dos hotéis costumavam ter um preço 'incompreensível' para o café", ele diz, "então nós costumávamos nos sentar a noite inteira e conversar com os amigos. O negócio de hotéis parecia glamouroso.

"Na Singapura, nós não tínhamos escolha para a faculdade. Se eu conseguir uma vaga em uma faculdade, o governo diz se você vai escolher arte, administração ou direito. Tudo depende de suas notas. Meu curso foi em artes e ciências sociais. Eu imaginava o que ia fazer com aquilo. Eu decidi dar uma olhada no setor da hospitalidade. Eu tinha alguns amigos que trabalhavam neste negócio, então fui visitá-los. A primeira coisa que eles me disseram foi: 'Eric, não é glamouroso'. As pessoas sempre repetiam isso, mas mesmo assim decidi por ele".

"Eu comecei a trabalhar numa agência de viagens e ajudava no embarque e desembarque de grupos", ele diz. "Então em uma faculdade em Seattle, eu trabalhei como um ajudante de garçom de *room-service*. No verão seguinte eu trabalhei como estagiário na divisão de *room-service* no Shangri-La em Singapura. Lá eu aprendi sobre o serviço. Quando as senhoras se registravam, elas recebiam um ramo de orquídeas. Elas ficavam muito impressionadas, especialmente as senhoras do ocidente. Eu tinha que sorrir, porque cada um destes ramos custava somente 10 centavos. Mas tinham um efeito muito grande, e isso era importante".

Chong consegue outro emprego em sua faculdade – consultor de programa para seu dormitório – como precursor direto para sua posição atual. "Eu era o homem dos recursos", ele explica, "tomava conta dos programas sociais e educacionais. Eu tinha que saber sobre os palestrantes, programas de auto-ajuda, qualquer coisa. Neste emprego, eu posso não ter todas as respostas, mas eu sei a quem chamar".

Ele credita ao seu predecessor tê-lo ensinado a necessidade de "certificar-se de que tudo está perfeito". Mas o homem também tinha uma "imagem autoritária" que Chong não aderiu. "Por exemplo, ele nunca conhecia os lavadores de pratos", ele diz. "E eu sinto que é importante criar respeito mútuo entre todos. Então se você quer que alguém faça algo por você, é feito imediatamente".

Oito anos atrás, Chong preencheu uma ficha no Westin indicando que ele gostaria de ser um gerente geral em 10 anos. "Ainda não aconteceu", ele diz, "mas eu espero que algum dia...". Ele ainda é jovem, mas sabe que o negócio hoteleiro é cheio de pessoas jovens, e neste país você não é necessariamente premiado por ficar em uma empresa por um longo tempo. Isto é triste".

ENCONTRANDO UM HERÓI

Mais burocracia e papéis para preencher a tarde de Chong. Ele quer se adiantar um pouco porque prometeu a ele mesmo um regalo. A CAAEC tinha como orador de encerramento alguém que Chong tinha ouvido numa rede de rádio cristã e estava ansioso por encontrar. O Capitão Gerald Coffee é um oficial naval aposentado cujo discurso inspirador narrando seus sete anos como um P.O.W. no Vietnã tem sido procurado nas reuniões. Chong estava tão comovido pelo discurso no rádio que tinha um número de colegas do Westin para juntar-se a ele.

Chong se chama de um "cristão evangélico" mas se recusa a explicar. "Eu só gosto de viver minha vida de maneira que as pessoas digam 'há alguma coisa nele'". Ele lembra ter ouvido a história do Bom Samaritano e acha que ela tem um significado especial para seu trabalho. "O Samaritano leva um homem machucado para uma pousada e pede para que cuidem dele. Eu sinto que sou como o dono da pousada".

Antes do aplauso para Coffee diminuir, Chong está de volta ao trabalho. Um coquetel de encerramento recepção quase foi ao caos com a decisão de última hora do cliente de abrir o bar. "Eu realmente tive que gritar com o gerente de banquete para conseguir a ajuda dele", Chong entrega, o iídiche saindo sem esforço de sua boca.

Quando o grupo diminui, Chong se despede e abraça Bárbara Grimsgarg, mais agitada do que tinha estado o dia inteiro. Outros param para cumprimentá-lo, e ele deixa a sala com um sorriso confiante. O sentimento de "'esta é a minha casa, você é meu hóspede' é o sentimento que eu tento encorajar", ele diz. "É muito chinês. Este trabalho é louco", ele diz. "Pode te deixar maluco. Mas eu nunca perco a cabeça aqui ou em casa porque eu amo meu trabalho. É o trabalho de fazer amigos".

PROTEÇÃO

De volta ao seu escritório, ele encara uma pasta com cinco centímetros detalhando as especificações para uma exposição de cinco dias para 70 participantes. Ele trabalhará no arquivo por uma hora ou mais antes de ter seu tempo privado com a família.

Na parede do escritório de Chong existe uma impressionante aquarela de um elefante e seu bebê. O elefante maior se encosta no bebê de maneira protetora. Estranhamente o desenho já estava na parede quando Chong aceitou o escritório. "Mas ele diz tudo que eu acredito", ele diz. "É sobre proteção, e eu me sinto como um protetor".

"E olhe", ele comenta o desenho, "você perceberá que é um elefante macho cuidando dele. Eu gosto muito disso".

13. Colocando o Público nas Relações Públicas

Louis B. Richmond

O mundo poderoso das organizações sem fins lucrativos pode criar ou destruir um hotel. Isto parece uma afirmação muito forte quando você considera que seu hotel tem receita potencial de US$30 milhões por ano em quartos e alimentos e bebidas, e emprega mais de 600 funcionários. Entretanto, a fortuna de grandes hotéis de convenções geralmente está na aprovação de grandes associações, organizadores de eventos, prêmios Móbil e AAA e incontáveis decisões corporativas. Todas estas organizações definitivamente têm potencial para gerar receita para o hotel e seus espaços de alimentos e bebidas. Esta não deveria ser a ênfase do departamento de relações públicas? Esta resposta simples é sim, mas lembre-se de que o tempo que você gasta com as organizações sem fins lucrativos pode fazer as relações públicas, a longo prazo, muito mais eficientes e pode influenciar as decisões de destino dos organizadores de eventos e suas grandes associações.

DOAÇÕES

Todos os dias, nosso hotel, o Seattle Sheraton Hotel e Towers, recebe três ou quatro cartas de organizações locais solicitando doações em dinheiro, quartos e refeições para campanhas, leilões e rifas. Este número simples chega a 1.000 pedidos por ano. Todas estas organizações têm o status de não lucrativas e estão fazendo um trabalho de grande valor para a comunidade. Elas variam da sinfonia, ópera e balé até grandes hospitais e universidades. A menor pré-escola e os cidadãos do campo também são solicitantes regulares. Cada organização tem sua missão e propósito que, se realizado, tornaria a comunidade um lugar melhor para viver. Cada pedido é, na maioria das vezes, válido. Como então o hotel decide que organização apoiar? Cada decisão deve ser tomada com base em como ela beneficiará o hotel.

Deixe-me dar um exemplo de como o trabalho com a comunidade, na verdade, beneficiará nosso hotel. Em um pedido estava uma nota escrita de um estudante da escola primária pedindo uma sala cortesia como prêmio para a rifa da escola deles. Ele prometeu na carta que mencionaria nosso nome na rifa e ele nos daria toda a publicidade possível. Esta escola estava localizada a 20 milhas do hotel em uma vila pequena que parecia não fornecer muitos benefícios para o hotel. Foi decido que, devido à sinceridade do pedido, nós doaríamos um quarto.

Quatro meses após a doação, o departamento de relações públicas recebeu um telefonema de um homem que trabalhava para uma grande companhia em Seattle querendo fazer reservas de quartos. Quando ele foi informado que nós ficaríamos felizes em fazer as reservas, mas seria melhor ele ligar para o departamento de reservas, ele disse que estava fazendo a reserva conosco por causa da nossa doação para a escola da criança. Nós fomos o único hotel que doou um quarto, e ele sentiu que devia estas reservas para o hotel. O que significava que sua empresa estava trocando outro hotel pelo nosso por causa da doação que custou ao hotel US$14 de custo marginal. A receita potencial desta conta valeu milhares de dólares e, além disso, sua companhia era membro de muitas associações que realizam convenções regionais e nacionais. É esperado que num futuro breve Seattle seja selecionada para ser a cidade das conferências dos patrocinadores da empresa dele. Tudo isso graças a uma pequena doação.

Os outros benefícios ligados a esta doação foram o nome do Sheraton impresso em mais de 1.000 bilhetes de rifa e as pessoas que participaram do sorteio estarem conscientes da contribuição do Sheraton. O retorno deste investimento foi enorme em receita direta por si só, mas também gerou uma excelente porção de reconhecimento na comunidade local que, espera-se, trará mais lucro no futuro.

ASSOCIAÇÕES E REUNIÕES NACIONAIS

Quando grandes associações decidem que Seattle será a anfitriã para suas conferências nacionais, os hotéis individuais concorrem para ser o hotel sede. O hotel que recebe as conferências fica numa situação favorável quanto à tarifa de quartos e funções de alimentos e bebidas. Um programa bem pensado de relações públicas pode ter um papel importante para que a associação decida qual hotel usar. Trabalhando com os funcionários de vendas, o diretor de relações públicas deveria obter a maior quantidade de informação possível sobre a associação e então determinar como nós podemos influenciar a associação a usar o Sheraton. Como? Continue lendo.

Uma grande associação do sudeste estava decidindo qual hotel usar para sua conferência de Seattle. Por pesquisa nós descobrimos que esta organização apóia duas grandes reuniões de caridade por ano. Uma delas também é apoiada pelo Seattle Sheraton Hotel e Towers. Nós imediatamente conseguimos que o diretor da organização de caridade local ligasse para seu companheiro na cidade do sudeste para informá-lo como o Sheraton ajudou a organização e que um dos seus grandes patrocinadores corporativos estava decidindo qual hotel usar em Seattle. O diretor executivo da organização de caridade sem fins lucrativos ligou para seus contatos na corporação e os informou que se eles estavam indo para Seattle, o Sheraton era um patrocinador muito forte da organização sem fins lucrativos e eles achavam que seria bom negócio apoiar o Sheraton. A corporação decidiu fazer a sua reunião no Sheraton. Se foi diretamente por causa desta ligação telefônica ou a combinação de outros esforços de vendas, nós sentimos que nosso apoio a organizações sem fins lucrativos locais nos ajudou a assegurar a maior parte dos negócios da associação. Nós descobrimos que o mundo sem fins lucrativos está mais do que satisfeito em ajudar corporações que fornecem apoio para seu trabalho. Eles podem então ir para outras companhias e usar este exemplo para provar os benefícios de se trabalhar com organizações sem fins lucrativos.

EVENTOS SOCIAIS E ARRECADADORES DE FUNDOS

O negócio de eventos sociais é ferozmente competitivo. As organizações sem fins lucrativos estão sempre procurando pelas menores tarifas e preços possíveis, mas, ao mesmo tempo, por causa de seu lugar na comunidade, patrocinam eventos muito importantes em hotéis. Quanto mais prestigiada a organização, maior o preço do convite e maior o potencial que os participantes têm em produzir receita para o hotel em reservas futuras e outros eventos. A maioria dos membros da mesa de diretores das organizações sem fins lucrativos é líder na comunidade e no mundo dos negócios. A recomendação deles pode ir muito longe, assegurando uma imagem favorável para o hotel no mercado local.

Ao lidar com eventos sociais de *catering* para grupos sem fins lucrativos, sempre informamos a organização que trabalharemos com ela fazendo o evento acontecer no hotel, mas que nós somos uma organização "com fins lucrativos". Nós temos que fazer um negócio que seja bom para a organização e, ao mesmo tempo, bom para o hotel. Nós informamos a organização que se o hotel é lucrativo, nós podemos continuar a apoiar a organização. Se o hotel não atingir lucro, não há maneira de continuar a apoiá-la. Ao oferecer a organização serviços especiais mais do que baixar os preços até o ponto em que o hotel não terá lucro nenhum, nós sentimos que podemos ajudar a organização e levantar mais dinheiro para o seu evento. Nós apresentamos muitas contribuições criativas para as organizações sem fins lucrativos que não somente aumentaram seu potencial para conseguir dinheiro, mas acentuaram favoravelmente os serviços do hotel.

Uma de nossas doações mais famosas para associações de leilões sem fins lucrativos é uma série de aulas de culinária para dez pessoas, que incluiu um *tour* pela cozinha e o almoço. Isto possibilita aos casais combinar seus recursos financeiros para fazer uma oferta. Nós geralmente estabelecemos uma oferta mínima de US$500 a US$700 para assegurar que a organização terá uma grande quantia em dinheiro. Isto também possibilita ao hotel não somente dar destaque a um de seus *chefs*, mas fornecer às pessoas uma visão dos bastidores da cozinha. Nós conseguimos o sucesso destas aulas de culinária e descobrimos que quase todos os participantes fizeram reservas futuras nos restaurantes do hotel. Isto significa que o que damos como doação volta para nós muitas vezes como aumento de negócios, e ainda aumenta a percepção de nossa boa vontade para com a comunidade.

Outra doação inovadora foram os *tours* pelo hotel para a observação da coleção de arte doada por nosso próprio curador. O hotel é bem conhecido por sua coleção de arte e emprega um curador profissional. A maioria das grandes organizações de serviços sociais e organizações sem fins lucrativos tem mostrado interesse nas artes e isto, novamente, faz nossa doação se sobressair em relação às acomodações que tipicamente são oferecidas por outros hotéis.

Nós temos usado nossa limusine como parte do nosso programa de doações. O uso da limusine sempre acrescenta uma qualidade de prestígio para nosso presente e é capaz de levantar fundos para a organização enquanto só custa para o hotel o mínimo de trabalho e custo operacional.

Nós sentimos que fazendo uma grande doação para os arrecadadores de fundo e seus eventos sociais que são agendados no nosso hotel, nós estamos ajudando a assegurar que o evento será remarcado no ano seguinte, garantindo que a alimentação e o serviço sejam de alta qualidade. Isto poupa esforços dos funcionários e de marketing, e é uma boa decisão de negócios.

Quando grandes eventos sociais são realizados em outros hotéis, nós fazemos doações significativas para mostrar ao grupo que estamos interessados em apoiar a causa deles, não importa onde ela seja agendada. É claro que continuamos interessados em ter o grupo agendando o evento no Sheraton da próxima vez. Nós sempre compramos mesas quando o evento acontece no nosso hotel para mostrar apoio às organizações, então nossos funcionários podem ver como o evento é gerenciado e também agir como controle de qualidade no que diz respeito ao serviço e ao alimento.

CARTÃO DE NATAL

Uma de nossas mais significantes contribuições para a comunidade é nosso cartão de natal. Todos os anos selecionamos uma organização diferente para ser a beneficiária do nosso programa de cartões de natal. Nós imprimimos nosso cartão de natal corporativo e então fornecemos à organização um extra de 10.000 cartões para a campanha de levantamento de fundos. Estes cartões são impressos sem custo para a organização, já que eles fornecem o trabalho gráfico. A organização escolhida é sempre selecionada para que haja retorno para o hotel. A organização escolhida em 1987 tinha realizado um grande evento em nosso hotel. Nós informamos que se eles mudassem para o Sheraton, eles seriam os beneficiários da nossa campanha de cartões de natal de 1987.

CONTROLE

O hotel tem certos pré-requisitos para fazer as doações para as organizações sem fins lucrativos.

1. A organização deve ser reconhecida pelo 501(c)3 Internal Revenue Service.
2. O pedido deve ser escrito em papel timbrado da organização.
3. A organização deve devolver ao hotel notificação escrita da doação através de uma propaganda de rifa, livro de programa ou anúncio.
4. A doação deve ser em leilão aberto e não em um leilão fechado. Todas as respostas são completadas e quando um pedido de doação para o próximo ano chega, nós checamos para ver se recebemos o reconhecimento que pedimos.

Níveis diferentes de doações são distribuídos com base no evento e no resultado de reconhecimento recebido. Houve épocas em que os certificados de presentes para nosso famoso *buffet* de sobremesas eram doados, e em uma ou duas ocasiões um jantar para 100 pessoas também foi doado.

Nosso compromisso com a comunidade é baseado na convicção de que cada membro das organizações que nós apoiamos pode agir como um porta-voz de relações públicas para o hotel. Ao ajudar outras organizações de pessoas, elas tendem a se tornar leais para o doador. Nossa meta é realmente nos infiltrar na comunidade e ser um agressivo bom cidadão corporativo. Ao mesmo tempo, nós queremos que a comunidade saiba que nós precisamos dos negócios dela. Quanto mais negócios ela nos dá, mais ajuda nós podemos devolver para a comunidade.

CLASSIFICAÇÃO DE ORGANIZAÇÕES

O mundo sem fins lucrativos pode ser dividido em seis áreas gerais, como estabelecido abaixo. Para cada classificação, alguns grandes exemplos das muitas organizações possíveis estão listados.

Organizações Culturais

A maioria destas organizações tem grandes e prestigiados conselhos de diretores. Há um grande potencial de negócios para reservas de apartamentos e eventos das organizações e seus membros do conselho.

- Orquestras sinfônicas, companhias de ópera, companhias de balé, câmara de músicos e organizações culturais universitárias.
- Museus de arte, museus de história e indústria, museus de ciências e museus de artesanato e folclore.
- Grandes companhias de teatro, teatros *avant garde*, teatros alternativos e teatros da comunidade, assim como companhias de balé pequenas e de dança contemporânea.

Organizações de Saúde

- Hospitais.
- Escolas de medicina.
- Centros de pesquisa.

Organizações Educacionais

- Associações de alunos.
- Mantenedores de universidades e faculdades.
- Organizações colegiais.
- Mantenedores de Pré-escolas e escolas privadas.

Organizações Religiosas

- Igrejas.
- Sinagogas.
- Escolas religiosas e acampamentos.
- Organizações comunitárias de adultos religiosos.

Agências de Serviço Social

- "United Way".
- Grupos de caridade da comunidade.
- Organizações rurais da vizinhança.
- Caridades como Easter Seals e March of Dimes.
- Bancos de alimentos.

Organizações Fraternais e Sociais

- Rotary.
- Kiwanis.
- Elks.
- Shriners.

ABORDAGENS DE MARKETING

Antes de abordar uma organização, você precisa ter um plano que o coloque na ofensiva mais do que na defensiva. Muitos hotéis se acham na posição de ter que responder para as pessoas que pedem dinheiro mais do que ir à organização para oferecer-lhes ajuda. Quanto mais criativo você puder ser, mais fácil é para a organização trabalhar com você. Seu plano deve incluir os seguintes itens:

- Descubra quem está no conselho de diretores e a quais companhias eles são afiliados.
- Descubra as necessidades da organização.
- Descubra alguma coisa sobre seu orçamento. Isto é fácil se eles são uma organização isenta de impostos.
- Descubra sobre os eventos anteriores, onde foram realizadas, preços e número de convidados.
- Descubra se a organização tem qualquer necessidade de hospedagem e como você pode ajudar.
- Leia os jornais sobre a organização e se familiarize com suas metas.

> Certifique-se de conhecer um bom número de funcionários e membros do conselho. Ter uma reunião com somente um funcionário ou um membro do conselho simplesmente significa que você terá outra reunião para rever o que discutiu na última reunião.

A consideração geral mais importante é entender as necessidades da organização sem fins lucrativos e trabalhar juntamente com seus representantes para obter uma solução "ganha-ganha".

Planeje antes do evento como o hotel será creditado e reconhecido. Este é um dos aspectos importantes e é geralmente esquecido. Há muitas maneiras do hotel ser reconhecido. Uma propaganda de cortesia em um programa da época ou um boletim periódico irá justificar bem seu investimento. Se você está tentando atrair a organização, deve haver uma audiência que é parte do seu "mix" de marketing. Calcule qual seria o custo para anunciar em seu calendário de programas dele durante uma temporada. Barganhe com a organização para que você receba uma propaganda de cortesia pela quantia da doação que você está fazendo.

Outros possíveis retornos para sua doação incluem:

- Fazer com que a organização ofereça convites cortesia ao hotel, para serem usados pelos funcionários e clientes. Isto pode ser muito eficiente se alguns shows se esgotarem e seu hotel possuir algumas entradas.
- Peça para a organização lhe dar acesso ao seu *mailing*. Isto pode ser crucial quando tentar publicar um novo pacote de final de semana ou a inauguração de um novo espaço de alimentos e bebidas.
- Peça à organização para se comprometer com um contrato de dois anos. Isto não somente

facilita para a organização planejar antecipadamente como também ajuda o hotel a projetar receitas.

Você deve estar disposto a doar salas de reuniões para a organização de seminários e retiros, se houver consumo de alimentos e bebidas. A maioria das organizações tem que pagar pelas salas de reunião.

Um dos aspectos mais importantes de qualquer doação é o acompanhamento. Certifique-se de que você está a par das notícias que são criadas pela organização que você está ajudando, e faça-os sentir que são parte da sua organização. Se eventos maiores acontecerem, peça ao gerente geral para enviar uma carta de felicitações. Se alguém está fazendo aniversário, peça para o *chef* da confeitaria mandar um bolo de aniversário. Se puder ajudá-los a publicar o evento deles em seu boletim, trabalhe com eles e os informe que você está doando publicidade de cortesia. Trabalhe junto o tempo todo para que a organização receba algo de cada um, se possível, em uma base justa.

ESTUDO DE CASO

Nós nos aproximamos da sinfônica na esperança que eles fariam um grande almoço em nosso hotel. Nós dissemos para eles que ficaríamos felizes em ter o maestro e sua esposa durante a duração da temporada da sinfônica se eles pudessem usar a influência deles para ajudar a organização das mulheres a decidirem que o Sheraton seria o melhor lugar para fazerem o almoço delas. Hospedando o maestro e sua esposa no melhor quarto disponível, nós não somente construímos um bom relacionamento com o maestro, mas também mostramos ao conselho de diretores que estávamos muito interessados em patrocinar a sinfônica.

Nós nos encontramos com o conselho dos diretores para informá-los do nosso comprometimento com a sinfônica, mas ao mesmo tempo, os fizemos saber que nós não poderíamos continuar esta doação a menos que recebêssemos algum apoio da sinfônica em troca. Apesar de sermos patrocinadores da sinfônica, nós sentimos que nossa doação seria uma boa decisão de negócio uma vez que a maioria dos membros que atuam no conselho de diretores de tais organizações culturais como a sinfônica são líderes de negócios. Eles conhecem a sabedoria de uma grande decisão e tentaram oferecer ajuda ao Sheraton. A sinfônica mudou o almoço para o hotel e está com o hotel nos últimos três anos. Nós ainda temos um relacionamento forte com o maestro, e a sinfônica sempre se aproxima do Sheraton para seus negócios de hospedagem, alimentos e bebidas. Este é um exemplo clássico de uma situação ganha-ganha. Os patrocinadores da sinfônica, conselho de diretores e músicos agem como porta-vozes para o Sheraton. De muitas maneiras, é simplesmente um extra de centenas de pessoas trabalhando em nosso nome.

IMPRENSA E MÍDIA

Deve ser lembrado que a comunidade é formada de pessoas que têm a oportunidade de ajudar o hotel na geração de receitas tanto de curto quanto de longo prazo. Deve também ser lembrado que a imprensa também é parte desta comunidade. Estas doações eventuais tocarão pessoas da imprensa e mídia por ajudar organizações locais, como escolas, hospitais e organizações de serviço social e cultural. É importante entender que quanto mais eventos realizados no hotel, maior atividade da imprensa é criada nos jornais locais. As organizações gostam de estar envolvidas com hotéis ativos. Se um número x de eventos está em um hotel e duas vezes o mesmo número está em outro hotel, o hotel mais ativo terá maior chance de receber mais pedidos de eventos.

CO-PATROCÍNIO

Outra maneira eficiente de maximizar as relações públicas na área de envolvimento com a comunidade é co-patrocinar eventos com as rádios ou os jornais que beneficiam ações de caridade. A exposição que pode ser fornecida através desta mídia não somente coloca sua propriedade com outras companhias responsáveis, mas também automaticamente ajuda a divulgar o envolvimento de sua companhia.

Tire vantagem das estações de rádio locais e regionais para organizar promoções em conjunto. Trabalhe com o diretor de promoções deles para descobrir como o hotel pode ajudar a instituição de caridade favorita da rádio. Doe o salão de festas ou outras salas menores de reunião para bailes, festas, etc., com a garantia de ter um bar disponível para venda de bebidas. A estação de rádio age como um serviço gratuito de propaganda para trazer pessoas para o evento. É do interesse de seus anunciantes atingir grandes audiências. Faça com que as organizações sem fins lucrativos recebam convites para o evento, para que isso as incentive a também tentar atrair um grande público. Trabalhando com uma estação de rádio e uma instituição de caridade, o hotel pode não somente maximizar sua exposição, mas também aumentar o potencial por lucro.

ORGANIZAÇÕES REGIONAIS

Identifique grandes organizações sem fins lucrativos em mercados fornecedores e trabalhe com eles em seus maiores eventos de arrecadação de fundos. Isso ajudará a aumentar os negócios de final de semana e agirá como um reforço para a propaganda que é colocada nestes mercados. O impacto destas organizações regionais pode ser tão forte quanto suas organizações locais. Se a sua propriedade tem um mercado regional de final de semana forte, este programa pode ser uma maneira muito eficiente de aumentar o negócio de hospedagem.

Identifique corporações que têm filiais em cidades fornecedoras com ligações com as maiores organizações sem fins lucrativos. Sempre que sua propriedade conseguir ter o nome divulgado para o público de um grande mercado fornecedor, você pode reforçar ou na verdade poupar alguns dólares em propaganda. Lembre-se, o retorno no investimento, se cuidadosamente monitorado, pode ser muito significativo.

CONCLUSÃO

O objetivo deste programa de envolvimento com a comunidade local é tornar a sua propriedade o nome genérico para o conceito de hotel. Quanto mais ouvirem ou lerem sobre sua propriedade, mais pessoas automaticamente a identificarão com atividade positiva da comunidade. Torna-se do melhor interesse deles se certificarem que você é bem-sucedido porque eles sabem que você provavelmente ajudará uma das organizações com que está envolvido. Para trabalhar com a comunidade, você deve educá-la para trabalhar para você. A melhor recomendação é a feita pelo público, e somente quando as relações públicas realmente trabalham com o público a propriedade pode se beneficiar. Colocando o público como relações públicas, o público fala por você e sua propriedade.

ESTUDO DE CASO
Reconfigurações para o Comércio de Convenções

Você é o novo diretor de marketing do Hotel Colossal em São Francisco. O Hotel Colossal é o carro-chefe de uma rede regional de hotéis no oeste dos Estados Unidos. Ele se tornou um grande agente em seu competitivo mercado regional. Como parte do seu plano estratégico, entretanto, você determinou que o mercado está mudando, e a futura direção do hotel estará mais para vendas ao mercado de serviços para convenções e reuniões, que se tornou grandemente importante por causa da atração de São Francisco, como a Califórnia em geral, como um grande destino de convenções.

Para se tornar mais competitivo neste mercado florescente, o Hotel Colossal empreendeu um programa ambicioso de reforma que melhorou sua mobília, instalações e equipamentos do hotel inteiro, dos quartos dos hóspedes ao saguão, dos espaços de alimentos e bebidas à aparência exterior. O hotel também está se expandindo (sobre uma área previamente mal utilizada de estacionamento), com um salão de festas de 2.000 metros quadrados; 1.000 metros quadrados de salas de reuniões e *coffee-breaks*; e uma área de 500 metros quadrados para registro e recepção. Com estas facilidades melhoradas, o hotel sente que pode competir efetivamente para o lucrativo mercado de reuniões e convenções.

Esta estratégia e investimento capital requerem uma mudança de estrutura organizacional. Como diretor de marketing, você recebeu o pedido do gerente geral e do vice-presidente regional para propor uma reforma completa no departamento de marketing que refletirá esta nova estratégia, e será projetado para vender as facilidades mais eficazmente. Durante a construção, o gerente geral deu-lhe a permissão de reestruturar o departamento de marketing e, se for necessário, sugerir o movimento de componentes de outros departamentos operacionais ou funcionários para refletir mais precisamente a nova realidade da estratégia do negócio.

O atual departamento de marketing enfatiza as vendas corporativas, grupos de turismo e, nos finais de semana e fora das temporadas, grupos como o mercado SMERF (social, militar, educacional, religioso e fraternal). Enquanto estes esforços de vendas têm historicamente sido bem-sucedidos, e o gerente geral quer continuar com a ênfase neles, as pessoas que estão atuando neste mercado precisam ser estimuladas e apoiadas por novos esforços do serviço e vendas.

Proponha um novo modelo de departamento de marketing para o Hotel Colossal que possa ser facilmente adaptado para outras propriedades na cadeia que possam passar por uma reestruturação similar. Inclua em sua proposta quais novos componentes seriam incluídos no departamento de marketing, se estes componentes viriam de outros departamentos ou se eles foram criados especificamente para refletir esta nova missão.

Pode ser útil pensar sobre este departamento de marketing como outra 'linha' divisória. Em sua reestruturação, reconheça que um departamento de marketing compreensivo terá interações significantes com uma variação maior de departamentos de hotel.

Notas Finais

[1] Para discussão de afirmações de posicionamento, ver o artigo de Robert C. Lewis sobre propaganda incluído neste capítulo.

[2] O exemplo dado aqui é simplificado. Claramente, a maioria das facilidades de hospedagem têm outros atributos que poderiam ser considerados. Entretanto, a metodologia usada e as aplicações desta teoria permaneceriam as mesmas.

Referências

Abrams, Bill. 1981. Charles of the Ritz Discovers What It Is That Women Want. *Wall Street Journal* August 20:29.

Airline Deregulation Act of 1978, PL 95-504, 92 Stat. 1705 (1978).

Ajzen, Icek and Martin Fishbein, eds. 1980. *Understanding Attitudes and Predicting Social Behavior.* Englewood Cliffs, NJ: Prentice-Hall.

Albrecht, Karl and Ron Zemke.1985. *ServiceAmerica! Doing Business in the New Economy.* Homewood, IL: Dow Jones-Irwin.

Alderson, Jeremy W. 1986. When Does a Gift Become a Bribe? *Meetings and Conventions* February: 30-36.

Amster, Robin. 1989. Hotel Survey Shows New Recognition of Technology's Benefits. *Travel Weekly* September 4.

Author unknown. 1989a. Travel in the 1990s. *Travel Weekly* (supplement) October 9.

Author unknown. 1989b. Stalking the New Consumer. *Business Week* August 28:54-62.

Barmash, Isadore. 1980. Assessing Messages' Effects. *The New York Times* August 18, p. D6.

Blair, Adam. 1988. Hotels' Revolving Door Sabotages Planners Best Efforts. *Meeting News* September: 1+.

Bloom, Heidi. 1981. Marketing to Meeting Planners: What Works. *The Cornell Hotel and Restaurant Administration Quarterly* 22(2):45-50.

Booms, B.H. 1993. Hospitality Management Professional Development. Class Notes, Seattle.

Bosker, Julie. 1988. Meet with Convention Services Managers Up Front to Avoid Meeting Mishaps. *Meeting News* April.

Code of Federal Regulations, Sec. 238.3 (1989).

Czepiel, John A., Michael R. Solomon, and Carol F. Surprenant (eds.). 1985. *The Service Encounter: Managing Employee/Customer Interaction in Service Businesses.* Lexington, MA/Toronto: Lexington Books.

Dahl, J. 1991. Tracking Travel. *Wall Street Journal* February 19:B1.

Davis, N. 1992. A Study of the Extent of Brand Loyalty Exhibited by Business Travellers Towards the Lodging Product. Unpublished M.S. thesis, Virginia Polytechnic Institute and State University.

Dev, Chekitan S. 1990. Marketing Practices of Hotel Chains. *The Cornell Hotel and Restaurant Administration Quarterly* 31(3):54-63.

Dowling, William Q. 1980. Creating the Right Identity for Your Hotel. *Lodging* September:58.

Dumaine, Brian. 1989. P&G Rewrites the Marketing Rules. *Fortune* November 6:34-48.

Federal Trade Commission Act, 15 U.S.C.

Feiertag, Howard. 1986. Small Properties Have a Special Need for a Marketing Plan. *Hotel & Motel Management* October 13:25.

Finkel, Coleman. 1980. The Total Immersion Meeting Environment. *Training and Development Journal* September:32-39.

Fishbein, Martin and Icek Ajzen.1975. *Belief, Attitude, Intention and Behavior: An Introduction to Theory and Research.* Reading, MA: Addison-Wesley.

Flanagan, John C. 1954. The Critical Incident Technique. *Psychological Journal* 51(4):327-357.

FTC v. Algoma Lumber Co., 291 U.S. 67, 78 (1934).

FTC v. Colgate Palmolive Co.,380 U.S.374,392 (1965).

FTC v. Sperry Hutchinson Co., 405 U.S. 233, 244, (1972).

Ghitelman, David. 1989. Conventions Services Managers Get Respect. *Meetings and Conventions* May:109- 117.

Hermann, P.W. and W.J. Quain, Jr. 1982. Chain Reservation Systems: What Happens When Guests Call? *The Cornell Hotel and Restaurant Administration Quarterly* 23(2):70-73.

Heskett,James L.1990. Rethinking Strategy for Service Management. *Service Management Effectiveness.* San Francisco: D.E. Bowen, R.B. Chase, T.G. Cummings, and Associates/Jossey-Bass Publishers.

Hopkins, David S. 1981. *The Marketing Plan.* New York: The Conference Board.

Hosansky, Mel. 1982. The 27.8 Billion Meetings Industry. *Meetings and Conventions* December:28.

Keaveney, Susan M. 1987. Adding Value to Services Through Contact Personnel. In *Add Value to Your Service*, ed. Carol Surprenant. Chicago: American Marketing Association, pp. 169- 173.

Koss, L. 1992. Frequency Programs Are Changing Gears. *Hotel & Motel Management* July 6:23, 28.

Lewis, R.C. 1990. Are You Listening to CustomersOr to Competitors? *Hotel & Motel Management* November 2:55.

Lewis, R.C. 1986. Customer-Based Hotel Pricing. *The Cornell Hotel and Restaurant Administration Quarterly* 27(3):18-21.

Lewis, Robert C. 1981. The Positioning Statement for Hotels. *The Cornell Hotel and Restaurant Administration Quarterly* 22(1):51-61.

Lewis, R.C. and C. Roan. 1986. Selling What You Promote. *The Cornell Hotel and Restaurant Administration Quarterly* 27(2):13-15.

Lovelock, Christopher H. 1984. *Services Marketing.* Englewood Cliffs, NJ: Prentice-Hall, p. 135.

Lowe, James E. 1984. A Study of the Meeting Planner Market. PS thesis, Cornell University, Ithaca, NY.

MacDougall. Malcolm D. 1984. The Credibility Key to Effective Ads. *Broadcasting* February 20.

Makens, James C. 1986. Don't Let Your Sales Blitz Go Bust. *The Cornell Hotel and Restaurant Administration Quarterty* 27(1):64-71.

McCleary, K.W. and P. A. Weaver. 1992. Simple & Safe: Business-Traveler Survey Shows Guestroom Basics, Security Are Popular Selection Criteria. *Hotel & Motel Management* July 6:23-26.

McCleary, K.W. and P. A. Weaver. 1991a. Are Frequent Guest Programs Effectve? *The Cornell Hotel and Restaurant Administration Quarterly* 32(2): 39-45.

McCleary, K.W. and P. A. Weaver. 1991b. Do Business Travelers Who Belong to Frequent Guest Programs Differ from Those Who Don't Belong? *Hospitality Research Journal* 15(3):51-64.

McGill, Douglas C. 1989. A "Mickey Mouse" Class for Real. *The New York Times* August 27:F4.

Meek, Howard B. 1938. *A Theory of Hotel Room Rates.* Ithaca, NY: Cornell University Press, p. 2.

National Consumer Law Center. 1988. *Unfair and Deceptive Acts and Practices,* 2nd ed. Washington, DC: Author.

Orkin Exterminators Co. v. FTC, 849 F.2d 1354, 1368 (llth Cir. 1988).

Orkin, E.B. 1989. Boosting Your Bottom Line with Yield Management. *The Cornell Hotel and Restaurant Administration Quarterly* 29(1): 52-56.

Orkin, E.B. 1990. Strategies for Managing Transient Rates. *The Cornell Hotel and Restaurant Administration Quarterly* 30(1):35-39.

Pridgen, Dee. 1988. *Consumer Protection and the Law.* New York: Clark Boardman.

Relihan, WJ., III. 1989. The Yield-Management Approach to Hotel-Room Pricing. *The Cornell Hotel and Restaurant Administration Quarterly* 29(2): 40-45.

Renaghan, Leo M. and Michael Z. Kay. 1987. What Meeting Planners Want: The Conjoint Analysis Approach. *The Cornell Hotel and Restaurant Admintstration Quarterly* 28(2):67-76.

Rivers, MJ., R.S. Toh, and M. Alaoui. 1991. Frequent-Stayer Programs: The Demographic, Behavioral, and Attitudinal Characteristics of Hotel Steady Sleepers. *Journal of Travel Research* 30(2):41-45.

Rothenberg, Randall. 1989. Ad Research Shifts from Products to People. *The New York Times* April 6:D1.

Rothenberg, Randall.1990. Connecting Consumer and Product. *The New York Times* January 18:D19.

Sellers, Patricia. 1989. Getting Customers to Love You. *Fortune* March 13:38-49.

Shaffer, Jeff. 1986. Structure and Strategy: Two Sides of Success. *The Cornell Hotel and Restaurant Administration Quarterly* 26(4):76-81.

Shifflet, D.K. 1989. Segmentation Backfire? *Lodging* February:5.

Somerville, J. 1988. Frequent-Stay Programs: Necessity or Nightmare? *Hotels & Restaurants International* April: 62.

Stasch, Stanley F. and Patricia Lanktree. 1980. Can Your Marketing Planning Procedures Be Improved? *Journal of Marketing* 44(3):79-90.

Stavro, Lisa and Thomas J. Beggs. 1986. Buyer Behavior and the Meeting Planner: An Exploratory Study. *The Practice of Hospitality Management II.* Westport, CT: AVI Publishing.

Toh, R.S., M. Rivers, and G. Withiam. 1991. Frequent Guest Programs: Do They Fly? *The Cornell Hotel and Restaurant Administration Quarterly* 32(2): 46-52.

Trans World Airlines, Inc. et al., v. Jim Mattox, Attorney General of the State of Texas, et al. 897 F.2d 773 (5th Cir. 1990).

Tritsch, Catherine. 1988. Thumbs Up, Thumbs Down: Planners Rate Suppliers. *Successful Meetings* 37(1):24-27.

Wada, Isae. 1989. Hotels Are Learning to Take Advantage of Yield Management Programs. *Travel Weekly* March 20:F18.

Watkins, E. 1989. Keeping Up with the Hiltons. *Lodging Hospitality* June:2.

Weaver, P.A. and K.W. McCleary. 1991. Basics Bring em Back. *Hotel & Motel Management* 206(11): 29-32, 38.

Wright, Rudy. 1982. Adjusting Acoustics to the Meeting. *Meetings and Conventions* July.

Yesawich, P.C. 1987. The Frequent Traveler Frenzy. *Lodging Hospitality* July:28.

Zeithaml, Valarie A., A. Parasuraman, and Leonard L. Berry. 1990. *Delivering Quality Service.* New York: Free Press.

Leituras Sugeridas

Livros

Abbey, James R. 1989. *Hospitality Sales and Marketing.* East Lansing, MI: Educational Institute of the American Hotel and Motel Association.

Astroff, Milton T. and James R. Abbey. 1988. *Convention Sales and Service,* 2nd ed. Cranbury, NJ: Waterbury Press.

Hart, Christopher W.L. and David A. Troy. 1986. *Strategic Hotel/Motel Marketing,* rev. ed. East Lansing, MI: Educational Institute of the American Hotel and Motel Association.

Hoyle, Leonard H., David C. Dorf, and Thomas JA. Jones. 1989. *Managing Conventions and Group Business.* East Lansing, MI: Educational Institute of the American Hotel and Motel Association.

Lewis, Robert C. 1989. *Cases in Hospitality Marketing and Management.* New York: John Wiley.

Powers, Tom. 1990. *Marketing Hospitality.* New York: John Wiley.

Schwarz, Andrew and David C. Dorf. 1992. *Contemporary Hotel Sales.* Englewood Cliffs, NJ: PrenticeHall.

Artigos

Bowen, John. 1986. Computerized Guest History: A Valuable Marketing Tool. In *The Practice of Hospitality Management II,* eds. Robert C. Lewis, Thomas J.S. Beggs, Margaret Shaw, and Stewart A. Croffoot, Westport, CT: AVI, pp. 193-201.

Cunningham, Mark W. and Chekitan S. Dev. 1992. Strategic Marketing: A Lodging "End Run." *The Cornell Hotel and Restaurant Administration Quarterly* 33(4);36-43.

Francese, Paula A. and Renaghan, Leo M. 1990. DataBase Marketing: Building Customer Profiles. *The Cornell Hotel and Restaurant Administration Quarterly* 31(1):60-63.

Haywood, Michael K. 1986. Scouting the Competition for Survival and Success. *The Cornell Hotel and Restaurant Administration Quarterly* 27(3): 81-87.

Howey, Richard M. 1987. An Individual Choice Model of Hotel/Motel Selection. Paper delivered at the Travel and Tourism Research Association Conference, June 10.

Jarvis, Lance P. and Edward J. Mayo. 1986. Winning the Market-Share Game. *The Cornell Hotel and Restaurant Administration Quarterly* 27(3): 73-79.

Levitt, Theodore. 1981. Marketing Intangible Products and Product Intangibles. *The Cornell Hotel and Restaurant Administration Quarterly* August: 37-44.

Lewis, Robert C. and Abraham Pizam. 1981. Guest Surveys: A Missed Opportunity. *The Cornell Hotel and Restaurant Administration Quarterly* November:37-44.

Lieberman, Warren H. 1993. Debunking the Myths of Yield Management. *The Cornell Hotel and Restaurant Administration Quarterly* 34(1): 34-41.

Makens, James C. 1986. Don't Let Your Sales Blitz Go Bust. *The Cornell Hotel and Restaurant Administration Quarterly* 27(1):65-71.

McCleary, Ken.1993. Marketing Management. In *VNR's Encyclopedia of Hospitality and Tourism*, eds. Mahmood Kahn, Michael Olsen, and Turgut Var. New York: Van Nostrand Reinhold.

Morgan, Michael S. 1991. Travelers' Choice: The Effects of Advertising and Prior Stay. *The Cornell Hotel and Restaurant Administration Quarterly* (32)4:41-49.

Nordling, Christopher W. and Sharon K. Wheeler. 1992. Building a Market-Segment Model to Improve Profits. *The Cornell Hotel and Restaurant Admtnistration Quarterly* (33)3:29-36.

Withiam, Glenn. 1986. Hotel Advertising in the 1980s: Surveying the Field. *The Cornell Hotel and Restaurant Administration Quarterly* May:32-55.

Yesawich, Peter C. 1987. Hospitality Marketing for the '90s: Effective Marketing Research. *The Cornell Hotel and Restaurant Administration Quarterly* 28(1):49-57.

Yesawich, Peter C. 1988. Planning: The Second Step in Market Development. *The Cornell Hotel and Restaurant Administration Quarterly* 28(4): 71-81.

Fonte das Notas

Chapter 1, Marketing Your Hotel: Challenges of the '90s, by Peter Warren and Neil W. Ostergren is reprinted from the May 1990 issue of *The Cornell Hotel and Restaurant Administration Quarterly*. ©Cornell University. Reprinted by permission. All rights reserved.

Chapter 2, Marketing Practices of Hotel Chains, by Chekitan S. Dev is reprinted from the November 1990 issue of *The Cornell Hotel and Restaurant Administration Quarterly*. ©Cornell University. Reprinted by permission. All rights reserved.

Chapter 4, Hotel Salespersons: Enhancing Their Creativity and Efficiency, by James C. Makens is reprinted from the May 1991 issue of *The Cornell Hotel and Restaurant Administration Quarterly*. ©Cornell University. Reprinted by permission. All rights reserved.

Chapter 5, Boosting Your Bottom Line With Yield Management, by Eric B. Orkin is reprinted from the February 1988 issue of *The Cornell Hotel and Restaurant Administration Quarterly*. ©Cornell University. Reprinted by permission. All rights reserved.

Chapter 8, Hospitality Marketing: The Internal Approach, by Robert C. Lewis is reprinted from the November 1989 issue of *The Cornell Hotel and Restaurant Administration Quarterly*. ©Cornell University. Reprinted by permission. All rights reserved.

Chapter 10, Advertising Your Hotel's Position, by Robert C. Lewis is reprinted from the August 1990 issue of *The Cornell Hotel and Restaurant Admintstration Quarterly*. ©Cornell University. Reprinted by permission. All rights reserved.

Chapter 11, Improving Interactions Between Meeting Planners and Hotel Employees, by Denney G. Rutherford and W. Terry Umbreit is reprinted from the February 1993 issue of *The Cornell Hotel and Restaurant Administration Quarterly* ©Cornell University. Reprinted by permission. All rights reserved.

Chapter 12, Selective Service: A Day in the Life of a Director of Convention Services, by Michael Adams is reprinted with permission from *Successful Meetings Magazine*. Copyright© 1993, Bill Communications, Inc.

8

Controle Contábil, Financeiro e Operacional

Introdução

Esta edição deste livro reconfigurou o capítulo de controle contábil, financeiro e operacional. Pela sugestão de revisores e usuários, os artigos foram selecionados para ilustrar as relações entre as atividades que contribuem para a rentabilidade dos hotéis e o sucesso operacional. Esta parte fornece discussões de vários procedimentos, políticas e atividades departamentais designadas à transferência da responsabilidade administrativa para o controle operacional.

Como um departamento de hotel, a contabilidade é muito mais importante para o sucesso gerencial do que os artigos incluídos aqui sugeririam. Na hierarquia da maioria das empresas, o contador-chefe, ou o *controller*, como este gerente é freqüentemente chamado, é classificado entre os dois ou três primeiros que mais tomam decisões. A importância deste trabalho é sugerida pela observação de que muitos departamentos de hotéis tradicionais estão se reorganizando de modo que maioria das áreas agora se reportam ao *controller*. Um exemplo disto é o *front office*, onde anteriormente era o gerente do *front office* quem supervisionava as atividades dos auditores noturnos, caixas e outros funcionários. De modo crescente, as empresas hoteleiras estão transferindo a responsabilidade de auditorias noturnas e caixas para os escritórios da contabilidade, com a máxima responsabilidade de reunir estas informações e controlar funções ficando com o *controller*.

Outro departamento com importância crescente no hotel é o que coordena e supervisiona todos os controles eletrônicos de dados (EDP/CPD) ou sistemas de gerenciamento de informações (MIS/SGI). Por exemplo, o CPD e as funções do SGI são agora também responsabilidades do *controller* de hotel. Isto reconhece o treinamento e a habilidade dos *controllers* de hotéis em fornecerem o acúmulo e armazenamento estruturado de dados, e relatórios de maneira que sejam mais úteis para os departamentos operacionais e outros executivos do hotel.

O artigo de Geller, Ilvento e Schmidgall reflete uma pesquisa atualizada a respeito de *controllers* de hotel e compara estes dados com aqueles relatados no artigo da primeira edição deste livro, incluído aqui como uma sugestão de leitura. Os autores encontram algumas diferenças interessantes nos grupos estudados por um período de anos e fornecem uma visão mais ampla do *controller* de hotel como uma carreira de gerenciamento na operação de um hotel moderno. No passado, os alunos foram instruídos rigorosamente nos processos de contabilidade e auditoria e, na maior parte, não foram alertados para o tipo de carreira que possa resultar de um talento para gerenciar e lidar com números. Um segundo artigo sobre *controllers* de hotéis, de Linda Timmons, traça o perfil de gerentes tão jovens. Do Bottom Line, o jornal da Associação Internacional de Contadores de Hospitalidade, "Uma Nova Espécie de *Controllers*?" oferece pontos de vista adicionais e traz um sabor de "um dia na vida" para o trabalho de *controller* de hotel.

O ensaio de Richard Howey, a "Evolução da Auditoria Noturna", traça o desenvolvimento da auditoria noturna e de suas primeiras aplicações práticas ao longo da era moderna. Com a crescente disponibilidade de sistemas de auditoria completamente automatizada, baseada em computadores, e com a ênfase igualmente importante em providenciar informação de gerenciamento, a função do auditor noturno tem se tornado crítica para o total gerenciamento do hotel e não simplesmente para o preparo e conferência das contas dos hóspedes. Raymond Schmidgall e seu colega James Damitio, em seus artigos sobre auditoria interna, desmistificam uma grande parte deste processo e argumentam que as funções da auditoria interna são críticas para a saúde financeira da moderna operação hoteleira.

Nenhuma discussão de controle financeiro ou operacional em um hotel estaria completa sem prestar alguma atenção para a função extremamente importante da compra. No passado, quando o volume de compras do hotel incluía itens de comida e bebida, o *chef* executivo, o chefe administrativo e outros gerentes de departamentos geralmente desenvolviam suas próprias fontes para produtos e serviços necessários para efetiva e eficientemente movimentar seus departamentos. No contexto moderno, contudo, com as vastas e diversificadas necessidades de várias operações de hotéis e departamentos, esta prática não é mais aconselhável. Também não é uma boa idéia do ponto de vista de controle. A maioria das companhias de hotéis tem estabelecido uma função profissional de compra. Se este não for um grande departamento, geralmente abrange pelo menos uma pessoa altamente experiente.

Neste ensaio sobre compras hoteleiras como uma função de controle e geradora de lucros, Carl Riegel faz uma forte manifestação favorável à atenção efetiva para compras adequadas, que podem contribuir mais para os resultados do que apenas à geração de vendas adicionais.

O diretor de compras ou gerente será, tipicamente, uma pessoa que conheça consideravelmente as operações de departamentos em cada fase do hotel. Ele ou ela será capaz de discutir e analisar inteligentemente as necessidades de vários gerentes de departamentos. Este indivíduo será também aquele que é especialista em mercados onde a compra de produtos hoteleiros e produtos essenciais para realizar suas tarefas e as de seus departamentos. O diretor de compras estará familiarizado com variedade, padrões de qualidade e estilo, e métodos de empacotamento. Detalhes técnicos como composição química, duração de texturas e mobílias, e outros detalhes numerosos demais para serem mencionados aqui também são de responsabilidade do gerente de compras.

Lee Evans, o gerente de compras corporativo da Westin, e anteriormente diretor de compras em dois hotéis, fornece ao leitor critérios reais de obrigações, responsabilidades e interações do diretor de compras do hotel. Seu artigo dá detalhes preciosos e exemplos de como um diretor de compras de um hotel realiza o papel conceitual resumido por Riegel.

Poucas pessoas, atualmente, discordariam que agora computadores onipresentes sejam uma ferramenta de gerenciamento útil e produtiva. Há dez anos esta não era uma verdade universal dentro do setor hoteleiro. A instalação e o uso de computadores nas companhias hoteleiras foram vistos com um pouco de desconfiança, confusão e até mesmo medo por parte de alguns gerentes de hotéis. Muita coisa aconteceu nos anos seguintes.

O sucesso das empresas hoteleiras na área dependerá da habilidade que eles possuem em gerenciar, controlar e utilizar a informação que está disponível para suas próprias operações. Os gerentes também precisam desenvolver outros tipos de informações na área dos negócios que afetam suas estruturas reguladoras e sua concorrência.

Através do uso de sistemas de gerenciamento de propriedades, espera-se que o gerente moderno ganhará uma vantagem competitiva. Os artigos incluídos aqui por Coyne e Coulton exploram alguns dos problemas relevantes para o critério na escolha de um sistema de informação computadorizada para hotel. Por esta área ser tão volúvel e desenvolvimentos em computadores estarem acontecendo tão rapidamente, temos neste livro um resumo geral e principal do que é possível ao invés de enfocar especificamente em detalhes de tecnologia atual. Como temos visto, o progresso em computadores é tão rápido que qualquer coisa escrita hoje provavelmente será ultrapassada na época em que este livro for impresso.

Os artigos incluídos nesta seção são designados para ajudar o leitor a aprender e apreciar a variedade de atividades, nos bastidores, que contribuem para a saúde financeira e operacional do hotel. Estas são atividades que freqüentemente são omitidas por aqueles que enfocam os aspectos mais públicos do gerenciamento de hotéis, mas são, todavia, críticas e importantes para o sucesso de qualquer hotel.

1. *Controller* de Hotéis Revisitado

A. Neal Geller
Charles L. Ilvento
Raymond S. Schmidgall

Quando você pensa no típico *controller* de hotel, você imagina uma pessoa mal humorada e mal vestida em uma sala escassamente mobiliada e vagamente iluminada? Se você acha que sim, ficará fascinado com as descobertas apresentadas neste artigo, que são baseadas em respostas a um questionário por mais de 300 contadores e *controllers* de hotéis. Você também pode querer se referir as pesquisas de Geller e Schmidgall (1984), nas quais os resultados de um estudo similar feito em 1983 apontam que os *controllers* são bem educados, bem pagos e membros altamente respeitados dos corpos diretivos nos quais eles trabalham.

O estudo de 1983 concluiu ainda que a pesquisa deveria ser repetida em anos subseqüentes para medir as mudanças na profissão e nas percepções de outros respeitados *controllers*. Em 1989, o AH&MA Committee on Financial Management pediu que o estudo fosse repetido para avaliar as mudanças na área. Este artigo sintetiza os resultados do novo estudo e faz algumas comparações com a pesquisa de 1983.

A pesquisa de 1989 foi baseada em um questionário enviado para 750 membros da International Association of Hospitality Accountants (IAHA), que foram identificados por trabalharem em posições de contadores ou *controllers* de hotéis. Recebemos um total de 319 respostas, representando um índice de 42,5%. A Tabela 1 fornece um perfil de títulos de emprego dos respondentes e a Tabela 2 mostra algumas características das propriedades com as quais os respondentes estão associados.

EDUCADOS E CERTIFICADOS

Mais de 90% dos *controllers* que responderam têm pelo menos um diploma superior e perto de 20% têm pelo menos um mestrado (Tabela 3). Estas descobertas são similares àquelas do estudo de 1983. As áreas de estudo que nossos entrevistados seguiram na faculdade também são similares aos identificados em 1983, com mais de 50% concentrados em contabilidade. Uma mudança significativa, contudo, foi o aumento no número de indivíduos que estão matriculados em programas de gerenciamento de hospitalidade. Em 1983, apenas 8% dos *controllers* listaram "administração hoteleira/de restaurante" como seu curso universitário, enquanto na pesquisa atual este número mais que dobrou, para mais de 17%.

Tal aumento dramático pode significar que mais graduados em programas de hospitalidade agora colocam a posição de *controller* como uma carreira ou como um trampolim para a alta gerência. A mudança também pode ser vista do lado da demanda – talvez companhias hoteleiras reconheçam agora o valor do treinamento de gerenciamento de hospitalidade e experiência em operações na posição de *controller*.

Certificação Profissional

Uma conclusão citada como "perturbadora" no estudo de 1983 foi a falta de certificação profissional

TABELA 1
Títulos de Empregos dos Respondentes

	Resposta	Percentuais
Controllers corporativos	47	14,7
Controllers de divisão ou área	26	8,2
Controllers de hotéis	168	52,6
Outros*	78	24,5
Total	319	100,0

* Incluem auditores, assistentes de *controllers*, analistas de sistemas, diretores de contabilidade, *controllers* de comida e bebida, etc.

TABELA 2
Características das Propriedades

Localização dos Hotéis		
Centro da cidade		31,7%
Resort		30,6
Subúrbio		15
Aeroporto		8,1
Rodovia		5,2
Outros		9,4
	Total	100
Tipos de Hotéis		
Cadeia, corporação		49,5%
Cadeia, franquia		19,1
Independente		25,6
Outros		5,8
	Total	100
Tamanho dos Hotéis – Números de Quartos		
249 ou menos		28%
250 – 500		35
501 – 1.000		25
1.001 ou mais		12
	Total	100

TABELA 3
Níveis de Educação, Experiência Anterior e Áreas de Estudo

Grau Mais Alto Alcançado		
Diploma de ensino médio		7,3%
Grau associado		15,3
Diploma de Bacharel		57,9
Diploma de Mestre		13,1
Outros		6,4
	Total	100
Experiência de Controladoria em Hospitalidade		
Menos de 3 anos		7,2%
3 – 5 anos		22,3
6 – 9 anos		17,6
10 – 12 anos		17,6
13 – 15 anos		14,2
Mais de 15 anos		21,1
	Total	100
Principal Área de Estudo		
Contabilidade		54,7%
Gerenciamento de hospitalidade		17,4
Finanças		7
Outras**		20,9
	Total	100

* Na maioria dos casos, "outros" representam graus múltiplos – tais como graus *master*.
** Outras faculdades importantes mencionadas pelos que responderam incluem administração (a mais comum), processamento de dados, recreação, história, ciências, inglês e gerenciamento de escritório.

entre os *controllers*. A Tabela 4 mostra a certificação adquirida pelo recente grupo de respondentes. Menos de 50% diziam ter certificação profissional de qualquer tipo. Uma grande marca, contudo, envolveu a designação patrocinada pela IAHA – isto é, *Certified Hospitality Accountant Executive* (CHAE). O número de *controllers* neste estudo listado como CHAE é de quase 17%, mais do que o dobro dos 8% em 1983. Todavia, esta pequena porcentagem sugere que, surpreendentemente, poucos membros da IAHA receberam o certificado de designação de suas próprias associações.

Ferramentas do Mercado

A Tabela 5 mostra as habilidades técnicas e o conhecimento demonstrado pelos entrevistados em 1989 e 1983. Em 1989, as áreas de conhecimento mais freqüentemente citadas foram computadores, gerenciamento financeiro e controles internos, cada um deles declarado por mais de 90% da amostra. Com a pesquisa de 1983, embora o gerenciamento financeiro fosse considerado importante por mais de 90%, os *controllers* não pareciam ter autoridade significativa acima dos dois aspectos financeiros mais críticos: funções de investimento (46,4%) e fundos de empréstimos (20,4%), como mostra a Tabela 6.

Mais *controllers* se tornaram familiares com impostos e computadores entre 1983 e 1989. O conhecimento sobre impostos dos *controllers* foi de 60 para 75% dos entrevistados dizendo ter conhecimento sobre impostos, e a porcentagem familiar com computadores aumentou quase 30 pontos percentuais (de 70% para 97%).

Na última pesquisa, pedimos para que os *controllers* classificassem a si mesmos em duas novas áreas de habilidade: a declaração padronizada da contabilidade (FASB – Financial Accounting Standards Board) e O gerenciamento de risco (Tabela 5). Somente 18% estavam atualizados com o FASB, enquanto 36% disseram 'sim' quanto a possuírem algum conhecimento de gerenciamento de risco. Também foram listados como categorias separadas 'auditoria' e 'controle interno', considerando que estas foram combinadas na pesquisa de 1983.

O QUE ELES FAZEM

A Tabela 6 mostra que a maioria dos *controllers* têm autoridade para assinar cheques, estender crédito e aprovar compras. Apesar de pouco mais da metade dos *controllers*, em 1989, ter indicado que tinha autoridade para investir em fundos ou para estabelecer ou mudar preços, ambas áreas de responsabilidade demonstraram crescimento importante quando comparado com o estudo de 1983 (para investimento, 46% em 1989 versus 2% em 1983; para autoridade de preço, 41% versus 21%).A autoridade para pedir empréstimos permaneceu aproximadamente a mesma de 1983, aproximadamente 20%.

Áreas de Responsabilidade

Mais de 90% das pessoas que responderam indicaram que tinham responsabilidade para tais funções-padrão como contadores gerais, contas a pagar, pagamentos e folha de pagamento (Tabela 7), uma descoberta virtualmente idêntica a de 1983. Outras áreas de responsabilidade compartilhada pela maioria dos *controllers* incluem auditoria noturna e de receita, caixas e controles de alimentos e bebidas.

Há indicações de que os *controllers* estão se tornando cada vez mais envolvidos com os aspectos operacionais de seus hotéis. Mais de 50% dos que responderam indicaram que suas responsabilidades in-

TABELA 4
***Certificações Recebidas pelos* Controllers**

	Número	Porcentagem
Certificado de contador executivo de hospitalidade (CCEH)	54	17%
Certificado de contador público (CCP)	46	14,4
Certificado de contador de gerenciamento (CCG)	3	1
Certificado de auditor interno (CAI)	2	0,6
Certificado de administrador de hotel (CAH)	9	2,8
Outros*	25	7,8
Total	139	43,6

* Outros tipos de certificação incluem perito contador juramentado, certificado de executivo de alimentos, certificado de programador e certificado de contador geral.

TABELA 5
***Habilidades Técnicas e Conhecimento Possuídos por* Controllers**

Habilidades, Conhecimento	Tipo de *Controller* Corporativo	Divisão ou Área	Hotel	Outros	Total	Estudo de 1983
Taxas	89,4%	76,9%	73,8%	69,2%	75,2%	60%
Computadores	91,5	96,2	98,8	94,9	96,6	70
Funcionários	80,9	80,8	83,9	76,9	81,5	78
Gerenciamento de caixa	100	88,5	93,5	80,8	90,9	89
Orçamento	87,2	88,5	86,9	76,9	84,6	80
Estatísticas	68,1	80,8	85,1	70,5	78,7	82
Auditoria	87,2	96,2	86,9	71,8	84	**
Controles Internos	91,5	100	100	93,6	97,2	**
Regras do CPCF*	27,7	23,1	14,3	17,9	17,9	n/a
Gerenciamento de riscos	55,3	34,6	35,7	25,6	36,1	n/a

* Conselho de Padrão de Contadores Financeiros.
** Em 1983, "auditoria" e "controle interno" estavam presentes como um item único. Noventa e cinco por cento das pessoas que responderam em 1983 indicaram que possuíam habilidades nestas áreas.

TABELA 6
Extensão de Autoridade sobre Funções Específicas

	Tipo de *Controller*					
Funções	**Corporativo**	**Divisão ou Área**	**Hotel**	**Outros**	**Total**	**Estudo de 1983**
Investir em fundos	70,2%	46,2%	47,6%	29,5%	46,4%	2%
Assinar cheques	78,7	84,6	87,5	59	79	87
Estender crédito	66	84,6	91,7	62,8	80,3	85
Estabelecer ou mudar preços	25,5	61,5	48,2	28,2	41,1	21
Emprestar fundos	36,2	26,9	19,6	10,3	20,4	19
Aprovar compras	83	88,5	93,5	69,2	85,6	82

TABELA 7
***Responsabilidades do* Controller**

	Tipo de *Controller*					
Responsabilidades	**Corporativo**	**Divisão ou Área**	**Hotel**	**Outros**	**Total**	**Estudo de 1983**
Segurança do hotel	14,9%	26,9%	25%	17,9%	21,9%	9%
Recebimentos	89,4	88,5	100	73,1	90,9	95
Pagamentos	89,4	92,3	98,8	76,9	91,5	93
Contabilidade geral	89,4	92,3	97,6	79,5	91,5	91
Folha de pagamentos	85,1	88,5	95,2	67,9	86,5	89
Auditores noturnos	59,6	84,6	93,5	60,3	79,6	83
Auditores de renda	57,4	80,8	88,7	60,3	76,5	79
Caixas	42,6	65,4	76,8	47,4	63,6	63
Controles de alimentos	46,8	76,9	78	43,6	64,9	53
Computadores: contabilidade	83	88,5	95,2	73,1	87,5	*
Computadores; *front office* e reservas	48,9	76,9	64,9	43,6	58,3	*
Compra	31,9	61,5	77,4	39,7	60,2	50
Recebimento	27,7	53,8	66,1	35,9	52	50
Estoque (inventário)	23,4	57,7	66,1	38,5	52,4	34
Retorno de taxas	70,2	57,7	61,3	53,8	60,5	n/a
Gerenciamento de riscos	51,1	38,5	36,9	24,4	36,1	n/a
Gerenciamento de caixa	85,1	80,8	86,3	51,3	77,1	n/a
Controle de bebidas	48,9	76,9	81	42,3	66,5	n/a
Investimentos	74,5	38,5	39,9	26,9	41,7	n/a
Auditores internos	46,8	61,5	46,4	30,8	43,9	n/a

* Em 1983, uma única questão foi feita aos controladores sobre suas responsabilidades sobre sistemas de computadores (EDP). 52% dos que responderam em 1983 tinham alguma responsabilidade pelo EDP.

TABELA 8
Envolvimento dos* Controllers *em Comitês

Comitês	Tipo de *Controller* Corporativo	Divisão ou Área	Hotel	Outros	Total	Estudo de 1983
Compensação	69,2%	75%	88,9%	56,3%	75%	23%
Executivo	85,2	100	97,4	46,2	85,8	82
Planejamento de longo alcance	100	100	97	73,7	93,9	41
Treinamento	60	72,7	71,4	55,6	66	n/a
Gerenciamento de riscos	80	60	68,4	83,3	72,3	n/a

cluem compra, recebimento e estoque (inventário). O número de pessoas que responderam ser responsáveis pela função de estoque aumentou 18 pontos de 1983 a 1989, indo de 34% a mais de 52%, e a função de compra que foi reivindicada por 60% das pessoas que responderam, que é dez pontos maior que em 1983. A responsabilidade pela segurança do hotel, a menos comum das funções dos *controllers*, mais que dobrou nos últimos seis anos, crescendo de 9% em 1983 para quase 22% no corrente estudo.

Processamento Eletrônico de Dados

O papel dos *controllers* no processamento eletrônico de dados (PED/CPD) e gerenciamento de sistemas de computação cresceu com grande velocidade durante os anos 80. Em 1989, mais de 87% das pessoas que responderam indicaram a responsabilidade por sistemas de computação usados nas funções de controladoria.

Adicionalmente, 58% indicaram sua responsabilidade pelo *front office* e sistemas computadorizados de reservas – sistemas claramente fora do leque das funções tradicionais de contadoria.

No estudo de 1983, nós fizemos somente uma pergunta sobre a responsabilidade do EDP/CPD, e 52% dos *controllers* indicaram que eles tinham alguma responsabilidade sobre isso. É possível, entretanto, que as descobertas de 1983 são indicadas devido à falta de clareza da questão. De qualquer forma, é claro que, com os anos, as responsabilidades orientadas pelo computador aumentaram muito. Esta conclusão é certamente consistente com a proliferação de sistemas de processamento eletrônico de dados em todos os aspectos das operações hoteleiras.

Novidades em 1989

Nós acrescentamos novas perguntas para a pesquisa de 1989. As que lidavam com retorno de taxas, gerenciamento de riscos, gerenciamento de dinheiro à vista, controle de bebidas, investimento e auditores internos.

Grande parte dos *controllers* relatou responsabilidade de retorno de taxas, gerenciamento de dinheiro à vista e controle de bebidas. Uma porcentagem substancial (mais de 36% das pessoas que responderam em cada caso) também indicou responsabilidade por auditores internos, investimentos e gerenciamento de risco.

Recurso Valioso

Nossa suposição que os *controllers* de hotel estão se tornando cada vez mais envolvidos com todos os aspectos das operações do hotel e, como resultado, são vistos como membros valiosos da equipe do alto gerenciamento, parece bem fundada. Maior evidência deste salto para frente é encontrada observando o envolvimento de *controllers* no comitê executivo. Como mostrado na Tabela 8, a grande maioria dos *controllers* está envolvida com comitês de gerenciamento-chave como remuneração, execução, planejamento de longo prazo, treinamento e gerenciamento de risco. Em contraste, na pesquisa de 1983, somente 23% dos *controllers* estavam nos comitês de remuneração (versus 75% em 1989) e somente 41% estavam envolvidos com planejamento de longo prazo (versus 94% em 1989).

O QUE ELES RECEBEM

Havia níveis de salários insuficientes no questionário usado para o estudo de 1983, e esta falha causou alguma

TABELA 9
***Salários dos* Controllers**

Variação de Salário	Corporativo	Tipo de *Controller* Divisão ou Área	Hotel	Outros	Total	Estudo de 1983
Menos que US$20.000	— %	— %	0,6%	2,6%	1%	5%
20.000 - 29.999	2,2	3,8	9,6	19,7	10,5	27
30.000 - 39.999	19,6	7,7	31,1	43,6	30,4	39
40.000 - 49.999	19,6	23,1	28,7	11,8	22,9	*
50.000 - 59.999	30,3	30,8	18	10,5	19	*
60.000 - 69.999	10,9	15,4	10,2	1,3	8,6	*
70.000 - 79.999	8,7	7,7	1,8	6,6	4,4	*
Mais de US$80.000	8,7	11,5	—	3,9	3,2	*
Total	100	100	100	100	100	100

* Em 1983 os salários acima de US$39.999 eram agrupados juntamente. Vinte e nove por cento das pessoas que responderam em 1983 ganharam salários de US$40.000 ou mais.

confusão nos resultados. Este problema foi retificado no corrente estudo pela incorporação de uma grande variedade de faixas salariais – de US$20.000 a mais de US$80.000 anuais. A distribuição simétrica de salários mostrada na Tabela 9 sugere que desta vez nós tenhamos captado com sucesso o quadro da remuneração.

Nossos resultados mostram que não somente os salários se equipararam com a inflação ao longo dos anos, mas que estas distribuições foram inclinadas significativamente para cima. Por exemplo, os salários mais baixos (abaixo de US$30.000) incluíram pouco menos que 12% das pessoas que responderam em 1989 comparados com os 32% de 1983. Igualmente, a variação de US$30.000 – US$39.000 caiu de 39 para 30%. Ao mesmo tempo, o final foi expandido. As cinco maiores faixas do estudo de 1989 (salários maiores que US$40.000) compreendem mais de 58% das pessoas que responderam, que é mais que o dobro do número pela mesma variação de salário em 1983 (29%).

Como alguém pode esperar, a experiência e as características específicas do hotel ou companhia a que pertence o *controller* afetam seu salário como demonstrado na Tabela 10. Aqui não há surpresas: quanto mais alta a posição do *controller*, maior o salário médio; quanto maior o hotel (medido por número de quartos ou venda anual de quartos), mais alto o salário; quanto maior o nível de educação obtido, mais alto o salário médio. Tais resultados são muito similares do nosso estudo de 1983.

Bônus

Tipicamente, as estruturas de salários do gerenciamento do pessoal incluem provisões de bônus. O número de *controllers* que recebem bônus no estudo de 1989 era de sete em dez (Tabela 11), pouco maior que os seis em dez de 1983. O bônus médio em 1989 foi entre 11 e 20% do salário de um *controller*. Enquanto muitos fatores diferentes contribuem para o *controller* receber ou não um bônus, a base mais comum para emitir bônus para um *controller* foi se a empresa atingia ou não seus objetivos de lucro. O padrão afetou quase 60% dos *controllers* em 1989. Outros fatores determinantes no bônus podem incluir um ou mais dos seguintes: objetivos de reuniões de vendas, aumento de lucro sobre o ano anterior, realização de objetivos/metas pessoais, desempenho de contas a receber, fluxo de caixa, satisfação dos funcionários e lucros corporativos.

A disponibilidade de benefícios para os *controllers* no estudo corrente é similar aos do estudo de 1983 (Tabela 12). A mudança mais aparente foi a redução do seguro contra acidentes/perda das condições físicas (uma queda de dez pontos). O estudo de 1989 também identificou dados a respeito do seguro "óptico" (cuidados com a visão), planos de poupança e divisão de lucros, que está incluído na Tabela 12.

METAS E ASPIRAÇÕES

Na pesquisa corrente, nós incluímos uma série de questões para tentar avaliar as metas e aspirações dos *controllers* – particularmente suas visões de mobilidade e promoções. Como mostrado na Tabela 13,

TABELA 10
Salários dos* Controllers *(Média) pelas Variáveis

	Variável	Salário Mediano (US$)
Posição (Título do Trabalho)	*Controller* corporativo	50.000 – 59.999
	Divisão & área de *controllers*	50.000 – 59.999
	Controllers de hotel	40.000 – 49.999
	Outros	30.000 – 39.999
Tamanho do Hotel	Menos de 249 quartos	30.000 – 39.999
	250 – 499 quartos	40.000 – 49.999
	500 – 999 quartos	40.000 – 49.999
	Mais de 999 quartos	50.000 – 59.999
Educação	Diploma de colégio	30.000 – 39.999
	Titulo de associado	30.000 – 39.999
	Titulo de Bacharel	40.000 – 49.999
	Titulo de Mestre	40.000 – 49.999
Área de Formação	Controladoria	40.000 – 49.999
	Finanças	50.000 – 59.999
	Gerenciamento de hospitalidade	40.000 – 49.999
	Outros	40.000 – 49.999
Experiência de Contabilidade em Hospitalidade	Menos de três anos	20.000 – 29.999
	3 – 6 anos	30.000 – 39.999
	6 – 9 anos	40.000 – 49.999
	9 – 12 anos	40.000 – 49.999
	12 – 15 anos	50.000 – 59.999
	Mais de 15 anos	50.000 – 59.999
Vendas Anuais de Quartos	Menos de três milhões	30.000 – 39.999
	3 – 6 milhões	30.000 – 39.999
	6 – 9 milhões	40.000 – 49.999
	9 – 12 milhões	40.000 – 49.999
	12 – 15 milhões	40.000 – 49.999
	15 – 18 milhões	50.000 – 59.999
	Mais de 18 milhões	50.000 – 59.999

TABELA 11
***Bônus de* Controllers**

	Tipo de *Controller*				
	Corporativo	**Divisão ou Área**	**Hotel**	**Outros**	**Total**
Porcentagem Recebendo Bônus	68,1%	84,6%	73,8%	61,5%	70,9%
Bônus de *Controllers* como Porcentagem de Salário (%)					
1 – 10	53,2%	31,8%	42%	68,7%	48,4%
11 – 20	25	31,8	29	22,9	27,4
21 – 30	15,6	36,4	26,6	4,2	21,2
31 – 40	—	—	2,4	2,1	1,8
41 – 50	3,1	—	—	—	0,4
71 – 80	3,1	—	—	—	0,4
81 – 90	—	—	—	2,1	0,4
Total	100	100	100	100	100

TABELA 12
***Benefícios dos* Controllers**

Benefícios	Tipo de *Controller* Corporativo	Divisão ou Área	Hotel	Outros	Total	Estudo de 1983
Convênio dentário	68,1%	92,3%	85,1%	76,9%	81,2%	78%
Convênio médico	97,9	96,2	96,4	91	95,3	9
Seguro legal	4,3	3,8	4,2	—	3,1	n/a
Convênio óptico	14,9	34,6	32,1	41	32	n/a
Seguro de vida	87,2	96,2	85,1	84,6	86,2	89
Seguro de invalidez	5,3	76,9	66,7	60,3	64,3	75
Férias pagas	97,9	100	98,8	96,2	98,1	95
Refeições	74,5	73,1	94	66,7	82,8	*
Refeições (hóspedes)	66	61,5	79,8	38,5	66,1	*
Plano de aposentadoria	25,5	61,5	53	56,4	50,5	50
Poupança, divisão de lucros	17	30,8	40,5	34,6	34,8	n/a
Veículo da empresa	21,3	7,7	3,6	11,5	8,5	11

* Em 1983, uma única questão foi feita sobre as refeições fornecidas como parte do pacote de benefícios. Oitenta e sete por cento das pessoas que responderam em 1983 se beneficiavam das refeições fornecidas pelas empresas.

somente uma pequena porcentagem de *controllers* deseja permanecer em sua situação atual (9%), e somente 13% considerariam ficar, mesmo se, ao fazer isso, resultasse em aumento de responsabilidade. A maioria das pessoas neste grupo de estudo aspiram subir para uma posição financeira de nível mais alto (25%) ou para a posição de gerente geral na mesma organização (27%). Menos de 12% das pessoas que responderam indicaram o desejo de procurar por uma posição mais alta em outra organização.

A Tabela 14 mostra a variação de salário médio correspondente aos *controllers* por opção particular de carreira. Previsivelmente, os *controllers* mais bem pagos não mostram desejo de deixar suas posições atuais, enquanto os que recebem menos estão mais dispostos a tentar carreira em outras organizações.

TABELA 13
***Metas de Carreira a Longo Prazo dos* Controllers**

Metas de Carreira	Tipo de *Controller* Corporativo	Divisão ou Área	Hotel	Outros	Total
Continuar na posição atual	26,8%	4,3%	9%	1,4%	9,2%
Continuar, mas com mais responsabilidade	14,6	26,1	10,9	12,3	13
Subir, na mesma empresa	19,5	30,5	23,7	30,2	25,3
Subir, em uma empresa diferente	9,8	8,7	12,2	13,7	11,9
Transferir-se para operações ou para a posição de gerente geral	14,6	21,7	33,3	23,3	27,3
Incertos	9,8	8,7	7,7	12,3	9,2
Outros*	4,9	—	3,2	6,8	4,1
Total	100	100	100	100	100

* Outras metas a longo prazo mencionadas pelas pessoas que responderam incluíam "meu próprio negócio", "contador público" e "troca de campo de carreira".

TABELA 14
Variação de Salário Médio por Metas de Carreira a Longo Prazo

Metas de Carreira	Salário (US$)
Continuar na posição atual	50.000 – 59.999
Continuar, mas com mais responsabilidade	40.000 – 49.999
Subir, na mesma empresa	40.000 – 49.999
Subir, em uma nova empresa	30.000 – 39.999
Transferir-se para operações ou para a posição de gerente geral	40.000 – 49.999
Incertos	40.000 – 49.999
Outros	40.000 – 49.999

IMPLICAÇÕES

As descobertas no estudo de 1989 representam, em sua maioria, boas notícias para as companhias hoteleiras. Os *controllers* de hoje estão geralmente melhor preparados para o ambiente de hospitalidade do que estavam há alguns anos. O aumento da educação e da experiência os torna mais dispostos e capazes de expandir responsabilidades como o gerenciamento de sistema de computadores e controle de estoque. Um grande desejo era de subir na organização ou, pelo menos, ter mais responsabilidades. Poucos expressaram desejo de mudar de empresa.

Para as companhias hoteleiras que podem oferecer desafios e incentivos para este grupo aparentemente motivado, o futuro parece bom. Por outro lado, os *controllers* não hesitariam em abandonar as empresas ou propriedades que restringem sua possibilidade de crescer no emprego ou que falha em fornecer uma remuneração apropriada.

De Volta para o Futuro

Em 1983 nós escrevemos que os *controllers* de hotel se dariam bem se eles fossem tratados comparativamente aos profissionais de gerenciamento financeiro em outros setores. O estudo atual reforça este ponto de vista e a noção de que o setor da hospitalidade pode oferecer um atraente plano de carreira para seus *controllers* e outros especialistas financeiros. O desafio, então, é manter a atratividade para assegurar uma boa oferta de profissionais competentes. É nossa esperança que o setor hoteleiro aumente o desafio e continue a fornecer o ambiente estimulante necessário para o crescimento, a mobilidade para cima e a retenção deste profissional.

2. Uma Nova Espécie de *Controller*?

Linda Timmons

Bruce Brainerd é um *controller* do Hyatt Regency em Austin, Texas (148 apartamentos). Aos 28 anos, Brainerd está no negócio de hospitalidade há 8 anos. "Eu comecei a trabalhar neste negócio como jardineiro de meio-período no verão. Eu gostei e terminei indo para a recepção. Minha meta então era chegar no departamento de contabilidade uma vez que contabilidade era o que eu estava estudando na escola. Não era algo planejado, simplesmente aconteceu. Eu tenho sorte porque eu cai no negócio e gostei."

Em sua típica semana de 50 a 70 horas, Brainerd lida com uma grande variedade de projetos, alguns simples, outros extremamente complexos. Falando sob o barulho de uma impressora matricial, Brainerd elabora alguns dos projetos que ele está trabalhando no momento. "Uma das minhas metas este ano é estabelecer um sistema de refinamento de serviço. Eu gostaria que as pessoas vissem o departamento de contabilidade como um serviço de operação ao cliente e não simplesmente como uma operação de *back of the house*. Nós servimos os clientes interna e externamente." Brainerd continua, "Como parte do nosso programa, nós desenvolvemos cartões de comentários internos às divisões para nos avaliar em diferentes funções e avaliar nosso serviço. Então nós estabelecemos um plano de ação para chamar atenção para as preocupações deles."

"Um dos itens que apareceram nos cartões de comentários foi o treinamento. Para responder a esta necessidade, nós estabelecemos uma série de treinamento em seis partes, variando de compreensão dos relatórios que nós emitimos, para o ciclo da ordem de compra, requisições, políticas de crédito e procedimentos. O programa foi tão bem sucedido que os outros departamentos podem conduzir programas similares."

Talvez o maior projeto de Brainerd durante as últimas semanas tenha sido a iminente venda da propriedade. Ele passou várias horas fornecendo informação financeira e contratual para o futuro dono em potencial. "Eu estou em uma posição embaraçosa como *controller*," ele diz. "Eu tenho de vestir a camisa do proprietário assim como a da corporação. Tendo em mente que eu estou lidando com o gerenciamento de uma companhia, eu tenho de ser cuidadoso para não revelar informações importantes sobre a corporação." Brainerd também exibiu muita paciência durante o fechamento do processo sendo que a data do encerramento tinha sido adiada seis vezes.

A paciência de Brainerd é demonstrada por seu comportamento tranqüilo. Quando as coisas ficam difíceis, entretanto, Brainerd tem a solução. "Eu canto quando estou estressado," ele diz, parecendo embaraçado, quando mostramos o microfone. Brainerd é conhecido como a pessoa que sussurra nas horas de estresse. Eles brincam com ele, raramente surpresos quando ele solta alguma coisa menos lírica que uma canção de rap ou o último *hit* nas paradas de sucesso.

Como pessoa extremamente organizada, Brainerd não tem uma típica mesa desorganizada como muitos executivos. Ele lida com cada papel que aparece na sua mesa. Cada ligação telefônica é atendida imediatamente ou retornada prontamente. Cada problema é resolvido quando aparece. Raramente as questões não resolvidas se estendem.

Quando os problemas aparecem, Brainerd lida com os mesmos pessoalmente ou pede que um dos seus nove funcionários resolva. Seu estilo de gerência é o de abertura e trabalho de equipe. Raramente, sua porta está fechada. "Nós operamos com o senso de apoio e não em sistema ditatorial", diz Brainerd. Este senso de equipe é evidente nas atividades do escritório. Os funcionários não somente trabalham juntos, como também planejam juntos. A Agenda da Contabilidade destaca os eventos sociais do departamento. "Nós fazemos muitos eliminarem a idéia de que a contabilidade é boba e chata. A atitude geral no escritório é amigável e pró-ativa. Nós celebramos aniversários e somos conhecidos por termos a melhor comida no hotel."

Como *controller*, Brainerd é um membro do comitê executivo do hotel. Este comitê consiste de executivos de todas as áreas do hotel, que se encontram semanalmente para discutir questões políticas, tomar decisões de compras e discutir questões dos funcionários, entre outras coisas. Uma das funções do comitê inclui a de servir como painel de entrevistas para seleção de pessoal, conhecendo cada funcionário em potencial do Hyatt. Por que entrevistar todos os candidatos? "Para que todos possam perguntar aos funcionários o que realmente os interessa," diz Brainerd. "A intenção não é intimidar; nós estamos tentando fazer de uma maneira leve e simples.

Diferentemente de outros *controllers* de propriedades menores, os *controllers* do Hyatt não têm uma quantidade grande de tarefas ligadas à questão de pessoal, a maioria das quais é lidada pelo departamento de recursos humanos. Algumas, in-

Um Dia Típico com Bruce Brainerd no Austin Hyatt

07h45	Chega ao escritório. Toma sua primeira xícara de café (servida numa xícara do Hyatt, mexido com a caneta – "Assim é que eu sempre faço").
08h00	Checa a correspondência. Revê os memorandos da matriz. Checa planos para a promoção de Ano Novo (todos os gerentes devem trabalhar nessa noite). Revê as previsões e as transações que ocorreram no final de semana. Tenta fazer cópias, mas a copiadora não funciona.
08h30	Faz ligações telefônicas referentes a recibos bancários de informação da movimentação.
08h45	Trabalha nos cinco anos de história e três anos de previsão do processo de orçamento. (Brainerd, que também estudou ciência da computação na faculdade, não estranha os computadores e usa o Lotus 1-2-3 para completar seus relatórios.)
09h30	Recebe ligações telefônicas referentes a orçamento de fundos disponíveis para atividades de outro departamento.
09h45	Discute problemas dos funcionários da controladoria com o assistente de gerente da governança (a troca para o novo sistema de folha de pagamento eletrônico resolve prontamente muitas questões sobre procedimentos)
09h55	Recebe ligações internas referentes a informações do dono em potencial.
10h15	Completa os relatórios de história e de previsões. Faz cópias dos relatórios. Chama o gerente geral em seu escritório para ver se ele está disponível para rever os relatórios.
10h20	Retorna ligações. Resolve problemas da pessoa que está ligando, referentes ao Lotus 1-2-3.
10h25	Resolve mais questões de folha de pagamento. Revisa a folha de pagamento quinzenal com o novo sistema de dados UNIQUEST/Tridata.
10h45	Encontra-se com o diretor de eventos para discutir dilemas éticos referentes à comissão, requeridos pelo diretor de planejamento. O planejador está pedindo que o hotel pague a comissão quando o contrato diz que o abatimento será feito para a conta principal da organização. Brainerd está preocupado com que a organização não esteja a par de que o planejador esteja pedindo esse abatimento. Quer ter certeza de que tudo está correto, mas tem de ser sensível para manter a organização como cliente.
11h15	Chama o planejador de reunião para discutir a questão. Reafirma a importância de garantir contratos futuros para incluir a comissão solicitada. Juntamente com o diretor de eventos e o gerente de vendas, decide emitir um cheque no valor da comissão.
11h25	Um funcionário coloca a Agenda da Contabilidade na caixa de entrada. Computadores novos acabaram de chegar.
11h30	Lê os memorandos do comitê executivo. Discute a contabilidade para os programas do Gold Passport e Regency com os executivos de hospedagem. O executivo de hospedagem está interessado em redirecionar a contabilidade dos fundos para melhorar a compreensão do programa.
11h45	Telefona para uma colega do Hyatt, em Houston, para discutir a conversão do sistema de folha de pagamentos para o UNIQUEST/Tridata. Responde perguntas que ela fez na carta, referentes a fazer uma troca. Discute planos para ir a Houston fazer a conversão. Promete enviar informações, via fax, que ele desenvolveu para uso da conversão seguinte.
12h30	Almoça na cafeteria do hotel. Tem a oportunidade de ver funcionários de outros departamentos.
13h00	Coleta informação para mandar para Houston.
13h20	Recebe o pedido de custo de transporte para o mês (gasolina, reparos, etc.) para usar no relatório.
13h30	Manda a informação para Houston.
13h45	Completa o relatório preliminar EST 1 para os escritórios da matriz.
14h45	Sai para um compromisso fora do escritório.
16h00	Retorna ao escritório. Continua trabalhando no fechamento.
19h00	Arruma o escritório. Apaga as luzes. A segunda-feira de Brainerd acabou.

cluindo benefícios de funcionários, são lidadas através do departamento de benefícios da matriz corporativa. "Um contador tem mais responsabilidade sobre seguro e outras questões similares em uma propriedade independente do que em um ambiente corporativo," diz Brainerd. "Eu posso sugerir idéias e alternativas para o RH da corporação, mas não há garantia de que as mesmas acontecerão." Quando perguntado se esta estrutura é muito restritiva, Brainerd diz, "às vezes duas cabeças pensam melhor que uma."

A crise de gerenciamento também está implícita na descrição de trabalho de Brainerd. Recentemente, ele ajudou a detectar e eliminar um grande problema em telecomunicações. "Nós vimos um declínio de US$20.000 na receita das telecomunicações em dois meses," diz Brainerd. "Nós fomos aos vendedores e juntamos todas as partes envolvidas para resolver o problema." Isto eventualmente aconteceu mesmo sem a descoberta da causa. Ninguém teve de admitir culpa e uma futura perda na receita foi evitada.

Brainerd gerencia todos estes projetos além das atividades que acontecem diariamente no escritório de contabilidade. Poucas profissões requerem a diligência e a exigência de um oficial financeiro na hospitalidade. Das previsões mensais aos planos de cinco anos, as ações do contador são sempre abertas para a avaliação detalhada. A informação que eles produzem é preto no branco, e não há espaço para omissão.

Ele recomendaria esta profissão? "Eu recomendaria esta profissão para as pessoas interessadas em finanças com um toque diferente. A contabilidade em um hotel é um *mix* entre números, computadores e pessoas. Eu olho os ambientes industriais e de contabilidade pública como bem estruturados e regimentados, com atmosferas frias. No setor de serviços, a palavra chave é *serviço*; que é o que nós fornecemos. A mistura do aspecto da contabilidade com o aspecto das pessoas é muito mais viva do que eu vejo acontecer na indústria manufatureira."

Qual o futuro que espera por Brainerd? "A curto prazo, eu gostaria de entrar no programa de gerenciamento de revisão de operações do Hyatt, mais do que em uma posição regional. A longo prazo, eu gostaria de ter alguma posição na gerência. Poucos *controllers* fizeram esta transição para a gerência. A maioria dos gerentes vem das operações de alimentos e bebidas. O papel do *controller* como gerente precisa se tornar mais do que uma tendência, com o advento de tempos difíceis em muitas propriedades." Preocupado que os *controllers* sejam percebidos como devoradores de números, Brainerd diz, "Eu acho que é importante acabar com o mito de que os contadores não têm personalidade e não podem trabalhar com pessoas".

Membro da IAHA desde 1988, Brainerd serve no *Chapter Relations Commitee*. Quando perguntado porque se afiliou à IAHA, Brainerd diz, "Minha impressão da IAHA foi a de que eles estavam ajudando no desenvolvimento do lado profissional do *controller*. O papel do *controller* estava mudando desde 1980. Como o setor mudou, assim também mudou a dependência do *controller*. O papel do *controller* como conselheiro financeiro e não somente como guarda-livros se tornou mais importante. Minha intenção em afiliar-me à IAHA era a de apoiar a associação em sua luta para adquirir mais credibilidade para os *controllers*."

Uma das metas pessoais de Brainerd como membro da IAHA inclui começar um distrito na região de Austin, Texas. Ele tem a intenção de se tornar um líder da IAHA? Brainerd não responde a esta pergunta. Somente o tempo dirá.

Subindo a escada corporativa, com o microfone nas mãos, Brainerd simboliza uma nova raça de controladores na hospitalidade. Ele é a figura da América corporativa. A América Corporativa parece só um pouco diferente agora.

3. Auditoria Interna – Mais do que uma Revisão das Finanças

James W. Damitio
Raymond S. Schmidgall

Com o crescimento de uma companhia, a mesma se torna cada vez mais complexa, seus proprietários não são mais capazes de realizar todas as tarefas gerenciais necessárias para assegurar que a propriedade funcione adequadamente. Há um crescente aumento da necessidade de ter avaliações independentes das atividades da empresa, que fornecerão uma revisão das operações financeiras, um exame dos controles internos ou mesmo a avaliação da economia, eficiência e efetividade dos procedimentos organizacionais. O alcance destas avaliações freqüentemente se estende a aspectos não financeiros da empresa, tais como uma avaliação do grau de submissão dos funcionários para com o código de ética da empresa ou talvez a complacência da organização com as provisões da Lei de Oportunidades Iguais Para os Funcionários.

As necessidades múltiplas dos negócios modernos, do governo e de organizações sem fins lucrativos para estes tipos de avaliações independentes levaram ao estabelecimento de funções de auditoria interna dentro da estrutura organizacional da empresa.

Em razão de suas competências técnicas na contabilidade, auditoria e campos de negócios relacionados, os auditores internos podem e devem conduzir estas avaliações independentes.

DEFINIÇÃO DE AUDITORIA INTERNA

O Instituto de Auditores Internos, a associação profissional de auditores internos, define, em seus manuais da associação, (1983), auditoria interna como "uma função independente de avaliação estabelecida dentro da organização para examinar e avaliar suas atividades, como um serviço para a organização." Esta definição requer uma explicação das palavras-chave que se seguem:

1. "Independente" significa que o trabalho de auditoria não está restrito em relação a seu âmbito, eficiência da revisão, ou ao relatório das descobertas e conclusões.
2. "Avaliação" inclui descoberta de fatos, avaliação e conclusões.
3. "Atividades" inclui atividades financeiras e não financeiras da organização.
4. "Serviço" significa fornecer assistência para a organização.
5. E por último, "organização" inclui funcionários operacionais, corpo de diretores e seus comitês, assim como os acionistas.

FOCO NA AUDITORIA INTERNA

O foco na função de auditoria interna é o controle. De fato, a função da auditoria interna é um controle projeto para avaliar a eficiência de outros controles. O controle interno foi definido pelo American Institute of Certified Public Accountants (AICPA) como "o plano de organização e todos os métodos de coordenação e medidas dentro de um negócio para salvaguardar seus bens, checar a exatidão e confiança de seus dados contábeis, promover eficiência operacional e encorajar a aderência às políticas gerenciais" (AICPA 1949,6).

Os controles usados para salvaguardar os bens da organização, como fechaduras para dar segurança aos bens, restringir o acesso a certos bens, e checar a exatidão e confiabilidade de seus dados de controladoria, por exemplo, rever os extratos bancários, são referidos como controles de contabilidade. Historicamente, os auditores internos focaram suas atenções nestas atividades. Os objetivos de promover uma operação eficiente e encorajar a aderência das políticas gerenciais prescritas são referidos como controles administrativos. A auditoria interna, nos últimos anos, tem se expandido para incluir a avaliação de controles administrativos. Em outras palavras, o negócio usa o auditor interno não somente para determinar que os créditos nas vendas e o dinheiro recebido sejam registrados corretamente e que o dinheiro seja corretamente "segurado", mas para determinar se as operações resultantes das vendas são eficientes e estejam de acordo com as leis pertinentes.

O papel do auditor interno cresceu devido ao crescimento da supervisão de várias agências do governo e a aprovação de novas leis. As empresas de hospitalidade de hoje têm de satisfazer agências diferentes em todos os níveis de governo. O negócio deve satisfazer as regulamentações complexas emitidas pelas autoridades da receita, autoridades de saúde e segurança, administradores legais do comércio, unidades de ação de direitos iguais, agências de planos de pensão, para citar algumas delas, enquanto se obtém um número de previsões que dizem respeito a atividades de licenciamento e conduta de operações de negócios. A lei de Foreign Corrupt Practices de 1977 requer que os negociantes tenham um sistema adequado de controle de auditoria interno. Entretanto, os controles de auditoria de contabilidade internos não são simplesmente desejáveis de uma perspectiva de negócios, eles são obrigados pela lei. O papel expandido do auditor interno cobre a conformidade determinante com esta lei nos Estados Unidos.

Mais recentemente, a Treadway Commission da AICPA, formada para resolver problemas de relatórios financeiros fraudulentos, incluiu várias recomendações em seu relatório final, o que provavelmente exigirá mais envolvimento de auditoria interna. Por exemplo, uma recomendação era a de que "os auditores internos deveriam considerar as implicações de seus achados não financeiros de auditoria para os relatórios financeiros da companhia."

PAPEL FUNCIONAL DO AUDITOR INTERNO

A questão que sempre aparece é sobre como os funcionários de auditoria interna podem conduzir auditorias que necessitem de um vasto conhecimento em áreas tão diferentes. As razões principais que os auditores profissionais podem realizar isto com sucesso são:

1. Funcionários altamente qualificados, profissionalmente designados com CPA (certificado público de contabilidade), CIA (certificado de auditores internos), e CMA (certificado de gerenciamento de contas), compreendem uma porção significativa de funcionários de um departamento interno de auditoria bem sucedido. Os auditores mantêm e melhoram suas competências através de contínuos programas de educação.
2. Muitos departamentos de auditoria interna utilizam o conceito de equipe para preparar seus funcionários. Este conceito inclui pessoas de várias áreas acadêmicas (contabilidade, auditoria, finanças, ciências da computação, gerenciamento, marketing e outros) que permitem maior efeito sinérgico.
3. Consultores ou especialistas são empregados, quando necessário, para suprir assistência técnica adicional.
4. Os auditores internos são altamente treinados para usar padrões (marcas de referência) necessários com as quais eles comparam o atual desempenho da organização.

O auditor interno não é parte da equipe das operações. Apesar de parecer ser mais eficiente usar os auditores internos para determinar a indicação do número de contas ou para decidir quando uma despesa deveria ser capitalizada, os auditores internos devem manter sua independência se eles têm de servir como avaliadores das atividades operacionais.

Segundo, o auditor interno tem uma atribuição de equipe mais do que de uma única função. Os gerentes operacionais têm a responsabilidade pelas operações, e isto não deveria ser trocado com o auditor interno.

As descobertas e recomendações do auditor interno são conselhos e deveriam ser implementados pelos funcionários baseados em seus méritos, como determinado pelos funcionários da operação.

Para que a função de auditoria interna seja independente, isto é, devidamente separada dos grupos de funcionários tais como contadores, do financeiro e de marketing, os auditores internos freqüentemente respondem para gerentes como um chefe da controladoria, do executivo operacional, ou mesmo do comitê executivo.

Pesquisas recentes (Schmidgall, Damitio e Hogle 1991) sobre auditores internos nas maiores empresas de hospitalidade revelaram que:

1. 19,4% respondem ao *controller*.
2. 32,3% respondem aos gerentes financeiros seniores.
3. 16,1% respondem ao executivo corporativo e ao comitê.
4. 6,5% respondem ao comitê
5. 3,2% respondem ao comitê de auditoria do corpo de diretores.

A independência (habilidade de tomar decisões de auditoria objetivas, não afetadas pela influência da atividade auditada) de auditores internos é afetada primariamente por duas coisas: (1) o nível organizacional para o qual os auditores respondem, e (2) o treinamento profissional e o espírito da objetividade do auditor interno.

ATIVIDADES DA AUDITORIA INTERNA

As atividades de auditoria interna podem ser divididas em quatro grandes categorias pelos dados financeiros e gerenciais. As quatro maiores atividades são:

1. Checar a concordância com os controles e procedimentos internos.
2. Checar a conformidade com as leis aplicáveis e os procedimentos.
3. Determinar se os recursos da empresa estão sendo usados de maneira eficiente.
4. Determinar se os recursos da empresa estão sendo usados de maneira eficaz.

As atividades de auditoria interna pertinentes aos controles internos geralmente incluiriam tais procedimentos como revisão dos extratos bancários (dados financeiros) e determinam que há uma separação adequada de tarefas ao lidar com as transações de caixa (dados não financeiros). Esta área principal de atividade recebeu aumento de ênfase com a aprovação da lei Foreign Corrupt Practices de 1977, que ordena que os negócios tenham controles internos de auditoria adequados.

As atividades incluídas sob a compatibilização das leis e procedimentos aplicáveis também são pertinentes a dados não financeiros. Por exemplo, o aspecto financeiro inclui a revisão da taxa federal de retorno da companhia para determinar a compatibilização com o código de Receita Interna (*Internal Revenue).* Um aspecto não financeiro é determinar se a operação de alimentos e bebidas está de acordo com as regulamentações do departamento de saúde local.

As atividades de auditoria interna orientadas para o uso eficiente dos recursos organizacionais incluiriam a condução de revisões analíticas de vários bens como contas a receber e inventários (dados financeiros), e a determinação da eficiência dos esforços de marketing da empresa (dados não financeiros).

Finalmente, as atividades de auditoria interna avaliando o uso efetivo dos recursos da empresa determinariam se o retorno do investimento (ROI) para uma propriedade está acima das marcas determindas pela organização (financeiro) e determinar a eficiência dos projetos de serviço à comunidade (não financeiro).

Quantos auditores internos em organizações hoteleiras conduzem estas atividades e quanto tempo é gasto em cada uma são demonstrados na Tabela 1, o que reflete as atividades de auditoria interna nas grandes cadeias hoteleiras. Todas as cadeias relataram que seus auditores internos revisam dados financeiros relacionados ao controle interno das atividades, enquanto 87% relataram que seus auditores internos revisam seus dados não financeiros. 42% do esforço total das atividades de auditoria interna de todas as cadeias são gastos revisando dados não financeiros relacionados a controles internos, enquanto quase 28% do tempo total é usado para rever dados não financeiros relacionados a controles internos. De fato, mais de 70% do esforço total dos auditores internos corresponde à verificação da obediência aos controles internos.

A maioria dos auditores internos das cadeias hoteleiras cobre outras três grandes atividades; entretanto, o tempo gasto é mínimo em comparação com o tempo gasto na avaliação dos controles internos. Somente 14 % é gasto checando as adequações à lei, 6,6% é usado para checar o uso eficiente dos recursos e 8,6% é usado para checar o uso eficaz dos recursos.

A Figura 1 ilustra o modelo de controle administrativo usado para exercer controle sobre uma operação típica de hospitalidade. O gerenciamento prescreve os procedimentos operacionais que levam ao atual desempenho esperado pela empresa. O gerenciamento também tem a responsabilidade de adotar

TABELA 1
Atividades Internas de Auditoria nas Grandes Cadeias Hoteleiras

	Porcentagem do Relatório		Porcentagem Total das Atividades	
	Financeiro (%)	Não financeiro (%)	Financeiro (%)	Não financeiro (%)
Checar adequação aos controles internos	100	87	42,5	27,8
Checar adequação às leis	70	70	8,5	6
Checar o uso eficiente de recursos	47	60	2,5	4,1
Checar o uso efetivo de recursos	50	60	3	5,6
		Total	56,5	43,6

Fonte: Damitio e Schmidgall 1990.

padrões de desempenho ou resultado que eles acreditam serem desejáveis e atingíveis.

No modelo, os resultados atuais são comparados com os padrões e a diferença entre os dois (chamada de variante), é devolvido através dos relatórios de desempenho para o nível de gerência capaz de controlar os procedimentos operacionais. Quando o desempenho atual excede o padrão de desempenho, a variante é chamada de favorável. Quando o padrão excede o desempenho atual, a variante é desfavorável. Sob condições normais de operação, os gerentes analisarão as variantes significativas para determinar se casos abaixo do padrão da operação existem. Então eles revisam os procedimentos operacionais para determinar se alguma mudança é necessária para trazer as operações atuais para o nível estabelecido pelos padrões. Ocasionalmente, eles podem revisar padrões que estão obsoletos ou com erros. Os auditores internos usam este modelo para analisar a eficiência da operação e a eficácia da organização.

Eles também aprenderam a aplicar este modelo para uma vasta gama de situações de auditoria, onde o que a empresa está fazendo em qualquer função é comparado com o nível desejado (padrão) para aquela função. Por exemplo, os auditores internos compilam uma lista de procedimentos para determinar o que constitui o desempenho atual contra todo item na lista deles. Eles analisam cada item e preparam uma lista de recomendações para o gerenciamento que levaria a eliminação de qualquer variável.

ABORDAGEM TÉCNICA DO AUDITOR INTERNO

As atividades de auditoria interna geralmente incluem os quatro maiores passos do planejamento, condução, avaliação e relatório. Cada passo será discutido brevemente.

O primeiro passo é o planejamento da auditoria. Isto inclui o ganho de conhecimento sobre a entidade operacional a ser revista, determinando os objetivos da auditoria, acumulando todos os dados pertinentes (incluindo trabalhos de auditorias anteriores e auditorias que não foram completadas), conduzindo uma pesquisa no local e preparando o programa de auditoria. A pesquisa no local é conduzida dentro do hotel e inclui discussões com o gerente responsável e outros funcionários-chave e revê políticas e procedimentos. O planejamento de auditoria inclui detalhar os procedimentos a serem seguidos e delinear os passos a serem desempenhados para conseguir alcançar os objetivos da auditoria. Apesar de o programa de auditoria ser preparado anteriormente para conduzir a revisão, novas evidências e mudanças nos funcionários da auditoria podem requerer mudanças no programa de auditoria enquanto a revisão acontece.

Da fase de planejamento, o auditor interno move–se para a condução da auditoria, às vezes referida como fase de verificação. Os procedimentos atuais de auditoria usados para se obter dados necessários

FIGURA 1
Modelo de Controle Administrativo

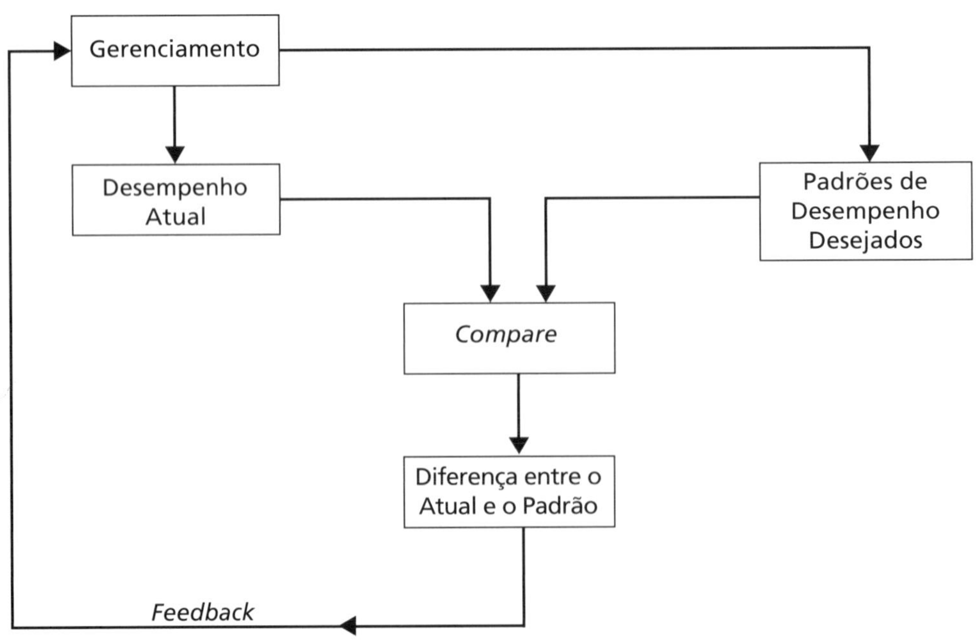

variam dependendo do tipo de auditoria. Seguem os procedimentos comuns usados e um exemplo de cada um deles:

Procedimento	*Exemplo*
Comparação	Comparação das vendas de quarto atuais com as vendas orçadas e revisão das explicações.
Vouching	Revisão das notas dos fornecedores para fundamentar as quantias registradas de alimento comprado.
Confirmação	Fazer com que os fornecedores de alimentos verifiquem a quantia não paga de notas no final do ano.
Scanning	Rever as fitas da caixa registradora para determinar se o número de transações de vendas e transações anuladas no caixa do restaurante é igual ao número de contas completadas ou anuladas por um determinado período.
Análise	Comparação dos custos operacionais do trabalho do departamento com suas vendas por vários períodos semanais durante o ano.
Perguntas	Obter uma explicação razoável do chefe do departamento de manutenção sobre o motivo pelo qual os custos de manutenção excederam em 15% o orçamento previsto para o mês.
Observação	Observar o processamento completo do pedido do hóspede da solicitação até a entrega do alimento, para determinar a eficiência do processo.
Rechecagem	Adicionar o custo dos itens de alimentação em estoque para verificar o total computado.

A fase de avaliação é crítica para se tomar conclusões que são a base das decisões do gerenciamento. O alcance desta fase pode ser melhor entendido ao responder estas questões.

1. Qual o nível de resultado atingido no presente? O foco pode ser quão bem um procedimento é cumprido como medida de eficiência ou eficácia.
2. Por que o resultado é este? Relacionada a primeira questão está a avaliação do por que os resultados são como são e talvez por que eles não são melhores.
3. Finalmente, o que poderia ser feito para se conseguir melhores resultados no futuro?

A fase final é relatar os resultados da auditoria. O relatório faz um sumário do que foi conseguido e torna os resultados disponíveis para o nível de gerenciamento executivo. O relatório é o ponto pelo qual o auditor interno comunica todo pessoal interessado da empresa. A auditoria interna, incluindo o relatório de auditoria, permite ao auditor servir melhor os interesses da empresa ao ajudar no gerenciamento.

4. Evolução da Auditoria Noturna

Richard M. Howey

Os hotéis sempre precisaram de métodos para manter as contas dos hóspedes atualizadas e prontas para a apreciação do hóspede quando este deixa o hotel. Devido aos *check outs* acontecerem sempre de manhã, esta obrigação fica com os funcionários que trabalham no período da noite – as pessoas que trabalham das 23 às 7h da manhã – acumular todas as cobranças e créditos que cabem aos hóspedes e preparar a apresentação da conta. Com o passar dos anos, este procedimento passou a ser conhecido como a auditoria noturna, e os indivíduos que realizam esta tarefa são chamados de auditores noturnos.

Como o tamanho e a complexidade dos hotéis cresceram e a demanda do auditor noturno cresceu, o procedimento do auditor noturno evoluiu de um processo relativamente simples de escrita à mão para os sofisticados sistemas eletrônicos que mesmo os hotéis pequenos usam atualmente. Entretanto, o processo fundamental permanece o mesmo.

QUEM É O AUDITOR NOTURNO?

Parte do procedimento do auditor noturno envolve compilar a conta do hóspede para apresentação. Estas contas são as contas a receber do hotel e devem ser expedidas diariamente para que os hóspedes possam checar as contas ou deixar o hotel a qualquer momento.

Há, entretanto, mais para o auditor noturno fazer do que simplesmente preparar as contas dos hóspedes. A tarefa principal, e a porção real de "auditoria" no processo, é conciliar todas as contas, assegurando que todas as cobranças estejam postadas corretamente para o hóspede certo. Os registros de cada cobrança do hotel são enviados para o auditor noturno, que compara o que foi passado para a conta dos hóspedes com o que realmente foi cobrado em cada departamento. Este processo culmina quando o auditor realiza a análise do balanço de todas as diferentes contas dos hóspedes, assegurando que todas as transações de contabilidade relativas a estas contas estejam corretas.

A razão para que isso seja feito à noite é simples. Como as contas dos hóspedes devem ser mantidas atualizadas, um sistema "normal" de contas a receber ao final de um longo período (como um mês) seria claramente inadequado. A maioria das operações hoteleiras nunca considerariam este tipo de procedimento, porque os ex-hóspedes seriam espalhados sobre uma área geográfica grande, tornando a coleta difícil. Além disso, mesmo um hotel pequeno acumularia um grande número de contas em um tempo relativamente curto. Por exemplo, um hotel de 250 quartos que estivesse com uma ocupação de 70% durante um mês, com somente uma pessoa por quarto, geraria 5.250 dias de negócios de hóspedes (250 X 30 X 0,7). Se cada hóspede ficasse três dias, isto significaria que haveria 1.750 diferentes tipos de contas (5.250/3) para serem preparadas no final do mês! Claramente seria melhor coletar os dados quando os hóspedes deixassem o hotel.

Evolução da Auditoria Noturna

O propósito original do procedimento de auditoria noturna era assegurar que as contas apresentadas aos hóspedes estivem corretas e atualizadas. As contas tinham de ser ajustadas antes dos hóspedes partirem. Como isso acontece geralmente de manhã e como o plantão noturno na recepção era geralmente calmo, era lógico que o procedimento fosse feito neste horário. O mesmo também permitiria que alguém enviasse todas as contas que cabiam aos hóspedes antes dos mesmos irem para a cama, incluindo a cobrança de *room service*. À meia-noite, poderia ser entendido que todos que chegassem ao hotel fossem registrados. O dia da contabilidade terminaria com o fechamento da última partida, geralmente no *lobby*, e todas as cobranças para o dia seriam divulgadas.

A história do procedimento de auditoria noturna pode ser dividida entre três categorias principais: (1) a transcrição à mão, (2) a auditoria à máquina, e (3) a auditoria eletrônica. Cada uma das categorias evoluiu como uma resposta necessária ao aumento do tamanho e complexidade das operações hoteleiras, juntamente com o desenvolvimento de novas tecnologias para auxiliarem o auditor noturno. Enquanto estas três categorias evoluíram na ordem apresentada, deveria ser lembrado que há um número de hotéis hoje que usa a transcrição à mão ou à máquina, e, por bons motivos, ainda não adotou completamente a última tecnologia.

Transcrição à Mão

No início da hotelaria moderna, a transcrição à mão se desenvolveu por necessidade dos atendentes para dar conta do crescente número de hóspedes que os hotéis estavam acomodando. Durante o século XIX, os hotéis cresceram rapidamente em tamanho, e não era mais possível a um senhorio ou proprietário realizar todas as tarefas necessárias como um anfitrião. Tradicionalmente, a recepção de um hotel pequeno, se houvesse uma recepção, fechava à noite. Entretanto, com o crescimento dos hotéis, a necessidade de funcionários na recepção e em outros departamentos aumentou, e a noção da recepção funcionando por 24 horas apareceu. Igualmente, a necessidade de manter o controle das contas dos hóspedes aumentou, à medida que cada vez mais estabelecimentos estavam concedendo crédito aos clientes ao invés de exigir pagamento à vista na recepção. Não era mais prático que as contas fossem preparadas quando o hóspede perguntassem pelas mesmas. Além disso, os hoteleiros em geral estavam descobrindo o aumento da necessidade de controle sobre as somas em dinheiro que estavam sendo geradas. Como conseqüência, o conceito de auditoria noturna nasceu e se desenvolveu entre estas condições.

A auditoria noturna original era uma lista totalmente manuscrita das contas dos hóspedes. Em uma folha de papel grande, ou em um livro de registro, as contas individuais dos hóspedes eram arranjadas em fileiras, enquanto os departamentos diferentes que poderiam lançar um débito daquele hóspede eram colocados em colunas. Após os débitos dos hóspedes serem acumulados e cada conta individual ser tabulada, as anotações nas contas eram transferidas para o auditor noturno. A Tabela 1 fornece um exemplo de uma típica transcrição à mão.

Os lançamentos de pagamentos (débito) e crédito (pagamento) eram incluídos. Os totais das fileiras eram calculados como débito menos crédito igual ao total devido. Os totais das colunas eram calculados e representavam o total de débitos ou créditos para cada departamento. Desta forma, os auditores seriam capazes de verificar a conta do hóspede pela comparação da mesma com a conta originalmente criada. Mais importante, os auditores poderiam então comparar os totais dos departamentos com outro conjunto de totais preparado por departamentos individuais. Qualquer discrepância teria de ser resolvida. Na essência, esta era a verdadeira parte da auditoria noturna – revisar as contas e certificar de que as mesmas estavam corretas.

Infelizmente, várias outras tarefas foram pedidas aos auditores, o que limitou seu tempo e a habilidade de "auditar" os livros. Isto será discutido na próxima parte. O que é importante é que a função básica do auditor, e a metodologia fundamental de como a auditoria funciona, permanece essencialmente inalterada enquanto o processo de auditoria evolui. A tarefa primária do auditor noturno de hoje ainda é conferir as contas, e isolar e remediar erros. O que mudaram foram as ferramentas pelas quais a auditoria é feita.

Auditoria à Máquina

Enquanto as máquinas registradoras se tornavam populares, as máquinas especializadas estavam sendo desenvolvidas para propósitos especializados, uma das quais era uma máquina que desempenharia os aspectos mecânicos da auditoria noturna. Talvez a mais famosa desta foi a série de máquinas de lançamentos contábeis construída pela National Cash Register Company. Quase todos os gerentes de recepção ou gerentes de hotéis que começaram a carreira nos meados de 1930 até o final dos anos 1980 experimentaram uma ou outra destas máquinas.

As vantagens destas máquinas eram várias. Primeiro, elas somariam automaticamente os débitos ou créditos de cada departamento, eliminando a necessidade de calculadoras de mão. Segundo, a fatura, que é o registro permanente de hóspedes poderia ser processado através da máquina, fornecendo ao hóspede (e aos funcionários da recepção) informações completas sobre créditos e débitos durante a estadia do hóspede, incluindo a data da transação, o departamento envolvido, a quantia da transação e o número do quarto para qual a cobrança foi enviada. Esta abordagem "automatizada" eliminou muito do trabalho enfadonho no aspecto da escrituração da auditoria e liberou os auditores para gastarem mais tempo na parte de auditoria de seu trabalho – encontrar erros e corrigi-los. Como resultado, o número de indivíduos necessários para completar a auditoria noturna pode ser reduzido; uma pessoa poderia fazer o trabalho de um hotel de 300 quartos, assumindo uma taxa de ocupação de 70%.

Uma terceira vantagem da máquina era que cada funcionário de postagem individual poderia ser controlado tendo diferentes chaves da máquina. Entretanto, seria mais fácil monitorar esta atividade da recepção. Isto se tornou especialmente importante com o crescimento dos hotéis e os funcionários de postagem se tornaram responsáveis em enviar as cobranças para as contas dos hóspedes, enquanto elas eram acumuladas durante a operação do dia. A meta era requerer que o auditor noturno enviasse o mínimo de cobranças possíveis, então liberando-o para realizar sua tarefa de auditoria.

TABELA 1
Transcrição Diária das Contas a Receber

1	2	3	4	5	6	7	8	9	10	11	12	13	14	15	16	17	18	19	20	21	22
Fólio número	Quarto número	Número de hóspedes	Abertura do balanço	Quarto	Taxa de quarto	Restaurante	Bebidas	Ligações locais	Ligações de longa distância	Lavanderia	*Valet*	Cobranças miscelâneas	*Cash* disb.	Transferência de débitos	Total de cobrança diária	Recibos à vista	Empréstimos	Transferência para livro de registro da cidade	Transferência de crédito	Total de créditos	Fechamento do balanço
	201																				
	202																				
	203																				
	204																				
	205																				
	206																				
	207																				

TABELA 2
Balanço à Máquina do Auditor Noturno

D – BALANÇO À MÁQUINA DO AUDITOR NOTURNO NÚMERO ______________

DATA ______________

	DATA SÍMBOLOS	TOTAIS LÍQUIDOS	CORREÇÕES TOTAIS	
Quarto				
Restaurante				
Telefone				
Chamadas a distância				
Lavanderia				
Diversos				
Pagamentos				
TOTAL DE DÉBITOS				
Diversos				
Pago				
TOTAL DE CRÉDITOS				
DIFERENÇA LÍQUIDA				
ABERTURA DO BALANÇO				
PENDÊNCIA LÍQUIDA				
TOTAL DO BALANÇO				
MENOS O CRÉDITO				
PENDÊNCIA LÍQUIDA				

DETECTOR DE LEITURA DO CONTADOR

CONTROLE DO AUDITOR ______________

NÚMERO DA MÁQUINA ______________

- ❑ DATA ALTERADA
- ❑ CONTROLE TOTAL
- ❑ *MASTER TAPE* (CÓDIGO)
- ❑ CONTROLE DE AUDITORIA (CÓDIGO)

AUDITOR ______________

(CORTESIA DE NCR CORPORATION)

Uma quarta vantagem, e talvez a mais importante do ponto de vista do auditor noturno, era a habilidade de imprimir uma ficha chamada cartão "D". O cartão "D", demonstrado na Tabela 2, era uma ficha especial que automaticamente somava a atividade do dia inteiro. Isto dá totais de departamentos para todas as transações de débito e crédito que eram feitas na máquina de postagem. Esta ficha particular era impressa enquanto o auditor noturno estava limpando a máquina, ou "zerando" os totais da máquina, habilitando-a para as transações do dia seguinte. Obviamente, isto seria feito somente quando todas as postagens do dia estivessem completadas. O cartão D naturalmente seguia os cartões A, B e C, que eram totais individuais para os funcionários de postagem durante os turnos de oito horas por dia (na verdade, o auditor noturno poderia ser o funcionário "C" do turno).

Este sistema de controle permitia que três tipos de controle fossem colocados em cada empregado envolvido nas cobranças. Os departamentos de caixas poderiam validar as cobranças feitas pelos funcionários individualmente nos departamentos. Os funcionários poderiam validar quaisquer mudanças de vendas dos vários departamentos. O auditor noturno, que poderia validar o trabalho dos funcionários da postagem, era a única pessoa que poderia reprogramar a máquina. Note, entretanto, que este sistema não se aplica quando o auditor noturno envia as contas, assim também quando as verifica.

Uma outra situação ocorreu durante o tempo que as máquinas de postagem/auditoria se desenvolviam. Até este ponto, toda a discussão se centralizava nos débitos feitos pelos hóspedes que estavam no hotel ou os hóspedes passantes. Estas contas eram agrupadas no que veio a ser conhecido como o Livro de Passantes. Entretanto, outra categoria inteira de hóspedes existia: hóspedes que não estavam no hotel no momento, mas a eles eram permitidos privilégios de débitos. Originalmente, estes indivíduos provavelmente moravam na cidade onde o hotel estava localizado e, como resultado, vieram a ser conhecidos como hóspedes da cidade. As contas da cidade eram, e ainda são, muito similares ao tipo de contas-padrão encontradas em qualquer loja de varejo porque era mais fácil faturá-las do que faturar as contas dos hóspedes passantes. Entretanto, como a maioria das transações nos hotéis permanecia como contas de passantes, a função do auditor noturno foi expandida para incluir estas cobranças também. Isto simplificava o processo de contabilidade, tendo todas as contas debitadas em uma área somente.

Em termos gerais, então, o trabalho do auditor noturno incluiria os seguintes passos:

1. Postar qualquer cobrança departamental para suas contas apropriadas, não importando se for hóspede da cidade ou passante.
2. Postar todas as cobranças, incluindo taxas para suas contas apropriadas.
3. Realizar um balanço-teste das contas, para assegurar que todas estejam corretas. Fazer qualquer ajuste que seja necessário.
4. Finalizar a auditoria limpando a máquina e preparando-a para o dia seguinte.
5. Preparar qualquer relatório que a gerência tenha pedido.

Houve problemas associados com as máquinas de auditoria. Primeiro, as máquinas postavam qualquer conta que o funcionário iniciasse. Isto significava que a postagem para uma conta errada, ou esquecer a postagem, ainda eram problemas. Além disso, como qualquer postagem feita seria agora parte do total acumulado da máquina, fazer mudanças não era simplesmente uma questão de apagar o número errado e colocar o certo. Como conseqüência, uma nova série de contas teve de ser criada para permitir correções nos balanços. Esta situação nova, claro, criou mais trabalho burocrático.

Auditoria Eletrônica

O tipo final de auditoria, e o tipo geralmente usado na maioria dos hotéis hoje, é a auditoria eletrônica. Essencialmente, esta tendência revolucionária é uma ramificação da revolução do computador. Enquanto as auditorias à máquina eram muito mais sofisticadas e tinham controles melhores que os escritos à mão, não havia nada mais que máquinas especializadas em somar. Enquanto qualquer discussão da sofisticação da auditoria eletrônica seria por necessidade obsoleta no momento que é escrita, a auditoria eletrônica tem várias vantagens sobre a auditoria manual ou à máquina que é difícil mencionar.

Mesmo com a auditoria à máquina, o trabalho de identificar erros e provar a exatidão do balanço ainda era do auditor. Hoje, entretanto, os sistemas de computador têm sido projetados para 'pensar" no sentido de que eles podem ser programados para apontar erros dentro do sistema, eliminando outra necessidade do auditor gastar tempo. Por exemplo, um computador pode ser programado para realizar a validação dos cheques nas contas, significa que eles verificam a exatidão dos lançamentos. Essencialmente, o número de controles que podem ser programados no computador é ilimitado.

Outra vantagem do sistema eletrônico é que qualquer informação que o auditor precise, assim como qualquer número que a gerência queira, pode ser conseguido de qualquer forma desejada. A Tabela 3 é um exemplo de relatório de auditoria noturna feito para parecer muito similar à transcrição à mão, mas há virtualmente centenas de relatórios diferentes que podem ser gerados da mesma base de dados armazenada no sistema.

Os relatórios variam de status do apartamento a relatórios de alimentos e bebidas e de governança, ou seja, qualquer relatório que a gerência desejar. Na verdade, esta situação poderia ser um problema se muito papel irrelevante fosse gerado.

Talvez a vantagem mais importante da auditoria eletrônica para o auditor noturno é que ela permite que mais tempo seja gasto em outras atividades. A maioria dos sistemas tem comandos que permitem o lançamento de débitos de quartos (tarifa, taxa de quarto e ligações locais) para ser feito automaticamente. Isto poupa uma enorme quantidade de tempo porque o auditor não precisa lançar todos os débitos separadamente. Há muitas outras maneiras pelas quais estes sistemas podem poupar tempo. Talvez o exemplo maior é o do sistema do ponto de venda, onde os débitos dos departamentos são lançados diretamente da caixa registradora do departamento para a fatura do hóspede, eliminando a necessidade de funcionários intermediários. Por exemplo, há sistemas de pontos de vendas no *lobby* e nos salões de jantar que transmitirão qualquer débito feito no local para o computador central, que automaticamente irá lançar a co-

TABELA 3
Relatório de Balanço do Livro de Escrituração – 13 de Setembro – Registrado

Fólio	Quarto	Nome	Balanço de Abertura	Taxa de Quarto	Incidental	Alimentos	Bebidas	Pagamento	Fechamento de Balanço	Pago por	Acima do Limite
00004	104	HOWEY, M/M	99,75+	0,00	0,00	0,00	0,00	0,00	99,75+	CA	99,75
00006	110	MCKNIGHT, PATTI	1.068,25+	0,00	0,00	0,00	0,00	0,00	1.068,25+	MV	568,25
00007	108	MCKNIGHT, PATTI	0,00	0,00	0,00	0,00	0,00	0,00	0,00	AX	
00011	202	ROACH, ROCKY	47,18+	0,00	0,00	0,00	0,00	0,00	47,18+	CA	47,18
Total			1.215,18+	0,00	0,00	0,00	0,00	0,00	1.215,18		

brança para a conta indicada. O que estes sistemas sofisticados exigem é um tipo diferente de auditor, um que entenda o processo do computador e possa desempenhar as funções de auditoria necessárias na era do processamento eletrônico de dados.

Há, na verdade, ainda alguns problemas associados aos sistemas de computador, incluindo o mencionado acima a respeito de um excesso de relatórios gerados. O problema também é que as contas podem ser lançadas incorretamente. Muitos dos sistemas caracterizam-se por construção de proteção que efetivamente minimizam estes erros humanos. Um exemplo é o registro de ponto de venda, que tem preços programados, assim erros de preços não podem ser cometidos.

Um terceiro problema se refere ao fato de que o maquinário eletrônico não necessariamente produz *backups* dos registros de hotéis. Então, se o sistema falhar e não forem feitos *backups*, pode não haver maneiras de reproduzir as contas dos hóspedes. Pior que isso, eles podem ser todos perdidos. É extremamente importante que o procedimento operacional do sistema previna este tipo de ocorrência catastrófica. Já aconteceu de os funcionários da recepção terem de literalmente bater na porta do quarto dos hóspedes para saber se havia alguém, e então perguntar para o hóspede quanto era a conta dele.

Há uma advertência final para todos aqueles que estão aprendendo a lidar com computadores, ou mesmo máquinas, os sistemas de auditoria noturna. As máquinas falham, e as pessoas que são responsáveis pela geração de faturas para apresentação ao hóspede sempre precisarão ter de saber fazer o trabalho manualmente se o sistema falhar. Mesmo o *controller* mais consciente ou o gerente de recepção inevitavelmente enfrentarão situação de crise onde o sistema não pode fornecer a informação necessária. Por este motivo todos os funcionários envolvidos na preparação das faturas dos hóspedes deveriam saber como acumular a informação necessária para manter aberto o canal de informação entre o hóspede e o hotel. Enquanto os sistemas de computadores disponíveis atualmente podem fazer maravilhas, o trabalho basicamente é do funcionário e o conhecimento do trabalho de como manter o sistema de recepção funcionando, à mão se necessário, sempre será importante.

5. Compras do Hotel como uma Função de Controle e Geração de Lucro

Carl D. Riegel

"Compra" é um termo que tem uma variedade de significados para diferentes pessoas. Entretanto, como é geralmente usado no setor da hospitalidade, ele se refere ao processo de compra: determinando necessidades, localizando e selecionando fornecedores, negociando preços e condições, e assegurando serviço adequado. Além disso, a compra inclui estoque, recebimento, inspeção de chegada e obtenção de bens de capital. Infelizmente, para muitos gerentes no setor da hospitalidade, a compra geralmente é vista com uma atividade suplementar dos funcionários que simplesmente asseguram que as organizações de hospitalidade tenham um estoque adequado de mercadorias e serviços. Na verdade, a compra é muito mais que isso. É uma atividade-chave no negócio que não somente dá apoio às operações do dia-a-dia, mas tem impacto substancial em uma variedade de funções de negócios variando do lucro ao posicionamento competitivo. O propósito deste artigo é fornecer uma visão geral da compra como uma atividade-chave no negócio das operações de hospitalidade.

OPERAÇÕES EFICIENTES

O aumento das operações de hospitalidade é provavelmente a contribuição mais básica das compras. Ele faz isso assegurando que as mercadorias e serviços sejam compradas nas quantidades adequadas, com qualidade adequada, certificando-se de que as entregas sejam feitas a tempo, e gerenciando o estoque de maneira que as matérias-primas forneçam o máximo serviço. O departamento ou gerentes com a responsabilidade de comprar fazem isto acontecer trabalhando com os gerentes de operações para determinar necessidades, selecionar vendedores confiáveis e desenvolver sistemas que assegurem o bom uso das matérias-primas na operação – do recebimento nas docas até o estoque, até os depósitos de alimentos e bebidas, da governança ou qualquer operação ou departamento que exijam estes produtos.

CONTROLE

Compras exerce uma influência significativa tanto na qualidade como no controle de custos. A qualidade dos bens de capital como mobília, instalações e equipamentos afetam a imagem e a eficiência da operação. Através de pesquisa de produto e seleção, os gerentes de compra asseguram que os itens apropriados estejam disponíveis quando são necessários. Igualmente, a qualidade da comida e da bebida é o ingrediente-chave no resultado da qualidade dos produtos finais. Os gerentes responsáveis pela compra fazem muito para o controle de alimentos e bebidas, ao assegurarem que os itens de alimentos e bebidas estejam de acordo com as especificações de qualidade e ao fazer pesquisas, determinar as especificações de qualidade necessárias para os itens novos.

A compra também exerce influência no controle de custos. Por exemplo, o custo de materiais, incluindo alimentos e bebidas e suprimentos, freqüentemente está entre 35 e 50% nas operações de alimentos e bebidas. O potencial para os compradores pouparem dinheiro através da compra prudente e sistemática é substancial. As organizações de hospitalidade não podem ser competitivas ao menos que eles possam fornecer aos hóspedes produtos e serviços a um preço e qualidade que o hóspede sinta que são aceitáveis. Quando a competição é baseada no preço, como freqüentemente é, ser capaz de comprar para revender a um preço mais baixo que a concorrência é um longo caminho andado para galgar posições competitivas. Veja, por exemplo, uma organização de cadeia de restaurantes que é capaz de comprar costelas de primeira na base de contrato nacional, que reduza os custos, por porção, em 50 centavos comparado aos competidores. Uma redução de 50 centavos no custo pode significar que o restaurante tem habilidade de vender aquele item a pelo menos US$1,25 a menos que seus competidores. Isto melhora a posição deles frente aos competidores.

LUCRO

A compra influencia o lucro de duas importantes maneiras. Primeiro, cada dólar poupado através de uma compra prudente e criteriosa vai direto ao saldo positivo; e segundo, o uso efetivo dos bens ativos basicamente afeta o retorno do investimento na empresa (ROI).

Vamos explorar o relacionamento entre a poupança nas compras e os resultados do caixa. Esta situação típica ilustra o potencial de fazer lucro por meio de compras prudentes. Vamos assumir que a companhia hoteleira Sleep-All-Night tenha um volume de vendas de aproximadamente US$267 milhões, dos quais 30%, ou aproximadamente US$80 milhões, é originário das vendas de alimentos e bebidas. O custo de material para alimentos e bebidas gira em torno de 40%, mais ou menos US$8 milhões. Se a gerência for astuta e capaz de aumentar as vendas em US$20 milhões (25%), isto representaria um aumento de US$2 milhões no saldo (0,10 × 20.000,00 = US$2.000,00) Entretanto, se a compra for capaz de diminuir o custo das vendas para 37,5%, uma diminuição de 2,5%, os US$2 milhões poupados iriam diretamente para o saldo positivo, o que é o mesmo que acontece com um aumento de 25% nas vendas! A seguinte fórmula simples pode ser usada para determinar as vendas equivalentes à economia nas compras:

$$X = Y / Z$$

Onde: X = o volume de vendas adicionais necessário para produzir uma pré-taxa de lucro igual ao produzido pela redução do custo das compras

Y = a redução (expressa em dólares) no custo da compra

Z = a margem de pré-taxa de lucro expressa como decimal

No exemplo anterior, a equação pareceria como o que segue abaixo:

$$X = \text{US\$}2.000.000 / 0.10$$

$$X = \text{US\$}20.000.000$$

Entretanto, isto requereria um aumento de US$20 milhões nas vendas para se igualar à redução de custos em US$2 milhões, no saldo. Embora uma redução de 5% nos custos de compras seria difícil, não é impossível. Da mesma forma, um aumento de 25% nas vendas não seria impossível, mas seria muito mais difícil de se conseguir do que uma redução nos custos de 5%. O efeito da compra em ROA é similar, se menos dramático.

Para acessar o desempenho global da organização, é essencial considerar a taxa de retorno produzida por todo o capital investido na operação. Isto é chamado retorno do investimento. Enquanto a margem de lucro nas vendas é importante, ela é somente a metade da equação ROI. O uso efetivo dos recursos da organização é igualmente importante, e a fórmula para ROA (uma maneira comum usada para calcular o retorno no investimento) ilustra o por quê. Em termos de contabilidade a ROA é igual a margem de lucro vezes a taxa de retorno dos bens. Em termos matemáticos, isto seria expressado da seguinte maneira:

ROA = renda operacional (ex., lucro) / total de bens

Ou

ROA = (renda operacional / vendas) × (vendas / bens total)

Como você pode ver, uma metade da equação é relacionada a quão bem os gerentes usam os bens em relação ao total das vendas e a outra é relacionada sobre como os gerentes controlam os custos em relação as vendas.

Vamos usar o seguinte exemplo para ilustrar: Uma organização de hospitalidade tem uma receita operacional de US$1 milhão a cada US$10 milhões em vendas, e seus bens totais são iguais a US$9 milhões. Se nós colocarmos isto na equação listada acima para a ROA, a equação pareceria assim:

(US$1.000,000 / US$10.000.000)
× (US$10.000,000 / US$9.000,000)
= 0,11 ou 11% ROA.

A compra pode influenciar tanto o lado do lucro, através da redução de custos como o lado dos bens, através da redução total de bens. Vamos dizer que através da compra criteriosa nós fossemos capazes de aumentar a renda operacional para US$1,2 milhões e diminuir a base de bens para US$7 milhões. Vamos calcular o efeito na ROA:

(US$1.200,000 / US$10.000,000) ×
(US$10.000,000 / US$7.000,000)
= 0,17 ou 17% ROA

Assim a influência de compra na ROA é obvia.

CONCLUSÃO

É esperado que este pequeno artigo o ajude a enxergar que as compras são uma base importante e uma atividade-chave nos negócios. Por outro lado, é uma atividade de apoio, assegurando que as operações ocorram de maneira eficiente, mas, por outro lado, é muito mais do que uma pesquisa de produto e a realização do pedido. Ela tem um relacionamento direto com o controle de qualidade e com o controle de custo, e por causa disto ela também influencia diretamente o lucro como foi expresso no saldo e no retorno do investimento.

6. Função de Compra no Hotel

C. Lee Evans

A função de compra no hotel não tem mudado muito nos últimos quinze anos. Até o final dos anos 80, várias vantagens fiscais eram a principal razão da construção de hotéis americanos. Oferecer um retorno substancial no investimento não era esperado ou necessário.

Na nossa economia atual, as expectativas quanto à lucratividade nos hotéis mudou. A lucratividade é agora necessária, juntamente com a manutenção do nível estabelecido de qualidade. Isto causou um novo interesse na função de compras e uma maior importância foi dada à redução de custos.

Hoje, os gerentes de hotéis entendem que a verdadeira redução de custos geradas no departamento de compras são dólares que vão diretamente para o saldo positivo sem nenhum custo incremental associado. Não é difícil gerar economia arbitrariamente; o verdadeiro desafio é criar eficiência de custos utilizando especificação de padrão.

A compra para o hotel requer muito mais do que obter três ofertas e escolher o preço mais baixo. A verdadeira definição de compra deveria ser "comprar o produto certo, no preço certo, no tempo certo".

A afirmação parece extremamente simples, mas quando é aplicada a 1.000 ou 2.000 itens, ela apresenta um grande desafio para o gerente de compras. A função de compras do hotel apóia virtualmente todos os departamentos dentro da propriedade, não importa se as compras são de produtos químicos para a governança ou para a limpeza na cozinha, suprimento para escritório, departamento de marketing, suprimentos de computadores para os contadores, ou matéria-prima de alimentos e bebidas para os restaurantes.

O gerente de compras geralmente responde para o *controller* do hotel ou para a divisão de controle financeiro do hotel. Eu estou convencido de que isto mudará no futuro, porque há uma necessidade para uma abordagem mais operacional ao gerenciar a função de compras. Nós precisamos ter um equipe que esteja comprometida com a meta comum de servir nossos clientes.

A estrutura hierárquica começará a mudar para operações, com o gerente de compras diretamente respondendo para o gerente geral ou para o assistente executivo ou mesmo ao gerente de operações em propriedade maiores. Isto ajudaria a promover a filosofia de trabalho em equipe, e as compras apoiariam e serviriam os clientes diretamente mais do que agindo como um apoio para os outros departamentos do hotel.

Com o aumento de importância da função de compras, a missão utópica do gerente de compras é a de procurar que os custos dos produtos e serviços efetivamente encontrem ou excedam a expectativa do cliente. É necessário avaliar continuamente as especificações do produto para incorporar novos produtos com novas tecnologias.

ORGANIZAÇÃO DE COMPRAS

O departamento de compras pode ser organizado em três áreas básicas:

- *Administrativa:* Esta área consiste da checagem de preços, seleção de fornecedores, e a compra de produtos não estocáveis. Os produtos não estocáveis são itens comprados para uso imediato ou colocados no estoque de outros departamentos do hotel.
- *Recebimento:* Há duas categorias de recebimento: (1) mercadorias do hotel, que são colocadas em estoque na área de compras, ou outros itens que são imediatamente levados ao departamento que requisitou, hóspede ou grupo; (2) itens que são encaminhados para um hóspede registrado ou algum grupo.
- *Circulação:* A circulação do produto se dá em duas categorias: (1) suprimento de alimentos e bebidas, consistindo de todos os itens de alimentos e bebidas, vinho, cerveja e outras coisas estocadas nos estoques dos departamentos; (2) itens como suprimento de escritório, formulários impressos e roupa de cama. Esta é somente uma pequena lista de itens que dependem do layout físico das áreas do hotel.

Os funcionários e a segregação de tarefas variam de hotel para hotel, dependendo do tamanho da propriedade e do *layout* físico das áreas no interior do hotel. Um quadro da organização parcial é mostrado na Figura 1. Amostras de descrição das funções estão incluídas nos apêndices.

FIGURA 1
Quadro de Organização Parcial de um Hotel

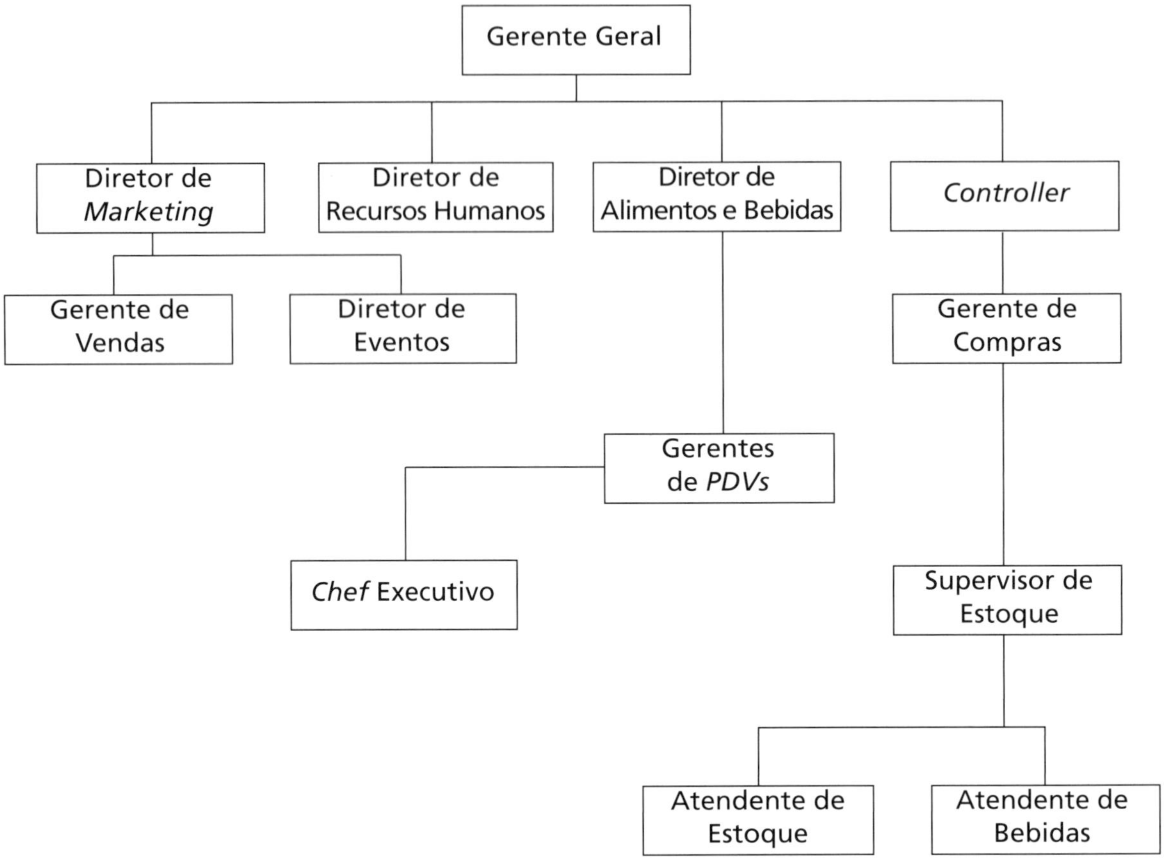

RELACIONAMENTOS INTERDEPARTAMENTAIS

É essencial que o gerente de compras desenvolva um relacionamento próximo aos gerentes-chave dentro do hotel. Estes relacionamentos devem construir e demonstrar confiança, crédito no julgamento e integridade. Os gerentes-chave seriam os seguintes:

- Gerente geral do hotel.
- Assistente executivo/gerente de operações.
- Diretor de alimentos e bebidas.
- Chef executivo.
- Diretor de governança.

A interação entre o gerente de compras e todos os outros departamentos ocorre numa base regular. A interação verbal é a mais freqüente, por telefone ou ao vivo. A implementação tecnológica do correio de voz e processos eletrônicos de comunicação tornaram mais eficiente o processo. A comunicação pode ser feita rapidamente entre um grande número de pessoas.

A maioria das interações do dia-a-dia do gerente de compras envolve algumas das seguintes:

- *Gerente geral/gerente executivo assistente:* Questões relacionadas a mudanças de qualidade e todas as discussões ligadas às despesas capitais (definidas como equipamento ou compras de renovação excedendo US$2.000).
- *Diretor de alimentos e bebidas:* Questões não resolvidas de compra de alimentos e informação relacionada a vinho, cerveja e demais destilados.
- *Chef executivo:* Questões ligadas a compra de alimentos. Esta área requer comunicação direta quanto ao desempenho dos fornecedores, mercados variados de alimentos, qualidade e disponibilidade de informação.
- *Diretor de governança:* Coordenação e compra de roupa de cama, mercadorias (como papel higiênico, lenços faciais e toalhas de papel), uniformes e produtos químicos e de limpeza para lavanderia.

Um bom gerente de compras baseia suas decisões de compras usando o mesmo critério para todas as decisões de negócios – dados. Ninguém consegue ser especialista em todos os produtos disponíveis. Aqui é onde as especificações de compra entram em ação. As especificações escritas devem ser desenvolvidas para todos os produtos-chave. Estes produtos devem ser testados periodicamente para verificar se eles oferecem ou excedem as especificações. Exemplos de testes poderiam ser um teste mensal no açougue para especificar cortes de carne ou um teste anual de tecido da roupa de cama em um laboratório independente.

FONTES DE COMPRAS

Há muitas fontes de informação para identificar produtores, processadores e fabricantes. Os dados técnicos também estão disponíveis. As fontes listadas no Apêndice 4 são um pequeno exemplo de material disponível para o gerente de compras.

O DIA DO GERENTE DE COMPRAS

7h. Inspecionar a qualidade dos alimentos e bebidas perecíveis enquanto eles são entregues no hotel. Isto inclui rejeitar produtos inferiores ou incorretos e então contatar o fornecedor apropriado para retificar questões ou determinar outra fonte, se necessário. A média diária de compras pode variar de US$3.000 a US$50.000, dependendo do tamanho do hotel e do nível de negócios.

9–11h. Participar de uma reunião com o *chef* e representantes dos departamentos de eventos e banquetes para rever os negócios. Também estaria incluída uma revisão do formato da sala para cada função agendada, menus e o mais importante, os números de participantes confirmados.

12h. Todas as compras de alimentos e bebidas já foram recebidas e distribuídas. É feito agora um inventário de todos os itens no estoque para determinar as próximas necessidades do dia. Após rever os níveis correntes de negócios e os fornecedores serem escolhidos, os vendedores são selecionados. Os pedidos agora são enviados para todos os fornecedores. O número de fornecedores pode variar de 1 a 25.

O resto da tarde é gasto no trabalho de compra de produtos não perecíveis, obtenção de ofertas e na checagem de pedidos atrasados para a entrega.

A semana média de trabalho para o gerente de compras é de 50 a 60 horas e pode incluir os finais de semana. Para a maior parte, as horas normais de trabalho são das 7 às 18h, de segunda à sexta-feira e das 7 às 12h, no sábado.

DIREÇÃO E INTERAÇÃO CORPORATIVA

A direção corporativa e o controle variam em cada empresa. Como regra, muitas das empresas hoteleiras que gerenciam ao invés de franquear suas propriedades estão mais envolvidas em estabelecer políticas e procedimentos. Os padrões mínimos que o gerente de compras geralmente seguiria para um hotel gerenciado por uma grande empresa estão estabelecidos no Quadro 1.

A função de compra corporativa ainda é vista com ceticismo, apesar de não ser mais como no passado. Hoje, compras não é um centro de lucro e está estabelecida para beneficiar propriedades gerenciadas. A idéia para o futuro é fazer mais com menos, e isto se aplica ao nível corporativo, assim também como nas propriedades individuais. O método mais eficiente de sistema de compras é ter como alvo os dólares gastos e a criação de maneiras eficientes de comprar itens de grande volume. Os escritórios de hotéis corporativos estão atualmente trabalhando para alcançarem esta meta. Os itens que podem ser considerados para acordos de sistemas entre a corporação e os escritórios de compras estão listados no Quadro 2.

CONCLUSÃO

As compras no hotel devem focalizar e utilizar recursos de maneira mais eficiente hoje. No passado, uma abordagem opressora era usada para resolver questões com os fornecedores. Enquanto nos voltamos para a construção de parcerias com fornecedores-chave hoje, uma abordagem de trabalho em equipe propicia um ambiente para construir forças de ambos os lados do hotel e do fornecedor.

Outro componente-chave nos negócios hoje é a comunicação, internamente no hotel e externamente com os fornecedores. Um dos nossos fornecedores nacionais tem a capacidade de ligar seu serviço a clientes emitindo pedidos em nossas propriedades domésticas através de uma rede de computadores conectada em cada propriedade. Nossos hotéis podem fazer pedidos diretamente para o fornecedor através de um sistema de trabalho em rede e receber confirmação imediata. Este sistema permite que ambos, nossas propriedades e os escritórios corporativos, acessem preços, disponibilidade e consumo.

QUADRO 1
Padrões Mínimos para os Gerentes de Compras

1. Cotações de preços competitivos devem ser obtidas em todas as compras excedendo 100 dólares. As exceções seriam custos mais acordos com fornecedores de alimentos primários e itens controlados pelo governo.
2. Deve ter todo o estoque documentado sobre todos os produtos que são colocados no inventário.
3. Todas as ordens de compras devem ser numeradas e controladas e devem concordar com o processo executivo de aprovação.
4. O departamento de compras deve manter um sistema eficiente de preenchimento de fichas.
5. Todas as mercadorias e produtos são inspecionados, contados/pesados para verificar a concordância com a documentação de entrega.
6. O *chef* executivo e o gerente de compras devem manter especificações de alimentos sobre o volume de itens de mais de 30 dólares.
7. As compras de alimentos e bebidas de todos os dias devem ser recapituladas e checadas.
8. Os departamentos de compras e de contabilidade devem conduzir inventários físicos mensais com o propósito de estabelecer valor e calcular despesas atuais.

QUADRO 2
Itens a Serem Considerados em Sistemas Maiores de Acordos

Uniformes	Descansador de garrafas
Guardanapos de *cocktail*	Porcelana
Talheres de prata	Formulário de contas
Bolsas de lavanderia	Conjuntos de camas
Roupas de cama	Canetas e lápis para os quartos
Emblemas	*Kits* de necessidade pessoal
Sinais de "privacidade" e "por favor arrume"	Pacotes de açúcar
Palitos para mexer	Amenidades para o quarto de hóspedes
Frigobares	Produtos de papel para os quartos dos hóspedes
Produtos químicos para lavanderia	Produtos químicos para governança
Produtos químicos para limpeza	Reservatórios de xaropes/caldos
Papéis e formulários para computador	Fósforos
Cartões de visitas	Produtos de carne
Combustível para aquecimento de *buffet*	Óleos para cozinha
Produtos em conserva	Xaropes
Produtos de tomate	Produtos de ovos
Café & Equipamento	

Para ser capaz de ter sucesso no futuro, nós devemos resistir aos limites dos nossos paradigmas tradicionais. Nós devemos continuamente examinar as maneiras que conduzimos os negócios e lutar para abordagens novas e inovadoras.

APÊNDICE 1 – Exemplo de Descrição do Cargo

Titulo da posição: Gerente de compras
Divisão/departamento: Administrativo e geral

Responde para (título): *Controller*
Supervisiona diretamente: Supervisor de almoxarifado, atendente de bebidas e atendente de almoxarifado.
Número de funcionários supervisionados: 3

Função Básica ou Posição

Apoiar os departamentos do hotel com fontes dependentes de materiais e serviços, comprar competitivamente, controlar inventários, desenvolver e treinar pessoas, implementar planejamento e evitar emergências. Implementar e supervisionar todos os procedimentos e funcionários no departamento de compras.

Função

20% Desenvolver e monitorar políticas, procedimentos e objetivos de desempenho para a equipe de compras.
30% Solicitar cotação de preços competitivos.
40% Supervisionar os funcionários do departamento de compras.
10% Tarefas múltiplas. (E.P.= em progresso)

E.P. = Rever os níveis de estoque.
E.P. = Planejar as horas do almoxarifado.
E.P. = Desenvolver funcionários para a posição de supervisão.
E.P. = Manter níveis altos.
E.P. = Assegurar a manipulação correta de recebimento, estoque e emissão.
E.P. = Assegurar a preparação de formulários de alimentos e bebidas.
E.P. = Visitar os fornecedores e ficar a par das tendências de mercado.

Educação, Habilidades e Experiência Normalmente Necessárias

A faculdade ajuda, mas não é exigida. Experiência prévia em compras é uma obrigação. Formação em contabilidade necessária. Habilidade de organização é exigida. Deve ter excelentes habilidades de gerenciamento e muita diplomacia.

Tipo de Orientação Necessária para Dirigir as Atividades da Posição e a Magnitude da Responsabilidade de Tomar Decisões Independentemente

Deve ter a habilidade de atuar independentemente dentro dos parâmetros estabelecidos pelo *controller* e os outros membros do gerenciamento do hotel. Ter autoridade para admitir e demitir.

APÊNDICE 2 – Exemplo de Descrição do Cargo

Título da posição: Supervisor de almoxarifado
Departamento/divisão: Compras
Responde para (título): Gerente de compras
Supervisiona diretamente: Atendente de bebidas, atendente de almoxarifado
Número de funcionários supervisionados: 2

Função Básica ou Posição

Supervisionar os funcionários do almoxarifado e resolver os problemas do dia-a-dia nos almoxarifados de alimentos e bebidas. Ajudar na obtenção de itens perecíveis de alimentos e bebidas, assegurando que estes estejam na qualidade e quantidade certas. Manter um investimento mínimo e reduzir os gastos desnecessários. Manter a alta satisfação e os padrões e cumprir todas as exigências políticas do hotel e dos almoxarifados dos alimentos e bebidas.

Função

50% Supervisionar os atendentes de alimentos e bebidas e fornecer a assistência quando necessária.
5% Preparar os pedidos de alimentos diários necessários.
5% Preparar os pedidos quinzenais.
5% Manter um inventário perpétuo (bebidas, vinho e cerveja).
2% Ajudar o gerente de compras nos pedidos.
5% Preparar a folha de proposta semanal.
5% Preparar a folha de proposta mensal.
2% Manter os arquivos dos fornecedores de alimentos e bebidas corretos.
2% Ajudar no inventário mensal.
2% Preparar a relação de "arquivo morto" do estoque (matérias-primas para as quais não há um produto terminado) para o *chef*.
2% Preparar a relação do arquivo morto do estoque para o diretor de alimentos e bebidas.
10% Delegar tarefas múltiplas. (E.P. em progresso)

E.P. = Inspeção da qualidade do produto.
E.P. = Comunicação com o chef.
E.P. = Manter-se a par das tendências e informação do setor.
E.P. = Manter um sistema de arquivos organizado e exato.

Educação, Experiência ou Habilidades Normalmente Necessárias

1. Nível universitário ajuda, mas não é necessário.
2. Um ou dois anos de experiência anterior em alimentos e bebidas são necessários.
3. Deve ser capaz de ler, escrever e falar inglês fluentemente.
4. Deve ter boas habilidades de organização.

Tipo de Orientação Necessária para Dirigir as Atividades da Posição e a Magnitude da Responsabilidade de Tomar Decisões Independentemente

Deve ter a habilidade de agir como um administrador do departamento de compras na ausência do gerente de compras.

Deve ter a habilidade para atuar independentemente dentro dos parâmetros estabelecidos pelo gerente de compras. Ter a autoridade de contratar e dispensar.

APÊNDICE 3 – Exemplo de Descrição do Cargo

Título da posição: Atendente de almoxarifado/atendente de bebidas
Departamento/divisão: Compras
Responde para (título): Supervisor de almoxarifado
Supervisiona diretamente: Ninguém
Número de funcionários supervisionados: Ninguém

Função Básica ou Posição

Receber, estocar, emitir, revezar e assegurar as mercadorias como designados nos procedimentos do almoxarifado. Registrar transações exatas e seguir as políticas escritas e procedimentos relacionados à compra e aos almoxarifados de alimentos e bebidas.

Função

25% Responsável pela segunda inspeção total do produto, sobre como o mesmo está sendo estocado e revezado. Assegurar o estoque nos lugares corretos das prateleiras.
10% Manter altos padrões de saneamento e o inventário da organização.
10% Participar do inventário mensal.
40% Garantir a conclusão do trabalho burocrático de maneira conveniente.
Ficha A (registro diário de compras e emissão de alimentos)
Ficha B (registro diário de compras e emissão de bebidas)
Emissão do resumo de alimentos
Emissão do resumo de bebidas
Inventário permanente, bebidas
Inventário permanente, papel
Níveis de estoque de alimentos
Níveis de estoque de bebidas
15% Variados

Projetos completos de maneira adequada.

Educação, Experiência ou Habilidades Normalmente Necessárias

Experiência anterior no recebimento de alimentos e bebidas perecíveis, experiência anterior de almoxarifado no controle, estoque e emissão do inventário. Deve ter amplos conhecimentos de matemática e ser detalhista.

Tipo de Orientação Necessária para Dirigir as Atividades da Posição e a Magnitude da Responsabilidade de Tomar Decisões Independentemente

Deve ter a habilidade de atuar independentemente dentro dos parâmetros estabelecidos pelo gerente de compras e pelo supervisor de almoxarifado.

APÊNDICE 4 – Fontes de Compras

The Meat Buyers Guide (1988)
Associação Nacional de Fornecedores de Carne
8365 – B Greensboro Drive
McLean, VA 22102 (703/827-5754)

Fresh Produce Reference Manual (1989)
Produce Marketing Association
P.O. Box 6036
Newark, DE 19714-0636

Poultry Meat and Egg Production
Departamento Americano de Agricultura
Cooperative State Research Service
Van Nostrand Reinhold, New York

The Food Professional's Guide
de Irena Chalmers
American Showcase, New York

Quality Food Pruchasing (Second Edition)
Lendal H. Kotschevar
John Wiley, New York

The Encyclopedia of Fish Cookery
De A.J. McClane
Holt, Rinehart e Winston, New York

The Advanced Seafood Handbook
Seafood Business
P.O. Box 908
Rockland, Me 04841

The Packer 1990
Produce Availibility & Merchandise Guide
Vance Publishing
7950 College Blvd.
Overland Park, KS, 66210

7. Diretrizes Vitais para a Seleção de Sistemas de Gerenciamento da Propriedade (PMS/SGP)

Robert Coyne

O mercado dos sistemas de gerenciamento de propriedades hoteleiras (SGP) tem sido mais volátil do que o usual durante 1992. Sob esta turbulência, entretanto, está a evolução de inúmeras tendências positivas.

Desde a revisão anual do Hotel and Resort Industry em sua edição de março de 1990, 13 fornecedores de SGPs saíram do mercado Norte Americano, 10 novos fornecedores de SGPs entraram, sete das melhores companhias de SGPs estabelecidas adquiriram novos proprietários e outra líder vendeu parte de sua linha de produtos e base de usuários para outra empresa.

Enquanto isto estava acontecendo, tendências mais positivas estavam se desenvolvendo nos mercados de *hardware*, *software* e análise de mercado. Este artigo fornece um sumário do desenvolvimento em cada uma destas áreas.

HARDWARE

Durante a última década, o custo dos computadores e periféricos (em termos de desempenho por dólar investido) caiu uma média de mais de 20% ao ano, e a tendência possivelmente continua.

O desenvolvimento mais quente de 1991 foi a chegada do *microchip* 486 da Intel no mercado. O microprocessador 486 não cabe em todas as situações de SGP, e nem todos os pacotes podem usá-lo como uma plataforma para seus *softwares*. Entretanto, o exemplo real mostra o que acontece em uma situação onde o 486 não se encaixa:

- No começo de 1992, um grande hotel do meio-oeste distribuiu uma proposta de especificações para os novos SGP. Os requerimentos de *hardware* incluíam 26 telas de trabalho e 8 impressoras.
- O custo do *hardware* da oferta mais baixa de um sistema baseado no microcomputador era de US$151.610. A oferta mais baixa para um sistema baseado em LAN era de US$169.427.
- Quando o hotel decidiu que ambas as ofertas estavam além de seu orçamento, o mesmo perguntou por um sistema de microcomputador baseado em UNIX para contrapropor o uso de dois micros ligados com os *chips* 386. O custo do *hardware* baixou para US$105.274.
- Em nome do hotel, mais tarde foi pedido ao licitante para reconfigurar o *hardware* com um micro 486, que foi então testado para se certificar que a capacidade e os tempos de resposta eram pelo menos iguais às ofertas prévias. O custo da configuração baseado no *hardware* 486 foi de US$68.585. Uma diferença admirável.

A mudança de um minicomputador para dois 386s e então uma configuração de *hardware* de 486 resultaram na instalação do SGP, que usa o mesmo *software* do fornecedor a menos da metade do preço original do *hardware*.

A contínua redução de custo no *hardware* do microcomputador é muito boa para os orçamentos dos hotéis, mas está começando a penetrar no mercado de grandes fabricantes de microcomputadores e processadores.

Isto está prejudicando muitos dos fornecedores de SGP, porque seu fluxo de rendimentos é dependente do preço do *hardware* (além do preço do *software*). Quando o custo do *hardware* continua a cair e a porcentagem de comissão continua a mesma, significa menos dólares de receita para os fornecedores SGP.

Esta tendência de queda nos preços do *hardware* não parece parar. Por exemplo, a Intel está planejando introduzir uma versão de 100 MHz de seu *chip* 486 em 1993, e seus engenheiros de projeto já começaram a trabalhar na geração seguinte de *microchip*. Será um *microchip* de 64 *bit* de redução. Nome código para o novo projeto é P5. O 586 está a caminho.[NR]

Não espere pela chegada, entretanto, se você está considerando investir em um SGP agora. Levará algum tempo para o *software* alcançar o potencial do 586 quando ele finalmente for lançado. Por enquanto, é prático checar se um sistema 486 se encaixa nos re-

NR: Importante verificar que os sistemas atuais já estão adequados às plataformas recém-desenvolvidas.

quisitos do seu hotel. O mesmo pode economizar muito dinheiro para seu hotel.

NOVAS FERRAMENTAS DE *SOFTWARE*

Para as propriedades que gerencia, a Sheraton Corporation recentemente decidiu padronizar o novo *software* UNIX desenvolvido pela ECI Computer. Ela então foi capaz de avaliar as ofertas de vários fabricantes antes de selecionar o *hardware* da Hewlett-Packard para suas propriedades. A portabilidade nem sempre era disponível, e esta é uma das muitas mudanças importantes no design de *software* que ganharam importância durante o ano passado. Para entender a mudança na ferramenta de *software*, vamos voltar há 20 anos, quando a EECO (agora ECI) pioneira do primeiro sucesso da instalação no Dorado Beach Hotel em Porto Rico. O sistema era funcional (mas caro) e era baseado em componentes patenteados (*hardware* e *software*). Até os anos 80, qualquer fomentador de SGP tinha de decidir qual *hardware* seria usado (Burroughs, DEC, Data General, Honeywell, IBM, NCR) e então desenvolver a aplicação usando a plataforma patenteada de *hardware* do sistema operacional.

Como resultado, o fomentador de SGP estava preso a ferramentas específicas (e limitadas). Por sua vez, o SGP do hotel está limitado em crescimento e flexibilidade, e poderia ser usado em somente um tipo de computador.

O primeiro produto da Lodgistix usou a Série IBM/1. A Computerized Lodging Systems escolheu MAI/ Basic Four. A Encore Lodging Systems optou pelo equipamento DEC. Os Sistemas de Informação do Hotel desenvolveram o primeiro SGP no agora extinto sistema IBM/32. A EECO usou um processador Data General como sua base e fabricou o *hardware* remanescente.

Os sistemas operacionais associados com as escolhas de *hardware* têm nomes como EDX, BOSS, TSC + RTII, SSP e GCOS. Agora estes fornecedores veteranos de SGP e a maioria dos novos mercados se desenvolveram – ou estão em desenvolvimento – baseados no *software* UNIX ou MS-DOS (com as redes LAN) para permitir uma variedade de escolhas de *hardware*.

Outras novas ferramentas importantes de *softwares* estão relacionadas aos sistemas de gerenciamento de base de dados e linguagens de quarta geração. Elas têm estas vantagens para o usuário do SGP:

- Desenvolvimento de *software*, aumento e tempo de solução de problemas foi cortado por menos da metade que era necessário com os *softwares* anteriores. Isto significa que a economia pode ser passada para o hotel em termos de competitividade de preço e respostas mais rápidas a pedidos para a modificação de *software*.
- No passado, se uma mudança fosse feita na base de dados do SGP, todos os programas afetados pela base de dados tinham de ser compilados (preparados para funcionar nos SGP).

Por exemplo, se um sistema tinha dez programas que usavam a base de dados das reservas, todos os dez programas tinham de ser modificados e recompilados. Isto consumia tempo e facilitava erros. Com o desenvolvimento de programas de hoje, o mesmo cenário envolve somente uma mudança de programa, e os *softwares* fazem o restante.

Outro desenvolvimento que é válido ser monitorado é a chegada de sistema de *software* para multiprocessamento ligado a microprocessadores. Os computadores subseqüentes foram líderes em trazer o conceito para o setor de hospedagem (para configurações maiores), e a Wyse recentemente introduziu um sistema de versão de baixo custo para os micros.

ALCANCE DE MERCADO

As páginas amarelas dos telefones americanos listam 73.068 hotéis e motéis; entretanto, a maioria deles eram tradicionalmente considerados serem muito pequenos para justificar o custo de gerenciamento de uma propriedade. No começo dos anos 80, menos de 400 propriedades de hospedagem poderiam instalar um, mas a constante redução de custos aumentou o tamanho do mercado potencial. A ruptura final veio alguns meses depois, quando a Eliot Software lançou um programa com uma versão do SGP para pequenas propriedades e para propriedades de "bed and breakfast" de um ou dez quartos.

Agora o mercado alvo é qualquer propriedade de *lodging*.

CENÁRIO ATUAL

Quando este artigo foi escrito, havia mais de 81 fornecedores de SGP ativos no mercado norte-americano. Pelo menos 20 fomentadores SGP têm mais de 200 clientes cada, e a maioria deles está vivendo confortavelmente com a combinação de baixas despesas, vendas e contratos de manutenção em progresso. A maioria dos 60 fomentadores menores estão sobrevivendo com o mesmo padrão, e eles freqüentemente oferecem serviços competitivos, especialmente dentro de sua área regional ou local.

Com tantas opções disponíveis, selecionar o sistema correto para um hotel específico exige julgamento cuidadoso e como o fornecedor, o produto e o programa de apoio têm de satisfazer às necessidades de sua propriedade.

Depois de ajudar mais de 500 propriedades de hospedagem no processo de seleção, nossa organização freqüentemente tentou definir o que constitui uma aquisição ideal de SGP. Nossas diretrizes internas incluem os seguintes fatores:

- *O fornecedor selecionado tem:*
  Representação local com experiência em operações de hotéis assim também como processamento de dados.
  Programa de treinamento bem documentado que inclui base tecnológica e ferramentas de auto-treinamento.
  Uma base de clientes bem estabelecida.
  Estabilidade financeira.
  A habilidade de fornecer e manter o *software* e o *hardware.*
  Uma completa lista de clientes disponíveis.
- *O produto é:*
  Capaz de suprir as necessidades cuidadosamente especificadas e definidas pela propriedade.
  Virtualmente auto-instalável.
  Fácil de aprender a usar.
  Capaz de fornecer controles de acesso eficiente e checar auditorias internas.
  Livre de vírus.
  Top de linha em *hardware* e *software*, com componentes padrão do setor.
  O mais eficiente em relação ao custo para a propriedade.
  Modulavel em termos de *hardware* e *software*, e expansível para suprir futuras necessidades sem mudar os componentes base.
  Fácil para modificar e reformar.
  Capaz de fornecer ferramentas *build in* para lidar com relatórios especiais (por exemplo, um redator de relatório eficiente).
  Capaz de interagir com vários sistemas eletrônicos (PBX, POS, contabilidade de chamadas, tempo de atendimento, central de reservas, etc.).
  Adaptável a plataformas múltiplas de *hardware.*
  Apoiado em documentação clara e abrangente.
  Protegido por procedimentos de *backup.*
  Uma ferramenta eficiente para os serviço ao hóspede, operações de *front and back offices*, marketing e gerência.
  Continuamente atualizado por pesquisa e desenvolvimento.
- *A manutenção e suporte incluem:*
  Hardware e *software* em uma ligação.
  Resposta imediata para situações-problema, 24 horas por dia, sete dias por semana.
  Serviço local para o *hardware.*
  Pessoal especializado no serviço de *software* e *hardware.*
  Estoque de peças sobressalentes no local.

É claro que o sistema ideal não existe e provavelmente nunca existirá. A escolha certa depende em fazer determinações realistas sobre cada um destes fatores e julgamentos sobre a importância relativa de qualquer falha.

Apesar do mercado de SGP certamente continuar a mudar, estas diretrizes continuarão as mesmas.

8. A Tecnologia Responde

Anne Coulton

Instalar os sistemas de tecnologia apropriados para sua propriedade pode aperfeiçoar os esforços de trabalho e melhorar a experiência do hóspede. Mas os hoteleiros devem caminhar por uma linha bem fina entre maximizar a eficiência da tecnologia e manter o serviço personalizado.

Os executivos de hospedagem prevêem que a tecnologia no futuro terá um papel importante nas funções diárias das operações dos hotéis e satisfação do hóspede. Uma pesquisa entre os leitores do Lodging Hospitality mostra que eles consideram o impacto da tecnologia no hóspede uma grande vantagem. Oitenta e um por cento das pessoas que responderam dizem que a principal vantagem dos sistemas de tecnologia em hospedagem é que eles melhoram a experiência do hóspede e a experiência na propriedade. Quarenta e três por cento disseram que o aumento de sua eficiência de marketing e operações como a maior vantagem da tecnologia, e trinta e três por cento disseram que os sistemas reduzem o custo operacional. Somente quatorze por cento disseram que a tecnologia diminui os custos do trabalho (Tabela 1).

Os sistemas de gerenciamento de propriedade (SGP) foram classificados como número um pela maioria das pessoas que respondeu sobre aumento de tecnologia em seus hotéis – 43% listaram o SGP como a nova instalação de tecnologia na sua propriedade. Trinta e oito por cento disseram que um sistema de contagem de ligação foi recentemente instalado em seus hotéis, e 10% adquiriram um sistema de entretenimento no quarto (Tabela 2).

O consenso entre os leitores foi que a instalação e as dificuldades de treinamento eram os maiores problemas na adaptação dos novos sistemas nos hotéis – 76% dos entrevistados relataram esta área como sendo problemática. A inconveniência para os hóspedes e a redução insuficiente nos custos do trabalho foram responsáveis pelo número dois dos aspectos negativos da tecnologia (Tabela 3).

Os gerentes de hotéis que responderam a pesquisa disseram que eles gostariam de ver mais avanços tecnológicos em um número de áreas. Algumas sugestões incluem:

- Sistemas centralizados de aspiração a vácuo
- Painéis de comandos mais universais/funcionais.
- Armazenamento simplificado de dados e *backup*.
- Correspondência eletrônica.

TABELA 1
O que Você Acredita Serem as Vantagens Primárias no Sistema de Tecnologia de Hospedagem?

81%	Elas aumentam a experiência e a satisfação do hóspede
43%	Elas melhoram a eficiência das operações e o *marketing*
33%	Elas reduzem os custos operacionais
14%	Elas reduzem o custo de trabalho
5%	Outros

TABELA 2
Quais as Novas Tecnologias que Você Adquiriu no Ano Passado para sua Propriedade?

43%	Sistema de gerenciamento de propriedade
38%	Sistema de contagem de ligações telefônicas
10%	Sistema de entretenimento no quarto
5%	Sistema de gerenciamento de energia
0%	Sistema de fechadura eletrônica
19%	Outros

TABELA 3
Quais os Maiores Problemas que Você Encontra ao Adaptar as Novas Tecnologias para sua Propriedade?

76%	Dificuldades na instalação e treinamento
19%	Inconveniência para os hóspedes
19%	Redução insuficiente de custo nas operações e trabalho
14%	Outros

Looking Forward, uma perspectiva de gerenciamento em hospedagem compilada pela American Hotel and Motel Association e a Andersen Consulting, Arthur Andersen & Co., revela que os executivos de hospedagem classificam os sistemas de reservas como aquisição tecnológica mais importante para seus hotéis nos últimos cinco anos (ver Tabela 4).

O relatório divide as tecnologias entre as de foco externo, como os sistemas de reservas, e as de foco interno, como os sistemas de gerenciamento de propriedade. De acordo com o relatório, os sistemas de reservas servem aos gerentes como ferramentas para coletar informações críticas para registrar dados e ajudar na localização de segmentos de mercados. Além disso, estes sistemas são um veículo eficiente para as cadeias usarem quando estiverem na arena de competição das franquias.

Baseados neste estudo, os executivos de hospedagem prevêem o papel do agente de viagens, ajudado pela tecnologia, ganhando mercado ao gerar negócios futuros para o hotel. Mas *Looking Forward* também aconselha aos gerentes "se apoderarem" da tecnologia e que o desenvolvimento de aplicações deveria ser dirigido para o usuário e não para o fornecedor.

Cinqüenta e quatro por cento dos executivos de hospedagem pesquisados no *Looking Forward* viram a falta de entendimento de gerenciamento como uma barreira para o uso bem sucedido da tecnologia no setor. Quarenta e um por cento citou a efetividade de custo como o principal obstáculo da tecnologia. Para maximizar os benefícios da tecnologia, os executivos dizem que os gerentes deveriam definir as necessidades das propriedades e a aplicação de planos de desenvolvimento antes de investir em um sistema.

Conectores de dados (plugs) na parede do quarto foram classificados pelos executivos como os mais importantes na tecnologia dentro do quarto, seguida de videocassetes, fax, cofres, *modems* e capacidade de teleconferência. O estudo diz que enquanto estas amenidades não são práticas ou necessárias para todos os hóspedes, elas são para os homens de negócios e deveriam ser colocadas em áreas públicas ou locais selecionados.

Check ins e *check outs* automatizados por cartões de crédito, centros de apoio de negócios, aluguel de microcomputadores e equipamento áudio/visual para apresentações foram equipamentos citados (em ordem decrescente) como tecnologia crítica em áreas públicas.

Outra pesquisa de executivos, esta compilada pela Ernst & Young, revela que 97% dos gerentes de hotéis dizem que o papel da tecnologia aumentou em suas propriedades, mas um terço acredita que suas aplicações não estão sendo usadas de modo eficiente.

TABELA 4
Oportunidades de Perspectivas Estratégicas aos Executivos de Lodging para o Investimento em Tecnologia nos Próximos Três a Cinco Anos

51%	Sistemas de reservas
48%	Sistema de informação de *marketing*
42%	Sistema de gerenciamento de propriedade
34%	Sistemas de *yield management*
22%	Sistemas de integração existentes
16%	Sistemas de monitoração ou de economia de energia
15%	Sistemas de pontos de vendas
12%	Serviços de quarto
8%	Telecomunicações

Fonte: *Looking Forward*, publicado pela American Hotel and Motel Association and Andersen Consulting, Arthur Andersen & Co.

O relatório também prevê que a tecnologia continuará a dirigir os lucros do hotel ao regular as operações da propriedade, e que o gerenciamento da informação se tornará mais crítico nas áreas de contabilidade, reservas, relatórios de pontos de vendas e *yield management*. Ela também avisa que o gerenciamento da informática mudará das mãos dos profissionais dos sistemas para os gerentes de hospedagem seniores.

Das pessoas que responderam à pesquisa da Ernst & Young que estavam insatisfeitas com o gerenciamento de seus sistemas de informações, 31% dizem que os sistemas são muito caros para trocar, 31% acreditam que se consome tempo na mudança de aplicações e 31% dizem que não podem conseguir a informação correta com as pessoas corretas.

Notas Finais

[1] O estudo de 1983, que também envolveu membros da IAHA, obteve uma taxa de resposta de 36,6% (366 pessoas responderam em 1.000 correspondências enviadas). Dos 366 membros que responderam, 311 se identificaram como *controllers* de hotéis ou das empresas. Descobertas subseqüentes e conclusões foram tiradas das respostas que se seguiram.

Referências

American Institute of Certified Public Accountants (AICPA). 1949. *Internal Control Elements of a Coordinated System and Its Importance to Management and the Independent Public Accountant.* New York: Committee on Auditing Procedure, p. 6.

Damitio, James W. and Raymond S. Schmidgall. 1990. Internal Auditing Practices of Major Lodging Chains. *Hospitality Research Journal* 14(2): 255-268.

Dobler, D.W., L. Lee, Jr., and D.N. Burt.1984. *Purchasing and Materials Managament*, 4th ed. New York: McGraw-Hill.

Geller, A. Neal and Raymond S. Schmidgall. 1984. The Hotel Controller: More Than a Bookkeeper. *The Cornell Hotel and Restaurant Administration Quarterly* 25(2):16-22.

Leenders, M.R., H.E. Fearon, and W.E. England. 1980. *Purchasing and Materials Management.* Homewood, IL: Richard D. Irwin.

Schmidgall, Raymond S., James W. Damitio, and Arthur R. Kagle. 1991. Internal Auditing Practices of Large Lodging Chains. *Internal Auditing* 6(3): 51-56.

Leituras Sugeridas

Livros

Coltman, Michael M. 1991. *Hospitality Management Accounting*, 4th ed. New York: Van Nostrand Reinhold.

Schmidgall, Raymond S. 1986. *Hospitality Industry Management Accounting.* East Lansing, MI: Educational Institute of the American Hotel and Motel Association.

Artigos

Geller, A. Neal and Raymond S. Schmidgall. 1984. The Hotel Controller: More Than a Bookkeeper. *The Cornell Hotel and Restaurant Administration Quarterly* 25(2):16-22.

Schmidgall, Raymond S., A. Neal Geller, and Charles Ilvento. 1993. Financial Analysis Using the Statement of Cash Flows. *The Cornell Hotel and Restaurant Administration Quarterly* 34(1): 47-53.

Fonte das Notas

Chapter 1, The Hotel Controller Revisited, by A. Neal Geller, Charles L. Ilvento, and Raymond S. Schmidgall is reprinted from the November 1990 issue of *The Cornell Hotel and Restaurant Administration Quarterly.* ©Cornell University. Reprinted by permission. All rights reserved.

Chapter 2, A New Breed of Controller?, by Linda Timmons is reprinted with permission from the December 1991/January 1992 issue of *The Bottomline*, the official journal of the International Association of Hospitality Accountants, Inc., copyright 1992. All rights reserved.

Chapter 7, Vital Guidelines for Property Management Systems (PMS) Selection, by Robert Coyne is reprinted from *Hotel & Resort Industry*, March 1991.

Chapter 8, Tech Talk Back, by Anne Coulton is reprinted with permission from *Lodging Hospitality*, December 1990.

9

Gerenciamento e Processos de Recursos Humanos

Introdução

Entre observadores e participantes atuantes de gerenciamento de hotéis, existem aqueles que comparam os recursos humanos, anteriormente chamados de gerenciamento de pessoal, ao clima: todo mundo fala sobre isso, mas ninguém toma providência alguma. Este é um dilema enfrentado por muitos gerentes. Para que um departamento de recursos humanos (RH) seja eficiente em lidar com as questões relacionadas com contratação, treinamento e retenção de pessoal, a empresa, em sua visão estratégica, deve ter uma dedicação constante e real no comprometimento com os recursos humanos. Historicamente, operações após operações, aqueles que de fato competem (mesmo nos tempos mais difíceis) são aqueles que têm um comprometimento sólido e constante em recrutar, contratar, treinar e reter pessoal da mais alta qualidade.

Infelizmente para gerentes de visão curta, em momentos em que ocupações caem dramaticamente ou os negócios estão em baixa, torna-se muito fácil ignorar esta visão estratégica. Quando problemas ocorrem, gerentes cortam custos através da diminuição das atividades de recursos humanos como recrutamento e treinamento. O resultado em poucos meses será de ocupação baixa em conseqüência dos cortes na contratação e treinamento do pessoal. As empresas com o gerenciamento mais eficiente sempre procuram maneiras para melhorar a qualidade do seu pessoal; e agindo desta maneira, são mais capazes de lidar com os momentos de baixa. Tudo isto é resolvido simplesmente com a força de seus recursos humanos.

Apesar de agora ser praxe mudar o que tradicionalmente era chamado de departamento pessoal para recursos humanos, em alguns casos isto é apenas uma mudança superficial. Para ser totalmente efetivo, um departamento de recursos humanos precisa prestar atenção em uma grande variedade de atividades e questões. Os artigos deste capítulo mostram algumas destas atividades e questões. Nas leituras sugeridas estão vários trabalhos que fornecem idéias e outros pontos de vista sobre a gama de questões e atividades gerenciais que enfrenta o gerente de RH do hotel moderno.

Muitos dos artigos em outros capítulos neste livro falam sobre os desafios do departamento de recursos humanos nos hotéis modernos. No Capítulo 2, o artigo de Dann e Hornsey sobre conflitos interdepartamentais pode ser visto com um foco nos recursos humanos – tendo em mente o recrutamento, contratação e treinamento de pessoal para que pessoas que instigam conflitos interdepartamentais sejam evitadas. No Capítulo 3, o artigo de Pavesic e Brymer sobre satisfação profissional e estresse na profissão de gerentes gerais de hotéis também tem um aspecto de recursos humanos, porque fala sobre a questão de *turnover* e como isto se aplica aos gerentes gerais. Na seção sobre o gerente da recepção, o artigo de Barrington examina um desafio de preencher os cargos da recepção com tipo de pessoal apropriado.

Cada vez mais os hotéis estão se encontrando em situações de alto risco devido às contratações de "empregado de alto risco". No Capítulo 5, o artigo de Rutherford e McConnell fala um pouco sobre o conceito de "contratação negligente" e pode ser lido em um contexto de recursos humanos, porque muitas das questões referentes aos riscos analisados tiveram como enfoque o comportamento do empregado do hotel.

Um enfoque similar de recursos humanos pode ser visto no artigo de Krone, Tabacchi e Farber, no Capítulo 6, sobre estresse gerencial. Qual é o papel do departamento de recursos humanos em prevenir o estresse gerencial? Outro aspecto do desafio do departamento de recursos humanos é visto nos artigos sobre as funções de banquetes de um hotel de Patti Shock e outros. O pessoal de banquetes conta em grande parte com ajuda terceirizada. De que maneira o departamento de RH se organiza para resolver este desafio?

No Capítulo 7, o artigo de Makens sobre os vendedores do hotel pode ser lido com uma visão de recursos humanos. Como você contrata bons vendedores? Da mesma maneira, quais são as implicações dos recursos humanos nas interpretações de comportamentos interpessoais discutidos no artigo de Rutherford e Umbreit sobre planejamento de interação com o pessoal? Entre as pessoas mais importantes no estudo de Ruthford e Umbreit estão os gerentes dos serviços de convenções. Leia o artigo de Michael Adam e aplique critérios de recursos humanos às suas maneiras de encontrar os melhores locais para recrutamento deste tipo de profissionais detalhistas capazes de gerenciar os serviços de convenções.

Neste capítulo, quase todos os artigos, com exceção do primeiro, foram escolhidos para enfocar o conceito e o processo de prevenção de rotatividade de pessoal. Nos quadros organizacionais horizontais descritos por Umbreit e Sweeney, a retenção dos melhores empregados está entre os maiores desafios nas organizações hoteleiras e uma das atividades mais importantes enfrentada pelo departamento de recursos humanos na área de recrutamento de pessoal. É bem mais barato reter um empregado, particularmente um com grandes possibilidades futuras, e treinar este indivíduo para que se torne ainda mais valioso para a organização, do que assistir a empregados medíocres assumirem cargos de curta duração. O artigo de Umbreit e Sweeney começa com uma análise dos desafios implícitos no gerenciamento dos recursos humanos modernos, inclusive o ganho de respeito do gerenciamento superior. Discute então o papel da organização dos recursos humanos em delegar as responsabilidades tradicionais de recrutar, contratar e assim por diante, assim como em sensibilizar e treinar toda a organização para operar o mais eficientemente possível no ambiente jurídico/legal atual.

A obra de Umbreit, Eder e McConnell expande o conceito de avaliação de desempenho que foi introduzido por Umbreit e Sweeney e discute maneiras de fazer as avaliações de desempenho justas e objetivas.

Os artigos de DeCotiis e Jenkins e de Riegel e Hogan podem ser considerados obras que se completam, cada um com pontos de vista diferentes sobre o problema da rotatividade. DeCotiis e Jenkins falam sobre a idéia de comprometimento do empregado; falam como a retenção de empregados e as várias maneiras de incentivá-los para que se tornem comprometidos à organização são investimentos que compensam a longo e curto prazo. A apresentação de Riegel de um modelo conceitual de rotatividade é baseado em pesquisas que ele e dois colegas conduziram entre os empregados de alimentação, mas o modelo conceitual é igualmente bom para os empregados de hotel. A abordagem de Hogan sobre o problema de rotatividade é instrutiva e deve ser lida visando perceber as lições que podem ser aprendidas por suas sugestões.

Existe muita pesquisa e comentário nas publicações de hospitalidade, tanto acadêmicas quando de negócios, sobre questões de recursos humanos. Como apontado acima, muitos dos artigos aqui devem ser vistos com a mente voltada às suas implicações no gerenciamento de recursos humanos em um hotel. Muito tem sido escrito sobre recursos humanos, talvez o segundo assunto mais escrito, atrás apenas de marketing, tanto na imprensa acadêmica quanto na de negócios. Leitores são incentivados a encontrar publicações que oferecem conselhos sólidos, práticos, objetivos e de acordo com a lei para que possam montar os seus próprios modelos individuais de práticas e filosofia de recursos humanos.

1. Desafios, Estruturas e Gerenciamento dos Recursos Humanos de Hotel

W.T. Umbreit
Sandy Sweeney

INTRODUÇÃO

De acordo com Naisbitt e Aburdene (1985) três correntes poderosas estão transformando o ambiente dos negócios e compelindo as companhias a se reinventarem. As três correntes são:

- A mudança nos recursos estratégicos, do capital financeiro na sociedade industrial ao capital humano na sociedade de informação.
- O desaparecimento gradativo da gerência média.
- A redução da mão-de-obra e a entrada no mercado de vendas devido ao aumento de atividade nas décadas de 80 e 90.

Tradicionalmente, o conceito de gerenciamento de recursos humanos (RH) era digno de chacota no setor da hospitalidade. Se Naisbitt estiver correto, recursos humanos serão o fator competitivo entre os hotéis e restaurantes do futuro. Em nenhum outro lugar a importância de um bom tratamento aos empregados é tão evidente no sucesso das organizações quanto nas histórias contadas por Peters e Austin em *Passion for Excellence: The Leadership Difference* (1985) *(Paixão por Excelência: A Diferença da Liderança)*. Cada companhia discutida por eles dá um alto valor aos empregados. Isto, por sua vez, resulta em um serviço melhor para o cliente e a organização atinge uma alta margem de lucros.

Executivos do setor de hospitalidade, em inúmeros estudos, têm dado muita importância aos relacionamentos humanos, mas na prática não os valorizam muito em comparação com outras áreas funcionais do setor (Umbreit e Eder 1987). Este artigo resumirá estes estudos recentes e discutirá por que as organizações hoteleiras ainda não assumiram a importância de um gerenciamento de recursos humanos eficiente. Examinará também as condições em que o setor de hospitalidade poderá utilizar as técnicas de gerenciamento de recursos humanos, além de destinar estruturas de organizações funcionais típicas para que isto seja realizado.

FUNDAMENTAÇÃO DE PESQUISA

Executivos do setor da hospitalidade que participam de estudos e pesquisas têm, em geral, apoiado a importância do gerenciamento de recursos humanos. Por exemplo, no estudo de Arnaldo (1981), gerentes de hotéis identificaram o pessoal como o tópico de estudo mais importante para novos gerentes. Graduados da Universidade de Massachusetts no setor da hospitalidade indicaram cursos de gerenciamento de pessoal na hospitalidade e gerenciamento geral como as matérias de mais valor (Pizam e Lewis 1979). Outros estudos mais recentes também documentaram a importância que gerentes de hospitalidade atribuíram ao gerenciamento de recursos humanos (Sapienza 1978, Lukowski, Budde e Cournoyer 1974; Gotsche 1970).

Estudos que empiricamente identificaram aspectos importantes das posições de gerenciamento de hospitalidade também apoiam as contribuições valiosas do gerenciamento de recursos humanos. Umbreit (1987) identificou o gerenciamento de recursos humanos com um dos importantes aspectos do trabalho de gerentes de *fast food* com várias unidades de negócios. Hales e Nightingale (1986) identificam os elementos centrais comuns dos papéis dos gerentes de unidades em cada segmento do setor, o que incluiu áreas de recursos humanos como treinamento, motivação, recrutamento e disciplina da equipe. Mariampolski, Spears, e Vaden (1980) pesquisaram 89 gerentes de restaurantes em um estudo para determinar o que é preciso saber em três áreas gerais: informação técnica, informação de relações humanas e informação conceitual. Habilidades humanas foram as essenciais para os gerentes pesquisados e incluíram:

- Seleção, treinamento e orientação de pessoal.
- Comunicação eficiente com o pessoal.
- Motivação dos empregados.
- Avaliação do desempenho dos empregados.

Finalmente, diversos estudos realmente revelaram a necessidade de os gerentes de hospitalidade receberem treinamento adicional e instruções sobre gerenciamento de recursos humanos. Mais de 60% dos 73 executivos de alimentação participando no estudo de Umbreit (1987) identificaram gerenciamento de recursos humanos como a unidade de área onde os gerentes de unidades têm maior dificuldade na transição para responsabilidade sobre múltiplas unidades. No mesmo estudo, a falta de habilidades de recursos humanos foi mencionada como o principal contribuinte da alta rotatividade entre gerentes distritais. Esta descoberta foi mais tarde confirmada por um estudo que revelou o tratamento dos supervisores como uma das principais razões pelas quais os gerentes das cadeias de restaurantes pedem demissão (McFillen, Riegel, e Enz 1986).

Outro projeto de pesquisa conduzido por Umbreit (1986) revelou que gerentes de hotéis foram citados como os mais baixos nas categorias que dimensionavam a comunicação com os empregados e de lidar com as responsabilidades do pessoal. Em resumo, foi documentado que os executivos do setor da hospitalidade sentem que o gerenciamento de recursos humanos é importante e que precisam de mais treinamento nesta área que se torna cada vez mais crítica.

PERSPECTIVA DO SETOR HOTELEIRO

Enquanto o setor da hospitalidade apoia a importância do gerenciamento de recursos humanos, o que eles realmente fazem na prática difere, segundo dois estudos de pesquisa recentes. Umbreit e Eder (1987) pediram a gerentes de hotéis de três companhias diferentes para atribuírem um valor à importância da performance de gerentes de hotéis em sete dimensões hoteleiras diferentes. Gerentes de hotéis das três companhias atribuíram o menor valor à dimensão que lida com as responsabilidades do pessoal. O valor mais alto foi dado a aspectos de trabalho como monitoramento de operações e desenvolvimento de estratégia de marketing. Geller (1985a) notou que nenhuma das companhias hoteleiras que pesquisou tinha um sistema sofisticado de informação de pessoal. É interessante notar que o fator crítico para o sucesso freqüentemente mencionado por Geller é o cultivo de atitudes positivas do empregado. Apesar disso, o alto gerenciamento no setor hoteleiro, embora expressando um alto nível de interesse em recursos humanos, ainda usa indicadores comuns como porcentagem de ocupação, diária média de apartamentos, lucro de operação, capital de giro e lucro do apartamento como medidas de sucesso. Essencialmente, apesar de o setor hoteleiro reconhecer a importância dos recursos humanos e o potencial dos empregados de hotel, continua focalizando os seus esforços em lucros de curto prazo e questões operacionais relacionadas ao marketing.

CONDIÇÕES PARA MUDANÇA

Em que ponto no futuro irá o setor de hospitalidade elevar a importância das práticas efetivas dos recursos humanos? Poderá ser mais cedo do que o alto gerenciamento parece querer. A primeira das tendências mencionadas anteriormente já está sobre nós – mudanças demográficas da mão-de-obra. O setor da hospitalidade tradicionalmente confiava em jovens, cujos números estão rapidamente diminuindo, como uma porcentagem da força de trabalho disponível. Restaurantes de *fast food* em áreas afastadas levam e trazem trabalhadores adolescentes da cidade para preencher suas necessidades. À medida que a competição dentro do setor aumenta e o fornecimento de mão-de-obra diminui, o aumento no custo de produção reduz a posição competitiva de uma empresa. Empresas de hospitalidade com poucos empregados onde os funcionários são destreinados e desmotivados são a receita para uma baixa produtividade.

A curto prazo, estes custos de produção incluem alta rotatividade, absentismo, custo de materiais, violações de segurança de trabalho e serviço de baixa qualidade. Enfoque gerencial em recrutamento eficiente, seleção, treinamento e supervisão de pessoal pode ter um efeito direto na satisfação e produtividade do empregado – desde que gerentes sejam responsáveis por práticas eficientes de recursos humanos. Executivos necessitarão estar preocupados com a performance anual dos recursos humanos de suas empresas assim como estão com as performances financeiras mensais e trimestrais. Umbreit e Eder (1987) afirmam que práticas gerenciais de sucesso deverão levar no mínimo de três a seis meses para produzir os resultados esperados. A ênfase contínua em estratégias de curto prazo forçará gerentes de unidades a deixarem de lado o desenvolvimento da força de trabalho devido a suas preocupações de volume de venda do dia-a-dia. Isto, de maneira nenhuma, é uma boa receita para os lucros e a saúde da corporação.

A longo prazo, o setor de hospitalidade terá que mudar seu enfoque para práticas eficientes de recursos humanos já que as estratégias básicas de negócios evoluem de serviços de marketing para serviços centrados no cliente. O retorno do cliente é crucial para o sucesso de qualquer operação hoteleira. A qualidade de serviço ao hóspede oferecida pelos empregados dita que maior atenção gerencial deve ser dada aos recursos humanos. Empresas de hospitalidade que reconhecem a necessidade de serem mais centradas no cliente darão prioridade à qualidade de vida, trabalho e desenvolvimento pessoal. Entusiasmo genuíno e orgulho no seu trabalho não acontecem por acaso; devem ser nutridos.

No começo da década de 90, outra tendência prevista por Naisbitt e Aburdene (1985) tornou-se bastante real. Como resultado da superconstrução da década de 80 (Nota do editor: ver artigos de McGee e Greenber no Capítulo 1), quase todas as empresas hoteleiras passaram por importantes exercícios em "re-engenharia", "downsizing" ou "reconfiguração". Qualquer que seja o eufemismo, isto significa que a prevista "redução da gerência média" tornou-se algo muito sério.

Níveis inteiros de gerentes de departamentos foram completamente eliminados em companhias hoteleiras. Algumas empresas eliminaram gerentes de recepção e alguns gerentes de limpeza. Gerentes assistentes, gerentes residentes e gerentes de hospedagem se tornaram espécies em extinção. Pessoal foi cortado e, em muitos casos, inteiramente eliminado, devido a fusões, administrações e aquisições.

A implicação imediata da realização desta previsão é que organizações hoteleiras tornaram-se mais achatadas. (Nota do editor: a organização hoteleira "típica" descrita no capítulo 2 e citada ao longo deste livro tem menos níveis com mais líderes de departamentos respondendo diretamente ao gerente geral). Estes gerentes de departamentos terão agora responsabilidades mais amplas e mais profundas, exigindo que o departamento de RH recrute, contrate e retenha um pessoal de gerência mais capaz e talentoso. Ao mesmo tempo, por causa dos cortes ou eliminações de pessoal, companhias hoteleiras tornaram-se muito mais descentralizadas. Isto distribuiu ainda mais responsabilidade e autoridade de decisões ao nível do hotel com um requerimento concomitante para o aumento de atenção ao que Naisbitt e Aburdene chamaram de capital humano na primeira tendência apresentada anteriormente.

Enquanto "downsizing" pode implicar em um quadro de organização bem mais simples, tem também o efeito de complicar as tarefas do componente de recursos humanos no hotel. Recrutamento, contratação, treinamento, incentivos e manutenção de funcionários são tão verdadeiros para os empregados de departamentos quanto para os talentosos gerentes de departamentos mencionados acima. A ênfase atual na qualidade e aumento de poder exige que as funções de RH forneçam hotéis com empregados de melhor qualidade que no passado.

Ao mesmo tempo, o RH deve ser estruturado com um pessoal de qualidade para operar dentro de um ambiente cada vez mais restritivo e legalmente regulamentado. Existe uma necessidade paralela de fornecer remuneração e benefícios competitivos exigidos por estes empregados de alta qualidade que os hotéis procuram. O RH precisa então ser bem organizado, com pessoal profissional, treinado e educado para gerenciar os processos que resultarão em hotéis que serão capazes de se reinventarem em uma época em que os negócios estão em fase de transformação.

A próxima seção discutirá a organização funcional e as principais atividades de um departamento de RH de um hotel.

ESTRUTURA ORGANIZACIONAL DE RECURSOS HUMANOS

Na antiga organização da hospitalidade, o indivíduo gerenciando e trabalhando em recursos humanos, ou departamento pessoal, como era chamado, era freqüentemente visto como em fim de carreira. Muitas vezes este departamento era composto por um pessoal que, por diversas razões, não havia estabelecido um currículo de sucesso dentro das operações hoteleiras. O pessoal era geralmente desprestigiado e considerado de várias maneiras como um mal necessário e um lugar de descanso para burocratas inúteis. Isto é, talvez, melhor personificado pelo comentário do personagem de Clint Eastwood, "Dirty Harry" Callahan, no filme do início da década de 70, *Magnum Force*. Quando Callahan foi notificado de que estava sendo transferido da divisão de detetives da polícia de San Francisco para a divisão de pessoal, ele respondeu com a raiva controlada típica de Eastwood, "Departamento Pessoal... isto é para (censurado)!"

Como a análise precedente mostrou, este tipo de circunstância tem que mudar. Em um mundo cada vez mais competitivo, com todos os principais hotéis clamando por gerenciamento de qualidade total, *empowerment* e outras palavras novas da década de 90, departamentos de recursos humanos e suas gerências necessitam estar tão bem informados, operacionalmente afinados, educados e profissionalmente treinados quanto os seus parceiros nas operações lucrativas. Na verdade, um hotel não terá lucros se seus gerentes operacionais não forem abastecidos com o nível de capital humano que os permita competir com outros hotéis em seu nicho de mercado.

É curioso que na literatura hoteleira apenas uma vez, nos últimos 15 anos, um autor pesquisou e escreveu sobre gerentes de recursos humanos. Muito foi escrito sobre processos, desafios, atividades e futuro dos recursos humanos, além de leis e regulamentações afetando a função dos recursos humanos; mas, surpreendentemente, pouco foi escrito sobre as pessoas que gerenciam estes processos.

Em 1981, Pickworth estudou as respostas a uma pesquisa feita por um questionário entre 83 gerentes de pessoal de hotéis canadenses. Ele descobriu que os gerentes de pessoal canadenses "tinham considerável responsabilidade" nas áreas de propaganda de recrutamento, seleção, entrevistas, administração de benefícios e orientação (1981,43). Embora estas responsabilidades reflitam algumas daquelas citadas na discussão abaixo, elas apenas sugerem a importância agora relacionada com o gerenciamento dos processos de recursos humanos. Os gerentes de pessoal estudados por Pickworth, porém, pareciam satisfeitos com suas carreiras, com 91% dizendo que estavam de "meio" a "muito satisfeitos" com seu trabalho.

Em razão da idade deste estudo, sua amostra de tamanho reduzido e o fato de que foi feito inteiramente entre profissionais de hotéis canadenses, pouco pode ser extrapolado para o setor da hospitalidade nos EUA, Canadá ou Europa de hoje. Porém, é instrutivo notar que 63% das amostras de Pickworth eram do sexo feminino, quase todos abaixo de 39 anos de idade, e mais de 60% estavam em seus cargos por menos de quatro anos (pp. 45-46). Pickworth concluiu que gerentes de pessoal em grandes hotéis passam mais tempo administrando uma ampla gama de atividades com menos necessidade da aprovação da gerência superior, em outras palavras, carregando mais responsabilidade que gerentes em propriedades pequenas. Isto parece ser uma situação que está mudando significativamente na era moderna.

Uma olhada no organograma funcional mostrado no Quadro 1 revela o crescimento em profundidade, amplitude e sofisticação das atividades pelas quais o gerente de RH é responsável em um departamento de recursos humanos de um hotel moderno. Precisamente quem é o gerente de RH moderno é um tópico para questões, pois, como já notamos, além do estudo de Pickworth, há um vazio na literatura de gerenciamento sobre as carreiras, características demográficas, autoridade e responsabilidades do gerente de RH do hotel moderno. O que é claro, porém, por fatos reais, conversas com recrutadores de universidade, reuniões especializadas e acadêmicas, e conferências, é que existe uma maior ênfase em educação, educação continuada e profissionalismo entre os praticantes da hotelaria e em toda gerência de recursos humanos do setor de hospitalidade. Através da Associação Nacional de Gerentes de Recursos Humanos, a Sociedade de Gerentes de Recursos Humanos, gerentes de RH podem conseguir certificações ou como um profissional em recursos humanos ou como um profissional sênior em recursos humanos. Cada vez mais membros dos recursos humanos de hospitalidade estão se filiando a estas organizações e participando de atividades profissionais e educação continuada que levam a esta certificação.

Educação e profissionalização estão se tornando cada vez mais importantes para todas as organizações, mas particularmente para as operações de mão-de-obra intensa das operações hoteleiras devido às restrições legislativas e regulamentos ambientais. Como pode ser visto no Quadro 2, as leis e regulamentações pertinentes a todo o processo empregatício não são apenas complexas, mas algumas vezes contraditórias e difíceis de conduzir. As várias leis federais administradas pela Comissão de Oportunidades Iguais de Trabalho (Equal Employment Opportunity Commission - EEOC) apresentam desafios importantes para o RH em recrutamento, contratação e retenção de empregados. Um rápido estudo das leis e orientações executivas apresentadas no Quadro 2 dará ao leitor uma oportunidade de entender a complexidade dos desafios a serem enfrentados pelos gerentes de RH. Além disto, quando os conflitos sobre tratamento dado a um indivíduo aparecem sob os termos de qualquer uma destas leis, processos legais originam-se. Se estes casos chegam ao tribunal e são decididos a favor do queixoso, normalmente um empregado, contra a organização, eles são então usados como precedentes em outros casos com fatos similares.

Este aspecto legal faz as responsabilidades dos gerentes de recursos humanos ainda mais complexas, e agora uma parte essencial de suas atividades é educar os gerentes operacionais e líderes de departamentos em relação aos "faça e não faça" e aos "pode e não pode" dentro dos regulamentos legais ao se tratar com os problemas dos empregados. É surpreendente para muitos estudantes ingressando em carreiras gerenciais que uma tremenda quantidade de tempo – muito mais do que eles achavam possível – dedicada pelo gerente de RH em defesa da organização é repleta de detalhes incluindo o que as vezes parece trivial nos aspectos de adequação à regulamentação.

Porém, dirigir esta área de regulamentações legais é apenas uma das atividades diárias do gerente de RH. O Quadro 1 mostra as quatro áreas funcionais gerais das atividades normalmente associadas a um departamento de RH abrangente. Isto não é para sugerir que todo departamento de RH de hotel será organizado exatamente como mostra o quadro, mas deve ser entendido que todos irão administrar quase todas, se não todas, as atividades funcionais mostradas no quadro, sendo estas responsabilidades divididas entre vários indivíduos ou apenas pertinentes a apenas um gerente de RH.

O número de pessoas indicadas para o departamento de recursos humanos é normalmente proporcional ao número total de funcionários da organização. Uma regra é que deve haver um funcionário de recursos humanos para cada 200 funcionários. No gerenciamento de hotéis outra regra é que normalmente há um funcio-

QUADRO 1
Quadro de Organização Funcional – Departamento de Recursos Humanos de Hotel

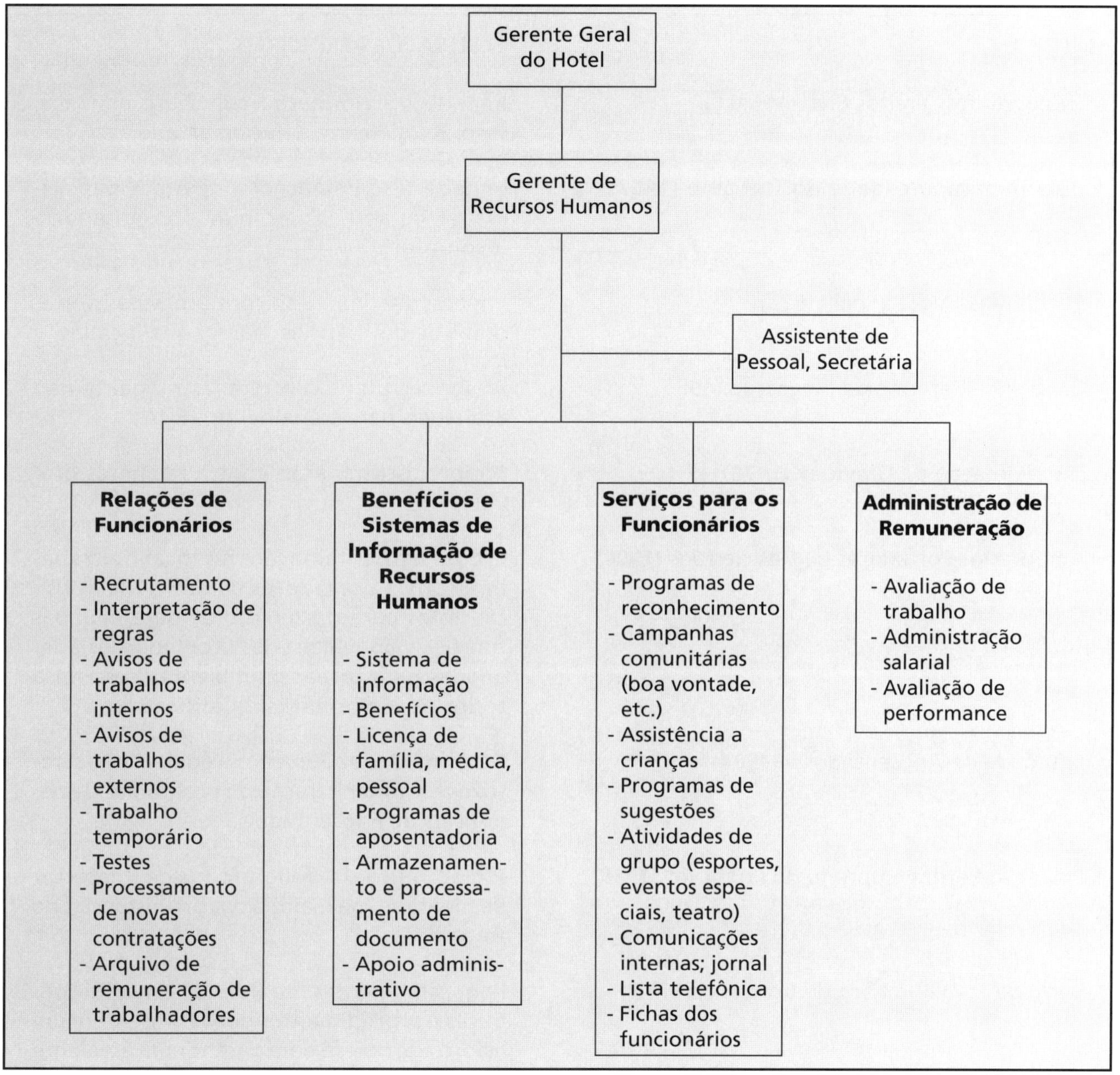

nário por quarto, então em um hotel com mil quartos podemos contar com cinco funcionários de RH. Suas responsabilidades seriam divididas de acordo com seus talentos e interesses e com as necessidades da organização. Estas são apresentadas nas seções seguintes, que discutirão as quatro áreas funcionais do Quadro 1.

RELAÇÕES COM FUNCIONÁRIOS

Talvez as partes mais visíveis das funções do RH sejam aquelas atividades que aparecem sob o título de relações com funcionários. A atividade mais visível para a comunidade é, certamente, o recrutamento. Esta função envolve a comunicação, em certa profundidade, com os líderes de departamento, gerentes e supervisores em relação às suas necessidades de recursos humanos; encontrar os candidatos mais adequados aos trabalhos determinados; e procurar uma fonte de candidatos para encontrar aqueles que seriam os mais apropriados para a avaliação dos gerentes. Neste contexto, o recrutamento pode ser visto como uma função similar à de compras. Tanto os profissionais de RH quanto os de compras devem ter um entendimento total do que está sendo solici-

QUADRO 2
Principais EEO e Outras Leis e Regulamentos Federais Relacionados com RH

LEI EEO	IMPLICAÇÕES PRINCIPAIS
Título VII dos Direitos Civis (1964)	Impede discriminação com base em raça, sexo, religião, cor e nacionalidade
Discriminação de Idade no Trabalho (1967)	Impede discriminação contra pessoas acima de 40 anos. É proibida aposentadoria involuntária
Reabilitação Vocacional (1973)	Impede discriminação contra pessoas portadoras de deficiências, porém qualificadas
Controle e Reforma da Imigração (1986)	Proíbe recrutar e contratar estrangeiros não aceitáveis para trabalhar nos EUA
Discriminação da Gravidez (1978)	Proíbe discriminação contra mulheres grávidas
Americanos Portadores de Deficiências (1990)	Proíbe a discriminação, no local de trabalho, contra portadores de deficiências físicas aptos para o exercício de determinadas funções. São necessárias acomodações adequadas para tornar o ambiente acessível a todos os funcionários qualificados
Eqüidade de Aposentadoria (1984)	Determina requerimento, regulações e diretrizes na administração de programas de benefícios de aposentadoria
Proteção Contra Emprego do Polígrafo (1988)	Proíbe o uso do polígrafo ou de "detector de mentiras" na maioria das circunstâncias de trabalho
Local de Trabalho Livre de Drogas (1988)	Requisita agentes federais para instituir políticas e procedimentos que representem um esforço de boa-fé para garantir um ambiente de trabalho livre de drogas
Ordem Executiva 11246 (1965) e Ordem Executiva 11375 (1967)	Expande o Título VII dos Direitos Civis para estabelecer objetivos com resultados específicos orientados na concentração e promoção de mulheres e minorias étnicas
Ordem Executiva 11478 (1969)	Requer agências e funcionários federais para basear políticas de empregabilidade em mérito e competência ao invés de sexo, raça, cor ou nacionalidade

Fonte: Abstraído de Wood 1992.

tado antes de começarem a procura para preencher os requisitos dos diversos departamentos, podendo ser desde um assistente de administração ou caixas de lagosta.

Através das atividades de relacionamento com o funcionário, o RH permanecerá perto do pessoal que recrutou através do processamento de novas contratações, treinamento, lidando com posicionamento de trabalhos internos, transferências, e por meio de sua ajuda para que o funcionário entenda todas as regras de funcionamento do hotel.

A seção de relações com funcionários pode também interagir com as atividades relacionadas com as leis de remuneração estatais, ou estas podem ser administradas por pessoas responsáveis pelos benefícios.

BENEFÍCIOS E SISTEMAS DE INFORMAÇÕES DE RECURSOS HUMANOS

Como mencionado anteriormente, Geller (1985a) reportou que relativamente poucas organizações de hospitalidade tinham implementado um sistema de informação de recursos humanos computadorizado sofisticado. Devido ao enorme volume de informações e dados requeridos sobre os processos de recursos humanos e o pessoal que o RH recruta e contrata, esta tendência está mudando. Hotéis, mesmo os menores, estão encontrando *softwares* já desenvolvidos, que os permitem gerenciar e encontrar as informações de recursos humanos requeridas por eles de uma maneira sistemática. Muito deste arquivo, processamento e armazenamento de documentos são leis e regulamentos mandatários, como visto anteriormente. Cada vez mais, no que foi chamado de sociedade litigiosa, hotéis e outras organizações de negócio estão em risco de serem processados devido a circunstâncias, reais ou imaginárias sobre relacionamento de funcionários, por esta razão é necessário um sistema que possa acumular, armazenar, tabular, reportar e manipular dados de várias formas. Um apanhado de formulários típicos de RH está incluído aqui no Quadro 3.

Algumas organizações podem incluir programas de benefícios com a administração de ganhos e salários, mas outras os administram através de uma função separada com base em seu sistema de informações. Benefícios estão cada vez mais sendo regidos por regulamentos estaduais e federais, e hotéis devem manter uma documentação cuidadosa para estarem de acordo com a lei ao se tratar dessas questões de licença pessoal, médica e familiar, assim como programas de aposentadoria que afetam diferentes níveis e tipos de funcionários.

SERVIÇOS PARA OS FUNCIONÁRIOS

Se o hotel é grande o suficiente para que algumas pessoas devotem parte de seu tempo a serviços para os funcionários ou se isto é algo controlado pelo secretário do departamento, depende do tamanho da organização, da abrangência de suas atividades de recursos humanos e da sofisticação de seus processos. A maioria das organizações participará de algumas atividades de serviços para os funcionários. Dependendo se estas atividades são geradas na corporação, região ou nível operacional, isso vai determinar se tais atividades estarão sob a gerência dos recursos humanos ou relações públicas. De qualquer maneira, alguém do RH normalmente será responsável por sua administração.

Enquanto muito disso se explica por si só, programas de reconhecimento do funcionário que honram funcionários por vários níveis de serviço de mérito são importantes. Este serviço pode não ser apenas para a organização mas para a comunidade em geral, e pode representar as tentativas da organização em incentivar o melhor aproveitamento de seus funcionários. Reconhecimento é muitas vezes tão importante quanto remuneração. Um programa de atividades altruístas bem gerenciado e bem integrado para o bem da comunidade na qual o hotel opera é outra maneira de incentivar o potencial de seu pessoal. O envolvimento em várias organizações de caridade, sociais e culturais também ajuda os funcionários do hotel a se sentirem mais como parte da organização e estabelecerem o hotel e seus funcionários como bons cidadãos da comunidade. (Nota do editor: Ver ensaio de Richmond no capítulo 7).

ADMINISTRAÇÃO DA REMUNERAÇÃO

Todo funcionário no hotel, do gerente geral até o trabalhador de menor remuneração, está interessado na administração de ganhos e salários. Gostando ou não, nossos ganhos são uma maneira de verificarmos como estamos indo em nossas vidas dentro da orga-

QUADRO 3
Sugestão para Lista de Formulários do RH

1.	Formulário para novos candidatos	28.	Recibo da carteira de identificação do funcionário
2.	Avaliação de entrevista	29.	Crachá do funcionário
3.	Requisição de funcionário	30.	Recibo do crachá
4.	Identificação de EEO	31.	Instruções para utilização dos armários pessoais
5.	Formulário I-9	32.	Cartão de controle de uniforme
6.	Formulários de imposto de renda (locais, estaduais, federais W-4)	33.	Recibo do banco local
7.	Autorização para lista de pagamento de salário	34.	Recibo da chave mestra
8.	Formulário para contratação	35.	Formulário de requerimento de férias
9.	Formulário de mudança de nível/transferência	36.	Cartão de autorização de refeições
10.	Notificação de demissão	37.	Formulário de declaração de gorjetas
11.	Formulário de demissão/transferência fora da organização	38.	Notificação de suspensão de crédito de gorjeta
12.	Formulário de mudança de dados do pessoal	39.	Autorização para tratamento de acidente de trabalho
13.	Formulário de licença	40.	Passe para pacote
14.	Autorização de dedução no salário	41.	Reconhecimento de recebimento do livro de regras
15.	Checagem de referências telefônicas	42.	Formulário de presença de funcionário
16.	Checagem de referências de endereços	43.	Pasta de arquivo de pessoal
17.	Formulário de revisão de performance	44.	Fontes de informação
18.	Formulário de revisão de salário	45.	Arquivo de incidente de funcionários
19.	Notificação de advertência	46.	Certificado de reconhecimento de conquistas
20.	Notificação de comprovação	47.	Recibo de comunicação de área de perigo
21.	Formulário de sugestões	48.	Formulário EEO.1
22.	Formulário de relatório de acidente	49.	Formulário 200 OSHA
23.	Acordo para contratação	50.	Formulário 101 OSHA
24.	Aplicação para reembolso de cursos	51.	Avisos requeridos pelo governo
25.	Formulários para seguros (aplicação, renúncias, formulários de solicitações)	52.	Formulários de sindicato (quando aplicáveis)
26.	Livro do funcionário		
27.	Carteira de identificação do funcionário		

Fonte: Wheelhouse 1989.

nização. Um aspecto crítico aqui é o papel que a avaliação de serviço tem na administração da remuneração, ganhos e salários.

Para que qualquer organização seja competitiva na obtenção dos melhores funcionários disponíveis, ela deve ser capaz, através de avaliação de serviço, de comparar seus cargos e remuneração atribuídos a eles a cargos e serviços similares com organizações com quem compete. Embora o motel "da Mamãe e do Papai", localizado em uma estrada a 100 quilômetros da cidade, não possa competir com o salário oferecido à recepcionista do hotel de luxo 4 estrelas do centro da cidade, se eles sabem o que se requer de um recepcionista em sua operação, podem competir em talento com o motel "do Titio e da Titia" mais próximo.

É através de uma avaliação de trabalho cuidadosa e do entendimento do ambiente competitivo que organizações são capazes de fixar ganhos e salários que lhes permitam competir pelo melhor funcionário.

Uma maneira de controlar esta circunstância é o sistema de avaliação de desempenho, e cada vez mais avaliações de desempenho tem se tornado uma medida crítica pela qual funcionários são julgados em suas habilidades de serem treinados, retidos, promovidos ou demitidos. Avaliações de desempenho, desenvolvidas com objetividade e aplicadas com regularidade rigorosa, se tornam parte da ficha permanente dos funcionários. As fichas de avaliações de desempenho são também críticas quando ação disciplinar é necessária, particularmente quando, infelizmente, o funcionário deve ser demitido. Gerentes podem se sentir seguros de que a ficha de avaliação com uma performance baixa ou pobre pode documentar com objetividade este julgamento.

Como o leitor pode ver nesta breve visão geral, os desafios, responsabilidades e atividades do departamento de recursos humanos do hotel moderno são vastos, variados e complexos. Requerem uma presença gerencial sofisticada para que o hotel, através de seus gerentes de departamentos, possa ser poupado de cometer muitos dos erros relacionados com contratações que possam pôr a organização em risco. Ao mesmo tempo, o RH tem um papel central em posicionar o hotel em um nível altamente competitivo no recrutamento e retenção de funcionários da mais alta qualidade.

2. Avaliações de Desempenho: Fazendo-as Justas, Fazendo-as Funcionar

W. Terry Umbreit
Robert W. Eder
Jon P. McConnell

A validade das avaliações de desempenho é uma questão gerencial importante. Já que as avaliações de desempenho têm várias utilidades (por exemplo, ferramenta de pessoal, ferramenta gerencial, documentação legal), o estabelecimento de um sistema de avaliação de desempenho para gerentes e funcionários é necessário em qualquer negócio. Avaliações de desempenho são usadas para estimular a produtividade de gerentes, supervisores e pessoal. Os resultados são freqüentemente a base para decisões sobre promoções, transferências, aumento de salário e demissões. Em casos em que o funcionário acha que uma destas decisões foi inadequada, a avaliação de desempenho poderá tornar-se parte da prova em um caso legal. Como resultado, avaliações de desempenho vêm se tornando mais do que um ritual anual para funcionários e supervisores.

Operadores de hospitalidade em especial precisam de um método válido para avaliar a performance de seu pessoal, porque seus funcionários e gerentes mudam de cargo com freqüência e em grande número. Mas um sistema de avaliação eficiente pode também dar aos gerentes uma maneira de melhorar a eficiência de um pessoal estável.

Uma dificuldade importante com a maioria dos sistemas de avaliação de desempenho é que os julgamentos envolvidos são freqüentemente subjetivos, relatando principalmente traços de personalidade ou observações que não podem ser verificadas. Neste artigo, revisaremos os requerimentos legais mínimos de um sistema de avaliação de performance. Esperamos que possa ser útil para você estabelecer procedimentos de avaliação que sejam justos para os funcionários, com firme base legal, e útil ao pessoal corporativo e aos gerentes. Nosso enfoque é primeiramente na avaliação de gerenciamento de pessoal, mas padrões mínimos para uma defesa legal se aplicam a todas as categorias de trabalho.

Advertência Antecipada

Não existe um instrumento de medida, baseado em um julgamento subjetivo, que possa garantir um reflexo "verdadeiro" da performance de trabalho de uma pessoa. Além disto, existem trabalhos em que o resultado não é apenas o resultado do esforço de um funcionário, então medir conquistas específicas pode não refletir a realidade total do trabalho de cada pessoa. Também é difícil representar a abrangência total do trabalho de uma pessoa em apenas uma medida objetiva. Por isto, objetividade perfeita, no momento, não é a meta. O que você deve procurar desenvolver é um procedimento de avaliação de performance que suporta exame minucioso imparcial, que pode ser defendido legalmente e vai de encontro com as correntes atuais.

PADRÕES MÍNIMOS

Pela lei, uma medida de avaliação "válida" é correlata, em grande parte, com medidas de performance estabelecidas e objetivas, ou uma medida que prediz com precisão o sucesso de um trabalho futuro (o qual deve ser avaliado de uma maneira válida). Por exemplo, se seus gerentes são avaliados em habilidades de comunicação, escalas de medidas apropriadas devem ser usadas e devem ser capazes de mostrar que habilidades de comunicação são essenciais para uma performance excelente. Além do mais, se um grupo normalmente alcança altas notas na sua escala de avaliação e outro tira notas baixas (digamos, homens tiram notas altas e mulheres baixas), e você não possui dados objetivos que comparem estas medidas subjetivas, você será pressionado a demonstrar a validade de seu sistema de avaliação, mesmo que este seja bastante sofisticado (Kleinman e Durham 1981).

Decisões legais recentes podem ajudar a prover uma base para o desenvolvimento de padrões de avaliação, mas acreditamos que não é bom fazer dos requerimentos legais o *único* determinante para seus sistemas de avaliação. Certamente, suas avaliações devem estar dentro da lei mas um sistema de avaliação que apenas se encaixa dentro dos padrões mínimos da lei será pouco útil como uma ferramenta gerencial. Ao invés de simplesmente reagir a estas lições de precedentes legais mencionadas abaixo, nós recomendamos que você as transforme na fundamentação de seus procedimentos de avaliação e construa a base para criar um sistema de avaliação realmente efetivo. O formato da avaliação que você selecionar depende, por exemplo, de como você pretende usar esta informação gerada e do tipo e diversidade de categorias de funções em sua empresa.

Se sua empresa usar avaliação de desempenho para tomar decisões, você está usando o que a Corte considera um "teste" de qualificações. Este teste deve conter todos os padrões federais legais mencionados na legislação de direitos civis, assim como as leis de pagamento e estatutos de discriminação de idade[1]. Este é um ponto particularmente importante se seus funcionários mulheres são pagos na média com um salário menor do que os funcionários homens, por qualquer que seja a razão (por exemplo, duração do cargo, habilidades diferenciadas, quantidade de rendimento). Se um empregado reclama sobre sua avaliação de desempenho, a Corte examinará seu sistema de avaliação para determinar se ele é válido e se reúne parcialidade de sexo, raça ou idade. (A reclamação provavelmente apoiar-se-á em alegações de que sua política de pessoal tem "impacto adverso", como explicado no box a seguir, Impacto Adverso: Três Strikes e Fora). Qualquer tipo de limite de idade para funcionários pode vir sob exame minucioso. Se você não conseguir fazer com que os empregados que se tornaram incompetentes se aposentem, por exemplo, seu sistema de avaliação de desempenho terá que fazer o trabalho para você, mostrando que estes empregados não podem fazer o trabalho requerido (Schuster e Miller 1982).

Uma organização raramente informa a um empregado se ele ou ela perdeu uma promoção ou está sendo demitido por causa de raça, sexo ou idade. Isto seria uma violação ostensiva das leis federais. Mas se uma gerente tem sua promoção negada, por exemplo, e a posição permanece vaga ou é preenchida por um homem (especialmente um que não seja mais qualificado), ela pode alegar que foi vítima de um tratamento desigual (por exemplo, McDonnel – Douglas v. Green, 411 U.S.972;1973). Mais uma vez, o sistema de avaliação de desempenho seria examinado por advogados, porque a avaliação da mulher foi presumivelmente a base da decisão para não promovê-la. Em tais casos, o empregador teria que mostrar que a avaliação foi feita na base de critérios especificamente relacionados ao desempenho no trabalho.

DEZ TESTES

Com base em casos da Corte e em pesquisa recente, nós sugerimos que você observe os seguintes padrões legais para qualquer sistema de avaliação de desempenho.[2] Cinco destes padrões estão relacionados com o *conteúdo* da avaliação, porque suas avaliações devem ser restritas a questões relacionadas com o trabalho. Os outros cinco padrões estão relacionados ao *procedimento*, porque seu sistema de avaliação deve assegurar processo justo para cada empregado e conter controle e equilíbrio contra classificações extravagantes.

IMPACTO ADVERSO
Três *strikes* e fora!

Muitas companhias hoteleiras não possuem a documentação de que precisariam para se proteger se um dos seus funcionários der queixa de discriminação na Equal Employment Opportunity Commision (EEOC). A EEOC é responsável por impor as leis federais que protegem certos grupos de indivíduos (por exemplo, mulheres, membros de grupos étnicos, pessoas com mais de 40 anos) de discriminação no trabalho.

O caso típico de impacto adverso pode começar quando um gerente de hotel de 53 anos é ignorado para uma promoção para os escritórios corporativos de uma companhia fictícia Prestige Hotel Company. O gerente preenche uma queixa de discriminação na EEOC (que levará a reclamação para uma agência local ou do estado, se o governo estadual ou municipal tiver uma lei justa de trabalho). A EEOC julga se a reclamação necessita de uma investigação, e um investigador da EEOC entrevista o alto gerenciamento dos Hotéis Prestige. (Se a EEOC se recusa a seguir com o caso, o gerente pode ainda contratar um advogado para propor uma causa civil).

***Strike* 1.** Durante a investigação, o EEOC pede a Prestige que forneça informações sobre os dados dos candidatos, a proporção de gerentes acima e abaixo de quarenta anos que tentaram uma promoção durante o ano anterior. De acordo com os arquivos da Prestige, 20 gerentes com idade acima de quarenta anos e 30 gerentes mais jovens tentaram a promoção. Seis (30%) dos 20 gerentes mais velhos foram promovidos, entretanto 18 (60%) dos 30 gerentes mais jovens foram promovidos. O governo federal aplica a chamada "regra dos 80%" neste caso, multiplicando a freqüência da promoção pelo grupo não protegido (jovens homens brancos) por 80%. Uma vez que o resultado (48%) é maior que 30% de gerentes mais velhos que foram promovidos, o EEOC faz uma descoberta preliminar do impacto adverso – que os Hotéis Prestige têm um número desproporcional de pessoas mais velhas não levadas em consideração quando o assunto é promoção.

***Strike* 2.** Mas mesmo se o Prestige tivesse passado no teste de fluxo de candidatos, ele poderia falhar em outros testes (Kleinman e Durham 1981). Diz que o EEOC encontra-se em favor do Prestige, baseado no seu arquivo de promoção. O gerente ofendido então aponta que o Prestige tem a reputação de promover somente homens jovens para posições corporativas. Esta reputação poderia fazer com que os gerentes mais velhos deixassem o emprego ao invés de esperarem por uma promoção. Para checar esta reclamação, o EEOC usa a *estatística populacional*, comparando a porcentagem de pessoas protegidas empregadas no Hotel Prestige com a porcentagem de pessoas protegidas no mercado de trabalho. Neste caso hipotético, o EEOC compararia o número de gerentes mais velhos nos Hotéis Prestige com o número de gerentes acima de 40 anos trabalhando no mercado. A definição exata de "mercado de trabalho relevante" ainda é um tópico de um debate legal e acadêmico, mas pode incluir gerentes empregados de hotel, indivíduos procurando emprego e empregados de hotéis que são qualificados para uma promoção na área da gerência.

***Strike* 3** – O caso não está acabado mesmo se o Prestige passe em *ambos* os testes acima. Se o desempenho no sistema de avaliação da empresa rotineiramente concede classificação baixa para pessoas mais velhas (ou qualquer outro grupo protegido) que não seja homens brancos, o EEOC ou a Corte ainda podem encontrar impacto adverso.

Exigências de Conteúdo

1. Os padrões de desempenhos devem ser baseados em uma análise das exigências do emprego. Nos casos de impacto adverso, as Cortes freqüentemente estão a favor de quem faz a queixa quando o empregador não é capaz de demonstrar que os critérios de avaliação usados são conectados com descrições relevantes de trabalho. Uma análise formal do trabalho não é estritamente necessária, mas é válida. Você deveria pelo menos apresentar uma descrição atual do cargo para seus empregados para revisão e discussão antes da análise de desempenho (Bernardin e Beatty 1984). Cheque a descrição para qualquer padrão "indistinto" de desempenho; critérios vagos que parecem não relacionados com os presentes resultados do trabalho certamente são suspeitos.

2. A avaliação deve ser baseada em dimensões específicas de desempenho de trabalho, e não em medidas "globais" únicas. Uma medida típica única é uma medida simples de utilidade ou ocupação. Mas esta medida pode obscurecer muitos outros fatores (por exemplo, os custos de atingir uma meta em termos de qualidade de produto ou rotatividade de funcionário). Comparações e distribuições forçadas entre gerentes dentro de uma única categoria de emprego também são questionáveis, porque não há como determinar os pesos em concordância com as várias partes do trabalho e não há como saber se o mesmo processo de julgamento é usado para medir a efetividade de todos os gerentes (*Albermarle Paper Company v. Moody*, 422 U.S. 405; 1975). Novamente, nestes casos, uma análise formal do trabalho forneceria as informações necessárias para assegurar que todas as dimensões importantes estão relacionadas no desempenho da avaliação. A análise também revelaria os vários pesos a serem especificados para cada dimensão do trabalho, refletindo a importância relativa, as conseqüências de erro ou a quantidade de tempo de trabalho dedicada para cada atividade.

3. Os padrões de desempenho devem ser objetivos e observáveis. Traços da personalidade não são medidas válidas. Ainda assim, muitos instrumentos de medidas usam uma escala de 5 a 7 pontos para medir um pouco de tais atributos como quantidade de trabalho, qualidade de trabalho, cooperação, dependência ou atitude no trabalho. As Cortes geralmente têm uma visão indistinta das avaliações baseadas em traços de personalidade.

Os avaliadores deveriam dar classificações consistentes para um dado atributo gerencial. Quando o traço sendo medido é a "dependência" ou "cooperação", uma contagem consistente é quase impossível, porque diferentes avaliadores terão diferentes definições destes atributos. Ao invés, os padrões de desempenho deveriam ser baseados no que o gerente faz (comportamento) ou o que este comportamento *produz* (isto é, a contribuição direta para as metas organizacionais). Ambos são mensuráveis, então fornecem uma fundamentação mais sólida para a avaliação. Estes padrões também reduzem a possibilidade do preconceito que geralmente resulta quando se consideram traços de personalidade que são apenas fracamente ligados ao desempenho no trabalho.

4. A avaliação deve ser documentada. Sua companhia deve estabelecer um procedimento uniforme para a documentação do desempenho de cada gerente ou funcionário *durante* o período de avaliação, e não com um *ex post facto rationale* ou comentário anexado à classificação. Realizações específicas, falhas ou incidentes críticos devem ser parte da documentação do desempenho de um gerente. Nossa recomendação para documentação explícita de todos os aspectos do desempenho é cuidado para não prestar atenção somente no comportamento extremo do funcionário (grandes feitos ou erros), porque esta ênfase favorece um clima no qual a atenção seletiva é dada para os sucessos ou fracassos do empregado, mais do que um esforço balanceado feito para documentar todos os aspectos importantes do desempenho.

5. A validade de classificações de avaliadores individuais deve ser avaliada. As Cortes ocasionalmente pedem provas mostrando por que alguns avaliadores dão médias menores que as outras. Infelizmente, sem medidas objetivas que correlacionem as médias de diferentes avaliadores, ou várias médias do mesmo avaliador, não há como mostrar que os avaliadores estão de fato dando classificações válidas ou convenientes.

Requisitos do Processo

1. **Os padrões de desempenho devem ser comunicados e entendidos pelo empregado.** Os empregados freqüentemente não são informados das expectativas do desempenho. Muitas organizações têm procedimentos descentralizados e informais de avaliação, sob os quais somente uma avaliação resumida ou classificação é geralmente pedida e os gerentes não vêem a necessidade de serem explícitos sobre os padrões de desempenho. Além do mais, muitos empregos de gerência podem ser avaliados na solução de problemas inesperados e *não rotineiros*. Em qualquer desses casos, os avaliadores não podem explicar as expectativas do emprego nem os critérios de classificação. No mínimo, o empregado deveria ter uma descrição do cargo.

Os únicos critérios de revisão dados para muitos gerentes são as metas e objetivos estabelecidos no começo do ano fiscal. Os problemas ao enfocar metas de realizações são que os gerentes nem sempre têm controle do resultado, e aos gerentes raramente é dada a informação sobre qual comportamento é apropriado para alcançar a meta. Às vezes, na verdade, os avaliadores podem *deliberadamente* manter seus gerentes sem as informações, na teoria de que a incerteza estimulará o gerente a esforços maiores. Esta atitude é tipificada por um comentário ouvido por um dos autores em um *workshop* de gerenciamento de estresse: "Na minha organização, nós queremos que eles suem, e não relaxem. Um pouco de medo e incerteza pode levar longe!"

2. Instruções específicas para os avaliadores devem ser escritas. Não há como se certificar ou mostrar a qualquer pessoa que seus avaliadores sabem como conduzir e documentar a classificação a menos que eles tenham explícitas instruções escritas.

3. **Use mais que um avaliador sempre que possível.** É insensato dar a um supervisor imediato de um funcionário a grande responsabilidade de avaliar tal funcionário. O supervisor imediato não deve ter a oportunidade de observar e documentar a variação inteira do desempenho de um funcionário, e qualquer avaliação por uma única pessoa pode conter imparcialidade. Particularmente quando a avaliação é usada como base para promoção ou aumento de salários, pessoas do mesmo nível e outros funcionários da supervisão devem ser incluídos. Nós devemos notar, entretanto, que estas avaliações combinadas não são sempre superiores àquelas feitas por um único observador a menos que os indivíduos envolvidos sejam avaliadores treinados e que sejam familiares com as expectativas de desempenho no emprego.

4. O avaliador deve rever os resultados da avaliação com o funcionário. O avaliador terá menos possibilidade de fazer julgamentos inconsistentes quando tiver que documentar o desempenho e explicá-lo para o empregado. A discussão pode fornecer contribuições valorosas para as razões da classificação de um desempenho, e o avaliador pode obter documentação adicional. Não rever a avaliação com o empregado pode ser interpretado como uma ação unilateral contra o funcionário.

5. O empregado deve ter um procedimento de apelo formal. A existência de um processo de apelo formal deve encorajar o avaliador a ser mais consciente em estabelecer uma classificação de desempenho justa.

FORMATOS DE AVALIAÇÃO

Ao escolher o formato de avaliação que seja o melhor para o seu hotel, restaurante ou companhia, você deve considerar os testes legais mencionados acima, porque se você defrontar-se com uma ação judicial de discriminação, as características de seus sistemas de avaliação provavelmente terão uma grande influência no ganho ou perda da causa (Bernardin, Beatty e Jensen 1980). Mas você também deve considerar suas próprias necessidades de gerenciamento e recursos. No final deste artigo, nós explicaremos e compararemos quatro formatos de avaliação. Então discutiremos maneiras com as quais você pode melhorar os procedimentos de avaliação da sua companhia. Três destes formatos – índices financeiros, classificação de características e gerenciamento por objetivos – são comumente usados. O quarto formato, apoiado nas escalas de classificação de comportamento, é relativamente novo.

Índices Financeiros

As empresas de hospitalidade freqüentemente avaliam os gerentes em termos de lucro ou índices financeiros (Geller 1985b). Por exemplo, gerentes gerais de hotéis são avaliados geralmente pelo total da receita fixado anteriormente, geração de receita, níveis de faturamento de departamentos em operação ou controle de despesas de operações não distribuídas. Um estudo descobriu que os gerentes de hotel escolhem os seguintes índices financeiros como os critérios mais apropriados para avaliar seu desempenho no trabalho: diária média anual, proporção da folha de pagamentos e a venda de apartamentos, proporção da folha de pagamentos e as vendas de alimentos e bebidas (Arnaldo 1981, 29 –40).

Classificação por Características

Índices financeiros e outras medidas de resultados são freqüentemente apoiados por escalas de avaliação orientada por características. Neste formato de avaliação, o gerente da propriedade é avaliado pelas características que são consideradas importantes para o sucesso do desempenho do trabalho. A escala de classificação é geralmente uma variação contínua com médias de excelente a insatisfatória. As características são tipicamente avaliadas incluindo atitude, habilidades de comunicação, criatividade, dependência e iniciativa.

Gerenciamento por Objetivos

Como os índices financeiros, o gerenciamento por objetivos (GPO) é uma avaliação com resultado orientado. O GPO mede a contribuição do gerente para o sucesso e realização de metas pela organização. O típico programa GPO foi descrito como se segue:

> Um processo gerencial pelo qual os propósitos da organização são diagnosticados e adequados pela união de superiores e subordinados na busca de objetivos e metas que são mutuamente combinados e que são específicos, mensuráveis, atrelados a prazo e ligados a um plano de ação (McConkie 1979).

Para o gerente geral de um hotel, as metas devem incluir uma parte do mercado em particular, uma proporção favorável de comentários negativos e positivos de hóspedes, um número pequeno de reclamações de empregados, uma maior produtividade de empregados ou registro de segurança melhorado. Veja o Quadro 1 para ter um exemplo de ficha de avaliação de GPO.

Escalas de Avaliação Ancoradas no Comportamento

Ao invés de concentrar-se nos resultados ou traços de personalidade, as escalas de avaliação anco-

QUADRO 1
Modelo de Ficha de Avaliação GPO

Hotel ______________________ **Nome do gerente** ______________________
Período de inspeção ______________________ **Pessoa que realizou a inspeção** ______________________

Objetivos de desempenho	Medidas de resultados	Resultados
1. Parcela do mercado	Quartos por noite	Aumentaram 3%
2. Serviço de hóspede	Proporção de comentários positivos dos hóspedes	Aumentaram de 90 para 94%
3. Lucro departamental de quartos	Porcentagem de lucro do departamento de quartos	Aumentaram 1%
4. Disposição dos empregados	Taxa de queixa	Diminuíram 5%
5. Desenvolvimento de empregados	Número de conclusão de treinamentos	Aumentaram 10%
6. Condições de segurança e saúde mantidas	Número de acidentes	Diminuíram 10%
7. Relações externas mantidas pelo hotel	Número de posição de liderança	Sem mudança

radas no comportamento (BARS) são designadas para avaliar as ações dos gerentes (veja Umbreit 1984; Bernardin e Smith 1981).[3] As BARS são designadas para superar certas falhas na metodologia de escalas de avaliação convencional (Smith e Kendall 1963). Os comportamentos específicos a serem avaliados são aqueles que são essenciais para o sucesso do gerenciamento. As BARS são solicitadas para avaliar o que os indivíduos na verdade fazem em seus empregos, mais do que os resultados ou nível de eficácia.

O formato das BARS desenvolvidas por um dos autores para gerentes de hotéis contém sete escalas de avaliação, uma para cada aspecto importante na realização do trabalho (Umbreit 1984). Cada escala é dividida em pontos que vão de excelente a ruim, com descrições breves do comportamento que se adapta a cada ponto da escala. As afirmações são na realidade incidentes críticos ilustrando a eficiência e ineficiência do desempenho no trabalho. O Quadro 2 mostra as BARS para a comunicação. As outras seis escalas de avaliação são as seguintes:

1. Lidar com reclamações de hóspedes e promover relações com hóspedes.
2. Desenvolver estratégias de marketing e monitorar programas de vendas.
3. Motivar e modificar o comportamento do funcionário.
4. Implementar políticas, tomar decisões e delegar responsabilidades.
5. Monitorar operações e manter produtos de qualidade.
6. Lidar com responsabilidade sobre a equipe.

O trabalho do avaliador é simplificado pelo relatório do cargo, porque ele pode comparar o desempenho do gerente com os relatórios de incidentes críticos.

FORMATOS DE AVALIAÇÃO COMPARADOS

As características de seu sistema de avaliação serão um fator em qualquer ação legal envolvendo discriminação de funcionários. O Quadro 3 mostra uma comparação de como quatro sistemas de avaliação se enquadram aos padrões legais.

No início deste artigo, entretanto, nós dissemos que além de se adequar aos padrões legais, seu sistema de avaliação deveria se opor ao exame imparcial e equiparar o estado da arte no desempenho da avaliação. Nós acreditamos que as BARS devem se adequar completamente a estes critérios. Eles são consistentes com a avaliação de responsabilidade legal, estão ligados à analise do trabalho, são específicos quanto ao comportamento (ou baseado nos resultados do trabalho) e encorajam a documentação do avaliador. Por outro lado, assim como um programa GPO, as BARS são mais caras para desenvolver sistemas usando índices financeiros ou escalas de personalidade. Sua empresa deveria entretanto avaliar os custos assim como os benefícios de um formato BARS.

Padrões de Conteúdo

As medidas no seu sistema de avaliação de desempenho deveriam estar diretamente relacionadas com a função que está sendo desempenhada. Esta lição é clara em casos legais envolvendo avaliações de desempenho. As *Escalas de Personalidade*, por exemplo, são largamente usadas em muitos negócios, mas não são medidas objetivas ou específicas e não podem ser documentadas efetivamente. Se os traços são definidos em termos de comportamento específico e documentado com informação baseada na tarefa, é possível que a medição das características possa sobreviver a exame legal.

Os *índices financeiros* são objetivos e bem documentados, mas podem medir somente uma porção das responsabilidades do emprego do gerente. Indicadores financeiros nem mesmo sugerem tais assuntos como habilidade de supervisor. Além disso, uma ênfase na rentabilidade geral, sobre a qual o gerente geralmente tem pouco controle real. Índices financeiros são excelentes ferramentas para determinar bônus departamentais, mas não traduzem prontamente avaliações específicas de desempenho no cargo. Um largo repertório de habilidades de um gerente de hotel não pode ser captado com algumas poucas medidas financeiras.

O formato *GPO* é uma ferramenta excelente para o desenvolvimento de habilidades gerenciais. Mas quando os GPOs são colocados separadamente para cada gerente, eles não podem ser usados para comparar desempenhos de gerentes diferentes. Como índices financeiros, os GPOs são quantificáveis e objetivos – metas muito específicas que o empregado tem que atingir – mas eles podem estar ou não relacionadas ao conteúdo do trabalho. Eles também podem ou não refletir todos os aspectos relevantes do trabalho.

QUADRO 2

Escala BARS para Avaliar Habilidades de Comunicação de um Gerente de Hotel

Comportamento relevante: assistir a reuniões departamentais e envolver os subordinados na discussão; visitar o comitê executivo regularmente ou em nível pessoal; usar memorandos para comunicar instruções especiais e políticas para os departamentos; disseminar informações financeiras e outras informações operacionais para os subordinados; conduzir reuniões periódicas com os empregados.

Classificação		Ações de exemplo
Comunicar-se efetivamente com os funcionários e participar freqüentemente de reuniões	7.00	
		Este gerente solicita uma reunião de casa para explicar por que o hotel estará diminuindo o número de funcionários. Aos empregados é permitido fazer perguntas e discutir por que certas posições no hotel estão sendo eliminadas
	6.00	
		Durante um grande programa de expansão, este gerente aumenta a freqüência das reuniões de diretrizes do comitê para melhorar a comunicação e coordenação do projeto
	5.00	
Comunicar-se satisfatoriamente com os funcionários e freqüentar algumas reuniões		Uma vez por semana este gerente convida vários empregados de linha para irem ao seu escritório, para conversas informais sobre as atividades do hotel
	4.00	
		Este gerente negligencia a discussão com os gerentes de recepção sobre o problema de excesso de porteiros durante certos períodos do dia; mesmo assim, expressa preocupação para o gerente residente
	3.00	
Tem dificuldade na comunicação com os funcionários e não participa de reuniões freqüentemente		Este gerente falta às reuniões departamentais e não tem encontros individuais com seus subordinados individualmente, mas deixa memorandos pelo hotel com instruções sobre o que deve ser feito
	2.00	
		Durante as reuniões semanais do comitê executivo, este gerente descarta a maioria dos comentários dos subordinados, considerando-os estúpidos
	1.00	

QUADRO 3

Comparação de Formatos de Avaliação (extensão em conformidade com padrões legais)

	Resultado das medidas		Medidas de comportamento	
Padrões de conteúdo	**Índices financeiros**	**GPO**	**Escalas de características**	**BARS**
Conteúdo de avaliação baseado na análise do trabalho	**Baixo**	**Moderado**	**Baixo**	**Alto**
Avaliação de dimensões específicas mais que medidas globais	**Moderado**	**Moderadamente alto**	**Moderadamente baixo**	**Alto**
Critérios de avaliação objetivos e observáveis	**Alto**	**Alto**	**Baixo**	**Alto**
Classificação documentada	**Alto**	**Moderado**	**Moderadamente baixo**	**Moderadamente alto**
Padrões de processo				
Empregados informados sobre o critério de classificação	**Moderadamente alto**	**Moderado**	**Moderadamente baixo**	**Alto**
Instruções explícitas para o uso do formato de classificação	**Moderadamente baixo**	**Moderadamente alto**	**Alto**	**Moderadamente alto**
Resultados revistos com o empregado	**Moderadamente baixo**	**Moderadamente alto**	**Moderadamente baixo**	**Moderadamente alto**

Mesmo se as metas forem similares para todos os gerentes, seria difícil mostrar que o alcance dos objetivos prevê o sucesso futuro do trabalho. Na verdade, poucos empregados mostram um registro constante de sucesso. Algumas medidas de comportamento gerenciais são necessárias além do GPO.

Um formato de classificação baseado no comportamento (por exemplo, BARS) pode ir ao encontro de padrões legais para classificações relacionadas ao desempenho do trabalho. As BARS são derivadas de um procedimento de análise de trabalho pelo qual incidentes críticos que são relacionados ao trabalho do gerente são identificados e comparados com o desempenho atual do gerente (veja o Quadro 2).

O formato BARS envolve avaliação específica em inúmeras dimensões do trabalho do gerente e é particularmente útil para a documentação do comportamento do gerente. Embora as BARS não sejam sempre explicitamente válidas e nenhum formato possa eliminar as diferenças que aparecem na amostragem, as BARS classificam com maior certeza todos os aspectos relevantes do trabalho. Ainda, se sua empresa começasse a usar o BARS como base para promoção e decisões de salários, você teria que mostrar que as classificações favoráveis do BARS são indicadores do sucesso do trabalho.

Padrões de Processo

Um processo ruim pode transformar até o melhor sistema de classificação num sistema inútil. Mas o formato BARS facilita o trabalho do avaliador por demonstrar explicitamente o que é esperado do gerente, que tipo de comportamento é preferido e como este comportamento deveria ser avaliado. É mais difícil para os avaliadores especificar como os índices financeiros ou classificação de traços são compilados e avaliados ou como a obtenção de metas é medida.

Se sua empresa decide pelo uso do formato GPO ou BARS, os avaliadores devem ser treinados em como usá-los propriamente (o que significa ser treinado em observação, documentação, etc.). Por outro lado, as escalas de traços e os índices financeiros requerem relativamente pouca instrução.

Nós dissemos anteriormente que o desempenho das avaliações pode ser excelente ferramenta de desenvolvimento de gerenciamento, mas a classificação de traços e medidas financeiras dá pouca indicação de como uma pessoa poderia melhorar seu trabalho. A maior parte das discussões dos exames dos funcionários baseados nestas classificações gira tipicamente sobre a definição das medidas, quando o avaliador deveria se preocupar em como o empregado pode melhorar seu desempenho no trabalho. A discussão de desempenho é mais parecida com as classificações GPO ou BARS, durante as quais o avaliador e o empregado podem rever objetivos específicos ou ações que servem como trampolim para uma discussão de realizações e falhas. Tanto GPO como BARS fornecem ao avaliador informações necessárias para fazer da revisão do desempenho o começo de um diálogo construtivo que enaltece as relações com os empregados.[4]

AVALIANDO AS AVALIAÇÕES

Você deve considerar muitos fatores ao rever os métodos de avaliação de desempenho de sua empresa, e não somente as questões legais levantadas aqui. (Outras questões estão listadas no Quadro 4). Você pode querer formar uma força-tarefa para pesquisar e analisar as informações necessárias para diagnosticar suas necessidades de avaliação. O sistema de avaliação que funciona bem com uma companhia não será o melhor automaticamente para outro estabelecimento. Após ter completado sua análise, entretanto, nós esperamos que sua companhia escolha uma das variações GPO ou BARS.

A escolha entre o GPO e o BARS depende basicamente da natureza dos cargos sendo avaliados. As camareiras, por exemplo, deveriam ser avaliadas sobre os resultados de seu desempenho. Um quarto que é limpo e tornado apresentável de acordo com os padrões do hotel, o número de quartos limpos, e que contenha o custo de fornecedores são três exemplos de objetivos para as camareiras. Para os garçons e funcionários do balcão de recepção, os padrões de avaliação envolvem comportamento – na essência, a resposta deles às necessidades dos clientes.

Dada a natureza crítica e complexa de suas posições, os gerentes de hotel deveriam ser avaliados nas escalas críticas de comportamento (BARS) e a superação dos objetivos (GPO) associados com o desempenho no emprego. Resumindo, um único tipo de avaliação não é suficiente. Devido ao número distinto de categorias de gerenciamento, sua empresa deve provavelmente ter múltiplos sistemas de avaliação, cada um com medidas de desempenho válidas para os funcionários da gerência.

Se for necessário fazer comparações entre os funcionários, o BARS é mais apropriado. O BARS é uma escala absoluta pela qual os padrões de comportamento estão pré-determinados. Por outro lado, o GPO é um formato de desenvolvimento de empregado excelente, porque permite que os empregados estabeleçam metas para melhorar seus níveis de desempenho. Mas

QUADRO 4
Questões a Serem Consideradas ao Preparar um Sistema de Avaliação de Desempenho

Fatores organizacionais e de limites

1. Qual o valor do orçamento que a gerência aprovou para as avaliações?
2. Em que proporção os gerentes são responsáveis pelo desenvolvimento do funcionário?
3. Quais são os requisitos legais e contratuais?
4. Quais são os principais objetivos ou propósitos para a condução da avaliação do desenvolvimento?
5. Qual é o apoio técnico disponível?
6. Qual é o clima ou estilo gerencial de sua organização?

Identificação de padrões de desempenho

1. Quantas categorias de emprego necessitarão de padrões de avaliação separados?
2. Os padrões de desempenho são alcançáveis, entendidos, concordados, baseados no trabalho, específicos, mensuráveis, cronometrados, anotados, observáveis, discrimináveis e passíveis de predição válida para o sucesso do trabalho?
3. As dimensões de desempenho são pesadas de acordo com a analise do emprego conforme importância, conseqüência de erros ou porcentagem necessária de tempo de trabalho?
4. Quais os padrões comparativos a serem usados – melhora individual, padrão absoluto de desempenho ou comparação entre os trabalhadores?
5. As medidas identificadas de resultados são atribuíveis ao desempenho do empregado?
6. Além de avaliar o desempenho individual, você avaliará o desempenho do grupo ou do departamento?

Observação, documentação e avaliação

1. Quais as fontes de classificação disponíveis (além do supervisor imediato)?
2. Qual a adequação do *feedback* informal e treinamento atual dado aos funcionários?
3. Os avaliadores são treinados em cuidadosa observação e documentação completa, e eles podem conduzir a revisão de desempenho que diminuirão a defensiva dos funcionários durante a revisão e aumentarão o comprometimento para a melhora do desempenho?
4. Quão adequadas são suas queixas e procedimentos-atração para os funcionários que não concordam com a avaliação do avaliador?

as comparações dos empregados são de validade questionável quando os empregados têm diferentes níveis e tipos de metas a atingir.

RESULTADO REAL

A revisão do desempenho tornou-se um ritual anual em muitas empresas, mas esperar até um determinado momento da revisão enfraquece o propósito de qualquer sistema de avaliação – melhorar o desempenho do funcionário. BARS e GPO podem ser usados em revisões informais freqüentes.

Devido ao papel crítico das avaliações de desempenho no gerenciamento de recursos humanos, qualquer mudança no sistema de avaliação de sua empresa deve ser formulada cuidadosamente, aceita pelos empregados e monitorada para que seja efetiva. Os padrões legais atuais são somente o ponto de partida para que o sistema de avaliação funcione em sua empresa. Uma completa consideração do sistema de avaliação deve permitir que sua empresa desenvolva um sistema de classificação imparcial que consiga o melhor de seus funcionários.

3. Comprometimento dos Funcionários: Dinheiro no Banco

Thomas A. DeCotiis
J. Michael Jenkins

Os funcionários que você deseja ter trabalhando no seu restaurante de hotel são aqueles que são extremamente comprometidos com o trabalho. Entusiasmados, envolvidos, orgulhosos do local em que trabalham – tais funcionários são a essência para se ter excelentes operações. Eles têm as metas e os valores de sua empresa internalizados, e trabalham de maneira a contribuir para estas metas.

Seria bom se os administradores de pessoal de hotéis e restaurantes simplesmente saíssem e empregassem funcionários comprometidos. Na verdade, algumas pessoas acreditam que seja possível recrutar pessoas do "tipo comprometidas", e alguns gerentes garantem que seus funcionários são do tipo comprometidos. Mas não há como distinguir os candidatos que serão empregados comprometidos e aqueles que não serão (DeCotiis e Sommers). Qualquer funcionário, propriamente estimulado, pode se tornar um funcionário comprometido. Comprometimento cresce no local de trabalho com o tempo; não pode ser comprado no mercado.

Para determinar como sua empresa estimula o comprometimento nos funcionários, os autores examinaram as políticas de recursos humanos de uma empresa de hospitalidade, a Steak & Ale Restaurant Corporation. Neste artigo, nós relatamos os resultados deste estudo, depois de uma discussão da base e da importância do comprometimento entre os funcionários.

MUDANDO RELACIONAMENTOS

O estilo tradicional de gerenciamento de rotatividade de funcionários do setor de restaurantes pode ser abalado pela tendência demográfica atual no que diz respeito a menos pessoas da faixa etária de onde surgiram funcionários temporários (idade de 17 a 22) e gerentes iniciantes (idade de 20 a 29). Ao mesmo tempo, a faixa etária que tradicionalmente favorece os serviços de restaurante (idade 22 – 44) está crescendo rapidamente, então as oportunidades para os donos de restaurantes devem se expandir, se os operadores puderem encontrar os funcionários necessários.

Concomitantemente ao "baby bust" demográfico houve uma evolução no relacionamento entre empregador e empregado (Kanter 1978). De modo crescente, os funcionários enxergam seus empregos como uma fonte potencial de desafio, crescimento e realização profissional, e não somente como uma maneira de ganhar dinheiro. Ao mesmo tempo, os governos federal e local nos EUA reconheceram os direitos individuais dos funcionários através da legislação e decisões nas Cortes; isso fez com que os funcionários ganhassem mais poder no local de trabalho. A doutrina de "vagas em excesso" pode brevemente ser substituída legalmente por uma doutrina de direitos dos empregados (Hoerr et al. 1985). Como resultado, o gerenciamento em todas as indústrias está sendo impelido a fazer do local de trabalho um local conveniente para os empregados.

FUNCIONÁRIOS COMO RECURSO

Muitos executivos agora consideram que uma mão-de-obra treinada e estável seja um recurso a ser conservado, otimizado e renovado. Certamente esta visão é um grande contraste com a idéia dos funcionários serem "corpos quentes" que podem ser substituídos a qualquer hora. Um aspecto crucial do novo conceito de recursos humanos é o reconhecimento de que a sobrevivência da corporação é mais que o problema de identificar oportunidades no mercado. É também atribuída à habilidade de gerenciamento satisfazer as necessidades do mercado com uma mão-de-obra produtiva, estável e comprometida.

Inumerável

No setor de restaurantes, as medidas comuns da contabilidade para despesas humanas (por exemplo custo de trabalho) podem subestimar seriamente despesas a longo prazo de uma força de trabalho instável e não comprometida, porque as medidas de tais custos de trabalho não incluem os custos de oportunidades de negócios perdidos ou mal explorados. Steak & Ale identificou, por exemplo, que as unidades de restaurante com desafios competitivos similares (com produtos idênticos) às vezes produziam resultados diferentes. O desempenho de algumas unidades era claramente superior a outras. A principal explicação para tais diferenças era a qualidade da mão-de-obra dos restaurantes e a boa vontade dos funcionários em proporcionar produtos e serviços que vão de encontro aos padrões da empresa.

GERENCIANDO PARA O COMPROMETIMENTO

A questão para o setor do restaurante, entretanto, é traduzir o valor que o gerenciamento atribui à importância de uma mão-de-obra produtiva e comprometida em programas de recursos humanos que garantam o desenvolvimento e a retenção de funcionários comprometidos. Muitas empresas simplesmente determinam seus valores corporativos publicamente e nunca tornam suas práticas com os funcionários coerentes com tais pronunciamentos. Por exemplo, algumas elogiam o indivíduo como "pessoa", mas não estruturam seu trabalho para que este funcionário possa equilibrar trabalho, responsabilidades familiares e atividades sociais. Algumas empresas dão pequenos passos (como a instituição de semana de cinco dias), mas a maioria não tem boa vontade para fazer o investimento necessário.

O desenvolvimento de recursos humanos é um processo a longo prazo que requer comprometimento de tempo e dinheiro por parte do gerenciamento da organização. Enquanto os empregados forem tratados como despesas a serem minimizadas, o setor de restaurantes terá dificuldade em transformar seus funcionários em uma mão-de-obra estável e comprometida. Na verdade, muitos gerentes enxergam a rotatividade como um fato meramente irritante da vida. Estes gerentes olham os funcionários como dispensáveis, a despeito da evidência de que eles não o são. Na verdade, bons funcionários são difíceis de ser substituídos.

CONSTRUINDO O COMPROMETIMENTO

Um funcionário comprometido é aquele que acredita no que a empresa está tentando alcançar, é envolvido com seu trabalho e quer uma carreira a longo prazo na empresa. Uma vez que o funcionário comprometido adquire as habilidades básicas necessárias ao cargo, a tarefa do supervisor é a de prepará-lo e facilitar seu desempenho.

O comprometimento sustenta o funcionário mesmo durante períodos difíceis, quando a empresa é incapaz de satisfazer suas expectativas (Scholl 1981). Por exemplo, quando as cadeias de empresas alimentícias estão crescendo rapidamente, os funcionários têm uma expectativa natural de grandes oportunidades e promoções rápidas. A satisfação destas expectativas é impossível quando uma recessão econômica ou outros fatores diminuem a expansão da empresa. Entretanto os autores acham que os funcionários comprometidos ficarão na empresa mesmo se as oportunidades diminuírem, e estes funcionários irão aumentar seus esforços para ajudar a empresa a se sair bem nos tempos difíceis. Aparentemente, a crença dos funcionários comprometidos é grande o bastante para sustentá-los e motivá-los.

Se é verdade, como mencionado anteriormente, que os funcionários comprometidos são feitos e não nascem assim, é importante determinar como criar tal comprometimento. O diagrama no Quadro 1 representa o processo de comprometimento. O processo começa com integridade – a responsabilidade primária do gerenciamento para disseminar, articular e manter valores corporativos de modo consistente. Desta base de integridade, a construção do comprometimento começa com a filosofia, valores e metas do gerenciamento. Estas metas e valores são manifestados nas práticas gerenciais, tais como as relações de subordinação, métodos de comunicação, estilo de liderança, políticas de promoção, sistemas de *feedback* e políticas de remuneração. Como um grupo, estas práticas de gerenciamento formam a cultura da corporação, estes aspectos de gerenciamento e comportamento dos funcionários são o que distinguem uma empresa da outra. A cultura é um grupo de valores partilhados que determinam o que é comporta-

QUADRO 1
Diagrama de Processo de Gerenciamento de Comprometimento

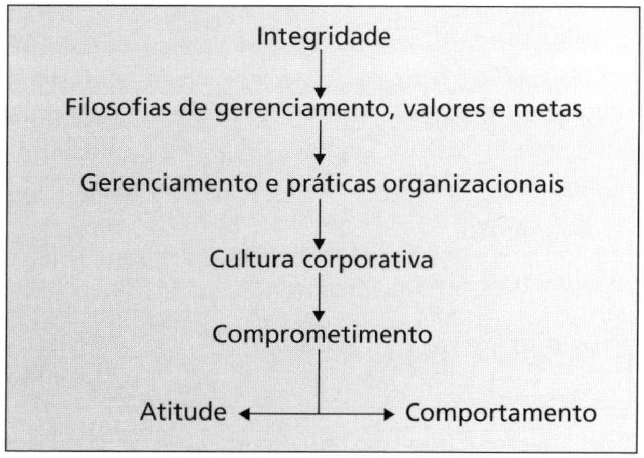

mento aceitável e o que não é. No geral, a filosofia do gerenciamento, metas, valores, práticas e cultura determinam a extensão de comprometimento dos funcionários. Este comprometimento afeta profundamente o comportamento e a atitude do funcionário. Um estudo descobriu que o comprometimento estava diretamente relacionado à taxa de funcionários que deixam o emprego, desempenho no trabalho, freqüência, motivação, moral e satisfação no trabalho (Reichers 1985).

Comprometimento na Steak & Ale

Como exemplo, o processo de comprometimento na Steak & Ale começa com os seguintes valores de recursos humanos:

- Preocupação com a segurança e a satisfação dos funcionários.
- Crença na integridade e competência dos funcionários.
- Comprometimento com o crescimento dos funcionários além do nível atual de habilidade e além de suas expectativas.

Estes valores estão resumidos nas metas gerais de recursos humanos da empresa:

- Para atrair, reter e motivar uma mão-de-obra competente que se vê como bem gerenciada e altamente recompensada em um ambiente desafiador, caracterizado pela oportunidade de crescimento, contribuição e diversão.

Steak & Ale traduz estas metas de recursos humanos em várias práticas de gerenciamento, incluindo decisões tomadas nos níveis mais baixos possíveis na organização, oferecendo grandes incentivos como recompensa e fazendo as promoções quase que exclusivamente dentro da própria empresa.

QUADRO 2
Práticas Gerenciais Significativamente Relacionadas ao Comprometimento

Prática Positiva	Afirmação
Tomada de decisão	As decisões tomadas em nível acima do meu são rápidas e estudadas; eu posso opinar nas decisões que me afetam
Comunicação com o nível inferior	Eu sou informado das mudanças que afetam meu trabalho; eu conheço as razões das mudanças e sou informado de como a organização está evoluindo
Comunicação com o nível superior	Eu me sinto livre para me expressar e sei que minhas opiniões são válidas em todos os níveis da empresa
Liderança (pessoas)	Meu supervisor é compreensivo comigo e considera meus sentimentos
Liderança (tarefa)	Meu supervisor fornece dados para que eu realize meu trabalho
Desempenho de gerenciamento	Eu recebo instruções claras, sei como me relacionar com meu supervisor e sei o que preciso para melhorar
Promoção	As promoções são baseadas nas contribuições individuais, mais do que em política e sorte
Pagamento por desempenho	Há uma forte relação entre como eu desempenho meu trabalho e o dinheiro que recebo
Feedback	Eu sou regularmente informado sobre meu desempenho.
Treinamento	Eu recebo excelente treinamento
Prática negativa	
Proximidade da supervisão	Meu supervisor está sempre de olho em mim ou revendo minhas decisões

Nota: As práticas listadas estão em ordem decrescente de importância.

TEORIA *VERSUS* PRÁTICA

Para determinar se o processo de comprometimento da Steak & Ale estava funcionando, os autores coletaram dados de 784 funcionários com nível de gerência (60% do pessoal da gerência da empresa).

O estudo mediu, por uma escala de sete pontos, a concordância dos gerentes com as várias afirmações com respeito ao comprometimento, como listado no Quadro 2. Os resultados do estudo mostram que a maneira pela qual as pessoas são gerenciadas faz a diferença na sua ligação com a empresa. O estudo descobriu que os determinantes mais importantes de comprometimento eram como as decisões são tomadas e como a comunicação é feita. O comprometimento foi fortemente influenciado nos casos em que a gerência ouvia seus funcionários, pelos estilos de liderança, por expectativas claras de gerenciamento e pela oportunidade de promoções de acordo com a contribuição dos funcionários para com a empresa.

Nós concluímos que o comprometimento é mais alto quando:

- As decisões são tomadas nos postos mais baixos da empresa.
- As pessoas têm informação das maneiras e motivos das mudanças.
- As pessoas são informadas do bom desempenho da companhia.
- As idéias dos funcionários são levadas em consideração.
- A individualidade das pessoas é respeitada.
- O foco dos estilos de liderança está em ajudar os funcionários a se desenvolverem.

Resumindo, o bom gerenciamento constrói o comprometimento.

Mas nós descobrimos que havia um fator que poderia diminuir o efeito de todas as práticas positivas de gerenciamento: supervisão excessiva. Quando as pessoas sentem que estão sendo controladas e a elas não é permitido o exercício de julgamento, o comprometimento delas em relação à empresa diminui.

Cultura

Apesar de a cultura corporativa ser algumas vezes difícil de descrever, os executivos da Steak & Ale especificaram quatro dimensões da cultura de sua empresa para construir o comprometimento, como foi mostrado no Quadro 3. As duas dimensões orientadas para pessoas, integridade e respeito pelo indivíduo, estavam associadas com o comprometimento, e estes dois fatores são parte dos valores estabelecidos pela empresa. As dimensões orientadas para negócios, propensão para a ação e orientação para a qualidade, são vistos como princípios básicos dos negócios da empresa.

INTEGRIDADE ACIMA DE TUDO

Os autores examinaram os determinantes de comprometimento com uma análise gradativa, na qual os critérios foram classificados em ordem descendente de importância. De acordo com esta análise, os determinantes de comprometimento são, na ordem, integridade, qualidade, respeito, liderança (de pessoas) e ação. Estes fatores incluem tanto os valores da corporação como os princípios de negócios. Considerados juntamente, estes determinantes indicam que o comprometimento resulta quando:

QUADRO 3
Dimensões de Cultura Corporativa Significativamente Relacionadas com o Comprometimento

Dimensão	Afirmação
Integridade	Práticas de gerenciamento que pregam e mantêm o comprometimento que afirmam
Respeito pelo indivíduo	Cada funcionário é um contribuinte e tem valor próprio
Linhas de ação	O gerenciamento tem senso de urgência e força para ter as coisas feitas
Orientação para a qualidade	A empresa se foca em produtos superiores, serviços e pessoas

Nota: As práticas listadas estão em ordem decrescente de importância.

1. As expectativas dos empregados são atendidas.
2. Há orgulho no que a empresa faz e como o faz.
3. As pessoas são tratadas como indivíduos.
4. Os estilos de gerenciamento enfocam o gerenciamento de pessoas na base do um-a-um.
5. É mantido um ambiente estimulante.

Conseqüências

O estudo também descobriu que o comprometimento entre os funcionários teve conseqüências em suas atitudes e comportamento, como também no desempenho financeiro da empresa. Como demonstrado no Quadro 4, a satisfação no trabalho e a moral estavam associadas com o comprometimento, enquanto a intenção de deixar o emprego teve uma forte associação negativa (quanto maior o comprometimento, menor a intenção de deixar o emprego). Na verdade, a rotatividade entre os funcionários comprometidos foi significativamente mais baixa que com os trabalhadores menos comprometidos. Houve uma pequena correlação entre comprometimento e classificação de desempenho de um bom trabalho, mas houve uma conexão ainda mais negativa entre rotatividade e comprometimento.

As descobertas financeiras foram especialmente interessantes. Não somente os gerentes comprometidos ficam na companhia por mais tempo e desempenham um serviço de melhor qualidade, mas também realizam um trabalho de custos mais baixos que gerentes em geral. Uma análise separada do desempenho de gerentes comprometidos mostrou que eles adquiriram um nível de lucro 1,5% maior que a média.

ACOMPANHAMENTO

Os resultados do estudo mostraram uma clara conexão entre os métodos de gerenciamento da empresa e o nível de comprometimento dos seus empregados. O estudo também reforçou a presunção fortemente influenciada pelo gerenciamento das empresas: comprometimento é o *resultado* de excelência corporativa, não a causa. Há um desafio nessa afirmação, porque a companhia ainda não alcançou o nível de comprometimento que ela deseja.

Não há garantia de que os empregados recém-contratados tornar-se-ão comprometidos com a companhia, a menos que a companhia se comprometa com os mesmos. Isto requer gerenciamento de recursos humanos para aumentar a auto-estima dos funcionários ou, de uma outra maneira, fazer com que os empregados se sintam bem sobre os resultados da sua experiência de trabalho. Partindo desse princípio, a companhia deve investir num funcionário providenciando orientação, oferecendo-lhe chances para participação, mantendo um canal de comunicação aberto, e providenciando supervisão apropriada e gerenciamento de desempenho. Uma seqüência específica dos passos é demonstrada no Quadro 5.

O processo de construção do comprometimento começa logo que o funcionário entra na empresa. As primeiras impressões de uma organização são fortes, então elas devem ser gerenciadas de forma clara e correta, e o novo contratado deve ser orientado sobre as metas e prioridades da empresa. Uma exposição da cultura corporativa providencia um contexto para as metas e fornece a fundamentação para as expectativas iniciais do funcionário em relação à empresa e do próprio trabalho dos funcionários.

Uma vez que sua empresa causou uma boa primeira impressão, as novas percepções do funcionário devem ser reforçadas com gerenciamento apropriado. Se a companhia tem uma política de cidadania e participação para todos os empregados da gerência (como a Steak & Ale), você deve estar preparado para facilitar essa participação. O empregado deve estar envolvido na organização e ser capaz de dividir os frutos da iniciativa individual através de retribuição de incentivos, divisão de ganho e outros.

QUADRO 4
Conseqüências Significativas de Comprometimento

Conseqüências de atitudes	
	A satisfação no emprego, o moral, pouca intenção de deixar o emprego
Conseqüências de comportamento	
	Desempenho no emprego, baixa rotatividade
Conseqüências financeiras	
	Maior lucro, menor custo de comida, menor custo de trabalho

QUADRO 5
Cronologia dos Investimentos em Recursos Humanos

Orientação
- Metas corporativas
  - Negócios
  - Social
  - Funcionários
- Cultura corporativa
  - O que nós pretendemos

Participação
- Solução de problemas
- Decisões que afetam os funcionários
- Procedimentos de sucesso compartilhados de acordo com a contribuição do funcionário

Comunicação
- Para onde a companhia está indo
- Por que a companhia está indo
- Como está o desempenho da companhia
- Como a companhia está tratando os funcionários

Supervisão
- Foco no indivíduo
- Facilita ação de tarefa

Gerenciamento de desempenho
- Trabalho específico
- Desenvolvimento
- Positivo

Como Estou me Saindo?

A comunicação é importante para estabelecer e manter o significado corporativo para os empregados. A gerência deveria dizer aos empregados para onde a companhia está indo, por que está indo nessa direção e como ela está progredindo para atingir esta meta. Os bons comunicadores regularmente perguntarão aos funcionários como eles estão sendo tratados, para que a gerência possa ter certeza de que suas metas e filosofias estão de fato sendo realizadas.

Concluídos os passos introdutórios, a companhia pode então fazer com que os funcionários novos se comprometam, com supervisão apropriada (isto é, atenção individual mas não paparicação) e gerenciamento de desempenho. A supervisão excelente, que encoraja contribuições individuais, reforça a mensagem básica da companhia de crença nas habilidades individuais. O gerenciamento de desempenho ajuda o funcionário a desenvolver suas habilidades, que no futuro promoverão o sucesso da companhia.

Qualquer organização pode usar os passos explicados acima para aumentar o comprometimento dos empregados. Quando o empregado percebe que está tendo sucesso no emprego e que a companhia o ajudou com esse sucesso, o indivíduo se torna comprometido com o sucesso da companhia. A experiência da Steak & Ale revela que o investimento em recursos humanos é altamente lucrativo.

4. Rotatividade: Modelo Conceitual

Carl D. Riegel

A rotatividade é e sempre tem sido um problema universal no setor da hospitalidade. As taxas de rotatividade anuais são freqüentemente de 200 a 300% e, embora as taxas de rotatividade no gerenciamento sejam mais baixas, elas se aproximam de 100% em algumas organizações. Apesar da alta rotatividade no nosso setor estar de alguma maneira obscurecida por causa da recessão dos anos 90, ela provavelmente tornar-se-á um problema quando a recuperação aumentar. A redução da mão-de-obra no final dos anos 80 vai, muito provavelmente, transformar-se num grande desafio no futuro. Primeiro, o número de trabalhadores em grupos-alvo tradicionais para hospitalidade serão menores, pelo menos na primeira metade da próxima geração. Segundo, a menos que o setor ofereça oportunidades para progresso e desenvolvimento dos trabalhadores, a mão-de-obra da hospitalidade continuará sendo caracterizada como transitória. Os trabalhadores terão a idéia de que este é um setor para trabalhar enquanto se espera um emprego melhor. Finalmente, a redução de trabalhadores será exacerbada pelo setor da hospitalidade como sendo a última tentativa do trabalhador. Em outras palavras, ela continuará atraindo trabalhadores não motivados.

A rotatividade exacerba essa força de trabalho por dois motivos. Primeiro, porque transforma uma mão-de-obra existente que já é deficiente em pior, e, segundo, porque a rotatividade não é senão um sintoma de uma séria e insidiosa doença organizacional. Neste artigo, eu examinarei a noção da rotatividade em detalhes. Começarei por explorar o que é a rotatividade e por que ela é tradicionalmente vista com receio. Depois, eu voltarei a minha atenção para as causas da rotatividade e a visão da rotatividade mais como um processo que como um evento. Finalmente, discutirei brevemente, vendo a rotatividade como um processo, o que o gerenciamento pode fazer para diminuir suas taxas no setor da hospitalidade.

O QUE É ROTATIVIDADE E POR QUE DEVEMOS ESTAR PREOCUPADOS

No geral, a rotatividade (*turnover*) se refere à separação voluntária ou involuntária das organizações (Bluedorn 1982). As separações involuntárias (demissões) podem ser um problema se elas são muito altas, mas o foco deste artigo será primeiramente sobre a separação voluntária das organizações – isto é, o processo pelo qual as pessoas deixam de trabalhar nas empresas.

Historicamente, as organizações de hospitalidade entendem a rotatividade de duas diferentes maneiras. Primeiro, muitas empresas estão preocupadas porque a rotatividade custa dinheiro à organização, e por causa disso, níveis inaceitáveis deveriam ser evitados. Alta rotatividade custa dinheiro por várias razões, incluindo:

1. O custo atual relacionado à separação.
2. O custo de substituir funcionários, tais como anúncios, entrevistas e mudanças.
3. Ineficiência na curva de aprendizado por novos funcionários.
4. Os custos associados com a ruptura da mão-de-obra temporária.
5. Custos não quantificáveis devido à imagem prejudicada, fidelidade de clientes a antigos funcionários, etc.

Segundo, algumas empresas de hospitalidade não vêem a rotatividade necessariamente como indesejável porque o desempenho e a longevidade têm um relacionamento no formato de um U invertido. Como a Figura 1 sugere, o desempenho aumenta em um espaço de tempo curto a médio, mas a longo prazo tende a diminuir. Isto significa que empregados que ficam mais tempo provavelmente não aumentarão seu desempenho. E, quanto mais tempo eles ficam, mais eles custarão em razão de maiores benefícios e salários. As empresas que adotarem esta linha de estabilidade no emprego estarão preocupadas primeiramente com a distribuição da estabilidade no emprego através da organização, com taxas apropriadas de rotatividade, mais do que taxas reduzidas. Para muitas empresas que usam essa filosofia, as estratégias de controle de rotatividade podem ser vistas como esforço que não vale a pena quando o aumento do pagamento é combinado com problemas de desempenho no futuro.

O problema com ambas as visões de rotatividade, como nós veremos mais tarde neste artigo, é que elas são limitadas. Eles vêem a rotatividade como evento mais que um processo. Entretanto, este é o evento que os gerentes precisam administrar adaptando-se ou controlando-o. Uma abordagem mais expansiva e mais eficiente não teria o foco na rotatividade por si só. É preferível começar da perspectiva do processo, que vê a rotatividade como o resultado de uma cadeia seqüencial de eventos. Antes de discutirmos esse evento *versus* a noção de processo, seria útil voltar a nossa atenção para as causas da rotatividade.

Causas da Rotatividade

Muitos pesquisadores (March e Simon 1958; Porter e Steer 1977; McFillin, Riegel, e Enz 1986) acreditam que a rotatividade ocorre como o resultado de uma complexa série de fatores que influenciam as atitudes do funcionário e que eventualmente afetam o comportamento dos funcionários. Modelos às vezes simplificam demais os processos que representam; entretanto, o modelo é geralmente útil como uma aproximação razoável da realidade, ajudando-nos a entender e a prever os resultados.

O modelo mostrado na Figura 2 usa a "intenção de sair" como medida para a partida. A intenção para sair do emprego é uma medida substituta ou suplente; entretanto, ela tem sido bem substanciada em pesquisas anteriores como uma substituta para a partida. Como o modelo sugere, a intenção de permanecer ou sair de uma organização é uma função de dois fatores inter-relacionados: o nível de satisfação no emprego e o grau de comprometimento do funcionário na organização. Estes fatores combinados com traços da personalidade do funcionário e eventos específicos do trabalho influenciam o nível de satisfação no emprego. Se o nível de satisfação no emprego é alto, o comprometimento dos empregados com a organização tende a ser forte, e ele terá atitudes positivas do trabalho e pode-se esperar que ele fique no trabalho. Por outro lado, se o nível de satisfação no trabalho for baixo, o comprometimento diminui, as atitudes do empregado declinam, e é dada ao funcionário a oportunidade de deixar a organização.

NOVAS ÁREAS DE PREOCUPAÇÃO

Previamente, nós exploramos duas das tradicionais filosofias que as organizações de hospitalidade adotam sobre rotatividade. Embora ambas as filosofias tenham mérito, elas são limitadas porque vêem a rotatividade como um evento isolado ou um fenômeno a ser tratado isoladamente mais do que uma série de eventos relacionados no qual cada um tem potencial para trazer conseqüências negativas aos indivíduos assim como para a organização. Como a Figura 2 sugere, a rotatividade é resultado de atitudes negativas contra a organização e ocorre somente se o

FIGURA 1
Estabilidade – Filosofia da Performance

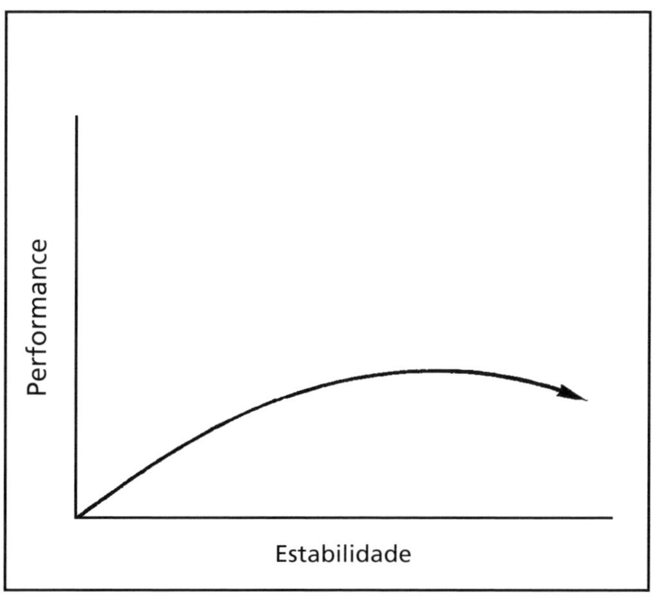

FIGURA 2
Modelo de Rotatividade

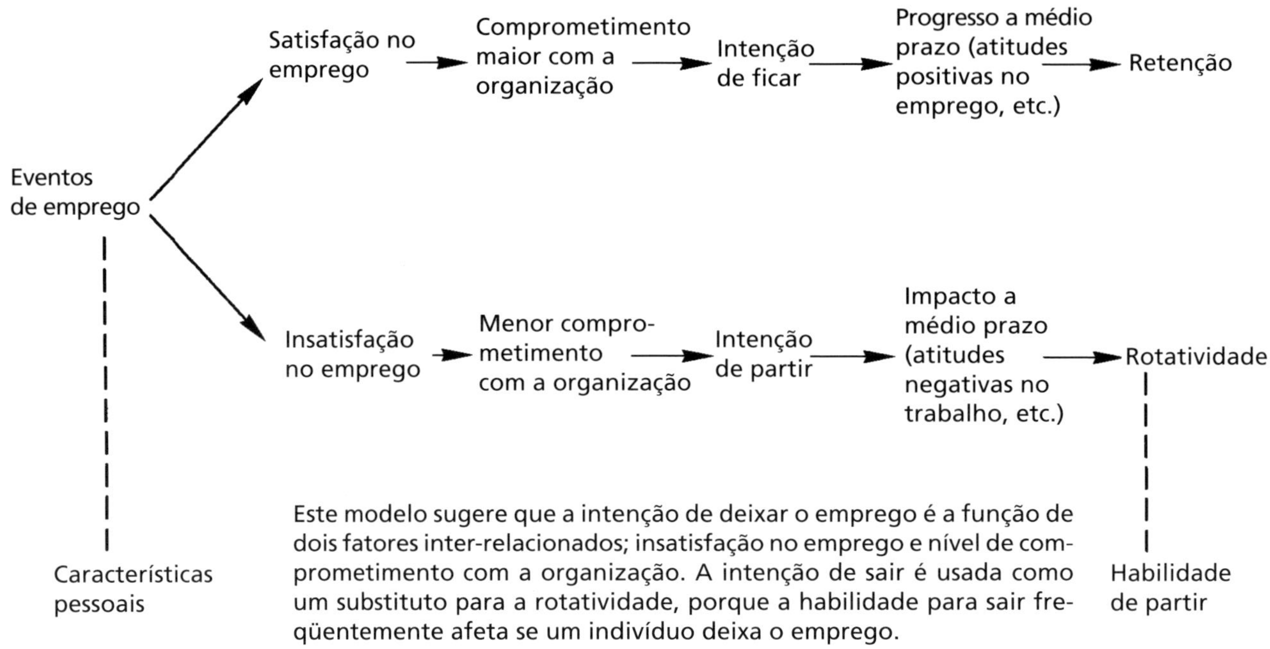

Fonte: Adaptado de McFillen, Riegel, e Enz 1986.

empregado tem condições de sair. O que significa que ele deve ter outras opções de emprego, não precisa trabalhar ou não se importa. Se o empregado não tem condição para deixar a organização, ele tem de se adaptar a outros comportamentos de afastamento, do qual a rotatividade é somente uma escolha disponível para empregados insatisfeitos. Empregados insatisfeitos podem desempenhar um papel de comportamento de afastamento seja por atos individuais ou como conjunto de comportamentos. Entretanto, a escolha individual de comportamento de afastamento depende de outros fatores de mediação, como o grau de insatisfação, a percepção dos empregados de sua própria eficiência, e, mais importante, sua habilidade de achar alternativas aceitáveis de emprego.

Dada esta visão de rotatividade como um processo, as organizações com altas taxas de rotatividade podem experimentar uma grande variedade de conseqüências, incluindo efeitos individuais, efeitos imediatos na organização e efeitos de longo prazo. A Figura 3 sugere que organizações e indivíduos sofrem os efeitos individuais de alta taxa de rotatividade, incluindo problemas com atendimento, redução de cooperação, redução de desempenho no trabalho e até mesmo sabotagem. A longo prazo, entretanto, os efeitos são mais sistemáticos e mais potencialmente devastadores. Por exemplo, altas taxas de rotatividade podem piorar as taxas de rotatividade existentes e exacerbar problemas de sistemas de rotina como o péssimo relacionamento com os clientes, e mesmo eventualmente, limitar a habilidade da empresa em desenvolver e estabelecer a estratégia. O custo potencial em dólar é difícil de calcular, mas é enorme. Uma questão de grande importância para empresas com altas taxas de rotatividade não é somente quem sai mas também quem fica. Em alguns casos, pode ser que os empregados que ficam na organização não sejam exatamente os "melhores" e aqueles que deixam a organização não são exatamente os "piores". Entretanto, aqueles que saem podem ser excelentes funcionários que acham o ambiente da organização tão insatisfatório que optam por se separar da organização e aqueles que ficam podem ser não os melhores mas aqueles que meramente puderam se adaptar.

O QUE PODE SER FEITO?

Um estudo da rotatividade no setor da hospitalidade descobriu que os empregados de uma organização da hospitalidade deram estas razões como as causas mais prováveis por altas taxas de rotatividade:

1. Tratamento pelos superiores.
2. Quantidade de horas trabalhadas.

FIGURA 3
Efeitos da Rotatividade nas Organizações de Hospitalidade

EFEITOS INDIVIDUAIS

Atitudes pré-saída

- Diminuição da satisfação no emprego
- Diminuição do comprometimento com a organização
- Intenção de partir

▶

Comportamentos da saída

Intencional

- Freqüência de problemas
- Atrasos
- Diminuição da cooperação
- Diminuição do desempenho no trabalho
- Reclamações de colegas de trabalho
- Sabotagem

Não intencional

- Estresse e/ou doenças relacionadas ao estresse
- Preocupação com as causas da insatisfação
- Falta de atenção
- Problemas de segurança

▶

EFEITOS ORGANIZACIONAIS IMEDIATOS

Efeitos do sistema

- Aumento da pressão nos colegas de trabalho para atrasar o trabalho
- Aprendizagem de atitudes sociais negativas
- Exacerbação de problemas de rotina

▶

Restrições de gerenciamento

- Aumento nos índices de seleção exacerbam a rotatividade
- Diminuição da habilidade para desenvolver gerentes

▶

EFEITOS ORGANIZACIONAIS A LONGO PRAZO

Efeitos de sistema

- Quem fica
- Quem sai
- Diminuição da quantidade de gerentes com possibilidade de promoção
- Problemas com socialização
- Normas e metas
- Dependência dos sobreviventes
- Dependência de cruzamentos
- Comprometimento portátil
- Cultura da rotatividade
- Outras influências culturais

▶

Capacidade estratégica reduzida

- Desenvolvimento de gerenciamento
- Estratégia como aprovação ambiental
- Variação limitada de operações estratégicas
- Fixação de operações
- Sucessão gerencial
- Substitutos para gerenciamento
  - Tecnologia
  - Burocracia operacional

3. Pressão no emprego.
4. Horário / Escala.
5. Treinamento.
6. Benefícios.
7. Melhores oportunidades em outro lugar.
8. Demandas físicas do emprego.

Uma estratégia eficiente a médio prazo seria os gerentes enfocarem estas razões; em outras palavras, trabalhar no tratamento justo com os empregados, criando horários razoáveis e justos. Entretanto, estas estratégias não são necessariamente orientadas na causa, elas provavelmente têm sua eficiência limitada e dura pouco. Uma visão a longo prazo levaria em consideração as causas da insatisfação do trabalhador e tentaria lidar com isso tudo de maneira contínua e abrangente.

Frederick Herzberg (1976) sugere que a insatisfação ocorre como resultado da falta do que ele chama "fatores de higiene" e a satisfação ocorre como resultado do que ele chama "motivadores". E enquanto a literatura do comportamento organizacional não mostrou que há qualquer ligação entre satisfação no trabalho e desempenho no trabalho, há um corpo teórico substancial que sugere que empregados satisfeitos adotem comportamentos pró-sociais e, conseqüentemente, sejam comprometidos com a organização. O autor diz que fatores de higiene que podem causar insatisfação entre os empregados incluem coisas como salário, condições de trabalho, redução de benefícios e segurança no emprego. Enquanto o pagamento de um salário justo e a providência de segurança no trabalho diminuirão a insatisfação, eles não necessariamente criam satisfação dos empregados. Os motivadores reconhecidos pelo autor incluem realização, reconhecimento, trabalho desafiador, responsabilidade e avanço. Esses fatores, se oferecidos pela empresa, promoverão satisfação e comprometimento. Entretanto os gerentes de hospitalidade que estão preocupados com a rotatividade como uma doença não precisam somente tomar conta de fatores extrínsecos do emprego, tais como segurança do trabalho e salário, eles também precisam prestar atenção em promover oportunidades para progresso, trabalho desafiador, etc.

Além de se preocupar com fatores ambientais na organização, prestando atenção à seleção de funcionários em primeiro lugar, haverá um caminho até diminuir a insatisfação e conseqüentemente a rotatividade. Um axioma no campo de recursos humanos é que a meta da seleção *não* é empregar o funcionário melhor qualificado, mas empregar o melhor empregado para um cargo em particular. A questão é a importância de combinar empregados à organização e ao cargo. Similarmente, os esforços para selecionar empregados que terão sucesso em uma função em particular e a cultura organizacional aumentarão a probabilidade da sua retenção. A seleção é uma função importante dos recursos humanos que carece de esforço e cuidado substancial.

Resumindo, a rotatividade tem sido um problema significativo no setor da hospitalidade. Enquanto sua importância pode ser mascarada pela presente recessão, há uma boa razão para acreditar que as taxas de rotatividade e, subseqüentemente, os efeitos da rotatividade piorarão quando a economia se recuperar. Os efeitos das altas taxas de rotatividade nos negócios da hospitalidade são substancialmente maiores que muitas filosofias existentes sugerem. Lidar com a rotatividade como evento isolado falha em perceber suas causas e, entretanto, é provável que tenha um impacto limitado na estratégia de controle da rotatividade. Abordagens abrangentes procuram, por outro lado, eliminar as fontes de insatisfação e promover a satisfação do funcionário para que o mesmo aumente seu o comprometimento. Isto encorajará uma variedade de comportamentos pró-sociais que aumentarão a eficiência organizacional e eliminarão os comportamentos de saída, de que a rotatividade faz parte.

5. Rotatividade e o que Fazer com Ela

John J. Hogan

O custo da rotatividade no setor da hospitalidade em 1988 foi, na média, US$1.400 por posição no país, de acordo com um artigo de primeira página do Wall Street Journal de 13 de março de 1988. Foi estimado que este número varie de US$1.700 a US$2.500 em 1990, em custos diretos (propaganda e recrutamento, gerenciamento do trabalho burocrático/tempo, hora extra, treinamento e itens de apoio como uniforme) e um aumento de custos indiretos de US$1.200 a US$1.600 (falta de produtividade, baixa moral e perda da reputação e boa vontade).[5] Barry Conrad, antigo CEO do Forte Hotels e agora vice-presidente de desenvolvimento da Burger King, estima que os custo da rotatividade no nível de gerenciamento é melhor definido em aproximadamente US$ 17.000 a US$ 20.000.

Isto significa que uma taxa de rotatividade de uma única pessoa que trabalhe em turnos ao longo da semana pode custar ao seu hotel ou restaurante entre US$88.400 e US$130.000 por ano. Em uma época em que as taxas de ocupação dos hotéis e os negócios em muitas partes do mundo estão estáticos, e a preocupação sobre as chances de melhora da economia é constante, a habilidade de lidar com a questão da retenção poderia ser a diferença entre uma operação de negócios de sucesso ou a falência.

Para dar uma visão geral do problema e explorar várias soluções, eu procurei por cinco situações de gerenciamento em hotéis e compilei os dados de minhas discussões com seus especialistas em recursos humanos. O resultado destas conversas se transformou neste artigo. As propriedades eram:

1. La Quinta Motor Inns, uma companhia americana de hotéis que emprega equipes de gerenciamento dentro de cada uma das unidades.
2. Forte Hotels, uma companhia internacional (Trusthouse Forte anteriormente) com uma variedade de conceitos de gerenciamento assim também como franquias e marcas.
3. Interstate Hotels, um grupo administrador que opera diversas marcas de hotéis superiores.
4. Sterchi Hotels, uma companhia pequena que opera somente do Tennessee.
5. Opryland Hotel, um "mega Hotel" independente.

LA QUINTA MOTOR INNS

La Quinta, de San Antonio, Texas, gerencia mais de 200 pequenos hotéis nos Estados Unidos. Ela recentemente completou um grande estudo sobre "queimas" em níveis de gerenciamento. La Quinta emprega somente casais, que trabalham como co-gerentes. Nenhum indivíduo é superior ao outro. Cada um dos gerentes trabalha em uma área em que tenha mais habilidade, recebe o mesmo salário e é considerado um verdadeiro sócio.

A filosofia de equipe do La Quinta parece se estender ao escritório corporativo também, onde você encontrará Roland Bliss e Anne Binns Bliss ,a equipe "marido e mulher" da vice-presidência executiva para o desenvolvimento trabalhando juntos. Anne passou vários anos com Roth Young Associates antes de tornar-se gerente de operações do planejamento da mão-de-obra no La Quinta. O trabalho de Roland é encontrar locais com potencial para novos hotéis e o de Anne é contratar os profissionais para os hotéis. Anne está nesta posição há mais de três anos, e ajudou o La Quinta a diminuir sua taxa de rotatividade para 21% anualmente (abaixo dos mais de 36% dois anos antes de sua chegada). Em uma entrevista, o casal descreveu o que segue como parte do sucesso do hotel em reduzir a rotatividade.

Seleção

A empresa mantém um alto padrão em contratação. Qualquer casal que seja considerado passa por uma série de entrevistas, variando de uma conversa inicial por telefone até visitas extensivas com um dos 35 casais recrutadores que estão espalhados pelos EUA. A entrevista final com Anne Bliss acontece nos escritórios da corporação. Todas as entrevistas têm como foco os aspectos positivos e negativos de se ter um hotel e gerenciá-lo diariamente. Os candidatos são julgados por sua estabilidade no emprego e o comprometimento um com o outro.

Orientação

O casal passa por um programa de treinamento de 13 semanas. O casal então está pronto para servir como uma equipe de gerentes em treinamento para substituir gerentes que estão de férias ou preencher vagas temporárias. Este período pode durar de três a cinco meses, depois desse tempo o casal recebe o cargo permanente.

Estabilidade

Uma equipe de gerenciamento não pode requisitar uma transferência antes de ter passado dois anos em um mesmo hotel. Isto permite que o casal desenvolva um estilo e estabeleça um registro que é resultado de seu trabalho e não da equipe anterior. La Quinta costumava transferir seus gerentes constantemente mas descobriu que a rotatividade geral é reduzida quando o time permanece mais tempo em um mesmo lugar. As transferências e promoções são dadas àqueles que são qualificados e exibiram habilidades para lidar com novas e diferentes situações.

Treinamento

Os gerentes regionais conduzem treinamentos de revisão a cada quatro meses, e a companhia planejou introduzir um novo conjunto de programas nacionais de treinamento em 1992. Os programas existentes estão enfocados na recepção, governança e áreas de manutenção. A companhia traz representantes de cada uma das 18 regiões para o escritório da corporação para sessões anuais de *brainstorming*. Estas sessões são destinadas a demonstrar a sincera apreciação da companhia a seus funcionários da linha de frente e para dividir os sentimentos de que *todos* os funcionários da empresa têm o poder de fazer o que for necessário para satisfazer as necessidades dos hóspedes.

Anne disse: "Você tem que selecionar e manter as pessoas que querem fazer parte de sua equipe. Se você tem um hotel de 120 quartos, você tem uma equipe de aproximadamente 20 pessoas trabalhando lá. Alguém tem que manter o senso de humor e realmente se importar para que os outros tenham sucesso hoje".

FORTE HOTÉIS

Os hotéis Forte são conhecidos nos EUA por suas marcas americanas Forte Travelodge e Viscount Hotels. A Forte tem mais de 900 hotéis em 44 países. São 550 nos EUA, dos quais 200 são administrados pela companhia e outros 50 por proprietários diferentes. A Forte gerencia um adicional de 300 propriedades fora dos EUA.

Em uma conversa com Barry Conrad antes de deixar a Forte, eu percebi que ele sentiu uma necessidade substancial para motivar e reter as mais de 70.000 pessoas que estão empregadas no sistema de hotéis Forte. Para este fim, a companhia gasta mais de US$20 milhões anualmente em uma variedade de atividades de treinamento. A companhia possui e opera o Lambert College como um centro de treinamento, fornece um centro de treinamento culinário em Paris e oferece sessões regulares de treinamento em Nova York, Dallas e San Diego.

Conrad diz que a Forte tem um estilo de gerenciamento que insiste que os gerentes corporativos e os gerentes dos hotéis dividam autoridade e responsabilidade. Há um terceiro elemento, ele acrescentou, o empregado, que é encorajado a aceitar a responsabilidade final por suas ações assim também como as da sua equipe. O resultado é um trio de serviços com executivos, gerentes e empregados da linha de frente.

O comprometimento da Forte em reduzir a rotatividade e reter as pessoas de qualidade é um fato real. A companhia mantém um sofisticado programa de desenvolvimento em suas propriedades, que inclui o envio de gerentes seniores qualificados para a Wharton School of Business da Universidade da Pennsylvania. Mantém também uma série de escolas de treinamentos que oferecem uma variedade de cursos para seus franqueados e *joint-ventures*. Conrad notou que estes programas são populares e se esgotam rapidamente.

O sucesso da melhora na retenção de trabalhadores na Forte é impressionante. A rotatividade nos escritórios corporativos em todas as posições está abaixo dos 30%, e a rotatividade por todas a propriedades operadas pela empresa está abaixo dos 50%, estima Conrad. Os números de que Conrad tem mais orgulho, entretanto, são a taxa de rotatividade para gerentes de área, que está abaixo dos 12%. Como a Forte consegui tais resultados? Conrad ofereceu as seguintes explicações:

Filosofia de Baixo para Cima

A Forte afirma que a "responsabilidade compartilhada" precisa ser colocada em prática, não somente como uma meta teórica. Os planos de marketing, orçamento e outros que afetam uma propriedade individual são originados no nível da propriedade e são revistos com os funcionários corporativos. Uma vez que o orçamento (ou outro plano de ação) foi acordado entre todas as partes, a responsabilidade para monitorar seu progresso pertence ao gerente de hotel. É o plano do gerente, e a matriz só interferirá se for requisitada. O escritório corporativo não insistirá que só há uma maneira de executar uma certa tarefa ou de atingir um resultado.

Gerenciando o Desenvolvimento

Os centros de treinamento e programas afiliados que estão localizados dentro do sistema são considerados essenciais no sucesso a longo prazo de atrair e reter funcionários de qualidade.

Programa de Mentores

Algumas empresas falam sobre mentores, mas a Forte abraça o conceito com prazer significativo. A empresa emprega anualmente aproximadamente 1.200 estagiários dos programas de educação em hospitalidade para suas atividades nos programas da América do Norte. Cada estagiário tem uma tarefa específica e um plano de desenvolvimento e também um mentor. Alguns dos 400 gerentes sênior, incluindo o CEO, aceita cinco estagiários, que podem ser seus substitutos. Com esta estrutura formal, os estagiários têm acesso direto ao gerente sênior ou ao executivo para ajudá-lo a crescer em seus respectivos trabalhos.

HOTÉIS INTERSTATE

Os Hotéis Interstate, baseados em Pittsburgh, operam 49 propriedades. Muitas destas propriedades são hotéis Marriott, mas o Interstate também gerencia alguns Hiltons, Sheratons, Radissons, e até mesmo alguns que operam independentemente. Em 1989 o Interstate teve uma taxa de rotatividade entre os gerentes que se tornou um problema. Sua filosofia é a de promover gerentes dentro do sistema Interstate – que é a de "criar" seus próprios gerentes. Mas muitos indivíduos estavam deixando a empresa, o que tornava difícil cultivar gerentes no Interstate. Para crédito próprio, a companhia não ignorou o problema, mas lidou com o mesmo de uma maneira positiva. (Quadro 1)

Interstate foi a campo e preparou uma pesquisa para gerentes cujo foco era determinar se havia áreas de responsabilidade gerencial que estavam sofrendo maior rotatividade que outras (por exemplo, marketing, alimentos e bebidas e recepção). A pesquisa era anônima de maneira que as respostas não identificariam as pessoas.

Os resultados da pesquisa foram surpreendentes no que se refere à preocupação da maioria dos gerentes centrada em dois itens: a duração do trabalho do gerente durante a semana e o desejo de continuar estudando. As pessoas gostavam de seus trabalhos e da empresa mas queriam continuar aprendendo para melhorar suas habilidades através de programas de treinamento. Novamente, para seu crédito, a Interstate respondeu dando apoio, como me explicou um dos gerentes gerais empresa.

Don Yurkonis, que agora é gerente do Interstate de Albany, New York, Marriott Hotel, foi gerente do Interstate Chattanooga, Tennessee, Marriott na época de seus estudos. O hotel Chattanooga é tido como o hotel que tem a maior média de ocupação em sua região. Yurkonis diz que as respostas dos escritórios do Interstate para a pesquisa foram bem recebidas neste campo. Quanto à questão do trabalho semanal, cada hotel recebeu a seguinte ordem, de acordo com Yurkonis: "Reduza o trabalho de gerenciamento para cinco dias por semana, com uma carga horária de cinqüenta horas. Você decide como vai atingir esta meta, mas faça-o"! Yurkonis diz que a questão de treinamento também foi resolvida rapidamente. A companhia contratou um diretor de treinamento e o Interstate oferece agora um mínimo de dez seminários por ano. Estes programas são ministrados por equipes com o envolvimento do diretor de recursos humanos. Esta divisão sozinha tornou-se um exercício de construção de equipe.

Yurkonis acrescenta que a filosofia do Interstate é a que encoraja atitudes empreendedoras. Aos gerentes é permitida uma liberdade razoável (dentro de linhas gerais) para que os mesmos dirijam os hotéis. Se os gerentes locais tomam boas decisões, eles recebem o crédito devido. Se eles tomam uma decisão infeliz, a corporação dá uma atenção especial para este hotel através de visitas mais freqüentes ou outro tipo de assistência que seja necessária. Yurkonis sente que as linhas empreendedoras e respostas rápidas para a pesquisa têm sido muito "estimulantes" para os gerentes de hotéis da companhia, e que, como resultado, a rotatividade está muito mais baixa.

HOTÉIS STERCHI

Quantas franquias de marcas diferentes o mesmo gerente teve em uma cidade por mais de 15 anos? Martha Howard trabalha com o Sterchi Hotel em Knoxville, Tennessee, desde o início dos anos 70. Na verdade, Sterchi Hotels é a única empresa em que ela já trabalhou. Howard agora é diretora no local onde ela começou a trabalhar (agora é um Holiday Inn), para dois bem-sucedidos e bem estabelecidos Hampton Inn que abriram há um ano.

QUADRO 1
Plano de Carreira Individual do Interstate

Abaixo está um modelo de nosso plano de gerenciamento completo, programas de treinamento e planos de carreira que incluem recrutamento, avaliação de desempenho, ensino e aconselhamento de sistemas de mão-de-obra. O processo é contínuo, evolutivo, começando com o Passo 1 no processo de emprego, realçando planos de carreira e resultando em movimento, aumento de produtividade, melhora de emprego e baixa rotatividade. Este é um processo evolutivo anual.

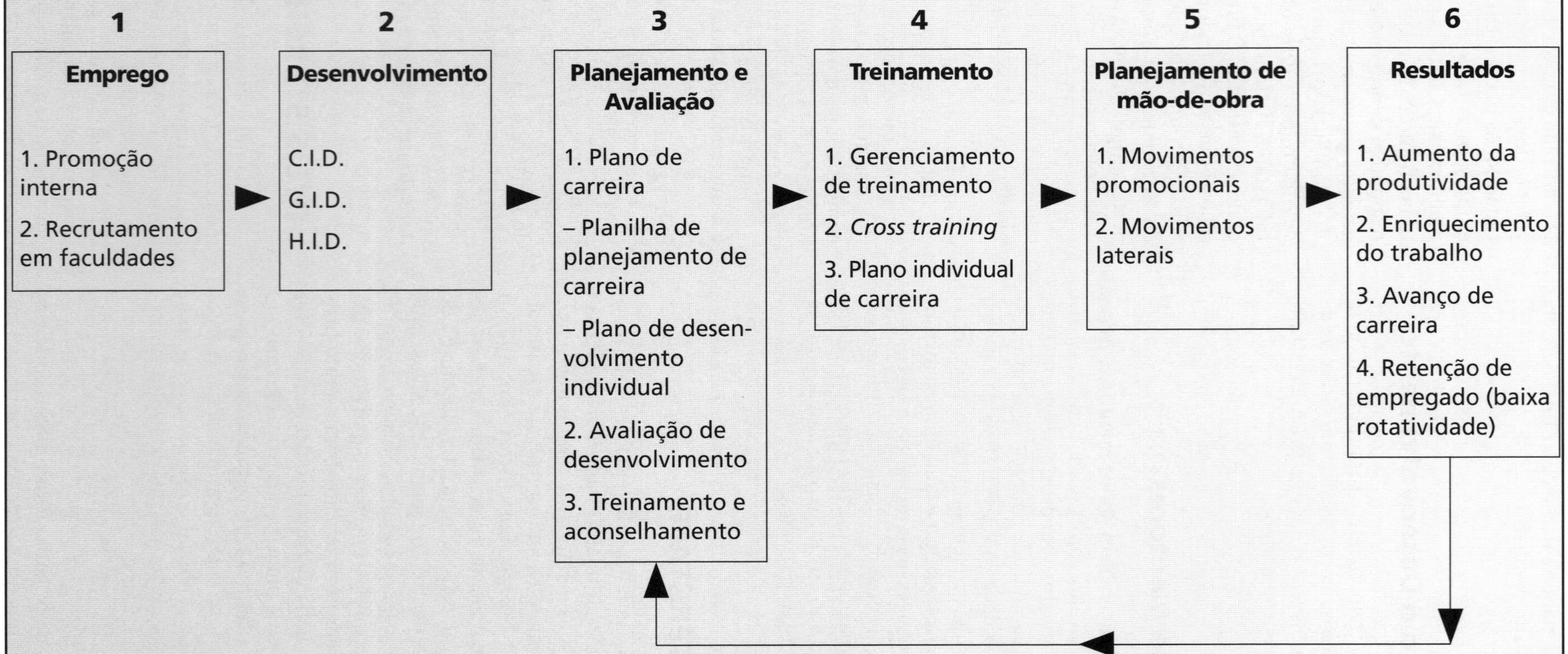

Este gráfico é um programa de plano de carreira para gerentes desenvolvido pelo Interstate Hotels Corporation. O motivo do programa é "fornecer um processo para você planejar sua carreira e por meio disso influenciar seu próprio plano de carreira e aumentar seu desenvolvimento".

A maioria dos gerentes do Sterchi Hotels já subiu de posição e tem pelo menos 5 anos de estabilidade. Eu perguntei para alguns gerentes do Howard o motivo de trabalhar há tanto tempo na mesma empresa em uma época em que a rotatividade nos hotéis pequenos estava muito alta. As respostas foram simples, diretas e universais: o ambiente de trabalho no Sterchi Hotels fomenta o sentimento de família, equipe de trabalho e afetividade. O dono é justo, o estilo de gerenciamento é caracterizado pela abertura e o trabalho é considerado "diversão".

Este pequeno grupo participa de treinamentos de franquia, programas promocionais e associações de trabalho em hotéis, e permite extensivamente – até insiste – para que os empregados procurem por programas de educação continuada como um meio de crescer individual e profissionalmente.

HOTEL OPRYLAND

Dezesseis anos atrás, o Hotel Opryland não existia. Hoje, esta vitrine de operações emprega mais de 3.000 pessoas e tem quase 2.000 quartos. A taxa de ocupação do hotel é de aproximadamente 80%, e a propriedade gera aproximadamente US$125 milhões em lucro.

O Hotel Opryland é incomum não somente por sua ocupação ou pelo número de funcionários, mas também porque realiza boas coisas para clientes e funcionários. "Fazer coisas bem feitas" se tornou a marca registrada do hotel, que já ganhou prêmios nacionais e internacionais e o reconhecimento pelos seus serviços e satisfação do hóspede.

O Hotel Opryland é especial de várias maneiras, mas particularmente no tempo de serviço que muitos de seus gerentes e executivos seniores têm no hotel. O gerente geral Jack Vaughn, o gerente Joe Henry, o diretor de operações Rick Stanfield, o diretor de alimentos e bebidas Manfred Moritz e outros estão no hotel desde que ele abriu em 1977 ou se juntaram à equipe de gerenciamento logo após a abertura.

O sucesso do Opryland Hotel é ligado diretamente à visão do gerente sênior em criar um produto único e convencer os proprietários e funcionários do hotel a dividirem o mesmo sonho (Clark 1991). O Opryland tem alguma rotatividade, claro, mas não tanto quanto podia se esperar. Aqui apresentaremos algumas maneiras pelas quais o hotel recruta e retém a grande maioria do seu pessoal. O Hotel Opryland oferece:

- Um dos mais abrangentes programas de garantia de qualidade no setor.
- Cuidados subsidiados para filhos de funcionários.
- Um programa de orientação que não somente revê as "regras" do hotel mas também reforça o "espírito da hospitalidade".
- Treinamento sempre constante e renovado para todos os departamentos.
- Um comprometimento com a educação continuada fora do hotel, com reembolso das mensalidades do AH&MA Educational Institute e outros trabalhos acadêmicos pré-aprovados.
- Cursos em nível de faculdade, oferecidos no hotel.
- Transporte grátis para e do hotel para os empregados (alguns moram a mais de 80km).
- Eventos de "diversão" para todos os departamentos e para todos os níveis de funcionários.
- Excelentes benefícios e uma grande variedade de programas para os funcionários.

Em 1991, o Opryland se concentrou em identificar as razões pelas quais os funcionários poderiam decidir deixar o hotel. Através de grupos específicos e entrevistas na hora da saída, os gerentes do Opryland perguntaram a seus funcionários sobre as situações negativas pelas quais as objeções e problemas poderiam ser superados e resolvidos.

O foco do hotel em contratar pessoas para posições centrais é o de selecionar indivíduos que estão procurando por oportunidades na carreira e uma chance de progresso. Desafiar as pessoas constantemente a crescerem e expandirem seus horizontes é a chave para manter as pessoas satisfeitas. Se uma posição não desafia mais uma pessoa, então o hotel tenta encontrar uma nova posição que ajudará o funcionário a continuar a crescer.

SEM FÓRMULA MÁGICA

Há muitos detalhes nestes programas de grupos de hospitalidade que retém as pessoas com sucesso e conseqüentemente reduz a rotatividade: não há fórmula mágica. No meu trabalho como preparador e consultor e como gerente eu usei a seguinte lista de idéias como o ponto de partida para reduzir a rotatividade.

1. Estabeleça, mantenha e siga as descrições específicas de trabalho para cada posição; senão você contratará muitas pessoas achando que as coisas funcionarão mas não é o que acontece.

2. Estabeleça um programa de orientação que seja constantemente seguido e que faça muito mais do que explicar a mecânica de ser um funcionário de hotel. E explique as metas da empresa a filosofia e cultura para todos novos funcionários.
3. Mantenha todos informados sobre o que está acontecendo, nos tempos bons e ruins. Comunique com clareza e rapidamente as decisões que afetam o emprego das pessoas.
4. Certifique-se de que todos sabem o que se espera deles e por que eles são importantes, as pessoas tendem a permanecer no emprego mais tempo se eles sabem exatamente o que fazer.
5. Baseie as recompensas em resultados e não em dados subjetivos.
6. Estabeleça padrões de hotel de alto nível. É sempre melhor ter altos padrões que você não consiga alcançar do que baixos padrões que você nunca melhore.
7. Permita que seus funcionários façam o melhor que eles podem delegando a eles o máximo de autoridade possível. A noção de dar poder às pessoas foi mencionada por todas as pessoas com quem eu falei quando estava preparando esse relatório.
8. Estabeleça um programa de garantia de qualidade, não importa o tamanho de sua operação. A GQ não é uma farsa – é uma maneira de encorajar os funcionários a compartilharem suas especialidades e expressarem seus sentimentos de maneira produtiva.
9. Desenvolva e mantenha programas de treinamento, de orientações gerais até seminários de desenvolvimento de habilidades. Use faculdades, associações hoteleiras, *workshops* patrocinados pelas franquias para expandir o potencial e conhecimento de seus funcionários.
10. Crie uma atmosfera de confiança e companheirismo. Crie um negócio de família no qual as pessoas sentirão que fazem parte e que nele desejem permanecer.

A maneira mais efetiva de reduzir a rotatividade é satisfazer as necessidades de seus funcionários. Não é fácil, barato ou sem esforço. Mas como esta e várias empresas já demonstraram, pode ser feito. E sempre pense nos custos associados com o fracasso em diminuir a rotatividade.

Um outro ponto notado por Conrad, que nos alerta: "No futuro os empregáveis estão – para a maioria – já empregados. Você deve fazer alguma coisa para *manter* estas pessoas, porque os que virão provavelmente não serão melhores. Proteja seu 'investimento' em pessoas – cuide delas."

ESTUDO DE CASO
O Caso dos Três Candidatos de Banquetes

Você é um gerente de recursos humanos de um hotel de 650 apartamentos, parte de uma cadeia de 25 hotéis que opera nacionalmente. Você tem autoridade e responsabilidade para recrutar e fazer recomendações finais para chefes de departamentos para contratar, demitir e promover pessoas no hotel inteiro.

Você está em uma posição que pode recomendar uma pessoa para promoção a gerente de banquetes de um número de candidatos internos. Esta pessoa eventualmente será colocada na possibilidade de promoção para gerente de alimentos e bebidas. Esta pessoa deve trabalhar bem com todos os departamentos, mais especialmente os departamentos de restaurante como o *coffee shop*, dois *lounges*, serviço de quarto e gerenciamento de jantares.

Sua seleção chegou a três boas chances – o resumo das carreiras as considerações sobre a situação são as seguintes:

Candidato número um. A atual assistente de gerente. Mulher de 30 anos, bacharel por uma grande universidade da Costa Oeste. Ela começou como garçonete e trabalhou no hotel por oito anos, até chegar a ser secretária de banquetes, gerente de um dos restaurantes, e assistente de banquetes nos últimos três anos. Há um ano e meio a gerente de banquetes está sofrendo de uma doença progressiva, e assumiu muitas responsabilidades. Ela tem dois filhos, recentemente divorciada e muito independente. Há muita pressão dentro do hotel (em todos os níveis) para promovê-la. Entretanto, um dos *maitres* de banquete (que está no departamento há 18 anos) disse que deixaria o emprego caso ela se tornasse gerente.

Candidato número dois. Atual gerente de um pequeno hotel (350 apartamentos) da mesma cadeia em uma cidade 450 milhas a oeste. Ele é um homem negro, 24 anos, com a mesma escolaridade da candidata número um. Ele trabalha no hotel há quatro anos, desde estudante, como recepcionista, assistente de gerente júnior, assistente de gerente de banquetes e, no ano passado, tornou-se gerente de banquetes. Ele ganhou um prêmio como "gerente do ano" no ano passado. Ele é solteiro, inteligente, articulado e bem visto entre os empregados e o gerente geral. Há uma pressão considerável do escritório central para levar adiante essa pessoa na estrutura de gerenciamento da cadeia. Historicamente, não há pessoas da minoria (negra) ocupando posições de gerência a não ser nos recursos humanos e vendas.

Candidato número três. Este candidato é um americano descendente de asiáticos de 33 anos que é qualificado como deficiente de acordo com as definições dadas pela (ADA) American with disabilities. Ele sofreu um grande acidente esquiando cinco anos atrás e precisa usar uma cadeira de rodas. Esse fato não impediu que ele tivesse habilidade para trabalhar em um hotel. Ele era um chefe de banquete na época do acidente, durante a sua reabilitação ele gerenciou uma cafeteria. Ele foi então promovido para chefe de salão no *coffee shop* e atualmente é um gerente de serviços de convenção. Ele é funcionário de hotel há doze anos mas não tem grau universitário. Estar em uma cadeira de rodas não atrapalhou seu desempenho de maneira alguma. Ele é extremamente popular entre os hóspedes e funcionários. Ele também representa o hotel nos seminários da ADA e recentemente publicou um artigo na The Cornell Hotel and Restaurant Administration Quaterly sobre suas experiências no hotel em que trabalha.

Sua tarefa imediata como gerente de recursos humanos é aconselhar o gerente de alimentos e bebidas sobre como classificar os três candidatos. Primeiro, você constata que deve decidir sobre os critérios pelos quais avaliar seus potenciais e fraquezas.

Notas Finais

1 Tribunais avaliam a legalidade de ações pessoais sob várias leis estaduais e federais. As apropriadas leis federais são a Legal de Pagamento Igualitário de 1963, a dos Direitos Civis de 1964, a Lei de Discriminação da Idade no Trabalho de 1967 e a Lei de Igual Oportunidade de Trabalho de 1972. Uma decisão do tribunal de 1973, Brito *versus* Zia Company, 478 F. 2d 1200 (10th Cir. 1973), dá um exemplo de um teste de emprego. Os queixosos na ação alegavam que trabalhadores hispânicos tinham sido discriminados, numa onda de dispensas feita pela Zia Company no Novo México. Na realidade, os empregados hispânicos tinham obtido uma pontuação menor numa avaliação de performance conduzida por seu superior imediato, e os hispânicos foram demitidos em número proporcionalmente maior do que outros grupos étnicos. Analisando a avaliação de performance da companhia, o tribunal decidiu que tal avaliação não apresentava uma adequada sustentação da validade da avaliação de performance, que foi considerada um teste de trabalho. A Zia Company perdeu o caso.

2 Ver Cascio and Bernardin 1981; Feild and Holley 1982.

3 Desde sua criação, formatos específicos de BARS foram desenvolvidos para cargos como nutricionistas, gerentes de lojas de varejo e empregados do setor.

4 A Lei de Reforma dos Serviços Civis, de 1978, (Capítulo 43 do Título V, Código EUA) está sendo usada como um modelo pela indústria privada, principalmente no que tange à participação do empregado nos estabelecimentos de nomes e treinamentos de avaliadores.

5 Escrevendo no Wall Street Journal de 30 de julho de 1991, Albert Karr relatou que o custo de substituição de empregados pode ir de US$500 para um trabalhador por hora a US$5.000 para um gerente, baseado numa pesquisa de 577 companhias pela empresa de pessoal temporário de Olsten.

6 Em 1986, por exemplo, o Opryland iniciou a Série Mundial de Zeladores, uma competição interna que ajudou a dar a devida atenção ao papel do zelador no contexto de um serviço de qualidade. Desde então, a competição cresceu e se tornou um evento de envergadura estadual.

Referências

Arnaldo, Mario J. 1981. Hotel General Managers: A Profile. *The Cornell Hotel and Restaurant Administration Quarterly* 22(1):53-56.

Bernardin, H. John and Richard W. Beatty. 1984. *Performance Appraisal: Assessing Human Behavior at Work.* Boston: Kent Publishing.

Bernardin, H. John, Richard W. Beatty, and Walter Jensen, Jr. 1980. The New Uniform Guidelines on Employee-Selection Procedures in the Context of University Personnel Decisions. *Personnel Psychology* 33(2):301-306.

Bernardin, H. John and Patricia C. Smith. 1981. A Clarification of Some Issues Regarding the Development and Use of Behaviorally Anchored Rating Scales (BARS). *Journal of Applied Psychology* 66(4):458-463.

Bluedorn, Allen C.1982. Theories of Turnover: Causes, Effects and Meaning. In *Research in Sociology of Organizations*, eds. S.E. Bacharach and E.J. Lawler. Greenwich, CT: JAI Press, pp. 75-128.

Cascio, Wayne F. and H. John Bernardin. 1981. Implications of Performance-Appraisal Litigation for Personnel Decisions. *Personnel Psychology* 34(2): pp. 211-225.

Clark, Marc. 1991. Training for Tradition. *The Cornell Hotel and Restaurant Administration Quarterly* 31(4):46-51.

DeCotiis, Thomas A. and T.P. Sommers. (no date). A Path-Analytic Model of the Cause and Consequences of Organizational Commitment. *Human Relations* (in press).

Feild, Hubert S. and William H. Holley. 1982. The Relationship of Performance-Appraisal System Characteristics to Verdicts in Selected Employment-Discrimination Cases. *Academy of Management Journal* 25(2):392-406.

Geller, A. Neal. 1985a. The Current State of Hotel Information System. *The Cornell Hotel and Restaurant Administration Quarterly* 26(1):14- 17.

Geller, A. Neal. 1985b. Tracking the Critical Success Factors for Hotel Companies. *The Cornell Hotel and Restaurant Administration Quarterly* 25(4): 76-81.

Gotsche, Anton W. 1970. A Study of Executive Development Programs in the American Hotel Industry. Ph.D. dissertation, New York University.

Hales, Colin and Michael Nightingale. 1986. What Are Unit Managers Supposed to Do? A Contingent Methodology for Investigating Managerial Role Requirements. *International Journal of Hospitality Management* 5(1):3-11.

Herzberg, Frederick. 1976. *The Managerial Choice: To Be Efficient and To Be Human.* Homewood, IL: Dow Jones-Irwin.

Hoerr, J. et al. 1985. Beyond Unions: A Revolution in Employee Rights Is in the Making. *Business Week* July 8:72-77.

Kanter, Rosabeth Moss. 1978. The Long-Term Trends in Work Values. *Daedalus* 107(1):53-54.

Kleinman, L.S. and R.L. Durham. 1981. Performance Appraisal, Promotion, and the Courts: A Critical Review. *Personnel Psychology* 34(1):103-121.

Lukowski, Robert F., Ray Budde, and Norman B. Cournoyer. 1974. Higher Education for the Hospitality Industry. *The Cornell Hotel and Restaurant Administration Quarterly* 15(2):14-21, 55.

March, J.G. and H. Simon. 1958. *Organizations.* New York: John Wiley.

Mariampolski, Arnold, Marian C. Spears, and Allene G. Vaden.1980. What the Restaurant Manager Needs to Know: The Consensus. *The Cornell Hotel and Restaurant Administration Quarterly* 21(3):77-81.

McConkie, M.L. 1979. A Clarification of the GoalSetting and Appraisal Processes in MBO. *Academy of Management Review* 4(1):29-40.

McFillen, J.M., C.D. Riegel, and C.A. Enz. 1986. Why Restaurant Managers Quit and How to Keep Them. *The Cornell Hotel and Restaurant Administration Quarterly* November:37-43.

Naisbitt, John and Patricia Aburdene. 1985. *Reinventing and Corporation.* New York: Warner.

Peters, Tom and Nancy Austin. 1985. *A Passion for Excellence: The Leadership Dtfference.* New York: Warner.

Pizam, Abraham and Robert Lewis. 1979. Predicting Career Success and Satisfaction: A Study of Hospitality Graduates. *The Cornell Hotel and Restaurant Administration Quarterly* 20(3):12-16.

Pickworth, James R. 1981. A Profile of the Hotel Personnel Manager. *The Cornell Hotel and Restaurant Administration Quarterly* 22(1):42-46.

Porter, L.W. and R.W. Steers. 1973. Organizational Work and Personal Factors in Employee Turnover and Absenteeism. *Psychological Bulletin* 80:151176.

Price, J.L. 1977. *The Study of Turnover.* Ames: University of Iowa Press.

Reichers, A.E. 1985. A Review and Reconceptualization of Organizational Commitment. *Academy of Management Review* 10:465-476.

Sapienza, D.L. 1978. What University Hotel Students Ought to Study: Opinions Expressed by a Selected Group of Nevada Hotel Executives. *Journal of Hospitality Education* 2(2):11- 16.

Scholl, R.W. 1981. Differentiating Organizational Commitment from Expectancy as a Motivating Force. *Academy of Management Review* 6:589-599.

Schuster, M.H. and C.S. Miller. 1982. Performance Evaluations as Evidence in ADEA Cases. *Employee Relations Law Journal* 6:561-583.

Smith, Patricia C. and L.M. Kendall. 1963. Retranslation of Expectations: An Approach to the Construction of Unambiguous Anchors for Rating Scales. *Journal of Applied Psychology* 47(2):149- 155.

Umbreit, W. Terry. 1986. Developing Behaviorally Anchored Scales for Evaluating Job Performance of Hotel Managers. *International Journal of Hospitality Management* 5(2):55-61.

Umbreit, W. Terry.1984. Development of Behaviorally Anchored Rating Scales for Evaluating Job Performance of Hotel Managers. Ph.D. dissertation, Washington State University.

Umbreit, W. Terry and Robert W. Eder. 1987. Linking Hotel Manager Behaviors to Outcome Measures of Effectiveness. *International Journal of Hospitality Management* 6(3):139-147.

Wheelhouse, David. 1989. *Managing Human Resources in the Hospitality Industry.* East Lansing, MI: Educational Institute of the American Hotel and Motel Association.

Woods, Robert H. 1992. *Managing Hospitality Human Resources.* East Lansing, MI: Educational Institute of the American Hotel and Motel Association.

Leituras Sugeridas

Livros

Wheelhouse, David. 1989. *Managing Human Resources in the Hospitality Industry.* East Lansing, MI: Educational Institute of the American Hotel and Motel Association.

Woods, Robert H. 1992. *Managing Hospitality Human Resources.* East Lansing, MI: Educational Institute of the American Hotel and Motel Association.

Artigos

Aaron, Titus and Edward Dry. 1992. Sexual Harassment in the Hospitality Industry. *The Cornell Hotel and Restaurant Administration Quarterly* 31(2): 25-31.

Clark, Marc. 1991. Training for Tradition at Opryland Hotel. *The Cornell Hotel and Restaurant Administration Quarterly* 31(4):46-51.

Eder, Robert W. 1990. Opening the Mirage: The Human Resources Challenge. *The Cornell Hotel and Restaurant Administration Quarterly* 31(2): 25-31.

Hamilton, Arthur J. and Peter A. Veglahn.1992. Sexual Harassment: The Hostile Work Environment. *The Cornell Hotel and Restaurant Administration Quarterly* 33(2):88-92

Vallen, Gary K. 1993. Organizational Climate and Burnout. *The Cornell Hotel and Restaurant Administration Quarterly* 34(1):54-59.

Fonte das Notas

Chapter 2, Performance Appraisals: Making Them Fair and Making Them Work, by W. Terry Umbreit, Robert W. Eder, and Jon P. McConnell is reprinted from the February 1986 issue of *The Cornell Hotel and Restaurant Administration Quarterly*.

Chapter 3, Employee Commitment: Money in the Bank, by Thomas A. DeCotiis and J. Michael Jenkins is reprinted from the February 1986 issue of *The Cornell Hotel and Restaurant Administration Quarterly*.

Chapter 5, Turnover and What to Do About It, by John J. Hogan is reprinted from the February 1992 issue of *The Cornell Hotel and Restaurant Administration Quarterly*.

Índice Remissivo

As letras *f*, *q* e *t* que se seguem aos números de páginas significam, respectivamente, figura, quadro e tabela.

Q

R

S

T

V

W

Y